INVESTIMENTO EM VALOR

A532   Investimento em valor : de Graham a Buffett e além / Bruce C.
Greenwald... [et al.] ; tradução : Rodrigo Dubal ; revisão
técnica : Marcelo Brutti Righi. – 2. ed. – Porto Alegre :
Bookman, 2022.
xii, 452 p. : il.; 23 cm.

ISBN 978-85-8260-566-0

1. Finanças. I. Greenwald, Bruce C.

CDU 336.76

Catalogação na publicação: Karin Lorien Menoncin – CRB 10/2147

BRUCE C. GREENWALD   JUDD KAHN
ERIN BELLISSIMO   MARK A. COOPER   TANO SANTOS

2ª EDIÇÃO

INVESTIMENTO EM VALOR

De Graham a Buffett e Além

Tradução
Rodrigo Dubal

Revisão Técnica
Marcelo Brutti Righi
Doutor em Finanças pela Universidade Federal de Santa Maria (UFSM)
Professor Adjunto da Universidade Federal do Rio Grande do Sul (UFRGS)

Porto Alegre
2022

Obra originalmente publicada sob o título
Value Investing: from Graham to Buffett and beyond, 2nd edition
ISBN 9780470116739

Copyright © 2021 John Wiley & Sonc, Inc.

All Rights Reserved. This translation published under license with the original publisher John Wiley & Sons, Inc.

Gerente editorial: *Arysinha Jacques Affonso*

Colaboraram nesta edição:

Editora: *Simone de Fraga*

Leitura final: *Amanda Jansson Breitsameter*

Capa: *Márcio Monticelli*

Editoração: *Matriz Visual*

Reservados todos os direitos de publicação ao
GRUPO A EDUCAÇÃO S.A.
(Bookman é um selo editorial do GRUPO A EDUCAÇÃO S.A.)
Rua Ernesto Alves, 150 – Bairro Floresta
90220-190 – Porto Alegre – RS
Fone: (51) 3027-7000

SAC 0800 703 3444 – www.grupoa.com.br

É proibida a duplicação ou reprodução deste volume, no todo ou em parte, sob quaisquer formas ou por quaisquer meios (eletrônico, mecânico, gravação, fotocópia, distribuição na Web e outros), sem permissão expressa da Editora.

IMPRESSO NO BRASIL
PRINTED IN BRAZIL

Os autores

BRUCE C. GREENWALD foi diretor-fundador do Heilbrunn Center for Graham and Dodd Investing na Columbia Business School de 2001 até sua aposentadoria, em 2019. Além de instruir milhares de alunos sobre os mistérios do investimento em valor, ministrou cursos concorridíssimos sobre a economia da estratégia de negócios e globalização. Seu livro *A estratégia competitiva desmistificada*, publicado em 2005, ainda está em circulação. Também é presidente da Paradigm Capital Management desde sua fundação, em 2007, e foi diretor de pesquisa da First Eagle Funds de 2007 a 2011, atuando como consultor sênior desde então.

JUDD KAHN é atualmente sócio da Davidson Kahn Capital Management. Começou sua carreira profissional como historiador, trabalhou como consultor e executivo financeiro e trabalha com gestão de investimentos desde 2000. Tem doutorado em história pela UC Berkeley.

ERIN BELLISSIMO é diretora-gerente do Instituto de Investimentos Globais da University of Notre Dame. Fundou e dirige o Heilbrunn Center da Columbia Business School, trabalhou em fundos de *hedge* e bancos e faz parte do conselho da Girls Who Invest. Tem um BSBA pela Bucknell e um MBA pela Wharton School da University of Pennsylvania.

MARK COOPER é CIO e cofundador da MAC Alpha Capital Management e professor adjunto da Columbia Business School. Já trabalhou na First Eagle Investment Management, na PIMCO, na Omega Advisors, na Pequot Capital e na JPMorgan. Tem um MBA pela Columbia Business School e um bacharelado pelo MIT.

TANO SANTOS é professor da cátedra David L. e Elsie M. Dodd de Finanças e diretor do corpo docente do Heilbrunn Center da Columbia Business School. Sucedeu Bruce Greenwald como professor do curso de investimento em valor. Tem doutorado em Economia pela University of Chicago.

*Para Diana Greenwald, sem cujo "gentil"
incentivo este livro não existiria,
e Gabriel Kahn, filho maravilhoso, pai maravilhoso.*

Agradecimentos

Esperamos ter deixado claro o quanto aprendemos desde que a 1ª edição deste livro foi escrita, entre 1999 e 2000. Por essas melhorias, gostaríamos de agradecer aos muitos alunos dinâmicos e inteligentes das aulas de investimento em valor na Columbia Business School, incluindo os alunos de formação executiva e os assistentes de classe que ajudaram a ministrar esses cursos. Também somos gratos à distinta lista de palestrantes que falaram nessas aulas; para aqueles que falaram no café da manhã anual Graham e Dodd; aos palestrantes e oradores que participaram das conferências anuais de alto nível de profissionalismo realizadas pela Columbia Student Investment Management Association; aos associados, membros do conselho e equipe do Heilbrunn Centre for Graham and Dodd Investing, especialmente Sid e Helene Lerner, que fizeram parte da criação do centro, e Meredith Trivedi, que o administra; e para a comunidade mais ampla de investimento em valor. Também nos beneficiamos muito de nossas associações com empresas de investimento orientadas para valor, incluindo First Eagle Investment Management, Paradigm Capital Management, Humingbird Capital Management, Davidson Kahn Capital Management, Omega Advisors, Pequot Capital e PIMCO. Finalmente, somos profundamente gratos a Warren Buffett por nos permitir citar extensivamente suas cartas anuais e aos investidores notáveis que permitiram que fizéssemos seus perfis neste livro. Quaisquer erros, defeitos ou pioras da 1ª edição são de nossa inteira responsabilidade.

É muito trabalhoso publicar um manuscrito, e agradecemos a nossos colegas da John Wiley, especialmente Bill Falloon, pela paciência e pelo entusiasmo contínuos. Nosso agente John Wright manteve o curso. Sem Ava Seave e Anne Rogin, este livro ainda estaria na prancheta. Ava tornou possível um diálogo escrito entre Paris e Nova Iorque.

Sumário

Introdução 1

1 Investimento em valor: definições, distinções, resultados, riscos, princípios 9
2 Procurando por valor: como encontrar o lado certo da negociação 25
3 Avaliação em princípio, avaliação na prática 49
4 Valorando os ativos: do valor contábil aos custos de reposição . . . 79
  Exemplo 1: Hudson General 100
5 Valor do poder dos lucros 111
  Exemplo 2: Magna International 131
6 Crescimento 151
7 "Bons" negócios 171
8 A avaliação de ações de franquia 199
  Apêndice do Capítulo 8: cálculos de retorno para empresas de franquia 231
  Exemplo 3: WD-40 244
  Exemplo 4: Intel 265
9 Estratégia de pesquisa 317
10 Gestão de risco e construção de carteiras 337

Perfis de investidores 355
Warren Buffett 359
Robert H. Heilbrunn 391
Walter e Edwin Schloss 397

Mario Gabelli. 409
Glenn Greenberg 411
Paul Hilal 413
Jan Hummel 417
Seth Klarman. 421
Michael Price. 425
Thomas Russo 429
Andrew Weiss 433

Índice. 437

Introdução

Em 1999, quando começamos a escrever a 1ª edição deste livro, o investimento em valor concebido por Benjamin Graham e David Dodd e desenvolvido por seus sucessores estava em baixa como método de escolha de ações. Por 30 anos, as finanças acadêmicas adotaram a Teoria dos Mercados Eficientes (EMT, do inglês *Efficient Markets Theory*), que rejeitava a possibilidade de um investimento ativo consistentemente bem-sucedido. O *boom* do mercado de ações produzido pela primeira bolha da Internet parecia invalidar todos os princípios analíticos em que se baseava o investimento em valor. Os praticantes de valor, com a notável exceção de Warren Buffett, foram rejeitados como antiquados e fora de contato com a realidade econômica contemporânea. Felizmente, o colapso das ações de tecnologia e telecomunicações entre 2000 e 2002, juntamente com o desempenho superior dos investidores em valor, reavivou o interesse na abordagem de Graham e Dodd. Ao mesmo tempo, um grande volume de evidências acadêmicas publicadas contradizia fortemente a EMT. As carteiras de valor construídas estatisticamente superaram, em geral, o desempenho do mercado de ações como um todo em praticamente a totalidade dos períodos prolongados em quase todos os mercados nacionais para os quais havia dados históricos suficientes disponíveis.

Estudos acadêmicos em psicologia cada vez mais aceitos, iniciados por Daniel Kahneman e Amos Tversky, criaram o campo das finanças comportamentais e forneceram uma explicação para o desempenho histórico superior dessas carteiras de valor, fundamentando-as em vieses comportamentais humanos profundamente arraigados. Como resultado, um "prêmio de valor" nos retornos parecia provavelmente uma característica persistente dos mercados financeiros no futuro. Esses estudos e a inovação contínua a cargo de profissionais em valor levaram a uma compreensão mais completa dos princípios de Graham e Dodd e a melhorias marcantes nas práticas de investimento em valor, especialmente no que diz respeito à identificação e avaliação do que é designado como empresas de "franquia".

A longa alta do mercado desde os vales da crise financeira de 2008 e 2009 mais uma vez levantou questões sobre a validade da abordagem de Graham e Dodd. Durante os anos desde 2009, muitos investidores em valor notáveis tiveram um desempenho significativamente inferior aos índices de mercado dos Estados Unidos e global. Carteiras estatísticas de valor cuidadosamente criadas testemunharam uma lacuna entre o valor e o desempenho geral do mercado estreitar significativamente, se não desaparecer totalmente. Uma nova geração de ações de tecnologia proporcionou retornos sustentados que mais uma vez parecem contradizer os princípios de valor estabelecidos, e os investidores em valor estão mais uma vez sendo descartados como antiquados e fora de contato com a realidade econômica atual.

Em parte, um declínio no desempenho relativo das carteiras de valor é um resultado previsível dos excessos de avaliação das fases posteriores de qualquer mercado de alta. Os investidores em valor têm historicamente um desempenho relativamente ruim nesses períodos, como tiveram no final da década de 1990. No entanto, outros fatores importantes parecem estar em ação. Em primeiro lugar, o sucesso renovado do investimento do tipo Graham e Dodd nos anos de 2000 a 2007 aumentou a popularidade de uma abordagem de valor. Especialmente nos Estados Unidos, a proporção de investidores orientados para o valor aumentou significativamente. Uma maior demanda por ações de valor pode ter comprimido a diferença entre o charme e os múltiplos de avaliação de ações de valor, embora as evidências não sejam claras. Em segundo lugar, os desenvolvimentos econômicos complicaram a tarefa de aplicar os princípios de Graham e Dodd. A mudança na atividade econômica da indústria/manufatura para serviços aumentou a importância do capital intangível – clientes, funcionários treinados, carteiras de produtos e imagens de marca – em relação ao capital tangível – estoques, contas a receber, imobilizado e equipamentos que os contadores tradicionalmente incluem no balanço de uma empresa. Além disso, uma vez que os investimentos em intangíveis – publicidade, contratação, treinamento e desenvolvimento de produtos – costumam ser contabilizados como despesas correntes para fins contábeis, definir e medir o poder dos lucros atual tornou-se mais difícil. Os desenvolvimentos tecnológicos tiveram um impacto semelhante. Modernas empresas de computadores e baseadas na Internet, como Amazon, Google, Oracle, Facebook, Microsoft e Netflix, têm relativamente pouco capital físico. Muitos de seus investimentos relacionados ao crescimento são, para fins contábeis, enterrados em despesas, deprimindo, talvez de modo excessivo, os lucros informados e aumentando alguns múltiplos de avaliação.

Outro fator complicador é a extensão crescente em que empresas de serviços e tecnologia moderna operam em mercados geográficos locais ou nichos de mercado de produtos. Esses mercados locais/de nicho são caracterizados por potenciais economias de escala e, por meio de interações contínuas com o cliente, altos níveis de captação do cliente. O resultado é um aumento na incidência de concorrentes locais/de nicho dominantes que se beneficiam de barreiras significativas à entrada. Na linguagem do investimento em valor, as empresas de "franquia" com amplos "fossos" constituem uma fração cada vez maior da atividade econômica geral. Para empresas de franquia, os ativos líquidos desempenham um papel reduzido na determinação dos lucros, e o crescimento contribui significativamente para o valor geral. A consequência é que as avaliações de ações dependem fortemente dos fluxos de caixa futuros e, muitas vezes, dos fluxos de caixa futuros distantes, cujos valores são difíceis de medir usando os métodos de valor de ativos/poder dos lucros de Graham e Dodd. Também em relação às empresas de franquia, o desempenho da gestão, especialmente no que diz respeito à alocação de capital, tem um impacto maior nas avaliações das empresas. Não é de surpreender que, nesse ambiente, muitos investidores em valor tradicionais focados no balanço patrimonial não tenham se saído bem.

Um último fator importante que desempenha um papel na avaliação das empresas de franquia é o potencial elevado para mudanças disruptivas que podem minar a posição de franquia de uma empresa. Para empresas competitivas sem economias de escala significativas, qualquer queda na lucratividade deve ser aproximadamente compensada por recuperações de capital fixo e de giro à medida que o negócio se contrai. Para empresas de franquia, em que o valor do poder dos lucros excede o valor dos ativos, o declínio disruptivo tem consequências muito mais sérias. A perda de economias de escala prejudica os lucros sem qualquer retorno compensatório de capital. Retornos elevados sobre o capital significam que os lucros perdidos são apenas ligeiramente compensados por quaisquer recuperações de capital realizadas. As empresas de franquia que estão morrendo são muito menos valiosas em relação às suas posições anteriores à ruptura do que os negócios de "bitucas de charuto" que estão morrendo. Qualquer tentativa de investir em franquias subvalorizadas requer uma avaliação cuidadosa das consequências da disrupção.

Essas mudanças significam que temos de revisitar todos os aspectos da abordagem de investimento em valor apresentada na 1ª edição deste livro. Temos repensado os imperativos de buscar e, em seguida, avaliar oportunidades potencialmente atraentes, uma vez que tenham sido identificadas. Também examinamos cuidadosamente os processos de pesquisa ativos depois que uma avaliação preliminar foi feita e examinamos a questão da gestão de risco muito mais extensivamente do que na 1ª edição. Nesta revisão, nos beneficiamos da observação de investidores em valor praticantes e das adaptações que eles fizeram às mudanças nas circunstâncias econômicas. Em todas essas áreas, medimos explicitamente as vantagens de uma abordagem moderna do tipo Graham e Dodd em comparação com o que é, em última análise, o desafio fundamental enfrentado por qualquer investidor ativo. Embora agora haja evidências esmagadoras de que os mercados financeiros não são eficientes no sentido acadêmico, existe uma maneira fundamental e inevitável conforme a qual os mercados são eficientes. O retorno médio para todos os investidores em qualquer classe de ativos deve ser igual ao retorno médio de todos os ativos nessa classe de ativos (i.e., o retorno de "mercado" para essa classe de ativos). Todos os ativos são propriedade de alguém e negociações de derivativos (p. ex., vendas a descoberto) são compensadas, uma vez que para cada vendedor existe um comprador. Portanto, se um investidor supera o mercado em uma determinada classe de ativos, outro investidor deve ter um desempenho inferior por um valor de compensação, ponderado pelos ativos sob gestão. Como essa restrição se aplica a todas as classes de ativos, ela se aplica aos investimentos como um todo.

Graham e Dodd estavam totalmente cientes dessa restrição de eficiência, embora a tenham descrito em termos ligeiramente diferentes. Eles entenderam que toda vez que alguém comprava um ativo pensando que provavelmente teria um bom desempenho em relação às oportunidades alternativas, outra pessoa estava vendendo esse ativo porque achava que o desempenho seria inferior às oportunidades alternativas relevantes. Dependendo do resultado, um desses investidores sempre tinha de estar errado. A característica essencial de um processo de investimento bem concebido é que, a cada etapa – busca, avaliação, processo de pesquisa, gerenciamento de risco –, ele deve colocar o investidor do lado certo da negociação. O processo deve mostrar-se superior àquele feito pelos investidores do outro lado da negociação. Esse critério é o que usamos para medir explicitamente as práticas modernas de investimento em valor descritas nesta segunda edição.

O processo de pesquisa envolve não apenas uma orientação de valor e uma preferência por ações sem charme, feias, desfavorecidas e obscuras, mas também algum grau de especialização. Se eu, como generalista, negociar com um especialista igualmente capaz e altamente disciplinado, o especialista geralmente terá melhores conhecimentos e informação. Estará, portanto, na maioria das vezes, do lado certo da negociação. Nesta edição, estendemos o capítulo de pesquisa para incluir uma discussão sobre estratégias eficazes de especialização. A experiência recente confirma esse ponto. Investidores em valor altamente focados tendem a ter um sucesso incomum, mesmo em comparação com a comunidade de valor como um todo. Investidores em valor bem-sucedidos, mas com orientação mais ampla, tendem a ter um melhor desempenho nos setores e regiões nos quais se concentraram do que em outras áreas. Por isso, adicionamos diversos investidores especializados à nossa seção de perfis. O conceito de Graham e Dodd de "círculo de competência" se aplica não apenas a manter distância de áreas desconhecidas, mas definir ativamente campos de especialização focados.

Ao longo dos anos, desde a 1ª edição, aprendemos uma lição semelhante no que diz respeito à avaliação. Diferentes ativos com diferentes horizontes de retorno apresentam diferentes desafios de avaliação. Para liquidar ativos ou outros investimentos de curto prazo com catalisadores, avaliações de fluxo de caixa descontado (DCF, do inglês *discounted cash flow*) são apropriadas. É provável que os fluxos de caixa relevantes sejam estimados com precisão. Ativos cujos valores são determinados em mercados competitivos – imóveis, recursos naturais, empresas que não são franquias – são geralmente aqueles para os quais o crescimento não cria valor significativo. Isso limita a importância de fluxos de caixa futuros distantes. Para esses investimentos, a fórmula de valores de ativos/valor de poder dos lucros de Graham e Dodd, que ignora o crescimento, é melhor do que DCF ou avaliação de múltiplos pelos motivos que discutimos na 1ª edição deste livro. É a abordagem escolhida pela maioria dos investidores em valor. No entanto, não é adequada para avaliar negócios para os quais o crescimento cria um valor significativo. Nesses casos, o crescimento significa que fluxos de caixa distantes são difíceis de estimar porque pequenas diferenças nas taxas de crescimento se combinam em grandes diferenças em fluxos de caixa futuros distantes e constituem uma fração importante do valor. Como resultado, os valores intrínsecos atuais para esses negócios não podem ser estimados com graus de precisão que permitam sua utilização. As decisões de investimento são mais úteis com base em retornos futuros estimados do que em valores estimados. A principal inovação nesta edição de nosso livro é a descrição, por meio de três capítulos estendidos, de uma abordagem baseada em retorno para avaliar empresas de franquias. O processo que delineamos pode não ser a última palavra na avaliação de negócios de franquia. No entanto, podemos dizer com confiança que uma única abordagem de avaliação provavelmente não colocará os investidores de forma consistente no lado certo da negociação.

Observações focadas ao longo dos anos, desde 1999, das práticas de investidores em valor bem-sucedidos nos levaram a adicionar um capítulo sobre práticas ativas de pesquisa à segunda edição. O aumento da importância dos investimentos intangíveis e dos lucros de franquia à medida que as economias globais evoluíram significa que a análise tradicional das demonstrações financeiras não é mais adequada para avaliar inúmeras empresas. A crescente importância da qualidade da gestão administrativa desses ativos para os retornos também forçou os investidores a olhar muito além das finanças publicadas ao avaliar os investimentos. Esses imperativos criaram demandas sem precedentes para o analista de investimentos. Processos de pesquisa ativos com foco adequado e eficiente são cada vez mais importantes para o sucesso do investimento. Um melhor processo de pesquisa colocará o investidor com mais frequência no lado certo da negociação. Neste capítulo adicionado, descrevemos como são os bons processos de pesquisa ativa.

Por fim, a crescente importância da especialização e da pesquisa ativa criou problemas significativos na gestão de risco. Historicamente, os gestores de investimentos individuais tendem a criar carteiras como se administrassem a maior parte, se não todos os ativos de seus clientes. Eles selecionaram níveis de diversificação sem referência ao fato de que os proprietários do patrimônio normalmente distribuem suas participações entre muitos gestores de investimento. Para os proprietários, são os riscos de suas carteiras gerais que importam, e essas carteiras gerais muitas vezes incluem grandes posições ou negócios ilíquidos. Em princípio, os detentores de patrimônio preocupados com os riscos da carteira completa devem gerenciar os riscos de forma centralizada. A gestão de risco descentralizada leva potencialmente os gerentes de investimento individuais a assumir posições de compensação – o gestor A abraça os riscos de que o gestor B se protege – ou posições cujos retornos estão altamente correlacionados com grandes ativos ilíquidos. O resultado pode ser um processo caro de gerenciamento de risco que faz pouco para reduzir a exposição geral da carteira. Com gestores de investimentos especializados, os benefícios da diversificação devem ser alcançados no nível do proprietário do patrimônio. Cada vez mais, portanto, o gerenciamento de risco será separado da seleção individual de ativos. Os gerentes de risco centralizados devem receber informações suficientes de seus gerentes de investimento individuais para realizar seu trabalho com eficácia. À luz desses desenvolvimentos, incluímos uma discussão extensa sobre gestão de risco na segunda edição. Definimos cuidadosamente o risco para uma perspectiva de Graham e Dodd e descrevemos práticas eficazes para gerenciar esse risco.

A vitalidade contínua da tradição de Graham e Dodd sempre dependia de uma adaptação bem-sucedida às mudanças nas condições econômicas e financeiras pela prática de investidores em valor. Revisamos a seção de perfis deste livro com isso em mente. Se os investidores que cobrimos na 1ª edição forem falecidos, incluímos os perfis originais sem alterações para preservar os valiosos *insights* que eles tinham a oferecer. Os outros que apresentamos continuaram inovando e aprimorando seus processos. Felizmente, a maioria deles tem palestrado anualmente há muitos anos no curso de MBA de investimento em valor da Columbia. No caso deles e de outros oradores, fornecemos breves descrições de sua posição no amplo espectro de práticas de investimento em valor e como suas abordagens evoluíram ao longo do tempo. Aproveitando os avanços da tecnologia, esses resumos são complementados com o acesso a vídeos *on-line* editados de apresentações de investidores em salas de aula. A maioria dos novos investidores que adicionamos à segunda edição – Tom Russo, Paul Hilal e Andrew Weiss, todos especialistas em algum grau – falou em aula muitas vezes e será tratada da mesma maneira. Dois outros investidores importantes, um experiente, Warren Buffett, e um novo, Jan Hummel, não falaram em aula. No caso de Hummel, temos apresentações que editamos para acesso *on-line* e que complementamos com uma breve descrição de sua abordagem de investimento especializada. Como antes, Warren Buffett receberá seu próprio capítulo escrito com base em trechos de seus extensos comentários públicos.

Quando começamos a trabalhar na 1ª edição deste livro, em 1999, Bruce havia ministrado o curso de MBA de investimento em valor cerca de cinco vezes, com algumas passagens adicionais em versões de MBA Executivo e cursos de 2 dias de Educação Executiva. Vinte anos depois, mesmo com um ano sabático de vez em quando, ele ensinou mais ou menos continuamente por cerca de 25 anos. Em 2005, publicamos *Competition Demystified*, um estudo detalhado dos fatores que constituem as vantagens competitivas sustentáveis e que distinguem as empresas de franquia, firmas protegidas por barreira à entrada, das empresas sujeitas a pressões competitivas. Durante esses anos, nós dois tivemos experiência em investimento direto, trabalhando em um grande fundo mútuo global e três fundos de *hedge* menores. Não há dúvida de que toda a aprendizagem adicional, graças aos alunos e investidores convidados que generosamente contribuíram com seu tempo e experiência para desenvolver a tradição de Graham e Dodd, expandiu nosso próprio entendimento. Pelo menos tão importante foi nosso tempo em campo, por assim dizer. Como o historiador Edward Gibbon escreveu em suas Memórias sobre seu serviço na Guerra dos Sete Anos: "A disciplina e as evoluções de um batalhão moderno me deram uma noção mais clara da falange e da legião; e o capitão dos Granadeiros de Hampshire (o leitor fique à vontade para sorrir) não foi inútil para o historiador do Império Romano."

Bruce Greenwald e Judd Kahn, Nova Iorque, 2020

CAPÍTULO

1

Investimento em valor: definições, distinções, resultados, riscos, princípios

O que é investimento em valor

O investimento em valor é uma abordagem de investimento originalmente identificada nas décadas de 1920 e 1930 por Benjamin Graham e David Dodd. Desde então, a abordagem se desenvolveu e floresceu nas mãos de um grupo notável, mas relativamente pequeno, de investidores, sendo o mais famoso deles Warren Buffett, que foi aluno de Graham e Dodd no início da década de 1950. Conforme definido inicialmente pela dupla, o investimento em valor baseia-se em três características principais dos mercados financeiros:

1. Os preços dos ativos financeiros estão sujeitos a movimentos significativos e inconstantes. O Sr. Mercado – a famosa personificação de Graham das forças impessoais que determinam o preço dos ativos a qualquer momento – aparece todos os dias para comprar ou vender qualquer ativo financeiro. Ele é um tipo estranho, sujeito a todos os tipos de mudanças imprevisíveis de humor que afetam o preço a que está disposto a fazer negócios.

2. Apesar dessas oscilações nos preços de mercado dos ativos financeiros, muitos desses ativos têm valores econômicos subjacentes ou fundamentais que são relativamente estáveis e podem ser medidos com razoável precisão por um investidor diligente e disciplinado. Em outras palavras, o valor intrínseco do ativo é uma

coisa; o preço atual pelo qual está sendo negociado é outra. Embora o valor e o preço possam ser idênticos em um determinado dia, eles costumam divergir.

3. Uma estratégia de comprar títulos apenas quando seus preços de mercado estão significativamente abaixo do valor intrínseco calculado produzirá retornos superiores no longo prazo. Graham se referiu a essa lacuna entre valor e preço como "a margem de segurança"; o ideal é que a diferença corresponda a cerca de metade, e não menos que um terço, do valor fundamental. Sua ideia era comprar um dólar por 50 centavos: o ganho final seria grande e, mais importante, seguro.

Começando com essas três premissas, o processo central de investimento em valor é surpreendentemente simples. Um investidor em valor estima o valor fundamental de um título financeiro e compara esse valor ao preço atual pelo qual o Sr. Mercado o está oferecendo. Se o preço for inferior ao valor por uma margem de segurança suficiente, o investidor em valor compra o título. Podemos pensar nessa fórmula como a receita mestre do investimento em valor de Graham e Dodd. O ponto no qual seus descendentes legítimos diferem uns dos outros – em que cada um pode adicionar seu toque pessoal – é na maneira precisa como eles lidam com algumas das etapas envolvidas no processo:

- seleção de títulos para avaliação;
- cálculo de seus valores fundamentais;
- cálculo da margem apropriada de segurança exigida para cada proteção;
- decisão de quanto de cada ativo comprar, o que engloba a criação de uma carteira e inclui uma escolha sobre a quantidade de diversificação que o investidor deseja;
- decisão de quando vender títulos.

Essas não são decisões triviais. Buscar ativos vendidos abaixo de seu valor intrínseco é uma coisa, encontrá-los é outra bem diferente. É porque os sucessores de Graham e Dodd criaram uma variedade de abordagens para essas tarefas que o investimento em valor permaneceu uma disciplina vital em todas as condições de mercado nas mais de oito décadas desde que Graham e Dodd publicaram pela primeira vez *Security Analysis*.

O que não é investimento em valor

Um resumo comum e sucinto do investimento em valor diz que seus adeptos procuram e compram apenas "pechinchas", ativos vendidos por menos do que seus

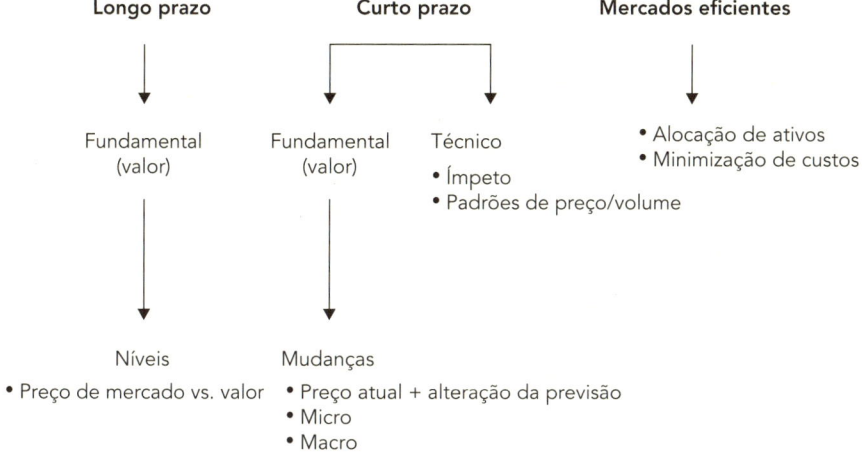

FIGURA 1.1 Abordagens para investir.

valores verdadeiros ou intrínsecos. Existe um problema com essa definição simples. Nenhum investidor racional admite procurar ativos vendidos por mais do que seu valor subjacente. Todo mundo está procurando comprar na baixa e vender na alta.[1] Precisamos ter clareza sobre o que diferencia os investidores de valor verdadeiros de todos os demais que negociam nos mercados de ativos (ver Figura 1.1).

Uma grande classe de investidores que obviamente não se qualificam são os analistas "técnicos". Os técnicos evitam análises fundamentais de qualquer tipo. Eles não dão atenção ao ramo de negócios de uma empresa, a seu balanço patrimonial ou sua demonstração de resultados, à natureza dos mercados de seus produtos ou a qualquer outra coisa que possa interessar a um investidor fundamentalista de qualquer tipo. Eles não se importam com o valor econômico. Em vez disso, eles se concentram em dados de negociação, ou seja, os movimentos de preços e números de volume de qualquer ação. Acreditam que a história desses movimentos, refletindo a oferta e a demanda por aquela ação ao longo do tempo, traça padrões que eles

---

[1] Limitaremos nossa discussão geral ao longo deste livro ao lado da posição "comprada (long)" dos investimentos e ignoraremos os investidores "a descoberto (short)" (aqueles que vendem sem possuir os papéis) de ativos que eles consideram ter preços acima de seu valor fundamental. Em certos pontos de sua carreira, Graham usou as vendas a descoberto para proteger outras posições que havia assumido, e pode haver investidores de valor genuínos hoje que fazem uso ativo de vendas a descoberto. Discutiremos os prós e os contras das vendas a descoberto como uma abordagem de gerenciamento de risco posteriormente neste livro. Em geral, no entanto, o investimento em valor é identificado com a descoberta do valor fundamental e a compra dele a preço de barganha.

podem analisar para inferir o movimento futuro dos preços. Criam gráficos para representar essas informações e os examinam em busca de sinais que irão prever como os preços oscilarão a seguir e, assim, permitir que eles façam uma negociação lucrativa. Por exemplo, os investidores de momento (do inglês *momentum*) extrapolam a tendência de preço atual, comprando ativos cujos preços estão subindo na expectativa de que continuem subindo. Às vezes, eles comparam o preço da ação no dia a uma linha de tendência composta de uma média móvel dos preços dos últimos 30, 90, 200 ou algum outro número de dias. Cruzar essa linha de tendência, para cima ou para baixo, pode indicar uma mudança de direção. Certamente eles pretendem comprar na baixa e vender na alta, mas *baixo* e *alto* aqui se referem aos preços anteriores e futuros do título, sem relação com seu valor fundamental. Para investidores técnicos, o Sr. Mercado é único e sem igual. É também um tipo que se presta à negociação – compra e venda no curto prazo. São pouquíssimos os operadores que ignoram as informações técnicas. Os adeptos de gráficos de hoje são muito mais propensos a usar algoritmos computadorizados sofisticados para detectar padrões e pesquisar esses padrões entre diferentes preços de ativos em vez de focar o histórico de preços de um único ativo. Como a maioria dos técnicos, eles estão, na melhor das hipóteses, interessados secundariamente no valor econômico fundamental dos negócios subjacentes aos ativos.

Mesmo quando nos voltamos para pessoas que legitimamente se veem como investidores fundamentais, preocupados com a economia real das empresas cujos ativos eles compram, os investidores em valor do tipo Graham e Dodd são distintos.

Podemos dividir a classe de investidores fundamentais em aqueles que se concentram em questões macroeconômicas e aqueles que se concentram na microeconomia de ativos específicos. Os macrofundamentalistas estão preocupados com fatores econômicos amplos que afetam o universo dos títulos como um todo, ou pelo menos em grandes grupos: taxas de inflação, taxas de juros, taxas de câmbio, taxas de desemprego e a taxa de crescimento econômico em nível nacional ou mesmo internacional. Eles monitoram de perto as ações dos formuladores de políticas, como o Federal Reserve Board*, e agregam o sentimento do investidor e do consumidor. Usam suas informações para prever tendências econômicas gerais e, em seguida, valem-se das previsões para decidir quais grupos de ativos (ou até mesmo questões individuais) têm maior probabilidade de ser afetados pelas mudanças que preveem. Sua abordagem é muitas vezes referida como *top-down*, começando com a economia geral e indo para setores e papéis específicos. Como qualquer outro investidor, eles pretendem comprar na baixa e vender na alta, usando o que espe-

---

* N. de T. No Brasil, este papel de determinar a taxa básica de juros (SELIC) é feito pelo Comitê de Política Monetária (COPOM).

ram ser suas previsões de qualidade superior para negociar antes que o mercado como um todo reconheça o que está acontecendo. Como regra, eles não fazem cálculos diretos do valor de ativos individuais ou classes específicas de títulos, embora esses cálculos possam ser consistentes com uma abordagem macrofundamentalista. Embora existam alguns investidores em macro-valor famosos e bem-sucedidos, os investidores em valor na tradição de Graham e Dodd são basicamente microfundamentalistas.

No âmbito da sociedade de microfundamentalistas – aqueles que analisam os fundamentos econômicos das empresas e olham para os ativos um por um –, os investidores de valor na tradição de Graham e Dodd ainda são minoria. Uma abordagem mais comum para o investimento microfundamentalista considera o preço atual de uma ação ou outro ativo como ponto de partida. Esses investidores estudam a história desse ativo, observando como o preço mudou em resposta às mudanças nos fatores econômicos que se pensa influenciá-lo: ganhos, condições do setor, lançamentos de novos produtos, melhorias na tecnologia de produção, mudanças de gestão, crescimento na demanda, mudanças na alavancagem financeira, novos investimentos em instalações e equipamentos, aquisições de outras empresas e alienações de linhas de negócios e assim por diante. Há mais do que o suficiente para examinar. Eles então tentam antecipar como as variáveis críticas nesta lista podem mudar, confiando em grande medida nas fontes da empresa e do setor, bem como em seus conhecimentos mais gerais.

A maioria das previsões se concentra nos lucros da empresa. Os preços dos ativos incorporam a previsão agregada do mercado sobre os lucros futuros. Se esses investidores descobrirem que suas estimativas de ganhos futuros e outras variáveis importantes excedem as expectativas do mercado, eles compram os ativos. Eles presumem que, quando novas informações sobre lucros e outros assuntos forem divulgadas, suas previsões serão validadas e o mercado aumentará o preço dos ativos. Compraram na baixa, com base em uma estimativa superior do futuro, e pretendem vender na alta.

Embora essa abordagem compartilhe com o investimento em valor uma concentração nos fundamentos econômicos e ativos específicos, existem grandes diferenças. Primeiramente, ela se concentra em *mudanças* anteriores e antecipadas de preços, não no *nível* dos preços em relação aos valores subjacentes. Pode-se aplicar essa análise igualmente bem a uma negociação de ações a 10, 20 ou 50 vezes os lucros previstos. Um investidor em valor não consideraria essas situações como equivalentes. Em segundo lugar, essa abordagem não incorpora uma margem de segurança identificável para proteger o investimento do comportamento caprichoso do Sr. Mercado, que, afinal, é conhecido por fazer afundar o preço das ações em resposta a boas notícias. Portanto, embora o investimento em valor *à la* Graham e Dodd seja mais frequentemente uma abordagem microfundamentalista, nem todos os microfundamentalistas, ou mesmo a maioria deles, são investidores em valor.

Cada uma dessas alternativas de investimento em valor pode levar a um registro de investimento bem-sucedido, desde que ele seja buscado cuidadosa e diligentemente. Os estudos estatísticos sugerem cada vez mais que os preços e volumes dos títulos traçam padrões consistentes e reconhecíveis; há correlações seriais positivas no curto prazo e reversão para a média no longo prazo. Existem investidores técnicos de sucesso. Variáveis macroeconômicas podem ser previstas com alguma precisão e afetarão os mercados de ativos de formas sistemáticas e identificáveis. Existem investidores macrofundamentalistas de sucesso. Os analistas que buscam energicamente as informações de fontes da empresa e do setor, sendo os melhores na descoberta de tendências, deveriam – em teoria e às vezes na prática – obter retornos de investimento acima da média.

Outra abordagem para investir fora da tradição do valor rejeita todas essas possibilidades. Surgiu da Teoria Moderna do Portfólio e sua irmã a Hipótese do Mercado Eficiente, que foram desenvolvidas em departamentos de finanças das universidades no início da década de 1960. A premissa subjacente à teoria é que os preços atuais dos ativos, que são definidos pelas percepções coletivas de todos os participantes do mercado, incorporam com precisão todas as informações legalmente acessíveis sobre preços e valores futuros. Percepções equivocadas e decisões não racionais são consideradas essencialmente aleatórias. O otimismo excessivo, por exemplo, da parte de alguns investidores seria compensado pelo pessimismo excessivo da parte de outros. A percepção correta, ao contrário, sendo compartilhada por muitos investidores ativos e inteligentes, determinaria os preços de mercado. Esses preços refletem as melhores previsões de desenvolvimentos futuros que afetam o valor das empresas. Como resultado, os movimentos de preços futuros dependeriam do comportamento aleatório do investidor ou de novas informações relevantes que não poderiam ter sido previstas. Dadas essas premissas, as mudanças de preço futuras seriam imprevisíveis, e os preços atuais seriam o melhor preditor da média dos preços futuros. Todas as tentativas de investidores individuais de superar o desempenho de uma carteira com base nos preços atuais seriam inúteis, uma vez que todas as mudanças seriam aleatórias.

Dada essa visão dos mercados de ativos, o investidor inteligente deve se concentrar na minimização dos custos de transação e no gerenciamento de riscos. A primeira tarefa do gerenciamento de risco é diversificar totalmente os riscos idiossincráticos de investimentos individuais, da mesma forma que um extrator de petróleo avesso ao risco faz muitos furos para minimizar as perspectivas de esgotar as reservas perfurando apenas os poucos que parecem mais promissores. No caso de ativos, essa abordagem significa comprar uma parte proporcional de todos os ativos de risco disponíveis para obter o retorno de "mercado".

Em segundo lugar, o risco remanescente, o risco sistemático – que não pode ser diversificado porque é o risco de todo o mercado – pode ser administrado combinando carteiras de mercado com investimentos em um ativo sem risco, normalmente títulos de dívida governamental de curto prazo. Ajustando a proporção da riqueza geral alocada ao ativo livre de risco, os investidores podem obter a exposição, desde todo recurso investido em ativo livre de risco até todo recurso investido na carteira de mercado, de acordo com seu apetite por risco. Caso alguns investimentos individuais ofereçam uma melhor relação risco-retorno do que as carteiras de mercado, investidores bem-informados fariam fila por essas oportunidades. Ao elevar seus preços e, assim, diminuir os retornos futuros, essa atividade traria todos os preços de volta ao alinhamento risco-retorno que a Teoria do Mercado Eficiente postula como a condição normal. No final, para investidores que acreditam na eficiência do mercado, o processo de investimento consiste em decisões sobre alocação de ativos – a combinação certa entre livre de risco e mercado – e minimização dos custos de transação com fundos mútuos de índice e *Exchange Traded Funds* (ETFs).

A evidência empírica extensa desacreditou amplamente a forma forte da Hipótese do Mercado Eficiente. Alguns gerentes individuais e empresas superaram as carteiras de mercado em longos períodos. Além disso, as carteiras selecionadas por regras estatísticas simples, como aquelas com menor razão entre valor contábil e valor de mercado (*book to market*), tiveram um desempenho significativamente melhor do que as carteiras de mercado sem aumento aparente de risco ao longo de subperíodos estendidos – 15 anos ou mais – desde a década de 1920 nos Estados Unidos. Os mesmos resultados valem, com algumas exceções, para mercados externos durante os períodos para os quais dados adequados de retornos do mercado de ações estiveram disponíveis.

No entanto, há um sentido importante em que os mercados são, sem sombra de dúvida, eficientes. O retorno médio obtido por todos os investidores, ponderado pelos ativos possuídos, em qualquer categoria de ativos deve ser igual ao retorno médio dos ativos que compõem essa categoria. Por exemplo, o total dos retornos que os investidores em ações dos EUA obtêm em um determinado período deve ser igual ao retorno total produzido pelas ações dos EUA naquele período. Todas essas ações são de propriedade de alguém, e quaisquer derivativos relacionados são liquidados (p. ex., para cada vendedor a descoberto, que não possui as ações em questão, há um comprador correspondente dessas ações inexistentes). Visto que o valor total das ações em qualquer momento também deve ser igual ao valor total das ações dos investidores, o retorno percentual médio obtido pelos investidores em ações dos EUA deve ser igual ao retorno percentual médio produzido pelo mercado de ações dos EUA como um todo – o retorno do mercado. Isso significa que, se alguns investidores apresentarem desempenho superior ao do mercado em questão, outros investidores deverão apresentar desempenho inferior na mesma proporção. Antes dos custos de transação, a negociação de ativos é um jogo de soma zero; com os custos de transação incluídos, torna-se uma soma negativa.

Uma maneira de pensar sobre essa restrição, que deve chamar a atenção sobre suas implicações, é reconhecer que toda vez que você compra um ativo porque espera um retorno acima da média, alguém o está vendendo porque acha que o retorno ficará abaixo da média. Pelo menos um de vocês sempre estará errado; se o preço do ativo não se mover, vocês dois perderão os custos da transação e um de vocês perderá o retorno que poderia ter tido ao investir no ativo livre de riscos. Não deveria ser uma surpresa, portanto, que quando levamos o esforço e as despesas em consideração, de 80 a 90% dos gestores de fundos ativos tiveram um desempenho pior do que a estratégia de mercado eficiente de comprar instrumentos vinculados ao índice com baixas taxas.[2]

Essa realidade inescapável é a característica mais importante do investimento ativo, a qual um investidor ativo nunca deve esquecer. Um investidor ativo deve ser capaz de identificar razões convincentes pelas quais estará do lado certo da operação com mais frequência – os motivos por que, em outras palavras, você obterá retornos acima da média. Se você não conseguir fazer isso, então os investimentos em fundos de índice apropriados fazem sentido. Podemos reconhecer a eficácia dos fundos de índice – conhecidos como investimentos *passivos*, porque buscam apenas imitar o mercado, não o vencer, e não tomam nenhuma decisão de investimento além de fazer ou não o investimento – sem subscrever a ideia de que o preço que o Sr. Mercado oferece por um ativo é sempre a melhor medida de seu valor fundamental ou que nenhuma abordagem de investimento superará uma abordagem passiva ao longo do tempo.

O investimento em valor funciona?

O caso do investimento em valor deve enfrentar essa restrição de soma zero. O argumento tem dimensões teóricas e empíricas. Desenvolvemos a teoria em nossa discussão detalhada dos procedimentos do investimento em valor moderno. Empiricamente, o registro histórico confirma que as estratégias de investimento

---

[2] Consultar a nota de rodapé 4 a seguir para obter detalhes.

em valor funcionaram; em longos períodos, produziram retornos melhores do que as alternativas principais e do que o mercado como um todo.

Três fontes distintas fornecem evidências dessa superioridade na prática. A primeira vem de uma bateria de testes de seleção mecânica. Um pesquisador normalmente classifica todas as ações no universo que definiu em uma medida de valor, como a razão entre preço de mercado e valor contábil do patrimônio líquido ou entre preço de mercado e lucros (P/L). Agrupam-se as ações classificadas em cestas, frequentemente decis, da mais barata (valor) à mais cara (charme). Eles registram os retornos totais para cada cesta durante um período definido, geralmente um ano. A seguir, repete-se o processo por vários anos. No final, os pesquisadores têm os retornos de um longo período – alguns remontam a 90 anos – e podem ver como uma estratégia de valor mecânica se saiu em relação às ações de charme e ao mercado como um todo.

Muitos estudos foram realizados empregando diferentes versões dessa abordagem.[3] Os resultados demonstram quase invariavelmente que as carteiras de valor produzem retornos melhores do que a média – "média" aqui significa retornos sobre todo o mercado – em quase todos os períodos e todos os tipos de mercado. Usando os dados da razão entre o valor de mercado e o valor contábil de Kenneth French, o retorno de uma carteira comprada nos 30% mais baratos das ações e vendida nos 30% mais caros (uma carteira de custo zero antes das taxas de transação) teve um retorno anual composto de 3,35% de 1927 a 2018 sobre o valor bruto investido em cada cesta para uma carteira geral que não requer nenhum investimento líquido; o desempenho superior diminuiu desde a publicação do artigo. As carteiras de baixo preço/lucro tiveram um sucesso semelhante. As carteiras criadas

---

[3] Alguns dos artigos mais importantes foram escritos por Eugene Fama, um dos primeiros e principais proponentes da Teoria do Mercado Eficiente, pela qual ele recebeu o Prêmio Nobel de Economia, e seu coautor Kenneth French. O artigo original é de Fama, Eugene F. e French, Kenneth R. (1992). "The Cross-section of Expected Stock Returns," *Journal of Finance* 47: 427–465. Eles publicaram muitos artigos desde então, e o professor French, atualmente em Dartmouth, manteve os dados originais e muitas outras abordagens atualizadas – e os ampliou ao longo do tempo – no seu site http://mba.tuck.dartmouth.edu/pages/faculty/ken.french/data_library.html. Todos os investidores – ativos, passivos ou qualquer variante disso – têm para com ele uma dívida tremenda. Ver também os artigos produzidos por Clifford Asness, aluno de Fama, no site de sua empresa, https://www.aqr.com/Insights/Research/White-Papers, e pesquisas adicionais publicadas por Wesley Gray, outro aluno de Fama, em seu site https://alphaarchitect.com/alpha-architect-white-papers/. Tanto Asness quanto Gray administram empresas de investimento que tentam capitalizar as ineficiências do mercado. A Internet tornou a pesquisa mais disponível e mais fluida, o que significa que ela muda o tempo todo. Até agora, o valor como fator tem resistido a toda atenção, embora tenha apresentado um desempenho inferior no período de recuperação iniciado em 2009.

com ações de preços elevados, medidas pelas relações entre o valor de mercado e o valor contábil e preço/lucro, tiveram um desempenho ruim. Elas têm preços elevados principalmente porque as empresas tiveram um rápido crescimento de vendas e lucros no passado recente; daí o rótulo "charme". Infelizmente, todo esse sucesso e essas expectativas de que a situação continuará já são incorporados ao preço das ações quando as carteiras são criadas.

Essas seleções mecânicas de ações produzem carteiras que parecem muito com aquelas que um investidor em valor diligente, analisando ações uma a uma, criaria, especialmente porque o investimento em valor seria praticado no período inicial. Ainda assim, o investimento em valor não é a mesma coisa que uma abordagem mecânica – um programa de computador – que seleciona ações com base em uma medida estatística que indica quais estão mais baratas. Cálculos de valor intrínseco são geralmente mais complicados e requerem mais detalhes em termos de conhecimento da economia da empresa e do setor do que é divulgado por índices financeiros simples.

No entanto, o notável sucesso histórico dessas carteiras de valor produzidas por seleção mecânica deve nos lembrar dos altos padrões a que uma estratégia de investimento em valor ativo deve atender. De acordo com a Standard & Poor's, mais de 80% dos gestores de fundos ativos tiveram desempenho inferior ao de seu *benchmark* de mercado em períodos de 5, 10 ou 15 anos encerrados em junho de 2018.[4] No período de 15 anos, o S&P 500 retornou 9,3% ao ano; o quintil mais barato de ações classificadas por preço/lucro retornou 11,8%.[5] É reconfortante, portanto, que as instituições de gestão de investimentos que adotaram estratégias de valor sistemáticas no estilo Graham e Dodd tenham registros de retorno que superam o mercado como um todo.[6] O desempenho dessas instituições é nossa segunda fonte de apoio para o argumento de que o investimento em valor produz retornos superiores. Ao contrário dos estudos mecânicos, que são *backtests* (testes que ocorrem após os eventos, examinando-se o passado) de regras de seleção aplicadas

---

[4] A Standard & Poor's mantém um *scorecard* para avaliar o desempenho dos gestores de fundos ativos em relação aos índices de mercado específicos (*benchmarks*) com os quais eles devem ser comparados. É o scorecard SPIVA dos EUA (SPIVA US Scorecard) e é atualizado a cada 6 meses. Para o período encerrado em 30 de junho de 2018, menos de 10% dos gerentes ativos haviam superado o benchmark S&P da empresa, fosse ele grande, médio ou pequeno, nos 15 anos anteriores. https://us.spindices.com/documents/spiva/spiva-us-mid-year-2018.pdf

[5] Esses dados são do site de Kenneth French.

[6] Por exemplo, The Tweedy Browne Value Fund, fundado em 1993, e The Sequoia Fund, fundado em 1970, superaram o S&P 500 desde o início, apesar do baixo desempenho desde a recuperação em 2009. O Dodge and Cox Stock Fund também teve um desempenho superior, mesmo nos últimos 20 anos.

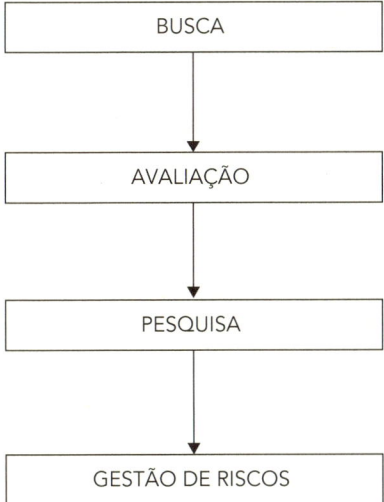

FIGURA 1.2 A sequência das etapas de investimento.

a dados históricos, essas instituições têm gerado retornos reais para clientes reais. O investimento em valor funciona tanto no mundo real quanto em laboratório.[7]

Finalmente, entre os investidores notáveis que obtiveram retornos bem acima dos índices de mercado por longos períodos, os investidores em valor cujo *background* intelectual remonta a Graham e Dodd estão fortemente representados. O mais famoso deles é Warren Buffett. A lista também inclui muitos dos investidores descritos neste livro, aqueles identificados pelo próprio Buffett em seu artigo de 1984 "The Superinvestors of Graham e Doddsville."[8] e outros que buscaram estratégias de valor sem necessariamente adotar publicamente a tradição de Graham e Dodd.

---

[7] Devemos deixar claro que, como o truque de contar as cartas no vinte-e-um (*blackjack*), o investimento em valor não funciona o tempo todo. Se nunca tivesse um desempenho inferior ao do mercado, então todos se tornariam um investidor em valor, e a vantagem seria, na terminologia da disciplina, "arbitrada". As carteiras de valor estatísticas normalmente apresentam desempenho inferior ao do mercado de 3 a 4 anos para cada 10 anos. Em períodos de 10 anos ou mais, as carteiras de valor quase sempre superam o mercado. O mesmo se aplica a indivíduos e instituições orientados pelo valor. Podem ter um desempenho significativamente inferior por longos períodos, como no final da década de 1990 e no período de março de 2009 até o momento em que este livro foi escrito, mas medidos em janelas significativamente longas, digamos 10 anos ou mais, quase sempre tiveram um desempenho superior.

[8] Originalmente publicado em *Hermes*, reimpresso em Benjamin Graham, *O Investidor Inteligente*, 4ª edição e edições subsequentes.

O caso teórico para o investimento em valor começa com a natureza de soma zero do investimento. Uma abordagem consistentemente superior deve ter sucesso à custa dos investidores que apresentam desempenho inferior ao do mercado geral. Esse sucesso deve se basear nas vantagens em todas as fases de um processo de investimento ativo, seja orientado pelo valor ou não. O processo consiste em quatro etapas básicas (ver Figura 1.2).

O primeiro passo é criar uma estratégia de busca. Nenhum investidor pode analisar cuidadosamente todos os milhares de investimentos disponíveis no mundo hoje. Ele deve identificar um subconjunto selecionado de forma inteligente de todo o grupo a ser examinado. Idealmente, esse subconjunto conterá um número desproporcional de oportunidades que, na maioria das vezes, colocarão nosso investidor no lado certo da negociação. Algumas estratégias de pesquisa são determinadas pela natureza da empresa de investimento. Por exemplo, uma empresa ou fundo que investe apenas em títulos de dívida conversíveis listados nos Estados Unidos tem as origens de uma estratégia de busca embutida em seu mandato de investimento. Um investidor que busca ações dos Estados Unidos com perspectivas de crescimento atraentes, seja com dados estatísticos, seja menos formalmente, lendo os textos apropriados, indo a conferências ou conversando com colegas com ideias semelhantes, tem uma estratégia de pesquisa. No mínimo, uma boa estratégia de pesquisa deve responder às perguntas de por que você está considerando um determinado investimento e por que, dadas as oportunidades identificadas pela pesquisa, você provavelmente estará do lado certo da operação que ela identifica.

Depois que a estratégia de busca identifica uma segurança para investigação detalhada, a segunda etapa do processo é decidir quanto ela realmente vale. Esta etapa é a avaliação. Sendo a avaliação feita de forma explícita ou implícita – por exemplo, escolhendo ações cujos valores devem aumentar –, qualquer decisão de investimento deve ser baseada no julgamento de que o valor futuro do ativo excede o preço pelo qual ele pode ser comprado hoje. Os vários métodos de avaliação, assim como as formas alternativas de realizar estratégias de busca, definem a abordagem subjacente do investidor. Os investidores técnicos avaliam os valores futuros com base em movimentos de preços anteriores e padrões de negociação. Os fundamentalistas do curto prazo ajustam o preço de hoje de acordo com suas estimativas de desenvolvimentos futuros de curto prazo no nível macroeconômico ou de ativos individuais. Os investidores de mercado eficientes assumem o preço de hoje como a melhor medida de valor. O ponto aqui é que todos têm uma regra de avaliação. Eles não são todos igualmente bem-sucedidos. O teste de qualidade são os retornos que o investidor obtém ao tomar um lado da negociação em oposição a alguém cuja medida de avaliação produz estimativas diferentes e menos precisas.

Os métodos de avaliação mais úteis identificarão incertezas importantes relacionadas ao valor do título sob exame. Os investidores profissionais empregarão um processo sistemático de pesquisa ativa para resolver essas incertezas. A primeira característica de um processo de pesquisa bem concebido é que ele se concentra nas variáveis incertas que mais afetam a avaliação. Atender a esse critério requer uma abordagem de avaliação sólida que identifique essas incertezas principais. Os esforços de pesquisa que são mecanicamente focados em uma lista predeterminada de variáveis, não relacionadas à sua relevância para o investimento específico em questão, não serão tão eficientes quanto aqueles orientados por uma metodologia de avaliação superior. Em segundo lugar, sempre há informações indiretas significativas disponíveis que podem confirmar ou contestar a estimativa de avaliação inicial. Por exemplo, o diretor financeiro vendeu recentemente todas as suas ações? Outros investidores bem-informados e disciplinados estão comprando ou descartando as ações? Quais são as crenças comumente aceitas que fundamentam o preço atual das ações e por que você acha que sua avaliação é melhor do que o consenso? Conheça a si mesmo. Como você agiu em situações semelhantes no passado? Você já tomou decisões parecidas com esta? E quais foram os resultados? Em outras palavras, você é fã de certos tipos de histórias? Um processo de pesquisa eficaz irá coletar e analisar esta evidência indireta relevante de uma forma que seja pelo menos tão abrangente e eficiente – nos limites da lei – quanto a das pessoas do outro lado da negociação.

Por fim, depois de buscar, avaliar, examinar evidências adicionais para verificar a avaliação inicial e tomar uma decisão, todo investidor precisa de um processo de gestão do risco que esse investimento acrescenta (ou reduz) à carteira. Qual é o tamanho apropriado da posição na carteira? O movimento se dá em conjunto com outras participações ou tem uma correlação baixa ou mesmo negativa com elas? Fornecerá segurança em uma crise, da forma como ouro, dinheiro e derivativos podem fazer? Ao contrário da negociação de ativos, a gestão de risco não é um jogo de soma zero, especialmente quando diferentes investidores enfrentam riscos diferentes. Contudo, mesmo nessa etapa do trabalho, é útil pensar em termos competitivos: suas definições de riscos e os processos que você usa para gerenciá-los são pelo menos tão bons quanto as alternativas amplamente utilizadas e disponíveis?

Nosso argumento é que as abordagens desenvolvidas por Graham, Dodd e seus sucessores talentosos são, em cada estágio do processo, geralmente superiores aos métodos comumente empregados por aqueles que estão fora da tradição do investimento em valor. Nosso objetivo é convencer o leitor de que não apenas as evidências históricas – estudos estatísticos, desempenho de empresas e o sucesso dos indivíduos – apoiam uma abordagem de valor para o investimento, mas que até que outros desenvolvam processos alternativos pelo menos tão eficazes quanto os da comunidade de Graham e Dodd, o investimento em valor continuará a prevalecer no futuro.

O restante do livro

A Parte II discute a avaliação em profundidade, com capítulos sobre avaliação de ativos, poder aquisitivo e crescimento. Duas análises detalhadas são incorporadas, Hudson General como exemplo de uma abordagem de valor de ativo e Magna International para uma avaliação de poder de lucro. A Parte III enfoca os negócios de franquia e uma nova abordagem para avaliar o crescimento nessas empresas. Novamente, existem dois exemplos detalhados, desta vez para ações de franquia: WD-40 e Intel. A Parte IV discute estratégias de pesquisa e gestão de risco.

Além do texto entre a capa e a contracapa deste livro, pudemos disponibilizar on-line algumas das apresentações feitas ao longo dos anos no curso de investimento em valor da Columbia Business School, ministrado durante um quarto de século por Bruce Greenwald e agora por Tano Santos. Alguns dos investidores de valor mais extraordinários têm dedicado tempo e esforço para fazer essas apresentações, em alguns casos praticamente anualmente.

Somos muito gratos a eles e às contribuições que fizeram para a disciplina do investimento em valor, que está sempre em evolução.

Apêndice: O retorno extra é a recompensa pelo risco extra?

Uma questão final a respeito da evidência factual em favor de uma abordagem de valor deve ser discutida. É certamente possível que os retornos mais altos obtidos pelo investimento em valor de cada uma dessas três fontes – carteiras selecionadas mecanicamente, instituições orientadas pelo valor e investidores individuais do tipo Graham e Dodd – surjam apenas porque essas carteiras são mais arriscadas do que o mercado como um todo. Se assim fosse, seus retornos superiores não seriam nada mais do que uma recompensa apropriada por assumir esse risco aumentado. Muitos especialistas financeiros acadêmicos têm sido enfáticos ao argumentar não apenas que maior retorno é a recompensa para maior risco, mas também que não há maneira de superar o retorno médio do mercado a não ser assumindo risco adicional e que a melhor maneira de adicionar risco é se alavancar com a carteira de mercado, uma vez que nenhum processo de seleção de ações terá desempenho superior ao do mercado.

O problema com esse argumento é que quando as medidas acadêmicas padrão de risco – seja a variabilidade do retorno anual ou betas, conforme definido pela teoria moderna das finanças – foram calculadas para carteiras de valor, geralmente não foram maiores do que as mesmas medidas de risco aplicadas ao mercado como um todo. Além disso, as carteiras de valor provaram ser menos arriscadas do que o mercado como um todo quando testadas por outras medidas de risco, como o quanto uma ação cai em reação a más notícias sobre a empresa, a extensão das quedas de preços durante os mercados em baixa, ou simplesmente o nível de perda máxima experimentado. Essas medidas estão mais próximas do nosso entendimento comum de risco e mais apropriadas para investidores em valor, que consideram as flutuações de preço como oportunidades de compra ou venda, não como estimativas precisas do valor intrínseco do ativo.

Para nossas carteiras de valor selecionadas mecanicamente, que foram submetidas ao escrutínio estatístico mais completo, seus retornos médios de 1 ano foram maiores, seus retornos médios de período de manutenção de 3 anos foram maiores, seus retornos médios de período de manutenção de 5 anos foram mais altos, elas forneceram retornos superiores durante as recessões e tiveram desempenho melhor do que as carteiras de charme durante os piores meses para o mercado de ações como um todo. A abordagem do valor, mesmo em sua aplicação mecânica, é um tipo de amigo da onça. Examinando as perdas máximas (*drawdowns*), nos 30 anos de 1989 a 2018, o S&P 500 teve dois grandes mercados em baixa:

- 30 de agosto de 2000 a 30 de setembro de 2002 (45%),
- 21 de outubro de 2007 a 28 de fevereiro de 2009 (51%).

Como comparação, usando o quintil mais barato de Kenneth French medido pela razão lucro/preço, os dois maiores foram:

- 30 de junho de 2001 a 30 de setembro de 2002 (19%),
- 31 de março de 2007 a 28 de fevereiro de 2009 (51%).

Em um caso, a carteira de valor perdeu consideravelmente menos dinheiro; no outro, foram equivalentes. Os retornos anuais compostos para todo o período de 30 anos foram de 9,2% para o S&P e 12,9% para o quintil mais barato. Usando os *drawdowns* como medida, é impossível dizer que a carteira de valor teve desempenho superior por assumir mais risco.

Como outra abordagem alternativa ao risco, lembramos o clássico relato de Warren Buffett de como ele comprou uma grande parte das ações da The Washington Post Company. Aconteceu no final de 1973. Foi uma época lamentável para a economia, para o mercado de ações, para o temperamento nacional e, naturalmente, um grande momento para os investidores em valor. A capitalização de mercado da The Washington Post Company caiu para US$ 80 milhões. Naquele momento, toda a empresa poderia ter sido vendida a qualquer um dos 10 compradores por pelo menos US$ 400 milhões. Obviamente, o Sr. Mercado estava de péssimo humor. Buffett perguntou, se o valor de mercado das ações caísse novamente, de US$ 80 milhões para US$ 40 milhões, isso teria tornado a compra das ações mais arriscada? Segundo a teoria moderna de investimento, sim, porque teria aumentado a volatilidade dos preços. De acordo com Buffett, de forma alguma, porque isso teria aumentado uma margem de segurança já ampla e reduzido qualquer risco – ele acha que não havia nenhum – existente na compra. Como cálculo de risco, a margem de segurança nada tem em comum com a volatilidade do preço de um ativo. Para usá-lo, você deve reconhecer a existência de um valor intrínseco e se sentir confiante em sua capacidade de calculá-lo.

CAPÍTULO

2

Procurando por valor: como encontrar o lado certo da negociação

O mundo dos investimentos oferece tantas opções que qualquer investidor sério precisa dedicar tempo para examinar uma parte limitada desse mundo antes de iniciar sua análise. Tanto pelo projeto quanto pela prática, os investidores devem se especializar. A especialização é o primeiro fator, o mais importante, embora frequentemente esquecido, em uma estratégia de pesquisa eficaz. Como um caso extremo, considere uma situação em que um investidor passou 20 anos estudando e investindo apenas em arrendamentos de petróleo *onshore* na Costa do Golfo do sul do Texas. Um segundo investidor chega da Europa e, baseado exclusivamente na crença de que em áreas politicamente estáveis, como os Estados Unidos, o petróleo é um bom investimento, adquire um arrendamento de petróleo de nosso especialista local. Às vezes, esse investimento dá certo. Os preços do petróleo podem subir mais do que o esperado ou a propriedade arrendada pode ter capacidade de produção maior do que o previsto. No entanto, não deve restar dúvida de que, na maioria das vezes, o especialista local sairá na frente em uma negociação com uma contraparte cujo foco está no preço de uma *commodity* global. A especialização, sobretudo em mercados que não são acompanhados de forma intensa por um grande número de outros investidores, é uma maneira óbvia de aumentar as chances de estar do lado certo da negociação.

Seguiremos nossos próprios conselhos nesta discussão e nos especializaremos apenas em uma parte do universo maior de investimentos. Não vamos abordar áreas como dívida governamental, taxas de câmbio, amplos instrumentos de nível de mercado, como fundos mútuos de índice e ETFs, ou *commodities* como petróleo, trigo ou cobre, sobre os quais muitos investidores estão tomando decisões com base em fatores macroeconômicos. Ao evitar esses mercados, refletimos as práticas da maioria dos investidores do tipo Graham e Dodd. Também ignoraremos escolhas de investimento muito simples, como contas de poupança e certificados de depósito bancários, em que há espaço limitado para um investidor profissional agregar valor. Por fim, não discutiremos áreas como itens de coleção ou derivativos intrincados, para os quais a especialização é essencial, mas o conhecimento necessário é muito rigoroso, específico e fora dos interesses da maioria dos investidores, sejam em valor ou não. Vamos nos concentrar em ativos corporativos, principalmente ações, cujas questões centrais de valor estão relacionadas aos fundamentos do negócio subjacente. Benjamin Graham e David Dodd começaram nesse ponto, e a maioria dos investidores em valor seguiu o caminho deles.

Especialização

Um princípio bem estabelecido de investimento de Graham e Dodd é permanecer dentro do próprio "círculo de competência". Nenhum investidor é capaz de compreender todos os negócios em todos os setores. Warren Buffett costuma afirmar que não entende nada de empresas de tecnologia; quando ele investiu na Apple, ela era uma empresa de bens de consumo extremamente bem-sucedida. Como a empresa situa-se fora de seu "círculo de competência", os investimentos que ele possa fazer nesses setores provavelmente não o levarão ao lado certo do negócio. Um círculo de competência delineia as áreas de especialização de uma pessoa. Os investidores devem sempre permanecer dentro do círculo e considerar as regiões externas como território não lucrativo. A principal diferença entre estabelecer uma especialização e identificar um círculo de competência é que a especialização funciona de dentro para fora, começando em uma determinada indústria ou região geográfica ou outra área restrita de interesse. Depois que essa área for dominada, o investidor pode passar para as áreas de interesse adjacentes, dominando-as uma de cada vez. Um círculo de competência é geralmente descrito de fora para dentro, começando com um conjunto completo de oportunidades de investimento e eliminando aquelas que estão além do nosso entendimento atual. Formalmente, os dois podem ser equivalentes, especialmente para investidores experientes. Por outro lado, particularmente para investidores iniciantes, um processo de especialização provavelmente será uma maneira mais eficiente de definir e desenvolver campos de vantagem no investimento. Assim, daqui para frente, focaremos nossa discussão de pesquisa na especialização, e não nos círculos de competência mais tradicionais.

Essa descrição, na verdade, subestima o poder da especialização intensa. A alta produtividade por meio da divisão do trabalho que Adam Smith descreveu em uma fábrica de alfinetes tem sido o pilar da prosperidade econômica por mais de dois séculos. Os indivíduos se especializam em profissões de áreas como direito, medicina, contabilidade, jornalismo, educação e, quase invariavelmente, em uma área de limites relativamente estreitos dentro da profissão, como direito de patentes, direito do trabalho, direito da família e direito penal de crimes financeiros. Cirurgiões não tratam doenças infecciosas, e cirurgiões cardíacos não substituem quadris. Os gerentes geralmente passam a maior parte de suas carreiras em um único setor. Atletas profissionais que se destacam em um esporte, até mesmo Michael Jordan no basquete, geralmente estão em terreno estranho quando tentam outro, como o beisebol. As empresas que têm sucesso em determinados setores e às vezes em regiões geográficas específicas têm, historicamente, superado as empresas que tentam fazer muitas coisas – os conglomerados – ou que operam globalmente. O Walmart não conseguiu repetir seu sucesso quando se expandiu para além da América do Norte. Mesmo dentro de um círculo de competência bem definido, os investidores geralmente têm um desempenho melhor começando com um foco muito estreito e trabalhando de dentro para fora. Warren Buffett tem tido mais sucesso investindo em seguros, bancos, mídia tradicional e bens de consumo não duráveis do que em outros setores.

Dentro da profissão de investimento, a forma mais comum de especialização é por setor. Os analistas do lado da compra e da venda do mercado quase sempre são especialistas do setor. Eles geralmente cobrem setores como automóveis, bancos, varejistas ou empresas de *software* em nível cada vez mais global. O desafio para investidores e analistas é que pode haver longos períodos durante os quais não há oportunidades atraentes em qualquer setor específico. Felizmente, um círculo de competência viável pode se estender além de um único setor. Um investidor ou analista experiente deve ser capaz de dominar vários. Já aqueles que tentam se tornar especialistas em muitos setores provavelmente não dominarão nenhum, o que os coloca em desvantagem quando negociam contra investidores mais focados em cada área. Essa visão de especialização é consideravelmente mais restritiva do que o que é tradicionalmente considerado um círculo de competência.

A especialização geográfica é outra restrição útil. Concentrar esforços nas empresas de uma determinada região é uma vantagem, especialmente para aqueles que investem em empresas de pequeno e médio porte. Primeiramente, para empresas de serviços que operam localmente, um foco regional permite ao investidor monitorar clientes, fornecedores, concorrentes e comunidades de negócios locais em um nível de detalhe que não pode ser igualado por investidores que tentam cobrir o setor em todo o mundo. Em segundo lugar, uma presença local facilita o acesso ininterrupto à administração. As visitas podem ser mais frequentes dentro de um território restrito, e o investidor pode conhecer mais sobre a operação do negócio. Em comparação com aqueles que dependem de voos anuais para reuniões na sede da empresa, o investidor com foco local está muito mais bem informado sobre a situação atual e mais capacitado para avaliar os rumos que o negócio está tomando. Em terceiro lugar, muitas economias regionais têm uma especialização industrial – dispositivos médicos em Minnesota, produtos farmacêuticos em Nova Jersey, tecnologia da informação no Vale do Silício, biotecnologia na grande Boston –, de modo que as especializações regionais e industriais podem se sobrepor. Para empresas menores com menos cobertura de analistas, essas vantagens podem ser particularmente importantes. Quando Warren Buffett dirigia a Buffett Partnership nas décadas de 1950 e 1960, muitos de seus investimentos mais bem-sucedidos estavam em empresas sediadas em e nos arredores de Omaha (geralmente em seguros ou áreas relacionadas), localidades não conhecidas como centros de inovação ou de oportunidades de investimento lucrativas.

A especialização no nível de seleção de ativos não precisa entrar em conflito com o valor da diversificação no nível de portfólio. O gestor de carteira de um fundo diversificado pode combinar as escolhas de um grupo de analistas para operar um produto que tenha os benefícios do conhecimento detalhado do setor ou região geográfica e recursos de controle de risco que vêm com a diversificação. Em um nível mais alto, as participações gerais de uma instituição ou família podem ser mais diversificadas, entre classes de ativos, e ainda assim ser compostas por papéis selecionados por especialistas que operam em círculos de competência estreitamente circunscritos. Embora atingir esse objetivo por meio da escolha dos gerentes de investimento certos não seja uma tarefa fácil, é possível. Abordaremos o desafio diretamente quando discutirmos a gestão de riscos no Capítulo 10. A maioria dos gerentes de investimento tem resistido à especialização da maneira que descrevemos aqui, embora a especialização represente o elemento de uma estratégia de busca com maior probabilidade de colocar o investidor no lado certo da negociação.

A vantagem do valor

No primeiro capítulo, mencionamos uma série de estudos que empregam uma abordagem mecânica para a seleção de ações para testar vários estilos de investimento. Esses estudos usam uma ou diversas variáveis para classificar o universo de ações em um dado momento, agrupar essas listas classificadas em cestas de tamanhos iguais e comparar os retornos dos investimentos desses grupos, agora considerados carteiras, em períodos futuros. No geral, esses estudos demonstram de forma convincente que carteiras de ações com alta classificação superaram o desempenho do mercado como um todo e derrotaram carteiras com alta classificação em "charme", o que significa que eram caras pela medida escolhida.

Alguns exemplos dignos de nota ilustrarão a natureza desta pesquisa. Como observamos no Capítulo 1, em 1992, Eugene Fama e Kenneth French publicaram um artigo paradigmático com a intenção de reforçar a Hipótese do Mercado Eficiente.[1] Usando dados sobre ações ordinárias dos EUA de 1963 a 1990, eles classificaram as ações em 10 grupos com base na razão entre valor contábil e valor de mercado, desde o mais baixo (ações de "charme") até o mais alto (ações de valor) no final de cada ano. Eles também classificaram as mesmas ações com base no tamanho medido pela capitalização de mercado. Em seguida, mediram o desempenho mensal de cada segmento de ações no período de julho de 1963 a dezembro de 1990. O retorno médio mensal para o decil da razão entre valor contábil e valor de mercado mais alto foi de 1,63%; para o mais baixo, 0,64%. O decil de valor superou o decil de charme em cerca de 12% ao ano em todo o período. Uma diferença de retorno semelhante, embora ligeiramente menor, surgiu entre ações pequenas e grandes; o menor segmento foi em média 1,77% ao mês, ante 0,95% do maior. Combinar os 2 tipos para criar 100 cestas, classificando-as da maior e mais cara à menor e mais barata, pouco acrescentou ao quadro. Os retornos mensais médios menores e mais baratos foram de 1,92%; já o maior e mais caro, 0,89%.

Duas descobertas de seu trabalho se destacam. Primeiro, é difícil melhorar uma estratégia de valor simples agregando variáveis adicionais. O decil mais barato superou o mais caro em 0,99% ao mês. Somando o tamanho, o menor e mais barato rendeu um prêmio de 1,03% ao mês, um ganho economicamente insignificante de 0,04% e difícil de obter na prática, devido às restrições de liquidez impostas pelas ações de pequenas empresas. Em segundo lugar, a maior parte do prêmio pelo valor está nos extremos. Ir do terceiro decil mais barato para o primeiro acrescentou muito mais ao retorno do que passar do oitavo para o sexto. O mesmo padrão foi mantido no lado do "charme"; mover-se do terceiro decil mais caro para o topo prejudicou muito mais do que mover-se do meio para o terceiro. Na busca por valor e evitando o "charme", é o mais barato dos mais baratos que você deseja ter e o mais caro o que você deseja evitar.

---

[1] Fama, Eugene F. e French, Kenneth R. (1992). "The Cross-Section of Expected Stock Returns," *Journal of Finance* 47 (2): 427–465.

Um segundo artigo notável, publicado em 1994 por Joseph Lakonishok, Andrei Shleifer e Robert Vishny, reproduziu o estudo de Fama e French em um período ligeiramente diferente. Usou a relação lucro/preço e fluxo de caixa/preço como medidas alternativas de valor. Suas descobertas são semelhantes: as carteiras de valor mais extremo superaram o desempenho do "charme" mais extremo em cerca de 9% ao ano, independentemente da métrica de valor utilizada.

Adicionando uma segunda dimensão à análise, os autores classificaram seu universo de ações em três grupos com base no preço em relação ao fluxo de caixa e três com base no crescimento das vendas nos cinco anos anteriores. Eles descobriram que as ações de valor com a taxa mais lenta de crescimento de vendas retornaram 21% ao ano em média, enquanto as ações de charme com o maior crescimento de vendas retornaram 11%.[2]

Um terceiro estudo importante publicado em 1989 por Werner De Bondt e Richard Thaler examinou o impacto do desempenho anterior do mercado de ações sobre os retornos futuros. No início de cada ano, eles classificaram o universo pelo retorno total do mercado nos 12 meses anteriores. Os autores se concentraram em duas cestas, uma contendo as ações no decil mais baixo de retornos (pior desempenho) e a outra com as ações no decil mais alto (melhor). Em seguida, acompanharam a diferença entre os retornos das duas carteiras nos 30 meses subsequentes. Durante todo esse período, os retornos das duas carteiras foram aproximadamente iguais, embora nos primeiros 12 meses os de melhor desempenho anteriores continuassem a ter um desempenho superior (este é um efeito de *momentum* bem estabelecido, sobre o qual veremos adiante). Eles então repetiram o processo usando os 24 meses anteriores de retornos para classificar os piores e os melhores desempenhos. As ações mais decepcionantes no período de dois anos anteriores superaram as ações de alto retorno em cerca de 12% nos 30 meses seguintes. Finalmente, eles formaram carteiras com as ações que tiveram o pior e o melhor desempenho nos 36 meses anteriores. Essas piores ações de longo prazo geraram retornos em média 18% acima dos das melhores ações nos 30 meses subsequentes. Mais uma vez, quanto mais extremo – neste caso, quanto mais prolongado for o período de desempenho inferior –, maior será o desempenho superior do dado momento para frente.[3]

---

[2] Lakonishok, Josef, Shleifer, Andrei e Vishnu, Robert W. (1994). "Contrarian Investment, Extrapolation, and Risk," *Journal of Finance* 49 (5): 1541–1578.

[3] Werner, F., De Bondt, M. e Thaler, Richard H. (1989). "Anomalies: A Mean-Reverting Walk Down Wall Street," *Journal of Economic Perspectives* 3 (1): 1898–202.

Um extenso grupo de estudos examinando os retornos das ações nos Estados Unidos e no exterior em períodos mais longos confirmam esses resultados gerais.[4] Carteiras de ações feias, decepcionantes, obscuras (pequenas) e enfadonhas (p. ex., baixo crescimento) geraram repetidamente retornos mais elevados em comparação com o mercado como um todo e, mais surpreendentemente, com carteiras de ações atraentes, altamente lucrativas, bem conhecidas (grandes) e de charme (p. ex., de crescimento rápido). Seus preços baixos mais do que compensavam suas características pouco atraentes. Além disso, como esses estudos demonstram, especialmente o de De Bondt e Thaler, são as carteiras extremamente desagradáveis – três anos de retornos decepcionantes – que produzem os melhores resultados. Os retornos futuros das carteiras organizadas por razões entre valor de mercado e valor contábil aumentam constantemente com o grau de baixo custo. A cesta com o decil mais barato de ações costuma levar dois terços das empresas à falência. Já as que sobrevivem se saem tão bem em relação a seus preços iniciais muito baixos que as carteiras mais feias têm o melhor desempenho entre todas as cestas.

Além dessas medidas básicas de valor/charme, outras variáveis foram estudadas para avaliar seu impacto no desempenho da carteira. São de três tipos: (1) puramente fundamental; (2) puramente técnico; (3) uma combinação que relaciona o preço de mercado a um fator fundamental, como o preço/valor contábil ou preço/lucro. Aqueles que usam apenas variáveis fundamentais referem-se apenas ao desempenho dos negócios da empresa, não à relação entre esse desempenho e o preço de suas ações. Os estudos classificaram as ações usando retornos sobre o patrimônio líquido ou sobre o capital total investido, crescimento no lucro por ação, crescimento nos ativos – em oposição ao crescimento das vendas – e várias medidas de margens de lucro. As empresas com notas altas nessas variáveis são empresas de sucesso, cujas ações são inerentemente atrativas para os investidores. No entanto, de acordo com os estudos que discutimos anteriormente, muitas vezes são as empresas com classificação mais baixa nessas medidas – baixos retornos sobre o capital ou margens de

---

[4] A literatura é abundante e cresce a cada mês, senão a cada dia. Mencionamos Clifford Asness e Wesley Gray, dois dos alunos da Fama, como mantenedores de sites que incluem o trabalho contínuo de suas empresas e, no caso de Gray, o trabalho de terceiros. No caso da empresa de Asness, consultar https://www.aqr.com/; de Gray, ver https://alphaarchitect.com. Um artigo notável merece menção: Asness, Clifford, Moskowitz, Tobias e Pedersen, Lasses. (2013). "Value and Momentum Everywhere," *Journal of Finance* 48 (3).

lucro estreitas – que tendem a gerar os maiores retornos de mercado futuros.[5] Na pior das hipóteses, esses estudos demonstraram pouca ou nenhuma relação positiva entre os retornos futuros e a qualidade do desempenho atual da empresa. A frase contundente de Michelle Clayman, "em busca de desastres", tem sido um guia de investimento melhor do que "em busca de excelência".[6] Um exemplo favorável desse fenômeno emergiu do livro popular e muito admirado *Good to Great*, de Jim Collins.[7] Collins selecionou 11 empresas que se transformaram de boas em excelentes. Sua seleção baseou-se no forte desempenho do mercado de ações nos 15 anos anteriores. Ele e seus pesquisadores identificaram as características comuns que distinguiam os grandes negócios de seus colegas que não fizeram a transformação. O livro foi publicado em 2001. Nos anos seguintes, duas das "grandes" firmas, Circuit City e Fannie Mae, faliram; no caso da Fannie Mae, de forma espetacular. Para essas duas, ler *Good to Great* tornou-se uma chance perdida.[8]

Um segundo tipo de estudo examina os retornos do mercado de ações e os volumes de negociação sem referência a dados fundamentais e procura padrões, como os do artigo de De Bondt e Thaler. Trata-se do investimento técnico, mais comumente focado na dinâmica do preço. Uma métrica frequentemente usada é a força relativa, que é simplesmente o desempenho do preço da ação em relação a todas as outras ações do *pool*. Escolher uma carteira com as ações com melhor desempenho do ano passado é uma aposta de que os vencedores continuarão a se destacar, e a aposta valeu a pena. Durante 40 anos, de 1979 a 2018, uma carteira que comprou os 30% de melhor desempenho do ano anterior e vendeu seus piores 30% retornou 4,2% ao ano. No período desde a recuperação em 2009, quando os retornos do mercado em alta desmentiram as medidas de valor tradicionais, essa abordagem de *momentum* retornou 2,8% ao ano.[9]

---

[5] Em dupla classificação – classificação pelo retorno sobre o capital e do mercado pelo valor contábil, por exemplo –, as medidas de qualidade da empresa tendem a aumentar os retornos apenas entre as ações médias por valor. Para as ações de valor extremamente baixo – as verdadeiramente baratas –, as medidas de qualidade, na melhor das hipóteses, nada acrescentam aos retornos.

[6] Clayman, Michelle. (1987). "In Search of Excellence: The Investor's Viewpoint," *Financial Analysts Journal* 43 (3).

[7] Collins, Jim. (2001). *Good to Great: Why Some Companies Make the Leap... and Others Don't*. New York: HarperCollins, 2001.

[8] As nove restantes se saíram mal no mercado de ações em 2010. Como grupo, tiveram retornos negativos. https://memnorthwestern.wordpress.com/2013/01/02/not-so-good-to-great-companies-and-a-heuristic-thinking-strategy/.

[9] Esses dados são do site de Kenneth French. Devemos notar que carteiras compradas-vendidas construídas assim têm "custo zero", o que significa que elas exigem um investimento mínimo em dinheiro, e o retorno sobre o investimento é astronomicamente alto – desde que você não falhe em nenhum ano.

O *momentum* se desenrola com bastante rapidez. As carteiras francesas são reequilibradas todos os meses. E, como De Bondt e Thaler descobriram, quando as ações são selecionadas com base na variação de preço nos três anos anteriores, e não apenas no ano passado, os resultados se invertem – pior é melhor. Os que voam alto caem de volta à terra, os oprimidos se levantam. Testemunhamos um fenômeno encontrado com tanta frequência na natureza e na cultura – regressão à média. Os filhos de pais altos não excedem, em média, a altura dos pais; se o fizessem, os pivôs da NBA não receberiam os salários que ganham. E se os vencedores anteriores no mercado de ações continuassem a apresentar desempenho superior ao longo de períodos sustentados, suas capitalizações de mercado subiriam aos céus, deixando para trás qualquer valor fundamental que pudesse sustentar o preço das ações. Existem manias na história do investimento – elas sempre entram em colapso.

O terceiro tipo usa variáveis financeiras e de preço para relacionar o preço das ações a algumas informações fundamentais da empresa: preço da ação com lucro, preço da ação com fluxo de caixa, preço da ação com valor contábil, preço das ações com vendas, preço das ações com dividendos e muito mais. O artigo de Fama e French está neste campo, assim como o de Lakonishok e coautores discutido anteriormente. Em todos esses estudos, as ações de valor, aquelas com preços de ações baixos em relação a cada uma dessas outras variáveis, superam as ações de charme. Esses índices oferecem imagens ligeiramente diferentes do mesmo quadro subjacente: quanto os investidores estão dispostos a pagar pelo sucesso futuro da empresa, seja medido por ganhos, fluxo de caixa, vendas, ativos líquidos ou dividendos. Quanto menos os investidores quiserem pagar, melhores serão as perspectivas das ações ou mesmo da própria empresa.

De modo geral, as evidências estatísticas para os mercados dos Estados Unidos e do exterior mostram um quadro notavelmente consistente. Adotar ações que são feias, enfadonhas, obscuras, decepcionantes e, portanto, baratas, tem sido, historicamente, a melhor maneira de comprar ações, com a qual você provavelmente estará do lado certo da negociação. São as ações que superaram o mercado como um todo. Quanto mais feia, mais enfadonha, mais obscura, mais decepcionante e, portanto, geralmente, quanto mais barata a ação, melhores são os retornos. Esse, de qualquer modo, é o registro histórico, e essa história, em grande parte graças aos estudos que citamos e outros que não citamos, agora é amplamente reconhecida. A próxima e óbvia questão é se essa situação persistirá.

O argumento a favor da persistência é o fato de que o prêmio de valor, a vantagem de retorno das ações de valor em relação às ações de charme, que foi identificado pela primeira vez por Benjamin Graham na década de 1930 e quantificado sistematicamente desde 1970, parece não ter diminuído significativamente ao longo do tempo. No entanto, é crucial entender por que as estratégias de busca de valor funcionaram tão bem no passado e se as forças responsáveis continuarão a operar no futuro.[10]

A anomalia do valor e a natureza do comportamento humano

Retornos de investimento superiores de ações de valor ao longo do tempo constituem uma anomalia. Uma vez que os investidores saibam que as ações baratas superam as ações caras, eles devem aumentar o preço das ações baratas e eliminar o desempenho superior. No entanto, o prêmio de valor perdurou. Houve duas respostas distintas à evidência de que ações baratas oferecem desempenho superior. Uma procura explicar isso; a outra, desprezar isso.

A explicação de por que a anomalia de valor existe, tem persistido ao longo do tempo e é provável que continue existindo no futuro está em certas características profundamente arraigadas do comportamento humano. Esses comportamentos levam as pessoas a tomar decisões que violam cálculos econômicos racionais. Eles são visíveis, por exemplo, na popularidade onipresente das loterias que produzem retornos negativos, um fato que praticamente todo mundo sabe, mesmo quando faz seus jogos. Também foram identificados e investigados no campo da psicologia cognitiva, principalmente por Daniel Kahneman e Amos Tversky.[11] O campo das finanças comportamentais é uma consequência direta desse trabalho.[12]

Três desses comportamentos são particularmente importantes para entender a existência do prêmio de valor. Em primeiro lugar, os seres humanos sempre estiveram propensos a pagar a mais pelo sonho de enriquecer rapidamente. As loterias, como mencionamos, têm sido empreendimentos de sucesso em quase todas as sociedades e em todos os períodos da história humana para os quais temos um registro. Mesmo assim, as loterias são e sempre foram investimentos surpreendentemente ruins. Os operadores de loteria, sejam governos ou associações criminosas, tomam entre 30 e 70% do dinheiro pago antes de distribuir o restante aos vencedores. As pessoas que compram bilhetes de loteria sabem que as probabilidades

---

[10] Enquanto escrevemos, em 2020, o prêmio de valor desapareceu essencialmente desde o início do mercado em alta iniciado em 2009, e particularmente desde 2016. Houve períodos anteriores em que o valor perdia para o charme e o mercado como um todo. Se a regressão à média não estiver mais operando, o mundo econômico do futuro será um lugar muito diferente do que tem sido até agora.

[11] Consultar Daniel Kahneman, *Thinking, Fast and Slow*, New York: Farrar, Strauss e Giroux, 2011, para ter um resumo de grande parte da pesquisa.

[12] Richard Thaler, a quem citamos anteriormente, foi um pioneiro no campo e recebeu o Prêmio Nobel por seus esforços, assim como Daniel Kahneman, embora sua disciplina tenha sido a psicologia.

lhes são amplamente desfavoráveis, mas saber disso não dificultou em nada a venda dos bilhetes de loteria. Eles continuam por aí, mesmo quando eram considerados ilegais. Uma ampla seção transversal da população faz jogos. E o apelo de riquezas instantâneas não se limita aos pobres ou menos instruídos.

No mundo mais sóbrio dos investimentos em ações, as ações glamorosas são os bilhetes de loteria que prometem retornos espetacularmente elevados. Por causa desse apelo, alguns investidores estão dispostos a pagar preços irracionalmente altos em relação aos seus valores fundamentais. Esse padrão entrou em foco, pelo menos depois do fato, durante o *boom* da tecnologia no final da década de 1990. Empresas estabelecidas como Intel, Microsoft, AOL e Cisco, além de um grande grupo de *start-ups* imaturas, recebiam o que, em retrospecto, eram preços absurdos. Mesmo em tempos menos turbulentos, as avaliações de "charme" são um componente regular dos mercados de ações. Às vezes são mercados nacionais, como o Japão no final dos anos 1980 ou os BRICs nos anos 2000, às vezes são setores específicos, como telecomunicações ou biotecnologia, às vezes empresas específicas como Apple ou Cisco, que negociam a preços inflacionados por seu apelo de "bilhete de loteria". Os investidores que sucumbirem a essa atração muito popular terão, como um grupo, um desempenho inferior ao do mercado como um todo. Dada a natureza de soma zero do investimento, os investidores em valor que assumem o outro lado dessas negociações terão um desempenho superior. Enquanto as loterias e seus equivalentes no mercado de ações mantiverem seus atrativos, essa fonte de anomalia de valor provavelmente não desaparecerá.

A segunda principal característica comportamental que contribui para a anomalia de valor é o inverso da preferência por bilhetes de loteria. Ao investir como na vida, os humanos evitam situações que parecem feias, problemáticas e parecem oferecer uma alta probabilidade de perda (e não possuem os altos perversos associados a formas mais exóticas de assumir riscos, como o paraquedismo).[13] No campo das finanças comportamentais, essa característica dos investidores é conhecida como aversão à perda. Para a maioria das pessoas, a dor de uma perda antecipada supera o prazer de um ganho equivalente.[14] Como consequência, as

---

[13] O documento fundamental Kahneman, Daniel e Tversky, Amos. (1979). "Prospect Theory: An Analysis of Decision under Risk," *Econometrica* 47 (2): 263–291.

[14] A aversão à perda é diferente da aversão ao risco de várias maneiras. Primeiramente, a aversão ao risco se aplica a *níveis* gerais de riqueza em comparação com as necessidades. A aversão à perda se aplica a mudanças na riqueza em torno dos níveis atuais. Portanto, aumentar a riqueza deve reduzir a aversão ao risco, mas não tem impacto na aversão à perda. Em segundo lugar, mesmo em situações de certeza, as perdas certas prejudicam muito mais do que os ganhos certos, mesmo que as mudanças na riqueza geral sejam relativamente pequenas.

pessoas adotarão escolhas altamente arriscadas para evitar certas perdas que elas nunca tolerariam em troca de renunciar a certos ganhos. Desse modo, se for oferecida uma carteira de ações em que dois terços delas podem ir à falência, a maioria dos investidores recuará de horror antes de considerar os ganhos potencialmente enormes de um terço que sobrevive, ganhos grandes o suficiente para tornar todo o investimento altamente lucrativo. Não surpreende que esses investidores evitem ações feias e decepcionantes em primeiro lugar e, para ações que azedam quando já possuídas, joguem-nas no mercado por reflexo, sem uma análise cuidadosa dos eventos que deram origem à feiura e ao desapontamento. A consequência natural é que essas ações estarão cronicamente subvalorizadas. Estar do outro lado desse comportamento deve ser comparativamente compensador. Novamente, esse tipo de aversão à perda/feiura faz parte do comportamento humano há milênios e é improvável que mude tão cedo.

O terceiro fator psicológico subjacente à anomalia de valor está tão profundamente enraizado no comportamento humano que domina o discurso sem a consciência generalizada de seu impacto. Os humanos têm uma tendência inata ao excesso de confiança; abraçamos a certeza e ignoramos possibilidades alternativas. Em discussões de questões de política pública, como a presença de armas de destruição em massa no Iraque em 2002-03, poucos falaram de probabilidades. A discussão foi expressa na linguagem de certezas concorrentes. Um lado insistiu que as armas estavam lá com certeza; o outro lado insistia com a mesma certeza que não. Praticamente ninguém abordou a questão em termos de probabilidades, como uma probabilidade de um quarto ou um terço, ou metade ou dois terços. Enquadrar a questão como um conjunto de probabilidades alternativas simplesmente não fazia parte do debate. Após o fato, é claro, ou as armas estavam lá ou não estavam. De antemão, no entanto, ninguém sabia ao certo qual era a verdade, e as opiniões racionais deveriam ter assumido a forma desse tipo de declarações de probabilidade. Tanto retoricamente quanto em suas próprias mentes, cada lado do debate estava radical e excessivamente confiante na provável precisão de seus julgamentos. Esse excesso de confiança é uma tendência humana sistemática.

O excesso de confiança domina o pensamento e a discussão sobre investimentos da mesma maneira. Ao falar sobre ações "boas" com perspectivas "ótimas", seus defensores nunca dizem que provavelmente terão um desempenho superior ao dos retornos médios do mercado em dois terços das vezes. Um investidor que alcançou esse grau de precisão em qualquer período significativo estaria entre os 10 primeiros de 1% de todos os investidores. Eles promovem ações com absoluta segurança e ficam muito surpresos quando, subsequentemente, elas apresentam desempenho inferior ao do mercado. Aqueles que recomendam evitar outras ações o fazem com o mesmo grau de certeza. Eles chamam investimentos ruins de "*dogs*", não de ações com pelo menos alguma possibilidade de ganhos substanciais.

O efeito desse excesso de confiança é intensificar a sobrevalorização das ações de charme, uma vez que a possibilidade de uma consequência adversa imprevista é implicitamente minimizada. Ao mesmo tempo, o excesso de confiança amplifica a subvalorização de ações feias e decepcionantes, uma vez que suas recuperações potenciais são igualmente minimizadas ou ignoradas. No geral, o excesso de confiança funciona para ampliar as distorções de retorno entre ações de charme e ações de valor. Até que a evolução trabalhe para eliminá-la como característica humana, a anomalia de valor provavelmente persistirá.

O excesso de confiança também adiciona uma dimensão temporal importante à anomalia de valor. Em tempos bons, o excesso de confiança tende a levar os investidores como um todo a minimizar potenciais desenvolvimentos futuros negativos muito mais do que um cálculo racional de probabilidades poderia sugerir. Os investidores extrapolam as condições favoráveis do presente para o futuro indefinido. Evidências desta prática aparecem naquelas supervalorizações radicais recorrentes em preços de mercado que Robert Shiller rotulou de "exuberância irracional".[15] Nesses períodos, as estimativas da volatilidade do mercado, que estão implícitas nos preços dos instrumentos de derivativos, caem tipicamente para níveis baixos históricos e irrealistas.[16] Em tempos bons, os preços das opções nos dizem que os investidores normalmente esperam uma situação tranquila quando o registro histórico mostra que, em média, os movimentos subsequentes do mercado foram exatamente o oposto. Em tempos difíceis, quando os preços caem e as perspectivas econômicas são sombrias, os investidores duvidam que os bons tempos algum dia voltem. Eles confiam excessivamente em seu pessimismo. Então, a demanda por proteção de opções é correspondentemente alta, e as opções são caras. Em um sentido muito real, os extremos neuróticos do Sr. Mercado de Benjamin Graham são um tributo ao poder do excesso de confiança. A menos que o Sr. Mercado de alguma forma se acalme, seja por encontrar o remédio certo para bipolaridade ou por uma mudança no comportamento humano, as anomalias de valor intertemporais (e, portanto, transversais) continuarão a existir.

Experimentos psicológicos indicam como é difícil escapar desse excesso de confiança. Em um experimento bem conhecido, pediu-se a indivíduos olhando através de olhos mágicos para uma sala escura para estimar a distância até um quadrado lu-

---

[15] Shiller, Robert, *Exuberância irracional*, Princeton, 2000.
[16] Se os investidores sentirem que o curso futuro dos preços dos ativos é apenas ligeiramente incerto, então o custo das opções de compra ou venda a preços fixos será baixo, uma vez que a perspectiva de grandes ganhos é considerada improvável.

minoso. Como não foram informados sobre o tamanho do quadrado – quadrados de tamanhos diferentes foram selecionados aleatoriamente e colocados em distâncias aleatórias –, os participantes não eram capazes de dar uma estimativa precisa da distância. Ainda assim, os sujeitos invariavelmente deram uma estimativa precisa da distância em pés e, quando solicitados a julgar a precisão provável dessa estimativa, deram estimativas de erro desprezíveis (p. ex., mais ou menos um pé). Diante de uma situação de incerteza fundamental, o sujeito abraçou por reflexo um alto grau de certeza. Na verdade, suas estimativas de distância eram completamente alheias às posições reais dos quadrados, e seus erros médios reais excediam em muito suas estimativas de erro. Os realizadores do experimento então mostraram aos participantes os quadrados de tamanhos diferentes e explicaram que os quadrados seriam escolhidos ao acaso. O experimento foi repetido e os sujeitos continuaram a dar estimativas precisas das localizações dos quadrados. Suas estimativas de erro aumentaram (p. ex., de 1 para 2 pés), mas permaneceram bem abaixo dos erros reais. O excesso de confiança parece ser altamente persistente, mesmo em face de evidências contrárias que parecem ser desconsideradas por meio de um mecanismo conhecido na literatura comportamental como "engenharia de obra feita" – o impulso de "eu já sabia disso". Um grande número de outros experimentos foi realizado com especialistas e indivíduos leigos que foram solicitados a estimar quantidades presentes ou futuras; ambos os grupos superestimaram persistentemente a precisão de seus julgamentos. E os especialistas foram piores que os leigos.[17]

Outra questão sobre o passado e o futuro da anomalia de valor diz respeito à estrutura organizacional dentro da qual as decisões de investimento são tomadas. Os investidores individuais podem continuar sujeitos à preferência da loteria, à aversão à perda e ao excesso de confiança persistente. No entanto, como a maioria dos dólares de investimento está agora nas mãos de firmas de investimento, essas organizações deveriam, em teoria, ser capazes de estabelecer regras e estruturas que controlem o comportamento individual anômalo ou contraproducente. Ainda assim, são os indivíduos que trabalham para as organizações que fazem e implementam esses processos. Essas pessoas têm seus próprios interesses, alguns dos quais podem não estar de acordo com os interesses das organizações para as quais trabalham. Também têm suas próprias reações psicológicas sobre as quais podem ter pouco controle.

A política organizacional estará sempre em tensão com os comportamentos e incentivos instintivos de seus próprios funcionários e de seus clientes de varejo e institucionais. Portanto, faz sentido pensar nos próprios imperativos organizacio-

---

[17] Ver o trabalho de Philip Tetlock, especialmente *Expert Political Judgment: How Good Is It? How Can We Know?* Princeton, NJ: Princeton University Press, 2005.

nais e no comportamento dos gerentes dentro das organizações. Quando fizermos isso, ficará claro que as organizações têm tanta probabilidade de amplificar os preconceitos comportamentais individuais quanto de reduzi-los.

Para as organizações, os vieses de investimento são geralmente uma consequência da política ou do tamanho. Começaremos com a política. Muitas organizações de investimento são impedidas, seja por seu conselho, por política de investimento declarada ou por intervenção legislativa, de possuir certos tipos de ações. Ações de empresas que realizam negócios considerados socialmente irresponsáveis, seja por motivos ambientais, de saúde ou relacionados ao regime, estão proibidas. Se muitos fundos adotarem políticas que os obriguem a evitar as mesmas empresas, a demanda normal por essas ações pode ser substancialmente reduzida. A menos que haja fundos suficientes com orientações de investimento "socialmente irresponsáveis" – comprar apenas ações de empresas de tabaco, fabricantes de cadeiras infantis defeituosas ou poluidoras –, as ações das "empresas sujas" podem ser permanentemente subvalorizadas conforme medido pelos ganhos atuais ou crescimento em potencial. Será necessária uma mudança na política de investimento, uma mudança no comportamento social corporativo ou uma reorganização do negócio para eliminar esta proibição e permitir que as ações sejam reavaliadas para cima. Enquanto a proibição for estável, as ações podem permanecer deprimidas permanentemente.

A questão do viés de tamanho é mais importante e mais interessante. Muitos fundos não conseguem investir em pequenas empresas, seja porque suas administrações não permitem ou, mais frequentemente, porque têm muito dinheiro para administrar e as pequenas empresas simplesmente não conseguem absorver o suficiente para fazer com que valha a pena. Se uma empresa de investimentos diversificados – a maioria dos fundos mútuos – com US$ 10 bilhões para investir deseja possuir ações de 100 empresas, ela precisa, em média, comprar US$ 100 milhões em cada uma. Uma vez que o fundo não deseja e muitas vezes não pode possuir mais de 10% das ações de qualquer empresa, isso limita o universo de opções de investimento para empresas com capitalização de mercado de US$ 1 bilhão ou mais. Os tamanhos específicos dos fundos, a capitalização de mercado das empresas adequadas e a porcentagem de propriedade variam, mas o impacto do tamanho da empresa persiste. Muitos fundos simplesmente não podem comprar ações de pequenas empresas. Por razões semelhantes, os analistas de investimento dentro das instituições também se concentrarão em grandes oportunidades de capitalização. A percepção de uma empresa de US$ 40 bilhões que pode absorver um investimento de US$ 2 bilhões valerá muito mais do que uma visão equivalente de uma empresa de US$ 400 milhões que pode absorver apenas US$ 20 milhões. A consequência é que a cobertura e a demanda por ações de pequenas empresas tenderão, todos os demais fatores permanecendo iguais, a ficar abaixo das ações de grandes empresas, e as ações de pequenas empresas deverão ser mais baratas.[18] Consequentemente, as ações em pequenas empresas são mais baratas, mantendo-se os outros fatores iguais, do que as ações em grandes empresas. Entre os fatores que devem ser mantidos constantes, as perspectivas de crescimento são os mais importantes. As pequenas empresas geralmente têm a oportunidade de crescer mais rapidamente do que as grandes, que já controlam grandes segmentos dos mercados em setores que provavelmente estão bem desenvolvidos.

A única coisa que as pequenas empresas precisam fazer para se qualificar para grandes fundos é crescer. Existem muitos outros investidores por aí para aumentar o valor das ações da empresa à medida que suas receitas e seus ganhos aumentam. Em algum ponto, uma pequena empresa, com uma capitalização de mercado de US$ 200 milhões, cresceu e se tornou uma empresa de capitalização média, com uma capitalização de US$ 1 bilhão. À medida que amadurece, torna-se uma compra qualificada para mais fundos; suas ações têm um preço menor do que descontado. Deixa de ser uma oportunidade e surge como um sucesso. Esse ciclo é de renovação perpétua, e novas pequenas empresas surgem para eclipsar a situação. As ações de empresas muito pequenas para grandes fundos estão sempre disponíveis à venda.

Um exemplo revelador do viés de tamanho que afeta o desempenho das ações diz respeito ao registro de cisões corporativas. Às vezes, uma empresa se livra de uma divisão ou outra unidade de negócios indesejada emitindo ações dessa nova corporação e distribuindo-as aos acionistas existentes. As ações dessa empresa desmembrada agora são negociadas por conta própria. Na maioria dos casos, a nova empresa é pequena, especialmente se comparada com a gigante da qual acabou de se separar. Os fundos que possuíam ações da Gigante agora detêm ações da Nova Minúscula Enterprises, com uma capitalização de mercado de US$ 100 milhões. Eles podem saber pouco sobre o novo negócio, mas têm certeza de uma coisa: não é grande o suficiente para que gastem muito tempo aprendendo sobre ele, pois é muito pequeno para comprarem. Então, vendem – descartam – as ações no mercado e embolsam o dinheiro. As empresas desmembradas são uma oportunidade maravilhosa para os investidores que não são limitados por questões de capitalização de

---

[18] A participação em pequenas empresas pode estar cronicamente subvalorizada, mas retornos de lucros mais altos devem resultar em distribuições mais altas e/ou, se os lucros retidos forem efetivamente investidos, taxas mais altas de crescimento de valor. As pequenas empresas podem produzir retornos atraentes, mesmo se os preços nunca convergirem totalmente para o valor. Além disso, anos de crescimento lucrativo transformam pequenas empresas em empresas maiores, com mais cobertura, permitindo-lhes eliminar o desconto para pequenas empresas.

mercado. Uma vez que muitas das ações são vendidas por motivos não relacionados às perspectivas da empresa, certamente haverá joias jogadas fora pelos grandes fundos para os quais as ações de uma pequena empresa, embora talvez uma estrela em potencial, ainda são um incômodo. As cisões intensificam o viés da pequena empresa. A pequena empresa comum tem suas ações ignoradas pelos grandes fundos; a empresa desmembrada fez de tudo para vendê-las. Essa é apenas uma ilustração extrema do preconceito organizacional contra as ações de pequenas empresas que as tornou, ao longo do tempo, um campo fértil para investidores em valor.[19]

As demandas dos clientes são uma segunda influência no comportamento organizacional. Os gestores de empresas de investimento, cujos clientes são pessoas físicas, devem responder aos preconceitos irracionais desses indivíduos. As organizações que investem em instituições como doações de caridade, fundos de pensão e negócios familiares devem responder aos profissionais que não são de investimento que geralmente administram essas instituições, seres humanos com os preconceitos comportamentais individuais usuais. No marketing para clientes, os gerentes de investimento gastam mais tempo discutindo sobre seus grandes vencedores – investindo na Apple a US$ 10 e vendo o preço ir para US$ 700 – e dedicam menos atenção aos retornos médios de longo prazo e aos investimentos que não deram certo. A necessidade de grandes histórias para contar induz os gerentes organizacionais a investir demais nas mesmas ações de charme que os indivíduos. Quando uma organização divulga as participações de seu portfólio, os clientes tendem a julgá-las, pelo menos parcialmente, com base em sua própria aversão à perda. Carteiras de ações problemáticas e decepcionantes são difíceis de vender aos clientes. Como resultado, as organizações estão propensas a "maquiar" por meio da compra de ações respeitáveis, de alto crescimento e alto retorno antes do prazo de divulgação. Esse comportamento reforça, em vez de compensar, a tendência de supervalorização dessas ações e amplifica a subvalorização das ações débeis e decepcionantes que eles evitam ou vendem antes de divulgar suas participações. Finalmente, há evidências substanciais de que os clientes institucionais tendem a permanecer com seus gestores de investimento existentes, a menos que esses gestores apresentem desempenho significativamente inferior aos seus *benchmarks* de mercado relevan-

---

[19] O notável investidor em valor Joel Greenblatt abriu o jogo quando publicou *You Can Be a Stock Market Genius Even if You're Not Too Smart,* New York: Simon and Schuster, 1997. Desde então, o investimento em empresas desmembradas tornou-se mais popular. Novos fundos foram organizados para aproveitar as oportunidades, e os fundos existentes devotaram mais atenção ao assunto. Os retornos foram irregulares e menos espetaculares do que os relatados por Greenblatt. Dada a notoriamente adaptável natureza do capitalismo, ajustes semelhantes a outras restrições organizacionais provavelmente significam que essas restrições são uma fonte menos durável de oportunidades de investimento do que a natureza humana.

tes. O caminho para minimizar riscos para as organizações é comprar o que todo mundo está comprando. Esse instinto de manada reforça as tendências de comprar ações glamorosas e que tiveram sucesso recentemente e evitar as ações de valor que decepcionaram.

Em meados da década de 1960, essas forças levaram os investidores organizacionais a se concentrarem principalmente nas ações "nifty 50". Eram de grandes empresas estáveis – IBM, AT&T, General Motors, Xerox, Morgan Guaranty – que tanto gerentes quanto clientes viam como tendo alto potencial de retorno com pouco risco. Entre 1965 e o final de 1974, uma carteira "nifty 50" normalmente perdia mais de 80% de seu valor. Ainda assim, as lições da história do investimento têm meia-vida curta; o elenco de gestores e seus clientes muda rapidamente. Em 2015, todos os ganhos no S&P 500 vieram de quatro ações: Facebook, Amazon, Netflix e Google. O Nifty 50 se tornou o FANG 4. A Microsoft e a Apple se juntaram ao seleto grupo nos anos seguintes. Qualquer empresa de gerenciamento que não se juntou ao coro quase certamente sofreu em comparação. Os imperativos organizacionais, a menos que mudem radicalmente, parecem improváveis de minar a anomalia de valor no futuro.

O impulso de manada também é sentido pelos indivíduos dentro das empresas de investimento que tomam as decisões de investimento reais. Gestores de dinheiro são funcionários contratados para produzir resultados seguindo as políticas de investimento prescritas. Embora possa haver recompensas para o pensamento original que leva a um sucesso extraordinário, o caminho mais seguro é se parecer com todo mundo que investe com o mesmo encargo. O agora antiquado ditado dos gerentes de processamento de dados, de que ninguém jamais foi demitido por comprar computadores da IBM, também se aplica aos gerentes de dinheiro. Ninguém perde o emprego por desempenho médio ou por possuir os mesmos papéis que o resto dos gerentes. Se você se desviar e comprar ações de uma empresa que ninguém mais deseja, os ganhos serão distorcidos. Se a empresa se recuperar e as ações subirem, o elogio será real, mas de curta duração. Se a empresa for mal e a ação cair, todos se lembrarão de que você escolheu aquele "dog". A situação se torna mais extrema no final de um período de relatório, quando os gerentes, como observamos, "maquiam" suas carteiras, descartando as ações que caíram de preço e ressaltando os sucessos do ano (ou trimestre) anterior. Essa poda tem o efeito de elevar o preço das ações atualmente bem-sucedidas e deprimir ainda mais as ações que já estão em baixa. As pressões sobre os gerentes individuais dentro das organizações refletem amplamente as pressões sobre as próprias organizações. Tendem a reforçar, em vez de compensar, a anomalia de valor.

Tomados como um todo, esses elementos da psicologia humana e do comportamento organizacional fornecem uma explicação para os dados empíricos que demonstraram a superioridade de uma estratégia de busca orientada pelo valor: procurar oportunidades entre empresas feias, decepcionantes, chatas, obscuras (pequenas). Enquanto tais elementos continuarem a desempenhar seu papel histórico no futuro, a estratégia de valor continuará tendo um desempenho superior, mesmo depois que as evidências sobre seu desempenho excepcional tiverem sido amplamente disseminadas. Assim, em um mundo onde há recompensas colossais por descobrir discrepâncias entre o preço atual de uma ação e seu valor verdadeiro, intrínseco ou final, algumas discrepâncias persistem. Essas discrepâncias descrevem os tipos de oportunidades em que um investidor em valor fundamental tem mais probabilidade de estar do lado certo da negociação.

Explicando a anomalia de valor

As características comportamentais e organizacionais que descrevemos estão no centro de nossos esforços para explicar a existência e persistência da anomalia de valor. Uma segunda abordagem, à qual aludimos anteriormente, é tentar ignorá-la. Esta abordagem assume que as carteiras de valor são mais arriscadas do que o mercado como um todo, o que, por sua vez, é mais arriscado do que as carteiras de charme.[20] Em um mercado racional, maior risco deve estar associado a maior recompensa. São os riscos mais elevados que explicam a "anomalia" dos retornos acima do mercado para carteiras de valor e os riscos mais baixos que explicam os retornos abaixo do mercado das carteiras de charme. Essencialmente, essa explicação é uma defesa da Hipótese do Mercado Eficiente, mas se o padrão de risco relativo explica as variações de retorno, os riscos em questão devem ser observáveis e mensuráveis. Caso contrário, como os investidores saberiam quais ações deveriam gerar retornos mais elevados? Por "risco" aqui nos referimos à volatilidade, aceitando por enquanto o significado do termo conforme definido na Hipótese de Mercado Eficiente. Infelizmente para a Teoria do Mercado Eficiente, a evidência estatística histórica sugere que as carteiras de valor não têm sido mais arriscadas do que o mercado como um todo e que as carteiras de charme têm, elas sim, sido mais arriscadas do que o mercado. Esses resultados persistem quer usemos a variância como medida de volatilidade ou beta, comparando a capacidade de resposta da carteira às mudanças no mercado como um todo. Repetindo, se volatilidade é nossa definição de risco, as carteiras de valor não foram mais arriscadas, e as car-

---

[20] Essa suposição não se limita à anomalia de valor, mas também é atribuída a todas as outras anomalias estatísticas. Se houver carteiras com retornos inexplicavelmente mais elevados, assume-se que todas implicam riscos mais elevados, mesmo que esses riscos nunca tenham sido detectados.

teiras de charme foram menos arriscadas do que o mercado geral.[21] Um investidor em valor disciplinado, que emprega abordagens de valor sólidas para a gestão de risco, não deve hesitar em procurar oportunidades de produzir retornos superiores à média em troca de assumir riscos teóricos mais elevados, embora indetectáveis e talvez inexistentes.

Estratégias de busca na prática

Em princípio, a especialização e as estratégias de busca baseadas em valor são complementos e não alternativas. Na prática, seus pesos relativos dependem da autoridade específica sob a qual um gestor de investimentos opera. Gestores com grandes encargos – ações globais de grande capitalização, renda fixa dos Estados Unidos ou responsabilidade pela maior parte da riqueza de seus investidores – necessariamente terão estratégias de busca baseadas em valor bem diversificadas. Mesmo sob essas condições, entretanto, os benefícios da especialização se aplicam. O desenvolvimento de especialidades setoriais ou geográficas ainda aumentará as chances de estar do lado certo em transações específicas. Para investidores com autoridade mais restrita, que deverão manter carteiras com menos e maiores posições, a especialização será um ponto de partida necessário. Seja em setores ou regiões geográficas, os princípios de valor ainda se aplicam. Olhar inicialmente para empresas pequenas, chatas, feias e decepcionantes dentro dos parâmetros de uma especialização terá todas as vantagens que descrevemos anteriormente. De fato, a vantagem do conhecimento especializado tende a ser ainda mais significativa com relação a ações de valor quando se consideram empresas lesadas, e o desafio fundamental e difícil é distinguir aquelas que estão em estado terminal daquelas que estão apenas temporariamente debilitadas.

O conhecimento especializado se desenvolve lentamente ao longo do tempo. Investidores mais antigos e mais experientes serão capazes de gerenciar uma gama maior de especializações do que os novatos. A experiência de especialistas bem-sucedidos sugere que, no mínimo, é necessário um esforço concentrado de 1.000 horas ou mais para desenvolver um conhecimento de trabalho aceitável a respeito de um setor. Dadas as outras demandas de tempo de um investidor ou analista, isso se traduz em pelo menos um ano inteiro para atingir um nível adequado de domínio.

---

[21] Consultar o Apêndice do Capítulo 1 para dados sobre o desempenho das carteiras de valor durante a baixa dos mercados. O artigo de Lakonishok et al. citado na nota de rodapé 2 apresenta uma discussão útil sobre o desempenho das carteiras de valor durante os mercados em baixa.

O conhecimento e a experiência que constituem a *expertise* especializada devem ser constantemente nutridos e ampliados, especialmente em tempos de transição e incerteza. Por exemplo, o varejo historicamente recompensou talentos superiores de *merchandising*, como a capacidade de criar experiências de loja positivas e selecionar os produtos certos. Os varejistas de sucesso geralmente são comerciantes excelentes. A ascensão do Walmart foi obtida a partir da importância cada vez maior da eficiência nas operações das lojas locais e, principalmente, na logística. A participação no mercado local, graças à densidade de lojas, com os benefícios associados de escala na gestão de armazenamento local, distribuição e publicidade, que permitiam preços mais baixos, tornou-se muito mais importante do que *merchandising* inovador, o qual é muito mais facilmente copiado por concorrentes. A crescente importância do varejo na web diminuiu a importância das operações da loja e elevou a logística de distribuição e o gerenciamento de pedidos a fontes significativas de sucesso no varejo. Compreender a natureza e o ritmo dessas transformações é essencial para avaliar os pontos fortes das posições competitivas e as competências dos gerentes de varejo individuais, dos quais dependem os investimentos bem-sucedidos no varejo. Somente aprofundando continuamente a especialização em varejo um investidor será capaz de se manter atualizado sobre esses desenvolvimentos.

Um segundo benefício do envolvimento contínuo com o setor ou região geográfica é o cultivo de uma rede aprimorada de contatos com o setor. Tentar fazer tudo sozinho geralmente não é uma abordagem eficiente para investir ou mesmo para qualquer empreendimento. Estar focado no setor significa acompanhar e interagir repetidamente com gerentes operacionais em um determinado setor, o que pode produzir uma compreensão mais precisa de seus pontos fortes e fracos e um julgamento melhor calibrado de suas opiniões a respeito dos desenvolvimentos do setor. Manter relacionamentos produtivos com outros especialistas competentes do setor também tem valor, especialmente quando esses outros especialistas têm foco geográfico diferente do seu.

As estratégias de busca baseadas em valor vêm em duas variedades: quantitativas e qualitativas. Em um extremo, as estratégias quantitativas procuram reproduzir ou melhorar as carteiras de laboratório cujo desempenho superior constitui uma parte importante do caso para uma abordagem de valor. Essas estratégias usam medidas estatísticas de barateamento, tamanho, *momentum* do preço e informações contábeis em nível de setor/empresa para criar carteiras a partir das ações dentro dos grupos de valor que essas variáveis definiram. Frequentemente, essas carteiras são modificadas para limitar ou sobreponderar a concentração em setores ou áreas geográficas específicas, a fim de controlar o risco geral da carteira. Alguns gestores quantitativos ajustam os modelos subjacentes que geram essas carteiras para responder à evolução reputada nas condições de mercado. Esses ajustes nem sempre são bem-sucedidos. Alguns gerentes administram carteiras para as quais essas estratégias de busca não são apenas o início, mas também o fim do processo de investimento. Esses gerentes de valor "quant" podem ter sido bem-sucedidos, mas a onipresença do poder de computação e perícia estatística permitiu que outros detectassem rapidamente as estratégias específicas e, ao aglomerar, restringiu ou eliminou quaisquer vantagens "quant" além de uma abordagem de valor simples.

Outros gerentes começam usando *software* e bancos de dados financeiros para gerar listas de investimentos potencialmente desejáveis a partir das quais selecionam certas empresas para uma investigação mais detalhada. Medidas básicas de tamanho, baixo custo e decepção são usadas para selecionar o investimento potencial. Essa prática tem limitações. Por um lado, dado o grande número de ativos potenciais, mesmo exames que empregam três variáveis (p. ex., pequeno porte, baixo valor de mercado, baixos retornos anteriores nos dois anos anteriores) para limitar a lista produzirão um conjunto extenso e altamente variado de empresas em muitos setores e regiões geográficas. Essa lista pode ser assustadoramente grande. Além disso, muda de forma relativamente lenta, de modo que repetir o processo em intervalos regulares não acrescenta muito. Na prática, portanto, é mais útil examinar, por exemplo, listas de "novos mínimos" em vários mercados; essas listas podem ser revistas de forma rápida e conveniente, uma vez que oportunidades de comprar a preços de valor geralmente surgem de quedas de preços. Por outro lado, se a triagem for limitada, digamos pelo setor ou por ações de grande capitalização, a fim de produzir um conjunto mais gerenciável de oportunidades potenciais, os investidores experientes costumam descobrir que já estão familiarizados com a maioria dos nomes. A triagem quantitativa tende a ser mais valiosa para investidores novatos do que para investidores veteranos.

Além da especialização, a maioria das estratégias de busca de valor é comumente implementada informalmente. Comece com setores com problemas; aqueles que parecem decepcionantes, desanimadores, oprimidos. É provável que sejam negociados a múltiplos baixos de valor. No âmbito dos setores, procure as mesmas características nas empresas, especialmente entre as de menor porte que são inacessíveis a grandes fundos de investimento e, portanto, não têm cobertura de analistas de segurança que precisam ser pagos por seu trabalho. A empresa que trabalha seguindo a mesma estratégia há anos, crescendo lentamente e lucrando modestamente, não vai gastar seus recursos cortejando a atenção dos analistas. É mais provável que uma mudança na sorte desse tipo de empresa passe despercebida do que se estivesse fazendo algo com muito mais brilho.

A indesejabilidade tem outros sinais. Empresas em processo de falência ou sofrendo de graves dificuldades financeiras são claramente indesejáveis, exceto para o investidor experiente que vê o valor real dos ativos e do negócio que pode surgir após a reorganização. Empresas em setores que estão sofrendo de excesso de capacidade, aumento repentino nas importações, declínio geral ou ameaça de prejuízo por motivo legislativo ou regulatório também podem ser indesejáveis. Ações judiciais, atuais e potenciais, podem tornar as empresas pouco atraentes, e poucas coisas são mais deprimentes do que o desempenho insuficiente. Não estamos nos referindo aqui a uma ação cujo preço cai 50% em uma semana, ou mesmo em um dia, mas a uma que ficou substancialmente defasada em relação ao mercado por dois ou três anos. Esses indicadores de indesejabilidade identificam áreas potenciais de oportunidade; à medida que os investidores fogem de más notícias ou mau desempenho, eles descartam ações a preços que podem exagerar o mau desempenho da empresa. Nem sempre, claro. Às vezes, as coisas são piores do que até mesmo o analista mais sombrio imagina, e o baixo preço atual da ação está realmente alto demais. Ainda assim, a reação exagerada é frequente o suficiente para que o investidor informado e diligente possa encontrar pechinchas no lixo.

Existem ativos cujo preço é incorreto devido a problemas institucionais, administração e outras aberrações temporárias. Quando a Resolution Trust Company, no final da década de 1980 e início da década de 1990, alienou ativos que havia adquirido ao assumir empresas de poupança e empréstimo falidas, seu objetivo era sair do mercado e colocar esses ativos de volta nos padrões de contribuição. Assim, os investidores que tinham experiência e se esforçaram para avaliar por conta própria esses ativos, fossem eles imóveis, *junk bonds* ou instituições de poupança, seriam capazes de comprá-los a preços de venda com desconto. Embora oportunidades como essas não sejam eventos cotidianos, ocorrem com frequência suficiente para manter os investidores de valor atentos à próxima oportunidade.

Por fim, existem empresas com divisões com um desempenho tão ruim que o histórico de toda a empresa sofre. Se o preço das ações reflete os ganhos – muitas vezes perdas – de toda a empresa, então a única coisa que a administração precisa fazer para mudar as coisas e aumentar o preço das ações é eliminar a divisão. A maioria dessas situações não passa despercebida aos olhos penetrantes dos analistas de Wall Street, mas sempre há algumas situações novas ou complicadas o suficiente para evitar a detecção. Estas aguardam o investidor em valor com conhecimento e tempo para desagregar os resultados da empresa e detectar o potencial de ganhos. Exigem também algum catalisador para encorajar os executivos da empresa a se livrarem do abacaxi e deixarem emergir o valor verdadeiro. Nem sempre funciona assim.

Queremos enfatizar que todo esse trabalho é um ponto de partida. O objetivo do esforço de busca é reduzir o universo de investimentos a um tamanho administrável para que uma análise de avaliação em profundidade possa começar. O trabalho real de avaliação e investimento começa depois que as oportunidades postulantes são selecionadas, mas uma estratégia de busca bem concebida desempenha um papel adicional e essencial no processo de investimento. Se, após uma análise cuidadosa, um investimento parece estar disponível com um grande desconto em relação ao valor intrínseco, você sempre deve perguntar por que, em um mundo de investidores enérgicos e inteligentes, essa oportunidade está lhe sendo apresentada em particular. Por que é mais provável que você esteja do lado certo da negociação? No caso da especialização, é porque você é particularmente qualificado para identificar valor. No caso de uma abordagem de valor ampla, é porque você se vacinou contra os vieses comportamentais e institucionais que afetam outros investidores. Em ambas as situações, a estratégia de busca é uma parte importante do caso para qualquer investimento.

CAPÍTULO

3

Avaliação em princípio, avaliação na prática

Ativos, poder dos lucros e crescimento, talvez

Para um investidor do tipo Graham e Dodd, a avaliação está naturalmente no centro do processo de investimento. O mesmo padrão se aplica tanto a um processo de avaliação quanto a uma estratégia de busca: é melhor do que as práticas de avaliação usadas por aqueles do outro lado da negociação? Se as avaliações de Graham e Dodd produzirem estimativas mais precisas e mais bem compreendidas sobre o que você está obtendo com seu dinheiro do que as alternativas amplamente utilizadas, então a avaliação é uma segunda etapa-chave no processo de investimento em que os investidores em valor terão uma vantagem.

Parte dessa vantagem está arraigada no reconhecimento de que os ativos têm valores intrínsecos determinados pelos fundamentos dos negócios subjacentes. Na época de Graham e Dodd, grande parte da atividade do mercado era impulsionada pela especulação sobre como as negociações de investidores "privilegiados" experientes influenciariam os preços futuros. A análise fundamental das operações da empresa era rara e aplicada principalmente a títulos de renda fixa. Essencialmente, o valor era definido como o preço do ativo no futuro, e a dinâmica do mercado – análise técnica de um tipo primitivo – era considerada o fator dominante na determinação desse preço. Como um dos principais motores da profissionalização da análise de ativos, Benjamin Graham naturalmente presumiu que sua própria atenção aos fundamentos do negócio lhe daria uma grande vantagem sobre os especuladores do outro lado da negociação.

Mesmo hoje, as estratégias técnicas e macro de nível de mercado – nenhuma das quais dá atenção às finanças específicas da empresa – ainda desempenham um papel significativo nas abordagens de avaliação e seleção de ativos. No entanto, o sucesso de Graham significa que a atenção aos fundamentos de negócios subjacentes é a regra, e não a exceção. Ainda assim, permanecem diferenças críticas entre a análise fundamental na tradição de valor e muito do que está sendo feito hoje por pessoas fora dessa tradição. Uma diferença importante está arraigada nos horizontes de tempo dos investidores. Os investidores com horizontes curtos, sejam meses, semanas ou mesmo dias, normalmente se concentram nas mudanças nos valores, não no nível desses valores. Um grande número de analistas de investimentos profissionais concentra-se na previsão de mudanças nas variáveis operacionais de negócios, como ganhos, receitas, retornos sobre o investimento e participações de mercado do produto, que se supõe determinarem as mudanças nos preços dos ativos. Por se tratarem de previsões de curto prazo, geralmente consideram os níveis existentes de valores dos títulos como dados por seus preços de mercado. Se as projeções dos analistas forem mais otimistas do que o consenso do mercado, eles antecipam que os preços vão subir no curto prazo e compram os ativos em questão. Se forem mais pessimistas, eles vendem.

Da perspectiva de Graham e Dodd, essa abordagem ignora grandes quantidades de informações pertinentes que permitiriam uma avaliação do valor intrínseco independente do preço de mercado atual, especialmente informações relacionadas às perspectivas de longo prazo de uma empresa. Se o Sr. Mercado inflou temporariamente o preço de um ativo, isso não será reconhecido nem levado em consideração por avaliações de curto prazo baseadas em previsões. Para ações sobrevalorizadas, mesmo as previsões otimistas que se revelam precisas podem produzir retornos decepcionantes se o preço inicial for muito alto. O oposto costuma ser verdadeiro para ações subvalorizadas e previsões pessimistas; preços de compra baixos podem produzir retornos positivos, mesmo que o desempenho da empresa não tenha melhorado. Ignorar informações importantes sobre o nível de valor intrínseco fará com que os investidores de curto prazo tenham uma desvantagem significativa.

Os adeptos do investimento em valor como disciplina se concentram em medir o valor intrínseco de um ativo por meio de uma análise cuidadosa dos fundamentos de negócios em uma perspectiva de longo prazo. Eles acreditam que as oportunidades de investimentos lucrativos estão disponíveis quando o preço de mercado atual de um ativo se desvia significativamente de seu valor intrínseco. A tarefa essencial do analista de valor é determinar o valor intrínseco com precisão suficiente para tirar proveito dos erros de precificação do mercado e ter paciência para esperar que o mercado ou algum evento, como uma aquisição, complete a lacuna entre o preço e valor.

Essa abordagem básica de comparar o preço a um valor intrínseco determinado por fundamentos é muito mais amplamente praticada pelos investidores do que era no tempo de Graham, incluindo muitos que não se diriam adeptos do valor. A competição pela compra de ativos com preços errados é significativamente maior do que no passado. Mas existem métodos em abundância para estimar o valor real de um ativo. Defendemos neste capítulo que a abordagem de Graham e Dodd, conforme foi refinada ao longo dos anos por praticantes de valor, como Warren Buffett e outros, permanece superior às alternativas usadas em geral. Os sucessos históricos e futuros prováveis de uma abordagem de valor surgem de uma metodologia de avaliação superior, bem como de uma estratégia de busca melhor.

Abordagens comuns para medição de valor fundamental – avaliações múltiplas

A abordagem isolada mais amplamente usada para determinar o valor da operação de uma empresa e, portanto, o valor de suas ações, é uma avaliação múltipla. Uma avaliação múltipla tem dois componentes: (1) alguma medida do fluxo de caixa disponível para distribuição que é gerado hoje por uma empresa ou ação; (2) uma proporção do valor por dólar desse fluxo de caixa – o múltiplo – que um investidor deve pagar para comprar esse fluxo de caixa de hoje em diante. O produto da estimativa do fluxo de caixa e o múltiplo é uma estimativa atual do valor do negócio ou ativo. A essência de uma abordagem múltipla é a seleção de uma medida do fluxo de caixa disponível para distribuição e a determinação do múltiplo adequado a ser aplicado a esse fluxo de caixa.

Ao selecionar uma variável de fluxo de caixa, os analistas que confiam na precisão da contabilidade financeira consideram o lucro líquido futuro uma medida apropriada. Aqueles que se preocupam com o impacto distorcido da alavancagem e dos impostos usam os lucros operacionais – lucro antes de juros e impostos, ou EBIT. Outros que reconhecem que a amortização é frequentemente um custo contábil em vez de um custo real a adicionam de volta, para produzir o EBITA. Frequentemente, os analistas aplicam a mesma lógica, às vezes de forma inadequada, à depreciação e observam o EBITDA, os ganhos operacionais mais depreciação e amortização. Analistas preocupados com o fato de que adicionar depreciação ignora os investimentos necessários para manter os ativos de capital de uma empresa e para apoiar o crescimento, dinheiro que não está disponível para distribuição aos proprietários, preferem o fluxo de caixa livre, geralmente definido como fluxos de caixa das operações menos gastos com investimento.[1]

---

[1] Às vezes, até mesmo medidas como vendas ou lucro bruto que refletem o potencial e não necessariamente os fluxos de caixa atuais são usadas em análises múltiplas.

O múltiplo aplicado a qualquer medida escolhida de fluxo de caixa é geralmente determinado por (1) definir um conjunto de empresas de comparação para quem a relação desse fluxo de caixa com o valor deve ser comparável a esta mesma relação para a empresa-alvo a ser avaliada e (2) calcular uma razão média entre o valor de mercado e a variável de fluxo de caixa em questão para este conjunto de comparáveis ao longo de um determinado período. As características dos elementos comparáveis nunca serão exatamente iguais às da empresa-alvo, então muitas vezes são feitas tentativas para ajustar o múltiplo para levar em conta quaisquer diferenças significativas. A determinação de um múltiplo apropriado dependerá da natureza dos fluxos de caixa de um negócio. Fluxos de caixa seguros, estáveis e previsíveis devem ser mais valiosos do que os arriscados e instáveis e devem orientar múltiplos mais altos. Como a estabilidade e a segurança são prejudicadas por altos níveis de endividamento, os múltiplos devem ser menores para empresas altamente alavancadas, em comparação com aquelas com pouca alavancagem. Melhores empresas com margens mais altas devem ter múltiplos relativamente mais altos, tanto porque provavelmente serão mais seguras quanto porque têm melhores perspectivas de negócios no futuro. De forma mais geral, os negócios cujos fluxos de caixa devem melhorar no futuro devem ter múltiplos acima daqueles de negócios estagnados ou em declínio. Esse princípio se aplica também a empresas cujos fluxos de caixa atuais estão temporariamente deprimidos por ciclos de todo o setor ou economia; seus múltiplos podem de fato parecer elevados quando meramente refletem o reconhecimento dos investidores de que os fluxos de caixa irão se recuperar. Por outro lado, os fluxos de caixa das empresas que operam em ou perto de picos cíclicos devem orientar múltiplos mais baixos do que podem apresentar atualmente. Em todos esses casos, a direção das mudanças nos múltiplos é clara.

Outras características de negócios podem ter um impacto mais ambíguo em múltiplos. Boas administrações, por exemplo, devem aumentar o valor por unidade de fluxo de caixa. Elas irão operar com mais cuidado, reduzindo o risco e alocando os lucros retidos de forma mais eficaz, aumentando os retornos futuros. Ainda assim, o desempenho geral dos negócios no futuro dependerá da qualidade da gestão no futuro e de como isso se compara às pessoas atualmente no comando. Aqui, um raciocínio cuidadoso produz conclusões contraintuitivas. As empresas com boa administração veem essa qualidade embutida nas medidas atuais de fluxo de caixa. É improvável que melhorem. Em contraste, as empresas com gestão deficiente têm muito espaço para melhorias. Dadas essas perspectivas futuras, são as más administrações que deveriam orientar múltiplos mais altos, por mais obtuso que possa parecer a princípio.

Fazer julgamentos qualitativos sobre múltiplos apropriados em situações como as descritas anteriormente é apenas o passo inicial. As estimativas de valor são necessariamente quantitativas, e os múltiplos também devem ser determinados quantitativamente. Uma parte crucial desta determinação quantitativa é a seleção do período durante o qual os níveis médios de valor de mercado para o fluxo de caixa são calculados. Especialmente quando os múltiplos de mercado são inflados por excesso de otimismo ou reduzidos por excesso de pessimismo, os atuais múltiplos de mercado podem ser altamente imprecisos. Uma alternativa é estimar múltiplos médios usando períodos históricos estendidos (p. ex., períodos abrangendo 2 ciclos de negócios completos). Porém, em ambientes de negócios em constante mudança, essas médias de longo prazo podem não ser mais apropriadas, e as estimativas de valor resultantes podem ser tão imprecisas quanto aquelas baseadas nos múltiplos atuais. Na prática, as incertezas nas estimativas de fluxo de caixa e nos múltiplos de avaliação significam que múltiplas avaliações calculadas de modo plausível podem diferir em até 100%.

O valor presente líquido dos fluxos de caixa atuais e futuros

Dadas as deficiências de avaliações múltiplas, a alternativa mais comum é usar uma abordagem de valor presente líquido/fluxo de caixa descontado. Em teoria, o valor intrínseco de qualquer ativo, seja um prédio de escritórios, uma mina de ouro, uma empresa que vende mantimentos na esquina ou pela Internet, um título do governo ou uma parte das ações da Amazon, é determinado pelo valor presente dos fluxos de caixa disponíveis que o ativo fornece ao seu proprietário. O valor presente líquido é devidamente calculado como a soma dos fluxos de caixa presentes e futuros, tanto de despesas quanto de recebimentos, com cada dólar de fluxo de caixa futuro devidamente descontado para levar em consideração o valor do dinheiro no tempo. O termo *Fluxo de Caixa Descontado* (DCF, do inglês *discounted cash flow*) é usado para descrever o cálculo. (Consultar o apêndice deste capítulo.)

Os discípulos de Graham e Dodd aceitam o conceito e o cálculo do valor presente líquido, assim como todos os outros investidores fundamentais. As técnicas são ensinadas em todas as instituições de graduação e pós-graduação em Administração. Banqueiros de investimento e executivos financeiros corporativos as usam. Os governos dependem delas para avaliar os retornos de potenciais projetos de capital e outros investimentos. Calculadoras são programadas para produzir números de VPL (NPV, do inglês *net present value*), e planilhas eletrônicas têm funções financeiras que farão o trabalho. A análise de VPL é inevitável. Mas o que é verdade na teoria não precisa fornecer um modelo apropriado para medir o valor intrínseco na prática. Podemos dizer, apenas parcialmente de brincadeira, que o valor prático da análise de VPL deve ser descontado.

A maneira padrão de calcular VPLs e, portanto, o valor intrínseco, é começar estimando os fluxos de caixa relevantes para os anos atuais e futuros até uma data razoável – talvez 10 anos no futuro. Em seguida, seleciona-se – estima-se – uma taxa para o custo de capital que seja apropriada para o risco do ativo em questão. O custo de capital determina o valor separado por dólar do fluxo de caixa de cada período futuro. Multiplicar os fluxos de caixa estimados em cada ano futuro por esses fatores de desconto produz os valores hoje – o valor atual – desses fluxos de caixa futuros. A soma dos valores atuais individuais para os primeiros dez anos é o valor presente de nossos fluxos de caixa que podem ser previstos.

A prática habitual para lidar com os fluxos de caixa em um futuro distante é chegar ao que se chama de valor terminal. O valor terminal é calculado invariavelmente por meio da hipótese de que, após o ano 10 – ou qualquer que seja o último ano para o qual fizemos cálculos de fluxo de caixa anual –, o fluxo de caixa cresce perpetuamente a uma taxa proporcional constante. Sob essa premissa, o valor desses fluxos de caixa, olhando para frente a partir do final do ano 10, será o fluxo de caixa projetado para o ano 11 vezes um múltiplo. Em teoria, esse múltiplo é igual a um (1) dividido pela diferença entre o custo de capital e a taxa de crescimento perpétuo. Por exemplo, se projetarmos um custo de capital de 10% e uma taxa de crescimento de 5% ao ano, então o múltiplo é 1/(10 – 5%) = 20. Na prática, qualquer um dos métodos que identificamos anteriormente para avaliações de índice pode ser usado para fornecer um múltiplo como um suplemento ou um substituto para essa medida teórica. Como não veremos esse valor terminal antes do final do ano 10, precisamos descontar o valor terminal de volta ao presente. Adicionamos isso ao VPL de nossos primeiros 10 anos de fluxos de caixa para obter um valor intrínseco para os fluxos de caixa atuais e futuros.

Há uma séria inconsistência aqui entre a precisão da álgebra e as incertezas que afetam as variáveis que orientam o modelo. Estimamos as taxas de crescimento para os primeiros dez anos e, em seguida, outra taxa de crescimento do final do ano dez para sempre. Este é um exercício heroico, para não dizer temerário. Suponha que, em dois ou três anos, a empresa enfrente mais concorrência, desafios tecnológicos, um aumento em seus custos de materiais que não pode repassar aos clientes, ou qualquer uma de uma série de possibilidades razoáveis que restringirão, ou mesmo eliminarão, o crescimento de seu fluxo de caixa. Imagine em que medidas nossas estimativas provavelmente serão precisas, mesmo para uma empresa estável como a Proctor & Gamble ou a Pfizer, muito menos para empresas dinâmicas como a Netflix ou o Google. Também presumimos que nossa empresa terá acesso a financiamento de longo prazo a um custo de capital previsível continuamente. No entanto, quem sabe hoje o que os credores exigirão em cinco anos ou quanto os investidores em ações estarão dispostos a pagar por novas ações? As margens de lucro e os níveis de investimento necessários, que são a base para as estimativas de fluxo de caixa, são igualmente difíceis de projetar com precisão em um futuro distante.

Para agravar o problema, as avaliações variam significativamente se as premissas subjacentes estiverem erradas por apenas pequenos montantes. Considere o valor terminal e o múltiplo do fluxo de caixa. Se o crescimento perpétuo futuro for 4% e o custo de capital futuro for 8%, então o múltiplo do valor terminal é 25 (1/(8 – 4%) = 25). Se nossa estimativa estiver errada em apenas 1% em qualquer direção para o custo de capital e a taxa de crescimento, o múltiplo de valor terminal pode variar de um máximo de 50 (7% de custo de capital menos 5% de taxa de crescimento) a um mínimo de 16,7 (custo de capital de 9% menos taxa de crescimento de 3%). Este é um intervalo maior que 3 para 1. E, em muitas avaliações – provavelmente na maior parte delas –, o valor terminal é o componente dominante do VPL total.

Os investidores certamente estão cientes dessas dificuldades, e existem maneiras de se tentar lidar com elas. Um método, que certamente economiza tempo e esforço, é simplificar o processo de avaliação, utilizando-se de cálculos de valores baseados em múltiplos. Isso equivale a transferir o cálculo do valor terminal de um ano futuro para o presente imediato, uma mudança que dificilmente pode ser esperada para adicionar precisão e tem todos os problemas de selecionar o múltiplo apropriado que discutimos anteriormente.

Outra abordagem amplamente empregada para lidar com as incertezas do VPL é realizar um número exaustivo de análises de sensibilidade. Aqui, o analista varia os parâmetros operacionais projetados de uma empresa que determinam os fluxos de caixa futuros – taxas de crescimento nas vendas, margens de lucro, investimentos necessários por dólar de vendas, o custo de capital – e então observa as variações correspondentes na avaliação da empresa. O objetivo é registrar toda a gama de possibilidades de avaliação. O problema aqui é que o intervalo geralmente é grande. Uma vez que os parâmetros subjacentes estão ligados entre si de maneiras complicadas, não está claro qual das muitas avaliações possíveis é a que provavelmente se concretizará. A análise de sensibilidade tem a virtude de tornar explícita a falta de confiabilidade das estimativas do VPL, mas apontar o problema não é o mesmo que resolvê-lo.

Há duas coisas que podem ser ditas a favor de uma abordagem de valor presente líquido/fluxo de caixa descontado para avaliação. Primeiramente, ela é correta, do ponto de vista teórico. Se soubéssemos os fluxos de caixa futuros esperados sem erros e o custo de capital exato pelo qual descontá-los, uma análise de VPL produziria o valor intrínseco adequado. Em segundo lugar, é em teoria superior às avaliações de índices, uma vez que, como apontamos anteriormente, as avaliações de índices podem ser consideradas apenas cálculos de VPL abreviados. Na medida em que existem problemas práticos com a abordagem VPL, eles se aplicam igualmente, se não mais seriamente, às avaliações de índice. No entanto, na prática, existem três problemas fundamentais com o uso do VPL para calcular o valor intrínseco que o torna uma má alternativa para produzir estimativas de avaliação de forma consistente que se mostrarão superiores às feitas pelos investidores do outro lado da negociação.

Os problemas com estimativas de valor presente líquido

O primeiro e mais óbvio problema com a abordagem VPL é que ela ignora amplamente uma importante fonte de informações de avaliação – o balanço patrimonial atual. Os fluxos de caixa futuros são derivados essencialmente de estimativas de receitas futuras e declarações de fluxos de caixa. Eles rastreiam os fluxos operacionais futuros, mas dão pouca ou nenhuma atenção aos valores contemporâneos de ativos e passivos no balanço patrimonial. Às vezes, para empresas em dificuldades, um analista calcula um valor de liquidação usando o balanço patrimonial atual para complementar a estimativa do valor presente líquido dos fluxos de caixa futuros. No entanto, para preocupações atuais, esses cálculos têm pouca relevância. Mesmo assim, o balanço patrimonial é uma das melhores e frequentemente mais confiáveis fontes de informação sobre o valor de qualquer empresa. Em geral, os itens do balanço patrimonial podem ser examinados diretamente no momento da análise. Muitas vezes, é possível coletar informações úteis sobre garantias para calcular seus valores atuais. Em contraste, os números do fluxo de caixa futuro são estimativas cuja precisão só pode ser avaliada à medida que as operações reais se desdobram ao longo do tempo. Essa precisão relativa deve ser um grande incentivo para usar as informações do balanço patrimonial atual.

Embora o balanço patrimonial nem sempre seja decisivo para a tomada de boas decisões de investimento, ele será fundamental em um número significativo de casos. Nesses casos, um analista de investimentos que examine cuidadosamente o balanço patrimonial terá uma vantagem distinta sobre um investidor que o ignorou. Os investidores que confiam apenas na análise do VPL e ignoram os balanços têm mais probabilidade de se ver do lado errado da negociação do que aqueles que prestam atenção ao balanço.

A segunda grande deficiência de uma abordagem de VPL é que, na maioria das vezes, o número do valor terminal domina o valor geral e, portanto, torna-se central para a decisão de investimento. Conforme descrito anteriormente, os valores terminais são medidos com grandes graus de erro. Isso não deve ser surpreendente, uma vez que os valores terminais dependem dos fluxos de caixa em um futuro distante, os quais são inerentemente difíceis de prever. Esse problema não é culpa da fórmula do valor terminal, mas deriva da imprevisibilidade fundamental dos fluxos de caixa em um futuro distante. A deficiência da abordagem VPL surge dessa incerteza crescente. O VPL é a soma dos valores presentes de cada um dos fluxos de caixa futuros individuais. Assim que o valor do dinheiro no tempo for levado em consideração pelo processo de desconto, todos esses fluxos de caixa individuais receberão o mesmo peso. No entanto, os fluxos de caixa de curto prazo são medidos com muito mais precisão do que os do futuro distante. Ao ponderar todos os valores presentes do fluxo de caixa igualmente, o VPL pega informações muito boas – as estimativas de fluxo de caixa de curto prazo – e as adiciona a informações muito ruins – as estimativas de valor presente do fluxo de caixa futuro distante. Como qualquer engenheiro irá atestar, a inclusão de informações incorretas corrompe o todo. Grandes erros de estimativa nas informações ruins superam completamente os pequenos erros de estimativa nas informações boas. Ao deixar de separar as informações boas das ruins, a abordagem VPL desperdiça as informações boas na formação de sua estimativa de avaliação. Isso dificilmente é uma receita para ficar do lado certo da negociação.

Aqueles que promovem o uso da análise DCF argumentaram que este problema é significativamente reduzido pelo efeito do próprio desconto. Os fluxos de caixa futuros mal estimados são mais reduzidos por fatores de descontos maiores do que os fluxos de caixa de curto prazo estimados com precisão, diminuindo seu impacto no VPL. Embora seja verdade, o efeito desse desconto maior é limitado por duas razões. Primeiramente, existem muito mais fluxos de caixa distantes – em teoria, infinitamente muitos mais – do que fluxos de curto prazo. Em segundo lugar, para empresas em crescimento ou outros ativos cujos retornos aumentam com o tempo, os fluxos de caixa distantes serão maiores do que os de curto prazo e terão mais peso no cálculo do VPL. A importância prática desses dois fatores é confirmada pelo fato de que os valores terminais, representando fluxos futuros distantes, normalmente dominam as avaliações do VPL.

Um problema fundamental final com a abordagem VPL é um pouco mais sutil. De forma abstrata, um processo de avaliação é uma máquina na qual um analista coloca as variáveis atuais e suposições sobre o futuro. O analista gira a manivela e a máquina cospe uma estimativa ou uma série de estimativas do valor do ativo em questão. A qualidade dessas estimativas depende criticamente da qualidade das suposições que são inseridas na máquina. As suposições que por natureza estão sujeitas a erros significativos raramente irão produzir valores estimados que não estejam igualmente sujeitos a grandes erros. As suposições que entram em uma máquina de avaliação do VPL são todas variáveis numéricas particulares: o nível de fluxo de caixa estimado em cada ano futuro é geralmente calculado com base em suposições sobre taxas de crescimento de receita numéricas, margens de lucro bruto, margens de lucro operacional, taxas de imposto efetivas sobre empresas ou ganhos de parceria, requisitos de investimentos de capital necessários para apoiar o crescimento – impulsionado por estimativas numéricas de intensidades de capital fixo e de giro – e previsões do custo de capital que determinam os fatores de desconto. Esses parâmetros individuais são difíceis de estimar com precisão, especialmente para períodos futuros distantes. Além disso, como esses números são altamente correlacionados ao longo do tempo, esses erros tendem a se acumular, em vez de se anular, durante o cálculo de um VPL. Dada a qualidade inerentemente baixa dessas estimativas, os VPLs calculados estão sujeitos a grandes margens de erro.

Obviamente, se isso for o melhor que o analista de investimentos pode fazer, por mais pobre que sejam, as estimativas de VPL não seriam piores por conta disso do que outras alternativas. No entanto, existem coisas que sabemos sobre o futuro de uma empresa com muito mais confiança do que podemos conhecer a respeito dos valores numéricos específicos que entram em uma máquina de VPL. Podemos não saber o futuro de vendas, margens, intensidades de capital ou custo de capital da Ford daqui a 10, 20 ou 30 anos. Ainda assim, sabemos com alguma confiança que haverá uma indústria automobilística global viável. No final da década de 1960, pediram a uma grande empresa de consultoria, em conexão com a Urban Mass Transportation Administration, para prever o futuro de longo prazo do transporte nos Estados Unidos e no mundo. O relatório concluiu que nos anos de 2010-2020, o transporte consistiria principalmente em veículos "dirigidos individualmente" operando em "rodovias multiuso"; em outras palavras, carros, caminhões e ônibus operando nas estradas. Cinquenta anos depois, essa previsão se confirmou. O futuro hoje parece muito semelhante, mesmo com veículos automotores/elétricos/compartilhados.

Além disso, quase certamente haverá uma indústria automobilística viável nos Estados Unidos. A vantagem da produção off-shore está nos custos de mão de obra mais baixos. A desvantagem compensatória tem sido o custo de transporte mais alto e o afastamento ainda maior dos clientes finais. Como a produtividade na fabricação de automóveis, na verdade em todas as manufaturas, continua a aumentar rapidamente, os insumos de mão de obra necessários cairão. O impacto líquido pode ser importante. No início da década de 1980, quando a General Motors teve problemas inicialmente, a empresa tinha 360.000 trabalhadores na América do Norte. Hoje, produzindo cerca de metade dos veículos, está caminhando para 20.000. À medida que a mão de obra por carro diminui, o benefício de mão de obra mais barata se torna menos significativo. Os custos de transporte e os benefícios de estar perto do consumidor estão mudando em um ritmo muito mais lento. Como resultado, a manufatura – mas não o emprego na manufatura – está retornando e continuará a retornar às áreas econômicas desenvolvidas, como a América do Norte. A Ford, como produtora de automóveis na América do Norte, continuará sendo uma operação economicamente viável no futuro.

Um aspecto final do futuro da Ford Motor Company que parece previsível é o grau de competição que enfrentará. Nos últimos 30 anos, o mercado de automóveis tem sido global e altamente competitivo. Nenhuma das grandes empresas automotivas, incluindo a Ford, teve tecnologia, escala operacional ou acesso a clientes que não estivessem disponíveis em termos essencialmente iguais para outras grandes empresas. Nesse mercado, o retorno do capital investido tem sido, em média, igual ou próximo ao custo de capital dessas empresas. Dado esse histórico, parece improvável que a Ford consiga estabelecer vantagens competitivas sustentáveis no futuro. É igualmente improvável que a Ford tenha de operar sob desvantagem competitiva de longo prazo.[2]

Esses são os julgamentos estratégicos em relação à viabilidade do setor e da empresa e a posições competitivas que podemos fazer com segurança sobre um futuro prolongado. Uma máquina de avaliação eficaz seria capaz de integrar tais premissas direta e claramente em seus valores estimados. Infelizmente, não existe uma maneira simples e óbvia de realizar essa façanha no contexto da estrutura do VPL. Uma abordagem alternativa superior seria aquela que (1) integrasse todas as informações de valor significativo, especialmente do balanço patrimonial; (2) organizasse os componentes de valor pela confiabilidade com a qual eles podem ser estimados, idealmente do mais para o menos confiável; e (3) deixasse claras as implicações de amplas premissas estratégicas para os níveis estimados e componentes de valor.

A abordagem de Graham e Dodd para avaliação evita os problemas inerentes à abordagem de VPL conforme praticada atualmente. A abordagem examina todas as informações contábeis, especialmente o balanço patrimonial da empresa. Separa as informações por grau de confiabilidade, de forma que informações boas não sejam contaminadas por informações ruins. Por fim, integra diretamente amplos julgamentos estratégicos sobre posições competitivas no processo de avaliação.

No entanto, isso não significa que as avaliações de DCF nunca sejam apropriadas. Quando um projeto de investimento envolve retornos futuros que são bem definidos e com probabilidade de serem realizados em um curto período, então uma abordagem de VPL geralmente será a melhor disponível, uma vez que os

---

[2] Há uma preocupação potencial de que o desenvolvimento de veículos elétricos e autônomos possa prejudicar os fabricantes tradicionais de automóveis. Dois fatores, ambos amplamente estratégicos, devem limitar o impacto dessas mudanças. Em primeiro lugar, as baterias e os sistemas de direção "inteligentes" são apenas dois dos muitos componentes de um veículo comum. As empresas estabelecidas se adaptaram historicamente bem à integração de produtos de fornecedores externos independentes em seus produtos finais. Em segundo lugar, para uma indústria competitiva, o efeito de uma redução na demanda sobre os lucros deve, em princípio, ser totalmente compensado por recuperações de capital. (Sobre este último ponto, consultar o Capítulo 7.)

problemas que identificamos serão limitados. Muitos investimentos baseados em eventos feitos em aquisições, reorganizações corporativas, falências e similares atenderão a esses critérios e são uma área em que uma abordagem de VPL é apropriada. A maior lição aqui é que uma abordagem de avaliação para todas as situações (que é muitas vezes como o DCF se apresenta) não é uma maneira sensata de medir o valor que você está obtendo com seu dinheiro.

Uma abordagem de três elementos para avaliação: ativos, poder dos lucros e crescimento lucrativo

O ceticismo com que os investidores do tipo Graham e Dodd consideram os cálculos do VPL pode não ser nada mais do que um cinismo mundano em relação a todos os esforços sistemáticos de avaliação, se esses investidores não oferecerem uma abordagem alternativa que evite as armadilhas da abordagem do VPL. Felizmente, eles desenvolveram um método de avaliação que atende aos nossos três padrões. Baseia-se em uma compreensão completa da situação econômica em que uma empresa opera. Coloca mais ênfase nas informações sobre a empresa que são sólidas e certas e valoriza as perspectivas futuras da empresa com mais realismo e menos otimismo do que é habitual em Wall Street. Recusa-se a pagar qualquer coisa até mesmo pela previsão mais otimista que não tem fundamento atual ou histórico. No final da década de 1990, Charlie Munger, da Berkshire Hathaway, disse que, se estivesse fazendo um teste pedindo a um analista para avaliar uma nova empresa "pontocom" de Internet, ele reprovaria qualquer pessoa que respondesse à questão. Algumas pontocom atingiram valores extremamente altos, mas a maioria delas desapareceu. Para citar Wittgenstein, "Do que não se pode falar, deve-se silenciar."

Do que podemos falar? Vamos voltar e olhar para a Ford. Seria precipitado prever seu fluxo de caixa em 2030, mas há algumas coisas que podemos afirmar com confiança.

Elemento 1: o valor dos ativos

O lugar natural para começar é pelas informações mais confiáveis que possuímos, informações sobre o estado atual da empresa. Este estado é apresentado no balanço da empresa. Seguindo Graham e Dodd, falaremos primeiramente sobre o valor líquido do ativo da empresa conforme revelado no balanço patrimonial no final do período operacional mais recente (ou períodos, se as variações sazonais forem significativas), conforme determinado pelos contadores da empresa. Sabemos que esses valores contábeis serão mais precisos para alguns ativos do que outros. Assim, à medida que elaboramos o balanço patrimonial, aceitamos ou ajustamos os números declarados de acordo com a experiência e a análise. Devido a princípios contábeis e regulamentações fiscais, certos ativos – uma carteira de produtos, trabalhadores treinados, relacionamentos com clientes ou franquias de negócios locais – nem mesmo aparecem no balanço patrimonial. No entanto, são partes importantes dos ativos de uma empresa e devem ser avaliados. Para estimá-los com a precisão adequada, é necessário o desenvolvimento de técnicas, muitas vezes baseadas na experiência detalhada do setor. O analista de valor que domina essas habilidades está coletando informações importantes que estão sendo ignoradas pela maioria dos outros analistas, aumentando as chances de estar do lado certo da negociação.

Fazemos o mesmo para o passivo do balanço patrimonial, incluindo ajustes apropriados para lançamentos contábeis e estimativas de passivos não listados, mas reais. Ao final do processo, subtraímos os passivos do ativo para obter um valor atual do ativo líquido, essencialmente o valor contábil do patrimônio líquido, devidamente ajustado. Não há necessidade de prever o futuro. Os ativos e passivos existem hoje. Muitos deles são tangíveis ou quase tangíveis, como o dinheiro na conta bancária confirmado pelo banco, e podem ser avaliados diretamente com grande precisão.

Começar no topo do balanço patrimonial tem outra vantagem. À medida que analisamos as contas de ativos de caixa no topo, cujo valor é inequívoco, para vários ativos intangíveis, cujo valor é, com frequência, altamente incerto, reconhecemos a confiabilidade decrescente de nossos valores estimados. O próprio Graham preferia confiar inteiramente em ativos circulantes que poderiam ser realizados em um ano e cujos valores contábeis não variavam muito do caixa real que poderia ser obtido com a liquidação deles. Ele subtraiu todos os passivos da empresa desses ativos circulantes para chegar ao seu famoso número de "capital de giro líquido" para o valor da empresa.

Os resultados de uma avaliação de ativos dependem dos princípios empregados para atribuir ou ajustar valores para cada tipo de ativo e passivo. Aqui, o julgamento estratégico entra direta e significativamente no processo. Se toda uma indústria não parecer economicamente viável no futuro ou se uma empresa específica estiver situada em uma parte da indústria onde é improvável que sobreviva, então os ativos e passivos devem ser avaliados pelo que provavelmente resultarão em caso de sua liquidação. Esta situação surgirá sempre que uma indústria ou empresa estiver em declínio terminal. Nessas circunstâncias, os ativos genéricos – caixa, contas a receber, estoque de matéria-prima, alguns edifícios e equipamentos multiuso – podem ser mais ou menos aceitos pelo valor total das demonstrações financeiras. Ativos mais especializados – estoque de produtos acabados, instalações e equipamentos especializados – provavelmente serão descartados por valores em dinheiro bem abaixo dos números do balanço patrimonial. Na pior das hipóteses, serão avaliados em zero. Frequentemente, os intangíveis valem pouco ou nada em uma liquidação, a menos que estejam associados a divisões operacionais independentes e lucrativas. Graham e Dodd, marcados por suas experiências formativas na Grande Depressão, favoreceram o valor de liquidação como a abordagem mais segura para avaliação de ativos. Nos anos pós-Depressão, eles conseguiram encontrar muitas oportunidades de investir em empresas com vendas abaixo do capital circulante líquido, tendo atribuído um valor de liquidação zero a todos os ativos não circulantes.

Felizmente, as condições de depressão se tornaram a exceção, e não a regra.[3] Quase todas as empresas estão em situações economicamente viáveis quase o tempo todo. Nessas condições, a premissa estratégica que mais frequentemente fundamenta nosso procedimento de valor de ativos é a de viabilidade econômica futura, para a qual os valores de liquidação são amplamente irrelevantes. Por exemplo, como observamos anteriormente em relação à Ford, a indústria automobilística norte-americana não está desaparecendo. Para continuar fazendo negócios, deve investir nos ativos – capital de giro, capital fixo e intangíveis – que são essenciais para suas operações comerciais. À medida que esses ativos se desgastam ou se tornam obsoletos, devem ser substituídos, presumivelmente ao menor custo possível, dado o estado da tecnologia existente. Caso contrário, a indústria não continuará operando e não fornecerá os bens necessários. Iremos nos referir às somas que devem ser gastas para manter as operações de negócios como o custo de reprodução dos ativos. Os valores dos ativos de uma empresa em uma indústria viável devem ser iguais a esse custo de reprodução. Se estivessem disponíveis por menos, os concorrentes poderiam comprar os ativos de uma empresa por preço mais barato do que custaria para reproduzi-los. Licitar a empresa entre concorrentes elevaria o valor dos ativos até o custo de reprodução. Ao mesmo tempo, os ativos nunca devem exigir mais do que o custo de reposição de sua função da forma mais eficiente possível, uma vez que nenhum investidor inteligente pagaria esse preço.

O processo de realmente estimar os valores de reprodução de ativos envolve analisar de modo a ir descendo pelo balanço patrimonial desde o capital de giro até capital fixo e intangíveis, listados ou não, do lado do ativo e ter uma visão abrangente do passivo. Novamente, como no caso de valores de liquidação, o custo

---

[3] Na Grande Depressão, a produção real caiu cerca de um terço de 1929 a 1932 e os preços caíram em proporções comparáveis. Essa combinação reduziu o valor em dólares da atividade econômica em cerca de 50%. A renda agrícola líquida, que sustentava um terço da população dos Estados Unidos, caiu 80%. O declínio comparável na Grande Recessão de 2008-09 foi de cerca de 4 1/2%.

do dinheiro, contas a receber e estoque é relativamente fácil de calcular e próximo do valor contábil. Quanto mais abaixo na lista, mais ajustes podem ser necessários. Mas há profissionais que ganham a vida avaliando instalações e equipamentos, então ainda estamos lidando com um valor mais sólido do que as estimativas de taxas de crescimento de lucros daqui a 10 anos. A maioria dos analistas de investimento não analisa cuidadosamente os valores de reprodução dos ativos. Esta é uma área em que serão especialmente valiosos a experiência da indústria e os relacionamentos com fontes que têm conhecimento detalhado do custo líquido de reprodução das funções das plantas existentes, substituição de reservas de recursos naturais esgotadas ou aquisição de novos clientes para compensar aqueles perdidos por desgaste natural. Ter a criatividade e a energia necessárias para desenvolver técnicas para estimar os valores de reprodução provavelmente levará a vantagens de investimento sustentáveis.[4]

Elemento 2: o valor do poder dos lucros

A segunda medida mais confiável do valor intrínseco de uma empresa é o próximo cálculo feito por Graham e Dodd, ou seja, o valor de seus lucros correntes, devidamente ajustados. Eles podem ser estimados com mais certeza do que os lucros futuros ou fluxos de caixa e são mais relevantes para os valores de hoje do que os lucros do passado, embora os lucros anteriores tenham um papel nesta estimativa. Transformar os lucros atuais em um valor intrínseco para a empresa exige que façamos suposições tanto sobre a relação entre os lucros presentes e futuros quanto sobre o custo de capital. Como precisamos confiar nessas premissas, as estimativas de valor intrínseco com base nos lucros são inerentemente menos confiáveis do que as estimativas com base nos ativos.

As premissas tradicionais de lucros de Graham e Dodd são que os níveis de lucros e o retorno que os investidores exigem para justificar um investimento nesses lucros – o custo de capital – são constantes por um futuro indefinido. Eles presumem que uma empresa não cresce nem diminui de tamanho. Tamanho constante significa nenhum investimento líquido em capital de giro ou fixo. Assim, se os níveis de depreciação usados no cálculo dos lucros forem iguais às despesas de capital de manutenção,[5] o lucro líquido estimado deve ser igual aos fluxos de caixa para distribuição. Graham e Dodd referiram-se ao nível sustentável médio de ganhos

---

[4] Examinamos algumas dessas abordagens e as questões envolvidas no Capítulo 4 sobre Avaliação de Ativos.

[5] A despesa de capital de manutenção é o investimento necessário para restaurar os ativos físicos de uma empresa no final do ano ao estado e à capacidade em que se encontravam no início do ano.

atuais como *poder dos lucros*. *Valor do poder dos lucros* (EPV, do inglês *earnings power value*) então é igual ao poder de lucro capitalizado ao custo futuro de capital médio. A equação formal para determinar o EPV é

$$EPV = \text{Poder dos Lucros} \times 1/R$$

em que R é o custo de capital futuro constante medido atualmente. Dadas essas premissas, o EPV de uma empresa é igual ao VPL de seus fluxos de caixa para distribuição.

A estimativa do poder dos lucros requer ajustes significativos aos lucros contábeis relatados atualmente. Esses ajustes, que discutiremos em mais detalhes no Capítulo 5, incluem:

1. Retificar declarações contábeis incorretas, como cobranças "únicas" frequentes que supostamente não estão relacionadas às operações normais; o ajuste consiste em encontrar o índice anual médio com que esses encargos incidem sobre os lucros relatados antes dos ajustes e reduzir proporcionalmente os lucros relatados no ano atual antes do ajuste.

2. Resolver discrepâncias entre a depreciação e amortização conforme relatado pelos contadores e o valor real de reinvestimento que a empresa precisa fazer para restaurar os ativos de uma empresa no final do ano aos seus níveis no início do ano – despesas de capital de manutenção; o ajuste adiciona ou subtrai essa diferença.

3. Levar em consideração o impacto nos resultados da posição atual no ciclo de negócios e outros efeitos transitórios; esse ajuste estima o lucro médio para eliminar variações temporárias.

4. Considerar outras modificações que discutiremos no Capítulo 5.

O objetivo é chegar a uma estimativa precisa do fluxo de caixa disponível atual da empresa, começando com os dados de lucros relatados e refinando-os. Nossa hipótese, repetindo, é que esse nível de fluxo de caixa pode ser sustentado e não está crescendo. Embora o EPV resultante seja um pouco menos confiável do que a avaliação baseada em ativos puros, é consideravelmente mais confiável do que um cálculo de valor presente líquido completo que assume uma taxa de crescimento e um custo de capital muitos anos no futuro. E, embora a equação para o EPV se pareça com outras avaliações de base múltipla que criticamos anteriormente, ela tem a vantagem de se basear inteiramente nas informações disponíveis atualmente e não é contaminada por conjecturas mais incertas sobre o futuro.

Parte do benefício dessa definição de Graham e Dodd de poder de ganhos é que, ao adiar questões de crescimento, ela simplifica muito o cálculo do valor dos lucros de hoje. Abordaremos o valor do crescimento separadamente, uma vez que esse valor é altamente incerto e depende fundamentalmente da posição estratégica de um negócio.

Outro conjunto de ajustes deve ser feito para chegar a um EPV final. O valor de uma empresa pode consistir em mais do que apenas o valor da perpetuidade do nível sustentável de lucros operacionais. Muitas empresas possuem ativos desnecessários para as operações de seus negócios em andamento. Elas podem ter excesso de caixa, carteiras de ativos financeiros, propriedade parcial de outros empreendimentos não relacionados, excesso de imóveis e outros ativos. Na medida em que esses ativos externos podem ser descartados sem afetar o funcionamento contínuo dos negócios principais conforme coberto pela demonstração de resultados, eles representam uma fonte de valor além do valor dos rendimentos sustentáveis. Este valor deve ser adicionado à estimativa inicial de EPV para chegar a um valor de poder dos lucros geral. Ao mesmo tempo, as empresas costumam herdar passivos que também não estão relacionados às operações contínuas do negócio. Passivos de pensão historicamente subfinanciados, passivos ambientais além daqueles criados no curso "normal" dos negócios e outras responsabilidades de acordo com eventos – como de litígios anteriores – enquadram-se nesta categoria. Para espelhar os ativos externos descritos anteriormente, esses passivos devem ser subtraídos de nossa estimativa inicial de EPV para chegar a um EPV final.[6]

Elemento 3: o valor do crescimento

Isolamos a questão do crescimento por dois motivos. Em primeiro lugar, este terceiro e último elemento de valor é o mais difícil de estimar, especialmente se estivermos tentando projetá-lo por um longo período no futuro. A incerteza em relação ao crescimento futuro é geralmente a principal razão pela qual as estimativas de valor baseadas em cálculos de valor presente líquido são tão propensas a erros. Ao isolar esse elemento, podemos evitar que ele infecte as informações mais confiáveis incorporadas às avaliações de ativos e lucros.

Em segundo lugar, em muitas circunstâncias, o crescimento das vendas e mesmo o crescimento dos lucros nada acrescentam ao valor intrínseco de uma empresa. Essa afirmação parece contradizer uma noção comum sobre vendas e lucros de uma empresa – a de que o crescimento é bom. Na verdade, essas condições surgem apenas em uma gama limitada de ambientes econômicos. Esses ambientes favorá-

---

[6] Tanto os ativos externos quanto os passivos externos aparecem no balanço patrimonial da empresa e portanto, já são contabilizados no valor do ativo líquido da empresa.

veis ao crescimento são prontamente identificáveis, com base em uma avaliação estratégica da economia do setor. Na maioria dos casos, uma análise estratégica indicará antecipadamente se o crescimento provavelmente criará valor. Sempre que isso não acontecer, nossa análise pode ignorar a dinâmica de crescimento no processo de estimativa de valor. Os investidores do tipo Graham e Dodd certamente reconhecem que, em algumas situações importantes, o crescimento cria valor e constitui um terceiro elemento em avaliação, junto com ativos e poder dos lucros. A distinção da abordagem de Graham e Dodd para avaliação é abordar esses três elementos de valor separadamente, não integrá-los em um único índice ou cálculo de VPL.

Abordando as dimensões estratégicas de avaliação dentro da estrutura de Graham e Dodd

Os elementos da abordagem de Graham e Dodd para avaliação são resumidos graficamente na Figura 3.1. A primeira coluna representa o valor do ativo. É o elemento de valor estimado mais confiável. Para um negócio viável, é o valor líquido de reprodução dos ativos – quanto custaria para alguém replicar os ativos necessários para operar esse negócio. Para um negócio inviável, é o valor de liquidação.

A segunda coluna representa o valor do poder dos lucros.

É o segundo elemento de valor estimado mais confiável. Os dados a partir dos quais o EPV é calculado – lucros históricos e fluxos de caixa, condições do setor e variáveis do mercado financeiro que determinam o custo de capital – são bastante diferentes dos dados subjacentes ao cálculo do valor do ativo. Assim, o valor do ativo e o EPV fornecem duas estimativas distintas de valor que podem ser trianguladas para obter uma imagem mais completa de qualquer negócio cujos valores mobiliários estamos considerando comprar. As premissas estratégicas aqui são que o negócio é viável e que os lucros são sustentáveis, mas não crescem. Se o setor em si não for viável, o poder dos lucros é apenas temporário e provavelmente não adicionará nada ao valor de liquidação dos ativos.[7] As estimativas do valor do poder dos lucros podem exceder ou ficar abaixo do valor do ativo. Na Figura 3.1, obtivemos valor do poder dos lucros superior ao valor do ativo, mas, como veremos, nem sempre é esse o caso.

---

[7] No caso de um negócio inviável que acaba ao longo de alguns anos, uma liquidação ordenada pode levar a uma série relativamente previsível de fluxos de caixa de curto prazo. Nesse caso, uma avaliação de VPL pode ser apropriada, mas é improvável que seja muito diferente do valor de liquidação do ativo, especialmente se a administração desperdiçar recursos tentando sobreviver.

| Valor do ativo | Valor do poder dos lucros | Valor total |

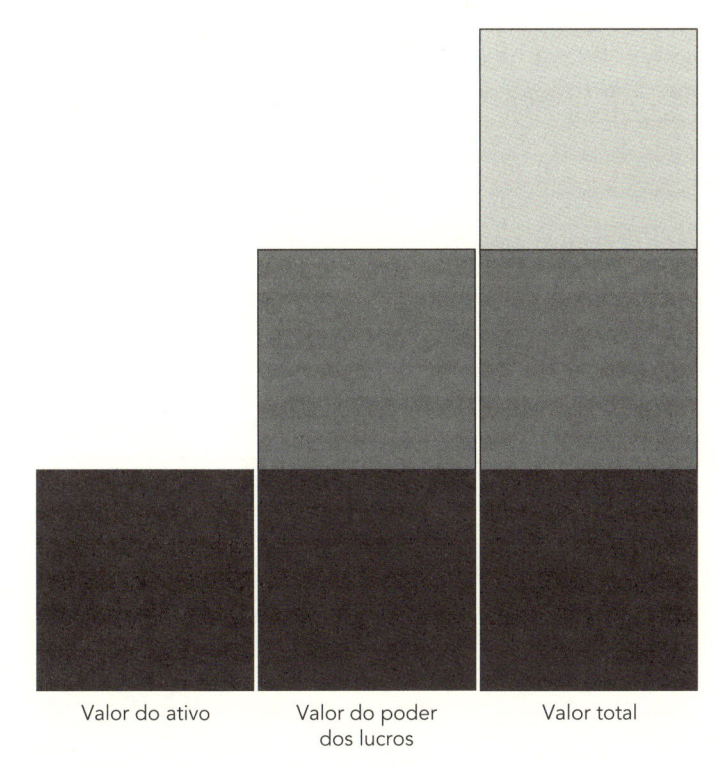

FIGURA 3.1 Três elementos do valor.

A terceira coluna registra o valor total da empresa. Isso difere do valor do poder dos lucros por incorporar os efeitos do crescimento, que podem agregar valor, como na figura, ou subtrair valor. Até agora não dissemos nada sobre como esse valor total pode ser obtido, exceto para alertar que é difícil estimar com precisão. Reconhecidamente, o modelo VPL faz uma tentativa de contabilizar o valor do crescimento. Nós já identificamos o que consideramos as deficiências desse esforço. Em capítulos posteriores, argumentamos que, para fins práticos, uma abordagem do tipo Graham e Dodd para avaliar o crescimento tem desempenho superior e mais probabilidade de colocar o investidor no lado certo da negociação.

Para um investidor em valor, o processo de avaliação normalmente começa com uma estimativa cuidadosa do valor do ativo e, em seguida, calcula o valor do poder dos lucros, incluindo ativos e passivos externos. Quando essas estimativas independentes são comparadas entre si, existem apenas três possibilidades, cada uma representada na Figura 3.2: os valores dos ativos excedem o EPV (Caso A); são aproximadamente iguais (Caso B); o EPV é maior que o valor do ativo (Caso C).

Caso A

Ativos > Valor do poder de ganhos

AT   EPV

Caso B

Ativos = Valor do poder de ganhos

AT   EPV

Caso C

Ativos < Valor do poder de ganhos

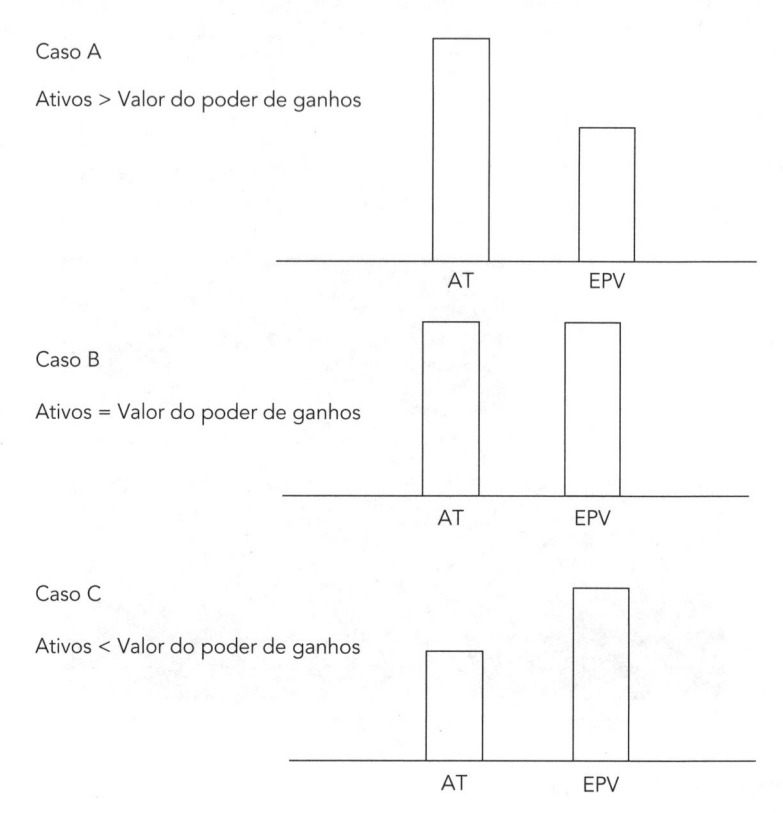

AT   EPV

FIGURA 3.2 As possibilidades ao comparar o valor do ativo com o valor do poder de ganhos.

No Caso A, em que o valor do ativo excede o EPV, existe a possibilidade de termos superestimado inadvertidamente o valor do ativo usando um valor de reprodução onde um valor de liquidação é mais apropriado. Essa é uma questão de viabilidade econômica a que devemos ser capazes de responder examinando as perspectivas de longo prazo da empresa e do setor, assim como fizemos anteriormente para a Ford. Se concluirmos que a empresa é viável, restam duas explicações alternativas. Primeiro, a condição pode ser temporária, e usamos uma medida inadequada de ganhos de curto prazo no cálculo do EPV. Uma indústria não pode ser viável no longo prazo se o valor dos lucros sustentáveis estiver abaixo do custo de reprodução dos ativos operacionais necessários. Suponha, por exemplo, que o valor do ativo seja US$ 10 bilhões e o EPV seja US$ 5 bilhões (poder dos lucros de US$ 500 milhões dividido por um custo de capital de 10%). Então, o retorno sobre esses ativos é de apenas 5% (US$ 500 milhões dividido por US$ 10 bilhões), o que não é suficiente para atrair capital voluntariamente. Nesse caso, os investimentos necessários para sustentar a empresa no futuro não serão realizados, prejudicando sua viabilidade.

A primeira resposta a essa situação deve ser reexaminar a estimativa do poder dos lucros sustentável ou repensar a forma mais eficiente de reproduzir os ativos. Se essa análise não levar em conta a discrepância, a segunda possibilidade é que os ativos estejam nas mãos de uma gestão de qualidade inferior. Esta é uma situação comum quando encontramos a relação descrita no Caso A. Ela pode ser confirmada observando o desempenho operacional e estratégico histórico da gestão. Ativos de US$ 10 bilhões nas mãos de uma gestão competente deveriam valer seu valor de reprodução; caso contrário, a gestão atual precisa ser melhorada ou substituída. Se a gestão de qualidade inferior persistir, o negócio valerá, na melhor das hipóteses, o valor de poder de ganhos de US$ 5 bilhões. Um cenário mais provável e desanimador é que, à medida que a gestão atual reinveste uma fração significativa dos lucros e continua a obter retornos abaixo do custo de capital de 10%, o valor da empresa se deteriora para substancialmente menos de US$ 5 bilhões.

Esta situação é uma "armadilha de valor" clássica. O valor do ativo está lá, mas os investidores nunca o verão, a menos que a gestão ruim seja substituída. O fator crítico para o sucesso do investimento é a capacidade de substituir a gestão ou redirecioná-la. Até que haja uma perspectiva clara desse evento, a única razão para considerar um investimento em uma empresa do Caso A é se ela pode ser adquirida com um grande desconto não apenas no valor do ativo, mas também no EPV. Essa percepção clara é uma característica da abordagem de Graham e Dodd e seria difícil de extrair de uma confusão de análises de sensibilidade de VPL.[8] Essa perspectiva estratégica e a capacidade de medir as estimativas de avaliação em relação a julgamentos estratégicos alternativos são uma característica da abordagem de Graham e Dodd. É difícil ou impossível extrair essas percepções de uma avaliação VPL.

Considerando o Caso B, se o valor do ativo e o EPV corretamente calculados forem aproximadamente iguais, no intervalo de 25% um do outro, isso indica uma situação estratégica muito diferente para o negócio em questão. É o que se esperaria ver para empresas com administrações capazes, operando em mercados competitivos: em termos econômicos, sem barreiras à entrada; em termos de investimento em valor, sem fossos. Por quê?

Considere uma empresa com US$ 2 bilhões em ganhos e um custo de capital de 10%. Seu EPV será de US$ 20 bilhões. Se o valor do ativo líquido fosse de

---

[8] A vantagem potencial no Caso A também é aparente. A boa gestão substituta geralmente será capaz de criar valor igual ou ligeiramente acima do valor do ativo.

apenas US$ 10 bilhões, um participante poderia reproduzir o negócio por esse custo líquido. Em um mercado sem barreiras estruturais à entrada, os possíveis concorrentes aproveitarão essa oportunidade de forma agressiva. A concorrência nos negócios se intensificará e os lucros inevitavelmente diminuirão, mesmo que o setor não seja perfeitamente competitivo. Isso pode acontecer em etapas. Suponha que a primeira onda de novos entrantes reduza os ganhos da empresa incumbente para US$ 1,5 bilhão e o EPV para US$ 15 bilhões. Isso ainda vai exceder o investimento necessário de US$ 10 bilhões. Somente quando a discrepância entre EPV – oportunidade – e valor do ativo – custo – for eliminada, o processo de entrada acabará.[9] Nesse ponto, o valor do ativo e o valor do poder de ganhos serão aproximadamente iguais.

Por outro lado, se a empresa, em mãos de gestão capacitada, faturasse US$ 500 milhões com um custo de capital de 10%, o EPV de US$ 5 bilhões estaria significativamente abaixo do valor de reprodução de ativos de US$ 10 bilhões. Outras empresas do setor com gestores competentes ganhariam quantias comparáveis. O retorno médio do setor de US$ 500 milhões representa um retorno sobre o capital de 5%, bem abaixo do retorno de 10% exigido pelos investidores. Diante dessa realidade, as gestões não achariam mais lucrativo substituir ativos em esgotamento, a capacidade do setor cairia, algumas empresas sairiam e a competição diminuiria. Depois de um tempo, os lucros das empresas sobreviventes aumentariam. E, como o processo de entrada/expansão, essa contração, embora muito provavelmente mais lenta do que a expansão, não terminaria até que o EPV igualasse ou ultrapassasse o valor do ativo. Mais uma vez, as forças econômicas em um mercado competitivo direcionam os ativos e o EPV um para o outro.

Como no Caso A, as implicações do Caso B podem ser testadas em relação a amplos julgamentos estratégicos sobre a natureza da empresa e do setor. No caso da Ford, a improbabilidade de vantagens competitivas sustentadas para a empresa nos levaria a esperar a relação descrita no Caso B, uma igualdade aproximada de ativos e EPV. Se não encontrarmos uma igualdade aproximada, teremos que reconsiderar nossas estimativas de valor de ativos e ganhos. Se a estimativa do valor do ativo for precisa e o mercado, competitivo – historicamente, não houve barreiras significativas à entrada –, então o nível estimado de lucros não será sustentável. Se o EPV estiver abaixo do valor do ativo e a gestão for competente, os ganhos aumentarão até que o EPV se aproxime do valor do ativo. Assim, um investimento deve ser lucrativo desde que haja uma margem de segurança entre o preço e o valor do ativo. Se o EPV estiver acima do valor do ativo, é improvável que o nível de ganhos seja

---

[9] Descrevemos o processo com mais detalhes no Capítulo 7.

sustentável, e investidores cuidadosos desejarão ver um preço de mercado abaixo do valor dos ativos.

Novamente, a abordagem de Graham e Dodd leva a uma decisão de investimento clara com base nos ativos atuais e valores de poder de ganhos e em uma avaliação estratégica da natureza do mercado. É improvável que uma análise VPL, mesmo com amplos testes de sensibilidade, produza clareza igual.

Surge um segundo benefício da abordagem de Graham e Dodd, porque, no Caso B, nossas duas estimativas de valor são derivadas de tipos distintos de informação. Os valores dos ativos começam com os números do balanço e consideram evidências relacionadas a quanto custariam para reproduzir com a tecnologia atual. A avaliação do poder de ganhos da empresa começa com receitas históricas e declarações de fluxo de caixa e considera evidências do desempenho operacional anual da empresa, bem como seu provável custo de atrair capital. Se tivermos confiança em nosso amplo julgamento estratégico de que a indústria automobilística ou qualquer outro setor continuarão a ser viáveis, com poucas possibilidades para as empresas individuais desfrutarem de vantagens competitivas sustentáveis, então, como observamos anteriormente, temos duas estimativas independentes do valor da empresa que podem ser trianguladas para obter a avaliação mais precisa possível.

Uma abordagem para triangular entre o ativo e o EPV no Caso B seria fazer a média dos dois. Mas podemos fazer melhor que isso. Para algumas empresas, os lucros são altamente instáveis e difíceis de prever. Os produtores de *commodities* e outros negócios fortemente cíclicos se enquadram nesta categoria. Já os valores de reprodução de ativos – o custo da capacidade da planta, capital de giro, o custo de reposição de reservas esgotadas – são, com frequência, bastante estáveis. Nessas situações, os valores dos ativos serão uma medida de valor mais confiável do que o poder dos lucros. Outros setores – empresas de serviços, produtos de consumo de marca – têm lucros estáveis, mas muitos dos ativos são intangíveis e difíceis de medir. Para essas empresas, o EPV sem crescimento será o ponto de partida mais confiável para a avaliação. Em qualquer situação, os valores estimados são mutuamente compatíveis. Quando você começa com o EPV, o valor do ativo ainda diz até que ponto esses ganhos estão protegidos da concorrência pelos requisitos dos ativos. Quando você começa com os ativos, o EPV revela até que ponto os níveis de lucros previsíveis apoiarão esses valores dos ativos. Nada como isso está disponível em uma abordagem VPL.

Finalmente, para o Caso C, o EPV excede substancialmente o valor líquido de reprodução dos ativos. Várias empresas cabem nesse quadro. O valor médio dos lucros sustentáveis da Coca-Cola em 2015–16 de US$ 50–60 bilhões (US$ 4–5 bilhões de poder de ganhos a um custo de capital de aproximadamente 8%) era muito maior do que qualquer custo razoável de reprodução de seus ativos. O valor contábil era de US$ 30 bilhões e, mesmo se incluíssemos o custo de replicação da fórmula secreta da Coca-Cola, o total ainda seria muito inferior a US$ 50 bilhões em EPV. A mesma disparidade se aplica a outras empresas conhecidas, como Walmart, Microsoft, Google, Nestlé e American Express. O Caso C é o inverso do Caso A, no qual a má gestão geralmente produz lucros que não tiram proveito total do valor dos ativos. Alguns dos lucros excedentes podem, portanto, ser atribuídos a uma gestão de qualidade superior. Mas empresas como a Coca-Cola tiveram lucros superiores por décadas, enquanto a qualidade da gestão variou amplamente neste período. O poder dos lucros consistentemente superior é em grande parte atribuível às condições da indústria. Como Warren Buffett apontou, quando um setor com "má reputação" encontra uma administração com "boa reputação", quase sempre é a reputação do setor que sobrevive. O oposto também pode ser o caso; uma empresa em um setor com uma "boa reputação" pode sobreviver a uma gestão abaixo da média, pelo menos por algum tempo.

As condições necessárias do setor podem ser inferidas da discussão anterior do Caso B. Enquanto não houver barreiras estruturais à entrada da concorrência no mercado de uma empresa, o EPV que exceder o valor de reprodução dos ativos acabará por ser eliminado pela competição. Assim, do ponto de vista estratégico, os ganhos da Coca-Cola devem ser protegidos por barreiras significativas e sustentáveis à entrada. Na linguagem de Warren Buffett, os mercados da Coca-Cola devem ser defendidos por fossos largos.

Na análise da estratégia de negócios, as barreiras à entrada existem se e somente se uma empresa estabelecida tiver vantagens competitivas que uma nova entrante não pode igualar. As vantagens competitivas derivam de (1) acesso privilegiado aos clientes, (2) tecnologia proprietária ou (3) economias de escala.[10] Essas vantagens são um desafio para os possíveis participantes por conta da perspectiva de serem forçados a competir em desvantagem; na maioria dos casos, impedem a entrada. Assim, apesar dos atrativos potenciais do Caso C, EPV maior do que os custos dos ativos, os aspirantes a entrantes nunca colherão esses benefícios. A empresa dentro do fosso continua a obter lucros muito superiores ao custo de reprodução de seus ativos. O termo comumente aplicado a esse EPV excedente é "valor de franquia". As questões estratégicas fundamentais associadas ao Caso C são a força e a sustentabilidade desta

---

[10] As vantagens competitivas dos participantes, por exemplo, uma rede de participantes mais nova e melhor do que a de concorrentes estabelecidos, conduzem apenas a uma concorrência implacável. Nesses casos, uma vez que o entrante eliminou os concorrentes e congelou sua tecnologia de rede, o próximo entrante com a próxima nova tecnologia anula o entrante original que se tornou o incumbente. O poder dos lucros em excesso do valor de reprodução dos ativos nunca será sustentado.

franquia. Uma avaliação de VPL dá pouca ou nenhuma atenção à importância das barreiras à entrada. No caso da Ford, sem nenhuma vantagem competitiva sustentável no futuro previsível, não confiaríamos em avaliações que considerassem o EPV sustentável muito superior aos custos de reprodução dos ativos. No Capítulo 6, discutimos em detalhes como esses julgamentos estratégicos podem ser feitos.

Crescimento: uma breve prévia

Até agora, ignoramos o valor criado pelo crescimento e aqui vamos apenas visualizar como as considerações de crescimento são integradas em um abordagem da avaliação do tipo Graham e Dodd. Embora existam atributos de valor positivo para o crescimento – todos sabem que um fluxo de renda crescente é mais valioso do que um estático –, também existem consequências de valor negativo. Nem todo crescimento cria valor. O crescimento requer investimento, e o dinheiro que deve ser comprometido com o negócio reduz o montante que uma empresa pode distribuir hoje. Um fluxo de renda crescente estará, portanto, associado a distribuições de porcentagem menores em cada ponto no tempo. O valor líquido do crescimento depende de qual desses dois fatores – crescimento mais rápido *versus* um ponto de partida inferior – tem o maior impacto.

Felizmente, se examinarmos essa questão da perspectiva do investimento, a resposta surge de imediato. Suponha que uma empresa investisse US$ 100 milhões em crescimento. Suponha ainda que o custo de capital para esse investimento – o que a empresa teria de pagar para atrair investidores voluntariamente[11] – fosse de 10%. Então, um encargo anual de US$ 10 milhões teria que ser coberto com os retornos do investimento de "crescimento" antes que qualquer valor fosse criado. Se, devido à má gestão, o investimento render apenas US$ 5 milhões, ou 5%, então, mesmo que haja um "crescimento" de ganhos de US$ 5 milhões, os proprietários de negócios existentes ficarão US$ 5 milhões pior depois de pagar os novos investidores. Os investimentos em crescimento que ganham menos do que o custo de capital destroem valor. Os investimentos em crescimento em mercados competitivos terão retornos médios de 10% no longo prazo. Retornos mais altos serão disputados. Retornos mais baixos serão impulsionados pela falta de novos investimentos. Nesse caso, os acionistas existentes veem os lucros aumentar em US$ 10 milhões, mas pagam o valor total aos novos investidores. Os investimen-

---

[11] Esse custo de capital é também o que a empresa deve auferir para seus próprios investidores, cujos ganhos ela tem a capacidade de reinvestir involuntariamente no crescimento ao não distribuí-los em dividendos.

tos para crescimento em mercados competitivos, em que rendem o custo do capital, não criam nem destroem valor e não devem influenciar a avaliação. Repetindo, apenas os investimentos de crescimento que ganham acima do custo de capital produzirão lucros que excedam os retornos exigidos pelos novos investidores. Para que esses retornos sejam sustentáveis, os investimentos e o crescimento devem ser protegidos da competição por barreiras à entrada. Somente o crescimento da franquia cria valor.

Esses resultados podem ser resumidos por referência a três casos na Figura 3.2. O crescimento no Caso A – má gestão – quase certamente ganhará menos do que o custo do capital e destruirá valor. Aqui, o crescimento é seu inimigo, e empresas em crescimento desse tipo são investimentos piores do que os estáticos ou em retração. A necessidade de mudança na gestão é ampliada, não atenuada, pelo crescimento.

No Caso B – mercados competitivos com gestão capaz –, o crescimento é irrelevante para a avaliação. Geralmente não cria nem destrói valor. Ignorar o crescimento não prejudicará a qualidade das avaliações. O fato de que, nos modelos de VPL, o crescimento, mesmo em mercados competitivos, geralmente produz um aumento no valor estimado é mais uma evidência da superioridade da abordagem de Graham e Dodd.

É apenas no Caso C, empresas de franquia crescendo em suas áreas de vantagem competitiva, que o crescimento cria um valor significativo. É nessas situações que devemos levar em conta o crescimento se quisermos realizar avaliações precisas. Fazer este trabalho do jeito certo requer uma mudança completa de perspectiva de avaliação, que discutiremos nos Capítulos 7 e 8. Aqui, notaremos que uma abordagem de avaliação moderna de Graham e Dodd começa com o valor do poder de ativos e lucros, incorpora avaliações estratégicas de gestão, viabilidade do setor e vantagens competitivas, e reconhece que, para empresas de franquia em crescimento, o Caso C, a avaliação requer uma perspectiva inteiramente nova. Uma vez que este novo método é incluído, a abordagem moderna de Graham e Dodd é uniformemente superior à avaliação de VPL, mesmo quando o crescimento deve ser levado em consideração.

Descrevemos uma situação em que uma abordagem de avaliação – cálculos de VPL – é correta em teoria, precisa e é geralmente aplicada a qualquer ativo que produza um fluxo de receita ou caixa para seu proprietário. Infelizmente, ela apresenta três defeitos: (1) ignora as informações do balanço patrimonial; (2) agrupa estimativas baseadas em boas informações com aquelas baseadas em suposições muito incertas, e a combinação das duas contamina o lote; (3) depende de fazer estimativas precisas dos parâmetros operacionais da empresa em um futuro distante, mesmo que ignore os julgamentos estratégicos que são feitos de forma mais confiável e são mais importantes para a avaliação.

A alternativa de valor coloca mais ênfase nas informações atuais e nas condições de concorrência fundamentais. Depende de conhecimento específico sobre determinados setores e ativos e coloca muito menos fé em projeções de futuros otimistas, a menos que sejam comprovadas por dados concretos atuais. Esta é a disciplina de investimento em valor na tradição de Graham e Dodd. Aplica-se àqueles investimentos com retornos futuros de longo prazo cujos níveis são determinados pelas condições de negócios futuras. Os investimentos em questão são bastante diferentes dos investimentos de curto prazo com retornos bem definidos para os quais uma abordagem DCF é apropriada. A grande lição aqui é novamente que as abordagens de avaliação devem ser adaptadas às realidades de investimento. Abordagens de avaliação genéricas são uma má ideia.

Apêndice: o valor presente dos fluxos de caixa futuros

O processo pelo qual o dinheiro a ser recebido em várias datas no futuro pode ser equiparado ao dinheiro em mãos hoje é chamado de *desconto*. O termo *desconto* se refere ao fato de que preferimos ter um dólar em mãos hoje do que a promessa – mesmo a garantia forjada a ferro – de um dólar em algum momento no futuro. O banco vai nos pagar *juros* se dermos o dólar a eles, assim como outros captadores de fundos. Em um ano, com juros simples de 8%, o banco retornará US$ 1,08. Com juros simples de 8%, US$ 1,08 em um ano é o equivalente a US$ 1,00 hoje; em outras palavras, US$ 1,00 é o *valor presente* de US$ 1,08 daqui a um ano, com *desconto* de 8%. A álgebra é rudimentar: US$ 1,00 vezes (1 + 0,08) = US$ 1,08; US$ 1,08 vezes (1/(1 + 0,08)) = US$ 1,00. A expressão (1/(1 + 0,08)) é o fator de desconto. Podemos pensar na taxa de desconto como o equivalente da taxa de juros ao contrário, a taxa na qual o dinheiro futuro é reduzido para determinar seu valor presente. Tal como acontece com a taxa de juros, parte do desconto é para compensar o investidor pela inflação, o resto pelo risco e pela disposição de abrir mão do dinheiro.

Com juros de 8%, compostos anualmente, em dois anos um dólar depositado hoje valerá US$ 1,00 vezes (1 + 0,08) vezes (1 + 0,08), ou US$ 1,164. Por outro lado, o valor presente de um dólar garantido para nós dois anos no futuro, a uma taxa de desconto de 8%, tem um valor presente de US$ 1,00 vezes 1/(1,08) vezes 1/(1,08), ou US$ 0,857. O valor presente do fluxo de caixa futuro é mais reduzido se tivermos que esperar mais por ele. A expressão que registra essa relação é *o valor do dinheiro no tempo*. Combinado com a álgebra certa, o conceito nos permite transformar toda uma série de valores futuros em seu valor hoje. As duas variáveis de que precisamos são o tempo, quase sempre expresso em anos, e a outra expressão que chamamos de *juros* e *taxa de desconto*. Ambos os termos referem-se à taxa na qual as pessoas comprometerão voluntariamente fundos para adquirir o ativo em questão. Outras frases para este conceito que são mais ou menos equivalentes são *taxa de retorno* (que é quanto o investidor exige) e *custo de capital* (que é quanto o usuário dos fundos tem que pagar por eles). A equação geral para o valor presente de um dólar recebido no futuro é

$$PV = US\$1 \times 1/(1 + R)^T,$$

onde R é o custo de capital (ou taxa de retorno) por ano, expresso como uma porcentagem, e T é o número de anos até o pagamento, com o tempo atual como 0.

Vamos ver como isso funciona com um título. Compramos um título do governo de 10 anos com um valor de face de US$ 1.000 que, para simplificar, nos paga US$ 80 no final de cada ano. No final do ano 10, também reembolsa o valor do principal. Qual é o valor presente do título, dado esse fluxo de pagamentos? Se nossa taxa de retorno for de 8%, o valor presente será exatamente igual ao valor de face de US$ 1.000. Aqui estão os cálculos:

Fator de desconto = $1/(1 + R)^T$; R = 8%.

Ano	Pagamento	Fator de desconto	Valor presente
1	US$ 80,00	0,93	US$ 74,07
2	US$ 80,00	0,86	US$ 68,59
3	US$ 80,00	0,79	US$ 63,51
4	US$ 80,00	0,74	US$ 58,80
5	US$ 80,00	0,68	US$ 54,45
6	US$ 80,00	0,63	US$ 50,41
7	US$ 80,00	0,58	US$ 46,68
8	US$ 80,00	0,54	US$ 43,22
9	US$ 80,00	0,50	US$ 40,02
10	US$ 1.080,00	0,46	US$ 500,25
		Soma =	US$ 1.000,00

Tudo parece perfeito porque os pagamentos de juros estipulados do título, a 8%, são idênticos à taxa de retorno que exigimos ou podemos obter em um investimento equivalente em outro lugar. Mas suponha que, após a emissão do título, as taxas de juros desse tipo de investimento aumentem para 9%. Essa se torna nossa taxa de retorno exigida; não queremos tirar menos do que todos os outros. O que acontece com o valor presente do título? A única mudança é que R agora é igual a 9%, mas, como consequência, o valor presente do título cai em US$ 64.

Fator de desconto = $1/(1 + R)^T$; R = 9%.

Ano	Pagamento	Fator de desconto	Valor presente
1	US$ 80,00	0,92	US$ 73,39
2	US$ 80,00	0,84	US$ 67,33
3	US$ 80,00	0,77	US$ 61,77
4	US$ 80,00	0,71	US$ 56,67
5	US$ 80,00	0,65	US$ 51,99
6	US$ 80,00	0,60	US$ 47,70
7	US$ 80,00	0,55	US$ 43,76
8	US$ 80,00	0,50	US$ 40,15
9	US$ 80,00	0,46	US$ 36,83
10	US$ 1.080,00	0,42	US$ 456,20
		Soma =	US$ 935,82

A única diferença entre o termo *Valor Presente* e a expressão quase idêntica de *Valor Presente Líquido* é que o *VPL* inclui o fluxo inicial, que geralmente é o dinheiro gasto no ano zero. No primeiro exemplo, pagamos US$ 1.000 pelo título, que é um fluxo negativo não reduzido por um fator de desconto porque acontece hoje. O valor presente líquido dos fluxos de caixa seria zero, o que significa apenas que recebemos de volta o valor presente de nosso gasto atual. Se as taxas de juros forem para 9% e ainda insistirmos em pagar US$ 1.000 pela nota com o cupom de US$ 80, então o VPL do investimento acaba sendo negativo, já que recebemos de volta apenas fundos com valor presente de US$ 935,82. Uma das regras principais de investimento é não fazer investimentos com um VPL menor que zero.

4

Valorando os ativos: do valor contábil aos custos de reposição

O primeiro passo para uma avaliação do tipo Graham e Dodd é calcular o valor dos ativos de uma empresa. Para muitos investidores em valor tradicionais, trata-se, essencialmente, da única etapa. A abordagem adequada depende, como observamos no Capítulo 3, das perspectivas estratégicas da empresa. Se não for economicamente viável porque, por exemplo, seu setor está em declínio terminal, então o valor dos ativos da empresa deve ser baseado no que eles trarão na liquidação. Se a empresa for viável, isso significa que seus ativos precisarão ser reproduzidos à medida que se desgastam. Nesse caso, devem ser avaliados em termos do custo de reprodução.

A confiabilidade dessas estimativas diminui quanto mais abaixo no balanço patrimonial elas estão localizadas. Em um extremo, Benjamin Graham começou considerando apenas os ativos circulantes: caixa, contas a receber, estoques e tudo o mais que empresas particulares tivessem como ativo circulante. Como seriam realizados dentro de um ano, seus valores poderiam ser estimados com apenas pequenos erros em uma base de custo de liquidação ou reprodução. Graham então subtraiu o valor contábil total do passivo circulante da empresa; o que restou foi um valor de ativo corrente líquido. Ele procurava comprar empresas com preços de mercado abaixo de dois terços desse valor "líquido". No início de sua carreira, conseguiu encontrar investimentos que atendiam a esse padrão rigoroso com razoável frequência. Hoje essas oportunidades desapareceram em grande parte. Assim, os investidores de valor contemporâneos tiveram que examinar mais o balanço patrimonial para levar em consideração o ativo imobilizado e até os ativos intangíveis, como carteiras de produtos, relacionamento com clientes, imagens de marca e funcionários treinados. A faixa de erro aqui é mais ampla, e avaliar esses ativos, especialmente os intangíveis, requer habilidade, engenhosidade e experiência no setor.[1]

Os analistas que dão especial atenção ao balanço patrimonial devem ter uma vantagem sobre aqueles que não o fazem. Analisar todos os ativos com cuidado, mesmo aqueles que são difíceis de aferir, amplia essa vantagem. A especialização é importante neste processo. A compreensão do custo de reprodução de ativos ou do dinheiro que pode ser obtido com a sua liquidação é uma área em que as habilidades melhoram com a experiência. É algo que também está relacionado de forma significativa ao conhecimento do setor. Um exemplo da utilidade dos valores dos ativos além de sua implicação de avaliação imediata surge no julgamento da qualidade do negócio. Os analistas de valor orientados para o fluxo de caixa dão grande ênfase à qualidade de um negócio, especialmente a suas vantagens competitivas. Eles geralmente julgam a qualidade do negócio pelos retornos sobre o capital ou patrimônio líquido, conforme relatado no balanço patrimonial, usando o capital contábil ou patrimônio líquido contábil. Um retorno consistente de 25% sobre o patrimônio líquido é considerado uma prova de vantagem competitiva, uma característica significativa de aumento de valor. No entanto, o patrimônio líquido muitas vezes ignora ativos intangíveis importantes. Se esses ativos forem incluídos no patrimônio líquido, como deveriam ser, porque representam investimentos genuínos, os retornos reais sobre o patrimônio líquido total empregado podem ser muito mais baixos e completamente prosaicos. A única forma sistemática de realizar esses ajustes é por meio de uma avaliação abrangente dos ativos. Sempre vale a pena estimar os valores dos ativos e, se vale a pena estimar, vale a pena estimar bem.

Valores em liquidação

A In the Red, Inc. não é exatamente um negócio maravilhoso (Tabela 4.1). Entre 2017 e 2018, os lucros retidos da empresa caíram quase US$ 4 milhões, colocando seu patrimônio líquido abaixo de zero. Talvez tenha sido um revés temporário e a empresa consiga convencer seus credores a conceder mais crédito para cumprir

---

[1] Esse esforço vale a pena apenas para empresas economicamente viáveis. Os ativos intangíveis em liquidação têm pouco ou nenhum valor.

Tabela 4.1 Balanço da In the Red, Inc. (valores em milhões)*

In the Red, Inc.	2017		2018	
Ativos				
Ativo circulante				
Caixa	US$	195	US$	150
Ativos financeiros negociáveis	US$	100	US$	25
Contas a receber	US$	1.595	US$	1.667
Inventários	US$	2.250	US$	2.328
Ativo circulante total	US$	4.140	US$	4.170
Ativo imobilizado, líquido	US$	7.750	US$	7.500
Ativo intangível	US$	2.400	US$	2.250
Impostos diferidos	US$	155	US$	150
Total de ativos	US$	14.445	US$	14.070
Passivo e patrimônio líquido				
Passivo circulante				
Notas a pagar	US$	–	US$	2.200
Contas a pagar	US$	850	US$	1.300
Despesas acumuladas	US$	725	US$	1.275
Parcela atual da dívida de longo prazo	US$	500	US$	520
Passivo circulante total	US$	2.075	US$	5.295
Dívida de longo prazo	US$	9.250	US$	9.500
Impostos diferidos	US$	150	US$	125
Ações preferenciais	US$	350	US$	350
Capital integralizado	US$	850	US$	850
Lucros retidos	US$	1.770	US$	(2.050)
Passivo total e patrimônio líquido	US$	14.445	US$	14.070

*N. de T. No Brasil, a classificação do ativo no Balanço Patrimonial é: Ativo circulante e Ativo não circulante, sendo este último dividido em Ativo realizável a longo prazo e Ativo permanente, composto por investimentos, ativo imobilizado e ativo intangível. O ativo diferido não é mais demonstrado.

suas obrigações de juros. Não podemos afirmar nada apenas a partir desse fragmento de informação, e esse realmente não é o foco aqui.[2] Tudo o que queremos fazer é estimar o valor dos ativos se a empresa for liquidada.

---

[2] Como a situação chegou neste ponto é uma questão relacionada ao poder dos lucros e ao EPV, não aos ativos.

Tabela 4.2 Ativos e valor de liquidação de empresa fictícia

Ativos	2018		% realizado	Valor	
Ativos correntes					
Caixa	US$	150	100%	US$	150
Ativos financeiros negociáveis	US$	25	100%	US$	25
Contas a receber	US$	1.667	85%	US$	1.417
Estoques	US$	2.328	50%	US$	1.164
Ativo circulante total	US$	4.170		US$	2.756
Ativo imobilizado	US$	7.500	45%	US$	3.375
Ativo intangível	US$	2.250	0%	US$	–
Impostos diferidos	US$	150	0%	US$	–
Total de ativos	US$	14.070		US$	6.131

Para caixa e ativos financeiros negociáveis, não deve haver desconto sobre o valor registrado nos livros contábeis da empresa, desde que os papéis sejam de curto prazo ou tenham sido sofrido marcação a mercado. Provavelmente as contas a receber não serão recuperadas integralmente, mas é dívida comercial e há muitos especialistas que sabem cobrar. Estimamos que 85% do valor contábil (que já inclui uma provisão para devedores duvidosos) é recuperável na liquidação. O que o estoque renderá depende do que ele é. Para uma empresa de manufatura, quanto mais do tipo *commodity* forem os estoques, menor será o desconto necessário para vendê-los. É como no mundo da moda: são as roupas da coleção passada que precisam ser remarcadas, não o fio do algodão. Por outro lado, se o estoque consistir em caixas de brinquedos impossíveis de vender da temporada passada, pode ser necessário pagar a alguém para levá-las para outro lugar. Estimaremos neste caso que podemos realizar 50% do estoque; se o estoque for altamente especializado, a avaliação terá de ser substancialmente menor. Nas situações em que o valor do estoque é fundamental para a avaliação geral, um especialista pode ser chamado para oferecer um valor mais preciso do que nossa estimativa rudimentar (Tabela 4.2).

O mesmo se aplica ao ativo imobilizado. O conhecimento detalhado do patrimônio imobiliário e dos equipamentos é necessário para se chegar a uma estimativa precisa. Certos princípios gerais se aplicam. Ativos genéricos, como edifícios de escritórios, valerão muito mais, em relação aos seus valores contábeis, do que estruturas especializadas, como fábricas de produtos químicos. Colocamos 45% em nosso exemplo como outra avaliação imperfeita; se essa informação for importante, podemos contratar outro especialista para fazer a avaliação. Não atribuímos valor ao ativo intangível; meramente representa o excedente em relação ao valor contábil que a empresa pagou ao fazer as aquisições que podem tê-la colocado em apuros.[3] Os ativos fiscais diferidos, os reembolsos que a empresa pode esperar do IR ao longo do tempo, são compensados com os impostos diferidos devidos. Juntando todos esses números, chegamos a um valor de US$ 2,756 milhões para ativos circulantes e US$ 3,375 milhões para ativo imobilizado, para um total de pouco mais de US$ 6 milhões.[4]

Quem pode querer investir nos papéis desta empresa? Certamente não é um comprador tradicional de ações, não importa o quanto seja orientado pelo valor. Ainda assim, aqui há espaço para lucro, desde que se seja especialista em comprar dívidas inadimplentes. Embora pareça bastante certo que, se a empresa for liquidada, não haverá dinheiro suficiente para pagar nada aos proprietários de ações ordinárias ou preferenciais, provavelmente haverá fundos para os proprietários da dívida. Contas a pagar e despesas acumuladas totalizam apenas US$ 2,575 milhões. Mesmo que recebam prioridade sobre a dívida e o reembolso dólar por dólar, ainda sobrariam US$ 3,556 milhões para os detentores da dívida. Todo o resto pode fluir para os detentores da dívida. A dívida registrada nos livros contábeis chega a US$ 12,22 milhões, mas, dadas as condições da empresa, os títulos de dívida certamente estariam disponíveis por muito menos. Se o desconto for alto o suficiente e houver valor suficiente no imobilizado, pode ser uma oportunidade lucrativa para um especialista em títulos de dívida inadimplentes e valores de liquidação.

Liquidações ordenadas

Nosso valor de liquidação com base no balanço patrimonial é o valor do ativo para negócios localizados no extremo da escala de inviabilidade. Aplica-se a empresas que claramente valem mais mortas do que vivas e, geralmente, quanto mais rapidamente acabar seu sofrimento, melhor será o retorno. Graham, sendo naturalmente conservador, escolheu esse tipo de avaliação como a pior possibilidade para medir

---

[3] Em teoria, o lançamento contábil do ativo intangível representa o custo de aquisição de ativos intangíveis, como produtos, clientes e posições de mercado que são "reais", mas não estão representadas no balanço patrimonial da empresa que está sendo adquirida. A maneira natural de proceder ao atribuir um valor ao ativo intangível é identificar as medidas tangíveis subjacentes – linhas de produtos, número de clientes, trabalhadores treinados, clientes recorrentes, densidade populacional – e avaliar cada uma delas separadamente. Para uma empresa em um setor inviável, esses ativos altamente especializados provavelmente não terão valor significativo. Portanto, nosso resultado final para o ativo intangível é zero.

[4] Ignoramos aqui qualquer benefício fiscal de liquidação.

o preço de compra da empresa. Com mais frequência, as empresas em dificuldades terão, no futuro, fluxos de caixa operacionais positivos, embora de curta duração. O termo aplicado por investidores em valor a esse tipo de empresa é "bituca de charuto". Restam algumas baforadas de tabaco e apenas o valor do envoltório restante. Para essas empresas, uma liquidação ordenada durante, digamos, 3 a 5 anos pode render mais valor do que um enterro imediato.

Nesses casos, como o horizonte de avaliação é curto, o uso do VPL será apropriado. Um plano deve ser desenvolvido para continuar a operar a empresa durante esse período, essencialmente sem fazer novos investimentos. Os lucros contábeis podem ser negativos, mas os fluxos de caixa, incluindo recuperações de depreciação, devem ser positivos. À medida que as vendas diminuem, as contas a receber e os estoques podem ser liquidados e efetivamente recuperados pelo valor quase total, adicionando aos fluxos de caixa intermediários. Ativos gerais para venda, como terrenos e edifícios de uso geral, podem ser vendidos a preços que não sejam de torra total. Então, no final desse período de fluxos de caixa positivos, embora decrescentes, o balanço atual pode ser avaliado em termos de liquidação imediata. O valor presente líquido dos fluxos de caixa intermediários projetados mais a recuperação da liquidação pode então ser comparado ao produto da liquidação imediata. Se forem mais valiosos, a liquidação ordenada ao longo do tempo fará sentido. Uma vez que o período durante o qual esse fluxo de caixa é realizado é estritamente limitado, o cálculo do VPL deve ser suficientemente preciso. Sempre existe o perigo de que uma gestão envolvida neste processo tente estender a vida da empresa além de seu prazo útil. Para que uma liquidação ordenada funcione, é preciso resistir a essa tentação.

Ativos para uma preocupação constante: quanto para entrar no negócio?

O valor de liquidação é uma abordagem conservadora para calcular quanto valem os ativos de uma empresa nas piores circunstâncias possíveis. Nosso principal objetivo ao avaliar uma empresa com base em seus ativos é descobrir se o valor econômico dos ativos está refletido de forma precisa no preço pelo qual os papéis da empresa estão sendo negociados. As oportunidades estão na lacuna entre valor e preço. Já defendemos que, para uma empresa em um setor viável, o valor econômico dos ativos são seus custos de reprodução – o que um possível concorrente teria de gastar para entrar nesse negócio na escala de nossa empresa. Como fazemos essas estimativas? A Tabela 4.2 apresenta o balanço de outra empresa fictícia.

Quais ajustes precisamos fazer aqui para obter os custos de reprodução (Tabela 4.3)? Caixa é caixa e pronto. No caso de ativos financeiros negociáveis, temos que encontrar os preços de mercado atuais. Isso pode ser difícil se estes papéis não forem líquidos, mas geralmente essa categoria é usada apenas para ativos financeiros que são amplamente negociados. Em princípio, o valor contábil desses papéis deve ser baseado em seus valores de mercado reais ou potenciais. O trabalho sério começa com contas a receber; a partir daqui, o valor contábil deve ser modificado, para cima ou para baixo, para obter um custo de reprodução mais realista. As contas a receber de uma empresa, conforme relatadas nas demonstrações financeiras, geralmente contêm uma provisão para contas que nunca serão cobradas. Uma nova empresa que está começando tem ainda mais probabilidade de ficar encurralada por clientes que, por algum motivo ou outro, não pagam suas contas, portanto, o custo de reproduzir as contas a receber de uma empresa existente é provavelmente maior do que o valor contábil. Muitas demonstrações financeiras especificarão quanto foi deduzido por inadimplência para chegar a esse valor líquido. Esse montante pode ser adicionado de volta, ou uma média de empresas semelhantes pode ser usada.

Avaliar o estoque é mais complicado. O número declarado pode ser muito alto ou muito baixo em quantidade significativa. Devemos voltar nossa atenção para o estoque que vem se acumulando. Digamos que seja igual a 150 dias de CMV (custo dos produtos vendidos; em inglês, *cost of goods sold*) no ano atual, enquanto

Tabela 4.3 Ajustes ao ativo da empresa fictícia (valores em milhares)

Ativos	Valor contábil	Ajuste para chegar ao custo de reprodução
Ativo circulante		
Caixa	US$ 2.250	nenhum
Ativos financeiros negociáveis	US$ 6.750	nenhum
Contas a receber, líquido	US$ 31.250	adicionar provisão para inadimplência; ajustar para cobranças
Estoques	US$ 25.000	adicionar reserva UEPS, se houver; ajustar para rotatividade
Despesas pré-pagas	US$ 5.900	nenhum
Impostos diferidos	US$ 4.250	desconto para valor presente
Ativo circulante total	US$ 75.400	
Ativo imobilizado, líquido	US$ 54.000	custo original mais ajuste
Ativo intangível	US$ 26.250	relacionados a carteira de produtos e itens de pesquisa e desenvolvimento
Total de ativos	US$ 159.900	

que antes era em média apenas 100 dias. Os 50 dias adicionais podem representar que nunca serão vendidos ou serão vendidos apenas a preços de fechamento. Nesse caso, seria justificado reduzir o custo de reprodução. Por outro lado, se a empresa usa um método UEPS (último a entrar, primeiro a sair; em inglês, *last in, first out*) para manter o controle dos custos de estoque, e se os preços dos itens que vende estão subindo, então o custo de reprodução do estoque é maior do que os números publicados indicam. Essa diferença é a reserva UEPS, a quantia pela qual o custo atual de qualquer item excede o custo antigo registrado. O novo entrante não pode criar o estoque deste ano com os preços do ano passado, então terá que pagar mais para reproduzi-lo.

Despesas pré-pagas, como aluguel ou seguro, são o que são, pequenas e, se os contadores fizerem seu trabalho, devidamente medidas pelo valor contábil. Elas não devem exigir nenhum ajuste.

Os impostos diferidos como um ativo são o valor das deduções ou reembolsos futuros que a empresa receberá do governo. Uma vez que estamos interessados no valor dos ativos hoje, devemos obter o momento das reduções ou pagamentos e calcular seu valor presente. Em nosso exemplo, os impostos diferidos são listados como um ativo circulante; esta empresa espera retirá-los dentro do ano, portanto qualquer ajuste baseado em desconto será mínimo. Eles podem facilmente não ter sido atualizados, caso em que a análise do valor presente tem mais importância.

Os ajustes que acabamos fazendo no valor contábil do ativo circulante não serão, na maioria dos casos, grandes o suficiente para fazerem diferença. Os ativos são atuais porque esperamos que sejam transformados em caixa dentro de um ano, então há pouco tempo para que se desenvolvam grandes disparidades entre os custos registrados e os custos de reprodução. A situação muda quando examinamos os ativos não circulantes ou fixos. A terra que custava US$ 2.000 o acre em 1985, comprada porque era barata, abundante e perto o suficiente de um mercado de trabalho adequado, embora um pouco distante de um restaurante decente, pode agora ficar a 200 metros de uma nova incubadora de laboratório desenvolvida como uma parceria público-privada. Nossa empresa possui 500 hectares. Suponha que no mês passado uma propriedade situada de forma semelhante foi vendida por US$ 10.000 o acre. Ou o terreno vale tanto para a nossa empresa devido à sua proximidade com a nova instalação, ou então devemos vendê-lo e mudar para outro lugar, embolsando a diferença. Em ambos os casos, a lacuna entre o valor contábil e os custos de reproduzi-lo ou os ganhos líquidos de uma venda direta é grande o suficiente para chamar nossa atenção.

Estabelecer o custo de reprodução para instalações e equipamentos é mais complicado, menos preciso e requer um nível mais alto de conhecimento especializado do setor do que ajustar o ativo circulante. Considere, por exemplo, o valor de reprodução de uma refinaria de petróleo capaz de produzir 60.000 barris por dia de petróleo bruto. Suponha que o custo de uma nova instalação nessa escala seja US$ 10.000 por barril, estimativa obtida por consultorias de engenharia que administram a construção de refinarias de petróleo. Isso sugere um custo de reprodução de US$ 600 milhões. O cálculo é bastante simples, mas existem três problemas significativos com este número. Primeiramente, uma nova instalação quase certamente terá custos operacionais mais baixos do que a refinaria no balanço patrimonial. O valor presente do valor economizado ao longo da vida útil da instalação existente pode ser calculado com razoável precisão, pois essa economia tem duração finita, não deve crescer rapidamente e deve ser bem definida. O valor economizado deve ser subtraído dos custos de reprodução da refinaria.

Em segundo lugar, a nova instalação terá uma vida útil mais longa do que a existente. O valor presente da diferença entre o valor residual da nova instalação e o valor de sucata da existente também deve ser subtraído do custo de US$ 600 milhões da nova instalação.

Em terceiro lugar, e geralmente o mais importante, uma nova instalação pode não ser a maneira mais eficiente de reproduzir a função da antiga. Nenhuma nova refinaria de petróleo foi construída nos Estados Unidos por décadas, mesmo com a capacidade de refino se expandindo continuamente. A capacidade adicional veio de melhorias incrementais em refinarias *brownfield* existentes, e não de refinarias *greenfield* recém-construídas.* O custo de adicionar capacidade em *brownfield* tem sido muito menor do que o custo da atividade em *greenfield*, em torno de US$ 2.000 por barril em comparação com US$ 6.000 por barril, mesmo depois de fazer os dois primeiros ajustes descritos anteriormente. A maneira mais eficiente de substituir nossos 60.000 barris de capacidade de refino – nossa meta é aumentar a produção de petróleo, não a construção de refinarias – é por meio da ampliação das refinarias existentes a um custo total de US$ 120 milhões. Este é o custo de reprodução devidamente calculado da instalação.[5] Em situações competitivas, em que as empresas comparam os custos de obras de novas construções ou ampliações de *brownfield* com o custo de aquisição de capacidade em mercados secundários, esses preços devem ser aproximadamente equivalentes. Ainda assim, é útil realizar os cálculos e ter duas fontes distintas de informação para avaliação.

---

* N. de T. O termo *brownfield* remete a áreas onde já existe uma implantação física industrial e comercial. Já o termo *greenfield* serve para designar terrenos nunca antes utilizados.

[5] Isso também pressupõe que nossa indústria de refino viável não está em uma situação de excesso de capacidade que só será eliminada vários anos no futuro. Se esse excesso de capacidade existe, então o valor incremental da capacidade hoje deve ser descontado do ponto em que realmente estará em funcionamento.

Esse tipo de avaliação direta do valor da planta é uma forma de estimar seu custo de reprodução. Outra forma é começar pelas informações financeiras fornecidas pelo balanço da empresa, incluindo as notas de rodapé associadas. Isso geralmente relata os custos de aquisição originais separadamente para terrenos, instalações e estruturas, construções iniciadas, equipamentos e móveis e acessórios.[6] A depreciação contábil acumulada é então subtraída, geralmente como um simples agregado, para chegar ao valor contábil. Este valor líquido depreciado do imobilizado sempre será significativamente diferente do custo de reprodução. Os terrenos não se depreciam e podem se valorizar significativamente devido à inflação geral e ao crescimento econômico. O mesmo pode acontecer com as plantas e estruturas: fábricas, refinarias de petróleo, prédios de escritórios, pousadas, lojas, restaurantes e instalações, como cabos de fibra ótica de longa vida, ligando grandes cidades no país e no exterior. A disparidade potencial entre o valor contábil e o custo de reprodução pode ser enorme por dois motivos. Em primeiro lugar, embora as instalações e as estruturas, ao contrário de terrenos, se desgastem, muitas vezes o fazem mais gradualmente do que as taxas que os padrões de contabilidade levam em conta. Por exemplo, nossos cabos de fibra óptica se desgastam lentamente, mas os contadores os depreciam ao longo de 20 anos ou mais. Em segundo lugar, a inflação e o crescimento econômico afetam positivamente os valores das plantas e estruturas da mesma forma que afetam os terrenos. Para terrenos, fábricas e estruturas, podemos estimar o impacto percentual do crescimento e da inflação observando a taxa de valorização de instalações comparáveis que são vendidas a preços registrados publicamente. Então, temos uma base para ajustar os custos originais para cima. Também podemos fazer um ajuste de compensação para baixo para capturar uma taxa realista de desgaste. Juntamos isso para chegar a um valor de reprodução do balanço patrimonial relatado para instalações e equipamentos. Esses valores podem ser comparados com as estimativas de valor de reprodução direta para o imobilizado descritas anteriormente.[7]

A construção em andamento é fácil de avaliar; essas são estruturas no processo atual de reprodução, de modo que o valor contábil original deve ser igual ao custo de reprodução, a menos que as instalações em questão estejam acima do custo ou sejam inadequadas.

Equipamentos, móveis e utensílios desgastam-se mais rapidamente do que estruturas ou instalações fixas. A depreciação desempenha um papel mais importante

---

[6] Algumas empresas incluem *software* no imobilizado, mas lidaremos com esse problema quando abordarmos a avaliação de intangíveis.

[7] Entraremos em mais detalhes no próximo capítulo sobre como comparar a depreciação contábil aos custos econômicos de restaurar os ativos fixos ao seu valor no início do ano.

na determinação do valor e deve ser considerada com cuidado. No entanto, para uma empresa que não está crescendo nem encolhendo, equipamentos, móveis e utensílios devem estar aproximadamente na metade de sua vida útil. Mesmo para a firma que cresce 5% ao ano, cujos equipamentos serão em média mais novos que o da firma estática, a diferença com a metade da vida é da ordem de apenas 10%. Assim, para uma primeira aproximação, podemos assumir que equipamentos, móveis e utensílios estão na metade de sua vida útil. Em seguida, esta estimativa original pode ser modificada por tendências nos preços dos equipamentos, geralmente ajustados por conta de mudanças na qualidade. O Departamento de Comércio dos Estados Unidos monitora esses preços, que têm caído de forma relativamente rápida. Para ilustrar esse ajuste, suponha que o equipamento de uma empresa tenha uma vida média de 8 anos, tornando a idade média dos equipamentos existentes 4 anos. Se os preços dos equipamentos estão caindo cerca de 4% ao ano, o preço do equipamento para substituir o equipamento de quatro anos será de cerca de 85% de seu custo original. Assim, podemos estimar o custo de reprodução do equipamento existente como metade do custo original vezes 85%. Esse valor pode então ser adicionado ao custo estimado de reprodução de terrenos, edifícios e construções em andamento para obter uma estimativa rápida para comparar com o valor contábil após a depreciação.[8]

Vejamos agora o ativo intangível. O ativo intangível que aparece no balanço da empresa geralmente representa o impacto residual de aquisições anteriores. Quando a empresa A adquire a empresa B, a diferença entre o preço pago e o valor líquido "justo" dos ativos da empresa B aparece no balanço da empresa A como intangível. Com o tempo, esse custo de compra em excesso, que cobre os intangíveis que não estão representados no balanço patrimonial – coisas como carteiras de produtos e relacionamentos com clientes – é reduzido (amortizado) para compensar a degradação gradual de seu valor. Em um dado momento, o valor do intangível é o nível atual amortizado do prêmio de aquisição que a empresa pagou.

Recentemente, as empresas começaram a capitalizar certos custos, como pesquisa e desenvolvimento, criação de *software* e aquisições de clientes, que trazem benefícios em muitos períodos futuros. Tradicionalmente, as empresas deduziam o valor total desses custos das receitas correntes ao calcular os lucros. Quando capitalizado, o custo desses "investimentos" não é debitado em relação às receitas correntes. Em vez disso, eles são acumulados em um item do balanço rotulado como

---

[8] Já calculamos a depreciação dos custos originais quando multiplicamos pela metade, de modo que incluir a depreciação contábil aqui seria uma contagem dupla.

"intangíveis". Esse ativo é então depreciado com o tempo, sendo a depreciação debitada em relação às receitas no cálculo dos lucros.[9]

Os intangíveis são determinados por convenções contábeis e escolhas históricas que podem não refletir o valor de reprodução dos ativos em questão. Uma empresa pode simplesmente pagar muito para adquirir outra empresa, seja por causa de ameaças de concorrência percebidas ou planos grandiosos que não funcionam, ou simplesmente por cometer um erro. Esse ágio de aquisição está incluído no ativo intangível, mas pode não representar qualquer valor econômico. Um novo participante não precisa reproduzir nada aqui para competir. Essa parte do ativo intangível pode representar um erro anterior, e temos justificativa para ignorá-la totalmente ao fazer nossa avaliação baseada em ativos. O valor do intangível depende de sua fonte e de determinar se precisamos de informações e conhecimento do setor. Por causa de todas essas incertezas, achamos que o melhor caminho é definir o valor desses lançamentos contábeis como zero e estimar o valor de reprodução dos intangíveis identificáveis, como primeiros princípios.

Começamos com uma lista dos intangíveis relevantes. Isso não se limitará à inserção de "intangíveis" no balanço patrimonial. Para a maioria das empresas, isso consistirá em uma carteira de produtos com valor de desenvolvimento e/ou marca, uma base de clientes atual e uma força de trabalho treinada operando dentro de uma estrutura organizacional eficaz. Para cada um desses itens, podemos pensar em vários processos alternativos de reprodução para obter uma estimativa composta de seu valor de reprodução. Abordagens múltiplas são bastante úteis para intangíveis de difícil avaliação.

Vamos começar com a carteira de produtos de uma empresa. Essa carteira foi criada por atividades de pesquisa e desenvolvimento cujo objetivo é inventar, projetar e produzir produtos e serviços para venda. Muitas firmas não terão despesas significativas com P&D, e o custo de reprodução de sua carteira de produtos será baixo ou zero. Outras gastarão apenas quantias modestas que não justificam seu próprio registro na demonstração de resultados, mas podem estar especificadas nas notas de rodapé. No entanto, muitas empresas têm níveis altamente significativos de despesas com P&D. Como regra geral, quanto mais alta a tecnologia, mais P&D é incorporado aos produtos da empresa e maior o valor dos ativos de sua carteira de produtos. A Tabela 4.4 apresenta os gastos com P&D de algumas das principais empresas não financeiras como porcentagem das vendas. (As empresas

---

[9] Trata-se obviamente de uma abordagem menos conservadora para calcular lucros e mais sujeita à manipulação. Discutiremos o impacto sobre os fluxos de caixa atuais quando examinarmos os cálculos dos valores de poder dos lucros. Aqui, estamos preocupados apenas em lidar com esses itens para fins de cálculo dos valores dos ativos.

com "N/D" na coluna não discriminaram os gastos com P&D em suas demonstrações financeiras.)

A conversão dos gastos com P&D em uma avaliação da carteira de produtos de uma empresa é feita mais simplesmente pela multiplicação dos gastos anuais pelo número de anos de P&D incorporados à linha de produtos da empresa. Se a maioria dos produtos atuais foi desenvolvida nos últimos seis anos, então seis vezes o gasto atual com P&D é um ponto de partida útil para avaliar o portfólio de produtos da empresa. Um novo participante provavelmente teria que gastar uma quantia aproximadamente equivalente para oferecer uma gama comparável de produtos. Nos casos em que a produção de P&D é ocasional e especialmente significativa, precisamos entrar em mais detalhes. Para uma empresa como a Boeing, a P&D média pode ser relativamente baixa como uma fração das vendas em anos específicos. No entanto, P&D e vendas são impulsionados por novos ciclos de produtos. Um novo modelo, como o 787 Dreamliner, terá um custo de desenvolvimento estimado de US$ 10 a US$ 20 bilhões, com níveis de vendas incertos, uma vez que ainda está no início de seu ciclo de produção. Um concorrente terá de desenvolver uma aeronave comparável, embora talvez sem erros tecnológicos e, portanto, a um custo menor do que o 787. Os concorrentes também terão de oferecer alternativas

Tabela 4.4 Gastos com P&D das principais empresas dos EUA como porcentagem da receita

	2017	2018
Apple	5%	5%
Microsoft	13%	13%
Amazon	13%	12%
Facebook	19%	18%
Alphabet	15%	16%
Johnson & Johnson	15%	13%
Exxon Mobile	5%	4%
Walmart	N/D	N/D
Procter & Gamble	N/D	0%
Intel	21%	19%
Cisco System	13%	13%
Verizon Communications	22%	18%
AT&T	N/D	N/D
Pfizer	15%	15%
Coca-Cola	N/D	N/D
Boeing	3%	3%
Ford	5%	5%

para toda a gama de modelos maduros da Boeing – os 737, 747, 757 e 777 – a custos atuais que, por causa da inflação, de padrões de desempenho mais elevados e da menor experiência do que a Boeing, quase certamente excederão os custos históricos da Boeing. Nesse caso, será necessário consultar fontes especializadas da indústria que podem estimar com mais precisão o custo atual de desenvolvimento de uma ampla linha de produtos compatível com a Boeing. A simples multiplicação dos níveis de P&D da Boeing e da vida "média" do produto, que pode variar de 15 a 40 anos, geralmente não será precisa o suficiente.

Para indústrias centradas em pesquisa, como a farmacêutica, as coisas são ainda mais complicadas. Os medicamentos existentes que foram testados e atenderam aos padrões regulatórios internacionais não são o foco dos gastos atuais com P&D. Como produtos estabelecidos, eles têm receitas associadas e fluxos de custos de produção que geralmente são altamente previsíveis e amplamente independentes dos gastos históricos com P&D. A melhor maneira de avaliá-los é calculando os VPLs desses fluxos de lucros, que tendem a ter uma duração relativamente limitada antes de o medicamento em questão perder a patente. O custo de reprodução desses medicamentos, que normalmente não serão reproduzidos, uma vez que provavelmente serão substituídos por genéricos de menor lucro ou substitutos aprimorados, é irrelevante. Os gastos com P&D em produtos farmacêuticos normalmente geram o valor de um *pipeline* de medicamentos futuros, não produtos existentes. Como o *pipeline* se estende por muitos anos, a maior parte do futuro produto é visível hoje, embora seu valor possa ser altamente incerto. Para esta parte da carteira de produtos, existem especialistas na avaliação de *pipelines* de medicamentos em categorias terapêuticas específicas, como oncologia, cardiologia e gastroenterologia. Aqueles que não são especialistas em produtos farmacêuticos estão em clara desvantagem. A lição geral aqui é que, para as áreas nas quais os intangíveis, como carteiras de produtos, são especialmente importantes, a especialização do setor é crítica.

Um segundo ativo intangível importante está incorporado à carteira de negócios da empresa, ou seja, sua base de receita. Os relacionamentos com os clientes que estão por trás dessa receita custam dinheiro para se desenvolver e devem ser considerados um importante ativo intangível da empresa. Novamente, a melhor maneira de estimar o valor de reprodução desse ativo é pensar no processo de aquisição de um determinado nível de receita. Por exemplo, as empresas estão trazendo novas marcas para o mercado constantemente. Um orçamento de *marketing* e um conjunto de metas de receita são associados a cada lançamento de nova marca. No início do processo, os custos excederão as receitas e o fluxo de caixa será negativo. Quando a marca atinge seu nível de vendas almejado, deve haver fluxos de caixa positivos líquidos ao longo de sua vida futura. A parte do custo deste plano é, em geral, estimada razoavelmente bem. Os orçamentos são determinados para o lançamento da nova marca, e ultrapassar esses orçamentos pode ter consequências para a gestão. A soma das despesas durante a fase de investimento pode então ser dividida pela meta de vendas maduras, todas descontadas pelo tempo dos fluxos de caixa, para obter um custo de reprodução por dólar de vendas. No entanto, apenas de um terço a metade dos lançamentos de novos produtos realmente são bem-sucedidos, de modo que esse custo de reprodução teórico deve ser multiplicado por um fator de 2 a 3 para calcular o custo de reprodução de uma marca de sucesso que se torna parte da base de receita de longo prazo de uma empresa. Os dados sobre esses custos e taxas de sucesso geralmente podem ser obtidos de especialistas do setor, geralmente executivos aposentados com experiência em muitas apresentações reais de novas marcas. A marca de roupas de uma mulher adulta típica no final da década de 1990 custava entre US$ 0,20 e US$ 0,30 por dólar de vendas maduras para se desenvolver. Com uma taxa de sucesso de um terço a metade, o custo médio por dólar das vendas de marcas bem-sucedidas estava entre US$ 0,40 (2 vezes US$ 0,20) e US$ 0,90 (3 vezes US$ 0,30), ou cerca de $ 0,65 por dólar de vendas.

Um método alternativo de aquisição de vendas é terceirizar o processo. Em muitos setores, existem agências de vendas independentes que se encarregam de vender os produtos de uma empresa mediante uma comissão, geralmente definida como uma porcentagem das vendas do primeiro ano. Essas comissões variam de acordo com o setor e o tipo de produto. Para produtos industriais, variam de 5 a 15%. Essas informações são relativamente fáceis de obter, uma vez que esses preços são amplamente cotados e bem conhecidos pelos participantes da indústria. Eles fornecem uma verificação útil sobre os custos de desenvolvimento das receitas internamente, conforme estimado no plano de negócios.

Uma segunda maneira de terceirizar a aquisição de receita é comprar negócios diretamente dos concorrentes. Grandes firmas de moda feminina compram linhas de produtos de outras firmas o tempo todo, adquirindo marcas específicas ou comprando firmas menores. O valor que pagam, depois de subtrair o valor de outros ativos colaterais adquiridos, pode ser dividido pela média das receitas futuras adquiridas para obter um custo por dólar de vendas. O custo médio por dólar de vendas adquirido para marcas de roupas maduras para mulheres adultas no final da década de 1990 estava entre US$ 0,60 e US$ 0,70, em linha com nossa estimativa direta citada anteriormente. O custo terceirizado pode ser usado como uma verificação nas estimativas do *business case* interno do custo de geração de receita. Manter registros dos custos de aquisição de receita em um setor é uma parte importante da avaliação de ativos intangíveis.

Um terceiro tipo de intangível está incorporado a uma força de trabalho treinada. O custo de aquisição desse pessoal pode ser estimado com base na experiência anterior ou observando as taxas cobradas por empresas e agências de recrutamento de pessoal que fornecem trabalhadores treinados de vários tipos.

Finalmente, há os custos para criar as estruturas de negócios necessárias, que incluem gerenciamento de recursos humanos, tecnologia da informação e outras funções nada glamorosas, mas essenciais. Isso não surge do nada, como Atenas, totalmente criada da cabeça de Zeus. Depois de estimarmos os valores de reprodução da carteira de produtos de uma empresa, sua atual base de clientes/carteira de negócios e sua força de trabalho treinada, ainda devemos levar em conta o que é necessário para fazer o negócio decolar e operar sem problemas. Normalmente, isso será algum múltiplo dos custos administrativos anuais. O múltiplo em questão dependerá do tempo que leva para acelerar as operações em um determinado setor, mas normalmente ficará entre um e três anos. Se os custos administrativos não forem relatados separadamente, mas estiverem embutidos na linha de despesas na demonstração do resultado, precisamos identificar a parcela aproximada desse total atribuível à administração. Se não tivermos sido capazes de separar os valores de reprodução da carteira de produtos, carteira de negócios e força de trabalho treinada, então podemos tomar um múltiplo da despesa anual total como uma estimativa menos precisa, mas ainda útil dos ativos intangíveis embutidos em uma operação de negócios em funcionamento.

Outra abordagem para calcular o valor dos intangíveis é examinar, como no caso de marcas e receitas, o custo de compra no mercado para negócios semelhantes como um todo. Isso é particularmente importante em situações em que os intangíveis são altamente especializados, como direitos de transmissão para rádio e televisão, TV a cabo local ou franquias de serviços públicos; licenças para administrar cassinos ou vender bebidas alcoólicas em mercados com um número limitado dessas licenças; direitos de exploração de minerais, reservas de petróleo e gás; contratos de serviço local de longo prazo para instalações de transporte; franquias de distribuição local para empresas globais como Coca-Cola ou AB-Inbev; e franquias de esportes profissionais. Esses ativos podem ser difíceis ou impossíveis de reproduzir a custos históricos. No entanto, tanto os ativos discretos quanto os negócios operacionais que incorporam esses ativos são frequentemente comprados e vendidos entre os participantes do setor. Quando a transação entre compradores e vendedores experientes ocorre por dinheiro, ao contrário de ações ou outros tipos de considerações menos certas, esses valores de mercado privado são indicadores importantes dos valores atuais de reprodução desses ativos. O analista bem preparado acompanha essas transações; os valores que estabelecem podem ser uma importante fonte de informação em situações semelhantes.

Deve-se ter cuidado ao usar esses valores de mercado privado. Em primeiro lugar, as transações que ocorrem serão necessariamente muito diferentes em tamanho. Um sistema de transmissão a cabo local com 120.000 assinantes e US$ 180 milhões em receita não é o mesmo que um com 6.000 assinantes e US$ 6 milhões em receita. É sempre possível traduzir o preço geral pago em um valor "por": preço pago por assinante, por número de população regional, por dólar de receita ou por dólar de lucro operacional. No entanto, medidas diferentes podem contar histórias diferentes. Suponha, em nosso exemplo simples descrito anteriormente, que o grande sistema a cabo seja 20 vezes o tamanho do pequeno medido pelos assinantes, mas, devido às economias de escala, 30 vezes o tamanho da receita. Uma consideração cuidadosa com base no conhecimento detalhado do setor é necessária para decidir sobre a métrica mais aplicável.

Em segundo lugar, as transações ocorrem em momentos amplamente variáveis, e os preços geralmente refletem as mudanças nas percepções da lucratividade futura do setor, em vez dos custos de reprodução dos ativos. Assim, os valores dos ativos nesses setores não serão totalmente independentes do valor do poder dos lucros. Em alguns casos, as operações em questão são protegidas por barreiras à entrada, de modo que o valor do poder dos lucros, incluindo o valor do crescimento, seja a medida adequada. Para essas negociações, a falta de valores de ativos baseados em transações que sejam independentes do potencial dos lucros não é um problema, uma vez que os valores dos ativos serão de importância secundária, e o valor de mercado privado ainda fornecerá uma verificação válida sobre a razoabilidade das avaliações baseadas em lucros. Já nos casos em que os mercados são competitivos, como a compra de reservas de petróleo, as estimativas do valor de mercado privado devem ser calculadas como médias ao longo do tempo para eliminar períodos extremos de otimismo e pessimismo durante um ciclo de *commodities*. Além disso, nestes últimos casos, os valores de mercado privado instáveis introduzem um elemento de risco considerável. Os investidores em valor que dependem fortemente desses valores de mercado privado normalmente procuram catalisadores, como aquisições, que farão com que esses valores de mercado privado sejam realizados em um futuro relativamente próximo.[10]

A mesma abordagem pode ser usada na avaliação de um negócio subsidiário dentro de uma empresa. As compras no mercado privado de negócios semelhantes fornecem uma base para determinar o valor da subsidiária. Em vez de usar o preço pago por assinante ou outro valor operacional, a prática padrão é usar um múltiplo

---

[10] Mario Gabelli foi o pioneiro nessa abordagem de "valor de mercado privado mais um catalisador".

de uma medida de fluxo de caixa, como o EBITDA. Digamos, por exemplo, que uma seguradora de bens e acidentes comprou ou criou uma subsidiária que fornece informações on-line para avaliadores de seguros sobre o preço e a disponibilidade de peças de reposição para automóveis.

Essas informações estão disponíveis para todas as seguradoras, que pagam por elas por meio de uma combinação de taxas de assinatura e de uso. Embora atenda ao setor de seguros, a subsidiária é realmente um negócio diferente. Seu sucesso não tem relação com subscrição cuidadosa ou investimento habilidoso da receita do prêmio. É um provedor de serviços de informação. Para chegar a um valor para toda a seguradora, faz sentido dividir os lucros e os ativos da subsidiária de informações e observar o preço pelo qual as empresas de serviços de informações comparáveis venderam no mercado privado. Talvez a seguradora tire vantagem dos múltiplos de P/L mais altos atribuídos a negócios baseados na Web e venda essa subsidiária, ou promova uma cisão e retenha algumas das ações. O que quer que decida fazer, se seu valor for fortemente afetado pela propriedade desse outro negócio, os outros negócios merecerão uma avaliação separada.

Passivo e valor líquido do ativo

Até agora, examinamos apenas o lado dos ativos do balanço da empresa. Um investidor nas ações da empresa que compra uma parte proporcional de seus ativos adquire uma parte igualmente proporcional dos passivos que oneram esses ativos. Os investidores devem se preocupar com o valor líquido do que compraram. Para chegar a um valor de ativo líquido, devemos subtrair o valor negativo – custo – dos passivos da empresa do valor positivo de seus ativos.

Os passivos de uma empresa consistem em dívidas, tanto de longo como de curto prazo, passivos não relacionados com dívida correntes e passivos não relacionados com dívida de longo prazo[11]. Abordaremos cada uma dessas categorias de responsabilidade separadamente.

Os passivos correntes não relacionados com a dívida são aqueles com prazo de pagamento de um ano. Eles consistem principalmente em contas a pagar a forne-

---

[11] No Brasil, a classificação do passivo no Balanço Patrimonial é: Passivo circulante e Passivo não circulante; este último é composto pelo Passivo exigível no longo prazo. Resultados de exercícios futuros não é mais utilizado. Além da dívida, ainda compõe o passivo o Patrimônio líquido, dividido em capital social, reservas de capital, reservas de reavaliação, reserva de lucros, ações em tesouraria e prejuízos.

cedores, passivos acumulados em grande parte devidos aos trabalhadores e também incluem impostos devidos a vários governos. Ao contrário do ativo circulante, como contas a receber, não há provisões para o não pagamento desses itens. O não pagamento resultará em julgamentos de inadimplência e falência. Assim, os valores contábeis desses passivos são os valores que a empresa realmente tem de pagar, que, por sua vez, é o seu valor intrínseco, que acaba sendo negativo. Podemos depender dos valores contábeis para estimar os custos desses passivos circulantes não relacionados à dívida.

Os passivos de longo prazo, exceto dívidas, são montantes incorridos no curso de operações normais com vencimento em mais de um ano no futuro ou obrigações futuras de longo prazo que surgiram no curso de operações históricas. Passivos operacionais normais de longo prazo são geralmente devidos aos mesmos grupos que os passivos correntes não relacionados a dívidas, incluindo negociantes que fornecem serviços de *marketing* e suporte, funcionários e governos. Como o passivo circulante, eles devem ser pagos – em última instância, para que a empresa continue a operar. Como os pagamentos podem ser diferidos por mais de um ano, os valores contábeis desses passivos podem ser descontados por um custo de capital para chegar ao seu custo intrínseco atual. Exceto em ambientes inflacionários de alto custo de capital, o efeito do desconto deve ser pequeno e os valores contábeis devem ser próximos o suficiente dos valores reais. Em ambientes de alto custo de capital, os períodos médios até o pagamento devem ser estimados e os valores contábeis devem ser descontados de acordo.

O passivo de longo prazo herdado consiste principalmente em custos legais e ambientais acumulados, obrigações futuras de pensão e benefícios não financiados e o custo de remuneração diferida de executivos. Em teoria, os auditores de uma empresa devem estimar o valor presente dessas obrigações de forma completa e precisa. Os valores contábeis desses passivos devem, portanto, ser medidas adequadas de seus valores negativos reais. No entanto, se um item for grande e a empresa em questão tiver reputação de manipulação contábil, deve ser feita uma estimativa independente do passivo. As informações necessárias geralmente estão disponíveis em notas de rodapé do balanço patrimonial relatado por uma empresa. As notas de rodapé disponíveis normalmente apresentam cálculos detalhados com premissas claramente identificadas para pensões não financiadas e passivos de benefícios e para remuneração de executivos diferida, incluindo opções de ações. Os principais custos legais e ambientais potenciais também constam em detalhes nas notas de rodapé do balanço da empresa ou em uma parte separada de seu relatório anual. Essas informações podem então ser usadas para calcular estimativas alternativas de passivos de longo prazo não relacionados a dívidas.[12]

Os passivos da dívida aparecem nos balanços da empresa pelo valor de face. No momento em que a dívida é emitida, as taxas de juros são geralmente definidas de modo que seu custo para a empresa – o valor presente dos pagamentos de juros e principal associados – seja igual ou próximo a esse valor de face. Se as taxas de juros aumentarem posteriormente, o custo desses pagamentos futuros cairá abaixo do valor de face. Se as taxas caírem, o custo aumentará acima do valor de face. Para dívidas de curto prazo, exceto em ambientes inflacionários extremos, esses efeitos serão pequenos e o valor contábil será uma medida adequada do custo da dívida. Para dívidas de prazo mais longo, a diferença pode ser significativa, mas para essas dívidas, o verdadeiro custo por dólar pode ser medido examinando o preço médio, como uma porcentagem do valor de face, em que dívidas de duração e risco comparáveis são negociadas em mercados públicos. A aplicação desse fator de ajuste ao valor contábil da dívida de longo prazo em aberto de uma empresa produz uma medida útil do verdadeiro custo dessa dívida.

Uma segunda situação em que os custos reais da dívida se desviariam do valor contábil surge quando uma empresa está em dificuldades financeiras, enfrentando uma alta probabilidade de falência. Nessas circunstâncias, o valor dos ativos do patrimônio da empresa será zero. Os valores dos ativos existentes serão divididos entre os detentores dos passivos em ordem de prioridade determinada em processo de falência. Para negócios viáveis, a dívida deve ser medida pelo valor contábil, ajustado quando necessário para levar em conta o impacto das mudanças nas taxas de juros.[13]

---

[12] Existem cálculos separados e geralmente complicados envolvidos para cada tipo de passivo. Vários bons livros sobre contabilidade forense descrevem esses cálculos, incluindo Cain, Michael, Hopwood, William, Pacini, Carl e Young, George. (2016). *Essentials of Forensic Accounting*, Hoboken: John Wiley and Sons.

[13] O tratamento dos passivos que descrevemos anteriormente preserva o papel do valor do ativo líquido como uma medida do investimento necessário para um concorrente potencial. Para ativos, já detalhamos esse ponto. Para que os entrantes possam competir em igualdade de condições com as empresas existentes, precisam reproduzir as capacidades funcionais de seus ativos. O custo de fazer isso é a definição do valor de reprodução. Os passivos representam fontes de financiamento que compensam parte dos custos de reprodução do ativo. Se um entrante tiver acesso a fontes de fundos não remuneradas que surgem no curso normal dos negócios (p. ex., contas a pagar) iguais às de uma empresa incumbente, então o passivo de compensação para o participante deve ser o mesmo que o nível dos passivos da incumbente. O valor do ativo líquido do incumbente deve, portanto, ser igual ao investimento líquido exigido do entrante. Esse argumento se aplica claramente à dívida e aos passivos operacionais circulantes e de longo prazo. Os passivos legados são outra questão.

Tabela 4.5 Diferentes abordagens para calcular o valor dos ativos

Abordagem	Abordagens de valor de ativos		
	Graham e Dodd	Valor contábil	Custos de reprodução
Oportunidades	nenhuma	limitadas	mais amplas
Valor na prática	sim	sim	sim
Conhecimento da indústria necessário	nenhum	nenhum	substancial
Estabilidade/confiabilidade	alta	baixa	intermediária
Valor do intangível	0	contábil	custos de reprodução
Valor da dívida	contábil (inadimplência)	contábil	mercado

Resumindo

Na tradição de valor, existem três abordagens alternativas para determinar o valor patrimonial líquido de uma empresa. A primeira, e menos exigente, é confiar nos contadores e usar o valor contábil do patrimônio líquido, os ativos menos os passivos. A segunda é a abordagem do ativo circulante líquido de Graham – ativos circulantes menos todos os passivos circulantes –, que é altamente conservadora. A terceira é calcular cuidadosamente um valor de liquidação para negócios inviáveis e um valor de reprodução para negócios viáveis. As características gerais de cada uma dessas abordagens são apresentadas na Tabela 4.5. Encontrar o custo de reprodução dos ativos e passivos de uma empresa exige mais trabalho, mais conhecimento e mais tudo do que confiar no valor contábil ou nos números líquidos. É, no entanto, a abordagem mais frequentemente aplicável e a que mais provavelmente colocará o investidor do lado certo em relação a qualquer oportunidade de investimento. Ainda assim, na prática, as carteiras de ativo circulante líquido, cada uma comprada a preços de dois terços ou menos do valor líquido, geralmente superaram os índices do mercado de ações amplos. O mesmo se aplica a índices de valor contábil baixos. Na verdade, superar de forma consistente o desempenho dessas carteiras selecionadas mecanicamente é uma façanha alcançada por poucos investidores. Aqueles que confiam na análise detalhada dos valores de reprodução devem fazer isso bem, se o esforço for compensar.

Exemplo 1: Hudson General

Em nossa discussão sobre avaliação, observamos que, embora os valores do ativo e do poder dos lucros geralmente se apoiem mutuamente, em alguns casos eles divergem. Nesses casos, há ocasiões em que os valores do ativo são mais úteis e outras em que os valores do poder dos lucros fornecem melhores informações. A escolha de uma abordagem depende da natureza do negócio, do impacto da gestão e de outros desdobramentos futuros. Antes de produzir qualquer análise numérica detalhada, é necessário desenvolver uma imagem clara de cada um desses elementos de um negócio. Esse requisito é especialmente válido quando a empresa é uma combinação complexa de operações distintas que podem dificultar a identificação dos determinantes e do nível de valor intrínseco.[1] Para ilustrar o tipo de análise preliminar necessária, retornaremos a um exemplo que analisamos na primeira edição deste livro, o da Hudson General no verão de 1998.[2]

As demonstrações de resultados da empresa de 1996 a 1998 sugerem que algo fora do comum aconteceu durante esse período (ver Tabela Ex. 1.1). As receitas reportadas diminuíram 96%, enquanto o lucro líquido caiu apenas pela metade. Ao mesmo tempo, a demonstração de resultados evidencia uma estranha mistura de operações: uma empresa que fornece suporte em terra, abastecimento e outros serviços para companhias aéreas em grandes aeroportos (Hudson General LLC) e uma *joint venture* para desenvolvimento imobiliário no Havaí (Kohala). O balanço geral da Hudson também demonstra uma quantidade substancial de caixa, ativos financeiros e outros ativos mantidos pela empresa controladora que não fazem parte de nenhuma das empresas (ver Ex. 1.2). Para chegar a uma compreensão clara do valor da Hudson General, precisamos começar por examinar cada uma dessas fontes separadas de valor, os ativos e passivos da Hudson General LLC, da Kohala e da empresa controladora. Então, podemos considerar como eles se coadunam para agregar valor para os acionistas da Hudson General (ver Tabela Ex. 1.2).

---

[1] Essa mesma complexidade muitas vezes faz com que essas empresas tenham fontes ocultas de valor e, por isso, sejam objetos proveitosos para uma análise mais cuidadosa.

[2] Mario Gabelli apresentou a Hudson General como uma empresa que merecia ser analisada no curso de investimento em valor de Bruce Greenwald na Columbia Graduate School of Business.

Tabela Ex. 1.1 Demonstrativo de renda da Hudson General (em milhares)

	1996	1997	1998
Receita	US$ 157.100	US$ 5.064	US$ 5.783
Receita operacional	US$ 19.436	US$ (3.755)	US$ (2.724)
Participação no lucro da Hudson General	US$ 855	US$ 11.955	US$ 9.426
Participação no prejuízo da *joint venture* Kohala	US$ (3.021)	US$ (11.292)	US$ (2.822)
Rendimentos de juros	US$ 379	US$ 3.985	US$ 4.156
Lucro antes de impostos	US$ 14.949	US$ 866	US$ 8.036
Provisão para impostos	US$ 7.183	US$ 391	US$ 2.780
Lucro líquido	US$ 10.466	US$ 475	US$ 5.256

Fonte: Dados do Formulário 10-K da Comissão de Valores Mobiliários, Relatório Anual.

Uma primeira etapa preliminar é decidir se a Hudson General é um objeto de análise adequado para investidores em valor disciplinados, se seria identificada como uma boa oportunidade de investimento por uma estratégia adequada de busca orientada a valor. Havia algumas características promissoras do Hudson General em 31 de julho de 1998, quando estava ao preço de US$ 48 por ação. A empresa era pequena e obscura. Sua capitalização de mercado era apenas US$ 85 milhões. Não estava no escopo de nenhum analista de vendas, e tinha um total de apenas 182 acionistas. Embora não fossem baratas, as ações da Hudson General, considerando os padrões do final da década de 1990, certamente não eram caras. Com ganhos médios de cerca de US$ 3 por ação, estava vendendo a 16 vezes o lucro, abaixo do múltiplo preço/lucro médio do mercado, que era 20. Apesar de um recente aumento no preço, seu desempenho estava atrás do mercado há vários anos. Por outro lado, o retorno de dividendos era de apenas 2% (US$ 1 por ação dividido por US$ 48), e as ações eram negociadas a 1,25 vezes o valor contábil. Levando tudo isso em conta, a empresa merecia uma avaliação, embora não fosse causar surpresa se uma análise mais detalhada demonstrasse que era um investimento pouco atraente.

Controladora da Hudson General

O balanço patrimonial no Ex. 1.2 inclui uma participação de 74% na Hudson General LLC (HLLC), uma participação de 50% na incorporadora imobiliária Kohala, e uma série de ativos e passivos no nível da empresa controladora, prin-

Tabela Ex. 1.2 Custo de reprodução dos ativos gerais da Hudson (em milhares)

	Valor contábil em 1998		Reprodução	
Ativos				
Caixa	US$	19.001	US$	19.001
Ativos financeiros	US$	19.002	US$	19.002
Recebíveis	US$	563	US$	563
Adiantamentos para a HLLC	US$	2.057	US$	2.057
Despesas pré-pagas	US$	56	US$	56
Ativo circulante total	US$	40.679	US$	40.679
Ativo Imobilizado líquido	US$	2.389	US$	2.389
Investimento na HLLC	US$	22.306	US$	
Investimento na *joint venture* Kohala – líquido	US$	4.962	US$	
Notas a receber da Hudson General LLC	US$	3.130	US$	3.130
Total de ativos	US$	73.466	US$	46.198
Passivos				
Conta a pagar	US$	200	US$	200
Outros passivos circulantes	US$	2.628	US$	2.628
Passivo circulante total	US$	2.828	US$	2.828
Imposto de renda		2197	VPL ≈	*US$ 2.000*
Passivos totais		5025	»	*US$ 5.000*
Patrimônio líquido			»	*US$ 41.000*

Fonte: Dados do Formulário 10-K da Comissão de Valores Mobiliários, Relatório Anual.

cipalmente US$ 38 milhões em caixa e ativos financeiros. O mistério do declínio de 1996-97 nas receitas se reflete no primeiro desses itens. Naquele período, a Hudson General recebeu US$ 23 milhões de uma filial da Lufthansa Airlines em troca de 26% dos negócios da HLLC mais uma opção de compra de 23% adicionais. Após a venda, a Hudson General desconsolidou as operações da HLLC em suas demonstrações financeiras, e as receitas da HLLC desapareceram da demonstração de resultados.

As demais atividades da empresa controladora eram muito limitadas. Ela prestou serviços de suporte à HLLC, pelos quais recebeu receitas de US$ 5,1 milhões em 1997 e US$ 5,8 milhões em 1998. A controladora também investiu o excesso de caixa e supervisionou a *joint venture* Kohala. Uma questão óbvia é se as operações da controladora forneciam algum valor. Se a HLLC fosse vendida inteiramente para uma empresa como a Lufthansa, a compradora quase certamente poderia desempenhar as funções da controladora dentro de sua infraestrutura existente a um custo incremental relativamente baixo.[3] Dado o histórico de desempenho da *joint venture* Kohala, os feitos da Hudson General no campo do desenvolvimento imobiliário pareciam mínimos, na melhor das hipóteses, e, portanto, dispensáveis. Se os ativos residuais da controladora fossem liquidados e distribuídos aos acionistas como dividendos ou por meio de recompra de ações, não haveria necessidade de gerenciá-los, uma economia de custos de cerca de US$ 3 milhões. As operações da Hudson General quase certamente valiam mais mortas do que vivas. A melhor maneira de avaliar os ativos externos da controladora era o valor de liquidação. O poder dos lucros e, portanto, o valor do poder dos lucros da controladora era menor que zero.

O cálculo do valor de liquidação para a controladora LLC é simples. O caixa e os ativos financeiros de US$ 38 milhões valeriam US$ 38 milhões. O dinheiro devido pela HLLC, contas a receber de US$ 563.000, adiantamentos de US$ 2.057.000 e as notas a receber de US$ 3.130.000 certamente teriam de ser totalmente pagos por quem comprasse a HLLC. Como o caixa e os ativos financeiros, eles deveriam resultar em um valor contábil de US$ 5,75 milhões na liquidação. Este iria primeiramente para liquidar o passivo circulante de US$ 2,83 milhões, deixando cerca de US$ 2,9 milhões em valor líquido. As recuperações de despesas antecipadas e do ativo imobilizado seriam menores que o valor contábil. Com uma recuperação de 50%, eles renderiam cerca de US$ 1,2 milhão. Essa perda resultante compensaria parte do passivo fiscal diferido, reduzindo-o de US$ 2,2 milhões para cerca de US$ 2,0 milhões, no máximo. No total, os ativos não monetários e financeiros da controladora deveriam render cerca de US$ 2,1 milhões (US$ 2,9 milhões mais US$ 1,2 milhões menos US$ 2 milhões). Esses ajustes trazem o valor total de liquidação da controladora da Hudson General para aproximadamente US$ 40 milhões (US$ 38 milhões em caixa e ativos financeiros mais US$ 2 milhões em outros ativos líquidos).

Hudson General LLC

A participação de 74% da Hudson General na HLLC era um ativo muito diferente da grande quantidade em caixa da controladora. A HLLC era um negócio contínuo viável para o qual a Hudson General publicava uma demonstração de resultados (Tabela Ex. 1.3) e um balanço (Tabela Ex. 1.4) separados.

---

[3] Dada a natureza descentralizada das operações da HLLC em muitos aeroportos separados, qualquer benefício fornecido pela empresa controladora central teria de ser muito limitado e, portanto, deveria ser facilmente realizado pelas operações de qualquer uma das companhias aéreas existentes, como as da Lufthansa.

Tabela Ex. 1.3 Demonstração de resultados da Hudson General LLC

30 de junho	1996		1997		1998	
Receita	US$	168.811	US$	167.729	US$	168.947
Despesas operacionais	US$	130.696	US$	136.259	US$	139.880
Outras despesas [1]	US$	13.052	US$	13.625	US$	14.459
Receita operacional	US$	25.063	US$	17.845	US$	14.608
Provisão para impostos	NA [2]		US$	2.085	US$	1.748
Lucro líquido	NA [2]		US$	15.939	US$	12.738

[1] Incluindo taxa de serviço para a Hudson General.
[2] NA para 1996, quando as operações da Hudson General LLC foram totalmente consolidadas na demonstração de resultados da Hudson General.
Fonte: Dados do Formulário 10-K da Comissão de Valores Mobiliários, Relatório Anual.

Esta parte da empresa deve ser avaliada usando uma abordagem de valor total do ativo/valor do poder dos lucros. A estimativa de valor resultante poderia ser transportada para o nível da controladora de duas maneiras. Primeiro, poderia

Tabela Ex. 1.4 Balanço patrimonial da Hudson General LLC

Balanço da Hudson General LLC (em milhares)		
30 de junho de 1999		
Caixa	US$	3.393
Contas, notas a receber	US$	16.886
Outros ativos circulantes	US$	6.391
Ativo circulante total	US$	26.670
Ativo imobilizado líquido	US$	45.639
Outros ativos	US$	643
Total de ativos	US$	72.952
Contas a pagar	US$	17.336
Despesas acumuladas, outros passivos	US$	19.045
Adiantamentos da Hudson General	US$	2.057
Passivo circulante total	US$	38.428
Imposto de renda diferido	US$	339
Notas a pagar à Hudson General	US$	3.130
Patrimônio líquido	US$	31.055
	US$	72.952

Fonte: Dados do Formulário 10-K da Comissão de Valores Mobiliários, Relatório Anual.

simplesmente ser multiplicado pelos 74% do negócio que era de posse da Hudson General. No entanto, a Lufthansa havia anunciado sua intenção de exercer sua opção de compra de mais 23% da HLLC ao preço de US$ 29,6 milhões. Ao fim dessa transação, a Hudson General teria um adicional de US$ 29,6 milhões em caixa e possuiria 51% da HLLC. Desse modo, uma segunda alternativa, mais precisa, seria somar US$ 26,9 milhões em dinheiro mais 51% do valor estimado da HLLC aos US$ 40 milhões do valor da empresa controladora.

O valor do poder dos lucros é a melhor maneira de começar a avaliar o valor da HLLC. A HLLC era uma empresa de serviços relativamente estável, com muitos ativos intangíveis: contratos e relacionamentos de longo prazo com aeroportos, mão de obra local treinada e equipes locais de gestão estabelecidas. Avaliar esses ativos intangíveis seria muito mais difícil e impreciso do que prever e avaliar lucros futuros sustentáveis. As receitas da HLLC durante o período de 1996 a 1998 ficaram estáveis em cerca de US$ 168 milhões por ano. No entanto, os lucros operacionais diminuíram continuamente de US$ 25 milhões em 1996 para US$ 14,6 milhões em 1998. A Hudson General atribuiu esse declínio ao "aumento da pressão competitiva sobre os preços dos serviços de aviação", como resultado de "alianças entre as principais companhias aéreas comerciais". Porém, a empresa viu essa tendência se estabilizar em 1998, um desenvolvimento observado por outras empresas de serviços aeroportuários. Assim, um ponto de partida razoável para estimar o valor do poder dos lucros seriam os US$ 14,6 milhões de lucro operacional relatado para o ano de 1998.[4] A esse valor, devemos adicionar os US$ 5,7 milhões pagos por serviços desnecessários pela HLLC à controladora da Hudson General. Isso nos deixa com uma estimativa de poder dos lucros sustentáveis para a HLLC de US$ 20,4 milhões antes de impostos. A carga de impostos para a HLLC relatada na Tabela Ex. 1.3, cerca de 12%, é claramente irrealista para avaliar a HLLC como uma entidade independente. Resulta de seu *status* especial como operação subsidiária de suas controladoras tributáveis, a Hudson General e a Lufthansa. Uma taxa de impostos apropriada em 1998, incluindo provisão para impostos federais, estaduais e locais dos EUA e impostos canadenses, teria sido de cerca de 37%. Isso implica impostos sobre os lucros operacionais da HLLC de US$ 7,5 milhões (US$ 20,4 vezes 37%) ou lucros após os impostos de US$ 12,9 milhões. As despesas de capital de reposição e a depreciação e amortização contábeis para a HLLC parecem ter sido quase iguais, de modo que nenhum ajuste adicional significativo ao poder dos lucros parece necessário.

---

[4] Uma história mais longa, incluindo pelo menos uma recessão, seria desejável aqui. Neste caso, esse histórico produziria um número próximo aos US$ 14,6 milhões anteriores.

O ano de 1998 foi precedido por um mercado altista de longo prazo, e as expectativas de retornos futuros das ações eram relativamente altas. Como a HLLC quase não tinha dívidas, um custo de capital próprio de 10% parece apropriado até mesmo para uma empresa relativamente estável como a HLLC. Assim, nossa estimativa de US$ 12,9 milhões em poder dos lucros deve ter um valor de US$ 129 milhões (US$ 12,9 milhões divididos por 10%). Disto, temos que subtrair os cerca de US$ 2 milhões em dívida líquida da HLLC (US$ 5,2 milhões devidos à Hudson General menos US$ 3,4 milhões em caixa) para chegar a um valor de poder dos lucros em patrimônio líquido final de US$ 127 milhões.

Uma vez que os valores de reprodução e contábeis do ativo imobilizado da HLLC parecem mais ou menos semelhantes e os ajustes ao capital de giro líquido provavelmente serão pequenos, um ponto de partida natural para estimar o valor dos ativos da HLLC é o valor contábil de US$ 31 milhões.[5] A isso devemos adicionar o valor de reprodução dos ativos intangíveis das LLCs, que são substanciais. Seus contratos têm duração de 5 a 10 anos e apenas 10 a 15% deles fecham a cada ano. Construir mão de obra local e infraestrutura pode levar ainda mais tempo. Portanto, o desenvolvimento de intangíveis equivalentes aos que sustentam os negócios da HLLC pode envolver até sete anos de despesas gerais e de marketing ou US$ 100 milhões (7 × US$ 14 milhões de despesas gerais anuais da HLLC). Essa estimativa estará sujeita a um erro potencial significativo.

Por sorte temos, neste caso, uma estimativa de mercado privado do valor dos ativos da HLLC de um comprador experiente disposto a pagar em dinheiro. Esse comprador era a subsidiária de serviço em terra da Lufthansa. Em 1996, a Lufthansa pagou US$ 23 milhões por 26% da HLLC, estabelecendo um valor de cerca de US$ 88,5 milhões para os ativos líquidos da HLLC (US$ 23 milhões divididos por 26%). Em 1998, estava disposta a pagar US$ 29,6 milhões por outros 23% da LLC, avaliando todos esses ativos em US$ 128,7 milhões (US$ 29,6 milhões divididos por 23%). Como esse valor de ativos está muito próximo de nosso valor estimado de poder dos lucros de US$ 127 milhões, a oferta da Lufthansa não foi de forma alguma excessivamente otimista. A Lufthansa não estava pagando por uma posição de controle, o que, com a eliminação das ineficiências operacionais da HLLC e das taxas desnecessárias pagas à controladora da Hudson General, aumentaria ainda mais o valor da HLLC.

Esses cálculos indicam que a HLLC como um todo valia pelo menos US$ 128 milhões. Para a matriz da Hudson General, a HLLC adicionava

---

[5] Essa conclusão segue da análise de que as despesas de capital de reposição e a depreciação e amortização contábeis são aproximadamente iguais.

Tabela Ex. 1.5 Balanço da Kohala

Balanço patrimonial da Kohala (em milhares)		
30 de junho de 1998		
Caixa	US$	355
Terras	US$	9.210
Hipotecas, notas	US$	2.137
Propriedade hipotecada	US$	2.186
Outros ativos circulantes	US$	1.549
Total de ativos	US$	15.437
Conta a pagar	US$	860
Patrimônio líquido		14.577
	US$	15.437

Fonte: Dados do Formulário 10-K da Comissão de Valores Mobiliários, Relatório Anual.

US$ 29,6 milhões em dinheiro e US$ 65 milhões em valor por seus 51% residuais de HLLC. Juntamente com um valor de liquidação da controladora de US$ 40 milhões, a maior parte em dinheiro, isso leva o valor total a cerca de US$ 70 milhões em dinheiro e US$ 65 milhões em sua participação na HLLC, em comparação com um valor de mercado da Hudson General de US$ 85 milhões (US$ 48 por ação × 1,77 milhão de ações em circulação).[6]

Kohala Development

A última parte da Hudson General era sua participação de 50% na incorporadora Kohala, na ilha do Havaí. O balanço patrimonial da Kohala é apresentado na Tabela Ex. 1.5. A demonstração de resultados (não apresentada) era uma história triste de prejuízos contínuos: US$ 5,6 milhões em 1998, depois de um prejuízo de US$ 22,6 milhões em 1997, incluindo uma redução de US$ 17 milhões no valor dos ativos da Kohala. Após ter sido interrompida pelo ajuizamento de ação ambiental, uma recente decisão judicial favorável permitiria a retomada da venda de terrenos para construção residencial. Contudo, a realidade de longo prazo era que a Hudson General havia efetivamente colocado US$ 29 milhões na Kohala e

---

[6] Este número é obtido multiplicando US$ 48 vezes o número total de ações em circulação e opções e subtraindo o custo para os detentores das opções de exercer suas opções.

recuperaria apenas uma fração desse montante. A experiência da Hudson General[7] como incorporadora de terras no Havaí foi um fracasso. Como resultado, a Kohala seria liquidada. Portanto, como a controladora Hudson General, a Kohala deve ser avaliada pelo valor de liquidação.

Vamos presumir que as recuperações dos ativos não fundiários de US$ 6,2 milhões seriam 100% para o caixa, 80% para as hipotecas e notas e 50% para a propriedade hipotecada e outros ativos. Isso totaliza US$ 3,9 milhões. Desse montante, as contas a pagar de US$ 0,9 milhão devem ser subtraídas, deixando US$ 3,0 milhões líquidos ou US$ 1,5 milhão para a participação da Hudson General de 50% da Kohala. Esses são cálculos rudimentares baseados em regras práticas comuns que podem não se aplicar à Kohala, mas como o valor envolvido é relativamente pequeno, uma análise mais detalhada não se justifica.

O ativo restante da Kohala era de 1.820 acres de terras parcialmente desenvolvidas e não desenvolvidas. Da aquisição original de 4.000 acres, 2.100 acres foram vendidos nas fases um e dois do desenvolvimento, que ocorreram antes do processo, e outros 80 acres foram vendidos como parte da fase três. A participação da Hudson General nesta porção restante era de 910 acres. A forma padrão de avaliar ativos imobiliários é contar com avaliadores locais.[8] Neste caso, a avaliação produziu uma estimativa entre US$ 15.000 e US$ 20.000 por acre, ou de US$ 27 milhões a US$ 36 milhões para todos os 1.820 acres. Isso estava bem acima do valor contábil de US$ 9,2 milhões, mas era muito menos do que o investimento líquido em terras de US$ 55 milhões feito pelos sócios (US$ 58 milhões pagos menos US$ 3 milhões em ativos líquidos não-fundiários). Se usarmos o limite inferior dessa faixa, a participação da Hudson General no valor das terras era de US$ 13,5 milhões, dos quais cerca de 6% em custo de vendas teriam de ser deduzidos. Esse ajuste deixa o retorno total da liquidação da Kohala em cerca de US$ 14 milhões (US$ 13,5 vezes 94% mais US$ 1,5 milhão para os ativos não fundiários).

---

[7] A diferença entre 50% do valor de Kohala na Tabela Ex. 1.5 e o valor da Kohala no balanço geral da Hudson tem a ver com o tratamento dos juros acumulados sobre adiantamentos para a Kohala de seus sócios. Os juros acumulados são tratados como pagos à sociedade, mas não são reconhecidos como tal no nível da Hudson General como parte do investimento na Kohala. Como não está sendo pago, é tratado como um passivo futuro pela Kohala, mas não como um ativo da Hudson General. Uma vez que o valor envolvido é dividido igualmente pelos dois sócios, a diferença é irrelevante para uma análise de liquidação.

[8] Os custos disso geralmente representam apenas algumas centenas de dólares.

Calculando como a soma de suas várias partes, a Hudson General deveria valer cerca de US$ 150 milhões:

- US$ 70 milhões em dinheiro da liquidação da controladora;
- US$ 65 milhões em participação residual de 51% na LLC;
- US$ 14 milhões da liquidação da Kohala.

Comparado ao preço de mercado de US$ 85 milhões, esse total inclui uma margem de segurança de US$ 65 milhões, ou 43% de nosso valor estimado.[9]

A Hudson General como um todo

Infelizmente, aquele valor de US$ 150 milhões era um valor "potencial", o valor que um investidor perceberia se a administração da Hudson General fizesse a coisa certa, desmembrando a empresa e acabando com os próprios empregos. Como uma empresa contínua nas mãos de sua atual administração, a Hudson General era consideravelmente menos valiosa. Em 30 de junho de 1998, a Hudson General gerou cerca de US$ 5,3 milhões em lucros anuais (ver Tabela Ex. 1.3) e pagou cerca de US$ 1,8 milhão em dividendos anuais. No ano fiscal de 1997, a empresa recomprou cerca de US$ 9 milhões em ações, mas no ano seguinte foi uma emissora de ações líquidas. Além disso, seu histórico de alocação de capital para empreendimentos como a Kohala não contribuiu para a criação de valor no uso de seu caixa de US$ 40 milhões.

Se a administração geral da Hudson pagasse US$ 5,3 milhões em lucros, a empresa poderia valer US$ 66 milhões mesmo sem crescimento. O retorno de dividendos seria de cerca de 8%, o comum para uma empresa com distribuição de dividendos estável. Se destruísse apenas 50% do valor de seu caixa, o valor da Hudson General seria de cerca de US$ 85 milhões (US$ 66 mais US$ 20), o que era igual ao seu valor de mercado atual. A Hudson General é uma empresa clássica do Caso A, de acordo com nossa taxonomia no final do Capítulo 3, para a qual o valor potencial dos ativos de US$ 150 milhões excede em muito seu valor atual de poder dos lucros de US$ 85 milhões. A questão fundamental aqui diz respeito ao

---

[9] Observe que ignoramos as perspectivas de crescimento futuro. Isso não apenas porque a Hudson General não vinha apresentando crescimento – na verdade, os lucros estão encolhendo –, mas também porque os negócios da Hudson General não são protegidos por barreiras de entrada e o crescimento normalmente não gera valor para essas empresas, como discutimos nos Capítulos 6, 7 e 8.

comportamento da administração. Se esse comportamento permanecesse inalterado, a Hudson General provavelmente seria um investimento insatisfatório. Mesmo que a administração parasse de deteriorar o valor, o melhor que um investidor poderia ganhar sem a venda dos ativos seria uma distribuição de caixa que não corresponderia ao valor dos ativos presos na empresa.

Situações como essa exigem um "catalisador" para substituir a gestão atual. A Hudson General era potencialmente uma "armadilha de valor" exemplar, com o valor dos ativos acima do preço de mercado. Sem uma mudança de gestão, o valor total desses ativos nunca seria realizado.

Dada a necessidade de mudança na gestão para gerar uma venda ou um melhor retorno, a Hudson General podia não parecer um investimento promissor em meados de 1998. Quatro dos oito membros do conselho eram executivos da empresa – diretor, vice-diretor, presidente e vice-presidente executivo. Outro era um banqueiro de investimento que havia ganhado taxas significativas com a transação da Lufthansa. Sem um caminho claro para a mudança de gestão, investir em uma empresa como a Hudson General seria uma tarefa perigosa. Neste caso, porém, a mudança era na verdade iminente. Um destacado investidor em valor com orientação ativista possuía quase a maioria das ações e estava claramente interessado em forçar a mudança de gestão. Nessas circunstâncias, a gerência não precisou de muito estímulo. Em novembro de 1998, ofereceu-se para comprar a empresa por US$ 100 milhões. Felizmente para os acionistas, a ação dos administradores apenas deu início aos lances. Entre essa data e fevereiro de 1999, quando a Globeground, a unidade da Lufthansa que na época possuía 49% da HLLC, fez sua oferta vencedora de US$ 133 milhões, houve uma oferta mais alta da gerência de US$ 106 milhões e várias ofertas de outras empresas do setor de serviços de aviação. Toda essa atenção impediu a gestão de fomentar o próprio enriquecimento à custa dos acionistas externos, embora não se saiba quais benefícios conseguiriam na saída. A Globeground pagou caro? A partir de nossa análise, sabemos que a empresa obteve tanto as terras havaianas quanto o controle da HLLC sem custo. Contudo, como eram os compradores lógicos do ponto de vista estratégico, provavelmente não é razoável imaginar que alguém tenha dado um lance maior. Para uma empresa cujo preço de mercado era de US$ 85 milhões apenas alguns meses antes, uma venda por US$ 133 milhões gerou um retorno praticamente instantâneo de mais de 50%, uma excelente recompensa para alguém que teve a habilidade e paciência para abrir caminho em meio às complicações da Hudson General.

5

Valor do poder dos lucros

O segundo passo em uma avaliação tradicional de Graham e Dodd é o cálculo do valor do poder dos lucros (EPV, do inglês *earnings power value*) de uma empresa, que é baseado nos lucros atuais sustentáveis. As informações relacionadas aos lucros correntes ficam atrás apenas dos ativos como a base mais confiável para determinar o valor de uma empresa. Por poder dos lucros atual, queremos dizer o lucro distribuível médio de uma empresa como existe hoje. Presume-se que esse nível de lucros seja constante por um futuro indefinido. O valor desse fluxo, o EPV, é calculado como o poder dos lucros atual dividido pelo custo de capital da empresa. O custo de capital, por sua vez, é o retorno anual esperado que a empresa deve oferecer para atrair investidores dispostos. Se uma empresa deve oferecer um retorno esperado de 8% e tem lucros anuais futuros constantes de US$ 10 milhões, então os investidores avaliarão adequadamente a empresa em US$ 125 milhões (US$ 10 milhões divididos por 8%).

Como há uma previsão embutida na suposição de um nível constante de lucros futuros, o EPV está sujeito a maiores erros potenciais de mensuração do que o valor do ativo. Ao concentrar-se nos lucros sustentáveis da forma como a empresa existe hoje, essa estimativa de lucros futuros se baseia firmemente no histórico passado observável da empresa, de sua administração e de seu setor. O cálculo do EPV não tenta antecipar mudanças futuras nas operações de uma empresa. Os analistas de papéis negociáveis que incorporam desenvolvimentos, como o crescimento futuro de novos produtos, em suas previsões têm um registro ruim, sujeito a erros aleatórios e sistemáticos. Ao isolar o EPV dessas previsões futuras mais especulativas, as estimativas de fontes de valor de Graham e Dodd atuam de forma disciplinada, indo da medida de valor mais confiável para a menos confiável. Essas estimativas não ignoram os efeitos potenciais de novos desenvolvimentos no valor de uma empresa, mas adiam a consideração de seu impacto até depois de calcular uma avaliação mais básica e confiável. Lidamos com desenvolvimentos futuros quando discutimos a avaliação do crescimento.

Poder dos lucros

Na definição de poder dos lucros, os lucros distribuíveis sustentáveis são os lucros médios que uma empresa geraria no futuro se suas operações subjacentes continuassem sem mudança. Incluímos "médios" nessa definição para diminuir discrepâncias dos ciclos de negócios e outras flutuações temporárias, positivas e negativas, às quais os lucros de curto prazo estão sujeitos. Lucros sustentáveis são o lucro medido após a realização dos investimentos necessários para retornar as operações de uma empresa no final do ano às condições do início do ano. Esse cálculo envolve a correção de medições incorretas de despesas não monetárias, como depreciação. A parte para distribuição da definição se destina a lidar com um segundo conjunto de questões contábeis. Muitas empresas em crescimento incorrem em despesas com pesquisa e desenvolvimento, publicidade, *marketing* e contratação e treinamento de novos funcionários que excedem o nível necessário para manter a atual posição econômica da empresa. Um cálculo de lucro sustentável adequado deve eliminar esses gastos relacionados ao crescimento "em excesso" dos custos antes de calcular o lucro contábil ajustado. As empresas cujo porte diminui podem subinvestir em despesas semelhantes (p. ex., cortando P&D abaixo do que seria necessário para sustentar os lucros ou aumentando os preços para aumentar as receitas atuais à custa da posição futura no mercado). Para essas empresas, os déficits estimados devem ser subtraídos do lucro contábil ajustado para se chegar a um poder dos lucros sustentável.

As empresas costumam registrar eventos únicos, tanto positivos quanto negativos, como ajustes aos lucros. Normalmente, são relacionados a lucros de operações liquidadas ou prejuízos em erros de investimento anteriores. Teoricamente, por não estarem relacionados com as operações contínuas das empresas, devem ser ignorados no cálculo de lucros sustentáveis. No entanto, para algumas empresas, esses incidentes supostamente isolados são recorrentes, mesmo anuais, usados para ocultar custos contínuos que deveriam de fato ser deduzidos dos lucros sustentáveis. Nesses casos, alguma fração do nível médio de cobranças únicas deve ser tratada como custos operacionais reais para fins de cálculo do poder dos lucros sustentáveis. Mesmo quando esses encargos regulares são legitimamente independentes das operações em andamento, eles representam uma redução no valor dos lucros para distribuição. Na medida em que são uma característica regular do desempenho da administração, seu nível médio deve ser subtraído no cálculo do poder dos lucros.

As receitas tendem a ser muito mais estáveis do que as margens de lucro ao longo dos ciclos de negócios e estão sujeitas a flutuações aleatórias menores. Portanto, exceto para negócios altamente cíclicos, como recursos naturais, em que as receitas flutuam substancialmente, a forma usual de calcular lucros sustentáveis é começar com a receita do ano corrente e multiplicar por um nível médio de margens ao longo de um período que, idealmente, abrange pelo menos dois ciclos de negócios. Uma média aritmética simples é o ponto natural pelo qual se começar. O cálculo das margens médias pode, na prática, ser mais complicado. Frequentemente, as margens exibem tendências seculares, aumentos ou diminuições, que devem ser levadas em consideração. Uma tentação comum será extrapolar essas tendências usando um valor de margem sustentável bem abaixo da margem atual quando a lucratividade está diminuindo ou, inversamente, selecionando uma margem mais alta quando as margens de lucro estão crescendo.

Deve-se resistir a essa tentação. Graham e Dodd compreenderam os perigos da previsão. As previsões, especialmente extrapolações de tendências reflexivas, não devem contaminar as estimativas de valores básicos. Existem duas maneiras de lidar com as tendências das margens seculares, segundo a tradição de Graham e Dodd. A primeira é simplesmente ignorá-las e usar a média aritmética. Essa é provavelmente a melhor maneira de proceder quando não há razão econômica ou estratégica observável que possa explicar a tendência na margem. Se, por outro lado, houver uma fonte óbvia para mudanças na margem, como desenvolvimentos tecnológicos adversos contínuos que intensificam a concorrência e prejudicam as margens do setor ou melhoram a alavancagem operacional conforme as receitas crescem, então usar as margens mais recentes, ajustadas conforme necessário para levar em conta outras condições cíclicas, é apropriado. Qualquer futura melhoria ou deterioração das margens deve ser tratada como parte do valor do crescimento.

Uma segunda questão é qual valor de margem usar. As margens brutas, as margens operacionais, as margens antes dos impostos e as margens de lucro líquido são, todas, candidatas em potencial.[1] O argumento para usar a margem bruta – a receita menos os custos diretos do produto – é que ela é a mais difícil de manipular. As despesas gerais que representam a diferença entre as margens brutas e

---

[1] Como qualquer pessoa familiarizada com a contabilidade básica sabe, e portanto praticamente todo leitor deste livro sabe, as margens são porcentagens, o numerador sendo um valor como o lucro bruto (receita menos o custo direto de produção) e o denominador sendo receita. As margens operacionais são a razão entre receitas (custos diretos de produção mais despesas administrativas e outras despesas operacionais) e a receita. Para manter o curso da narrativa, tomaremos a hipótese de que o leitor entende que estamos nos referindo a essas margens como porcentagens, mesmo quando não descrevermos o cálculo completo.

operacionais, incluindo pesquisa e desenvolvimento, *marketing* e despesas gerais e indiretas, podem ser aumentadas ou reduzidas pela gestão para fazer as margens operacionais atuais parecerem melhores do que realmente deveriam ser. Por exemplo, cortando a pesquisa e o desenvolvimento, a gestão pode aumentar os lucros operacionais atuais com impacto relativamente pequeno nas vendas atuais. No entanto, pode haver um custo substancial em oportunidades futuras perdidas. Ainda assim, mesmo a margem bruta não é uma figura imaculada. Os contadores têm liberdade considerável para alocar despesas entre custos diretos de produção e despesas gerais. Além disso, eles geralmente podem fazer isso no papel, em vez de distorcer as operações da empresa, de modo que os custos econômicos de mexer com as margens brutas sejam geralmente menores e, portanto, uma tentação maior do que o custo de manipular as margens operacionais. Além disso, os custos indiretos são custos reais. Ignorá-los sempre levará a uma estimativa equivocada dos lucros para distribuição. Nossa preferência aqui é focar os lucros operacionais, mas ajustá-los para mudanças inexplicáveis em P&D, *marketing* e outras despesas gerais que provavelmente se devam à manipulação dos lucros da gestão. Existem duas diferenças significativas entre o lucro operacional, geralmente referido como EBIT (lucro antes de juros e impostos) e o lucro antes de impostos, ou EBT. A primeira e geralmente mais importante são os juros líquidos, que são a diferença entre os juros auferidos sobre o caixa e outros ativos financeiros e os juros pagos na dívida de uma empresa. O valor dos juros líquidos geralmente está relacionado ao grau em que a empresa depende do financiamento da dívida. Existem duas maneiras de contabilizar a extensão dessa alavancagem. A primeira é a partir da demonstração de resultados. Podemos simplesmente basear nossa estimativa de poder dos lucros em ganhos pós-juros, antes dos impostos. Essa abordagem pressupõe que o ônus da alavancagem seja constante por um futuro indefinido. Contudo, os níveis de endividamento – especialmente o aumento dos níveis de endividamento – são uma questão de política financeira que pode ser alterada com relativa rapidez, a critério da gestão. E as taxas de juros vão flutuar. Quando as taxas de juros forem anormalmente baixas, os lucros atuais antes dos impostos estarão em níveis que não são sustentáveis quando as taxas de juros subirem. O mesmo problema, mas em sentido inverso, aplica-se quando as taxas de juros são excepcionalmente altas. É provável que elas caiam e que as margens antes dos impostos aumentem. A atividade subjacente de uma empresa, por outro lado, é geralmente mais estável e muda lentamente com o tempo. Se não tiver essas características, será difícil avaliar a empresa. A receita operacional, portanto, é um ponto de partida melhor para começar a pensar sobre o poder dos lucros sustentáveis do que a receita antes dos impostos, mesmo quando os juros são uma despesa significativa (Tabela 5.1).

Tabela 5.1 Margens de lucro alternativas

	2019	Margens
	(Em milhares)	
Receitas	US$ 1.000.000	
Custo de receita (custo direto de produção)	US$ 600.000	
Lucro bruto	US$ 400.000	
Margem de lucro bruto		40,0%
Marketing	US$ 100.000	
P&D	US$ 60.000	
Geral e administrativo	US$ 70.000	
Outras despesas S, G e A	US$ 230.000	
Lucro operacional (lucro antes de juros e impostos, EBIT)	US$ 170.000	
Margem EBIT		17,0%
Despesa líquida de juros	US$ 75.000	7,5%
Lucro antes de impostos	US$ 95.000	
Margem EBT		9,5%
Impostos	US$ 20.900	
Resultado líquido	US$ 74.100	
Margem de lucro líquido		7,4%

Uma segunda maneira de lidar com a alavancagem é examinar o nível da dívida líquida em vez dos pagamentos de juros correntes. Podemos calcular um *valor dos lucros da empresa* para o negócio operacional de uma empresa ignorando os pagamentos de juros líquidos e, em seguida, ajustando esse valor para obter um valor patrimonial subtraindo o valor estimado da dívida líquida. Como uma primeira estimativa, podemos usar os valores contábeis mais recentes da dívida menos o caixa e os ativos financeiros negociáveis. Se necessário, esses números podem ser ajustados para aproximar o valor de mercado, observando os preços de mercado atuais dos títulos de dívida da empresa, tanto próprios quanto devidos. Preferimos a abordagem de dívida líquida porque os níveis de dívida, caixa e ativos financeiros negociáveis do balanço patrimonial são mensuráveis com considerável precisão, seja com base em valores contábeis ou preços de mercado. Do lado da equação de caixa e ativos financeiros, as contas de uma empresa geralmente já devem ter marcado os valores contábeis de caixa e investimentos de acordo com as melhores estimativas do valor de mercado.

EPV é o valor do negócio operacional de uma empresa. Parte desse valor vai para os detentores da dívida, deixando menos para os proprietários das ações. Para calcular o EPV dos acionistas, devemos subtrair esse valor, que em tese deveria ser o valor da dívida em aberto. Ao mesmo tempo, a parte do caixa e dos investimentos financeiros que não são necessários para sustentar as operações básicas de uma empresa representam valor para os proprietários de ações acima do valor do poder dos lucros básico da empresa. Convencionalmente, todo o caixa e as aplicações financeiras são considerados alheios às operações; na prática, uma empresa precisa de alguns desses ativos, talvez 0,25 a 0,5% das receitas, para seu bom funcionamento. Esses valores devem ser subtraídos do caixa geral e investimentos antes de adicioná-los ao EPV da empresa.[2] Assim, não há necessidade de adicionar os erros inerentes à projeção das taxas de juros futuras ao poder dos lucros calculado.[3]

Uma segunda grande diferença entre o lucro operacional e o lucro antes dos impostos é o lucro de subsidiárias não consolidadas, *joint ventures* e participações minoritárias nas operações consolidadas. Como no caso da dívida, esses itens aparecem no balanço patrimonial e na demonstração de resultados da empresa. Se forem periféricos ao negócio principal de uma empresa, como acontece com frequência, há um argumento forte para tratar esses fatores como ajustes à receita operacional. Esses ativos e passivos raramente são negociados nos mercados públicos. Os valores do mercado privado são frequentemente difíceis de obter, a menos que os detalhes completos das operações relevantes estejam incluídos nas notas de rodapé das demonstrações financeiras de uma empresa. Os valores contábeis são baseados em investimentos patrimoniais originais, ajustados para lucros e prejuízos históricos que podem ter pouca relação com os valores econômicos atuais. Por exemplo, um empreendimento não consolidado pode estar perto do final do período de prejuízos incorridos na criação do negócio, mas pode ter uma lucratividade atual significativa. O valor real será refletido com mais preci-

---

[2] Tratamento semelhante deve ser aplicado a outros ativos não essenciais, como excesso de imóveis, cujos retornos não estão incluídos nos lucros operacionais. Existem também passivos legados que são equivalentes a dívidas, mas não são contabilizados como dívidas (p. ex., passivos de pensões não financiados); estes devem ser incluídos como parte da dívida. Posteriormente neste capítulo, discutiremos em detalhes as diferenças entre as abordagens de avaliação patrimonial e empresarial.

[3] Graham e Dodd geralmente evitavam investir em empresas com altos níveis de endividamento por motivos de gestão de risco, que discutiremos posteriormente neste livro. Portanto, as diferenças entre os lucros operacionais e antes dos impostos para as empresas nas quais eles estavam interessados eram geralmente pequenas.

são na lucratividade atual. Se houver uma discrepância significativa entre o valor das operações não consolidadas com base no poder dos lucros atuais e os valores registrados no balanço patrimonial, então a receita operacional deve incluir esses itens antes de calcular a receita para distribuição média sustentável. Se não houver essa discrepância óbvia, os ajustes de balanço patrimonial semelhantes aos usados na contabilização da dívida podem ser usados. Em ambos os casos, o ponto de partida básico para estimar o poder dos lucros serão as margens operacionais e os lucros operacionais.

Os impostos são reduções reais e inevitáveis do poder dos lucros, e os lucros operacionais devem ser ajustados para levá-los em consideração. Novamente, os lucros operacionais são o melhor ponto pelo qual se deve começar. A receita operacional média sustentável, devidamente calculada, reflete a economia subjacente dos negócios de uma empresa. Para empresas que podem ser avaliadas de forma confiável, esse número deve ser razoavelmente estável, mesmo levando em consideração as flutuações cíclicas médias. Os impostos dependem das políticas fiscais do governo que estão sujeitas a alterações periódicas. As margens operacionais médias, incluindo pelo menos um ou idealmente dois ciclos de negócios, podem ser calculadas ao longo de um período de sete a quinze anos. As atuais taxas médias de impostos provavelmente permanecerão estáveis por não mais do que cinco anos. Há uma incompatibilidade óbvia entre os dois períodos. O objetivo de todo esse exercício é calcular a média distribuível, ou seja, os lucros após os impostos, conforme a situação da empresa hoje. Se houve uma grande mudança recente na legislação tributária, então as alíquotas médias de impostos desde essa mudança serão as relevantes.

É comum fazer uma distinção entre impostos no exercício efetivamente pagos e passivos fiscais calculados para fins de contabilidade de receita. Para cálculos de VPL, o impacto do fluxo de caixa anual dos impostos realmente pagos é a medida adequada da carga tributária. No entanto, os cálculos de poder dos lucros são projetados para registrar os níveis médios de impostos, pressupondo nenhum crescimento. Uma vez que as discrepâncias de longo prazo entre os impostos no exercício e os impostos provisionados dependem em grande parte dos créditos fiscais crescentes, a suposição de não crescimento defende o uso de impostos provisionados. No longo prazo, esses impostos acumulados devem ser pagos. Eles são, portanto, o ajuste adequado ao poder dos lucros.

Agora podemos delinear as etapas de um cálculo básico de poder dos lucros antes da contabilidade e de outros ajustes.

1. Calcule uma margem operacional média durante um período apropriado.

2. Multiplique essa margem pelas vendas atuais ou por uma estimativa da média das vendas atuais sustentáveis. O produto é uma estimativa de lucro operacional (EBIT).
3. Ajuste esta estimativa para o impacto dos lucros das operações não consolidadas.
4. Calcule o lucro operacional após os impostos multiplicando o valor antes dos impostos por um menos uma alíquota de imposto média apropriada. (EBIT ajustado × [1 – alíquota de imposto média].)
5. O resultado é uma estimativa do lucro operacional líquido sustentável e distribuível após os impostos (NOPAT, do inglês *net operating profit after taxes*).

Ajuste para custos não monetários: depreciação e amortização

A depreciação é a área mais significativa em que pode haver grandes diferenças entre as medições contábeis dos custos não correntes – o desgaste gradual do equipamento de capital – e a realidade econômica. A depreciação contábil é calculada dividindo os custos históricos de aquisição de investimentos de capital ao longo de uma vida útil estimada de cada um dos vários tipos de investimentos envolvidos. Na estimativa do poder dos lucros, a depreciação real é o custo de restaurar a condição do capital fixo da empresa no final do ano ao seu estado no início do ano. É a despesa de capital necessária para repor a capacidade perdida do estoque de capital da empresa ao longo do ano, as despesas de capital de reposição. Uma vez que a substituição ocorre no presente, a medida apropriada é o custo atual do equipamento de capital, fábricas e estruturas, em vez de alguma parte arbitrária do custo histórico.

Existem duas diferenças óbvias entre esses números de depreciação contábil e os requisitos de despesas de capital de reposição. Primeiramente, se houver tendências nos preços dos bens de capital, os custos atuais serão substancialmente diferentes dos custos históricos. As tendências de aumento de custos, impulsionadas pela inflação, na construção de ferrovias, por exemplo, farão com que os preços de reposição excedam os históricos, e a depreciação contábil subestimará a verdadeira depreciação. Reduções de custos impulsionadas pela tecnologia, como em equipamentos de tecnologia da informação, especialmente quando o desempenho aprimorado de maquinário é levado em consideração, levarão a custos de reposição abaixo dos custos históricos, e a depreciação contábil vai exagerá-los. Em ambos os casos, estimativas diretas de despesas de capital de reposição devem ser usadas no lugar da depreciação contábil.

Um método útil para estimar as despesas de capital de reposição é começar com a despesa de capital geral e, em seguida, subtrair uma estimativa do gasto de capital destinado a apoiar o crescimento. A estimativa das despesas de capital de crescimento pode ser feita de pelo menos duas maneiras.

Uma forma de segregar os dois é buscar os períodos de pouco ou nenhum crescimento na história da empresa ou de concorrentes comparáveis. Durante esse tempo, as despesas de capital totais, relatadas na demonstração do fluxo de caixa, devem consistir quase inteiramente em custos de capital de reposição, uma vez que os custos de capital relacionados ao crescimento devem ser insignificantes. Qualquer discrepância entre o total de despesas de capital e a depreciação contábil deve capturar o ajuste necessário que precisa ser feito aos rendimentos reais. Uma segunda abordagem é estimar os custos de capital de crescimento multiplicando o crescimento nas vendas por uma estimativa da intensidade de capital da empresa, que é a razão entre o capital fixo e as vendas calculada ao longo de um período histórico recente apropriado. Por exemplo, se cada dólar de vendas parece exigir US$ 0,30 de investimento de capital, então um ano em que as vendas têm crescimento de US$ 80 milhões deve exigir cerca de US$ 24 milhões em capital relacionado a despesas de crescimento. Estas despesas de capital de crescimento podem então ser subtraídas das despesas de capital totais para obter uma estimativa do que está sendo gasto exclusivamente para restaurar os ativos fixos aos seus níveis no início do ano. Essa estimativa pode ser usada no lugar da depreciação contábil como uma figura mais precisa dos custos de capital de reposição reais.

Algumas empresas, como as ferrovias, reportarão suas próprias estimativas de substituição diretamente. Outros informarão os detalhes de suas despesas de capital que poderão, então, ser divididos em valores de crescimento e reposição. O conhecimento detalhado do setor pode permitir que um analista faça esses ajustes com razoável precisão, mesmo que sejam conhecidos apenas os números agregados de investimento e crescimento das instalações. Aqueles que fazem um esforço diligente para melhorar a depreciação contábil relatada no cálculo do poder dos lucros terão uma vantagem sobre aqueles que simplesmente confiam nas demonstrações financeiras oficiais.

Um atalho sempre deve ser evitado. Os analistas costumam usar os lucros antes de juros, impostos, depreciação e amortização (EBITDA) em sua medida do poder dos lucros básico da empresa. A hipótese não declarada é que os custos de reposição para o capital tangível (depreciação) e intangível (amortização) são zero. Isso dificilmente acontece. Prédios e outras estruturas geralmente terão vidas contábeis muito mais curtas do que suas vidas econômicas reais. Seus valores de substituição podem realmente aumentar em vez de diminuir com o tempo. Certamente devem ser feitos ajustes na depreciação contábil desses ativos. No entanto, mesmo os edifícios eventualmente se desgastam e, como os equipamentos, devem ser substituídos. Presumir uma depreciação zero é inadequado, mesmo nesses casos. O mesmo se aplica à amortização. Uma carteira de produtos, base de clientes ou força de trabalho treinada irão se deteriorar com o tempo e precisarão ser reabastecidas. No caso de intangíveis, entretanto, as despesas de reposição necessárias podem de fato ser incluídas nos custos operacionais globais. Nessas circunstâncias, incluir a amortização como um custo envolverá uma contagem dupla, e será apropriado adicionar a amortização de volta ao EBIT. Em geral, entretanto, sempre existe o perigo de que depender do EBITDA superestime os lucros e leve à supervalorização e, portanto, ao pagamento excessivo por papéis da empresa.[4] Um poder dos lucros cuidadosamente calculado com ajustes adequados a depreciação, investimentos lançados como despesas e outras distorções contábeis será uma medida muito superior de lucros para distribuição sustentáveis.

EPV e estimativa do custo de capital

A etapa final no cálculo do valor do poder dos lucros de uma empresa é dividir seu poder dos lucros estimado por outra estimativa – o seu custo de capital. Esse processo converte o fluxo de poder dos lucros em um nível de valor. Em última análise, queremos saber quanto vale uma empresa, com base em uma estimativa de lucros futuros identificáveis de forma confiável, para comparação com o preço de mercado que devemos pagar. Valor é o que um investidor inteligente e bem informado está disposto a pagar pela empresa naquele nível de lucros sustentáveis. Suponha que a empresa gere US$ 25 milhões como um nível futuro médio constante de lucros para distribuição após os impostos. O valor que um investidor estaria disposto a pagar depende do retorno que ele exige para comprometer fundos voluntariamente na aquisição da empresa. Se esse valor for de 10%, o investidor

---

[4] Uma alternativa ao uso do EBITDA é começar com os fluxos de caixa operacionais líquidos da demonstração do fluxo de caixa e subtrair o investimento bruto, também da demonstração do fluxo de caixa. O valor resultante é muitas vezes referido como fluxo de caixa livre, supostamente uma medida direta dos lucros distribuíveis. Existem duas deficiências nesta abordagem. Em primeiro lugar, alguns custos reais, incluindo opções, impostos diferidos e passivos de aposentadoria acumulados, não são contabilizados como custos nos fluxos de caixa operacionais líquidos, porque não estão associados a desembolsos de caixa correntes. Em segundo lugar, para empresas em crescimento, muitas despesas de capital de giro e fixo incluídas neste cálculo se aplicam a investimentos futuros, não ao custo atual. Devem então ser incluídas nos lucros futuros para distribuição.

pagará US$ 250 milhões; US$ 25 milhões representam um retorno anual de 10% sobre um investimento de US$ 250 milhões. Se o investidor exigir 12,5%, ele pagará apenas US$ 200 milhões, já que US$ 25 milhões representam um retorno de 12,5% sobre US$ 200 milhões. Com um retorno exigido de 8%, a empresa valerá US$ 312,5 milhões, já que os US$ 25 milhões são 8% de US$ 312,5 milhões. Em cada caso, ficamos cientes de que o investidor deseja pagar dividindo o poder dos lucros pelo retorno exigido do investidor. Assim, o valor baseado no lucro da empresa é

EPV = Poder dos lucros/Retorno exigido

Esse retorno exigido é apenas a definição do custo de capital de uma empresa, os retornos que ela deve pagar para atrair investimentos voluntariamente. Quanto menor a taxa de retorno exigida, maior o valor da empresa.

Estimar o custo de capital, portanto, significa entender como os investidores determinam seus retornos exigidos e como esses retornos exigidos individuais se traduzem em um retorno exigido apropriado para a empresa. Se estivéssemos perguntando sobre o custo médio do trabalho por hora, não haveria mistério sobre como proceder. Identificaríamos os diferentes tipos de mão de obra a serem contratados, desde profissionais altamente qualificados até trabalhadores não qualificados. Estimaríamos a fração da força de trabalho em cada categoria e o nível de salários necessário para atrair funcionários suficientes em cada grupo. Em mercados de trabalho competitivos, veríamos o que outras empresas estão oferecendo para postos semelhantes. Os salários médios seriam calculados multiplicando-se os salários exigidos para cada classe de trabalhadores pela fração desses trabalhadores em nossa força de trabalho e somando para obter o total.

Usamos um procedimento equivalente para estimar o custo médio ponderado de capital. As empresas empregam basicamente dois tipos de capital: dívida e patrimônio líquido. A primeira etapa é decidir sobre a combinação apropriada de dívida e patrimônio líquido usada no financiamento das operações de uma empresa. Analisar a estrutura financeira histórica será a melhor maneira de começar, da mesma forma que olharíamos para a combinação histórica de tipos de mão de obra empregados para estimar nosso mix de contratação. No entanto, há uma diferença importante quando consideramos o custo de capital. O financiamento por dívida impõe requisitos fixos de pagamento a uma empresa que o financiamento por capital próprio não impõe. Considere uma empresa que depende muito de dívidas. Como regra, os custos de juros após os impostos por dólar de financiamento são menores do que os custos de capital, mesmo porque os pagamentos de juros são dedutíveis do imposto para as empresas. Uma empresa altamente alavancada, com uma alta fração de financiamento por dívida, terá um custo médio de capital calculado baixo. No entanto, essa dívida impõe um custo oculto. Em tempos de crise econômica, dívidas altas, por causa de suas obrigações de pagamento, podem prejudicar significativamente a eficiência das operações de uma empresa; na pior das hipóteses, forçarão a empresa à falência. Esses custos de emergência são difíceis de quantificar, mas ainda precisam ser levados em consideração no cálculo do custo de capital. Não fazem parte do custo de capital próprio, porque o financiamento de capital não interfere nas operações da empresa. Usar um custo médio ponderado de dívida e patrimônio líquido observado pode subestimar grosseiramente o verdadeiro custo de capital para uma empresa com alavancagem excessiva.

Uma maneira de lidar com esse problema é usar uma média ponderada com base nos níveis históricos de dívida e patrimônio líquido, mas definir o peso da dívida em um nível conservador, abaixo do qual é improvável que prejudique significativamente as operações de uma empresa. Por exemplo, suponha que o nível de dívida recente de uma empresa tenha sido de 70% do financiamento geral, mas o limite superior de um nível "seguro" de dívida seja cerca de 30%. Acima desse nível, existe uma probabilidade significativa de deterioração operacional de ativos. Nesse caso, usaríamos 30%, não 70%, como o peso da dívida no cálculo do custo de capital. Graham e Dodd resolveram esse problema não investindo em empresas com alta alavancagem, mas queremos agregar um nível de precisão e abrir oportunidades.

A forma de estimar o custo da dívida é análoga à estimativa do custo da mão de obra: observe os rendimentos disponíveis nas dívidas negociadas publicamente com características de risco comparáveis às dívidas de nossa empresa. Se essa dívida for negociada com rendimentos de 5%, nossa empresa terá de pagar 5% para atrair o financiamento da dívida. Esse é o custo da dívida antes dos impostos. Se os juros sobre a dívida forem subtraídos dos lucros antes de pagar o imposto de renda corporativo, o custo líquido após o imposto da dívida será reduzido pelo imposto economizado. Se as taxas de imposto sobre as sociedades forem em média 30%, isso torna o custo da empresa após impostos não 5%, mas 3,5%, graças a uma economia de imposto sobre as sociedades de 1,5% (30 de 5%) no financiamento da dívida.[5] É nesse ajuste do custo de capital que contabilizamos qualquer economia tributária associada ao financiamento da dívida. É por isso que aplicamos a taxa de imposto corporativo a todos os lucros operacionais no cálculo do NOPAT.

---

[5] No momento em que escrevemos (2020), a atual taxa de imposto sobre as sociedades é de 21%. Estamos interessados em taxas de longo prazo e estamos usando a taxa de 30% aqui porque achamos que ela pode mudar novamente, e 30% é uma taxa média provável.

O custo de capital próprio é mais difícil de estimar do que o custo da dívida. Os instrumentos de dívida fornecem retornos bem definidos cujos rendimentos, na ausência de inadimplência, são fáceis de calcular. As ações geram tanto dividendos, que podem variar devido às condições do negócio e ficam a critério da administração, quanto ganhos de capital, que dependem não apenas do desempenho da empresa, mas das circunstâncias gerais do mercado financeiro. Para investimentos de capital, não podemos simplesmente identificar ações de risco comparável e olhar para o rendimento declarado de um investimento nessas ações. Apesar desses obstáculos, é possível fazer estimativas sensatas do custo de capital próprio.

Começamos reconhecendo que, como a dívida recebe um cronograma de pagamento contratual e tem uma reivindicação anterior sobre os ativos e lucros da empresa, os investimentos em dívida são inerentemente menos arriscados do que os investimentos em ações. Portanto, se títulos com grau de investimento (com classificação mínima BAA) com baixa probabilidade de inadimplência retornam 5%, um limite inferior razoável para o custo de atrair financiamento de capital de alto risco será de 6%. No outro extremo do espectro de risco, o capital de risco é amplamente considerado como a forma mais arriscada de investimento de capital. Envolve a compra de ações de empresas promissoras sem posições econômicas estabelecidas ou históricos operacionais documentados. Uma grande parte desses investimentos fracassa. As empresas de capital de risco que fazem esses investimentos fornecem regularmente dois tipos de informações sobre os retornos que devem oferecer para atrair capital. Relatam os níveis de retorno sobre seus fundos anteriores e respondem a pesquisas do setor perguntando diretamente sobre o nível de retorno esperado necessário para comercializar seus fundos de risco mais recentes. Não surpreendentemente, esses números tendem a se agrupar. Historicamente, esses custos de capital de risco têm chegado a 18 a 20%. Mais recentemente, têm estado na faixa de 13 a 14%, já que os retornos gerais dos investimentos caíram com as taxas de juros. Os retornos de capital exigidos para empresas estabelecidas sem níveis perigosos de alavancagem devem ser inferiores a este nível de capital de risco, em torno de 13% ou menos. Assim, o custo do capital próprio em 2020 provavelmente cairá em uma faixa entre cerca de 6 e 13%.

Se formos capazes de fazer julgamentos qualitativos dos riscos associados a investimentos em empresas diferentes, podemos tornar nossa estimativa mais precisa. Podemos dividir as ações da empresa em baixo risco (p. ex., serviços públicos e empresas de consumo estável não duráveis, como a Coca-Cola), risco moderado (p. ex., negócios de serviços não financeiros gerais, como United Parcel) e alto risco (p. ex., cíclico empresas industriais e de *commodities*, como Freeport-MacMoRan). As ações de baixo risco normalmente têm custo de capital de 6 a 8% ou cerca de

7%; as ações de risco moderado precisam oferecer 8 a 10%, ou cerca de 9%; e as empresas de alto risco enfrentariam um custo de capital próprio de 11 a 13%, uma média de cerca de 12%.[6] Ao decidir em qual categoria de risco uma determinada empresa deve ser atribuída, podemos estreitar o intervalo geral de 6 a 13% para estabelecer seu custo de capital próprio.

Por exemplo, temos uma empresa na categoria de risco moderado que é financiada com 20% de dívida e 80% de capital. A dívida tem um custo antes dos impostos de 4,5%, que se traduz em 3% depois dos impostos. O patrimônio líquido tem um custo de 9%. Somando os dois, temos um custo de capital calculado de 7,8% (Tabela 5.2). Na prática, esse nível de precisão na estimativa do custo geral de capital não é realista. Devemos usar 8% para calcular nosso valor do poder dos lucros. A menos que tenhamos avaliado mal o risco percebido da empresa e, portanto, seu custo de atrair capital, não é provável que nossa estimativa esteja desviada em mais do que cerca de 1% em qualquer direção, perto o suficiente para o trabalho financeiro.

Uma abordagem alternativa para estimar o custo do financiamento de capital próprio é fornecida pela Teoria Moderna do Portfólio (MPT, do inglês *modern portfolio theory*). Um dos princípios dessa teoria é que a medida de risco relevante para qualquer título é a variabilidade incremental que ele adiciona a uma carteira totalmente diversificada, que é definida como todo o mercado relevante. Quanto mais variabilidade a ação adiciona à carteira, o que é chamado de *beta* (β) na MPT, mais arriscado é o investimento, pelo menos como "risco" aqui definido. O próprio mercado tem, por definição, um *beta* de 1: uma mudança de 1% no mercado equivale a uma mudança de 1% no mercado. Se uma ação sobe ou desce apenas 0,5% para cada movimento de 1% na carteira geral, adicionar mais dessas

Tabela 5.2 Custo médio ponderado de capital

Fonte de capital	Porcentagem do capital total	Custo (após impostos)	Custo ponderado
Dívida	20,0%	3,0%	0,6%
Capital próprio	80,0%	9,0%	7,2%
Custo médio ponderado total			7,8%

---

[6] O custo do capital próprio de empresas altamente alavancadas frequentemente ficará fora dessa faixa, mas os investidores individuais ainda podem se perguntar (e a outros) quais seriam os níveis de retorno esperados e o patrimônio líquido para que eles se sentissem confortáveis em manter esses investimentos.

ações irá diminuir a variabilidade geral da carteira. Esse é o sentido em que uma ação como essa, que tem um *beta* de 0,5, representa um investimento de baixo risco. Em contraste, se uma segunda ação subir ou cair 1,5% para cada movimento de 1% na carteira de mercado, adicionar essa ação à carteira de mercado aumentará a variabilidade geral do mercado. Essa segunda ação, que tem um *beta* de 1,5, é um investimento de alto risco. Quanto mais alto o *beta*, mais arriscada será a ação.

Segundo a MPT, investidores devem exigir maiores taxas de retorno das ações com maiores *betas*, que conforme essa definição, são mais arriscadas. O valor desse retorno exigido pode ser calculado analisando a diferença histórica média entre o retorno da carteira de mercado, com seu *beta* de 1, e o retorno sobre um ativo livre de risco, geralmente assumido como a dívida de curto prazo de títulos públicos estáveis, como Letras do Tesouro dos EUA de três meses. Estimativas desse retorno extra – o prêmio de risco de mercado – por 1 unidade de risco *beta* variam de 3 a 7%, dependendo do período de estimativa utilizado. Outra estimativa do custo total de capital para o patrimônio líquido de uma empresa com um *beta* arbitrário é a taxa livre de risco mais o prêmio de risco por unidade de *beta* multiplicado pelo *beta* estimado do patrimônio da empresa:

Custo do capital próprio = Taxa livre de risco + *beta* × (prêmio de risco de mercado.)

Betas são estimados a partir da inclinação dos gráficos históricos dos retornos das ações da empresa em questão em relação aos retornos contemporâneos do mercado em uma frequência diária, semanal ou mensal. O *beta* de uma ação média é 1. Erros na estimativa de *betas* estão na ordem de mais ou menos 1/2. Assim, a estimativa baseada em *beta* do custo de capital para uma ação de risco moderado em um momento em que o retorno livre de risco é de cerca de 1% varia de 2,5% (1% mais um prêmio de risco de 3% vezes um *beta* de 0,5) a 11,5% (1% mais um prêmio de risco de 7% vezes um *beta* de 1,5). Na prática, apesar de toda a elegância da teoria, essa faixa de valores estimados é muito ampla para ser útil. O processo qualitativo simples descrito anteriormente geralmente terá um desempenho muito melhor.

Valor do poder dos lucros, valor patrimonial e valor da empresa

Uma vez que tenhamos estimado um poder dos lucros, incluindo correções apropriadas para depreciação contábil e outros ajustes, e um custo de capital, podemos calcular o valor do poder dos lucros (EPV). Esta é uma avaliação baseada em lucros das operações básicas de uma empresa, conforme descrito em suas demonstrações financeiras. No entanto, há um conjunto final de ajustes que devem ser feitos antes que o EPV possa ser adequadamente comparado ao valor do ativo de uma empresa e seu preço de mercado. Alguns desses ajustes estão relacionados aos lucros. Como observamos, pode haver operações periféricas não consolidadas que não estão incluídas na receita operacional. Outros ajustes são encontrados no balanço patrimonial. Existem ativos valiosos não operacionais que podem ser alienados sem prejudicar as operações, como excesso de caixa, ativos financeiros e propriedades imobiliárias não essenciais. Do lado do passivo, existem obrigações em que uma empresa incorreu que podem existir independentemente da sua atividade operacional e que não envolvem pagamentos de juros explícitos. Esses passivos legados incluem obrigações de aposentadoria não financiadas, benefícios médicos para aposentados não financiados, pendências de custos de litígios, responsabilidades de remediação ambiental e lançamentos de balanço semelhantes.

Existem algumas distinções-chave que precisamos ter em mente à medida que prosseguimos; entre o valor do poder dos lucros e o valor dos ativos; entre a empresa como um todo e seu patrimônio líquido; entre o valor intrínseco e o preço de mercado. Esta última distinção está no cerne do investimento em valor, mas precisa de mais atenção aqui porque o termo "valor da empresa" pode ser usado para se referir tanto a um valor intrínseco quanto a um preço de mercado.

Começaremos com a distinção entre uma abordagem de capital e uma abordagem de valor empresarial. A Tabela 5.3 resume os principais pontos de diferença, que discutiremos com mais detalhes a seguir.

O valor do poder dos lucros – o poder dos lucros dividido pelo custo de capital de uma empresa – representa o valor das operações centrais contínuas da empresa. Ele difere do valor do patrimônio da empresa de duas maneiras importantes. Primeiramente, a empresa geralmente possui ativos que têm valor significativo, mas não são necessários para sustentar as operações em andamento. O valor desses ativos externos deve ser adicionado ao valor principal da empresa para se chegar ao valor patrimonial de uma empresa. Assim como os lucros da empresa, esses ativos pertencem aos acionistas da empresa. Em segundo lugar, há solicitações das operações e ativos da empresa que devem ser pagas antes que os acionistas recebam o que lhes é devido. A dívida pendente é a mais óbvia dessas obrigações, mas há outros passivos semelhantes a dívidas que não são intrínsecos às operações da empresa, que também devem ser satisfeitos. Isso inclui as obrigações de pensão e outros passivos legados, como encargos ambientais e outros acordos legais. O total dessas solicitações, que chamaremos simplesmente de dívida, deve ser subtraído da soma

Tabela 5.3 Distinções entre valor patrimonial e valor da empresa

	Valor patrimonial	Empresa
O que você compra e paga	Todo o patrimônio líquido a preço de mercado	Todas as ações a preço de mercado mais todas as dívidas a valor contábil ou a preço de mercado; pagar passivos não financiados
O que você vende	Nada	Ativos não essenciais para o negócio, incluindo excesso de caixa, propriedade e operações de negócios não essenciais. Essa venda reduz o custo de compra do negócio.
O que você possui	Tudo	Tudo menos o que você vendeu. *Você fica com o negócio principal da empresa.*
O que você deve	Dívida e obrigações semelhantes a dívidas (não incluindo passivos espontâneos)	Nada (não incluindo responsabilidades espontâneas)
O que você ganha	Receita líquida após o pagamento de juros e impostos, incluindo receita de negócios não essenciais	Lucro operacional líquido do negócio principal após impostos

do valor do poder dos lucros básico mais os ativos externos para chegar ao valor da participação do acionista na empresa. Responsabilidades espontâneas como contas a pagar e impostos acumulados surgem no curso normal das operações comerciais e não precisam ser reembolsadas (em média), desde que a empresa mantenha seu nível atual de operações. Elas geralmente não exigem pagamentos de juros explícitos. Esses passivos espontâneos não devem, portanto, ser subtraídos do valor da empresa para se chegar a um valor patrimonial.

Para recapitular, o valor do poder dos lucros principal (poder dos lucros/custo de capital) é um valor da empresa. O valor do patrimônio líquido de uma empresa é esse valor da empresa mais o valor dos ativos externos menos as obrigações de dívida amplamente definidas (mas não incluindo passivos espontâneos). Em contraste, os valores dos ativos líquidos, que são calculados por meio de ajustes no valor contábil do patrimônio líquido de uma empresa, são valores patrimoniais desde o início. Ativos externos foram incluídos e a estimativa feita pelo contador das obrigações de dívida foi subtraída para chegar ao patrimônio líquido.

Uma vez que estamos examinando principalmente investimentos de capital neste livro, é natural pensar em uma margem de segurança como a diferença entre o valor estimado do patrimônio líquido de uma empresa (triangulação entre poder de lucro e valores de ativos) e a capitalização de mercado da empresa, que é o custo de compra das ações em circulação da empresa ao preço de mercado atual.

No entanto, poderíamos igualmente considerar uma margem de segurança ao comprar o empreendimento em andamento da empresa. O valor dessa empresa é medido por seu valor de poder dos lucros (lucro sustentável dividido pelo custo de capital), por um lado, e o valor patrimonial líquido associado ao negócio principal da empresa, por outro. Nesse caso, devemos fazer ajustes ao valor do patrimônio líquido calculado tradicionalmente. Primeiro, devemos subtrair o valor dos ativos irrelevantes, uma vez que eles não suportam as operações principais. Em segundo lugar, devemos adicionar de volta o valor dos passivos da dívida, uma vez que estamos calculando o valor total do empreendimento da empresa, não apenas a parte desse valor que cabe aos acionistas. Tal como acontece com a avaliação do patrimônio, os passivos espontâneos não devem ser adicionados de volta, uma vez que são intrínsecos à empresa e não exigem o pagamento dos lucros por parte dela. Com esses ajustes, podemos triangular entre o valor do poder dos lucros e o valor dos ativos do negócio principal da empresa para chegar a um valor empresarial intrínseco.

A margem de segurança na compra desta empresa central é a diferença entre seu valor intrínseco e o que teríamos de pagar para adquiri-la no mercado financeiro, incluindo a dívida e deduzindo o que poderíamos obter com a venda de ativos estranhos ao negócio operacional principal. O resultado da subtração do valor dos ativos irrelevantes da capitalização de mercado de uma empresa e, em seguida, da adição do valor da dívida em aberto é geralmente referido como o valor de mercado da firma. Este valor pode ser subtraído de nosso valor intrínseco estimado da empresa para chegar à margem de segurança que se aplica à compra das principais operações em andamento de uma empresa.

Podemos considerar os investimentos como ações ou compras de empresas, desde que tenhamos o cuidado de comparar os valores do patrimônio líquido com os valores de mercado das ações e os valores intrínsecos da empresa com os valores de mercado da empresa – capitalização de mercado menos ativos externos mais dívida. Embora a maneira mais simples de proceder seja examinar os investimentos de capital em termos de valores de patrimônio, há pelo menos duas vantagens em adotar uma abordagem de valor de empresa.

Quando tratamos da questão do crescimento, enfatizamos que as taxas de crescimento normalmente se aplicam aos principais negócios operacionais de uma empresa. Ativos não essenciais, passivos legados e dívidas são impulsionados por fatores muito diferentes para os quais o crescimento do negócio provavelmente terá um peso limitado. Ao avaliar a contribuição do crescimento para o valor, isso esclarece as questões consideravelmente para focar a empresa, e não os valores gerais.

Além disso, quando uma empresa é altamente alavancada, o fato de seu patrimônio líquido parecer ser uma pechincha pode ser perigosamente um grande engano. Suponha que estimemos o EPV básico de uma empresa em US$ 800 milhões. Suponha que ela tenha US$ 50 milhões em caixa e ativos financeiros e uma dívida de US$ 700 milhões, ou US$ 650 milhões em dívida líquida. O valor patrimonial total da empresa será de US$ 800 milhões menos US$ 650 milhões = US$ 150 milhões. Se o valor de mercado das ações ordinárias da empresa for de US$ 75 milhões, parece que encontramos uma barganha com uma grande margem de segurança. Podemos comprar a empresa por 50% de seu valor patrimonial. No entanto, se a precisão do nosso valor empresarial estimado (EPV e valor do ativo combinados) for mais ou menos 15%, o que na prática é um alto nível de precisão, então o valor empresarial pode facilmente ser apenas US$ 680 milhões (US$ 800 milhões – US$ 120 milhões). Nesse nível, o valor do patrimônio líquido será de apenas US$ 30 milhões (US$ 680 milhões menos a dívida líquida de US$ 650 milhões), bem abaixo do preço de mercado de US$ 75 milhões do patrimônio. Em termos empresariais, estamos pagando US$ 725 milhões (US$ 75 milhões pelas ações, US$ 700 milhões pela dívida, menos os US$ 50 milhões em caixa que arrecadamos) para operações de uma empresa com um valor de US$ 800 milhões, o que deixa uma margem de segurança de menos de 10%. Uma vez que os erros de cálculo do valor estão relacionados ao tamanho e à incerteza do valor da empresa, a margem de segurança da empresa geralmente é uma base mais apropriada para decisões de investimento do que a margem de segurança de ações.

Um último ponto deve ser enfatizado. As avaliações podem ser prontamente calculadas com base em uma empresa ou com base no patrimônio líquido. Os valores dos ativos são calculados naturalmente com base no patrimônio líquido, mas podem ser facilmente ajustados adicionando dívidas e passivos legados e subtraindo dinheiro, ativos financeiros e ativos não essenciais para obter um valor da empresa. Em contraste, os valores do poder dos lucros são calculados fundamentalmente em uma base empresarial, mas podem ser facilmente ajustados para obter avaliações patrimoniais deduzindo o pagamento de juros. Em qualquer caso, deve haver consistência. Os valores dos ativos patrimoniais devem ser comparados aos valores do poder dos lucros do patrimônio líquido e aos custos de aquisição do patrimônio líquido de uma empresa. Os valores de poder dos lucros da empresa devem ser comparados aos valores dos ativos da empresa e aos custos de aquisição da empresa.[7] Essa advertência é óbvia, mas mesmo os investidores experientes ficam confusos ou a ignoram completamente.

---

[7] Os valores de empresa para algumas companhias, principalmente financeiras, não podem ser calculados facilmente, uma vez que a definição de dívida não é clara. Os depósitos bancários, por exemplo, são dívidas, mas são uma parte orgânica do negócio de um banco, não periféricos a ele. Para esses tipos de empresas, os valores patrimoniais serão mais significativos, mas as técnicas de avaliação patrimonial empregadas geralmente serão personalizadas para esses setores. Investir nessas ações, ainda mais do que normalmente, é uma área mais indicada para especialistas.

Exemplo 2:
Magna International

O conselho clássico de Warren Buffett – tenha medo quando os outros estiverem gananciosos e seja ganancioso quando os outros estiverem com medo – podia ser aplicado com força especial em março de 2009. Após a falência do Lehman Brothers, em 15 de setembro de 2008, os mercados de ações globais entraram em colapso. Impulsionado por temores da segunda Grande Depressão, o índice S&P 500 caiu de 1400 em maio de 2008 para 683 em 6 de março de 2009. O fundo do poço não parecia estar à vista, embora o índice de 683 tenha sido o mais baixo. A história mostra que um ambiente assim impregnado pelo medo sempre apresenta oportunidades extraordinárias para obter retornos estratosféricos ao comprar empresas a preços muito baixos. Tirar o máximo proveito dessas oportunidades significa examinar as partes mais prejudicadas do mercado de ações em busca de empresas que provavelmente não entrarão em falência nem sofrerão graves prejuízos em suas operações.

No início de março de 2009, as instituições financeiras que sobreviveram, muitas vezes com a ajuda do governo, representavam a parte mais assustadora do mercado de ações. Sua segurança e seu potencial de sobrevivência eram muito difíceis de avaliar. A segunda parte mais assustadora do mercado era a indústria automobilística. Em janeiro, a Chrysler havia anunciado uma aliança com a Fiat italiana que poderia salvá-la, mas sem o apoio do governo o negócio não poderia ser feito, e sem o acordo a Chrysler teria sido forçada a declarar falência. Em 26 de fevereiro de 2009, a General Motors anunciou que havia perdido US$ 30,9 bilhões em 2008, suas reservas de caixa haviam caído para US$ 14 bilhões e, sem substancial ajuda do governo, também seria forçada a declarar falência. Não eram ameaças levianas. Em 30 de abril, a Chrysler pediu falência; em junho, a General Motors fez o mesmo.

Os fornecedores independentes de peças dos principais fabricantes de automóveis estavam em situação ainda pior. A Delphi, fornecedora líder de peças que foi desmembrada da GM em 1999, pedira falência em 2005. Em maio de 2008, havia tentado e falhado em elaborar um plano para sair do Capítulo 11 do Código de Falência dos Estados Unidos. A Visteon, desmembrada da Ford em 2000, foi retirada da Bolsa de Valores de Nova Iorque em março de 2009, pois o preço de suas ações havia caído de US$ 0,07 para US$ 0,02. A subsidiária da Visteon no Reino Unido posteriormente entrou com pedido de falência em 31 de março de 2009, e a própria Visteon fez o mesmo em 28 de maio. A Lear Corporation, grande produtora de interiores automotivos e sistemas elétricos desde 1917, tentou salvar-se desmembrando sua deficitária divisão de sistemas de interiores em 2009. A Lear teve que pagar ao comprador para assumir a divisão, mas mesmo assim encontrava-se à beira da falência em março de 2009. Por fim, a empresa entrou com um pedido de proteção do Capítulo 11 no mês de julho. O fracasso iminente de suas principais clientes – Chrysler, GM e talvez até Ford – ameaçava dar o golpe de misericórdia nas já debilitadas fornecedoras de peças, que seriam forçadas a dar baixa de suas contas a receber e ver o futuro de seus negócios desaparecer. Para tornar as coisas ainda mais arriscadas, muitas dessas fornecedoras operavam com grandes dívidas que aumentavam sua vulnerabilidade.

A Magna International, única fornecedora de peças não alavancada, tinha outras preocupações. Constituída no Canadá, a empresa era controlada por meio de uma classe dual de ações por seu controverso fundador, Frank Stronach. Stronach detinha a maioria das ações B da Magna, cada uma delas com 500 votos em comparação com 1 voto para cada ação A. Como resultado, embora detivesse apenas cerca de 20% da participação econômica na Magna, Stronach tinha controle absoluto do processo de seleção do conselho e, portanto, da própria empresa. Ele exercia esse controle amplamente. Em 2008, recebeu um salário relativamente pequeno da empresa, mas uma empresa de consultoria da qual Stronach era o único funcionário tinha um contrato de longo prazo para o fornecimento de serviços de gestão à Magna International. Nos 13 anos de 1996 a 2008, Stronach recebeu mais de US$ 350 milhões por meio desse contrato, quase US$ 30 milhões por ano.

O acordo não foi a única maneira como Stronach usou seu controle da Magna International para enriquecer e apoiar seus interesses pessoais. Apaixonado pelas corridas de cavalos puro-sangue, era um dos maiores proprietários de cavalos de corrida da América do Norte. Em 1998, a Magna, fornecedora de peças automotivas, começou a investir pesadamente em pistas de corrida de cavalos e empresas auxiliares de apostas em corridas de cavalos. Esses investimentos foram organizados em uma subsidiária separada, a Magna Entertainment Corporation (MEC). Em 1999, a MEC foi desmembrada como uma entidade distinta e listada nas bolsas de valores dos Estados Unidos e do Canadá, embora 90% das ações permanecessem nas mãos da Magna International.

Como uma entidade separada, a MEC incluía propriedades de corridas de cavalos, uma pista para corrida de galgos, dois campos de golfe e mais alguns imóveis para ajudar a garantir sua viabilidade econômica. Em 31 de dezembro de 1999, a Magna havia investido US$ 550 milhões na MEC. Os lucros eram mínimos.

Em 2000 e 2001, a MEC teve ganhos antes dos impostos de US$ 5,4 milhões e US$ 2,4 milhões, respectivamente. Em abril de 2002, a MEC concluiu uma oferta secundária de 23 milhões de ações, levantando US$ 142 milhões em capital adicional. Em 2002, a empresa teve um prejuízo antes dos impostos de US$ 25,2 milhões, apesar das aquisições adicionais de pistas de corrida em troca de ações. Nesse ponto, a Magna decidiu colocar sua participação residual de 59% na MEC, juntamente com o restante de sua carteira de imóveis (quase todos alugados para a Magna International), em uma nova entidade, a MI Development (MID), que fora cindida para os acionistas em 2 de setembro de 2003. As participações e classes de ações na MID eram como as da Magna International, de modo que Stronach continuou a ter o controle absoluto da empresa.

A partir daí, a história da MID foi tão conturbada quanto a da MEC. A subsidiária MEC continuava a sofrer grandes prejuízos; de 2003 a 2007, o total foi de US$ 412 milhões. Esses prejuízos exigiram aportes de capital substanciais para manter a MEC como uma empresa operacional. De 2004 a 2008, as contribuições da MID chegaram a US$ 341 milhões. Apesar do caixa adicional, a MEC pediu falência em 5 de março de 2009. Os acionistas da MID estavam insatisfeitos com essas práticas, e a MID era alvo de significativo ativismo de acionistas e ações judiciais. Por fim, em um esforço para reparar alguns dos danos à sua reputação, a MID mudou seu nome para Granite Properties. Ao todo, o gosto de Stronach pelas corridas de cavalos pode ter custado aos acionistas da Magna até US$ 1 bilhão.

Uma segunda intervenção problemática de Stronach nas operações da Magna International foi a nomeação de sua filha Belinda como CEO em fevereiro de 2001. Belinda Stronach havia cursado um ano de faculdade e depois saíra para começar a trabalhar na Magna International. Em 1988, aos 22 anos, tornou-se diretora da empresa. Em 1997, era vice-presidente corporativa e chefe do Grupo Operacional Divisia. Em 1998, foi promovida a vice-presidente executiva e, três anos depois, a CEO. Renunciou ao cargo em janeiro de 2004 para entrar na política canadense, em que teve uma carreira breve, mas chamativa. Concorreu à liderança do Partido Conservador contra dois políticos experientes e, tendo se recusado a participar de qualquer um dos debates públicos, terminou em um distante terceiro lugar. Mais tarde, ganhou a eleição como parlamentar conservadora e, em seguida, passou para o Partido Liberal, dando a ele a margem de um voto de que os liberais precisavam para sobreviver em uma votação parlamentar de desconfiança. Como liberal, ela recebeu uma cargo ministerial júnior, mas sua relação social controversa com um ministro liberal sênior contribuiu para o fim do governo liberal. Por esse motivo e por questões de saúde, Belinda Stronach deixou a política. Em 2007, ela havia voltado à Magna International como executiva sênior encarregada de projetos especiais, trabalho pelo qual recebeu US$ 3,8 milhões como remuneração em 2008.

Um último aspecto da situação da Magna em março de 2009 merece atenção. Em 2007, Stronach fizera uma *joint venture* com Oleg Deripaska, um dos oligarcas russos mais controversos, para produzir automóveis na Rússia. Como parte de sua contribuição para o empreendimento, Deripaska comprou ações da Magna International a preços um pouco abaixo do valor de mercado. Na crise financeira subsequente, os preços das *commodities* caíram drasticamente, incluindo o preço do alumínio. A fortuna de Deripaska baseava-se em seu controle da principal produtora de alumínio da Rússia. Com sua empresa principal sob pressão, Deripaska foi forçado a vender as ações recentemente adquiridas da Magna. Essa pressão de venda adicional ajudou a contribuir para um declínio no preço das ações da Magna do pico de US$ 97 por ação em outubro de 2007 para um pouco menos de US$ 20 por ação no início de março de 2009.

A situação da Magna parecia sombria. A empresa operava em um setor sob pressão econômica de longo prazo com dois de seus principais clientes enfrentando falência iminente. Era controlada por um gerente com um histórico intrincado de uso da empresa como seu cofrinho pessoal. O clima financeiro geral estava tomado pelo medo e pela incerteza. O preço das ações da Magna havia caído cerca de 80%. Se utilizássemos as medidas convencionais, a Magna era barata. A US$ 20 por ação, o valor de mercado do patrimônio da Magna era de US$ 2,24 bilhões, apenas 30% de seu valor patrimonial contábil. O rendimento de dividendos era de 6,3%. Embora o índice P/L para 2008 tenha sido de 31,5 vezes, isso se deveu a uma conta de impostos temporária acima do usual e à queda nos lucros de 2008. Com uma taxa de imposto mais próxima do normal, em 33%, e lucros ainda reduzidos no nível de 2007, o índice P/L teria sido 3,5 vezes. No início de março de 2009, a Magna International poderia ser uma oportunidade de investimento extremamente atraente. No entanto, considerando os muitos problemas associados – os mesmos que criaram a oportunidade –, um investidor precisaria fazer uma análise muito cuidadosa antes de comprometer seus fundos.

A primeira etapa da análise seria determinar em que medida a Magna estava sujeita ao risco de falência, a perda permanente e final do capital social. O balanço patrimonial de 31 de dezembro de 2008 da Magna é apresentado na Tabela Ex. 2.1. Mostra US$ 2,757 bilhões em dinheiro, US$ 194 milhões em ativos financeiros de longo prazo (notas a taxa de leilão com pouco risco de inadimplência que tiveram que ser reclassificadas como de longo prazo apenas porque o mecanismo de venda a taxa de mercado de leilão fora temporariamente prejudicado), e US$ 1,209 bilhão em dívidas. A maioria dos outros fornecedores de peças automotivas foi altamente alavancada; a Magna tinha US$ 1,742 bilhão em caixa

Tabela Ex. 2.1 Magna International, Inc., balanço (milhões)

31 de dezembro de 2008		
Equivalentes de caixa	US$	2.757
Contas a receber	US$	2.821
Inventários	US$	1.647
Outros ativos circulantes	US$	126
Ativo circulante total	US$	7.351
Ativos fixos (líquido)	US$	3.701
Ativo intangível	US$	1.160
Investimentos	US$	194
Outros ativos[1]	US$	783
Total de ativos	US$	13.189
Dívida atual	US$	1.066
Contas a pagar	US$	2.744
Passivos acumulados	US$	1.283
Passivo circulante	US$	5.093
Dívida de longo prazo	US$	143
Impostos diferidos	US$	136
Outros passivos[2]	US$	454
Passivos totais	US$	5.826
Patrimônio líquido	US$	7.363
Total	US$	13.189

[1] Ativos fiscais futuros US$ 182, contas a receber de longo prazo US$ 67, patentes, licenças US$ 54, ferramentas pré-pagas US$ 230, redução de salários US$ 52, outros US$ 198.
[2] Pensões, benefícios médicos para aposentados US$ 146, *hedges* US$ 89, pagamentos de rescisão US$ 88 (VPL), receita diferida US$ 31.
Fonte: Dados do relatório anual da Magna de 2008.

líquido no final de 2008. O fluxo de caixa das operações menos o investimento foi de US$ 315 milhões (US$ 1,054 bilhão menos US$ 739 milhões em investimento). Em anos de recessão anteriores, o fluxo de caixa das operações tinha sido apenas ligeiramente negativo, pois as reduções no investimento para menos do que a depreciação e amortização e as reduções no capital de giro compensaram as perdas líquidas. A menos que as condições na indústria automobilística piorassem severamente por muito tempo, a Magna International não iria à falência.

A próxima questão era o futuro de longo prazo da indústria automotiva na América do Norte e na Europa (cerca de metade dos negócios da Magna estavam na Europa) e de fornecedores de peças independentes, como a Magna. No longo prazo, parecia altamente improvável que a indústria ou os fornecedores independentes de peças fossem desaparecer. Em 1967, a McKinsey fornecera um relatório à recém-criada United States Urban Mass Transportation Administration sobre o futuro do transporte nos Estados Unidos. A McKinsey previu que o futuro envolveria "veículos guiados independentemente" que operariam na modalidade de "direitos de passagem de uso compartilhado"; traduzido da linguagem de consultoria, ela previa que haveria carros, caminhões e ônibus circulando nas estradas. Em 2009, provou-se que a McKinsey estava certa. Nada a respeito da tecnologia de transporte nos anos seguintes parecia indicar que as vantagens dos veículos "guiados independentemente" e dos "direitos de uso compartilhado" desapareceriam.

A produção automobilística norte-americana e europeia estava protegida por outra tendência significativa de longo prazo. A automação na manufatura estava reduzindo rapidamente a mão de obra necessária para a produção de automóveis, o que, por sua vez, reduzia os benefícios da manufatura em mercados com mão de obra de baixo custo fora da Europa e da América do Norte. As reduções nos custos do transporte foram muito menos dramáticas. O transporte marítimo já usava pouca mão de obra, e os benefícios de estar perto dos mercados finais estavam até mesmo aumentando. Como resultado, em meados da década de 2000, a produção manufatureira de ponta, como automóveis, mas não os empregos em manufatura, estava retornando das economias menos desenvolvidas para as mais desenvolvidas. Essa tendência provavelmente continuaria.

Por fim, a sindicalização contínua e/ou os altos níveis salariais dos grandes fabricantes de automóveis na Europa e na América do Norte indicavam que as vantagens de custo dos fabricantes independentes de peças, como a Magna, não iriam diminuir. Confiante de que o risco imediato de falência da Magna era baixo e de que seu futuro econômico de longo prazo não estava em sério risco, o investidor deveria estar preparado para fazer o esforço de desenvolver uma avaliação detalhada da Magna International.

A maneira de começar essa avaliação era observar os valores dos ativos e do poder dos lucros da Magna no início de 2009. O valor do crescimento provavelmente seria mínimo. Os clientes da Magna eram grandes fabricantes de automóveis – General Motors, Ford, Daimler-Benz, BMW – com grandes departamentos de compras profissionais, que não se deixavam ficar presos a nenhum fornecedor de peças específico. As economias de escala provavelmente também seriam relativamente insignificantes. Havia muitas empresas como a Magna, cada uma delas com várias instalações de fabricação. Concorrentes dominantes em qualquer mercado de peças de automóveis eram raros. Sem barreiras à entrada, o valor do crescimento para a Magna, como para qualquer empresa sem uma vantagem competitiva sustentável, provavelmente seria mínimo. Os retornos históricos sobre o patrimônio líquido (ver Tabela Ex. 2.4) confirmam a realidade de um mercado competitivo.

Valor do ativo

No Capítulo 4, calculamos o valor de reprodução dos ativos de várias empresas fictícias, linha por linha, percorrendo o lado dos ativos do balanço patrimonial. Em seguida, fizemos o mesmo com o passivo das empresas. Nesses casos, que consideramos representativos, o valor de reprodução estimado de muitos ativos e passivos diferia apenas minimamente de seus valores contábeis. Isso se aplica à maioria dos passivos e dos ativos circulantes. Na prática, portanto, geralmente é mais eficiente começar com o valor contábil líquido dos ativos e, em seguida, adicionar ou subtrair os valores que refletem as diferenças entre os valores de reprodução e contábeis apenas para os ativos e passivos para os quais essas diferenças são significativas. Para a Magna, as diferenças importantes são (1) entre o valor contábil do ativo intangível e os valores de reprodução dos ativos intangíveis e (2) entre o valor contábil e os custos de reprodução dos ativos fixos.

O valor contábil do patrimônio líquido da Magna no final de 2008 era de US$ 7,336 bilhões (ver Tabela Ex. 2.1). Os vários elementos do ativo imobilizado são apresentados na Tabela Ex. 2.2. Como fizemos no caso da Hudson General, para terrenos e edifícios, chamamos avaliadores locais na área onde as propriedades da Magna estavam localizadas. Eles estimaram que, em média, as propriedades tiveram valorização de pelo menos 25% em valor desde que foram adquiridas (as datas de aquisição estão aproximadamente disponíveis no histórico de relatórios anuais). Adicionar 25% aos custos originais resulta em valores de reprodução estimados para terrenos e edifícios de US$ 265 milhões e US$ 1,070 bilhão, respectivamente. As obras em andamento representam ativos em processo de reprodução, de forma que seus custos original e de reprodução devem ser iguais. O maquinário da Magna tinha uma vida útil média estimada de oito anos. Para uma empresa estável, que nem crescia nem encolhia, as máquinas instaladas deviam estar, em média, na metade de sua vida útil. Para empresas em crescimento, estariam em menos da metade; para empresas que encolhem, em mais da metade. A Magna vinha crescendo de maneira constante, mas faremos a suposição conservadora de que seu maquinário estava na metade de sua vida útil e retinha metade do valor original. Em seguida, reconhecemos que o custo de aquisição de novos equipamentos de fabricação automotiva diminuiu ao longo do tempo em cerca de 4,7% ao ano.[3] As máquinas com quatro anos de idade deveriam ser substituídas, em média, 20% abaixo de seu custo original (uma queda de 4,7% ao ano agregada para quatro anos). Dividir os US$ 7,700 bilhões de dólares primeiramente pela metade e depois por 1,2 resulta em um valor de reprodução para o maquinário de US$ 3,208 bilhões. Isso traz o

---

[3] Este número vem do Departamento de Comércio dos EUA.

Tabela Ex. 2.2 Magna International, Inc., valores de ativos fixos (milhões)

Ativo	Custo original		Valor de reprodução (est.)	
Terras	US$	212	US$	265
Edificações	US$	856	US$	1.070
Construção em andamento	US$	313	US$	313
	US$	1.381	US$	1.648
Maquinário	US$	7.700	US$	3.208
	US$	9.081	US$	4.856
Depreciação	US$	5.380	US$	0
Valor contábil	US$	3.701	US$	4.856

Fonte: Dados do relatório anual da Magna de 2008.

valor total estimado de reprodução de todos os ativos fixos da Magna para US$ 4,856 bilhões (US$ 1,648 bilhão para terras, edificações e construções em andamento e US$ 3,208 bilhões para maquinário). Este número está US$ 1.115 bilhão acima do valor contábil de ativos fixos da Magna no final do ano, que era de US$ 3,701 bilhões. Ao calcular o valor de reprodução geral para os ativos líquidos da Magna no final de 2008 na Tabela Ex. 2.3, começamos por adicionar esses US$ 1,115 bilhão ao valor patrimonial contábil de US$ 7,363 bilhões.

O valor contábil dos intangíveis no balanço da Magna no final de 2008 foi de US$ 1,16 bilhão (ver Tabela Ex. 2.1). Esse número, porém, foi resultado de seguir as regras contábeis para avaliar as muitas aquisições anteriores da Magna. Não se baseou em uma análise cuidadosa dos ativos intangíveis reais da Magna. Para tirar isso a limpo, vamos subtrair esse número artificial do valor contábil da Magna e substituí-lo por uma avaliação detalhada dos ativos intangíveis genuínos da Magna. A Magna tinha valor significativo em seus intangíveis em três áreas – sua carteira anual de negócios, sua carteira de produtos e sua força de trabalho treinada. Para outras empresas, o valor de uma estrutura organizacional estabelecida pode ser adicionado a esta lista. A Magna tinha uma organização altamente descentralizada que surgiu organicamente de suas atividades diárias. A despesa associada à reprodução dessa organização provavelmente seria mínima.

O tamanho sustentável da base de clientes da Magna, sua carteira de negócios, era de cerca de US$ 24 bilhões. A receita de US$ 26 bilhões em 2007 representou um pico cíclico; a posterior queda para US$ 23,7 bilhões em 2008 foi o início do movimento em direção a uma depressão cíclica. A medida do valor de reprodução por dólar de receita é o custo de adquirir esses clientes da maneira mais eficiente possível. Uma maneira é por meio de uma agência de vendas independente. Essas

Tabela Ex. 2.3 Valor de reprodução dos ativos da Magna International
31 de dezembro de 2008

	Valor	
Valor contábil do patrimônio líquido	US$	7.363
Ajuste de excedentes		
Valor de reprodução dos ativos fixos	US$	1.155
Subtração do ativo intangível contábil	US$	(1.160)
Valor de reprodução da carteira de produtos (5 × US$ 450)	US$	2.250
Valor de reprodução de negócio de clientes (0,075 × US$ 24.000)	US$	1.800
Valor de reprodução da mão de obra treinada (10 × $ 75)	US$	750
Valor total de reprodução dos ativos líquidos (patrimônio líquido)	US$	12.158
Menos caixa líquido	US$	(1.742)
Valor líquido de reprodução dos ativos líquidos (empresa)	US$	10.416

Fonte: Dados do relatório anual da Magna de 2008.

agências normalmente cobravam de 5 a 10% das vendas do primeiro ano como comissão pela obtenção de contratos de vendas de clientes como os da Magna. Se usarmos uma estimativa de ponto médio de 7,5% em taxas por dólar de vendas, a carteira de negócios de US$ 24 bilhões da Magna teria um custo de reprodução de US$ 1,8 bilhão (7,5% de US$ 24 bilhões).

A força de trabalho da Magna de 75.000 funcionários no início de 2009 era composta por tipos de trabalhadores muito diferentes. Cerca de um quarto deles era sindicalizado. O valor patrimonial líquido desses trabalhadores para a Magna, dados seus níveis salariais, era próximo de zero. Um segundo quarto era composto por técnicos, engenheiros e gerentes qualificados, com salários médios de cerca de US$ 60.000. As firmas de recrutamento de recursos humanos geralmente recebiam cerca de um terço de um salário anual pelo fornecimento bem-sucedido desses funcionários. A esse preço, seu valor de custo de reprodução teria sido de aproximadamente US$ 20.000 cada (um terço de US$ 60.000). A metade restante da força de trabalho treinada teria um custo de aquisição/valor mais ou menos no meio do caminho entre o dos trabalhadores sindicalizados e o dos profissionais qualificados, ou seja, cerca de US$ 10.000 cada. O custo de reprodução/valor geral da força de trabalho da Magna era de 75.000 vezes o custo médio de aquisição por trabalhador de US$ 10.000, ou seja US$ 750 milhões.

A carteira de produtos da Magna era composta por 4.000 a 6.000 itens individuais fabricados para as principais empresas automotivas. Parte do custo de desenvolvimento e preparação para produzir esses itens era reembolsada especificamente pelas grandes montadoras. Em 2008, o valor desses reembolsos pelos novos produtos de um ano foi de US$ 92 milhões. Este parece ter representado cerca de um quinto do custo total de design, fabricação, desenvolvimento e ferramentas do produto. Uma carteira de produtos de cerca de cinco anos ou menos representou um investimento na Magna de cerca de US$ 2,25 bilhões (US$ 450 milhões vezes 5). Isso totaliza cerca de US$ 0,5 milhão para cada um dos cerca de 5.000 produtos da Magna, excluindo as operações de montagem, o que não é um valor excessivamente alto.

Os intangíveis da Magna tinham um valor total de aproximadamente US$ 4,8 bilhões (US$ 1,8 bilhão mais US$ 750 milhões mais US$ 2,25 bilhões), ou US$ 3,7 bilhões acima do valor contábil. Esses cálculos são apresentados na Tabela Ex. 2.3. O número total de US$ 3,7 bilhões em ativos intangíveis não relacionados à aquisição representa cerca de três anos dos aproximadamente US$ 1,2 bilhão das despesas gerais, administrativas e comerciais da Magna. Dado o tamanho e a complexidade das operações da empresa, esse parece ser um nível adequado para o custo de reprodução que uma empresa entrante teria para reproduzir esses intangíveis.

O valor do ativo líquido resultante com base no patrimônio líquido da Magna no início de 2009 era de cerca de US$ 12,2 bilhões; o valor dos ativos de suas operações em andamento era de cerca de US$ 10,4 bilhões, com os US$ 1,7 bilhão restantes representando caixa líquido.

Valor do poder dos lucros

Um histórico operacional de 10 anos para o negócio automotivo da Magna é apresentado na Tabela Ex. 2.4, incluindo dois anos de ciclo de baixa para a indústria, 2001 e 2008. De modo geral, o período de 1999 a 2008 foi difícil para as montadoras, especialmente na América do Norte, onde o aumento dos preços da gasolina a partir de 2003 prejudicou as vendas de SUVs e caminhões leves, que tinham margem relativamente alta.

A receita média sustentável da Magna em 2008 esteve provavelmente entre os US$ 26,0 bilhões de 2007 e os US$ 23,7 bilhões de 2008. Usamos US$ 24 bilhões para calcular o valor da carteira de negócios da Magna, o que inclui margem para os efeitos da recessão uma vez a cada oito anos. As margens operacionais sustentáveis são mais difíceis de estimar por dois motivos. Primeiramente, houve uma tendência constante de queda nas margens de 7,8% em 2000 para 4,1% em 2007 e, em seguida, para 1,0% no ano de recessão de 2008. Se simplesmente extrapolarmos essa tendência, podemos estimar margens sustentáveis entre 2% e zero. Em

Tabela Ex. 2.4 Magna International, Inc., histórico operacional (milhões)

31 Dez AF	1999	2000	2001	2002	2003	2004	2005	2006	2007	2008
Receita	US$ 9.260	US$ 10.513	US$ 11.026	US$ 12.971	US$ 15.345	US$ 20.653	US$ 22.811	US$ 24.180	US$ 26.067	US$ 23.707
Receita operacional	US$ 666	US$ 810	US$ 856	US$ 888	US$ 1.011	US$ 1.137	US$ 940	US$ 765	US$ 1.079	US$ 247
Margem operacional	7,2%	7,7%	7,8%	6,8%	6,6%	5,5%	4,1%	3,2%	4,1%	1,0%
Taxa de imposto					36,1%	34,4%	31,0%	33,3%	33,0%	78,4%
Receita líquida	US$ 438	US$ 622	US$ 627	US$ 611	US$ 661	US$ 738	US$ 650	US$ 528	US$ 663	US$ 71
Margem da receita líquida	4,7%	5,9%	5,7%	4,7%	4,3%	3,6%	2,8%	2,2%	2,5%	0,3%
Dividendos	US$ 90	US$ 103	US$ 108	US$ 133	US$ 163	US$ 164	US$ 167	US$ 163	US$ 131	US$ 140
Recompras[4]	US$ (275)	US$ (4)	– US$	US$ (225)	US$ (58)	US$ (51)	US$ (21)	US$ (28)	US$ (226)	US$ 247
Depr. e amort.	US$ 332	US$ 372	US$ 399	US$ 428	US$ 505	US$ 598	US$ 711	US$ 790	US$ 872	US$ 873
Despesas de capital	US$ 859	US$ 653	US$ 525	US$ 898	US$ 801	US$ 859	US$ 848	US$ 793	US$ 741	US$ 739
Patrimônio líquido	US$ 3.933	US$ 4.202	US$ 4.482	US$ 5.421	US$ 4.930	US$ 5.335	US$ 6.565	US$ 7.157	US$ 8.642	US$ 7.363
Retorno sobre o patrimônio líquido	11,1%	14,8%	14,0%	11,3%	13,4%	13,8%	9,9%	7,4%	7,7%	1,0%
Ações (milhões)	78,6	78,6	83,3	95,6	96,4	96,9	109,3	109,9	116,1	112,6

Fonte: Dados do relatório anual da Magna de 2008.
[4] Negativo denota ações vendidas.

segundo lugar, todo o período após 2003 foi de péssimas condições de demanda para a Magna e para a indústria automobilística como um todo, refletindo uma lenta adaptação ao aumento dos preços da energia. Simplesmente tomar a margem operacional média de 10 anos de 5,4% pode, na verdade, subestimar as margens futuras uma vez que a indústria se ajustou a uma menor demanda. Com margens abaixo de 4%, não é certo que o retorno sobre o capital seja suficiente para atrair o investimento necessário para sustentar a produção do que já identificamos como um negócio economicamente viável. Os retornos sobre o patrimônio líquido da Magna durante este período, com margens operacionais abaixo de 4%, foram consistentemente inferiores a 10%, o que seria um custo de capital apropriado no início de 2009 para uma indústria cíclica, como a de automóveis e autopeças. Usaremos uma estimativa inicial de margem operacional sustentável de 5% e, em seguida, examinaremos a razoabilidade do valor do poder dos lucros resultante.

Com uma margem sustentável de 5% e receita de US$ 24 bilhões, o lucro operacional sustentável seria de US$ 1,2 bilhão, próximo ao lucro operacional de 2007. Uma taxa de imposto média de 33% está entre a taxa dos EUA, incluindo impostos estaduais e locais, de 39% e as taxas mais baixas da Europa – onde metade das operações da Magna estavam localizadas – e do Canadá. Impostos sustentáveis de US$ 0,4 bilhão deixam um lucro operacional líquido após os impostos de US$ 0,8 bilhão, que é nossa estimativa do poder dos lucros das operações da Magna.

O principal ajuste que deve ser feito nesta estimativa envolve depreciação. Como observamos no cálculo do valor dos ativos da Magna, a depreciação contábil superestima a depreciação real por dois motivos. Primeiramente, para fins contábeis, os valores das edificações são depreciados ao longo do tempo, normalmente em 2 a 3% do custo original por ano. Na prática, o valor desses edifícios, se tiverem boa manutenção, na verdade aumenta. Portanto, a depreciação contábil superestima a depreciação econômica para esses componentes dos ativos fixos da Magna. Em segundo lugar, o custo do maquinário de produção automotiva entre 2000 e 2008 caiu de forma relativamente rápida. A depreciação econômica desses equipamentos seria o custo de substituí-los e manter um capital social intacto. A queda dos preços do maquinário tornaria as substituições mais baratas do que o custo original das máquinas sobre as quais a depreciação contábil foi baseada. Também nesta área, a depreciação contábil superestima a depreciação real.

O valor da depreciação em excesso pode ser estimado aproximadamente pela análise dos anos de 2007 e 2008. Durante este período, as receitas da Magna diminuíram ligeiramente, de modo que a fração das despesas de capital para acomodar o crescimento deve ter sido mínima. Se presumirmos que durante esses anos todas as despesas de capital foram despesas de capital de manutenção, então a depreciação "verdadeira" foi em média de US$ 740 milhões (US$ 739 milhões em 2008 e US$ 741 milhões em 2007; ver Tabela Ex. 2.4). A depreciação e amortização contábil média foi de cerca de US$ 873 milhões (US$ 873 milhões em 2008 e US$ 872 milhões 2007). A diferença de US$ 133 milhões é uma estimativa útil do excesso de depreciação contábil que deve ser adicionado aos lucros contábeis para calcular os lucros reais.[5] Em 2008, esse lucro extra de US$ 133 milhões foi protegido de tributação pelo benefício fiscal de depreciação – ele simplesmente não apareceu como parte dos lucros tributáveis. No entanto, como uma menor despesa de capital de manutenção leva a uma menor depreciação subsequente, o benefício fiscal desaparecerá gradualmente. Assim que o benefício fiscal acabar, a parte da depreciação excedente dos lucros será totalmente tributada à alíquota de 33%. Em média, essa parcela dos lucros seria tributada em quase 10% (em termos de valor presente). O excesso de depreciação médio após impostos foi, portanto, de cerca de US$ 120 milhões (133 milhões menos US$ 13 milhões de impostos médios). Esses ajustes levam o poder dos lucros do negócio principal da Magna para US$ 920 milhões por ano no início de 2009 (US$ 800 milhões mais US$ 120 milhões em excesso de depreciação).

No início de 2009, os títulos de dívida corporativos com classificação B eram negociados com rendimentos de aproximadamente 7%. Ao mesmo tempo, os retornos necessários para atrair investidores para novos fundos de capital de risco estavam em torno dos 14%. Assim, a faixa de possíveis custos de capital para a Magna fica entre 7 e 14%. Uma empresa relativamente arriscada como a Magna, mas com excedente de caixa, teria um custo de capital igual ao de uma empresa média. Na faixa de 7 a 14%, a empresa de baixo risco teria um custo de capital de 8%,

---

[5] Uma abordagem alternativa para medir a diferença entre as despesas de capital de manutenção e a depreciação e amortização é estimar uma diferença média entre os dois para os 10 anos de 1999 até o final de 2008 em então, extrapolar um ajuste de 2008 da média. De 1999 a 2008, a depreciação e amortização totais foram de US$ 5,87 bilhões. A despesa de capital total foi de US$ 7,7 bilhões. As vendas cresceram US$ 17,3 bilhões. A proporção de ativos fixos para vendas foi em média de 16%. Se cada dólar de crescimento de receita exigisse US$ 0,16 de investimento de capital, então o aumento de receita de US$ 17,3 bilhões teria exigido US$ 2,76 bilhões de despesas de capital de crescimento (US$ 0,16 vezes US$ 17,3 bilhões). Se subtrairmos este investimento em crescimento estimado do investimento total de US$ 7,7 bilhões, chegaremos a uma estimativa de US$ 4,95 bilhões de despesas de capital de manutenção. A diferença entre essa medida de depreciação real e a depreciação contábil de US$ 5,9 bilhões foi de US$ 920 milhões, ou uma média de US$ 92 milhões ao ano. Porém, em 2008, a Magna era 50% maior do que em um ano médio entre 1999 e 2008. Adicionar esse crescimento de 50% ao nível médio de US$ 92 milhões de excesso de depreciação resulta em um nível de depreciação excedente estimado de US$ 138 milhões (US$ 92 milhões vezes 1,5) para o ano de 2008. Este valor está muito próximo da estimativa de US$ 133 milhões obtida usando apenas os dados de 2007 e 2008.

uma empresa de risco médio teria um custo de 10% e uma empresa de alto risco teria um custo de 12 a 13%. Portanto, um custo de capital adequado para a Magna a partir do início de 2009 seria de cerca de 10%. O poder dos lucros do negócio principal da Magna naquela época era de US$ 920 milhões (US$ 800 milhões mais US$ 120 milhões em excesso de depreciação.) Capitalizando os US$ 920 milhões em poder dos lucros a esta taxa (1 dividido por 10% ou 10 vezes), chegamos a um valor de poder dos lucros para a atividade operacional central da Magna de US$ 9,2 bilhões. O valor do poder dos lucros do patrimônio líquido da Magna inclui esses US$ 9,2 bilhões mais US$ 1,7 bilhão em caixa líquido, um total de cerca de US$ 10,9 bilhões.

Avaliação Final

O valor do poder dos lucros, o valor dos ativos e o preço de mercado da Magna International em março de 2009 estão resumidos na Tabela Ex. 2.5. O primeiro ponto sobre esses números é que as estimativas de valor do ativo e de poder dos lucros são essencialmente iguais, com uma margem de 12% entre uma e outra. Em termos de três possibilidades de comparação entre o valor do ativo e o valor do poder dos lucros, este é um Caso B (ver o Capítulo 4): uma empresa sem vantagens competitivas significativas, mas com uma gestão competente. A ausência de uma vantagem competitiva clara para a Magna também é aparente nos níveis de retorno sobre o patrimônio líquido na Tabela Ex. 2.4. O retorno sobre o patrimônio líquido médio de dez anos de 10,4% é quase exatamente igual ao nosso custo estimado de capital próprio de 10% para a Magna. Considerações qualitativas também argumentam contra a existência de vantagens competitivas sustentáveis. Em primeiro lugar, como observamos, seus clientes eram grandes empresas automotivas com departamentos de compras profissionais. Era improvável que elas ficassem presas a qualquer fornecedor específico por muito tempo. Em segundo lugar, as tecnologias da Magna eram bem conhecidas e experimentadas. As técnicas proprietárias e patentes não desempenhavam um papel significativo em suas operações. Terceiro, dado o grande número de instalações descentralizadas de fabricação, marketing e outras instalações operacionais, é improvável que as economias de escala fossem significativas. Sem essas barreiras à entrada associadas a vantagens competitivas sustentáveis, o crescimento da Magna não criaria valor (ver Capítulo 8). Assim, para fins de avaliação, não precisamos nos preocupar com as taxas de crescimento futuro da demanda e/ou mudança tecnológica de redução de custos no nível da indústria.

O fato de o valor do poder dos lucros estar tão próximo do valor do ativo é bastante surpreendente, dado o comportamento historicamente questionável de

Tabela Ex. 2.5 Avaliações da Magna International (milhões)
Março de 2009

	Valor do patrimônio líquido		Valor da empresa	
Valor do ativo	US$	12.158	US$	10.416
Valor do poder dos lucros	US$	10.940	US$	9.200
Preço de mercado	US$	2.240	US$	500

Fonte: Dados do relatório anual da Magna de 2009.

sua gestão. Isso é muito tranquilizador em dois aspectos. Primeiramente, o valor do ativo de US$ 12,2 bilhões garante que, no longo prazo, as tendências negativas nas margens não poderiam continuar. Um valor de poder dos lucros significativamente abaixo de US$ 12,2 bilhões não proporcionaria um retorno sobre os ativos suficiente para obter o investimento necessário para a viabilidade continuada das indústrias de automóveis e peças automotivas norte-americanas. Visto que os fatores econômicos qualitativos que consideramos no início de nossa análise da Magna argumentam fortemente em favor de sua continuidade, as margens operacionais futuras devem estar perto do nível previsto de 5% que utilizamos no cálculo do valor do poder dos lucros. A triangulação entre os valores do ativo e do poder dos lucros fortalece a confiança em nossas projeções de lucros, confiança que era necessária para fazer um investimento na Magna diante das circunstâncias preocupantes que cercavam a empresa em março de 2009.

Em segundo lugar, apesar das difíceis condições do setor que a Magna enfrentava entre 1999 e 2008, se confiarmos nos números da contabilidade, a administração da empresa obteve margens operacionais que produziram um retorno de custo de capital sobre os ativos. Isso foi realizado apesar da malversação de fundos para investimentos em pistas de corrida e das consequências do nepotismo nas nomeações de executivos. O contraste com a Hudson General é instrutivo neste ponto. A administração da Hudson General deteriorou um valor substancial, como ficou evidente pela grande lacuna entre o valor dos ativos e o valor do poder dos lucros contínuos. Não existe uma lacuna aparente desse tipo para a Magna International.

Dadas essas considerações, a margem de segurança da análise de avaliação resumida na Tabela Ex. 2.5 é reconfortante. Em termos de patrimônio líquido, em março de 2009, a Magna estava sendo vendida por apenas 20% de seu valor intrínseco de cerca de US$ 11,6 bilhões. Em termos empresariais, após deduzir o caixa líquido de US$ 1,74 bilhão do preço de mercado da Magna de US$ 2,24 bilhões, o negócio operacional da Magna estava sendo vendido por cerca de 5% de seu valor intrínseco de US$ 9,9 bilhões. A menos que tenhamos negligenciado alguns fatores negativos importantes, a Magna, como era de se esperar nas circunstâncias econômicas e de mercado daquele momento, era um investimento muito atraente.

Possíveis problemas

A etapa final de nossa análise de investimento é considerar problemas, como a continuação das depredações da administração na Hudson General, que poderiam prejudicar a lucratividade de um investimento na Magna International em março de 2009. Vale a pena examinar em detalhes três possíveis problemas. Eles são (1) a possibilidade de que a indústria automobilística estivesse em vias de um colapso terminal, talvez junto com o restante da economia global; (2) a possibilidade de os custos da má gestão não estarem sendo totalmente levados em consideração; e (3) a chance de que os números contábeis nos quais nos baseamos para nossas avaliações fossem fraudulentos. Consideramos cada uma dessas possibilidades separadamente.

Abordamos a questão do fracasso da indústria automobilística norte-americana no início desta análise. Salvo em caso de um colapso econômico global, isso não iria acontecer. Vale lembrar que grande parte do mundo começou a se recuperar da Grande Depressão antes do início da Segunda Guerra Mundial. Além disso, uma vez que a guerra terminou, e ao contrário da opinião da maioria dos economistas da época, a Depressão não voltou. As economias industriais modernas provaram ser muito resistentes. Desde o final da Segunda Guerra Mundial, o escopo do apoio governamental ativo para a atividade econômica privada em tempos de estresse aumentou muito, reduzindo ainda mais a chance já pequena de um colapso econômico total. O colapso econômico total, e com ele o total colapso da indústria automobilística, não parece ter sido uma perspectiva econômica realista para a Magna no início de 2009.

O dano potencial do comportamento de gestão para benefício próprio também parecia ser limitado. Em primeiro lugar, é importante lembrar que os números operacionais e de balanço nos quais baseamos nossa análise foram registrados após levar em consideração as desapropriações gerenciais. Portanto, somente se os abusos da administração aumentassem após março de 2009, nossas avaliações calculadas seriam demasiado otimistas. A tendência recente apontava na direção oposta, rumo a um custo mais baixo do mau comportamento de gestão. A loucura das pistas de corrida fora, em grande medida, resolvida com a cisão da MID em 2003. As transações mais recentes com a MEC envolviam golfe, não corridas a cavalo, o que custava muito menos dinheiro. Em 2006, a Magna comprou dois campos de golfe em Ontário, Canadá, e na Áustria da MEC por um total de US$ 84 milhões, incluindo dívidas assumidas de US$ 21 milhões. Em 2007, a Magna comprou da MEC mais terras austríacas por US$ 29 milhões. Por fim, no primeiro trimestre de 2009, a Magna acordou a compra de mais terras austríacas da MEC por US$ 5,7 milhões. A tendência no custo das interações da Magna com a MEC era claramente decrescente.

O perigo de que operações significativas da empresa ficassem sob o controle de Belinda Stronach, que nunca tinha sido alto em função da estrutura descentralizada da gestão por divisões, havia praticamente desaparecido em 2008. Os pagamentos à família Stronach em salários e taxas de consultoria pareciam estar diminuindo. Finalmente, a ameaça de qualquer *joint venture* com Deripaska havia diminuído em grande parte devido às suas dificuldades financeiras. No geral, o custo do controle familiar estava diminuindo.

Por outro lado, se as demonstrações contábeis da Magna fossem fraudulentas, nosso investimento estaria em perigo genuíno. Neste caso, no entanto, estávamos paradoxalmente protegidos pela reputação duvidosa de Frank Stronach. As contas da Magna em 2008 foram auditadas pela Ernst & Young, uma firma de contabilidade das Big Four. Na esteira dos escândalos da Enron e da WorldCom em 2002 e 2003, que levaram ao fim da Arthur Andersen, as grandes firmas de contabilidade provavelmente não concederiam o benefício de qualquer dúvida de auditoria a alguém como Stronach. Um dos motivos pelos quais a WorldCom e a Enron conseguiram escapar de um exame cuidadoso foi o fato de serem consideradas empresas de ponta inovadoras e dirigidas por administrações visionárias. No caso de uma disputa de auditoria, uma administração com um histórico sequer um pouco questionável provavelmente não conseguiria manipular um auditor bem estabelecido. O perigo de que falsas declarações de contabilidade gerencial fossem aceitas mais provavelmente viria de empresas como Amazon, Tesla, Ali Baba, Google ou Facebook do que da Magna International.

A credibilidade dos números de lucro da Magna, no entanto, merece cuidadosa observação. Uma maneira é examinar as demonstrações financeiras por um longo período, de cinco anos ou mais. Manipulações contábeis de curto prazo são muito mais fáceis de sustentar do que distorções de longo prazo. De 2004 a 2008, a Magna relatou lucros líquidos acumulados de US$ 2,65 bilhões (ver Tabela Ex. 2.4). Também relatou um crescimento de vendas de US$ 8,359 bilhões. O lucro pode parecer inflado, mas seria difícil adulterar os números de crescimento das vendas. Os clientes da Magna, que eram as contrapartes de suas receitas relatadas, eram grandes fabricantes de automóveis nos Estados Unidos e na Europa. Em uma auditoria, eles seriam contatados para verificar as vendas relatadas e provavelmente não apoiariam qualquer declaração falsa de receita material pela administração da Magna.

Dos US$ 2,650 bilhões de lucros relatados, US$ 686 milhões foram distribuídos aos acionistas como dividendos e recompras de ações líquidas. Esses pagamentos deixam registros claros sobre os quais há pouca ambiguidade de definição. Os US$ 686 milhões de distribuições líquidas relatadas teriam sido quase impossíveis de falsificar. Depois, de 31 de dezembro de 2003 a 31 de dezembro de 2008, os balanços patrimoniais auditados da Magna mostraram um aumento no caixa líquido de US$ 512 milhões, subindo de US$ 1,23 bilhão para US$ 1,742 bilhão. Fora da Itália antes do escândalo da Parmalat, no qual a Parmalat alegou ter US$ 5 bilhões investidos em fundos de *hedge* que não existiam, saldos de caixa e obrigações de dívida são essencialmente impossíveis de deturpar. As transações envolvidas deixam registros claros, e o auditor envia cartas de confirmação às instituições detentoras dos fundos. Assim, do total de US$ 2,65 bilhões em lucros relatados ao longo dos cinco anos, US$ 1,198 bilhão poderiam ser contabilizados de forma confiável pelo acúmulo de caixa líquido e distribuições líquidas aos acionistas. Os US$ 1,452 bilhão restantes de lucro tiveram de sustentar o crescimento da receita de US$ 8,359 bilhões, um investimento de cerca de US$ 0,17 para cada dólar incremental de vendas.

Este é um nível muito baixo de investimento líquido, especialmente em comparação com os níveis de longo prazo da Magna e as margens operacionais da indústria de US$ 0,05 por dólar de receita. Se a Magna estivesse inflando seus ganhos em 10%, os ganhos reais teriam sido US$ 265 milhões abaixo do total relatado em cinco anos de US$ 2,65 bilhões. Como resultado, o verdadeiro investimento teria sido de apenas US$ 1,187 bilhão (US$ 1,452 bilhão menos US$ 265 milhões). Isso significaria que a Magna estava investindo apenas cerca de US$ 0,14 por dólar incremental de vendas, um uso de capital incrivelmente produtivo. O número real de 10 anos era US$ 0,16. Cálculos semelhantes para a Enron em 2002 teriam demonstrado um investimento de mais de US$ 3 por US$ 1 de receita incremental. Para a WorldCom, o número teria sido essencialmente infinito, uma vez que a WorldCom relatava enormes níveis implícitos de investimento enquanto as receitas caíam. Dadas as eficiências de alocação de capital implícitas nos números da Magna, é muito improvável que os lucros de longo prazo relatados da Magna tenham sido exagerados. Na verdade, está claro que, apesar de todo o comportamento duvidoso de Stronach, a Magna foi uma alocadora e operadora de capital altamente eficiente. Isso também fica evidente pelo histórico de crescimento sólido da Magna e por sua capacidade de satisfazer seus clientes exigentes, os fabricantes de automóveis. A probabilidade de que os resultados relatados pela Magna envolvessem um grau significativo de deturpação era muito pequena.

Como resultado, um investimento em ações da Magna International a US$ 20 por ação por volta de 1º de março de 2009 parecia uma oportunidade atraente. Por outro lado, uma avaliação de fluxos de caixa descontados com base em uma projeção de declínios contínuos na receita da Magna não teria identificado a proteção de ativos que efetivamente excluía tal cenário. Assim, os investidores que abordavam a Magna a partir dessa perspectiva distinta daquela de Graham e Dodd geralmente perdiam a oportunidade. Dez anos depois, no final de fevereiro de 2019, o preço das ações era de US$ 52 após uma divisão 4 por 1, um retorno anual sobre a valorização do preço de 26%[6]. Em retrospecto, o investimento na Magna parece bastante óbvio, dada a proteção de ativos e a grande margem de segurança. Em retrospecto, porém, somos todos gênios. É preciso coragem para ser ganancioso quando os outros estão com medo, e um caminho para a coragem é ter confiança de que você está munido das ferramentas analíticas adequadas para o trabalho.

---

[6] As ações automotivas como um todo tiveram aumentos comparáveis, mas quase todas essas outras ações automotivas eram altamente alavancadas e, portanto, arriscadas.

6

Crescimento

Poder de ganhos e poder dos lucros são os dois primeiros componentes de uma descrição completa de avaliação. Agora miramos o terceiro elemento, o crescimento. Geralmente é considerado axiomático que a abordagem de valor, com sua preferência por ativos tangíveis e poder dos lucros atual, desencoraje seus adeptos de investir em empresas de alta tecnologia e outras ações de "crescimento". Embora haja alguma verdade nessa ideia, especialmente no que se refere aos investidores do tipo Graham e Dodd mais tradicionais, ela ignora algumas inovações significativas na avaliação que os investidores em valor modernos criaram. Warren Buffett e vários outros investidores em valor proeminentes dão preferência às ações de "boas" empresas, o que significa empresas como a Coca-Cola – empresas que aumentam constantemente em valor –, em vez daquelas que são meramente "baratas". Nesse contexto, uma boa empresa – às vezes elevada a uma "grande" empresa – é aquela que pode pagar em dinheiro a seus investidores ao mesmo tempo que financia seu crescimento. Hoje, essas empresas, negócios de "franquia" nos termos de Buffett, constituem uma grande e crescente fração do valor de mercado dos ativos negociados publicamente. Ao mesmo tempo, os negócios baseados em ativos sólidos estão se tornando menos importantes.

A tendência em direção ao valor baseado em franquia fica evidente na alta lucratividade e nas avaliações sustentadas de trilhões de dólares de empresas como Microsoft, Google e Apple. Também fica clara pela maneira como o Walmart e o McDonald's criaram centenas de bilhões em valor de mercado para os setores de serviços tradicionalmente atomizados. A assistência médica, um setor importante hoje em dia, anteriormente era representada nos mercados de valores mobiliários quase que exclusivamente pelas principais empresas farmacêuticas. Hoje, oportunidades significativas de investimento em saúde incluem seguradoras de saúde, empresas de atendimento de medicamentos prescritos, cadeias de hospitais, empresas de tratamento e uma infinidade de equipamentos de alta tecnologia e oportunidades de biotecnologia. Todas essas empresas não farmacêuticas têm características de franquia. Ao mesmo tempo, franquias de negócios historicamente dominantes – General Electric, IBM, General Motors – e setores inteiros, como jornais, viram seus valores diminuírem ou até mesmo desaparecerem. A capacidade de reconhecer franquias e valorizar o crescimento com precisão são habilidades essenciais e desafiadoras exigidas dos investidores modernos do tipo Graham e Dodd.

Para os investidores em valor como um grupo, a principal razão histórica para evitar essas empresas de "crescimento" é que elas raramente têm preços favoráveis. Frequentemente, são o tipo de ação "bilhete de loteria para ficar rico rápido", pela qual muitos investidores acabam pagando a mais vezes. As evidências citadas no Capítulo 2 indicam que em quase todos os períodos prolongados, em quase todos os países, as carteiras de ações de "crescimento" apresentam desempenho inferior ao dos índices de mercado amplos. Depois de anos em que as expectativas levaram os preços além de qualquer estimativa razoável do valor subjacente, os mercados se corrigiram. Alguns exemplos reveladores são as ações japonesas na década de 1980, ações de tecnologia e telecomunicações na década de 1990 e ações chinesas e de outros mercados emergentes mais recentemente. Quando seus preços caíram e suas avaliações voltaram ao normal, elas haviam custado somas substanciais a seus acionistas entusiasmados – além de dissipar suas expectativas irrealistas. Os investidores em valor de qualquer faixa precisam estar bem cientes desse padrão. O sucesso histórico do investimento em valor baseou-se em grande medida na capacidade dos investidores em valor de evitar serem apanhados por esses episódios disparatados. Ações de crescimento, escolhidas seletivamente, não são frutos proibidos para investidores em valor, como Buffett e outros demonstraram, mas devem ser compradas com muito cuidado e com a aplicação habilidosa de um processo de avaliação adequado.

A abordagem tradicional de Graham e Dodd para investimentos de crescimento

Graham e Dodd reconheceram que o valor de um negócio de franquia está arraigado no poder dos lucros, e não nos ativos. Não querendo pagar mais pelo crescimento, eles basearam as decisões de compra de ações na margem de segurança entre o valor do poder dos lucros atual sem crescimento e o preço de mercado de uma empresa. O crescimento foi tratado como um fator qualitativo que poderia justificar uma margem de segurança menor, mas seu impacto calculado nunca foi incorporado às avaliações quantitativas. Em um mundo onde os investidores historicamente pagam caro demais por ações de crescimento, essa abordagem cautelosa é bastante recomendável. A maioria das previsões de taxas de crescimento futuro de receitas, lucros e, portanto, do valor da empresa são sistematicamente enviesadas.

Em primeiro lugar, as previsões de crescimento sofrem de vieses sistemáticos consideráveis. A extrapolação de tendências de curto prazo é um elemento básico da prática de previsão. Prevê-se que as empresas que obtiveram altas taxas de crescimento recentes terão altas taxas de crescimento futuro e que as empresas que apresentam taxas de crescimento baixas ou mesmo negativas devem continuar nesse caminho. No entanto, as taxas de crescimento realizadas para os que costumavam voar alto geralmente decepcionam, enquanto os de crescimento lento excedem as expectativas. Esses vieses de previsão são amplamente relatados na literatura acadêmica e profissional.[1] No entanto, a maioria dos analistas de investimento persiste em projetar o passado mais recente no futuro. A abordagem tradicional de Graham e Dodd evita essas armadilhas ao não confiar em previsões de crescimento quantitativas.

Em segundo lugar, as ações de crescimento serão superfaturadas quando os valores estimados dependerem do crescimento de empresas cujas supostas vantagens competitivas são difíceis de identificar ou, se existirem, provavelmente terão vida curta. Nesses casos, o fascínio do crescimento supera o fato de que apenas o crescimento da franquia cria valor sustentável. Por exemplo, muitas empresas em alguns mercados emergentes apresentam rápido crescimento de lucros, mas a maioria delas não se beneficia de vantagens competitivas sustentáveis. Nas economias emergentes, os gostos dos consumidores evoluem rapidamente, uma preferência instável que mina o esforço de tornar o cliente cativo. Além disso, especialmente na Ásia, os países de mercado emergente têm alta densidade populacional. Assim, mesmo em operações de serviço local, como varejo, novos participantes podem ser viáveis em níveis relativamente baixos de participação de mercado. Com frágeis vantagens de participação de mercado e baixo índice de clientes cativos, as vantagens competitivas, ou fossos, serão estreitas e frequentemente insignificantes. Ao mesmo tempo, geralmente há uma grande lista de empresas poderosas nos países desenvolvidos, ávidas pelas oportunidades de crescimento oferecidas nos mercados emergentes. As empresas desses mercados voltadas para a exportação também podem se expandir rapidamente, mas estarão necessariamente competindo em grandes mercados globais com alta concorrência. A capacidade das empresas em mercados emergentes de transformarem o rápido crescimento em criação de valor provavelmente será muito menor do que muitas vezes se prevê.

---

[1] A extensão impressionante desses preconceitos está documentada, com merecido sarcasmo, em Montier, James. (2010). *The Little Book of Behavioral Investing: How Not to Be Your Own Worst Enemy*, Hoboken: John Wiley and Sons.

Uma realidade semelhante afeta os mercados de novos produtos e serviços interessantes, os mercados emergentes da região geográfica do produto. A frequentemente alardeada "vantagem do pioneiro" – ou seja, a entrada nesses mercados em suas primeiras fases de crescimento rápido – geralmente não leva a uma vantagem competitiva de longo prazo sustentável e alta lucratividade. A tecnologia em rápida mudança é inimiga da conquista do cliente cativo. Os primeiros usuários estão constantemente em busca de produtos alternativos melhores e mais novos. Os que chegam depois e observam a variedade de produtos disponíveis são clientes independentes e não cativos. Durante os primeiros períodos de crescimento rápido, a maioria dos usuários em potencial ainda não é cliente. Seus números são geralmente suficientemente grandes em comparação aos usuários existentes para que, na corrida por economias de escala, os participantes posteriores não tenham desvantagens materiais. Finalmente, a rápida mudança tecnológica tende a minar e, portanto, minimizar as vantagens da tecnologia proprietária. As empresas que dominam esses mercados geralmente são aquelas que entram em um momento em que a tecnologia se estabilizou e o número de usuários é uma proporção alta o suficiente do mercado final para produzir vantagens de escala sustentáveis, um desenvolvimento para o qual o Google, no mercado de mecanismo de busca, é um excelente exemplo. Julgar se esse ponto foi alcançado e qual será o valor final é difícil, mesmo para observadores especializados do setor. É quase certo que está além da capacidade da maioria dos investidores em geral.

Um terceiro problema que atrapalha os investimentos em crescimento é que as ações de crescimento geralmente são precificadas em múltiplos muito altos de lucros correntes ou fluxos de caixa. Por exemplo, no final de 1999, a Microsoft era negociada a 70 vezes qualquer estimativa razoável de lucros sustentáveis atuais. Naquela época, a Microsoft não pagava dividendos. Qualquer retorno direto em caixa para os investidores, ao contrário de ganhos de capital potenciais, estava sendo adiado para um futuro distante. Os lucros da Microsoft estavam crescendo a mais de 25% ao ano, uma taxa atraente, mas que claramente não duraria indefinidamente. Para estabelecer um valor para os retornos em caixa aos investidores, vamos supor que a Microsoft começasse a distribuir metade de seus lucros informados aos acionistas e pudesse fazer isso sem prejudicar sua taxa de crescimento. Suponha ainda que a taxa de crescimento fosse em média 25% no futuro intermediário, até dez anos depois, e os investidores deveriam descontar os retornos de caixa futuros a um custo de capital de 10% ao ano, uma taxa relativamente baixa para uma ação de tecnologia de alto risco, como a Microsoft na ocasião. Sob essas premissas, o valor em caixa recebido durante o período de 10 anos de 2000 a 2009 valeria cerca de 10 vezes os lucros atuais da Microsoft. Esse pagamento de dividendos com desconto representaria cerca de 15% do preço de mercado da Microsoft de 70 vezes o lucro. Os 85% restantes do preço pago pela Microsoft em 1999 dependiam dos pagamentos e do desempenho nos anos posteriores a 2009.

Para uma empresa que opera em uma economia e um ambiente tecnológico em rápida mudança como a Microsoft em 1999, antecipar com precisão os eventos em 2009 e além era difícil, senão impossível. Essa compra de ações de crescimento em 1999 teria sido, nos termos de Benjamin Graham, uma especulação, não um investimento. Como era de se esperar, não funcionou bem. Depois que a bolha da tecnologia estourou em 2000, as ações da Microsoft demoraram 16 anos para retornar ao seu preço em 1999, embora houvesse distribuições de dividendos ao longo do caminho. Similarmente, ações de crescimento caras são geralmente investimentos ruins, o que significa que dão menos retornos do que o mercado em geral. Dadas as previsões de taxa de crescimento enviesadas para cima, a duração limitada de muitas vantagens competitivas e os altos preços pelos quais as ações de crescimento são vendidas quando comparadas aos lucros atuais ou fluxo de caixa, é difícil discordar da tradicional aversão de Graham e Dodd a pagar explicitamente pelo crescimento.

Apesar dessas dificuldades, Warren Buffett, Charlie Munger e vários outros investidores modernos orientados pelo valor obtiveram retornos consistentemente acima do mercado investindo em empresas de franquia em crescimento. Eles demonstraram que uma abordagem de valor disciplinada para investir em oportunidades de crescimento pode ser bem-sucedida. Um investidor em valor tradicional venderá quando o preço de mercado de uma empresa atingir ou exceder seu valor. Se o valor for estático, o investidor vende quando o preço se recupera do que costuma ser uma liquidação temporária ou um revés. Essa abordagem de recuperação define um horizonte fixo para obter um retorno decente. Se o valor da empresa aumentar continuamente, pode levar muitos anos até que o valor da empresa e o preço de mercado cheguem a uma convergência. Um período de manutenção de investimentos mais longo significa menor frequência de negociação, custos de transação mais baixos e diferimento de impostos sobre ganhos de capital por muitos anos. Como consequência, embora seja difícil investir de forma inteligente em ações de crescimento, é uma extensão essencial e válida da abordagem tradicional de Graham e Dodd para investir.

Um investimento baseado nas perspectivas de crescimento de uma empresa deve satisfazer a dois requisitos. Primeiro, o crescimento deve criar valor, o que não é certo. Para a maioria das empresas – mais precisamente para os acionistas da maioria das empresas –, o crescimento é, na melhor das hipóteses, uma proposta de equilíbrio. Como observamos brevemente no Capítulo 4, essas notícias preocupantes se aplicam igualmente a empresas de alta tecnologia que se expandem vendendo ferramentas de engenharia incríveis ou *gadgets* elegantes, a varejistas on-line que multiplicam suas ofertas e a emissores de franquias de restaurantes que se expandem abrindo mais pontos de venda. O crescimento cria valor apenas quando os investimentos necessários para sustentá-lo rendem mais do que o custo de capital. Na distinção que fizemos no Capítulo 3, na Figura 3.2, é apenas o Caso C, em que o valor do poder dos lucros excede significativamente os valores dos ativos, que o crescimento produzirá caixa distribuível líquido após o investimento para os investidores existentes.

Em segundo lugar, nem todo crescimento – mesmo o crescimento que vale alguma coisa – pode ser mensurado com precisão suficiente para permitir uma avaliação precisa. Como os investidores em valor exigem uma margem de segurança, eles comprarão crescimento apenas com um desconto substancial de seu valor estimado, um desconto grande o suficiente para compensar a maior incerteza na avaliação. O preço ideal para o crescimento é zero: pague integralmente pelo ativo circulante ou poder dos lucros e obtenha o crescimento de graça.

Apesar desses avisos, há circunstâncias em que até mesmo os investidores de valor disciplinados podem pagar algo pelo crescimento e ser recompensados, desde que mantenham estes dois requisitos claramente em vista: (1) que o crescimento criará de fato valor; (2) que existe uma margem de segurança mensurável incluída no preço pago por ele. Embora a primeira regra seja simples, ela não é bem compreendida pela maioria dos investidores. A segunda exige um grande reajuste na abordagem de Graham e Dodd à avaliação. Discutiremos os dois requisitos, um de cada vez. Neste capítulo, identificaremos as circunstâncias em que o crescimento genuinamente cria valor, diferindo daquelas em que o crescimento não contribui em nada e pode, portanto, ser ignorado na decisão de investimento, ou aquelas em que o crescimento realmente destrói valor e o investimento deve ser totalmente evitado. No Capítulo 8, desenvolveremos uma abordagem para calcular uma margem de segurança apropriada para ações de crescimento.

Quando o crescimento cria valor

Uma das vantagens que se pensa que as ações têm em comparação com os títulos de dívida – "títulos de renda fixa" – é que são uma reivindicação sobre um fluxo de renda potencialmente crescente. Dentro do investimento em ações, as ações de uma "empresa em crescimento", com perspectivas futuras atraentes, normalmente orientam um preço mais alto em relação ao lucro atual – um múltiplo de preço/lucro (P/L) mais alto – do que as de uma empresa que não consegue aumentar suas receitas. O raciocínio é óbvio. Se a empresa em crescimento puder gerar US$ 1 por

Tabela 6.1 Crescimento com reinvestimento

Ano	1	2	3	4
Lucros	US$ 1,00	US$ 1,20	US$ 1,44	US$ 1,73
Reinvestimento	US$ 0,50	US$ 0,50	US$ 0,50	US$ 0,50
Distribuição	US$ 0,50	US$ 0,70	US$ 0,96	US$ 1,23

ação em lucros este ano, US$ 1,20 no próximo ano, US$1,44 no ano seguinte, e continuar nessa taxa por algum tempo no futuro, as ações dessa empresa serão mais atraentes do que aquelas em uma empresa que produz um fluxo de nível de US$ 1 por ação perpetuamente.

Essa visão ignora um elemento-chave do crescimento: ele tem um preço. O crescimento em quase todas as instâncias requer investimento adicional, e esse investimento deve ser pago. Para o exemplo anterior, no qual os ganhos crescem 20% ao ano, vamos supor que esse crescimento precise de US$ 0,50 por ação a cada ano para aumentar a capacidade da planta e o capital de giro.[2] Faremos uma segunda suposição, que o investimento adicional é financiado por lucros acumulados. Isso significa que, a cada ano, a empresa pode distribuir US$ 0,50 a menos aos acionistas do que seria o caso se não tivesse que reinvestir esse dinheiro. Portanto, no primeiro ano, de US$ 1,00 em lucros, os acionistas recebem um dividendo de US$ 0,50; os outros US$ 0,50 são retidos e investidos (ver Tabela 6.1). O reinvestimento continua a cada ano, reduzindo a quantidade de lucros que podem ser distribuídos.

Por outro lado, uma empresa que não cresce e ganha US$ 1,00 por ano não exige novos investimentos e pode distribuir todo o valor aos acionistas. Neste exemplo, aquele US$ 1,00 por ano é mais do que os investidores na empresa em crescimento recebem até o quarto ano.

A questão crucial para determinar o valor líquido do crescimento de uma empresa é a relação entre o valor do investimento necessário para pagar pelo crescimento em comparação com os valores adicionais e o período de distribuição que o crescimento pode produzir. *A priori*, deve ficar claro que se o crescimento for lento o suficiente e as necessidades de investimento forem altas o suficiente, os custos atuais não serão compensados por lucros futuros e o valor líquido do crescimento será zero ou mesmo negativo. Identificar uma taxa de crescimento do ponto de equilíbrio que seja alta o suficiente para criar valor para os investidores quando comparada ao investimento adicional necessário parece, à primeira

---

[2] Para não complicar, ignoraremos o fato de que, à medida que a empresa cresce, a quantidade de reinvestimento necessária também aumenta.

vista, ser uma questão complicada, exigindo cálculos intrincados. No entanto, se essa pergunta for feita corretamente, a resposta será imediatamente aparente. A taxa de crescimento não é o principal problema. Ao examinar essa relação, a abordagem mais sensata é concentrar-se nos investimentos em caixa necessários para apoiar o crescimento. Concentrar-se nas taxas de crescimento que chamam a atenção e nos altos lucros futuros que elas podem gerar exige uma análise complicada que a maioria dos investidores em crescimento deixa de lado. O fascínio pela riqueza é um dos motivos pelos quais os investidores tendem a pagar caro pelo crescimento.

Um exemplo simples, porém geral, ilustra esse ponto. Suponha que uma empresa decida gastar US$ 100 milhões para apoiar seus planos de crescimento. O investimento pode consistir em novas fábricas, novos produtos, instalações de distribuição e escritórios de vendas, todos adquiridos com o propósito expresso de gerar receitas adicionais e aumentar lucros. Ou esse montante pode ser gasto na aquisição de novos negócios ou concorrentes em mercados existentes. Uma terceira possibilidade é que o dinheiro vá para o capital de giro adicional – contas a receber e estoque menos contas a pagar – necessário para suportar a demanda crescente nas linhas de produtos e mercados existentes. Seja qual for o uso, algum investimento é necessário para financiar o crescimento: sem um novo investimento não há crescimento. O crescimento que não requer nenhum investimento de apoio é extremamente raro.

Os investidores que fornecem os US$ 100 milhões precisam ser compensados pelo uso de seus fundos. Esse ponto é óbvio quando o dinheiro é levantado de investidores externos. Se vier na forma de dívida, os credores receberão juros e, em última instância, o reembolso do principal. Se vier da venda de ações adicionais, os novos investidores em ações serão recompensados com sua parte nos lucros da empresa como um todo. Mesmo quando os fundos vêm inteiramente de lucros retidos, eles ainda representam um investimento adicional. Os acionistas existentes estão, de fato, fornecendo o capital ao aceitar a decisão da gestão de fazer o investimento para financiar o crescimento previsto. Uma gestão decente levará este fato em consideração na avaliação do investimento e exigirá um retorno pelo menos igual ao que aqueles acionistas exigiriam se estivessem fazendo os investimentos voluntariamente. Não importa a fonte, o custo de capital é o mesmo.[3]

---

[3] Essa discussão ignora questões de distribuição relacionadas a impostos, mas essas considerações não devem alterar esse requisito de forma significativa.

Em cada caso, o retorno que deve ser oferecido para atrair os fundos voluntariamente é o custo de capital associado ao investimento de US$ 100 milhões em crescimento. Esse custo, pelo menos em teoria, depende do nível de risco inerente ao investimento. Para nosso exemplo simples, assumiremos que o retorno exigido é de 10% e ignoraremos por enquanto a diferença entre financiamento por dívida e capital próprio. Portanto, o custo de atrair US$ 100 milhões voluntariamente de investidores é de US$ 10 milhões por ano. Esse custo é o lado negativo do crescimento e, se for alto o suficiente, pode transformar o crescimento de lucrativo em uma proposta perdedora.

O lado positivo são os fluxos de caixa futuros que os US$ 100 milhões irão produzir. Novamente, para manter as coisas simples, vamos supor que esse fluxo de caixa ocorra como uma porcentagem constante ao longo da vida futura e ilimitada do investimento. Também presumiremos que essa taxa varia entre as empresas; como acontece com todos os investimentos, alguns terão retornos mais elevados do que outros. Nosso custo de capital é de 10%, e o custo anual do investimento de US$ 100 milhões é de US$ 10 milhões (ver Tabela 6.2).

Para um investimento que retorna 5%, os US$ 5 milhões de lucros adicionais são apenas metade dos US$ 10 milhões que devem ser pagos aos investidores que forneceram os US$ 100 milhões em capital. O crescimento com essa taxa de retorno gera uma perda anual de US$ 5 milhões e destrói valor para os acionistas existentes. Se avaliarmos a perda anual de US$ 5 milhões em 10%, isso resulta em uma perda total no valor de US$ 50 milhões, ou metade do investimento original de US$ 100 milhões. A empresa terá vendas, ativos e receita operacional crescentes. Se os US$ 100 milhões vierem predominantemente de lucros retidos, haverá

Tabela 6.2 Retorno sobre o investimento e valor criado

Capital de investimento	US$ 100 milhões	US$ 100 milhões	US$ 100 milhões
Retorno sobre o investimento (%)	5%	10%	20%
Retorno sobre o investimento (US$)	US$ 5 milhões	US$ 10 milhões	US$ 20 milhões
Custo de investimento	US$ 10 milhões	US$ 10 milhões	US$ 10 milhões
Receita líquida criada	(US$ 5 milhões)	US$ 0	US$ 10 milhões
Valor líquido criado	(US$ 50 milhões)	US$ 0 milhões	US$ 100 milhões

aumento da receita líquida e do lucro por ação. No entanto, o valor foi destruído de forma inequívoca pelo retorno de 5% sobre o investimento.[4]

Em seguida, considere uma empresa que ganha 10% sobre os US$ 100 milhões e, portanto, gera um adicional de US$ 10 milhões em fluxo de caixa distribuível. Todo esse dinheiro vai para os investidores que forneceram os US$ 100 milhões; não há caixa adicional para os proprietários originais da empresa. Apesar dos lucros adicionais relatados, nenhum valor será criado e nenhum será destruído. Ao contrário do primeiro exemplo, em que o crescimento foi destrutivo, o crescimento que aumenta os retornos precisamente pelo custo do novo investimento é neutro e, portanto, irrelevante. Isso representa a fronteira entre o crescimento que destrói valor e o crescimento que o cria e nos ajuda a separar os investimentos que não queremos considerar daqueles que queremos.

Nosso terceiro exemplo é uma empresa para a qual os US$ 100 milhões produzem um aumento ainda maior nas vendas e com margens de lucro maiores. Este projeto pode retornar até 20% ao ano, o que se traduz em US$ 20 milhões em lucros extras.[5] Pagando o custo de US$ 10 milhões do investimento, ainda restam US$ 10 milhões restantes para os proprietários originais da empresa. O crescimento produzido por este projeto criará um valor total substancial para os acionistas existentes ou outras partes interessadas. Mesmo depois que os novos investidores receberam US$ 10 milhões, ainda há US$ 10 milhões adicionais por ano em fluxo de caixa. Se isso for avaliado como o custo de capital de 10%, este projeto cria US$ 100 milhões em valor extra em seu investimento de US$ 100 milhões em crescimento, o que significa US$ 100 milhões em valor agregado. Se US$ 100 milhões podem ser investidos todos os anos com os mesmos resultados, então o valor do crescimento é prodigioso e duradouro, pois o investimento se paga e ainda deixa

---

[4] Uma prática comum para empresas que se entregam a esses tipos de investimentos destruidores de valor é financiá-los com financiamento de dívida de "baixo custo". Se a taxa de juros da dívida de US$ 100 milhões for de apenas 4%, o investimento parece gerar um retorno líquido de 1% (US$ 1 milhão) ao ano. Esse cálculo é ilusório. O custo da dívida deve sempre incluir o custo esperado do prejuízo operacional futuro de maior alavancagem em tempos difíceis. Uma empresa com uma política de dívida sólida assumirá dívidas até o ponto em que o custo total da dívida equivale apenas ao custo do financiamento por capital próprio. Na margem, o financiamento por dívida e capital próprio devem ser igualmente caros. Se uma empresa tiver subutilizado o financiamento da dívida, de forma que o custo total da dívida seja de fato inferior ao custo do capital próprio, a dívida extra pode ser justificada. No entanto, o produto dessa dívida deve ser distribuído aos proprietários do negócio, e não desperdiçado em projetos de "crescimento" que destroem valor.

[5] Estamos usando fluxo de caixa para distribuição e lucros de forma intercambiável aqui. Medidos corretamente, os dois devem ser iguais.

US$ 10 milhões adicionais para cada US$ 100 milhões investidos. A chave é a taxa de retorno do capital investido. Altas taxas levam à criação de valor, assim como taxas baixas ou negativas, como 5%, levam à destruição de valor.

A resposta à pergunta: "O crescimento é uma coisa boa ou ruim para os acionistas existentes?" é que tudo depende de o retorno sobre o investimento em crescimento ser menor, igual ou maior que o custo de capital necessário. Nossos três exemplos simples fornecem todo o conjunto de possibilidades. O que não importa é o tamanho do investimento ou o custo específico de capital. A mesma consideração se aplica a um investimento de US$ 1.000 ou a um de US$ 1 bilhão. Aplica-se a um custo de capital de 4%, 10% ou 15%. É o custo desse capital quando comparado ao retorno que o investimento gera que conta.[6]

Qual crescimento é esse?

Como podemos saber com antecedência se o crescimento potencial para este investimento será igual, superior ou mesmo inferior ao custo de capital? Considere uma empresa que busca se expandir em mercados ou linhas de produtos nos quais não tem vantagens competitivas sustentáveis e, portanto, não encontra barreiras à entrada. Em suas projeções, a empresa pode antecipar um retorno sobre o investimento que excederá seu custo de capital – digamos, um retorno sobre capital de 15% que custa 10%. Contudo, outras empresas estarão em busca de oportunidades semelhantes e localizarão esta, especialmente se os investimentos da primeira empresa se revelarem alta e visivelmente lucrativos. Sem barreiras de entrada, esses seguidores se juntarão à festa, reduzindo os retornos inicialmente altos da primeira empresa. Esses retornos continuarão caindo até que todas as oportunidades atraentes de lucro tenham sido eliminadas. Mais cedo ou mais tarde, e geralmente mais cedo, cada concorrente ganhará apenas seu custo de capital, na melhor das hipóteses. Nesse ponto, todos os benefícios do crescimento desaparecerão, e a breve fase de retornos mais elevados terá adicionado muito pouco ao valor da empresa. Mais prejudicial ainda, este período limitado será, frequentemente, mais do que compensado por um período mais longo em que o excesso de capacidade de todos os novos participantes forçará os retornos abaixo do custo de capital. A lição é clara: sem vantagens competitivas e barreiras de entrada que protejam os retornos da empresa inicial, o crescimento criará pouco ou nenhum valor.

---

[6] É menos óbvio, mas pode ser demonstrado matematicamente, que o resultado se aplica a qualquer padrão de retornos, não apenas à versão de perpetuidade constante que assumimos em nossos exemplos.

Empresas que buscam crescer entrando em um mercado altamente lucrativo no qual os operadores históricos desfrutam de vantagens competitivas sustentáveis sobre os concorrentes potenciais enfrentam resultados ainda piores. Os altos retornos são uma tentação; se as empresas existentes estão florescendo, por que não entrar no mercado e desfrutar de uma lucratividade semelhante? Mas os retornos são altos precisamente por causa das vantagens competitivas e barreiras à entrada que protegem as empresas estabelecidas de possíveis entrantes. Uma empresa que tenta penetrar neste mercado está no caminho certo para obter retornos abaixo do padrão ou para falhar em sua tentativa de estabelecer uma presença. Um entrante novo, pequeno e agressivo pode ser tolerado por concorrentes maiores e mais fortes, mas suas operações serão de escala limitada. Uma vez que as vantagens competitivas sustentáveis, em última análise, dependem de economias de escala, é difícil ver como uma empresa subdimensionada pode evoluir. O resultado provável é o estreante obter retornos abaixo de seu custo de capital. Qualquer crescimento de uma empresa operando em desvantagem competitiva ou com gestão de baixa qualidade provavelmente destruirá valor.

O único crescimento que cria valor ao produzir um retorno acima do custo de capital ocorre em mercados onde a empresa desfruta de uma vantagem competitiva real ou tem potencial para criá-la – normalmente, mercados que ela poderá dominar no futuro. Uma vantagem competitiva sustentável produz altos retornos atuais, e as barreiras de entrada protegem a empresa de candidatos a entrantes no futuro que destruiriam esses retornos. Os três níveis de retorno do crescimento que descrevemos na Tabela 6.3 – abaixo, igual ou acima do custo de capital – correspondem, respectivamente, às três instâncias de empresas que operam com relação à vantagem competitiva: aquelas que operam em uma desvantagem competitiva; aquelas que competem em igualdade de condições; aquelas que se beneficiam de uma vantagem competitiva. Isso correspondem aos três casos, A, B e C, que identificamos no Capítulo 3, nos quais o poder de lucro cai abaixo, iguala ou excede o valor do ativo da empresa.

Tabela 6.3 Retornos e vantagem competitiva

	Retornos em relação ao custo de capital	Vantagem competitiva	Valor do poder dos lucros
Caso A	abaixo	outros a tem	abaixo do custo de reprodução de ativos
Caso B	igual	igualdade de condições com a concorrência	mesmo custo de reprodução dos ativos
Caso C	acima	beneficiam-se dela	acima do custo de reprodução de ativos

Assim, a abordagem de Graham e Dodd para avaliação, quando combinada com uma compreensão completa da vantagem competitiva, permite ao investidor estender a análise das operações existentes para o crescimento no futuro e fornece uma resposta direta e abrangente à pergunta: "Quando o crescimento cria valor?"

Compreender as condições competitivas que determinam o valor do crescimento fornece uma visão sobre uma série de questões relacionadas ao crescimento:

1. O valor do crescimento orgânico que é impulsionado pelo aumento da demanda do mercado em contraste com o crescimento que é ativamente buscado pela empresa.
2. As consequências de outros desenvolvimentos favoráveis, como novas tecnologias que reduzem custos e levam ao crescimento dos lucros, mesmo que não aumentem diretamente a demanda.
3. O valor das opções de crescimento, oportunidades secundárias que uma empresa pode buscar se garantidas e evitar se não forem atraentes.
4. As consequências do encolhimento do mercado em oposição à expansão.
5. As diferenças entre o crescimento nos mercados principais e o crescimento em novos mercados.

Examinaremos cada uma dessas questões separadamente.

Crescimento orgânico

O tipo de crescimento mais desejável para qualquer empresa é o crescimento da receita que surge organicamente das condições de mercado, em oposição ao crescimento em resposta a iniciativas de investimento ativo. O investimento envolvido é mínimo. O capital adicional consiste principalmente em capital de giro líquido, principalmente estoques adicionais e contas a receber compensadas pelo crescimento das contas a pagar e passivos acumulados. Os investimentos fixos na capacidade de produção incremental tendem a ser pequenos em relação ao custo médio da capacidade. Quando a receita do Walmart aumenta porque mais clientes, devido ao crescimento da população local, estão gastando mais *per capita*, graças ao aumento dos níveis de renda, os retornos incrementais são geralmente maiores do que aqueles produzidos pela abertura de novas lojas. Isso é especialmente verdadeiro para mercados nos quais a demanda crescente resulta em preços mais altos. Consultores e livros sobre estratégia de negócios invariavelmente enfatizam os benefícios de operar em mercados de alto crescimento, em vez de naqueles que estão estagnados ou crescendo lentamente.

Por mais desejáveis e lucrativos que sejam, os benefícios do crescimento orgânico e da criação de valor que daí advêm dependem da existência e sustentabilidade de barreiras à entrada, ou seja, vantagens competitivas existentes. Sem essas barreiras, retornos iniciais mais elevados decorrentes do crescimento orgânico estimularão as empresas existentes a se expandir e atrair novos participantes no mercado. A competição acirrada reduzirá os retornos sobre o capital investido para todos. A entrada e a expansão continuarão até que os retornos não excedam mais o custo de capital apropriado para o mercado em questão. Eles podem persistir ainda mais se houver uma reação exagerada de entusiasmo às oportunidades iniciais. O resultado final não será a criação de valor para a empresa individual, mas sim um maior número de empresas no mercado e mais capital empregado. Uma vez que esse capital alcança seu custo, não haverá criação de valor no longo prazo, apesar das altas taxas iniciais de retorno do crescimento orgânico do mercado. Somente para empresas em mercados protegidos por barreiras à entrada o crescimento orgânico levará à criação de valor sustentado.

Desenvolvimentos econômicos favoráveis

Além do alto crescimento orgânico, há outros desenvolvimentos econômicos favoráveis que levam a retornos mais elevados. Dois exemplos comuns são tecnologias que reduzem custos e inovações em *marketing* e distribuição que aumentam a eficiência operacional. Computadores pessoais, tablets e smartphones se beneficiaram com a melhoria rápida do desempenho com custos decrescentes. Novamente, até que ponto esses desenvolvimentos criam valor para as empresas que os criam, e não para seus clientes, depende dos mesmos fatores que governam o valor do crescimento orgânico: barreiras à entrada (vantagens competitivas sustentáveis). Sem essas barreiras, a maior lucratividade que vem de custos menores, melhorias de produto e uma distribuição mais eficiente apenas atrairá novos participantes e capacidade adicional, os quais intensificarão a concorrência e reduzirão a lucratividade. Como no caso do crescimento orgânico, a entrada desacelerará apenas quando o retorno cair para o custo de capital apropriado para o mercado em questão. Todas essas melhorias não levarão à criação de valor sustentável para as empresas existentes, a menos que existam barreiras efetivas à entrada que limitem o impacto de novos concorrentes.

Opções de crescimento

Muito tem sido escrito em finanças sobre o valor para empresas ao entrar em mercados com novas oportunidades possíveis que são criadas por acontecimentos imprevistos. A tese básica é que as empresas que identificam essas oportunidades podem aumentar seus retornos respondendo agressivamente a elas. Por outro lado, elas podem minimizar o impacto de acontecimentos desfavoráveis, reagindo defensivamente. Novamente, como já deveríamos esperar, em mercados não protegidos por barreiras à entrada, o valor dessas opções de crescimento é severamente limitado pelo aumento da concorrência que certamente acompanhará um inovador de sucesso. Considere o caso de um gerente do setor de smartphones que percebe que certas combinações de recursos geram uma demanda excepcionalmente alta entre consumidores específicos. Por exemplo, a capacidade de baixar e tocar música é muito atraente para adolescentes e jovens adultos. A empresa adiciona esse recurso, aumenta o preço do telefone para mais do que cobrir o custo adicional e vê as vendas aumentarem rapidamente entre os grupos demográficos visados, com lucros crescentes em linha. Se a empresa não tivesse previsto originalmente esse tipo de resposta, os lucros inesperados obtidos representam uma opção clássica de crescimento.

O que acontece depois? Já sabemos a resposta. Sem barreiras à entrada, os concorrentes copiam a empresa inovadora, incluem esses recursos e talvez alguns adicionais e comercializam agressivamente entre os grupos-alvo. A concorrência, como sempre, reduz a lucratividade, e novas empresas continuam a chegar até que os retornos caiam abaixo do custo de capital. Essa opção de crescimento não leva a lucros mais elevados de forma sustentável. Se um novo recurso do produto falha, o inovador suporta a perda e os concorrentes evitam o mesmo erro. Também neste caso, a opção de crescimento não tem valor de longo prazo. Além disso, um mercado com potencial de lucro atraente e opções de crescimento extensas, a menos que não sejam reconhecidas, atrairá mais concorrentes para esse mercado em primeiro lugar, o que não é um cenário positivo para altos retornos sobre o investimento. Sem barreiras à entrada, este efeito negativo deve, em média, anular os benefícios das opções de crescimento potencial. Como outros fatores de mercado aparentemente favoráveis, as opções de crescimento geram valor econômico significativo apenas em mercados protegidos por barreiras à entrada.

Mercados que encolhem

Os mercados encolhem tanto quanto crescem. A destruição criativa se aplica tanto aos mercados quanto às empresas. Gostos e mudanças tecnológicas induzem os consumidores a gastar seu dinheiro em itens que podiam não existir cinco ou dez anos atrás. Onde estão os grandes fabricantes de toca-discos da década de 1960?[7]

---

[7] Houve um renascimento dos discos de vinil e do equipamento necessário para tocá-los, mas até agora esse é um nicho de mercado para os puristas do áudio.

O formato de fita Betamax foi vítima de um padrão VHS supostamente inferior; ambos agora são item de colecionador, assim como os dispositivos menores que os substituíram. Portanto, os mercados encolhem e até desaparecem. Os consumidores não têm quantias ilimitadas de dinheiro para gastar e deixarão de fazer suas compras em um lugar para fazer em outro. A digitalização de tantas coisas eliminou uma série de produtos físicos e muitas das empresas que os produziam.

As consequências para as empresas que operam em um mercado em retração são, em aspectos importantes, o inverso do que ocorre quando os mercados estão crescendo. São as empresas com vantagens competitivas em mercados protegidos por barreiras de entrada que são mais prejudicadas e experimentam a maior destruição de valor. Em contraste, as empresas em mercados competitivos com entrada livre sofrem menos com o declínio da demanda. Lucros mais baixos no futuro são compensados por recuperações de capital, presumindo-se que as empresas sejam racionais e estejam dispostas a encolher ou sair com dignidade. Plantas e equipamentos podem sofrer desgaste ou ser vendidos para outras indústrias que possam considerá-los úteis. O estoque pode ser reduzido. Se o capital recuperado era anteriormente lucrativo em torno de seus custos, o valor realizado com a alienação e redução dos ativos deve ser aproximadamente igual ao valor dos lucros que não serão mais gerados por esse investimento. Por exemplo, se os lucros de uma empresa forem reduzidos em US$ 2 milhões, mas ela puder recuperar US$ 20 milhões dos ativos excedentes, ela terá essencialmente obtido o mesmo retorno de 10% que tinha antes.

As empresas com vantagens competitivas são mais afetadas pela retração dos mercados por dois motivos. Em primeiro lugar, uma vez que estão lucrando mais do que seu custo de capital em investimentos, as recuperações de capital de quedas na demanda são menores em relação à receita que geraram. Os US$ 20 milhões recuperados podem ter alcançado US$ 4 milhões por ano, por exemplo; sua recuperação não compensa totalmente o valor daqueles US$ 4 milhões em lucros anuais. Em segundo lugar, as vantagens competitivas sustentáveis são geralmente associadas a economias de escala. A redução leva a margens operacionais em declínio que não são compensadas por uma redução no capital empregado. Os custos fixos permanecem, e os declínios incrementais gerais são limitados. Quando monopólios poderosos com economias de escala locais significativas, como jornais locais, veem seus mercados encolher, a magnitude da destruição de valor é muito maior do que para restaurantes locais e outras empresas de serviços que operavam em condições de igualdade e não eram protegidos por barreiras à entrada. Além disso, há um mercado melhor para os equipamentos e aluguéis do restaurante do que as impressoras do jornal, que podem ter que ser vendidas como sucata.

Expansão para novos mercados

Uma empresa com vantagem competitiva em seu mercado principal pode ficar tentada a se expandir para mercados que não fazem parte desse mercado principal. A região geográfica pode ser diferente, o produto em si pode ser novo, pode-se até mesmo estar cruzando as fronteiras do setor. Por alguma razão, a gestão pensa que é possível levar consigo as vantagens competitivas de que desfruta em seus atuais mercados de localização e de produto. Essa decisão quase sempre acaba sendo um erro. É no novo mercado que a empresa deve obter uma vantagem competitiva para a criação de valor. Por mais forte que seja sua posição competitiva em seu mercado principal, se a empresa não tiver vantagens competitivas nos novos mercados em que se expande, o crescimento envolvido não criará valor. A IBM e a Eastman Kodak entraram no mercado de copiadoras na década de 1970. Cada um tinha o que considerava tecnologia que lhes permitiria competir com sucesso com a Xerox, a líder de mercado, mas essas escolhas não funcionaram como previsto. A Xerox tinha uma vantagem competitiva, pelo menos naquela época, e mesmo esses dois gigantes da tecnologia não conseguiram entrar.

Quando o Walmart adiciona lojas em seus mercados principais, ele não precisa aumentar a publicidade ou recriar a infraestrutura de distribuição e gestão já instalada. Beneficia-se das barreiras à entrada levantadas pelas economias de escala regionais as quais já desfruta nessas áreas. Portanto, as lojas, se devidamente localizadas, devem render retornos acima do custo do capital adicional necessário para abri-las e gerenciá-las. A empresa pode estender essas vantagens e lucratividade a mercados adjacentes que estão ao alcance de sua infraestrutura de publicidade, distribuição e gerenciamento regional. Por outro lado, a situação foi bem diferente quando ela se mudou para longe e não pôde mais contar com a infraestrutura existente e com os clientes cativos. Nesses casos, geralmente é uma empresa local estabelecida que desfruta o benefício de uma vantagem competitiva. O crescimento nesses mercados distantes quase certamente destruirá valor, antes mesmo de considerar as dificuldades de implementação e a necessidade de superar as diferenças culturais. A experiência real de expansão global do Walmart além dos mercados adjacentes no México e no Canadá confirmou esse princípio.

Para que o crescimento crie valor em novos mercados, a empresa deve se beneficiar das vantagens competitivas nesses mercados. As vantagens de que goza em casa são irrelevantes. Podem ser prejudiciais ao gerar excesso de confiança e a ideia de que o capital necessário para investir é, de alguma forma, barato, tendo sido fornecido por lucros retidos no negócio principal, no qual o retorno do investimento é alto. Como mostramos, esse cálculo é uma ilusão.

Oportunidades de crescimento para criação de valor

A maioria das situações que descrevemos sobre o potencial de lucro das estratégias de crescimento serve como avisos de advertência. É difícil obter crescimento lucrativo em parte porque ele envia um sinal poderoso para outras empresas de que os retornos acima do custo de capital estão sendo ganhos por alguém, e elas pensam, por que não eu? A competição corrói retornos superiores. Portanto, as oportunidades mais positivas para investimentos relacionados ao crescimento são aquelas concentradas nos mercados principais ou adjacentes, nos quais as vantagens competitivas existentes da empresa podem permitir que ela evite um ataque de concorrentes potenciais e continue a obter retornos acima de seu custo de capital. Em termos geográficos, isso envolve preencher áreas dentro das regiões centrais que uma empresa já domina e, em seguida, expandir nos limites dessas regiões. Essa tem sido a estratégia do Walmart e de outras empresas de varejo de sucesso. A situação também descreve o crescimento da Southwest Airlines, a companhia aérea dos Estados Unidos mais consistentemente lucrativa. A Southwest começou com um único *hub* no Love Field, em Dallas, com foco inicial apenas em voos dentro do Texas. Em seguida, estendeu seu alcance para estados adjacentes e aeroportos secundários que poderia dominar.

Passando do espaço geográfico para o espaço do produto, a Microsoft serve como um exemplo positivo e preventivo. À medida que adicionava *softwares* de escritório essenciais – Excel, Word, PowerPoint – em torno de seu mercado de sistema operacional principal, a Microsoft estava se comportando da mesma forma que o Walmart geograficamente. O resultado foi um longo período de grandes aumentos consistentes nos lucros e no valor. Quando a Microsoft saltou para mercados não relacionados, como consoles de jogos, os resultados foram muito menos bem-sucedidos. O Walmart não tem se saído tão bem em seus empreendimentos na Europa e na Ásia em comparação com sua base no Arkansas.

A segunda oportunidade de crescimento mais positiva vem de entrar em mercados onde não há concorrentes dominantes que tenham clientes cativos e vantagens de economia de escala. Uma empresa externa com uma estratégia focada e bem executada pode ter sucesso em dominar esses mercados, assim como o Walmart veio a dominar o Arkansas e o centro da região sul dos Estados Unidos em seus primeiros anos ou a Microsoft controlava os sistemas operacionais para computadores pessoais, auxiliada, é claro, por sua adoção pela IBM. Essas se tornaram as empresas com vantagens competitivas, protegidas por barreiras à entrada, e obtiveram retornos acima do custo de capital que levou à criação de valor. Embora tudo pareça tão inevitável olhando em retrospecto, é importante lembrar que havia outras empresas nesses mercados, cada uma das quais tinha, pelo menos no início, as mesmas oportunidades que o Walmart e a Microsoft. As empresas que buscam dominar esses mercados intactos devem ser extremamente disciplinadas – focar um mercado de cada vez – e excelentes na execução.

Além dessas duas situações, as perspectivas de agregar valor por meio do crescimento são, na melhor das hipóteses, limitadas e, muitas vezes, negativas. Se o novo mercado não tem barreiras atuais de entrada e, dado seu tamanho, estrutura e outras características, nenhuma probabilidade de que alguém seja capaz de criar vantagens competitivas para si mesmo, então a empresa tem, pelo menos, a chance de se sair bem por meio de uma gestão superior dentro de um ambiente competitivo. No entanto, se houver barreiras à entrada e outras empresas já estiverem tirando proveito delas, em nenhuma circunstância a empresa deve tentar entrar. Esse aviso parece tão óbvio que nem precisaria ser dito. No entanto, a história tem demonstrado repetidamente que a tentação de entrar é forte, e resistir a ela é mais difícil do que deveria ser. As principais empresas nesses mercados estão relatando altos retornos sobre o capital investido, e muitos gerentes se perguntam por que também não conseguem arrecadar esses lucros e as recompensas que os acompanham. No entanto, esses retornos não seriam sustentáveis sem barreiras significativas à entrada; portanto, o recém-chegado está operando em grande desvantagem desde o início. E se de alguma forma o novato conseguir quebrar as barreiras e se juntar ao círculo interno de empresas lucrativas, a implicação é que essas barreiras não estão mais intactas e outras empresas o seguirão, levando à competição que afeta as margens de lucro e o retorno sobre o investimento. Em certo sentido, uma entrada bem-sucedida não deve levar à celebração, mas deve levantar a questão: "Se podemos fazer isso, por que outros também não podem?" Os mercados com fortes barreiras de entrada são como a definição clássica de Groucho Marx do clube perfeito: um clube que não o admitiria como sócio.

Uma última palavra de advertência sobre como pagar pelo crescimento

Qualquer investidor que "paga" pelo crescimento – comprando ações que vende por um alto múltiplo de lucros ou ativos líquidos em antecipação de que o crescimento futuro criará valor mais do que suficiente para justificar o preço das ações – deve se lembrar do que as finanças comportamentais aprenderam sobre o investimento nesses tipos de empresas. Em primeiro lugar, tendem a ser ações de bilhetes de loteria com potencial para enriquecimento rápido com chances de sucesso quase impossíveis no longo prazo. Portanto, como um grupo, elas são sistematicamente supervalorizadas. Em segundo lugar, quando os investidores ou analistas de segurança prevem taxas de crescimento, eles extrapolam a experiência recente para o futuro. No caso de altas taxas de crescimento, como observamos anteriormente, este é um convite à decepção. Terceiro, as estimativas do valor criado pelo crescimento são extremamente sensíveis às próprias taxas de crescimento. O valor é grande quando as taxas de crescimento são altas, mas cai consideravelmente à medida que as taxas de crescimento diminuem. Mesmo uma pequena queda nas taxas têm um grande impacto no valor. Portanto, mesmo depois de verificar se o crescimento previsto realmente criará valor – que o mercado está protegido por barreiras reais ou potenciais à entrada, das quais esta empresa se beneficiará –, os investidores em valor devem agir com cautela ao investir nessas empresas. Pode haver crescimento em valor, mas seu tamanho final é difícil de determinar. Como indicamos no início deste capítulo, o crescimento dos investimentos em franquias se tornou uma parte inevitável de uma abordagem de valor, mas deve ser praticado com extremo cuidado.

7

"Bons" negócios

Três regras resumem nossa discussão até agora sobre as implicações do crescimento para a avaliação. Em primeiro lugar, para empresas com valores de ativos acima do valor do poder dos lucros, geralmente empresas com má gestão ou aquelas que operam em desvantagem competitiva, o crescimento é destrutivo. Ele corrói valor e é mais um motivo para substituir a gestão atual o mais rapidamente possível. Em segundo lugar, para empresas com gestões competentes em mercados competitivos – ou seja, empresas com valores de ativos aproximadamente iguais aos valores do poder dos lucros –, o crescimento é, na melhor das hipóteses, irrelevante e, na pior, uma distração. Geralmente não cria nem destrói valor. Para essas empresas, não precisamos considerar o crescimento de forma alguma. Em terceiro lugar, apenas para empresas protegidas da concorrência por vantagens competitivas sustentáveis, aquelas que podem ganhar acima de seu custo de capital em investimentos de crescimento, o crescimento cria valor. E mesmo esses "bons" negócios (daqui em diante dispensaremos as aspas) provavelmente criarão valor apenas quando seu crescimento ocorrer dentro de mercados protegidos ou próximo a eles. Portanto, a primeira questão que devemos abordar ao avaliar o crescimento é se uma empresa atende a estes critérios: o valor do poder dos lucros está acima do valor dos ativos; ela atua em um mercado no qual possui vantagens competitivas sustentáveis; atualmente ganha acima de seu custo de capital; e é provável que faça investimentos de crescimento nos mercados atuais ou adjacentes aos quais suas vantagens competitivas possam ser estendidas.

O termo que os investidores em valor usam para descrever essas empresas, seguindo Warren Buffett, é "franquias". Como elas terão valores de poder dos lucros atuais bem acima do valor dos ativos, os valores dos ativos não serão essenciais para determinar quanto elas valem. A maior importância dos lucros e a necessidade de valorizar o crescimento significa que devemos aplicar uma abordagem de avaliação personalizada aos negócios de franquia. Não podemos mais confiar apenas nos valores dos ativos e do poder dos lucros como uma verificação um do outro e como teste para saber se temos um negócio de franquia. Este capítulo descreverá o processo de identificação de franquias. O reconhecimento de que as empresas de franquia são diferentes das outras e devem ser avaliadas de uma maneira própria, não apenas usando uma abordagem genérica de fluxos de caixa descontados, é um dos *insights* fundamentais dos investimentos modernos que Graham e Dodd tiveram.

Os investidores usam diversos indicadores para identificar bons negócios. Eles buscam altas margens de lucro que retornam grandes quantias de dinheiro a seus proprietários, mesmo quando crescem rapidamente. Margens altas podem significar altos retornos sobre as vendas – margens brutas, margens operacionais ou margens de lucro líquido –, especialmente em relação aos concorrentes no mesmo setor. Ainda assim, em última análise, bons negócios são aqueles que obtêm altos retornos sobre o capital investido. Existem maneiras alternativas de medir o retorno sobre o capital investido: (1) retorno sobre o patrimônio líquido (ROE, ou lucro líquido dividido pelo valor contábil do patrimônio líquido); (2) retorno sobre o capital (lucro operacional dividido pela dívida líquida mais o patrimônio líquido investido); (3) retornos de capital depois de impostos (lucro líquido mais juros líquidos pagos dividido pela dívida líquida mais patrimônio líquido). Bons negócios obtêm retornos constantes de 15 a 20% ou mais com essas medidas, bem acima de um custo de capital típico de 10%. Esses retornos devem aumentar em vez de diminuir com o tempo. Bons negócios também são aqueles que crescem. As empresas em crescimento podem ter altos níveis de investimento por unidade de vendas (*ativo pesado*) ou baixos níveis de investimento (*ativo leve*). As empresas com ativo pesado são desejáveis porque podem empregar muito capital com altas taxas de retorno. As firmas com ativo leve são capazes de obter taxas de retorno especialmente altas porque, ao exigir tão pouco capital para sustentar o crescimento, podem distribuir a maior parte de seus lucros. Em ambos os casos, a chave para esses retornos sustentáveis elevados e o valor do crescimento está nas características econômicas dos negócios de franquia, os fatores qualitativos que lhes permitem proteger esses retornos da erosão causada pela concorrência.

Como são os bons negócios

Há um consenso geral de que bons negócios em economias de mercado são aqueles que desfrutam vantagens competitivas sustentáveis em relação a outras empresas. Vantagens competitivas sustentáveis, se detidas por firmas estabelecidas, criam barreiras à entrada. Barreiras à entrada são o que Warren Buffett e outros investidores em valor chamam de "fossos". As empresas de franquia, na linguagem do investimento em valor, são simplesmente negócios cujas operações são protegidas da concorrência por barreiras amplas e duradouras. Assim, vantagens competitivas e barreiras sustentáveis à entrada, fosso e franquias são todos termos que se referem às mesmas características subjacentes de um ambiente de negócios.

O único termo problemático nessas expressões que são mais ou menos sinônimos é o papel da incumbência na qualificação de vantagens competitivas relevantes. Em certas situações, os incumbentes operam em desvantagem competitiva. Por exemplo, na situação em que a tecnologia está mudando rapidamente, um recém-chegado pode ser capaz de ultrapassar um incumbente e estabelecer operações com equipamentos de uma próxima geração a um custo mais baixo. Situações como essas são inerentemente instáveis e não beneficiam ninguém, exceto os consumidores. O entrante de hoje é o incumbente de amanhã. Se a tecnologia continuar a evoluir, a vantagem competitiva do entrante será minada por um recém-chegado cujos recursos são ainda mais avançados. O resultado é que nenhuma empresa estabelece barreiras sustentáveis à entrada que possam protegê-la da concorrência implacável. Não existem bons negócios em um ambiente competitivo com mudanças implacáveis.

Pode haver um acordo generalizado de que vantagens competitivas, barreiras à entrada, fossos e franquias são o fator econômico essencial para definir um bom negócio. Há pouca concordância sobre como são as vantagens competitivas. Uma visão comum é que bons negócios são sinônimos de imagens de marca fortes. Se os clientes percebem uma marca como superior à dos produtos concorrentes, ela deve ser capaz de obter um preço especial. Esses preços especiais devem levar a margens de lucro elevadas, características de bons negócios. Um exame cuidadoso da história das empresas reais sugere que as coisas não são tão simples. Na Tabela 7.1, a coluna da esquerda exibe empresas que obtiveram altos lucros historicamente. Elas são combinadas com marcas de destaque na coluna da direita que, apesar de todo o brilho associado a seus nomes, geralmente não são tão lucrativas.

Tabela 7.1 Lucros e marcas

Negócios altamente lucrativos	Marcas altamente conceituadas
Coca-Cola	Rolls-Royce
Pasta de dente Colgate	Mercedes-Benz
Purina Dog Chow	Sony, Hoover
Buffalo Evening News (histórico)	NY Times, Wall Street Journal
Verizon	ATT
Federal National Title Insurance	Revlon
Walmart	Bloomingdales, Macy's

Os consumidores certamente não esperam aproveitar os benefícios da fama de produtos como pasta de dente Colgate, detergente Tide, Purina Dog Chow, Buffalo Evening News ou uma camiseta do Walmart. Por outro lado, aparecer em um Mercedes-Benz, um Rolls-Royce ou um Cadillac pode chamar a atenção e elevar o status do proprietário, pelo menos perante algumas pessoas. São marcas icônicas, amplamente utilizadas para indicar qualidade e classe. E se tornaram metáforas: o "Rolls-Royce" dos fogões ou o "Cadillac" dos cortadores de grama. Ninguém chama algo de "Coca-Cola" das bolsas, ou mesmo das vodcas. A Sony é amplamente reconhecida pela qualidade de seus produtos. O nome Hoover ficou tão conhecido que em muitas partes do mundo se tornou sinônimo de aspiradores de pó – o Kleenex dos aspiradores, podemos dizer. Ainda assim, apesar de todo o seu apelo icônico, essas marcas e as empresas que as produzem não têm sido extraordinariamente lucrativas, especialmente quando comparadas com as marcas menos glamorosas da coluna à esquerda. A Rolls-Royce e a General Motors, fabricante do Cadillac, entraram em processo de falência. No mercado de telefonia celular dos Estados Unidos, não foi o antigo monopólio da AT&T, uma marca conhecida universalmente, que venceu, mas sua descendência regional e, em seguida, os concorrentes, Verizon e Southwestern Bell – que acabou por comprar a AT&T e adotar seu nome – que ficaram na frente.[1] Jornais locais, como os de propriedade da Gannett, têm sido historicamente mais lucrativos do que nomes nacionais reverenciados como *The New York Times* e *The Wall Street Journal*, mesmo que estes últimos tenham vencido a concorrência por prêmios e reconhecimento jornalístico. Setores inteiros, como o de cosméticos, com altos níveis de publicidade e reconhecimento de marca, costumam ser bem menos lucrativos do que negócios sem nome, como seguro de títulos, nos quais a FNF é um concorrente líder. As marcas simplesmente não contam toda a história sobre o que constitui uma vantagem competitiva sustentável e, portanto, uma boa empresa.

A vantagem do pioneiro é a segunda vantagem competitiva frequentemente citada que parece ainda pior como um indicador de lucratividade histórica. A Tabela 7.2 apresenta os pioneiros e as empresas que acabaram dominando seus setores e alcançando uma lucratividade muito maior. Em muitos casos, como companhias aéreas (Pan Am e TWA), automóveis (Ford) e computadores pessoais (Atari, Apple), os pioneiros deram lugar a mercados competitivos nos quais ninguém ganha o retorno que esperamos de um bom negócio. Em outros casos, como sistemas operacionais de computadores pessoais, ISPs (provedores de serviços de

---

[1] Antes de comprar a AT&T, a Southwestern Bell já havia adquirido a Pacific Bell e uma série de outras empresas de telecomunicações, algumas das quais eram ramificações da AT&T original, e mudado seu nome para SBC.

Tabela 7.2 Vantagens do pioneiro

	Pioneiros	Concorrentes dominantes
Sistemas operacionais de PC	CP/M	Microsoft
Mecanismos de busca	Alta Vista, Yahoo, Inktomi	Google
Computadores pessoais	Atari, Apple	nenhum
ISPs	AOL, Earthlink	empresas de cabo locais
Automóveis	Ford	nenhum
Companhias aéreas	Pan Am, TWA	nenhum
Leilões *on-line*	eBay	eBay
Redes de rádio e TV	NBC	nenhum

Internet), mecanismos de pesquisa na Internet e redes de televisão, os pioneiros foram substituídos por concorrentes posteriores, agora dominantes. Em um punhado de setores, principalmente os leilões *on-line*, o eBay, o pioneiro, conseguiu permanecer o concorrente dominante. Os pioneiros não têm se saído melhor do que as empresas com marcas conceituadas na obtenção de vantagens competitivas sustentáveis e a lucratividade que esperamos de bons negócios.

Outras abordagens, arraigadas mais no campo da estratégia de negócios do que no investimento, normalmente dependem de muitos fatores ou muitas vantagens competitivas potenciais para identificar boas empresas e estratégias de negócios adequadas. Provavelmente, o exemplo mais notável dessa abordagem é a análise das 5 forças de Michael Porter, que analisa não apenas as barreiras de entrada, mas também a concorrência no setor, o poder do fornecedor, o poder do cliente e os produtos substitutos.[2] O problema com essas abordagens é que elas são pesadas e difíceis de aplicar, além de muitas vezes levarem a conclusões ambíguas que podem ser usadas para justificar julgamentos conflitantes sobre a força de qualquer vantagem competitiva em particular. Quando o criador dessa abordagem procurou identificar boas estratégias de negócios genéricas, as 5 forças não desempenharam nenhum papel em sua análise.[3] Visto que entender as características especiais de uma empresa de franquia é tão central para as abordagens de avaliação modernas de Graham e Dodd, gostaríamos de uma abordagem simples, transparente e precisa para identificar as vantagens competitivas que distinguem bons negócios de franquia dos demais. Começaremos com um exemplo que busca classificar os

---

[2] Porter, Michael. (1980). *Competitive Strategy*, Free Press.

[3] No Capítulo 2, o autor descreve boas estratégias genéricas como nicho ou de baixo custo; não há referência aqui às 5 forças enumeradas no Capítulo 1.

mecanismos de competição e, portanto, os fatores últimos que protegem o retorno da empresa de suas consequências.

Lucros torrados

Considere uma empresa hipotética – vamos chamá-la de Top Toaster, porque ela é do ramo das torradeiras – que tem sido particularmente bem-sucedida. Nos últimos cinco anos, ela faturou cerca de US$ 20 milhões por ano. Para simplificar, declararemos que não há diferença substancial entre o lucro líquido reportado e o valor dos lucros que a empresa pode distribuir aos acionistas. Seus investidores estão dispostos a aceitar um retorno anual de 10% sobre o investimento que fizeram. Aplicando a equação EPV que desenvolvemos no Capítulo 5, o EPV da empresa de torradeiras é Lucros × 1/custo de capital (US$ 20 milhões/10%), ou US$ 200 milhões. Suponha a seguir que o valor dos ativos da empresa seja de US$ 80 milhões. Esse valor inclui todos os ativos tangíveis – caixa; contas a receber; inventário; e ativo imobilizado, cada um ajustado para refletir todas as diferenças entre os números contábeis da empresa e o dinheiro real que um concorrente precisaria gastar para reproduzi-los – e os intangíveis também, incluindo reconhecimento e reputação junto ao consumidor, design de produto, *know-how* de produção, treinamento de trabalhadores, desenvolvimento de canais de distribuição, cuja reprodução também exige gastos. Há uma discrepância de US$ 120 milhões aqui entre o valor do ativo e o EPV. E se o mercado de ações deveria avaliar a empresa em US$ 300 milhões, então a lacuna acima do valor do ativo seria ainda maior.

Infelizmente para a Top Toaster, o EPV de US$ 200 milhões e o valor de mercado de US$ 300 milhões serão uma bandeira verde para concorrentes em potencial. Algum empresário brilhante – talvez alguém já no negócio de pequenos eletrodomésticos ou um executivo em outra empresa de torradeira com acesso a capital de investimento e experiência com lojas de varejo – reconhecerá que pode produzir esse fluxo de renda no valor de US$ 200 milhões por um investimento de apenas US$ 80 milhões. Em outras palavras, pode ganhar US$ 20 milhões por ano com um investimento de US$ 80 milhões: um retorno de 25%, que quase se qualifica como exorbitante.

O empresário entra no negócio de torradeiras abrindo uma nova fábrica, expandindo a capacidade de uma existente ou encontrando um terceiro para produzir as torradeiras. Ele encontra ou adquire um *design* aceitável, desenvolve embalagens atraentes e contrata agentes de vendas experientes para vender o produto. Suponha, por enquanto, que torradeiras sejam um produto semelhante a uma *commodity*, o que significa que são mais ou menos intercambiáveis entre si e são selecionadas inteiramente com base no preço. O aumento da concorrência significa mais torradeiras no mercado, e mais torradeiras significa preços mais baixos. À medida que os preços das torradeiras caem, os lucros de todas as empresas de torradeira caem paralelamente. À medida que os lucros do Top Toaster começam a encolher, o mesmo acontece com o seu poder dos lucros. Depois que vem a primeira onda da concorrência, suponha que os lucros caiam para US$ 16 milhões.

Infelizmente, as ondas continuam quebrando. Lucro de US$ 16 milhões, com retorno desejado de 10%, faz a avaliação da empresa chegar a US$ 160 milhões. Os ativos ainda custam US$ 80 milhões para serem replicados. Isso deixa uma lacuna de US$ 80 milhões, incentivo suficiente para um segundo empresário começar a fabricar torradeiras. Na verdade, somente depois que a lacuna desaparecer e o EPV cair para US$ 80 milhões, os novos entrantes – ou os incumbentes que estão expandindo sua produção – interromperão sua invasão ao convidativo território financeiro da Top Toaster. Em outras palavras, o processo termina quando há tantas torradeiras indistinguíveis no mercado que os preços e os lucros caíram a um nível em que nenhum dos fornecedores ganha mais do que o custo de capital que os investidores exigem do dinheiro empregado.

Para muitas empresas de torradeira, a vida será ainda mais desagradável, mais curta e mais brutal. O preço final do setor, no qual qualquer incentivo para entrar terá sido eliminado, será aquele em que apenas os produtores de torradeiras mais eficientes sobreviverão. Produtores incumbentes ineficientes, aqueles que não podem atender a esse preço, vão deixar o negócio. É a entrada dos produtores mais eficientes e de menor custo que impulsiona os preços, não a ameaça de produtores futuros ineficientes, que simplesmente ficarão de fora. Nesse processo competitivo, são os concorrentes mais fortes que importam, não os mais fracos.

O problema da queda dos lucros em face do aumento da concorrência de preços desafia milhares de empresas que não conseguem distinguir seus produtos ou serviços dos de outros participantes. É uma verdade universalmente reconhecida que todas as pessoas sensatas abominam os negócios de *commodities*, o arquétipo dos negócios "ruins". O conselho padrão para evitar esse destino é diferenciar seu produto ou serviço de todos os demais. Para a Top Toaster, isso significa gastar dinheiro em publicidade, adicionar recursos ao produto ou alterar o design. Tudo isso pode funcionar para isolar temporariamente a Top Toaster da pressão imediata para reduzir seus preços.

Infelizmente, essas atitudes não resolvem o problema fundamental. Os concorrentes ainda estão lá, buscando uma fatia do atraente mercado da Top Toaster. Nada impede que apresentem designs concorrentes, adicionando seus próprios recursos e igualando os gastos em publicidade aos da Top Toaster. Inevitavelmente, tiram parte dos negócios da Top Toaster. Mesmo que seus preços não diminuam, a Top Toaster vende menos unidades, mas os custos fixos, como desenvolvimento de produto, design de embalagem e publicidade, não diminuem proporcionalmente. Em face da competição ativa, eles podem subir, na verdade. Ao mesmo tempo, a Top Toaster não será capaz de aumentar os preços e seus custos variáveis não estarão diminuindo. No mínimo, a concorrência intensificada por recursos fará os custos variáveis subirem. A Top Toaster se vê vítima de dois golpes que lhe tiram o equilíbrio. Ela está vendendo menos torradeiras e, como seus custos fixos estão espalhados por menos unidades, sua margem de lucro em cada uma delas se contraiu. O lucro geral diminui, como em um mercado de *commodities*, até que o EPV e o valor dos ativos sejam iguais.[4] Diferenciar a torradeira é, na melhor das hipóteses, uma solução de curto prazo.

Novos empreendedores continuarão aparecendo, ou antigos concorrentes continuarão se expandindo. A produção da torradeira continuará aumentando e os produtos irão proliferar até que a oportunidade de lucro que a motiva desapareça – até que, isto é, os US$ 80 milhões em ativos produzam um fluxo de renda de US$ 8 milhões (desde que os investidores ainda tenham um retorno de 10% sobre seu capital). Nesse ponto, o EPV e o custo de reprodução dos ativos são iguais, e não há dinheiro fácil de se ganhar por meio da entrada ou expansão no negócio de torradeiras.

Não importa se a torradeira é uma *commodity* e vende apenas por causa do preço ou um produto diferenciado e vende por causa dos recursos, proporcionando à Top Toaster um controle discricionário de preços. Enquanto a Top Toaster não puder se diferenciar da competição, novos participantes aparecerão até que o EPV se torne igual ao valor do ativo. Essa igualdade não é um acidente. É uma condição econômica fundamental e resulta da influência corrosiva da concorrência sobre os preços e as margens de lucro. O processo de competição novamente se apresenta pela capacidade de outras empresas entrarem ou se expandirem em busca de uma oportunidade de lucro. As causas imediatas da erosão dos lucros para uma empresa com produtos diferenciados como a Top Toaster não são idênticas ao que seria o caso com *commodities* puras. Os custos unitários crescentes e as vendas unitárias em queda são os vilões, não os preços em queda. Ainda assim, o resultado final é o mesmo. Apenas os produtores de torradeiras mais eficientes sobrevivem e, no longo prazo, os retornos sobre o capital são reduzidos ao custo do capital. Além disso, tanto na concorrência de *commodities* quanto na de produtos diferenciados, os períodos de prosperidade temporária atrairão uma participação entusiasmada. Muitas vezes, isso será seguido por longos períodos de excesso de capacidade devido à natureza de longa duração da capacidade que os novos participantes adicio-

---

[4] Em um verdadeiro mercado de *commodities*, como o do trigo, apenas o preço é importante. No mercado da Top Toaster, é possível diferenciar produtos, mas sem barreiras à entrada, a lucratividade continua a encolher até que o EPV se iguale ao valor do ativo.

naram. Portanto, embora os resultados médios de longo prazo devam ser iguais ao custo de capital, pode haver flutuações significativas em torno desse nível. Embora esse processo seja difícil para as Top Toasters do mundo, e para seus investidores, é um benefício para os consumidores, ou seja, todos aqueles que vinham financiando a diferença entre o EPV e o valor do ativo com o preço que pagavam pelas torradeiras.

Automóveis: valor na marca?

A Top Toaster e seus concorrentes são fruto da nossa imaginação, mas, na ausência de barreiras que impeçam a entrada, o processo pelo qual o valor da empresa no longo prazo chega a se igualar ao valor dos ativos é bastante real. Esse processo funciona mesmo em situações em que empresas e produtos se beneficiam de imagens de marca fortes. Um exemplo da história recente confirma a teoria.

Em todo o mundo, existem poucas marcas tão amplamente reconhecidas como a Mercedes-Benz. Está universalmente associada a um produto superior, de alta qualidade e prestígio. Os próprios carros são imediatamente distinguíveis de outros automóveis pela estrela da Mercedes-Benz, que serve tanto como ornamento do capô quanto como ícone do compromisso corporativo com a excelência. Por todas as regras de diferenciação de produtos, a Mercedes-Benz deve desfrutar uma posição de mercado fortemente protegida e, como consequência, de alta lucratividade. Ainda assim, durante os três anos de 1995-1997, antes de a empresa adquirir a Chrysler, o retorno antes dos impostos da Daimler sobre os ativos identificáveis em seu negócio automotivo foi em média de 7,2%. No caso de se tratar de uma franquia, isso não aparece nos retornos que estão sendo gerados; estão iguais ou abaixo de qualquer custo de capital razoável para a indústria automobilística.[5]

Também podemos analisar essa situação de uma perspectiva de valor. Suponha que o custo de capital da Daimler-Benz seja de 10%. Em 1997, a divisão automotiva ganhou 3,5 bilhões de marcos alemães, antes dos impostos. Com base nesses números, seu EPV seria de 35 bilhões de marcos alemães, novamente antes dos

---

[5] O banco de investimento Goldman Sachs, em sua opinião justa sobre a fusão da Daimler com a Chrysler, estimou o custo de capital para empresas comparáveis entre 10 e 12%. Ver Daimler-Chrysler AG, Declaração da Oferta Inicial de Compra, Formulário SC 14D1, 24 de setembro de 1998. Nos cinco anos encerrados em 2018, a Daimler teve um ROE médio de quase 15%. Dado o valor que gastou no desenvolvimento da marca e outros intangíveis, seu patrimônio é subestimado. Além disso, tinha um índice médio de ativos para patrimônio líquido de mais de 4. Para o mesmo período, a Apple teve um ROE médio de mais de 40%, com menos alavancagem (um índice de ativos para o patrimônio líquido de 2,6).

impostos. O valor de reprodução de seus ativos é igual, no mínimo, a esses valores. O valor contábil do capital era de aproximadamente 30 bilhões de marcos alemães no final de 1997. Isso exclui o custo de reprodução do conhecimento de engenharia, imagens, rede de revendedores e experiência organizacional da corporação. No mínimo, isso equivaleria a mais 10 bilhões de marcos alemães, representando 3 anos de P&D. Um novo participante ganharia muito pouco acima desse valor patrimonial de 40 bilhões de marcos alemães ao entrar no mercado da Mercedes-Benz.

A Mercedes-Benz não é única. A história do mercado automobilístico nos Estados Unidos ilustra as mesmas características. A General Motors era mestre na diferenciação de produtos. Sua gama de marcas, desde Chevrolet no segmento inferior, até Pontiac, Oldsmobile, Buick e Cadillac, destinava-se a segmentar o mercado com base em imagens feitas sob medida de acordo com dados demográficos e níveis de renda específicos. Na década de 1960, essa estratégia produzia retornos anuais sobre o capital de, em média, 46%, o que implica um EPV bem acima dos valores dos ativos. Os fabricantes de automóveis europeus consideraram esse retorno como uma medida das oportunidades de lucro no mercado automotivo americano. Julgaram que a GM não desfrutava de tecnologia superior, vantagens fundamentais para alcançar os clientes ou em um mercado que se tornava cada vez mais global, vantagens de escala. Ao longo das décadas de 1960 e 1970, Volkswagen, Mercedes, BMW, Jaguar, Rover, Citroën, Renault, Peugeot, Volvo e Saab se expandiram agressivamente nos Estados Unidos. O retorno médio sobre o capital da General Motor caiu para 28% nos anos 1970, mas a invasão não parou. A partir da década de 1970, os japoneses entraram com força no mercado norte-americano. Na década de 1980, os fabricantes japoneses tinham em vista o mercado de carros de luxo. A Honda começou com sua linha Acura, seguida pela Toyota com Lexus e, finalmente, a Nissan com Infiniti. Na década de 1990, o retorno sobre o capital da GM havia caído para 6 a 7% e, em 2009, durante a grande recessão, a empresa faliu. Em um mercado competitivo, não era mais um produtor eficiente. A globalização do mercado de automóveis, incluindo até as marcas mais luxuosas e altamente diferenciadas do mercado de carros de luxo, criou uma pressão competitiva irresistível. Na prática, assim como na teoria, a ausência de barreiras à entrada significava que a diferenciação do produto por si só não poderia sustentar um bom negócio.

A natureza de uma franquia

O elemento essencial, tanto na fábula da Top Toaster quanto na história do mercado de carros de luxo, é o processo de entrada e a capacidade dos participantes de competir com as empresas estabelecidas. Contanto que os recém-chegados possam desenvolver e distribuir novos produtos em pé de igualdade com os atuais – eles têm, por exemplo, uma capacidade igual de se diferenciar –, então todos os produtos são efetivamente *commodities*. As empresas que têm lucros acima da média por períodos sustentados de tempo se beneficiam da incapacidade dos concorrentes, tanto reais quanto potenciais, de fazer o que fazem, e geralmente recebem avaliações elevadas no mercado. Nada disso significa que as marcas não têm valor. Uma marca forte é um ativo como qualquer outro; seu valor é igual ao seu custo de reprodução. No entanto, se o valor de uma marca é igual ao custo de criação, a marca por si só não é a fonte de valor.

O valor só é criado quando o incumbente tem habilidades que os novos entrantes não são capazes de igualar. Quando um entrante em potencial vê a Top Toaster ganhando US$ 20 milhões por ano a partir de ativos de US$ 80 milhões, deve reconhecer que não será capaz de ter um desempenho tão bom. A Top Toaster deve desfrutar de uma vantagem competitiva sobre os possíveis rivais. O recém-chegado ficará fora do mercado se perceber que não pode competir em igualdade de condições. A vantagem competitiva da Top Toaster atua como uma barreira à entrada e freia o processo de erosão dos lucros que ocorre quando os entrantes são capazes de competir em termos potencialmente iguais. Outra maneira de dizer as mesmas coisas é que a continuidade da existência da lucrativa franquia da Top Toaster depende da existência das vantagens competitivas de que goza; estas atuam como barreiras à entrada e dissuadem os concorrentes. São as principais fontes, em uma economia de mercado moderna, de qualquer valor que exceda o custo de reprodução dos ativos de uma empresa.

Vantagens competitivas

Ao contrário do discurso popular de gestão, existem apenas alguns tipos de vantagens competitivas. Exemplos de vantagens competitivas sustentadas no mundo dos negócios são a exceção e não a regra. A forma mais simples é a vantagem criada pelo governo ao conceder licença a uma ou várias firmas para exercer algum tipo de negócio, excluindo todas as demais. Empresas de TV a cabo, emissoras de televisão, companhias telefônicas e concessionárias de energia elétrica desfrutavam de franquias locais exclusivas. Os concorrentes potenciais foram dissuadidos por força da lei. À medida que a tecnologia mudou, também mudaram os regimes regulatórios e de licenciamento sob os quais essas empresas operam, e algumas empresas anteriormente protegidas tiveram de aprender a competir. É improvável que todas as formas de franquias exclusivas geradas pelo governo desapareçam.

No entanto, os governos nas democracias constitucionais modernas geralmente não estão comprometidos em tornar ricos os proprietários de empresas. Franquias governamentais exclusivas tendem a ser restritas a poucos setores – concessionárias de energia elétrica, TV a cabo e serviço de telefonia local – em que as estruturas de custos subjacentes significam que a configuração mais eficiente é ter um único provedor, e a duplicação da infraestrutura básica é inerentemente um desperdício. Os economistas descrevem esses setores como "monopólios naturais". Em troca da concessão de franquias exclusivas, os governos geralmente controlam os preços e os lucros para garantir que as empresas selecionadas não obtenham retornos excessivos. Na medida em que os governos são bem-sucedidos em sua supervisão, as empresas lucrarão apenas seu custo de capital em investimentos futuros e passados. Como resultado, esses monopólios regulamentados devem ter valores de ativos iguais aos EPVs e não devem criar nenhum valor de longo prazo por meio do crescimento. De uma perspectiva de valor, portanto, estaremos muito mais interessados em franquias que surgem fora da proteção da regulamentação governamental do que aquelas que estão sujeitas a ela.

Vantagens de custo e receita

A lista de vantagens competitivas que não são referentes a governos segue a equação básica do lucro de qualquer empresa: Receitas menos custos equivale a lucros. Um termo-chave na equação são custos. Os concorrentes potenciais da Top Toaster ou da Mercedes-Benz podem ser dissuadidos porque não conseguem atender aos (baixos) custos dessas empresas. A única maneira dessas vantagens de custo serem sustentáveis é se os operadores históricos possuírem técnicas de produção ou produtos que os concorrentes não possam igualar. As patentes, por exemplo, sejam dos próprios produtos ou do processo de produzi-los, criam um tipo de vantagem competitiva baseada no custo. O *know-how*, às vezes descrito como a curva de aprendizado descendente, é outra vantagem importante. Mesmo que ganhe experiência, o entrante sempre seguirá o incumbente no conhecimento necessário para fazer as coisas com eficiência. O teste aqui é se a tecnologia necessária, incluindo a habilidade humana, está acessível ao entrante nos mesmos termos que está ao incumbente. Nem a Top Toaster nem a Mercedes-Benz têm acesso à tecnologia ou a outro conhecimento que não esteja igualmente disponível para seus concorrentes em potencial.

Outra possível vantagem de custo é o acesso a recursos baratos, como mão de obra e capital. Essa vantagem dificilmente é encontrada na prática. A maioria dos recursos é móvel e amplamente disponível globalmente, e não há nada que impeça os entrantes de adquiri-los nas mesmas condições que os operadores históricos. Algumas empresas com mão de obra sindicalizada ou outras restrições podem ser forçadas a operar com recursos de alto custo, mas o incumbente deve se preocupar com seu concorrente mais eficiente, não o menos importante. As empresas que operam em países com baixos custos salariais, como a China, costumam ser vistas como tendo uma vantagem competitiva com base no pronto acesso à mão de obra barata. Essa vantagem é ilusória. Seus fortes concorrentes estão na China e em outros países de baixos salários, e todos têm acesso a reservas de mão de obra semelhantes.

Algumas empresas argumentam que sua vantagem é o acesso a capital barato. Esse argumento aparece de duas formas. As grandes empresas costumam referir-se a vantagens associadas a "bolsos fundos", implicando o acesso a grandes quantidades de capital a custos que seus concorrentes não podem igualar. Os concorrentes que elas têm em mente são muito menores – as empresas familiares que desempenham um papel tão importante no folclore econômico americano. No entanto, essas pequenas empresas são seus concorrentes mais fracos, não os concorrentes mais fortes relevantes, que são invariavelmente grandes empresas com bolsos igualmente profundos. As empresas que falam em bolsos fundos como uma vantagem competitiva acabam esvaziando esses bolsos com muito mais frequência do que os enchem. Uma segunda versão comum do argumento do capital barato surge quando as empresas vendem papéis em condições favoráveis do mercado de capitais e seus concorrentes se deparam com a necessidade de levantar capital em condições menos atraentes. Considere uma empresa que emitiu dívida de longo prazo a uma taxa de juros de 2%. Suponha que o rendimento de dívidas de longo prazo comparáveis tenha aumentado para 7%, o preço que os concorrentes teriam de pagar para levantar fundos hoje. A afortunada empresa pode sentir que, com um custo de capital de 2%, tem uma vantagem competitiva sobre as empresas que pagam 7%. Novamente, essa suposta vantagem é uma ilusão. Dedicar os recursos da emissão de títulos de dívida de 2% a projetos que rendam 2%, quando esses fundos podem ganhar 7% com segurança em outro lugar, comprando os títulos de dívida do concorrente, por exemplo, é pura estupidez – e a estupidez nunca é uma vantagem competitiva. O verdadeiro custo desses fundos são os atuais custos de oportunidade de 7%, não os 2% do custo original do contrato.

Vantagens genuínas de custo relacionadas aos insumos geralmente são baseadas em recursos especializados, como uma mina com minério de alto teor, uma loja com localização privilegiada ou um talento especial, como Beyoncé, contratado a um preço favorável. Três pontos precisam ser salientados até mesmo em relação a essas vantagens de recursos. Primeiramente, a mina, a localização da loja ou o talento frequentemente são controlados por alguém de fora da empresa – um governo, uma empresa imobiliária ou o próprio talento. Em algum momento, os termos serão renegociados e a vantagem competitiva será eliminada. As vantagens de recursos especializados costumam ser de curto prazo. Em segundo lugar, esses recursos especializados são fungíveis. Não há nenhum motivo específico para eles se concentrarem em uma empresa específica. Podem, portanto, ser considerados como ativos especiais e não como vantagens competitivas. Em terceiro lugar, e relacionado, esses recursos especiais não são barreiras à entrada, a menos que sejam verdadeiramente insubstituíveis e ocupem totalmente um mercado. A menos que uma mina de cobre eficiente seja capaz de fornecer tanto suprimento que não haja espaço para outros entrantes de custo mais elevado, ela não representará uma barreira à entrada. O mesmo se aplica aos locais das lojas. Novas lojas serão construídas perto do local especial ou em áreas concorrentes. Essas lojas atrairão clientes e, apesar de sua localização favorável, a empresa existente verá alguns consumidores irem fazer compras em outro lugar. Da mesma forma, Beyoncé terá concorrentes, pois novos talentos musicais aparecem o tempo todo. Faz mais sentido pensar em recursos especiais, como ativos, em vez de vantagens competitivas. Uma distinção importante é que esses tipos de ativos raramente geram valor relacionado ao crescimento.

A tecnologia proprietária é a fonte mais comum de vantagem de custo, mas tende a ser bastante limitada, tanto na gama de setores em que é significativa quanto na medida em que contribui para as barreiras à entrada. Em setores sujeitos a mudanças rápidas, tanto a proteção de patentes quanto as vantagens proprietárias baseadas na experiência tendem a ter vida curta. As vantagens tecnológicas são geralmente específicas para tecnologias particulares. Desaparecem quando uma tecnologia é substituída por uma alternativa melhor. Nos setores de alta tecnologia, esse tipo de mudança geracional ocorre com frequência, e as vantagens atuais devem ser constantemente renovadas para torná-las duráveis. A capacidade de uma empresa de manter sua liderança por muitas gerações, como a Intel, não é de forma alguma garantida. Como consequência, as vantagens tecnológicas no setor de alta tecnologia geralmente são de curta duração.

No outro extremo do espectro, em negócios de serviços de baixa tecnologia, como varejo, o ritmo da mudança tecnológica é glacial. Depois de um tempo, a maioria das inovações que antes eram de vanguarda foi incorporada nas práticas de todo o setor, espalhando-se dos desenvolvedores ou pioneiros para todas as empresas que operam com eficiência. É principalmente nos setores com taxas intermediárias de mudança tecnológica que a tecnologia proprietária representa uma vantagem competitiva significativa.

Vantagens da demanda do cliente

O outro termo-chave na equação de lucro são receitas, que dependem da demanda do cliente. Para que o operador histórico tenha uma vantagem competitiva aqui, ele deve ter acesso superior aos clientes que são a fonte dessa demanda. Para que essa vantagem de demanda do operador histórico persista, os clientes devem, de alguma forma, ser cativos desses operadores. Em uma economia aberta e competitiva, há apenas um número limitado de maneiras pelas quais o comportamento do cliente o torna cativo. O hábito, geralmente associado à alta frequência de compra, é provavelmente o mais poderoso. Para uma empresa de refrigerantes competir com a Coca-Cola, ela deve induzir os consumidores de Coca-Cola a pararem de beber sua bebida favorita. Não é uma tarefa fácil. Estudos de consumo e experiência histórica sugerem que os consumidores de Coca são fortemente apegados ao refrigerante. Em comparação, o apego à Budweiser, outra marca líder de bebidas, é mais fraco. Quando os clientes vão a restaurantes chineses, japoneses ou mexicanos, eles não hesitam em pedir uma cerveja daquele país, mas as chances de pedir um refrigerante de cola local são mínimas.

No caso de itens que não estão na lista de compras semanal, existem outros processos por meio dos quais os clientes se tornam cativos de produtos ou serviços específicos. Se o custo de procurar uma alternativa ao fornecedor existente for alto, os novos entrantes terão dificuldade em atrair clientes que não estejam realmente insatisfeitos com seus arranjos atuais. Veja o caso do mercado de seguros residenciais. Existem muitas dimensões em uma apólice, além de seu custo: cobertura, franquias, níveis de serviço, exceções, capacidade de crédito da transportadora e vários outros. A menos que estejam fortemente motivados, poucos proprietários se darão ao trabalho de procurar uma alternativa substituta. Sua aversão à mudança é reforçada neste exemplo pelos resultados dolorosos que podem resultar de uma escolha inadequada; é penoso ter a seguradora ou apólice errada após o desastre.

Dadas essas dificuldades e perigos, um novo entrante neste mercado terá dificuldade em induzir os clientes que tiveram experiências razoáveis com suas operadoras atuais a até mesmo começar a procurar por uma alternativa. Praticamente a única maneira pela qual o entrante pode fazer alguma incursão é oferecendo o seguro com prêmios substancialmente mais baixos do que os incumbentes estão cobrando. Contanto que as políticas de preços estabelecidas não sejam inflexivelmente indiferentes à concorrência nem excessivamente agressivas, essa é quase sempre uma estratégia perdedora. A entrada em situações como essa é interrompida muito antes que os altos níveis de lucro das empresas estabelecidas sejam completamente eliminados. No modelo que propusemos aqui, o alto custo de busca limita a chegada de novos entrantes, e a lacuna entre os valores dos ativos e os valores do poder dos lucros dos incumbentes não desaparece.

Os altos custos de troca são a terceira e provavelmente a fonte mais comum de clientes cativos. Se custa dinheiro, tempo e esforço para um cliente mudar de um fornecedor para outro, os operadores históricos têm uma vantagem sobre os concorrentes. Por exemplo, quando uma empresa migra seus sistemas de *software* utilizados para folha de pagamento, gerenciamento de benefícios, comunicações internas, transferência de fundos ou outras funções importantes, ela tem de gastar não apenas no *software*, mas também em um treinamento abrangente de sua equipe. Isso é ruim o suficiente; pior ainda, a taxa de erros na nova instalação ainda aumenta. Não é de admirar que haja uma tendência poderosa para manter o sistema atual. Se isso vale para funções como folha de pagamento, vale 10 vezes mais para os sistemas apropriadamente chamados de "missão crítica" ou mesmo "críticos para a empresa" que gerenciam o fluxo de entrada de pedidos, compras, produção, estoque, remessa, faturamento e contas a receber. O cemitério corporativo está cheio de empresas que apostaram na introdução de um sistema novo, aprimorado, integrado e cheio de recursos – e perderam.

Os custos de troca são uma fonte poderosa de vantagem competitiva para empresas como a Microsoft e, em uma era anterior da informática, a IBM. Um entrante que vai atrás deste negócio não estará jogando em um campo nivelado. Como a maioria dos usuários já está familiarizada com os sistemas Microsoft, qualquer entrante bem-sucedido deve superar os custos de mudar para uma alternativa desconhecida para esses clientes. Além disso, à medida que os usuários de computador se comunicam cada vez mais uns com os outros, qualquer usuário individual incorre em custos adicionais para mudar para um novo fornecedor de *software*, a menos que todos os outros façam isso ao mesmo tempo. Não vale a pena ter o melhor programa de comunicação do mundo se não houver mais ninguém conectado a ele. Em termos mais brandos, há um custo para mudar sempre que o novo fornecedor tem que dominar as particularidades do consumidor, cliente ou paciente. Isso se aplica a novos advogados, bancos e empresas de serviços, como mecânicos que estão familiarizados com os sistemas existentes, planos de seguro de saúde e medicamentos para um médico que deve aprender os riscos e potenciais de uma nova droga. Também se aplica aos concorrentes do Google, que devem aprender a processar as consultas de pesquisa dos usuários com a mesma eficácia dessa empresa, que possui muitos anos de experiência individual para adaptar seus procedimentos de pesquisa às necessidades de cada cliente.

Nem a Top Toaster fictícia nem a própria Mercedes-Benz real e seus rivais de carros de luxo provavelmente se beneficiarão muito de clientes cativos. As compras são raras e não motivadas em grau significativo pelo hábito.[6] Os custos de pesquisa são baixos para a Top Toaster. Eles podem até ser negativos para automóveis de luxo, cuja busca envolve visitar *showrooms* atraentes, ser atendido por uma equipe de vendas atenciosa e fazer test drives em carros novos luxuosos – dificilmente um processo oneroso. Finalmente, uma vez tomada a decisão de substituir uma torradeira ou automóvel existente, os custos de troca são geralmente os mesmos, independentemente da alternativa escolhida pelo cliente. Na linguagem do marketing, é a lealdade à marca, e não a imagem da marca, que é fundamental. Nem a Top Toaster nem a Mercedes-Benz são provavelmente marcas com altos índices de lealdade e repetição de compras.

Afirmamos anteriormente que, embora o termo "barreiras à entrada" fosse frequentemente usado por analistas de investimento, geralmente para justificar o alto preço de um determinado ativo, em um mundo onde as empresas competem ferozmente entre si, as barreiras reais aparecem de forma rara. O corte mais claro são os privilégios governamentais, como licenças, patentes, direitos autorais ou outras proteções que mantêm concorrentes em potencial a uma distância segura. As outras barreiras que descrevemos derivam das vantagens de custo (oferta) ou do cliente (demanda). Consistem principalmente em tecnologia proprietária ou de clientes cativos. Dado que tratam das duas metades da equação do lucro, é natural pensar que exaurem categorias úteis de vantagem competitiva, mas não é o caso. Especialmente no ponto em que enfatizamos a sustentabilidade das vantagens competitivas, há uma terceira categoria importante que deve ser identificada e discutida em detalhes.

Economias de escala e vantagens competitivas sustentáveis

O lado negativo das vantagens de clientes cativos e da tecnologia proprietária é que elas têm vida útil limitada. Como discutimos anteriormente, as vantagens da tecnologia são inerentemente transitórias. Desgastam-se face a mudanças tanto rápidas quanto lentas. A questão do cliente cativo geralmente dura mais, mas, como as tecnologias, os clientes acabam morrendo. Às vezes, isso é literalmente verdade; em outras ocasiões, eles simplesmente seguem em frente, conforme os gostos mudam e os hábitos de compra amadurecem. As crianças são clientes cativos com fortes preferências habituais, mas não permanecem crianças para sempre. O marketing de uma empresa para elas tem de captar cada geração de crianças

---

[6] As montadoras tentam ativamente aumentar a frequência das decisões de compra, incentivando os clientes a adquirir carros por meio de contratos de *leasing* de curto prazo. Até agora, essa tática fez relativamente pouco para criar o tipo de comportamento habitual que vemos em compras repetidas de refrigerantes.

de uma forma nova. Para que uma empresa se beneficie das barreiras de entrada por um longo período, ela deve desfrutar vantagens competitivas no processo de aquisição de novas gerações de tecnologia e de clientes. Isso é o que as vantagens de escala proporcionam.

Os benefícios das vantagens de escala são diretos. Os concorrentes atuais e potenciais não podem se igualar ao desempenho de um operador histórico porque não podem se igualar à escala de operação. As vantagens da escala devem ser encontradas na redução de custos ou no maior acesso aos clientes. Para que as vantagens sejam duradouras, a empresa precisa ser capaz de defender sua posição. Se os concorrentes podem facilmente roubar clientes, a vantagem de escala se evapora. Por fim, as vantagens conferidas por uma escala maior devem ser materiais; concorrentes menores devem operar em desvantagem significativa. Se as vantagens de escala forem amplamente alcançadas com apenas 2 a 3% do mercado, será difícil negá-las a qualquer concorrente em potencial.

O lado dos custos das economias de escala está relacionado à proporção que os custos fixos representam em toda a estrutura de custos. Quando os custos fixos são a maior parte, quanto mais unidades uma empresa fabrica, menores são seus custos médios, desde que os custos variáveis não aumentem com a escala, porque a carga do custo fixo é compartilhada por mais unidades. Em nossa época, o exemplo arquetípico são os *softwares* genéricos, programas que são vendidos a milhares e milhões de usuários. Custa uma fortuna organizar a operação, projetar o programa, escrever o código, depurá-lo e testá-lo por centenas de usuários. Não custa praticamente nada lançar mais uma caixa de CD-ROMs, muito menos distribuí-la por *download* na Internet ou disponibilizá-la na nuvem eletrônica mediante o pagamento de uma assinatura. Nessas condições, um concorrente que pode adquirir a participação majoritária do mercado terá custos unitários mais baixos do que outras empresas do ramo.

Do lado da demanda, as economias de escala assumem a forma de efeitos de rede. Isso se refere a situações em que, quanto mais clientes usarem um determinado produto, mais valioso ele se tornará para cada cliente individual. A Microsoft tem sido a beneficiária desses efeitos de rede, tanto para o sistema operacional Windows quanto para sua suíte de programas de aplicativos – Word, Excel, PowerPoint e Outlook. Se essas são as ferramentas comuns de executivos em empresas e outras organizações, as escolas vão treinar seus alunos para que os graduados estejam prontos quando fizerem a transição para o trabalho. Para completar o círculo, as empresas que contratam esses alunos também usarão produtos Microsoft porque o custo do treinamento é minimizado, em comparação com o que poderia ser com produtos competitivos mais raros, por mais tecnicamente superiores que sejam. Da mesma forma, se a maioria dos vendedores individuais *on-line* de coisas das quais desejam se desfazer, ou mesmo vender comercialmente, operar por meio do eBay usando o PayPal como opção de pagamento preferencial, mais compradores serão atraídos por causa da maior variedade de opções do que em outros lugares e precisarão apenas dominar o PayPal como modo de pagamento. A experiência do comprador é simplificada e aprimorada para compras em leilão de um universo amplamente disperso de vendedores. As mesmas condições se aplicam ao lado do vendedor: mais clientes e apenas um sistema de pagamento para dominar. O efeito de rede ajuda compradores e vendedores a lidar de forma mais eficiente com mercados maiores. Esses mesmos recursos se aplicam ainda mais poderosamente às chamadas "redes sociais". O Facebook é o exemplo mais óbvio. Ele reforçou suas barreiras de entrada ao comprar concorrentes em potencial, como Instagram e WhatsApp, antes que pudessem criar desafios sérios.

A característica fundamental dessas vantagens de escala é que elas se aplicam igualmente a tecnologias e clientes existentes e potencialmente novos. No caso de tecnologia proprietária, considere a competição entre a Intel e a Advanced Micro Devices (AMD) para produzir a próxima geração de microprocessadores para computadores pessoais. Se a Intel tiver a fatia de mercado dominante hoje e esperar continuar a dominar o mercado de microprocessadores no futuro, ela terá recursos de 8 a 10 vezes o tamanho da AMD. Se as duas empresas gastarem a mesma proporção da receita em P&D, ou seja, o mesmo nível por cada unidade vendida, a Intel poderá gastar de 8 a 10 vezes mais em busca da próxima geração de microprocessadores do que a AMD. A AMD pode às vezes ter sorte e produzir um microprocessador que temporariamente supera a linha de produtos atual da Intel, mas dada a disparidade nos gastos com P&D, a Intel logo terá uma nova geração de produtos que supera a AMD. No longo prazo, a corrida por novas tecnologias, dada essa disparidade de recursos, sempre será vencida pela Intel. A Intel também terá vantagens em atrair novos clientes, ou seja, novos fabricantes de PCs.

A Intel tem a opção de gastar menos do que a AMD como porcentagem das vendas – digamos, apenas 5 vezes no total mais do que a AMD, como tem acontecido historicamente – e, com custos unitários mais baixos, cobrar dos fabricantes de PCs preços mais baixos. Além disso, a Intel se beneficia de efeitos de rede significativos. Como o padrão Intel/Microsoft domina o mercado de PCs, os programadores de aplicativos tendem a escrever programas que funcionam especialmente bem nesse ambiente. O resultado é uma maior variedade e qualidade de programas aplicativos para PCs com chips Intel. Esta superioridade numérica e operacional induz os fabricantes a preferir a arquitetura de chip da Intel e esperar por sua próxima geração de processadores, em vez de mudar para um chip AMD com tecnologia atualmente superior. Por causa dessa vantagem com os clientes, o sistema Microsoft/Intel permaneceu dominante por mais de 20 gerações de tecnologia ao longo de 30 anos. Essa é a sustentabilidade das economias de escala em ação, mesmo em um setor com robusta mudança tecnológica.[7]

Economias de escala também são sustentáveis em mercados de baixa tecnologia. Considere um varejista como o Walmart em um mercado local, como o Arkansas, onde possui 60% da participação de mercado. Distribuição local, depósitos e caminhões para transportar mercadorias para lojas individuais – tudo isso se beneficia das economias de escala locais. Com vendas mais altas, os armazéns do Walmart terão maiores taxas de processamento e custos unitários mais baixos do que os de concorrentes menores. Seus caminhões terão rotas mais curtas para o mesmo volume e, portanto, menores custos unitários de entrega. A publicidade local é um custo fixo que o Walmart pode distribuir por muito mais dólares de vendas do que seus rivais do Arkansas. Gerentes experientes do Walmart que supervisionam inúmeras lojas locais gastarão muito menos tempo viajando e, portanto, terão mais tempo para gerenciar do que os executivos de concorrentes com uma rede de lojas menos densa. Em um setor como o varejo, com rotatividade relativamente alta de mão de obra pouco qualificada, a eficácia e o envolvimento da gestão são essenciais para operações eficientes. O resultado geral é que o Walmart tem custos mais baixos e, muitas vezes, uma experiência de loja melhor do que seus concorrentes. O Walmart usou essas vantagens de escala para apoiar uma estratégia de "preços baixos todos os dias" que seus concorrentes locais não conseguem igualar. Os "preços baixos todos os dias", por sua vez, dão ao Walmart uma vantagem significativa para atrair novos clientes, sustentando e até mesmo aumentando sua participação de mercado dominante ao longo do tempo. Mais uma vez, as vantagens das economias de escala, neste caso sem quaisquer efeitos de rede, levam a vantagens sustentáveis de longo prazo por meio de várias gerações de clientes.

Para os fabricantes, os custos de desenvolvimento são geralmente fixados por linha de produto, tornando a participação de mercado dentro da linha de produtos o que conta para economias de escala. A General Electric é uma empresa gigante, mas só se beneficia das economias de escala quando domina o mercado de uma linha de produtos específica. Vantagens competitivas baseadas em economias de escala regionais e de linha de produtos são as que provavelmente encontrare-

---

[7] Originalmente, fizemos essa análise há quase duas décadas para a primeira edição deste livro. Em 1998, a Intel tinha mais de 10 vezes as vendas da AMD, gastava 4,6 vezes mais em P&D, mas sua P&D como porcentagem da receita era de apenas 44% da AMD. Em 2018, a receita da Intel era 10 vezes maior que a da AMD, a empresa gastava 9 vezes mais em P&D, e sua P&D como porcentagem da receita havia aumentado para 86% da porcentagem da AMD. Grande parte desse gasto foi em chips para computação móvel e outros mercados que não os de PCs, nos quais enfrentou a concorrência de outros fabricantes que tinham posições muito mais fortes para competir do que a AMD. Ver a discussão detalhada da Intel no Caso 4.

mos na prática. Raramente as empresas obtêm vantagens nacionais ou globais, que dificilmente se espalham por uma gama de linhas de produtos. A IBM, para citar o exemplo mais óbvio, não poderia estender seu domínio em computadores *mainframe* para a era desktop, embora tenha estabelecido os padrões para o microcomputador. Essa vantagem foi para a Microsoft, que por si só não teve sucesso em dominar mercados além de sistemas operacionais e aplicativos de escritório padrão. Esses, como sabemos, foram enormes.

Um segundo aspecto importante das economias de escala está implícito em ambos os exemplos. A escala envolvida não é o tamanho geral, mas o tamanho relativo aos mercados específicos nos quais as empresas – em nossos exemplos, a Intel e o Walmart – operam. A Intel tem vantagens de escala no mercado de microprocessadores para PC. Não tem vantagem de escala comparável para fabricar chips de processamento de sinal para smartphones, chips gráficos para consoles de jogos ou chips de memória para computadores pessoais. A abrangência do mercado relevante é definida pelos custos fixos envolvidos. Se a Intel tentasse entrar em qualquer um desses mercados, incorreria em todo um novo conjunto de custos de P&D que teriam de ser distribuídos por suas vendas de chips de processamento de sinal, de gráficos ou de memória. Com a atual participação mínima nesses mercados, a Intel não teria vantagens de escala. Os efeitos de rede são igualmente específicos do mercado. Os desenvolvedores de aplicativos para smartphones ou consoles de jogos não estão escrevendo programas para um ambiente Intel/Microsoft. Outras empresas dominam essas áreas, e a Intel estaria operando em desvantagem competitiva. As vantagens de escala da Intel são globais em alcance geográfico graças à natureza global do mercado de PCs, mas são decididamente locais no espaço do produto.

No exemplo do Walmart, distribuição, publicidade e gerenciamento regional são específicos para determinadas áreas geográficas. Não é o tamanho geral do Walmart que importa, mas sua densidade – sua participação local – em cada mercado regional, já que sua publicidade cobre uma região e seus sistemas de distribuição e gestão atendem à região com eficiência.[8] A expansão para países onde não possui instalações adjacentes, como México e Canadá, nem participação local dominante tem sido consistentemente não lucrativa para o Walmart. Uma situação

---

[8] Muitos analistas afirmam que o tamanho absoluto do Walmart proporciona economias de escala em seu poder de compra. A evidência argumenta fortemente contra esta afirmação. À medida que o Walmart se tornou maior, mas menos denso, suas margens de lucro caíram, não aumentaram. A expansão internacional do Walmart fora da América do Norte tem sido notavelmente malsucedida. Uma análise cuidadosa dos números contábeis disponíveis indica que o Walmart geralmente paga aos fornecedores os mesmos preços que seus grandes concorrentes.

idêntica se aplica a organizações de manutenção da saúde (HMOs, do inglês *health maintenance organizations*) e outras empresas de serviços. Uma HMO que tem 60% dos pacientes da Área Metropolitana de Nova Iorque distribuirá seus custos fixos locais de marketing e administração por uma base de clientes muito maior do que seus concorrentes. Também se beneficiará de poderosos efeitos de rede local. Com 60% dos pacientes, praticamente todos os médicos e hospitais locais acharão necessário ingressar na rede da HMO. Com uma população tão abrangente de médicos e hospitais afiliados, a HMO oferecerá uma gama melhor de opções de tratamento que seus concorrentes, reforçando seu domínio sobre os pacientes. Nenhuma dessas vantagens de escala é afetada pelas posições de mercado da HMO em Chicago, Miami, Dallas ou mesmo em Boston. Para empresas de serviços, é escala de região geográfica local – densidade –, não o tamanho global, que é importante.

Uma terceira característica específica das economias de escala é que elas não podem se manter sozinhas. Para se beneficiar das vantagens de escala, uma empresa deve ser capaz de defender essa vantagem da concorrência. Não é apenas por ter uma participação de mercado maior hoje que a Intel pode gastar mais que a AMD ou outros concorrentes em P&D. Ela pode se dar ao luxo de fazer isso porque espera ter a mesma escala dominante no futuro. Suponha que a AMD esperasse deter todo o mercado com um chip "melhor". Nesse caso, a AMD ficaria feliz em buscar a mesma escala futura da Intel e poderia, em teoria, gastar a mesma quantia que a Intel em P&D. Da mesma forma, o Walmart obtém vantagens com o maior uso de sua infraestrutura de publicidade, distribuição e gerenciamento apenas se puder manter seus clientes diante da concorrência. Se um novo concorrente que igualasse os preços ao Walmart pudesse dividir os clientes igualmente com o Walmart, as vantagens de escala do Walmart no uso de sua infraestrutura de armazéns, caminhões de entrega e gerenciamento experiente desapareceriam, e as barreiras para entrar também. As vantagens de escala devem ser adquiridas; e também devem ser defendidas.

A defesa depende de algum grau de clientes cativos, ou pelo menos da inércia do cliente. As vantagens de demanda podem ser pequenas, mas devem descartar a possibilidade de um novo concorrente ganhar participação igual no mercado. Suponha que uma empresa estabelecida, cuja estrutura de custos se beneficie de economias de escala, tenha conquistado uma parcela desproporcional do mercado. Se conseguir reter seus clientes por conta de preço, qualidade de produto e orçamento de marketing que correspondem aos dos concorrentes em potencial, ela será capaz de defender sua participação dominante no mercado. Graças aos custos unitários mais baixos que obtém por meio de suas vantagens de escala, terá margens e lucratividade maiores do que seus rivais, o que deve fornecer a base para o domínio contínuo do mercado. A estratégia de combinar quaisquer inovações empregadas pelos participantes sempre será bem-sucedida. Para efeitos de rede, há um elemento natural de cativeiro do cliente, uma vez que os clientes teriam que se mudar para um concorrente de forma coordenada para minar o operador histórico. No entanto, sempre que há economias de escala envolvidas, a vigilância consistente na proteção dessas vantagens é necessária. A primeira prioridade do gerenciamento é proteger a participação no mercado, combinando ou antecipando recursos de produtos, campanhas publicitárias ou iniciativas de preços dos concorrentes. Tudo isso é essencial porque, uma vez que a participação no mercado começa a diminuir, o custo subjacente e as vantagens da rede diminuem com isso.

Em nossos exemplos da Intel e do Walmart, a Intel é protegida pelo cliente cativo. Seus clientes são fabricantes líderes de PC que aprenderam a depender da Intel para fornecer chips de qualidade e de ponta em grandes volumes. Mudar para qualquer outro fornecedor não experimentado, mesmo um com os recursos de uma IBM, é uma tarefa arriscada. Os fabricantes têm uma preferência natural pela Intel que a empresa busca consistentemente reforçar por sua busca incessante por tecnologia de ponta e alta qualidade, juntamente com sua campanha "Intel Inside" e outras, para atrair clientes finais. O Walmart se beneficia de um grau de comportamento habitual que caracteriza a maioria dos compradores, mas também busca reforçar esse comportamento com sua política de "preço baixo todos os dias", mesmo em detrimento dos lucros correntes.

O "bom negócio" em suma

Agora podemos resumir o que é um "bom" negócio que desfruta uma vantagem competitiva sustentável. Deve desfrutar vantagens de economia de escala apoiadas por clientes cativos e, em alguns casos, também por tecnologia proprietária. As economias de escala são definidas mercado a mercado. Não é o tamanho, mas o tamanho em um mercado específico que importa. Um exemplo final deve ajudar a deixar isso claro. A Coca-Cola é uma franquia clássica. Ela obteve retornos extraordinários sobre o capital por mais de um século. É amplamente considerada como uma marca global por excelência, mas na verdade obtém essencialmente todos os seus lucros em um número relativamente pequeno de mercados nacionais que domina. O engarrafamento e a distribuição locais envolvem custos fixos significativos que são específicos para cada mercado local atendido. Publicidade e marketing para pontos de venda também são despesas delimitadas localmente. Nos mercados onde a Coca-Cola é dominante, a empresa distribui esses custos fixos por muito mais unidades do que seus concorrentes. Como resultado, seus custos gerais são relativamente muito mais baixos do que os de seus concorrentes. Ela pode cobrar menos por seus produtos e gastar mais em promoção do que seus concorrentes e ainda assim desfrutar altas margens de lucro. Dado o profundo apego dos bebedores da Coca-Cola à marca, mesmo que ela aumentasse seus preços, perderia muito pouco em participação de mercado. Nesses mercados nacionais/locais de alto lucro, a Coca-Cola tem vantagens competitivas poderosas que criam fortes barreiras à entrada, independentemente de qualquer "fórmula secreta".

Podemos quantificar a largura do fosso da Coca-Cola. Comece com a participação de mercado necessária que um entrante teria de atingir para ganhar algo semelhante ao seu custo de capital. Isso dependerá do tamanho das vantagens de economia de escala da Coca-Cola em cada mercado local. Podemos obter uma estimativa aproximada disso observando a lucratividade das empresas de bebidas em todo o mundo em função de sua participação no mercado local. Isso varia com a localidade e a natureza da bebida. Por exemplo, cervejas artesanais de alto preço ou produtos distribuídos em conjunto com marcas como a Coca-Cola podem exigir menos, mas, em geral, as bebidas do mercado de massa como a Coca-Cola devem ter pelo menos 20% do mercado local para serem economicamente viáveis. O segundo elemento do fosso é o cativeiro do cliente, que determina o quão difícil é adquirir essa fatia do mercado-alvo. Novamente, existem muitas variáveis envolvidas. Se um incumbente defender vigorosamente sua posição, será mais difícil alcançar uma meta de participação de mercado do que se um incumbente for mais dado à acomodação e mais preocupado com seu próprio lucro atual. Podemos observar as estabilidades históricas de participação de mercado no caso de refrigerantes com cafeína em inúmeros mercados locais e períodos. Em média, não mais que 0,2% da participação de mercado muda de mãos em um determinado ano. Isso não é surpreendente, dada a profunda fidelidade à marca dos consumidores de Coca-Cola.

Com a participação de mercado mudando 0,2% ao ano, levará 100 anos para um concorrente atingir uma participação de 20%. Este é um fosso largo, de fato, e é reforçado pela defesa geralmente agressiva da Coca de seus territórios. Essa defesa aparece de duas formas. Primeiramente, a Coca pode aumentar a publicidade e melhorar a distribuição de maneiras que aumentem os custos fixos para ela e, mais importante, para seus concorrentes. Custos fixos mais altos em um mercado estável aumentam a participação-alvo que um entrante deve atingir para ser viável. Em segundo lugar, pode implementar políticas de preços e programas de fidelidade que reforcem clientes cativos e reduzam a taxa na qual os participantes podem obter participação de mercado. O mercado global de carros de luxo está no outro extremo do espectro em tamanho de fosso. Como parte de um grande mercado global, as montadoras que originalmente vendiam quase exclusivamente em seus mercados nacionais podem agora ser economicamente viáveis com uma participação de mercado global de apenas 2%. A estabilidade das ações também é muito menor neste mercado do que para os refrigerantes. Vimos mudanças de 0,5 a 1% em um único ano; portanto, chegar a 2% pode levar apenas dois anos. O fosso nos mercados de carros de luxo, então, é estreito e pode ser vencido.

Esses cálculos são baseados em evidências históricas sobre vantagens competitivas e negócios de franquias. Eles revelam que as franquias são empresas de nicho em sua maioria. Grandes mercados globais são difíceis, senão impossíveis de dominar. Se, como no mercado automotivo global, os entrantes podem ser viáveis com uma participação de mercado de 3% ou menos, será difícil manter alguém de fora. Como a história da indústria de computadores pessoais demonstra, foram os negócios de nicho que prosperaram, e não os fabricantes de PCs de base ampla e altamente visíveis. IBM, Dell, Sony, Hewlett-Packard/Compaq e até a Apple, com seu sistema operacional distinto, acabaram tendo lucros limitados ou encerraram totalmente o negócio. Em contrapartida, Microsoft com seu sistema operacional e suíte de escritório compatível, Oracle com seu banco de dados expandindo para *software* de negócios aplicado adjacente, Google com seu mecanismo de busca, Adobe em fontes e gráficos e Intel em microprocessadores após ter abandonado os chips de memória, todos desfrutaram alta lucratividade e posições dominantes duradouras em seus nichos de mercado. Empresas de serviços altamente lucrativas, como o Walmart, a Verizon nos telefones celulares e a United Healthcare no seguro saúde dominaram regiões geográficas específicas e tiveram o cuidado de se expandir nas bordas dessas regiões.

As vantagens competitivas sustentáveis são baseadas em economias de escala, uma proporção dos custos fixos e/ou efeitos de rede. Em cada mercado local, será a empresa maior ou dominante que possui essas vantagens. Na verdade, essa é a principal característica de um negócio de franquia – que ele domina seu mercado local. As vantagens de escala serão protegidas e complementadas por clientes cativos, tecnologia proprietária e, às vezes, licenças governamentais ou outras restrições à entrada.[9] Essas empresas produzirão altos retornos sobre o investimento ao longo de muitos anos, durante os quais serão capazes de sustentar suas posições de mercado dominantes. Haverá alta estabilidade de participação em seus mercados e um histórico de tentativas fracassadas ou, em alguns casos, nenhuma tentativa de entrada. A análise aqui deve ser feita mercado a mercado. Mercados sem competidor dominante e/ou uma grande e fluida população de empresas raramente são mercados com vantagens competitivas sustentáveis. Para empresas de franquia, o crescimento que cria valor é o crescimento que ocorre em mercados nos quais a

---

[9] Para as empresas financeiras, as vantagens informacionais, que também tendem a depender da escala local, são uma importante fonte adicional de barreiras à entrada.

vantagem competitiva existente da empresa está aplicada, geralmente dentro ou de forma adjacente à sua posição de mercado dominante.

Ao avaliar as vantagens competitivas, geralmente é mais claro começar examinando as dimensões mais qualitativas de uma empresa de franquia – domínio do mercado, insucesso de entrantes, economias de escala, clientes cativos e tecnologia proprietária. Somente depois que essas qualidades forem identificadas, vale a pena examinar as medidas mais quantitativas de um negócio de franquia – retornos sobre o investimento, estabilidade da participação de mercado e anos de duração do fosso. A clareza raramente começa com cálculos numéricos complexos.

Dois pontos finais são dignos de nota. Em primeiro lugar, como ocorre com a Coca e a Pepsi nos Estados Unidos ou com a Airbus e a Boeing no mercado global de fuselagem, uma posição dominante no mercado pode ser compartilhada por mais de um concorrente. Nessas condições, a dinâmica competitiva entre essas empresas é um determinante crítico da lucratividade e do valor do crescimento. A melhor estratégia de gestão é a cooperação. As vantagens competitivas compartilhadas ficam entre situações de dominação individual, por um lado, e mercados competitivos sem barreiras à entrada, por outro. As administrações cooperativas, desde que evitem violações da lei antitruste, produzirão um nível de lucratividade total do setor semelhante ao de uma única empresa dominante. O crescimento também será a criação de valor, desde que cada participante contenha o desejo natural de ficar com tudo. A cooperação fracassada e a competição impulsionada pela testosterona reproduzirão um ambiente de mercado competitivo que minará o valor de quaisquer vantagens competitivas e levará ao crescimento que não cria valor.[10]

Em segundo lugar, como o ponto anterior ilustra, a qualidade da gestão é importante para a avaliação. A boa gestão é certamente uma vantagem, mas não há nada integrante de situações competitivas para garantir que o talento superior de uma empresa perdure. Como Warren Buffett apontou, quando um setor com "má reputação" encontra uma gestão com "boa reputação", quase sempre é a reputação do setor que sobrevive. Levando essa sabedoria a sério, nos concentramos na reputação do setor ou, mais precisamente, na reputação do mercado. Iremos abordar questões de gestão em um capítulo posterior.

Os símbolos pelos quais os valores mobiliários são identificados nos mercados públicos não incluem rótulos que permitem aos investidores diferenciar empresas

---

[10] Os pontos levantados neste capítulo sobre a importância crucial de compreender as condições competitivas que se aplicam ao mercado relevante e a posição de uma empresa em relação às barreiras à entrada são discutidos em maiores detalhes em Greenwald, Bruce e Kahn, Judd. (2005). *Competition Demystified: A Radically Simplified Approach to Business Strategy*, New York: Portfolio Books.

com franquias genuínas daquelas sem estas. Nenhum visitante da sede corporativa precisa transpor as barreiras de entrada, caso existam, para se reunir com os executivos da empresa. Das muitas vantagens que uma empresa proclama para seus produtos principais, as vantagens competitivas duráveis geralmente não estão entre elas. Identificar franquias é uma habilidade difícil, que exige tempo e trabalho para ser dominada. Além disso, não é facilmente compartilhável. Os investidores em valor gostam de operar dentro de seu próprio círculo de competência, no qual o conhecimento que acumularam sobre jornais, seguradoras, ações de televisão a cabo, títulos de dívida falidos ou outros tipos de investimento pode ser aplicado em uma situação nova, mas ainda familiar. Quando Benjamin Graham foi vasculhar as demonstrações financeiras em busca de suas redes, não o preocupou que pudesse saber pouco sobre o setor em que encontrou seus alvos. Ele só estava preocupado com os valores dos ativos e uma margem de segurança suficientemente grande para protegê-lo de perdas muito frequentes. Em um mundo onde os preços de mercado já excedem os valores dos ativos, e a margem de segurança por essa medida é negativa, um investidor em valor contemporâneo deve ser mais capaz de identificar e compreender as fontes de franquia de uma empresa e a natureza de suas vantagens competitivas. Caso contrário, é apenas mais um apostador, pegando um folheto em vez de fazer um investimento.

8

A avaliação de ações de franquia

As empresas de franquia são as únicas para as quais o crescimento cria um valor significativo de longo prazo. Descrevemos as características dessas empresas e explicamos por que só elas se beneficiam do crescimento. Identificar essas empresas é apenas metade da tarefa de tomar decisões de investimento sólidas; a outra parte é determinar quanto pagar pelo crescimento. O registro histórico confirma que os investidores, como grupo, pagaram substancialmente a mais. Os retornos sobre carteiras de alto crescimento e ações "de charme" negociadas com altas avaliações têm sido geralmente mais baixos do que os retornos de uma carteira de mercado.[1] Os investidores do tipo Graham e Dodd que compram ações de crescimento devem ser capazes de distinguir com segurança aquelas que estão sobreprecificadas daquelas que oferecem valor genuíno. Este capítulo descreve uma abordagem de valor para o investimento em ações de crescimento que estende a filosofia e metodologia de Graham e Dodd sem violar seus princípios básicos.

Os investidores em crescimento enfrentam um problema fundamental. Os valores intrínsecos de empresas em crescimento normalmente não podem ser calculados com precisão suficiente para serem úteis. A fórmula padrão para determinar o valor de um fluxo de caixa em crescimento constante com um custo de capital constante aplica um múltiplo ao nível inicial desse fluxo. Em um exemplo elementar, suponha que o nível de fluxo de caixa inicial seja de US$ 100 milhões. O múltiplo é igual a um dividido pela diferença entre o custo constante de capital, digamos 10% ao ano, e a taxa de crescimento constante, digamos 5% ao ano.

---

[1] Ver o Capítulo 2.

A diferença entre 10 e 5% é de 5%. Um dividido por 5% é 20. Isso faz com que nosso fluxo de caixa perpétuo com crescimento constante valha US$ 2 bilhões, 20 vezes US$ 100 milhões.

Embora simples e clara, essa fórmula é precária. Mesmo as mudanças mínimas nas variáveis subjacentes sujeitam o cálculo a grandes variações. Suponha que, em vez de crescer 5% ao ano, nosso fluxo de caixa crescesse apenas 4% ao ano. E em vez do custo de capital atingindo a média de 10% no futuro, passe a ser 11%. Então, nosso múltiplo, um dividido pela diferença de 7% entre 11 e 4%, é reduzido para 14, o que deixa o valor de nosso fluxo de caixa em US$ 1,4 bilhão. Alternativamente, se o custo de capital fosse de 9% e a taxa de crescimento de 6%, então o múltiplo de avaliação seria 33 (um sobre 3%), e o valor de nosso fluxo de caixa se tornaria US$ 3,3 bilhões. Essas pequenas mudanças produzem uma faixa de erro de US$ 1,9 bilhão (US$ 3,3 bilhões – US$ 1,4 bilhão) em um valor médio de US$ 2 bilhões, ou cerca de 100%.

Na prática, é difícil evitar erros de pelo menos 1% na estimativa das taxas de crescimento futuro de longo prazo e do custo de capital de longo prazo. As estimativas de valor para ações de crescimento com base nesta abordagem estão rotineiramente sujeitas a margens de erro de 100% ou mais. Identificar uma margem de segurança confortável nessas circunstâncias é um exercício desafiador. Esse problema não depende dos números específicos que escolhemos ou das premissas de crescimento e custo de capital constantes. É uma consequência dos efeitos da capitalização. Estamos valorando esta empresa como uma perpetuidade, e é o grande número de anos que dá tempo para a capitalização trabalhar. Do lado da taxa de crescimento, pequenas diferenças nas trajetórias de crescimento levam, em última instância, por meio da capitalização, a grandes diferenças nos fluxos de caixa em um futuro distante. Do lado do valor do dinheiro no tempo, pequenas diferenças no custo do capital usado para gerar valores futuros descontados levam a grandes diferenças nos valores de fluxos de caixa futuros distantes. A interação desses dois fatores para ações de crescimento, cujo valor depende significativamente daqueles fluxos de caixa futuros distantes, é o que leva as estimativas dos valores atuais a variarem de forma tão marcante com pequenas mudanças nas taxas de crescimento e nos custos de capital.

Para evitar esse problema, precisamos de outro método para tomar decisões de investimento que não dependa de estimativas sujeitas a erros de valor intrínseco. Em vez disso, vamos comparar os *retornos* estimados possíveis desde a compra de uma ação de crescimento, ao seu preço de mercado atual, a *retornos* alternativos razoáveis disponíveis para nós. Essa abordagem tem duas vantagens. Em primeiro lugar, os retornos futuros geralmente podem ser estimados com mais precisão do que os valores futuros. Em segundo lugar, a conexão entre os determinantes subjacentes dos retornos futuros – taxas de crescimento, fatores de desconto, taxas de erosão da franquia – e os retornos em si é mais direta e transparente do que sua relação relativamente complicada e não linear com o valor intrínseco. Um grande benefício da abordagem de Graham e Dodd para investir é o uso de medidas de valor que estão clara e diretamente relacionadas às premissas subjacentes.

Apesar dessa ressalva, os valores intrínsecos afetam os retornos futuros conforme os calculamos aqui. Afinal, valor intrínseco é o termo de Graham e Dodd para o valor econômico da empresa, em contraste com o preço que o mercado está disposto a pagar por essa empresa a qualquer momento. A relação entre o valor intrínseco e o preço de mercado afeta a criação de valor/retorno do crescimento, independentemente das taxas de crescimento futuro dos lucros. Embora não possamos calcular com precisão um valor intrínseco, podemos começar com uma suposição simplificadora de que o valor intrínseco e o valor de mercado são iguais. Esse retorno de referência calculável subestimará o retorno real se o valor intrínseco for maior do que o valor de mercado – a meta tradicional de Graham e Dodd. Se o valor intrínseco for inferior ao valor de mercado – pagamos a mais pelas ações –, o retorno de *benchmark* superestimará o retorno real. Podemos dizer qual é a situação comparando o retorno de *benchmark* com o custo de capital. Quando o retorno do *benchmark* excede os custos de capital, o valor intrínseco é maior do que o valor de mercado e o retorno gerado pelo crescimento é maior do que a taxa de crescimento. Se o retorno de *benchmark* fica abaixo do custo de capital, o retorno real fica abaixo do retorno de *benchmark*.

No entanto, focar os retornos das ações de crescimento tem seus custos. Ao nos concentrarmos nos retornos, abrimos mão da capacidade de comparar os valores dos ativos com os valores do poder dos lucros, prática que, como vimos, é uma verificação essencial das avaliações baseadas em lucros. Como as ações de crescimento são, por definição, ações de franquia (ver Capítulo 7), a existência de fossos que protegem os lucros significa que os valores dos ativos são apenas um determinante secundário do valor. Para empresas como a Coca-Cola, calcular o valor do ativo contribui relativamente pouco para estimar o valor intrínseco geral.

Um segundo problema envolve decisões de venda. As decisões de compra são baseadas nos preços de mercado atuais. As decisões de venda exigem a seleção de um preço pelo qual vender. Quando o crescimento não afeta significativamente o valor, como é o caso de empresas que não são franquias, o valor intrínseco pode ser estimado com razoável precisão. Uma decisão de venda com base em um preço que se aproxima ou excede o valor intrínseco será bem definida. Para o crescimento, ou seja, ações de franquia, não há uma estimativa sólida do valor intrínseco que sirva de base para uma decisão de venda. Poderíamos decidir vender ao preço em que o retorno futuro calculado dessa ação caia abaixo de algum nível predefinido, como um retorno médio do mercado. No entanto, os retornos estimados são muitas vezes insensíveis às mudanças nos preços de mercado. Assim, uma ampla gama de preços de mercado produzirá retornos futuros calculados que são amplamente aceitáveis. Uma abordagem baseada no retorno, embora melhore a decisão de compra para ações de franquia/crescimento, não resolve o problema de decisão de venda. Não surpreende, portanto, que os investidores em crescimento orientados pelas técnicas de Graham e Dodd considerem uniformemente a decisão de venda – quando e a que preço – como seu maior desafio.

Estimativa de retornos de ações de crescimento

Embora seja impossível estimar com precisão os valores intrínsecos das ações de crescimento, é possível calcular com precisão razoável o *retorno* que pode ser obtido comprando uma ação a qualquer preço de mercado. Um método produtivo é decompor o cálculo em partes componentes, cada uma das quais, na tradição de Graham e Dodd, podendo ser claramente relacionada a importantes hipóteses subjacentes sobre o futuro da empresa em análise. Os três componentes que destacaremos são (1) retorno de caixa do poder dos lucros atual; (2) crescimento "orgânico" em receitas e, portanto, valor, que resulta de desenvolvimentos de mercado externos à empresa; e (3) crescimento "ativo" em valor que surge da alocação de capital retido pela administração acima do montante necessário para suportar o crescimento orgânico.

Dividir o poder dos lucros de uma empresa pelo preço de mercado de suas ações[2] fornece um retorno dos lucros sustentável. Multiplicar esse retorno dos lucros por uma estimativa da fração dos lucros que a empresa deve distribuir no futuro aos acionistas por meio de dividendos e recompras de ações resulta em um retorno de caixa estimado. A taxa de crescimento futuro desse retorno de caixa pode ser estimada a partir do crescimento orgânico futuro provável nos princi-

---

[2] Mais precisamente, se houver dívida substancial e/ou caixa e outros ativos não operacionais, devemos dividir o lucro operacional líquido sustentável e distribuível após os impostos (NOPAT, do inglês *net operating profit after taxes*) pelo valor da empresa (o valor de mercado do patrimônio mais a dívida, definida de modo amplo, menos ativos não operacionais, incluindo caixa). Ver a discussão no Capítulo 5 de avaliações de empresas *versus* de ações. Como o crescimento se aplica em grande parte à atividade principal de uma empresa, uma abordagem de valor corporativo é geralmente melhor para avaliar ações de crescimento. No entanto, para simplificar a exposição, vamos nos concentrar aqui no valor patrimonial.

pais mercados da empresa e os retornos futuros prováveis sobre a fração dos lucros reinvestidos. A taxa de crescimento geral nas distribuições e lucros de caixa, assumindo uma política de pagamento constante, deve se traduzir em uma taxa de crescimento em valor e, em última instância, no preço de mercado das ações. O retorno total estimado da compra das ações será então a soma do retorno de caixa estimado mais a taxa de crescimento em valor estimada. Este valor pode então ser comparado aos retornos médios prováveis de investir em uma carteira de ações do mercado, que deve ser uma alternativa relevante para investidores em ações. Uma decisão de investimento sensata pode então ser baseada em se a margem de segurança nos retornos entre um retorno estimado de ações de crescimento e o retorno geral do mercado é suficiente para compensar os riscos de um investimento em ações de crescimento, especialmente o risco de erosão futura da franquia devido à mudança nas condições econômicas, ao qual nos referiremos como "desvanecimento" da franquia.[3]

Retorno de caixa sobre o poder dos lucros atuais

Um exemplo simples ilustrará o processo envolvido. Considere uma empresa, que chamaremos de Consolidated General (CG), que domina um determinado mercado de produto. Atualmente, ela tem receitas sustentáveis de US$ 3 bilhões e uma margem de lucro líquido sustentável de 8% sobre as vendas. Esses números geram um poder dos lucros sustentável de US$ 240 milhões. É totalmente financiada por capital próprio, não contém excesso de caixa ou outros ativos e tem um preço de mercado atual de US$ 4 bilhões. O retorno dos lucros com a compra de toda a CG ao preço atual é de 6% (US$ 240 milhões divididos por US$ 4 bilhões). A gestão determina a fração desses lucros distribuída aos acionistas. Prováveis distribuições futuras podem ser estimadas a partir de uma política explicitamente articulada ou de práticas históricas de distribuição. No caso hipotético da CG, tomaremos a hipótese de que a gestão tem o objetivo declarado de distribuir 60% dos lucros aos acionistas, uma meta coerente com a prática histórica. Essa política faz com que o retorno de caixa futuro estimado seja de US$ 144 milhões por ano, 60% de US$ 240 milhões, o que equivale a um retorno de 3,6% (60% de 6%) sobre os US$ 4 bilhões investidos. Este 3,6% é o retorno de caixa do poder dos lucros atual. Os US$ 96 milhões restantes de lucros (2,4% do retorno) serão retidos e reinvestidos nas operações da empresa.

---

[3] Este termo foi cunhado por Matthew McLennan, da First Eagle Investment Management.

Crescimento orgânico

O crescimento que cria valor, tanto para a CG como para qualquer outra empresa, é o crescimento que gera retornos acima do custo de capital sobre as fontes de recursos investidos para apoiar esse crescimento. Normalmente, isso significará apenas crescimento dentro dos mercados centrais nos quais a CG desfruta vantagens competitivas sustentáveis, ou seja, mercados dentro dos fossos da CG. O que estamos chamando de crescimento orgânico tem duas origens. A primeira é o crescimento nos principais mercados da empresa. Isso inclui o crescimento da população (mais clientes), aumento da renda familiar (mais demanda por cliente) e, às vezes, o exercício contínuo do poder de precificação. A segunda é as reduções de custos decorrentes da melhoria da produtividade. Isso aumentará as margens de lucro nos mercados onde as barreiras à entrada impedem qualquer erosão nos preços devido ao acirramento da concorrência. Uma vez que essas margens mais altas produzirão um aumento nos lucros acima do crescimento na receita, elas aumentarão a taxa de crescimento orgânico em valor.

O crescimento futuro da receita orgânica no mercado principal da CG pode ser estimado examinando a tendência histórica de medidas diretas de crescimento orgânico. Essas serão medidas de crescimento da demanda dentro de sua presença geográfica e perfil de produtos existentes. Não incluem os efeitos da expansão para além dessas áreas, já que isso geralmente é o resultado de uma decisão de investimento ativa. O mesmo crescimento das vendas para lojas maduras com linhas de produtos estáveis é uma dessas medidas para empresas de varejo. O crescimento da receita para linhas de produtos estabelecidas em mercados existentes é uma medida mais geral. Se as taxas históricas de crescimento dessas medidas permaneceram estáveis, podemos presumir que deverão continuar assim. Se o crescimento estiver se acelerando, o crescimento orgânico estimado pode exceder a taxa histórica. Se o crescimento estiver desacelerando, a estimativa orgânica futura será menor que a taxa histórica. Em qualquer caso, é nas taxas de longo prazo que nos concentramos, não nas alterações recentes. No caso da CG, tomaremos a hipótese de que as medidas históricas de crescimento orgânico permaneceram estáveis por muitos anos em cerca de 3% ao ano.

Uma abordagem alternativa é estimar o crescimento orgânico futuro em receita com base nos impactos prováveis de tendências subjacentes na população, na renda e no comportamento do cliente. O ponto natural pelo qual se começar é o crescimento geral da atividade econômica medida pelo PIB. Essa taxa de crescimento macroeconômico deve então ser ajustada para levar em conta os mercados geográficos, demográficos e de produtos específicos nos quais a empresa opera. Por exemplo, as regiões Sudeste e Sudoeste dos Estados Unidos têm crescido mais rapidamente do que o Nordeste e o Centro-Oeste, uma tendência que provavelmente continuará. Tanto nos Estados Unidos como em todo o mundo, a renda das famílias abastadas tem aumentado por muitos anos de 2 a 3% mais rapidamente do que a renda média. A renda das famílias menos abastadas tem crescido cerca de 2% menos do que as economias em geral. Na maioria das economias desenvolvidas, os gastos com itens como moradia, assistência médica, educação, viagens e entretenimento têm aumentado mais rapidamente do que os gastos com bens. Por exemplo, em 1970, uma família média americana gastava 23% de sua renda com comida, 18% com mantimentos e 5% com refeições em restaurantes. Em 2010, os gastos com refeições em restaurantes permaneceram em 5%, mas apenas 9% foram para alimentos, metade do valor de 1970.

Uma terceira alternativa é examinar as taxas históricas de crescimento da demanda por mercados ou produtos semelhantes aos de nossa empresa-alvo. Por exemplo, se estivermos tentando prever o crescimento orgânico de uma companhia aérea de baixo custo com uma participação de mercado dominante nas rotas europeias, podemos olhar para as taxas de crescimento históricas de operações semelhantes nos EUA ou na Ásia, ajustadas para diferenças no crescimento do PIB regional.

Tomaremos a hipótese de que a CG vende um mix médio de serviços e bens para um mix médio de todas as famílias. Nesse caso, o crescimento orgânico deve corresponder aproximadamente ao crescimento futuro esperado do PIB de cerca de 3% (em termos nominais). Também presumiremos que esse número de 3% acompanha bem o histórico da CG de crescimento constante de receita de presença de 3%. Nesse caso, tanto o histórico da própria empresa quanto as projeções impulsionadas pelas tendências econômicas levam a uma estimativa de crescimento orgânico futuro anual na receita da CG de 3%.[4]

Como as barreiras sustentáveis à entrada estão, em última análise, arraigadas em economias de escala, o crescimento orgânico da receita nos mercados principais deve levar a uma maior alavancagem operacional e, portanto, a maiores margens de lucro. A melhoria em tecnologia também deve aumentar as margens. O crescimento orgânico dos lucros, então, deve exceder o crescimento orgânico das receitas. Este efeito geralmente é pequeno, mas deve ser detectado ao se examinar o cresci-

---

[4] Se o crescimento recente da receita das mesmas instalações estiver substancialmente acima do que as tendências econômicas subjacentes sugerem, então provavelmente é melhor confiar no número da tendência econômica subjacente. Se o crescimento do mesmo estabelecimento estiver significativamente abaixo do que as tendências sugerem, pode haver um problema de gestão que requer investigação. A má gestão pode ser melhorada; contrariar tendências econômicas fundamentais é mais difícil.

mento histórico da margem dentro do mercado principal da CG. Vamos presumir que o crescimento do lucro do mercado principal da CG tem sido, em média, cerca de 0,5% acima do crescimento histórico da receita. Adicionar esse benefício de margem ao crescimento projetado de receita de 3% produz uma estimativa de crescimento orgânico anual nos lucros e, portanto, em valor, de cerca de 3,5%.[5] Este crescimento orgânico em valor é o segundo componente, acima dos retornos de caixa de 3,6% dos lucros atuais, no retorno geral de compra de ações da CG em US$ 4 bilhões.

O crescimento orgânico requer algum investimento, geralmente em capital de giro líquido. Uma taxa de crescimento orgânico de 3% na receita da CG de US$ 3 bilhões produz vendas adicionais de US$ 90 milhões no primeiro ano. Vamos imaginar que cada dólar adicional de receita requer um extra de US$ 0,15 em contas a receber e estoque e nenhum investimento fixo significativo; esse valor é parcialmente compensado por US$ 0,10 em contas a pagar mais altas e passivos acumulados. Isso deixa o investimento líquido necessário em US$ 0,05 para cada dólar extra de vendas. Para um aumento nas vendas de US$ 90 milhões, o investimento líquido necessário é US$ 4,5 milhões.[6] Esse dinheiro tem que sair dos US$ 96 milhões em receitas que a CG retém de modo sustentável nos níveis atuais. Os US$ 91,5 milhões restantes estão disponíveis para investimentos ativos que devem aumentar o crescimento dos lucros totais acima da taxa de crescimento orgânico de 3,5%.

Crescimento do investimento ativo

Esse aumento adicional no crescimento e no valor dependerá da eficácia com que a administração da CG implementa os US$ 91,5 milhões disponíveis para investimentos ativos. Se for desperdiçado em tentativas de penetrar em mercados altamente lucrativos dominados por outros e protegidos por amplos fossos, tentativas com baixa probabilidade de sucesso, então a gestão lucrará muito menos do que

---

[5] Se não houver tendência de aumento das margens nos dados históricos, devemos ignorar o impacto teórico de maior alavancagem operacional e tecnologia e pensar que o crescimento futuro dos lucros será igual ao crescimento da receita.

[6] A parte do crescimento orgânico que surge das margens aumentadas pode, em teoria, exigir algum investimento. No entanto, a parte do aumento da margem relacionada aos retornos crescentes de escala não requer esse investimento. E os retornos sobre os investimentos na implementação de melhorias contínuas de processos baseados em tecnologia são, na prática, muito altos, da ordem de 50% ou mais, de modo que esses investimentos tendem a ser insignificantes (ver estudos da Sloan Foundation).

o custo de capital, se é que lucrará alguma coisa. Se a empresa lucra 5% com esses investimentos quando seu custo de capital é de 10%, então cada dólar reinvestido gera apenas US$ 0,50 de valor. Nessas circunstâncias, a taxa de reinvestimento de US$ 91,5 milhões adicionará apenas US$ 45,75 milhões por ano ao valor intrínseco de uma empresa. Por outro lado, a gestão poderia usar os US$ 91,5 milhões reinvestidos em grandes melhorias na eficiência de seus mercados de franquia ou para adicionar instalações e/ou ampliar sua linha de produtos, de forma a se beneficiar das economias de escala existentes em publicidade, P&D, distribuição e gestão. Nesse cenário alternativo, os retornos sobre o novo investimento podem exceder substancialmente o custo de capital da empresa, uma vez que estão protegidos da erosão competitiva por seu fosso atual. Se a empresa lucra 20% com o investimento incremental quando seu custo de capital é de 10%, então cada dólar reinvestido vale US$ 2 e o crescimento impulsionado por investimento ativo em valor é de US$ 183 milhões (US$ 91,5 milhões vezes 2). Por conveniência, nos referiremos ao valor criado por dólar de reinvestimento ativo como o fator de criação de valor associado às iniciativas de alocação de capital da gestão. Um fator de criação de valor menor que um (p. ex., 0,5 em nosso exemplo inicial) indica que a gestão está destruindo valor; um fator acima de um significa que a gestão está criando valor.

O valor criado pelo reinvestimento ativo é simplesmente este fator de criação de valor multiplicado pela quantidade de reinvestimento ativo. Esse valor em dólares pode ser convertido em retorno de reinvestimento ao se dividir o valor criado pelo preço de mercado de US$ 4 bilhões pago pelo acesso a esse valor. Com má alocação de capital e um fator de criação de valor neste exemplo de 0,5, os US$ 45,75 milhões em criação de valor representam um retorno de investimento ativo de apenas 1,14% (US$ 45,75/US$ 4.000). Com uma boa alocação de capital, os US$ 183 milhões em valor agregado elevam esse retorno para 4,58% (US$ 183/US$ 4.000).

A qualidade da alocação de capital pode ter um grande impacto sobre os retornos futuros que provavelmente serão obtidos com o investimento em ações de crescimento. As gestões de empresas que dedicam fundos, tempo e atenção incansavelmente para melhorar a eficiência operacional – que geralmente é a maior fonte de criação de valor orientada para o investimento – irão agregar muito mais aos retornos do que iniciativas de crescimento que estão muito fora dos mercados centrais e não se beneficiam de vantagens competitivas existentes. O cálculo do fator de criação de valor por meio de uma avaliação completa das estratégias de alocação de capital é um elemento essencial e difícil para o sucesso do investimento em ações de crescimento. A análise envolve um grau de complexidade muito além do associado à estimativa de retornos de fluxo de caixa atuais e taxas de crescimen-

Tabela 8.1 Cálculos básicos de retorno da Consolidated General

Consolidated General	Montante (milhões)		% do valor de mercado ou *como observado*	Premissas
Receita sustentável	US$	3.000		premissa básica
Lucro sustentável	US$	240		margem sustentável de 6%
Total de retorno de caixa	US$	144		distribuição de 60%
Percentual de retorno de caixa			3,6%	valor de mercado de U$ 4.000
Receita de crescimento orgânico	US$	90	3,0%	*premissa básica Receita de US$ 3.000*
Margens de crescimento orgânico			0,5%	*premissa básica Receita de US$ 3.000*
Retorno de crescimento orgânico			3,5%	*receita mais crescimento de margem*
Lucro reinvestido	US$	96		US$ 240 menos US$ 144
Investimento do crescimento orgânico	US$	4,5		5% do capital de giro líquido * US$ 90 de crescimento da receita
Investimento ativo	US$	91,5		US$ 96 menos US$ 4,5 para crescimento orgânico
Fator de criação de valor		1,6		premissa básica
Criação de valor de reinvestimento ativo	US$	146,4		1,6 *US$ 91,5
Retorno de reinvestimento ativo			3,7%	valor de mercado de US$ 4.000
Retorno total			10,8%	soma de caixa (3,6%) crescimento orgânico (3,5%) reinvestimento ativo (3,7%)

to orgânico. Discutiremos isso com mais detalhes em uma seção separada, posteriormente neste capítulo.

Por enquanto, seguiremos com a hipótese de que a alocação da gestão da CG dos US$ 91,5 milhões de fundos de investimento ativos é boa, mas não ótima, que cada dólar de investimento ativo gera US$ 1,60 de valor. O investimento ativo, então, produz US$ 146,4 milhões de valor (um fator de criação de valor de 1,6 vezes US$ 91,5 milhões), que é um retorno de 3,66% sobre os US$ 4 bilhões pagos pela CG. Como acontece com qualquer investimento, essa taxa de retorno depende do valor pago pela CG; quanto menor o valor pago, maior o retorno.

Agora podemos calcular nosso retorno total para a CG. O retorno de caixa é de 3,6%. O crescimento orgânico nos lucros adiciona 3,5%. O investimento ativo de lucros retidos contribui com outros 3,66%, ou 3,7%, para evitar uma precisão ilusória. O retorno anual total de um investimento na CG é de 10,8%, ou entre 10,5 e 11%. Esses cálculos estão resumidos na Tabela 8.1.

Taxas de crescimento e retornos de crescimento

O retorno total da CG de 10,8% consiste em um retorno de caixa de 3,6% e um retorno de crescimento de 7,2%. A rentabilidade do crescimento é a soma do crescimento orgânico de 3,5% e dos resultados do reinvestimento ativo de 3,7%. Neste e em exemplos semelhantes, presumimos implicitamente que os retornos gerados pelo crescimento são iguais às taxas de crescimento relacionadas, que uma taxa de crescimento orgânico de 3,5% produz um retorno de crescimento orgânico de 3,5%. Essa suposição geralmente não é precisa, e entender por que é fundamental para entender uma abordagem baseada em retorno para avaliar empresas de franquia.

Para destacar a diferença entre taxas de crescimento e retornos de crescimento, consideraremos primeiramente o efeito do crescimento orgânico. Para o mundo de taxa de crescimento constante com custo de capital constante que tomamos como hipótese, uma taxa de crescimento orgânico de 3,5% nos lucros da Consolidated General leva a um aumento de 3,5% no valor intrínseco, que, para este negócio de franquia é baseado no valor do poder dos lucros. Assim, se a CG tem um valor intrínseco de US$ 3 bilhões, um aumento de 3,5% nos lucros adiciona US$ 105 milhões (3,5% vezes US$ 3 bilhões) ao valor para o acionista. Mas o retorno percentual resultante para os acionistas depende do preço pago pelos negócios da CG. Se a CG for negociada no mercado de ações a um preço de US$ 4 bilhões, o crescimento orgânico de 3,5% produz um retorno para o acionista de apenas 2,63% (US$ 105 milhões divididos por US$ 4 bilhões). Se o preço de mercado da CG fosse de US$ 2 bilhões, o crescimento orgânico de 3,5% nos lucros geraria um retorno de crescimento orgânico de 5,25% (US$ 105 milhões dividido por US$ 2 bilhões).[7] Somente quando o valor intrínseco da CG e o preço de mercado forem iguais, uma taxa de crescimento orgânico de 3,5% nos lucros será igual ao retorno de crescimento orgânico de 3,5% (US$ 105 milhões dividido por US$ 3 bilhões).

Uma fórmula simples, mas importante, está em ação aqui. Para qualquer negócio, vamos designar a taxa de crescimento orgânico dos lucros por g, a porcentagem de retorno de crescimento orgânico por r, o valor intrínseco por V, e o preço de mercado por M. A adição em dólares ao valor do acionista será gV (g vezes V) Isso representa uma porcentagem de retorno de gV/M. Desse modo,

$$r \equiv \text{retorno de crescimento orgânico} = gV/M = g(V/M). \qquad (1)$$

Substancialmente, o retorno do crescimento orgânico é igual à taxa de crescimento dos lucros multiplicada pela relação entre o valor intrínseco e o preço de mercado. Se as ações da CG forem uma pechincha, disponíveis no mercado por menos do que o valor intrínseco, então o retorno percentual do crescimento orgânico excederá a taxa de crescimento orgânico nos lucros. Se as ações da CG estiverem sobreprecificadas, sendo vendidas por mais do que o valor intrínseco, o retorno percentual do crescimento orgânico ficará abaixo da taxa de crescimento orgânico. Quando o valor intrínseco e o preço de mercado são iguais, será aplicada a hipótese padrão de que o retorno do crescimento é igual à taxa de crescimento. Esses relacionamentos são descritos no diagrama a seguir.

No Caso 1, a subvaliação das ações amplifica o efeito da taxa de crescimento orgânico sobre os retornos. No Caso 2, a avaliação precisa deixa o efeito do crescimento orgânico sobre os retornos inalterado. No Caso 3, a sobreavaliação atenua o impacto sobre os retornos da taxa de crescimento orgânico.

Cálculos convencionais de retorno, como os de um modelo de desconto de dividendos, automaticamente, mas poucas vezes de maneira explícita, pressupõem que os valores de mercado e intrínsecos são sempre iguais, de modo que as taxas de crescimento e os retornos relacionados ao crescimento são sempre equivalentes. Na realidade, e especialmente na realidade de Graham e Dodd, a divergência entre o preço de mercado e o valor intrínseco está no cerne do processo de investimento. Como consequência, devemos considerar explicitamente o impacto da relação entre os valores intrínsecos e os de mercado sobre os retornos futuros. Nossa dificuldade é que estamos nos concentrando nos retornos precisamente porque, para

---

[7] A diferença nos preços de mercado não deve afetar significativamente as operações de negócios subjacentes da CG.

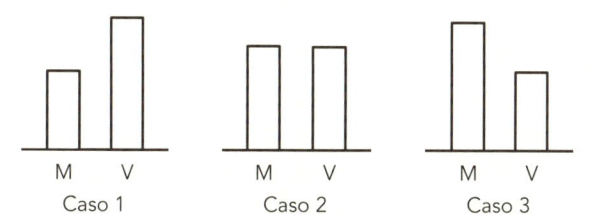

FIGURA 8.1 Preço de mercado e valor intrínseco comparados.

ações de crescimento, não podemos medir com segurança os valores intrínsecos. Como resultado, não podemos calcular a razão entre o valor intrínseco e o valor de mercado para usar como um ajuste na conversão das taxas de crescimento em retornos relacionados ao crescimento. Portanto, no momento, basearemos nossos cálculos de retorno na hipótese simplificadora de que o valor intrínseco e o valor de mercado são iguais e que a proporção de V para M é 1. Posteriormente, abordaremos em detalhes os efeitos do relaxamento dessa hipótese.

Uma consequência adicional da equação (1) se aplica ao nosso cálculo de retornos de investimentos ativos. Calculamos essa parte do retorno de crescimento diretamente, dividindo o valor criado a partir do investimento ativo (montante investido vezes o fator de criação de valor) pelo preço de mercado da CG. A taxa de crescimento dos lucros correspondente a este retorno deve ser calculada a partir da equação (1), uma vez que o retorno do crescimento, r, é a taxa de crescimento, g, vezes a relação entre o valor intrínseco e o preço de mercado. Por outro lado, a taxa de crescimento, g, é o retorno do crescimento, r, dividido pela relação entre o valor intrínseco e o preço de mercado. Se as ações da CG estiverem subavaliadas, a taxa de crescimento dos lucros correspondente ao nosso retorno de investimento ativo de 3,7% será inferior a 3,7% (o índice V/M é maior que um). Se as ações da CG estiverem superavaliadas, a taxa de crescimento dos lucros com o investimento ativo será maior que 3,7%. Novamente, o retorno de crescimento de 3,7% e a taxa de crescimento dos lucros só serão iguais quando o preço de mercado e o valor intrínseco da CG forem iguais. Uma vez que não podemos medir o valor intrínseco com precisão, vamos, por enquanto, presumir que essa igualdade é válida.

Sob essa premissa, nosso retorno de investimento ativo de 3,7% deve corresponder a um crescimento de lucros relacionado ao investimento ativo de 3,7%, ou um crescimento de lucros de 7,2% em geral. Este número pode ser comparado às taxas médias históricas de crescimento dos lucros da CG como uma verificação importante em nossas hipóteses sobre crescimento orgânico e retornos de investimentos ativos. Ainda assim, devemos lembrar que essa comparação simples só se aplica adequadamente quando o preço de mercado e o valor intrínseco de uma empresa são iguais. Por enquanto, vamos supor que as taxas de crescimento dos lucros da CG tenham sido em média em torno de 7% nos últimos 10 a 20 anos. Com a ressalva citada anteriormente, isso indicaria que nossos retornos de crescimento estimados são amplamente consistentes com o histórico anterior.[8]

Uma verificação final sobre a validade de nossa estimativa de crescimento de 7,2% é que ela não é tão alta a ponto de ter implicações irracionais sobre o futuro papel da CG na economia como um todo. Se projetássemos uma taxa de crescimento de longo prazo acima de 15% para a empresa, em comparação com o crescimento nominal do PIB de 3 a 4%, a CG acabaria se tornando uma parte conspícua da economia geral, o que não é uma perspectiva realista para a maioria das empresas. Além do retorno de caixa de 3,6%, o crescimento projetado de 7,2% em valor produz um retorno geral de 10,8%, ou mais realisticamente 10 a 11%, em nosso investimento de US$ 4 bilhões.[9]

Retornos em comparação

Um retorno de 10 a 11% fala diretamente sobre a atratividade de um investimento na CG. No presente momento em que escrevemos, as taxas de juros variam de abaixo de zero em grande parte da dívida governamental de curto prazo para entre 2 e 3% em títulos do governo de longo prazo a 4% em dívida corporativa de longo prazo relativamente segura. Por esses padrões, 10 a 11% parece ser um retorno altamente desejável. O retorno da CG deve ser julgado em relação aos retornos de ativos de risco comparável, e os mercados de ações, cujos riscos se assemelham mais aos de um investimento da CG, parecem ter um retorno de 6 a 7%. Essa alternativa implica uma vantagem de retorno significativamente menor para a CG. É claramente importante, ao tomar decisões de investimento, calcular retornos alternativos apropriados com a maior precisão possível.

Essa etapa é um requisito virtual para os investidores Graham e Dodd, para quem uma margem de segurança entre valor e preço está no cerne do processo de

---

[8] Se as ações da CG estiverem subavaliadas, então (1) o retorno gerado pelo crescimento orgânico de 3,5% será maior do que 3,5% e (2) a taxa de crescimento dos lucros correspondente ao retorno do investimento ativo de 3,7% será inferior a 3,7%. Assim, se o crescimento futuro acompanhasse uma taxa histórica de 7,2%, os retornos para os investidores da CG ultrapassariam 7,2%. Para ações subavaliadas, as comparações da taxa de crescimento histórica com os retornos de crescimento estimados são conservadoras, uma qualidade desejável de uma perspectiva tradicional de Graham e Dodd.

[9] As estimativas de valores intrínsecos e retornos sempre envolvem alguma incerteza. Deve-se desconfiar de cálculos extremamente precisos, sejam eles próprios ou de terceiros.

investimento. Para investimentos com valores intrínsecos mensuráveis, a margem de segurança é a diferença entre o valor recebido e o preço pago; o preço pago representa o valor das oportunidades alternativas perdidas. Para uma decisão baseada em retornos, o retorno futuro calculado captura o valor recebido, enquanto o retorno alternativo apropriado representa as oportunidades perdidas. As duas partes desta comparação devem ser estimadas com a maior precisão possível, para que a diferença entre elas possa fornecer uma base sólida para a tomada de decisões de investimento. A natureza de um negócio de franquia torna particularmente importante ter uma medida tão precisa quanto possível da margem de segurança nos retornos. Nenhuma franquia dura para sempre. Quando é lesada, o dano aos seus valores é muito pior do que para empresas concorrentes. (Ver o Capítulo 7.) Em mercados competitivos em declínio, as recuperações de capital devem compensar amplamente os lucros perdidos. Para empresas de franquia, o declínio traz destruição substancial de valor. Uma margem de segurança com base nas estimativas de retorno deve ser grande o suficiente para antecipar a possibilidade inevitável, mas não previsível, de comprometimento da franquia, o que chamamos de "desvanecimento".

Existem duas maneiras de estimar um retorno de *benchmark* em relação ao qual o retorno esperado de 10 a 11% da CG pode ser comparado, embora um retorno de 10 a 11% de um negócio de franquia não alavancado seja atraente na maioria das circunstâncias. A primeira é estimar um custo de capital para a CG, conforme discutimos no Capítulo 5, "Valor do poder dos lucros". Uma vez que estamos assumindo que a CG é totalmente financiada por capital, seu custo de capital será o seu custo de capital próprio. Tomaremos a hipótese de que, no momento da compra, a faixa de retornos patrimoniais possíveis vai de um retorno de capital de risco de 12% (ações de alto risco) a um retorno de um título de dívida contemporâneo com classificação B de 5% mais 1 ou 6% total (ações de baixo risco com retornos próximos dos títulos de dívida). O ponto médio dessa faixa, que é uma estimativa grosseira do risco médio de ações, é de 9%. (Ver o Capítulo 5.) Também presumiremos que, devido à sua falta de alavancagem e posição de franquia estável, o risco da CG cai apenas na metade inferior dessa faixa, ou cerca de 7,5%, a meio caminho entre 9 e 6%. Esse número está seguramente abaixo do nosso retorno estimado de 10 a 11% da compra da CG a um preço de mercado de US$ 4 bilhões.

Um segundo retorno alternativo pode ser calculado observando-se os retornos potenciais atuais do mercado de ações como um todo. Suponha que o retorno médio de caixa sobre as ações seja de 2,5% ao ano. Encontramos esse número pegando todos os dividendos e recompras de ações líquidas durante o ano passado de um amplo segmento de ações do mercado, como o S&P 500, e dividindo pelo custo de compra desse segmento de mercado hoje.[10] O crescimento futuro médio em valor para o segmento será impulsionado pelo crescimento futuro médio dos lucros. O crescimento dos lucros, por sua vez, será baseado no crescimento da produção e renda agregadas dos EUA ou globais e por qualquer tendência na participação dos lucros como uma fração da receita total. Suponha que o crescimento nominal do PIB seja esperado em cerca de 3,5% ao ano, um nível quase igual ao crescimento médio real no início do século XXI. Esse valor é a combinação de cerca de 1,5% de inflação anual, 1% de crescimento anual da força de trabalho e cerca de 1% de crescimento anual da produtividade. Entre o final da década de 1980 e o início do século XXI, os lucros como proporção da renda nacional geral nos Estados Unidos aumentaram de cerca de 18,5 a 13,5%, uma taxa anual de 1,5 a 2,0%. Combinar essa parcela aumentada do PIB com o crescimento estimado do PIB indica um crescimento do lucro corporativo de 5,0 a 5,5%. Adicionar essa taxa ao retorno em caixa de 2,5% produz um retorno futuro geral do mercado de ações dos EUA de 7,5 a 8,0%. Como a CG é uma ação com nível de risco abaixo da média, ela deveria ter um custo de capital de cerca de 7%, que está próximo de nossa estimativa de custo direto de capital de 7,5%.

Uma abordagem alternativa para estimar o retorno de ações de *benchmark* é baseá-lo em um retorno agregado dos lucros do mercado. Imagine que o índice S&P 500 seja negociado a 17 vezes o lucro das ações do índice. Esse múltiplo preço/lucro se inverte em um retorno dos lucros de aproximadamente 6%. Em média, os lucros reinvestidos devem render algo muito próximo do custo de capital das empresas que fazem esses investimentos. Haverá alguma criação de valor líquido a partir dos investimentos ativos das empresas de franquia, protegidos por barreiras à entrada do efeito nivelador da concorrência. Isso deve ser compensado em parte pela má alocação de capital que ocorre porque as gestões dessas mesmas empresas estão protegidas da força total da concorrência. O mesmo processo de equalização ocorre em empresas que não são franquias: uma boa gestão faz bons investimentos; uma má, faz investimentos ruins. Ao mesmo tempo, o crescimento real orgânico de algumas empresas de franquia será compensado pelo declínio de franquias de outros. O único crescimento orgânico com o qual precisamos nos preocupar é aquele relativo aos baixos níveis de inflação (altos níveis de inflação estão associados a rupturas econômicas que historicamente tiveram impactos negativos significativos no desempenho dos lucros das empresas). O ambiente do início do século

---

[10] Se no ano passado esses números fossem excepcionais, teríamos que usar nossa estimativa de pagamentos "sustentáveis" aqui.

Tabela 8.2 Retornos em comparação da Consolidated General

Método	Cálculo	Custo do capital próprio	Custo de capital da CG
Custo médio ponderado de capital (custo do capital próprio para empresa sem dívidas)	R = (1) × custo de capital	amplitude: 6 a 12% Baixo risco da CG (sem alavancagem) 7%	7%
Retorno em relação ao mercado Dividendos mais crescimento	retorno de dividendos do mercado + crescimento	mercado = 2,5% crescimento = 5,0% total = 7,5% CG abaixo do risco de mercado	7%
Lucros mais inflação baixa	mercado = 1/(P/L) + inflação baixa	mercado = 6% (1/17) + 1,5% = 7,5% CG abaixo do risco de mercado	7%

XXI tem sido de uma taxa de inflação relativamente benigna de 1,5%. Adicionar esse crescimento nos lucros nominais aos retornos dos lucros de 6% produz um provável retorno de mercado futuro de 7,5%. Este número está de acordo com nossa outra estimativa de 7 a 8%.

Estamos imaginando que a CG é uma ação de baixo risco, por isso a taxa de retorno com a qual deve ser comparada é ligeiramente inferior à rentabilidade do mercado, cerca de 7%. Esse é o valor que usaremos para calcular uma margem de segurança com base no retorno. Nosso retorno esperado de 10 a 11% sobre o investimento de US$ 4 bilhões na CG deixa uma margem de segurança entre 3 e 4%.

Esses cálculos estão resumidos na Tabela 8.2.

Desvanecimento da franquia

Essa margem de segurança de 3 a 4% deve, como sempre para um investidor do tipo Graham e Dodd, fornecer proteção contra erros de cálculo e acontecimentos futuros inesperados. Há uma preocupação adicional ao decidir comprar uma empresa de franquia. Nenhuma franquia é eterna. Algumas, como a Coca-Cola, que existe há mais de um século, podem durar muito tempo, mas outras, como a Xerox, jornais locais ou o folheto de corridas de cavalo, um dos exemplos favoritos de Warren Buffett, tinham posições estabelecidas, mas foram sujeitas a erosão significativa em períodos relativamente curtos. Nossa margem de segurança em retornos para empresas de franquia também deve fornecer proteção contra possibilidades assim.

Nós nos referimos a essas possibilidades como "desvanecimento" da franquia e incluímos esse "desvanecimento" em nossa margem de discussão de segurança, porque as taxas de "desvanecimento" são difíceis de calcular com precisão e são mais bem consideradas como fatores "qualitativos" que afetam a margem desejada de segurança em vez de fatores "quantitativos" incluídos na taxa de retorno calculada. Claramente, uma empresa como a Coca-Cola, com uma franquia durável, requer uma margem de segurança menor do que até mesmo uma empresa de tecnologia estabelecida como a Intel ou uma em um setor em rápida mudança, como a Tesla, se de fato for um negócio de franquia. No entanto, será útil considerar a importância das taxas de "desvanecimento" em termos quantitativos.

A maneira mais simples, embora talvez não a mais realista, de pensar no desvanecimento da franquia é supor que a empresa e seus valores morrem a uma taxa exponencial de, digamos, 2% ao ano. Para este caso, "desvanecimento" é uma subtração do crescimento. O crescimento líquido seria então a soma do crescimento orgânico mais o crescimento do investimento ativo menos o desvanecimento, tendo o cuidado de distinguir entre a taxa de crescimento de uma empresa e o retorno do crescimento que pode ser obtido comprando a empresa ao seu valor de mercado atual. Para esse caso simples, podemos comparar a margem de segurança da CG diretamente com sua taxa de desvanecimento, com a diferença entre as duas sendo uma margem "líquida" de segurança. Além disso, para este caso, quando olhamos para as taxas de crescimento histórico geral em uma empresa, a taxa de desvanecimento já estará incorporada como parte do total.

Uma maneira mais realista de ver o desvanecimento da franquia é em termos de probabilidades de sobrevivência para a franquia. Franquias, como a Xerox e jornais, geralmente são prejudicadas por desenvolvimentos sociais ou tecnológicos que chegam em períodos diferenciados e relativamente curtos. Suponha que a taxa de chegada provável para esses acontecimentos fatais seja aproximadamente constante a uma taxa de 2% em qualquer ano. Nesse caso, a probabilidade de a empresa estar viva no final deste ano é de 98%; ao final de dois anos, a probabilidade de sobrevivência é de 98% vezes 98%. Se o valor de empresa da CG, desde que sobreviva, cresce 7% ao ano, então, incorporando a taxa de desvanecimento, o valor esperado da empresa no final do ano é de 98% vezes 107% do valor no início de ano, ou cerca de 105% do seu valor original.[11] Esse processo de desvanecimento mais realista afeta o crescimento do valor da CG – seu valor esperado –, exatamente da mesma maneira que o declínio exponencial menos realista que discutimos anteriormente. Em geral, essas taxas episódicas de "desvanecimento" podem ser tratadas como subtrações das estimativas básicas da taxa de crescimento, assim como fizemos para a erosão constante.[12]

Há uma importante implicação empírica dessa visão mais realista de "desvanecimento". A taxa de crescimento histórico da empresa é, neste caso, uma taxa de crescimento pré-desvanecimento, uma vez que o evento de "morte" geralmente ainda não se materializou. O crescimento histórico deve ser ajustado pela taxa de desvanecimento para fornecer uma estimativa que irá incorporar as possibilidades de desvanecimento daqui para frente.

É difícil estimar com precisão essa taxa de desvanecimento episódico para uma empresa de franquia. Uma maneira de começar é pensar na meia-vida da empresa, o número de anos no futuro em que sua probabilidade de sobrevivência cai para 50%. Para uma franquia durável como a Coca-Cola, isso pode durar 80 anos ou mais. Para uma franquia dependente de tecnologia mais recente, como Apple ou Intel, pode durar 15 ou 20 anos. A meia-vida pode ser traduzida em probabilidades de desvanecimento anual usando a regra de 72. Uma meia-vida de 80 anos corresponde a uma taxa anual de desvanecimento de aproximadamente 0,9% (72 dividido por 80), que normalmente será imaterial (i.e., equivalente a um ajuste anual para baixo de 1% na taxa de crescimento orgânico do valor). Uma meia-vida de 18 anos corresponde a uma taxa de desvanecimento de 4% (72/18), o que é muito mais sério. Em geral, meias-vidas de 25 anos ou menos, ou seja, pelo menos 3% ao ano, precisam ser levadas a sério.

---

[11] Para simplificar, assumimos aqui que o valor da empresa após o evento de desvanecimento é zero, embora seja fácil o suficiente incorporar valores diferentes de zero na análise. O valor de fim de período esperado do negócio é então $(1-f)V$, onde f é a taxa de desvanecimento, V é o valor do evento pré-desvanecimento da empresa, e $1-f$ é a probabilidade de que a empresa sobreviva ao período (i.e., o evento de desvanecimento não ocorre). Suponha que, em vez disso, o valor do evento pós-desvanecimento da empresa seja mV em vez de zero, onde m é positivo, mas menos de um. Então, o valor esperado da empresa no final do período é $(1-f)V$ (o evento de desvanecimento não ocorre) mais $f \times mV$ (o desvanecimento ocorre). Isso pode ser reescrito como $V(1-f+fm)$, ou $V(1-(1-m)f)$. O termo $(1-m)f$ é igual a f quando $m=0$ (sem valor residual). Caso contrário, a taxa de depreciação relacionada ao desvanecimento no valor esperado é $(1-m)f$. Um valor residual diferente de zero reduz a taxa de desvanecimento efetiva de f para $(1-m)f$.

[12] Mesmo que uma empresa pós-"morte" decline lentamente após um evento de "morte", seu valor de mercado deve cair imediatamente, uma vez que a deterioração adicional é antecipada e rapidamente incorporada ao valor de mercado.

Essas taxas anuais de desvanecimento (ou taxas de extinção) são retornos anuais negativos e devem ser cobertas pela margem de segurança calculada sem desvanecimento. Deve ficar claro que são substanciais e têm de ser levadas em consideração na tomada de decisões de investimento em franquia. Se acreditarmos que a CG opera em um ambiente econômico altamente estável, com meia-vida de franquia de 50 anos, a taxa de desvanecimento é de 1,5%, que é coberta por nossa margem de segurança de 3 a 4%. Por outro lado, se sua meia-vida provável é de apenas 20 anos, a taxa de desvanecimento é de 3,6%, o que elimina toda a margem de segurança. Da perspectiva de Graham e Dodd, uma característica particularmente atraente dessa abordagem é que a taxa de desvanecimento, calculada a partir de sua meia-vida, está linear e claramente relacionada à margem de segurança exigida dos retornos. As taxas de desvanecimento episódico devem ser subtraídas do retorno estimado para calcular o retorno geral esperado, porque isso não faz parte da experiência de crescimento histórico. Esse cálculo geral é importante, pois nosso retorno de *benchmark* (incluindo desvanecimento) é conservador apenas se for maior do que o custo de capital. Investir em crescimento bem-sucedido é, por definição, investir em empresas de franquia. Ignorar a taxa de desvanecimento exagera a margem de segurança e aumenta o risco de que as decisões sejam baseadas em previsões de retorno otimistas demais, que é a principal vulnerabilidade de todos os investimentos em ações de crescimento.

A fórmula do retorno

Os cálculos que acabamos de fazer para o caso da Consolidated General baseiam-se no conhecido modelo de desconto de dividendos para estimar os retornos das ações.[13] Nesse modelo, o retorno geral por ação para um investidor consiste em um dividendo e uma taxa de valorização do capital. Formalmente,

$$r = \text{retorno por ação} = (d/p) + g, \qquad (2)$$

onde d é o dividendo atual por ação, p é o preço de mercado de uma ação e g é a taxa de crescimento prevista no preço das ações. Na prática, esta estimativa do retorno pressupõe que a taxa de crescimento antecipada dos preços das ações é impulsionada pela taxa de crescimento futuro dos dividendos, que por sua vez é impulsionada pela taxa de crescimento dos lucros e, em última instância, pela taxa de crescimento da receita e da lucratividade do empreendimento.

---

[13] Ver Gordon, Myron. (1959). "Dividends, Earnings and Stock Prices." *Review of Economics and Statistics*, 41 (2): 99–105, para obter uma descrição inicial deste modelo.

Os cálculos da CG diferem daqueles do modelo tradicional de desconto de dividendos de várias maneiras. Em primeiro lugar, para a CG, observamos o retorno de possuir a empresa como um todo, em vez do retorno de uma única ação. No caso de uma GC totalmente financiada com capital próprio, essa distinção é irrelevante. Se não houver recompra de ações, o total de dividendos dividido pelo valor de mercado é idêntico ao dividendo por ação dividido pelo preço por ação. Além disso, se o número de ações for constante, a taxa de crescimento percentual nos dividendos totais será exatamente igual à taxa de crescimento nos dividendos por ação. Nesse caso, o cálculo no nível da empresa e o cálculo tradicional por ação são exatamente equivalentes.

O fator complicador aqui são as recompras líquidas de ações. Uma recompra de 2% das ações em circulação aumentará, em igualdade de condições, os dividendos por ação em 2%, visto que o número de ações diminuiu 2%. Do ponto de vista da empresa, a recompra de 2% das ações em circulação ao preço de mercado atual adicionará 2% do valor de mercado (preço vezes 2% do número de ações em circulação) ao retorno de caixa total. De ambas as perspectivas, a ação individual e o patrimônio líquido total da empresa, o retorno em caixa aumentará 2%. A variação da rentabilidade total em ambos os casos será estes 2% menos o impacto da perda do caixa distribuído no crescimento futuro, que também é o mesmo em ambos os casos.

Preferimos a análise em termos da empresa porque é mais bem-adaptada para analisar os retornos de possuir uma participação proporcional de uma empresa como um todo do que a abordagem de uma única ação.[14] No caso de empresas de franquia, uma abordagem de avaliação empresarial, em oposição a uma abordagem apenas do patrimônio líquido, é especialmente importante. O valor essencial de uma empresa de franquia, especialmente o valor criado pelo crescimento, é produzido por suas operações principais, que são protegidas da concorrência por barreiras à entrada. Adicionar um componente de crescimento aos retornos de ativos não essenciais – como caixa líquido, ativos financeiros, imóveis e segmentos de negócios que operam em mercados competitivos – é um erro. Devemos avaliar uma empresa de franquia calculando o retorno que ela produz sobre o custo líquido do próprio negócio principal: o custo da empresa, patrimônio líquido mais

---

[14] Outra vantagem da análise em termos da empresa é que ela destaca as diferenças nos retornos das recompras entre os acionistas vendedores e não vendedores. O cálculo tradicional de retorno por ação tende a obscurecer essas diferenças. Em geral, se a empresa recompra ações a um preço acima do valor intrínseco, os acionistas vendedores se beneficiam à custa dos acionistas não vendedores. Se a empresa recompra ações a um preço abaixo do valor intrínseco, os benefícios são revertidos, e aqueles que mantêm o investimento têm lucro à custa dos vendedores. No entanto, qualquer acionista pode se proteger contra estar do lado errado da negociação, vendendo suas participações na mesma proporção da recompra geral.

dívida, menos o valor dos ativos não pertencentes à franquia. Nesse quadro, as distribuições aos investidores incluem dividendos, recompras de ações líquidas, pagamentos de juros líquidos e recompras de dívida líquida, que devem ser feitas a partir dos lucros operacionais líquidos após impostos do negócio principal.[15] Nenhum desses cálculos é fácil de adaptar ao modelo tradicional de desconto de dividendos.[16]

O impacto de presumir que os valores de mercado e intrínseco são iguais

Como observamos anteriormente, quando calculamos as taxas de crescimento a partir das características subjacentes de uma empresa, o impacto de valor dessas taxas de crescimento se aplica ao valor intrínseco da empresa, não ao seu preço de mercado. A verdadeira fórmula de retorno total é

$$r \equiv \text{retorno} = D/M + g(V/M), \quad (3)$$

onde D representa o retorno em caixa total, g é a taxa de crescimento dos ganhos, V é o valor intrínseco da empresa e M é o preço pelo qual ela é negociada no mercado. Esta mesma fórmula se aplica igualmente ao modelo de desconto de dividendos, que deve ser

$$r = d/p + g(v/p), \quad (4)$$

onde d é o dividendo por ação, g é a taxa de crescimento dos lucros, v é o valor intrínseco por ação e p é o preço de mercado por ação. O termo v/p, que foi ignorado na versão padrão do modelo de desconto de dividendos, corrige um dos problemas óbvios desse modelo. Sem ele, a parte do crescimento do retorno é a mesma,

---

[15] Se houver negócios diferentes do principal e que não são franquias, as distribuições em dinheiro desses negócios não devem ser incluídas como parte dos lucros operacionais líquidos após os impostos das principais operações de franquia. Já contabilizamos esses lucros quando subtraímos o valor dessas empresas do preço pago pela empresa para chegar ao preço pago pelo negócio principal da franquia.

[16] Existem certos casos, notadamente empresas de serviços financeiros, em que os valores patrimoniais são mais pertinentes. Uma vez que a distinção entre dívida operacional e não operacional (p. ex., contas a pagar *versus* empréstimos formais) não é clara, temos de examinar os negócios principais de uma empresa de uma perspectiva de patrimônio líquido. Mesmo assim, devemos realizar a análise em termos da empresa, e não uma única análise de retorno baseada em ações.

independentemente do preço pago pelas ações da empresa. Mesmo um preço infinitamente alto não reduziria o retorno de crescimento – e, portanto, o retorno geral – a zero. Ainda assim, a menos que possamos medir o valor intrínseco de uma empresa, o que reconhecemos que não podemos, a fórmula de retorno da equação (3) é inútil. É por isso que, ao calcular os retornos, partimos do pressuposto de que preço e valor são iguais.

Não paramos por aí. Iremos nos referir ao retorno calculado nesta base como o retorno de "*benchmark*" e, para facilitar a referência, designá-lo como r_b.

Por definição,

$$r_b = D/M + g. \tag{5}$$

Considere a seguir o efeito de basear uma decisão de investimento no retorno do *benchmark*, que pode ser calculado, assim como fizemos no caso da CG. Para uma empresa de franquia em crescimento, no qual g é maior que zero, a diferença entre o retorno real, r, e o retorno do *benchmark*, r_b, é

$$r - r_b = D/M + g(V/M) - (D/M + g) = g(V/M - 1). \tag{6}$$

A primeira igualdade na equação (6) simplesmente substitui as definições de r e r_b (equações (3) e (5)) na expressão $r - r_b$. A segunda igualdade decorre do cancelamento dos termos D/M. Se o crescimento g é positivo e V/M é maior que um, então $g(V/M - 1)$ será positivo. Isso significa que o retorno real, embora não observável (r) será maior do que o retorno de *benchmark* r_b. Para empresas de franquia em crescimento,[17] o retorno real excederá o retorno de referência se comprarmos a empresa a um valor de mercado (M) abaixo de seu valor intrínseco (V).

No apêndice deste capítulo, mostramos que sempre que um retorno de *benchmark* excede o custo de capital de uma empresa, o valor intrínseco da empresa é maior do que seu preço de mercado atual. Isso significa que o retorno real excede o retorno de *benchmark* e, usando o retorno de *benchmark* menos o custo de capital, a margem de segurança subestima a verdadeira margem de segurança. Se o retorno de *benchmark* e o custo de capital são iguais, então os valores de mercado e intrínsecos são iguais, o que significa que os retornos reais e os retornos de *benchmark* são iguais. Se o retorno de *benchmark* estiver abaixo do custo de capital, o valor de mercado de uma empresa excederá o valor intrínseco e o retorno real ficará abaixo do retorno de *benchmark*. Consequentemente, se adquirirmos uma empresa na qual exista uma margem de segurança entre o retorno de *benchmark* e

---

[17] Para franquias em redução, fluxos de caixa distantes diminuem rapidamente em valor, e os cálculos convencionais de fluxos de caixa descontados geralmente serão precisos.

o custo de capital, a margem de segurança entre o retorno real e o custo de capital será ainda maior. Usar um retorno de *benchmark* e insistir em uma margem de segurança de *benchmark* é, portanto, uma estratégia de investimento conservadora.

Ao tirar vantagem dessa relação, qualquer taxa de "desvanecimento" da franquia deve ser incluída como parte da taxa de crescimento geral, *g*. A taxa real de crescimento futuro dos lucros esperados, incluindo o impacto da futura erosão da franquia, deve ser usada para calcular o retorno de *benchmark*. Se optarmos por excluir a taxa de desvanecimento em nosso cálculo de crescimento de *benchmark*, o padrão necessário para julgar de modo conservador um investimento é que esse retorno pré-desvanecimento deve exceder nosso custo de capital em mais do que nossa taxa de desvanecimento estimada. Este é o critério que usamos para avaliar o investimento da CG. Aplicada corretamente, nossa abordagem para avaliar ações de crescimento com base no retorno do *benchmark* permanece conservadora.[18]

Retornos de reinvestimento ativo revisitados

Como apontamos anteriormente, o cálculo dos retornos do reinvestimento ativo dos lucros retidos envolve complexidades práticas e teóricas que requerem uma discussão separada e mais detalhada. A estimativa do retorno de caixa atual é direta. Para o retorno de *benchmark*, calcular o retorno de crescimento orgânico, que no caso de referência é igual à taxa de crescimento orgânico dos lucros, também é relativamente simples. Descrevemos o processo no exemplo da Consolidate General. Para o componente ativo de reinvestimento dos retornos, o valor criado é o montante investido vezes o fator de criação de valor associado a cada dólar reinvestido. A contribuição de retorno associada é o valor criado dividido pelo preço pago pela empresa em questão. A conta é simples. A dificuldade reside primeiro em definir e identificar o valor que uma empresa reinveste ativamente e, em seguida, em definir

---

[18] Podemos refinar nossa estimativa da margem de segurança usando um processo iterativo. Comece estimando o retorno de *benchmark* r_b. No apêndice deste capítulo, mostramos que a relação entre o valor intrínseco e o valor de mercado de uma empresa é igual à relação entre seu retorno futuro esperado e seu custo de capital. Podemos aproximar essa relação usando a relação entre o retorno de *benchmark*, incluindo o impacto do desvanecimento da franquia, e o custo de capital. Podemos usar essa proporção em vez de $V/M = 1$ como um multiplicador de crescimento para recalcular um segundo retorno de *benchmark* mais preciso, digamos r_{b2}, em que $r_{b2} = (D/M) + g(r_b/r^*)$ com r^* denotando o custo de capital. E faríamos uma nova iteração usando a proporção de r_{b2} ao custo de capital e assim por diante. Na prática, parece haver retornos decrescentes para esse procedimento após a primeira iteração.

e identificar o fator de criação de valor associado a esse investimento. Veremos cada uma dessas questões separadamente.

A complicação no cálculo do valor reinvestido surge porque alguns investimentos ativos não são identificados como tal nas contas financeiras padrão. Despesas com pesquisa e desenvolvimento, aquisição de novos clientes e maior eficiência operacional normalmente não são tratados como investimentos para fins contábeis. Na medida em que esses gastos servem para sustentar a qualidade da carteira de produtos, base de clientes e estrutura operacional de uma empresa, deixá-los no final do ano tão bons quanto estavam no início do ano não envolve nenhum investimento líquido. O novo investimento apenas compensa a depreciação de ativos intangíveis não contabilizados à medida que os produtos se tornam obsoletos, os clientes partem e a disciplina operacional se deteriora. No entanto, nos casos em que esses investimentos "ocultos" geram melhorias líquidas de negócios, eles são, na verdade, investimentos líquidos em ativos intangíveis. Se os gastos fossem capitalizados em vez de despendidos, as margens operacionais e o lucro líquido seriam maiores. Nesse contexto, esse gasto representa um reinvestimento ativo.

Felizmente, nas situações em que o nível de investimento "líquido" oculto em relação ao tamanho de uma empresa é estável, não precisamos explicar seu efeito explicitamente. Os retornos associados aparecerão como um crescimento constante dos lucros acima do crescimento atribuível a fatores de mercado orgânicos e investimentos ativos explicitamente identificados. O crescimento dos lucros em questão frequentemente será incluído como parte do crescimento orgânico dos lucros. Se acreditarmos que podemos identificar níveis significativos de investimento "líquido" oculto em uma empresa, devemos ser capazes de contabilizá-lo como parte de uma P&D historicamente elevada ou outras despesas operacionais, que acompanham taxas de crescimento superiores à média. Supondo que os investimentos líquidos "ocultos" continuem nos níveis anteriores, podemos simplesmente incorporar a maior taxa de crescimento histórico em nossa estimativa de crescimento futuro em valor.[19] Se o crescimento histórico não exceder nossa taxa de crescimento de reinvestimento ativo e orgânico calculada convencionalmente, então parecerá improvável que algum investimento "oculto" fará uma contribuição de valor significativa, caso em que seu impacto pode ser ignorado com segurança.[20]

---

[19] Estamos calculando retornos de *benchmark* aqui, que assumem que o preço de mercado e o valor intrínseco são iguais. Nesse caso, as taxas de crescimento e as porcentagens de criação de valor relacionadas ao crescimento também são iguais.

[20] Aumentos temporários no investimento "oculto", como as grandes despesas com o anúncio da campanha da Geico, são mais difíceis de contabilizar. As empresas que se desviam do comportamento normal geralmente caem na pilha de investimentos difíceis demais.

O fator de criação de valor

Estimar um fator de criação de valor é uma tarefa complexa que representa questões práticas e teóricas. Será útil, portanto, manter certos princípios amplamente aplicáveis em mente. Em primeiro lugar, os fatores de criação de valor – a relação entre o retorno e o custo de capital – maior que 1 se aplicam apenas a investimentos protegidos por vantagens competitivas sustentáveis existentes, ou fossos. Novas iniciativas de negócios, seja por aquisição ou investimento direto, que não ocorrem dentro de uma franquia terão, no máximo, fatores de criação de valor de 1. Historicamente, na maioria das vezes, eles têm sido significativamente menores que 1, representando uma grande destruição de valor. Os investimentos financeiros em mercados competitivos também terão fatores de criação de valor de 1 ou, se estiverem sujeitos a dupla tributação, menos de 1.

Apenas os investimentos bem focados em eficiências operacionais e aqueles que ampliam as vantagens competitivas existentes, geograficamente ou no espaço do produto, terão fatores de criação de valor acima de 1.

Em segundo lugar, estimativas precisas do fator de criação de valor não serão necessárias para empresas que distribuem mais de três quartos de seus lucros. Suponha que uma franquia seja negociada com um retorno de lucro (lucro sustentável dividido pelo preço de mercado) de 6,5%, que é um múltiplo sustentável de 15, uma taxa potencialmente atraente para um negócio de franquia em crescimento. Se distribuir 75% de seus lucros, os lucros *retidos* serão iguais a cerca de 1,6% do preço da empresa (6,5% vezes 25%). Uma pequena quantia será necessária para sustentar o crescimento orgânico. No máximo 1,5% do preço de mercado será reinvestido ativamente. A alocação média de capital, um fator de criação de valor de 1, adicionará 1,5% ao retorno de *benchmark* geral. A má alocação de capital – digamos com um fator de criação de valor de 0,5 – adicionará 0,75% ao retorno de *benchmark*. Boa alocação de capital, um fator de criação de valor de 1,5, acrescentaria 2,25%. Variações de 0,25 no fator de criação de valor em torno desses níveis afetarão o retorno do investimento ativo em menos de 0,4%, um valor que não deve ser crítico para uma decisão de investimento sólida. Para empresas que distribuem três quartos ou mais de seus lucros, julgamentos amplos sobre a qualidade da alocação de capital devem ser adequados.

Em terceiro lugar, se uma empresa retém um terço ou mais dos lucros e o crescimento dos lucros operacionais pode ser explicado em grande parte pelo crescimento orgânico (i.e., a taxa de crescimento geral dos lucros históricos é 1% ou menos acima do implícito apenas pelo crescimento orgânico), então o fator de criação de valor tem sido historicamente próximo de zero. Sem evidências claras de melhoria nas práticas de alocação de capital, um fator de criação de valor de zero ou próximo deve ser usado.

Por fim, os lucros retidos costumam ser mantidos em caixa ou usados para saldar dívidas que não representam grande ameaça de prejudicar as operações de negócios. Os retornos dessas ações dependem do que é feito em última instância com o caixa ou a capacidade de endividamento. Na melhor das hipóteses, os recursos disponíveis serão distribuídos aos acionistas. Na pior das hipóteses, serão gastos em investimentos destruidores de valor, para os quais um fator de criação de valor de menos da metade é apropriado. Mesmo no melhor caso, as consequências fiscais de reter caixa – os juros são tributados – ou pagar dívidas – reduzindo o benefício fiscal do pagamento de juros – significa que o fator de criação de valor é menor que 1. Na prática, esses tipos de investimentos garantem um fator de criação de valor de cerca de 0,8 (poupando o leitor dos cálculos detalhados subjacentes a este número).

Temos que saber como a gestão aloca o investimento ativo entre as iniciativas que (1) melhoram a eficiência, (2) estendem a presença geográfica com novas lojas ou instalações de produção ou linhas de produtos, ou (3) adquirem novas empresas ou investem em outros novos projetos de aquisição de receita, como campanhas de marketing caras. Para cada um desses tipos distintos de investimentos, precisamos estimar uma gama de retornos em relação ao custo de capital associado. Em alguns casos, esses retornos podem ser obtidos de amplos dados do setor. Por exemplo, os investimentos para melhorar a eficiência têm historicamente períodos de retorno entre seis meses e dois anos, uma taxa de retorno anual antes dos impostos de 50 a 200%. Um fator de criação de valor de cinco ou mais não é excessivo para esses investimentos, que geralmente constituem apenas uma pequena fração dos orçamentos de capital globais.[21] Em alguns casos, especialistas do setor têm produzido cálculos de retorno detalhados que estão publicamente disponíveis. Há muitos dados sobre os retornos ao Walmart a partir da inauguração de novas superlojas e da conversão de lojas existentes para o formato de superloja. Os retornos das aquisições geralmente podem ser estimados a partir de relatórios financeiros pós--aquisição. (Ver o caso da Intel a seguir.) Uma média ponderada desses retornos de categorias individuais produzirá, então, um fator de criação de valor geral para a empresa em consideração.

---

[21] Consultar os estudos do setor da Sloan Foundation Industry Studies. É preciso ter cuidado para não contar duas vezes esses retornos. As melhorias de eficiência são frequentemente incluídas como parte das tendências de redução de custos orgânicos. Nessas situações, incluí-los como parte dos retornos de investimentos ativos seria contá-los duas vezes.

Um problema teórico com a estimativa dos fatores de criação de valor surge porque o valor final de qualquer investimento ativo depende do que acontece com os retornos gerados por esse investimento. A premissa padrão é que sejam totalmente distribuídos aos acionistas. Nesse caso, cada dólar de retorno vale exatamente 1 dólar, e não precisamos nos preocupar mais com o que acontece com os retornos de reinvestimento ativo. Se todos ou parte dos retornos iniciais são ativamente reinvestidos em outros projetos, o valor por dólar dos retornos iniciais depende dos fatores de criação de valor associados a esses investimentos secundários. Já o valor desses investimentos secundários depende, por sua vez, do que é feito com seus retornos e assim por diante, em uma sequência teoricamente infinita. Não podemos calcular um fator de criação de valor, a menos que possamos calcular os retornos dos rendimentos de um investimento ativo que depende de um fator de criação de valor ainda desconhecido para esses rendimentos. Uma saída para essa dificuldade é simplesmente seguir a hipótese padrão de que os recursos líquidos do investimento ativo são totalmente distribuídos aos investidores. Ainda seria útil saber como essa suposição provavelmente afetará nossos fatores de criação de valor calculados quando uma parte substancial dos retornos de reinvestimento ativo forem, eles próprios, reinvestidos.

Abordamos esse problema no apêndice deste capítulo. Aqui nós simplesmente apresentaremos os resultados dessa investigação para dois casos antagônicos. No primeiro caso, os reinvestimentos secundários não criam nem destroem valor. O pressuposto é que todas as oportunidades de investimento de criação de valor são totalmente financiadas com os lucros retidos primários; essencialmente, que o nível de lucros retidos é definido para atender a esse objetivo. Essa situação é equivalente à suposição padrão de que os retornos dos investimentos ativos são totalmente distribuídos aos investidores, uma vez que, em ambos os casos, o fator de criação de valor é 1. Com um fator de criação de valor de 1, não faz diferença se os lucros são distribuídos ou totalmente reinvestidos. Assim, o retorno incremental por dólar de reinvestimento ativo – o fator de criação de valor – é igual aos lucros incrementais mais a taxa de crescimento orgânico nos lucros incrementais.

No segundo caso antagônico, os fatores de criação de valor no reinvestimento ativo original e no reinvestimento do que foi gerado pelo investimento original são iguais. Isso pressupõe que o reinvestimento ativo original não esgota ou mesmo diminui as oportunidades de criação de valor. Em outras palavras, os retornos da primeira rodada de alocação de capital são compostos pela segunda rodada (e rodadas subsequentes) com um fator de criação de valor equivalente. Se a alocação de capital inicial cria valor, um fator de criação de valor maior do que 1, sob a suposição do Caso 1 anterior, então o fator de criação de valor real é ainda maior do que o fator de criação de valor do Caso 1. Portanto, o uso do fator de criação de valor do

Caso 1 é conservador. Em contraste, se a alocação inicial de capital sob as premissas do Caso 1 destrói valor, então, na realidade do Caso 2, as coisas são ainda piores. A gestão com alocação de capital consistentemente ruim de retornos iniciais e secundários geralmente deve ser evitada, a menos que os retornos de caixa atuais provavelmente sejam sustentáveis e, por si só, excedam o custo de capital do negócio.[22]

Recapitulação

Começamos este capítulo identificando a necessidade de uma abordagem para investir em empresas de franquia/crescimento que não dependessem de estimativas do valor intrínseco atual. Os valores dessas empresas são extremamente sensíveis às variações nas taxas de crescimento e custos de capital. Desse modo, não podem ser estimados com o grau de precisão necessário para fornecer uma base sólida para as decisões de investimento. Uma abordagem alternativa é calcular um retorno futuro esperado da compra da empresa ao preço de mercado atual e comparar esse retorno a um custo de capital apropriado. O processo desenvolvido neste capítulo para implementar essa abordagem deve mitigar o problema da extrema sensibilidade às taxas de crescimento e aos custos de capital, levando a melhores investimentos em franquia/crescimento, especialmente para investidores em valor que evitaram investir em ações de crescimento.

A abordagem de retorno tem várias outras vantagens. A primeira e mais importante é a relação linear direta entre os fatores críticos que determinam a margem de segurança nos retornos. O retorno estimado é a soma simples de uma taxa de crescimento e um retorno em caixa atual. Um aumento de 1% na previsão de crescimento dos lucros aumenta o retorno esperado em 1%.[23] Essa relação vale para todos os níveis atuais de lucros, todos os custos de capital e todas as taxas de desvanecimento. Um aumento de 1% no crescimento orgânico aumenta a taxa de crescimento geral em 1%, independentemente do nível de investimento ativo. Uma mudança de 1% no custo de capital altera a margem de segurança em 1%. A análise da sensibilidade das decisões de investimento às mudanças nesses fatores subjacentes é simples e direta. Essa simplicidade contrasta marcadamente com as relações complicadas e interdependentes entre esses fatores e qualquer medida de

---

[22] No apêndice deste capítulo, mostramos que se V_1 é o fator de criação de valor do Caso 1 e V_2 é o fator de criação de valor do Caso 2 para uma empresa, $V_2 = b V_1 / (1 - (1 - b) V_1)$, onde b é a fração do lucro distribuída aos investidores.

[23] Mais precisamente, é 1% menos o impacto geralmente menor do aumento associado no investimento necessário para apoiar o crescimento orgânico.

valor intrínseco. Para o valor intrínseco, o impacto de uma mudança de 1% nas taxas de crescimento depende do nível do custo de capital, do nível de retorno em caixa e, se for reconhecida, da taxa de desvanecimento da franquia.

Mudanças nas estimativas de poder dos lucros têm implicações mais complicadas, mas mesmo nesse caso a análise de sensibilidade é muito mais direta do que para o valor intrínseco. Uma mudança de 1% no poder dos lucros leva, se não houver alterações, a uma mudança de 1% nas distribuições de caixa. Se o retorno da distribuição de caixa for de 3%, a mudança de 1% adiciona 3 pontos básicos ao retorno esperado. A complexidade adicional surge porque os lucros retidos e o reinvestimento ativo também aumentam. Se tivermos uma ideia bem formada da criação de valor associada ao reinvestimento ativo, então simplesmente multiplicamos o aumento nos lucros retidos pelo fator de criação de valor e dividimos pelo preço de mercado da empresa para chegar à variação no retorno.

Um segundo benefício da abordagem de retorno é que ela isola os fatores individuais que determinam a atratividade do investimento de uma empresa de franquia, de forma que os esforços de pesquisa possam ser focados com eficiência naqueles que são mais importantes. O poder dos lucros atual, a distribuição e a política de reinvestimento, o crescimento orgânico, a eficácia do investimento ativo, o desvanecimento da franquia e o custo de capital apropriado podem ser investigados independentemente. Muitos desses fatores são esquecidos com frequência em uma análise de valor intrínseco convencional. A distinção entre o crescimento orgânico e os resultados das decisões de alocação de capital que constituem o reinvestimento ativo muitas vezes não é reconhecida. O efeito da política de distribuição sobre o crescimento orgânico é mínimo, mas o efeito sobre o montante disponível para reinvestimento é significativo. A diferença entre a força atual da franquia, que afeta as margens e o poder dos lucros, e a estabilidade da franquia, que pode ser ameaçada pela taxa de desvanecimento, também é frequentemente ignorada. Usando uma estrutura de retorno, essas diferenças são claramente reconhecidas e os impactos dos fatores individuais são relativamente fáceis de rastrear. A abordagem de retorno destaca a importância particular do desvanecimento da franquia, que raramente é analisado de forma eficaz – quando o é – pelos métodos convencionais de valor intrínseco.

Finalmente, uma abordagem de retorno por natureza se concentra no futuro de longo prazo. Quando usamos uma hipótese de crescimento constante, as taxas de crescimento devem ser uma média para todo o futuro que desempenha um papel significativo na determinação do valor de hoje. A duração pode ser de 40 anos ou mais. As hipóteses de taxa de desvanecimento são a mesma coisa. Uma meia-vida de 40 anos corresponde a uma taxa anual de desvanecimento de 1,8%. Um foco de muito longo prazo é essencial para investir em empresas de franquia e aproveitar as vantagens dos impostos e custos de transação mais baixos que vêm com longos períodos de manutenção do investimento.

Decisões baseadas em cálculos de valores intrínsecos, especialmente decisões baseadas em fluxos de caixa descontados, normalmente consideram apenas eventos que ocorrem dentro de um horizonte de 7 a 10 anos. Nesse ponto, um múltiplo terminal é aplicado aos lucros contemporâneos. Este múltiplo é geralmente escolhido para ser conservador; no entanto, sem considerar as taxas de desvanecimento e quedas de longo prazo no crescimento dos ganhos, não está claro o que é um múltiplo verdadeiramente conservador. Tome como exemplo as estradas de ferro. Nas últimas duas décadas, os lucros das ferrovias tiveram um desempenho extremamente bom, graças à combinação de desregulamentação, eficiência operacional e custos crescentes de combustível que aumentaram a posição competitiva dos trens em relação aos caminhões. Juntos, esses eventos levaram a margens de lucro cada vez mais altas. Contudo, olhando para o futuro, existem tendências de longo prazo que são muito menos favoráveis. A transição econômica do consumo de bens manufaturados em locais industriais concentrados para serviços prestados localmente reduzirá a demanda por serviços ferroviários. Fatores como a impressão 3-D irão descentralizar a fabricação e afetar adversamente o transporte como um todo. Caminhões inteligentes que podem viajar em comboios sem motoristas irão receber muitos dos benefícios atuais das ferrovias, ao mesmo tempo em que se beneficiam dos direitos de passagem compartilhados que são o sistema de rodovias e a capacidade de direcionar com mais precisão o destino local final. Nenhum desses acontecimentos provavelmente terá um grande impacto nos próximos 7 a 10 anos, mas no longo prazo eles serão importantes. Um modelo de retorno de crescimento constante levará esses fatores em consideração. Um modelo de valor intrínseco limitado aos próximos 7 ou 10 anos, não.[24]

A avaliação baseada no retorno também tem limitações. Primeiro, dado um preço de mercado, os retornos podem ser calculados no futuro e decisões de compra informadas podem ser feitas. As decisões de venda devem ser feitas a preços escolhidos por outros investidores. Normalmente, na tradição de Graham e Dodd, isso seria feito comparando o valor intrínseco ao preço de mercado, mas, para empresas de crescimento baseadas em franquia, não temos uma estimativa utilizável do valor intrínseco. Poderíamos escolher um nível de retorno calculado, sabendo que o retorno esperado diminui à medida que o preço de mercado da ação sobe. Infelizmente, essa abordagem fornece uma norma muito inexata. Nossos retornos de *benchmark* calculados, como no caso da CG, são geralmente muito insensíveis

---

[24] Para uma empresa com um custo de capital de 8% crescendo a 4% ao ano, apenas cerca de um terço do valor surge dos fluxos de caixa nos primeiros 10 anos.

às mudanças nos preços de mercado. Se a maior parte do retorno surgir do crescimento e do crescimento predominantemente orgânico, dobrar o preço de mercado pode reduzir os retornos de *benchmark* calculados em apenas 10%.

A abordagem de retorno melhora as decisões de compra para empresas de franquia. A decisão de venda dessas ações continua sendo um problema espinhoso e intratável, dada a dificuldade fundamental de cálculo de valores intrínsecos para empresas de franquia.[25] Não surpreende, portanto, que os investidores em crescimento orientados pelo valor recorram a protocolos de venda baseados em regras e um tanto arbitrários. Warren Buffett, por exemplo, normalmente planeja nunca vender. Outros investidores de valor costumam usar limites arbitrários no múltiplo de lucros sustentáveis (p. ex., 25 vezes) acima dos quais eles não terão mais empresas de franquia.

Em segundo lugar, a abordagem não funcionará para todas as franquias em crescimento. A previsão de retornos futuros, incluindo ganhos de capital, requer que o futuro seja razoavelmente estável e previsível. Caso contrário, as estimativas das taxas de crescimento não podem ser feitas com nenhum grau útil de precisão. As empresas de franquia que crescem 15% ou mais ao ano não podem sustentar essas taxas de crescimento para sempre. Mais cedo ou mais tarde, as taxas de crescimento cairão para, no máximo, alguns pontos percentuais acima da taxa de longo prazo da economia como um todo. Caso contrário, como observamos, uma empresa de franquia assumiria a maior parte de toda a economia. É impossível prever com precisão quando ocorrerá a transição inevitável para taxas sustentáveis de crescimento. Também é difícil prever os impactos de retorno de empreendimentos de curto prazo, como melhor gestão, flutuações econômicas, potenciais aquisições importantes ou comportamento inovador de concorrentes. Nessas circunstâncias fluidas, pelo menos algumas vantagens competitivas podem mudar de maneiras imprevisíveis. Como resultado, tentar estimar os retornos dessas empresas será, na linguagem de Graham e Dodd, uma especulação, e não um julgamento de investimento. Essas oportunidades geralmente cairão na pilha "difícil de pagar". No investimento em franquia, assim como no investimento em valor de forma mais geral, é fundamental identificar o que é precisamente conhecido e, na tradição de Graham e Dodd, focar esses fatores ao tomar decisões de investimento.

---

[25] Nesse ponto, vale a pena perguntar se a abordagem de retornos também deve ser aplicada a empresas que não são franquias. Fazer isso sacrificaria a capacidade de comparar o poder dos lucros e os valores dos ativos. Em empresas de franquia, a independência dos lucros e dos ativos torna isso um pequeno sacrifício. Para empresas que não são franquias, significa abrir mão de uma grande vantagem da abordagem de Graham e Dodd.

Apêndice do Capítulo 8: cálculos de retorno para empresas de franquia

Os procedimentos descritos no Capítulo 8 para calcular retornos sobre investimentos em empresas de franquia dependem de uma série de hipóteses sobre essas empresas. É importante compreender essas premissas, o quanto elas podem diferir da realidade e como elas se comparam às premissas que são empregadas por abordagens alternativas, como avaliações baseadas em índice ou fluxos de caixa descontados. Este apêndice identifica as premissas explicitamente, destaca suas implicações e as vincula formalmente.

No topo da lista está o pressuposto de que o futuro acontece de maneira constante. Presume-se que as taxas de crescimento orgânico futuro de receitas e lucros sejam constantes, assim como a fração dos lucros distribuídos e a quantidade de capital necessária para sustentar cada dólar de crescimento orgânico. O valor criado por dólar de investimento ativo é considerado constante, o que implica consistência ou variações compensatórias na qualidade das oportunidades de investimento e na eficiência com que a gestão as aborda. Do outro lado da equação, tomaremos a hipótese de que o custo de capital com o qual comparamos nosso retorno calculado é constante. Em conjunto, essas pressuposições significam que a taxa de crescimento em valor é constante. Finalmente, as probabilidades de desvanecimento da franquia, embora não sejam explicitamente usadas no cálculo de retorno, serão implicitamente consideradas como constantes para o objetivo de avaliar se a margem de segurança entre um retorno calculado e o custo de capital é adequada.

Na realidade, a história não ocorre de maneira constante, e essas variáveis irão flutuar de maneiras imprevisíveis. As premissas de um futuro constante não serão precisamente acuradas. Se interpretarmos nossas previsões como valores esperados em torno dos quais ocorrem flutuações futuras, então, desde que elas registrem adequadamente as tendências futuras médias, não distorcerão significativamente as avaliações. As avaliações de proporção e os cálculos de fluxos de caixa descontados de valores terminais incorporam as mesmas hipóteses de constância. As premissas de variação intermediária antes dos valores terminais geralmente têm apenas efeitos menores nas avaliações de fluxos de caixa descontados. Portanto, as premissas de crescimento constante e índice operacional são efetivamente comuns a todas as abordagens para avaliar empresas de franquia.[1]

O modelo de desconto de dividendos, que é a base de nossas estimativas de retorno, geralmente calcula o retorno por ação. Nossa versão do modelo considera a empresa como um todo. Para nós

$$R = D/M + G, \qquad (1)$$

onde R é o retorno da compra de toda uma empresa, D é a distribuição total de caixa atual para os investidores, incluindo os rendimentos das recompras de ações líquidas e desembolsos para os detentores de dívida, M é o preço de mercado pago pela empresa, incluindo ações e dívidas, e G é a taxa de crescimento do valor da empresa, que, dadas nossas premissas de taxa de crescimento constante, é igual à taxa de crescimento dos lucros. Como argumentamos no Capítulo 8, essa formulação no nível da empresa é totalmente equivalente à abordagem tradicional por ação para uma empresa financiada totalmente com capital próprio.

Para uma empresa com dívida, a equação (1) pode acomodar distribuições de dívida líquida, incluindo vendas e resgates, no termo D de fluxo de caixa atual, e o valor em aberto da dívida líquida no preço de compra de mercado M. Os lucros cujo crescimento é medido por G serão então os lucros operacionais após os impostos do negócio principal. Para empresas de franquia, uma perspectiva da empresa como um todo é essencial, pois são as operações centrais da franquia as responsáveis pela criação de valor atual e por seu crescimento ao longo do tempo.

---

[1] Há uma qualificação neste ponto. Para empresas de franquia em rápido crescimento, alguns analistas tentam identificar períodos de crescimento acelerado e, em seguida, redução gradual (a curva S comum no lançamentos de novos produtos). Na prática, esses pontos de interrupção são quase impossíveis de prever, como demonstra o histórico deficiente dessa abordagem. As situações dessas empresas costumam ser aquelas em que suas posições de franquia ainda não estão totalmente estabelecidas. Ainda assim, elas geralmente são negociadas a preços elevados. Além disso, mesmo que estabeleçam com sucesso barreiras substanciais à entrada, as taxas de crescimento dos mercados emergentes em questão ainda não terão se estabilizado e, portanto, são geralmente difíceis de prever. Esses investimentos quase invariavelmente caem na categoria "muito difícil de pagar".

A suposição de que o preço de mercado e o valor intrínseco são iguais

Como discutimos no Capítulo 8, a forma adequada da equação (1) é

$$R = D/M + G(V/M), \qquad (2)$$

uma vez que o crescimento do valor que surge do crescimento dos lucros se aplica ao valor intrínseco da empresa, V, não ao seu preço de mercado. A equação (1), como o modelo tradicional de desconto de dividendos, incorpora a hipótese de que V e M são iguais, de modo que V/M é igual a 1. Em nosso processo de estimativa de retornos, começamos com essa suposição. No entanto, o modo de investimento de Graham e Dodd é explorar as diferenças entre V e M, tornando essencial entender como os retornos mudam se V e M não forem iguais.

Considere uma empresa em nosso mundo de crescimento constante, com lucros operacionais atuais após os impostos, L. Uma fração constante, C, do lucro é distribuído aos investidores; o restante é reinvestido no negócio para contribuir para a taxa de crescimento, G. O custo de capital adequado ao empreendimento será denotado R^*. O valor intrínseco da empresa será igual ao valor presente de todas as distribuições de lucros futuros, que no caso de crescimento constante é

$$V = CL/(R^* - G), \qquad (3)$$

que, como C, R^* e G são considerados constantes, crescem à taxa de crescimento dos lucros, G. Desse modo, G vezes V representa o crescimento do valor do investidor ao longo de um ano, e CL representa o retorno em caixa atual. O retorno total, R_T, por ser proprietário da empresa é a soma dos 2 retornos, a saber,

$$R_T = CL + GV. \qquad (4)$$

Dividindo R_T pelo preço de mercado M, chegamos à equação de retorno percentual (2).

A partir da equação de avaliação (3), a multiplicação de ambos os lados por $(R^* - G)/V$ rende

$$(R^* - G) = CL/V. \qquad (5)$$

Podemos reescrever a equação de retorno (2) como

$$R = (V/M)(CL/V + G), \qquad (6)$$

onde substituímos D para CL e fatoramos o termo (V/M). A substituição da equação (5) por CL/V na equação (6) produz

$$R = (V/M)(R^* - G + G) = (V/M)R^*. \quad (7)$$

A divisão de ambos os lados de (7) por R^* produz o resultado útil

$$R/R^* = V/M. \quad (8)$$

A relação entre o valor intrínseco de uma empresa e seu preço de mercado é igual à relação entre o retorno da compra da empresa ao preço de mercado e o custo de capital da empresa. Retornos acima do custo de capital implicam um valor intrínseco acima do preço de mercado. Retornos abaixo do custo de capital significam que o valor intrínseco está abaixo do preço que está sendo pago.

V não pode ser estimado com precisão, por isso não podemos usar a equação (2) ou a equação (5) para calcular R. Em vez disso, começamos nosso processo de estimativa de retorno usando um retorno de *benchmark*, R_B. O retorno do *benchmark* é baseado na suposição de que M e V são iguais. Assim, o retorno do *benchmark* é

$$R_B = (CL/M) + G. \quad (9)$$

O erro em usar R_B como uma estimativa do verdadeiro retorno, R, é

$$R - R_B = (CL/M + G(V/M)) - (CL/M + G) = G((V/M) - 1), \quad (10)$$

em que a segunda igualdade decorre do cancelamento dos termos (CL/M). Estabelecemos na equação (8) que V/M é igual a R/R^*, de modo que a equação (10) se torna

$$R - R_B = G(R/R^* - 1) = (G/R^*)(R - R^*). \quad (11)$$

Simplesmente subtrair R^* de cada termo do lado esquerdo de (11) produz

$$(R - R^*) - (R_B - R^*) = (G/R^*)(R - R^*), \quad (12)$$

ou, reorganizando os termos,

$$(R - R^*)(1 - G/R^*) = R_B - R^*. \quad (13)$$

O termo $(1 - G/R^*)$ é igual a $(R^* - G)/R^*$. A divisão de ambos os lados de (13) por esse termo produz o resultado

$$(R - R^*) = (R^*/(R^* - G))/(R_B - R^*), \quad (14)$$

que define a relação entre a verdadeira margem de segurança em retornos e a margem de segurança usando o retorno de *benchmark* da equação (9). O termo $R^*/(R^* - G)$ é sempre positivo, pois R^* deve ser maior que G. Caso contrário, nosso negócio de franquia teria valor infinito. Para franquias em crescimento, G é maior que zero. Desse modo, R^* será maior que $(R^* - G)$, e $R^*/(R^* - G)$ será maior que 1. Dadas essas relações, para empresas de franquia em crescimento, a verdadeira margem de segurança excede a margem de segurança de *benchmark*, contanto que a margem de segurança de *benchmark* seja positiva. Insistir em uma margem de segurança de *benchmark* como condição para o investimento em empresas de franquia em crescimento é, portanto, uma estratégia conservadora.

Uma observação final. Pode ser tentador usar a fórmula da equação (14) para calcular um retorno "verdadeiro" para uma empresa de franquia. No entanto, o termo $1/(R^* - G)$, que cria tanta imprecisão nos valores terminais de fluxos de caixa descontados, também entra no lado direito da equação (14) para o retorno "verdadeiro". As implicações qualitativas da equação (14) são úteis. Suas implicações quantitativas, não.

Para franquias cada vez menores, para as quais G for menor que zero, o retorno estimado ficará acima do retorno verdadeiro. Franquias que estão diminuindo não apresentam os mesmos desafios de avaliação que as em crescimento. Considere uma empresa de franquia cujos lucros, presumidos como totalmente distribuídos, estão encolhendo em 5% ao ano com um custo de capital de 10%. O múltiplo de valor de poder dos lucros será 1 dividido por 15% (10% menos 5% negativos, ou 10% mais 5%), ou 6,7 vezes. Se estivermos com um erro de 1% em nossas estimativas do custo de capital e da taxa de crescimento, esse múltiplo variará de 7,7 vezes (1/(9% + 4%)) a 6 vezes (1/(11% + 6%)), um erro de apenas cerca de 25%. Com uma franquia cada vez menor, os fluxos de caixa em distâncias distantes têm pouco peso, e uma avaliação convencional de Graham e Dodd, ajustada para a redução no poder de lucro, ou mesmo um modelo de fluxos de caixa descontados, será uma base razoavelmente precisa para as decisões de investimento.

Determinação do fator de criação de valor para investimento ativo

Para muitos tipos de reinvestimento ativo, especialmente investimentos autônomos fora da franquia principal de uma empresa, existem maneiras simples de estimar o valor criado por dólar de lucros retidos de investimento ativo. As aquisições de empresas inteiras podem ser avaliadas como outro investimento de capital/empresa. As aquisições de negócios que não são franquia podem ser avaliadas pelos métodos que desenvolvemos nos Capítulos 3 a 5. Uma abordagem de valor de ativo/poder dos lucros pode ser usada para estimar o valor intrínseco da empresa adquirida. A divisão da estimativa do valor intrínseco pelo custo de aquisição dá uma estimativa do valor adquirido por dólar investido, que é o fator de criação de valor para este investimento. Projetos autônomos, como a inauguração de novas lojas, podem ser avaliados da mesma forma que o são para fins de orçamento de capital. O valor estimado produzido pode então ser dividido pelo custo de investimento envolvido para obter um valor por dólar investido, que novamente é um fator de criação de valor. Se o fator de criação de valor estimado for maior que 1, o retorno produzido supera o custo de capital do projeto.

Para projetos autônomos, existem apenas duas maneiras pelas quais os investimentos ativos podem produzir um fator de criação de valor maior do que 1. No primeiro caso, uma gestão excepcional – isto é, uma gestão com um longo histórico de operar com mais eficiência do que seus concorrentes em um mercado não protegido por barreiras de entrada – investe para se expandir em mercados competitivos. Desde que mantenha o foco e continue a apresentar desempenho superior, seus investimentos renderão mais do que o custo de capital. No segundo caso, uma empresa com uma vantagem competitiva estabelecida se expande dentro de sua franquia principal ou em mercados adjacentes, geograficamente ou no espaço do produto, e consegue estender sua vantagem competitiva para este novo território e permanece protegida por barreiras de entrada. Se, no primeiro caso, a gestão for meramente competente em vez de excepcional, ela não alcançará um fator de criação de valor muito maior do que 1, não importa o que as estimativas detalhadas mostrem. Se, no segundo caso, a empresa entrar em mercados onde não pode estender sua franquia, ou, pior ainda, em mercados onde os concorrentes existentes têm vantagens competitivas, o fator de criação de valor será menor que 1, e novamente não importa o que as estimativas detalhadas indicarem.

Quando as iniciativas de reinvestimento ativo produzem lucros incrementais que são adições aos da franquia principal, o cálculo de um fator de criação de valor é mais complicado. Existe um elemento de autorreferência nos retornos estimados que requer uma análise detalhada. Como qualquer investimento em uma empresa de franquia em crescimento, os investimentos ativos não podem ser avaliados por fluxos de caixa descontados ou outra estimativa de valor intrínseco. O peso de fluxos de caixa incertos e distantes significa que essas estimativas de valor serão muito imprecisas para serem usadas. Devemos calcular os fatores de criação de valor para esses investimentos estimando os retornos e dividindo-os pelo custo de capital da empresa. Os retornos estimados serão a soma de 3 elementos:

1. Um retorno de caixa igual aos lucros incrementais por dólar investido vezes a proporção dos lucros distribuídos aos investidores;
2. O valor criado pelo crescimento orgânico desses lucros incrementais;
3. O valor produzido por investimentos ativos "secundários" da parte dos lucros incrementais que são retidos e ativamente reinvestidos.

O último desses elementos apresenta dificuldades potenciais. Se os reinvestimentos original e "secundário" forem feitos nas mesmas condições, eles devem produzir os mesmos retornos. Se for esse o caso, não podemos calcular o retorno do investimento secundário sem saber o retorno do reinvestimento inicial ao qual é igual. E não podemos calcular o retorno do reinvestimento ativo inicial sem saber o retorno do reinvestimento secundário, que é potencialmente uma parte importante desse retorno inicial.

Esta não é apenas uma questão acadêmica. Os investimentos ativos nessa categoria são aqueles cujos lucros são distribuídos na mesma proporção e crescem organicamente na mesma taxa que os lucros básicos da franquia de um negócio. Na medida em que são retidos e ativamente reinvestidos, eles produzem o mesmo valor por dólar que os ganhos básicos da franquia. Esses investimentos incluem redução de custos e iniciativas de melhoria de processos com foco nas principais operações de franquia e produtos básicos e extensões geográficas de uma empresa de franquia. Na prática, geralmente representam uma parte significativa dos lucros retidos reinvestidos ativamente.

Para abordar a natureza circular do cálculo do retorno para esses tipos de investimentos ativos, vamos assumir que o projeto produz lucros incrementais de I dólares por dólar investido. Como esses lucros incrementais são indistinguíveis dos lucros da franquia principal, presume-se que cresçam organicamente na mesma taxa que os lucros da franquia principal. A fração de distribuição C para os lucros da franquia principal será aplicada a I e uma fração $(1 - C)$ desses lucros será retida. O retorno para esses lucros retidos será o mesmo que o retorno para todos os outros lucros da franquia ativamente reinvestidos. Como resultado, a taxa de crescimento em I será igual à taxa de crescimento dos principais lucros da franquia, G. Por serem simples acréscimos aos ganhos da franquia principal, os riscos associados aos lucros incrementais devem ser iguais aos riscos associados aos lucros da franquia principal. Assim, o custo de capital associado a I será igual a R^*, o custo de capital para o negócio de franquia principal da empresa.

O valor criado por dólar de investimento incremental será então

$$v = CI/(R^* - G), \qquad (15)$$

onde C, G e R^* são, respectivamente, a fração de distribuição, a taxa de crescimento e o custo de capital dos principais lucros da franquia (i.e., usando as mesmas notações da seção anterior deste apêndice). Dadas as premissas de taxa de crescimento constante que se aplicam aos ganhos incrementais, l, o valor criado por dólar reinvestido, v, cresce na mesma taxa, G, como lucros. Assim, o retorno por dólar investido gerado por este investimento incremental é

$$r = Cl + Gv, \qquad (16)$$

onde Cl é o retorno de caixa de l, e Gv é o valor incremental produzido.

As equações (15) e (16) são exatamente como as equações (3) e (2) da seção anterior, exceto que o custo de aquisição l é, por definição, US$ 1, de modo que não temos de dividir por um valor de mercado, M. Podemos, portanto, simplificar as equações (15) e (16) exatamente como fizemos para as equações (3) e (2) para obter o resultado

$$v = r/R^*. \qquad (17)$$

Infelizmente, não podemos usar a equação (15) para estimar v com um grau útil de precisão porque o termo $1/(R^* - G)$ é extremamente sensível a pequenas mudanças em nossas estimativas de R^* e G. Sem uma estimativa de v, não podemos estimar o fator de criação de valor r da equação (16). Então, como antes, vamos definir um retorno de referência, r_b, com base em uma hipótese inicial de que v é igual a 1, equivalente à suposição V/M é igual a 1 que fizemos anteriormente. Desse modo,

$$r_b \equiv Cl + G. \qquad (18)$$

Novamente, as equações (15), (16) e (18) se parecem com as equações (2), (3) e (9), exceto que V/M foi substituído por 1. Assim, a simplificação de (15), (16) e (18) da mesma forma que simplificamos as equações (2), (3) e (19) leva ao resultado

$$(r - R^*) = (R^*/(R^* - G))\,(r_b - R^*), \qquad (19)$$

que define a relação entre o verdadeiro retorno, r, produzido pelos lucros incrementais l, e o retorno do *benchmark* r_b.

A interpretação da equação (19) é bastante diferente da interpretação da equação (14). O retorno $(r - R^*)$ no lado direito da equação (19) é uma medida da qualidade dessa alocação secundária de capital. Se $(r - R^*)$ é maior que zero, então r é maior que R^*, e r/R^* é maior que 1. Da equação (17), r/R^* é o fator de criação de valor para um investimento de franquia central que produz l em lucros incrementais por dólar investido. Quando r é maior que R^*, v é maior que 1, e o investimento de lucros retidos é a criação de valor. Se r é igual a R^* (i.e., $r - R^*$ é igual a zero), então v é igual a 1, e o reinvestimento não cria nem destrói valor. Se r é menor do que R^*, então v é menor que 1, e a gestão está destruindo valor quando reinveste uma parte $(1 - C)$ dos lucros. O que a equação (19) diz é que nosso retorno de *benchmark* mensurável, r_b, é um bom substituto qualitativo para o retorno verdadeiro incomensurável, r. Como $(R^*/(R^* - G))$ é positivo, $(r_b - R^*)$ tem o mesmo sinal de $(r - R^*)$. Se $(r_b - R^*)$ é maior que zero, então $r - R^*$ é maior que zero, e v é maior que 1. Para franquias em crescimento (G maior que zero), $(R^*/(R^* - G))$ é maior que 1. Portanto, neste caso, r é maior que r_b, e o fator de criação de valor estimado usando r_b (i.e., r_b/R^*) é uma estimativa conservadora do verdadeiro fator de criação de valor.

Por outro lado, se o retorno de *benchmark* fica abaixo do custo de capital, o retorno real fica abaixo do retorno de *benchmark*. Nesse caso, o retorno do *benchmark* subestima o verdadeiro grau de destruição de valor. Gestões que produzem um l que é tão baixo a ponto de r_b ficar significativamente abaixo de R^* estão destruindo valor. A estratégia conservadora, neste caso, é simplesmente assumir que o fator de criação de valor está entre 0,5 (50% de destruição do valor) e zero, se o investimento ativo parecer de qualitativa a extremamente equivocado. Para resumir as implicações da equação (19), em termos ligeiramente diferentes, podemos definir um fator de criação de valor de referência, $v_b = r_b/R^*$, então se R^* é maior que r_b,

$$1 > v_b > v. \tag{20a}$$

Se r_b é maior que R^*,

$$v > v_b > 1. \tag{20b}$$

O que consideramos até agora é o reinvestimento ativo dos lucros de uma empresa de franquia diretamente nesse negócio de franquia principal. Uma segunda possibilidade é que o reinvestimento ativo produza lucros do tipo franquia que são diferentes dos lucros da franquia principal. Esse cenário é menos provável do que o de reinvestimento no negócio principal de franquia, mas não é totalmente improvável. Esse investimento pode ser uma extensão de produto ou expansão geográfica para um mercado adjacente, para o qual algumas das vantagens competitivas do mercado principal são transferidas, mas com características de crescimento orgânico e oportunidades de reinvestimento diferentes daquelas do mercado principal. Nesta situação, o custo de capital relevante, r^*, não precisa ser igual a R^*; a taxa de crescimento orgânico não precisa ser igual à taxa de crescimento orgânico do mercado central, e a fração de lucros incrementais pagos, *c*, não precisa ser igual a *C*. Assim, a taxa de crescimento geral dos ganhos incrementais, *g*, pode ser diferente de *G*.

Neste caso, o reinvestimento ativo que produz *l* em lucros incrementais por dólar investido terá um fator de criação de valor de

$$v = cl/(r^* - g). \qquad (21)^2$$

O retorno por dólar deste investimento será

$$r = cd + g \times v, \qquad (22)$$

e, como antes, podemos mostrar que

$$v = r/r^*. \qquad (23)$$

O problema autorreferencial de que *V* depende de *v* será aplicado novamente. Portanto, devemos fazer suposições sobre os retornos dos investimentos secundários e usaremos dois casos antagônicos para ajudar na análise.

O caso 1 é assumir que o reinvestimento secundário não cria nem destrói valor. Nesse caso, não importa, para fins de avaliação, se os lucros incrementais são distribuídos ou reinvestidos. Assim, a equação de retorno torna-se

$$r = cl + (1 - c)l + g = l + gv, \qquad (24)$$

em que *g* é a taxa de crescimento orgânico dos lucros incrementais. A seguir, como antes, uma vez que *r* e *v* não são mensuráveis com precisão útil, definimos um retorno de *benchmark*

$$r_b = l + g, \qquad (25)$$

que assume que *v* é 1.

A estrutura das equações (21) a (25) é exatamente a mesma das equações (15) a (18), com a hipótese adicional de reinvestimento secundário neutro imposta na equação (24). Desse modo,

$$(r - r^*) = (r^*/(r^* - g))(r_b - r^*) \qquad (26)$$

---

[2] A equação (21) assume que o investimento necessário para sustentar o crescimento orgânico dos lucros incrementais é zero. Se for significativamente positivo, pode ser tratado simplesmente como uma redução nos lucros incrementais reinvestidos.

define a relação entre o mensurável, r_b, e o relevante, mas incomensurável, r.

Nesse caso, o retorno de *benchmark* é simplesmente a soma dos lucros incrementais mais a taxa de crescimento orgânico desses lucros. A diferença entre o retorno de *benchmark* e o custo de capital tem o mesmo sinal que a diferença entre o retorno real e o custo de capital. Assim, se a alocação de capital parece boa no sentido de que o retorno de *benchmark* excede o custo de capital, a alocação de capital real é melhor porque o retorno real excede o retorno de *benchmark*. Para franquias de crescimento orgânico (i.e., $g > 0$), o fator $r^*/(r^* - g)$ é maior que 1. Assim, o fator de criação de valor de *benchmark* (r_b/r^*) é uma estimativa conservadora do fator de criação de valor real (r/r^*). Por outro lado, a má alocação de capital destrói valor a uma taxa maior do que indica o fator de criação de valor de *benchmark*. Nesse caso, $(r - r^*)$ é negativo e maior em magnitude do que $(r_b - r^*)$.

Uma segunda suposição antagônica sobre reinvestimento secundário para investimentos ativos de franquia fora do negócio principal de uma empresa é assumir que as qualidades de reinvestimento secundário e primário dos lucros retidos são as mesmas. Nesse caso, o valor do reinvestimento secundário ativo por dólar é v, em vez de 1. A quantidade de reinvestimento secundário por dólar de investimento primário é $(1 - c)l$, onde l é lucro incremental por dólar do investimento ativo primário e c é a fração dos lucros distribuídos aos investidores. O valor criado por este reinvestimento por dólar de investimento primário é $(1 - c)lv$. Assim, o principal retorno do investimento ativo é

$$r = cl + gv + (1 - c)lv, \qquad (27)$$

em que cl é o retorno de caixa, gv é o retorno do crescimento orgânico e $(1 - l)cv$ é o retorno do investimento ativo secundário. Isso pode ser reescrito como

$$r = cl + (g + (1 - c)l)v, \qquad (28)$$

em que $g + (1 - c)l$ representa a taxa de crescimento geral em lucros tanto de crescimento orgânico em l como em reinvestimento secundário de uma fração $(1 - c)$ do l. Vamos designar essa taxa de crescimento geral como h (é igual a $g + (1 - c)l$).

Então a equação (28) assume a forma familiar

$$r = cl + h \times v, \qquad (29)$$

e podemos definir um retorno de *benchmark* mensurável, assumindo que v é igual a 1,

$$r_b = cl + h = cl + (1 - c)l + g = l + g, \qquad (30)$$

onde a segunda igualdade em (30) substitui a definição de h (i.e., $(1 - c) + lg$), e a igualdade final adiciona cl a $(1 - c)l$. O aspecto surpreendente disso é que o retorno de *benchmark* neste caso é o mesmo que o retorno de *benchmark* no caso de reinvestimento neutro. A razão está na definição de retornos de *benchmark*. Eles são calculados seguindo o pressuposto de que v é igual a 1, o que pressupõe que o reinvestimento primário não cria nem destrói valor. Para o caso de assumir que os retornos primários e secundários são iguais, isso significa que o retorno secundário também é neutro, que é a suposição feita no caso secundário neutro. Portanto, de acordo com as premissas do *benchmark*, os dois casos são iguais e os retornos do *benchmark* são iguais.

A relação entre o retorno de *benchmark* e os retornos reais no segundo caso é novamente

$$(r - r^*) = (r^*/(r^* - h))\,(r_b - r^*). \tag{31}$$

Aqui, como h é maior que g, o fator $(r^*/(r^* - g))$ é maior no caso de desempenho de reinvestimento secundário comum do que no caso de reinvestimento secundário neutro. Assim, a lacuna entre o retorno de *benchmark* e os retornos reais é maior tanto positiva quanto negativamente neste caso comum em relação ao caso neutro. Se a alocação de capital de *benchmark* for boa, a suposição de que o reinvestimento secundário também é bom adicionará mais ao retorno real do que a hipótese de que o reinvestimento no mercado secundário é neutro. Se a alocação de capital de *benchmark* for ruim, a hipótese de que o reinvestimento secundário é igualmente ruim ampliará o verdadeiro nível de destruição de valor.

A magnitude aproximada do efeito pode ser registrada em uma fórmula relativamente simples. Os fatores de criação de valor para os casos de reinvestimento secundário neutro e comum serão designados por v_1 e v_2, respectivamente. Da definição de v_2 multiplicado por $(r^* - g)$,

$$cl \equiv v_2\,(r^* - h) = v_2(r^* - g) - v_2(1 - c)l. \tag{32}$$

Da definição de v_1 multiplicado por $(r^* - g)$,

$$l = v_1(r^* - g). \tag{33}$$

A substituição de (33) na equação (32) produz

$$cv_1(r^* - g) = v_2(r^* - g) - v_2(1 - c)v_1(r^* - g). \tag{34}$$

Dividindo $(r^* - g)$, temos

$$cv_1 = v_2 - v_2(1 - c)v_1 = v_2(1 - (1 - c)v_1). \tag{35}$$

Dividindo ambos os lados de (35) por $(1 - (1 - c)v_1)$, temos

$$cv_1/(1 - (1 - c)v_1) = v_2, \qquad (36)$$

que expressa v_2, o fator de criação de valor no caso comum de reinvestimento, diretamente em função de v_1, o fator de criação de valor para o caso de reinvestimento neutro.

Com um pequeno rearranjo, isso se torna

$$\begin{aligned}(v_2 - 1) &= [cv_1/(1 - (1 - c)v_1)] - 1 \\ &= (cv_1 - 1 + (1 - c)v_1)/(1 - (1 - c)v_1)\end{aligned} \qquad (37)$$

ou

$$(v_2 - 1) = (v_1 - 1)/(1 - (1 - c)v_1). \qquad (38)$$

A lacuna entre v_2 e 1 representa o lucro por dólar de reinvestimento sob a premissa de retorno secundário comum. A lacuna entre v_1 e 1 representa o lucro líquido por dólar do reinvestimento sob a premissa de retorno secundário neutro. Para que os valores de reinvestimento sejam finitos, deve ser o caso de $(1 - c) v_1$ ser menor que 1 e, portanto, $1 - (1 - c)v_1$ deve ser maior que zero. Portanto, se o reinvestimento neutro cria valor (i.e., $v_1>1$), também deve ser o caso que o reinvestimento comum também cria valor (i.e., $v_2>1$). Se o reinvestimento neutro destruir valor ($v_1 < 1$), então o reinvestimento comum também destrói valor ($v_2 < 1$). O fator $(1 - (1 - c) v_2)$ deve ser menor que um. Ambos, $(1 - c)$ e v_1, devem ser maiores que zero (assumindo $l > 0$) e, portanto, seu produto também deve ser maior que zero. Assim, $[1/(1 - (1 - c) v_1)]$ deve ser maior do que um, e o efeito de assumir retornos de reinvestimento comum em oposição a neutro é aumentar a diferença $(v_1 - 1)$, seja de um jeito (i.e., $v_1>1$) ou de outro (i.e., $v_1<1$).

Para dar uma ilustração simples das magnitudes envolvidas, podemos considerar o caso em que metade dos lucros incrementais é posteriormente reinvestida. Então o multiplicador é $1/(1 - 1/2\ v_1)$. Se v_1 devia ser 1,5, então $1 - 1/2\ v_1 = 1 - 3/4 = 1/4$. Portanto, $(v_2 - 1)$ é igual a 4 vezes $(v_1 - 1) = 4 \times (1,5 - 1) = 2$ O valor de v_2 é, portanto, 3, que é o dobro do fator de criação neutro assumido como 1,5. Se v_1 é igual a 1/2 (i.e., 50% de destruição do valor), então $1 - 1/2\ v_1 = 1 - 1/4 = 3/4$. Isso significa que $(v_2 - 1)$ é 4/3 vezes $(v_1 - 1)$, ou $4/3\times = -1/2$, que é igual a $-2/3$. Portanto, v_2 é igual a 1/3 (i.e., 67% de destruição do valor). As diferenças são substanciais.

Exemplo 3: WD-40

Uma maneira de acompanhar a evolução de nossa abordagem ao investimento em valor entre a primeira edição deste livro, escrita em grande parte em 1999-2000, e a edição atual é reexaminar algumas das oportunidades de investimento que analisamos naquela ocasião. Para a Hudson General, uma clássica oportunidade do Caso A com valor de ativo bem superior ao valor de poder dos lucros, pouco mudou. No entanto, para empresas de franquia como a WD-40, nossa compreensão do processo de avaliação evoluiu consideravelmente. Vamos reexaminar a WD-40 em datas diferentes para destacar os desenvolvimentos que aconteceram tanto na empresa quanto em nosso processo analítico. Em primeiro lugar, examinaremos a WD-40 no final de setembro de 1998, quando o relatório anual do ano fiscal de 1998, encerrado em 31 de agosto, foi divulgado. Este recorte retorna à principal análise de avaliação da primeira edição. Em segundo lugar, examinaremos a WD-40 em setembro de 2000, uma segunda data que consideramos na primeira edição. As diferenças nas avaliações desses dois momentos fornecem uma medida útil dos detalhes adicionais em nossa abordagem atual. Por fim, olharemos para a WD-40 em setembro de 2018, quando os relatórios financeiros do ano fiscal mais recente foram divulgados, a fim de demonstrar nossa nova abordagem para as avaliações contemporâneas.

A WD-40 foi uma empresa de um só produto por mais de 40 anos, até que comprou a marca *3-in-One* da Reckitt e Colman em dezembro de 1995. O produto WD-40 é um lubrificante que desengripa parafusos pegajosos, remove ferrugem, dissolve adesivos, soluciona rangidos e ajuda nos trabalhos de reparos domésticos ou profissionais sempre que algo pequeno precisa de lubrificação ou proteção contra ferrugem. O nome WD-40 significa *"water displacement, 40th attempt"* (deslocamento de água, 40ª tentativa), sugerindo as tentativas e os esforços necessários para seu desenvolvimento. A conhecida lata azul é praticamente onipresente em residências, fábricas e oficinas nos Estados Unidos, no Reino Unido e em muitas outras partes do mundo. De acordo com a empresa, quatro em cada cinco lares americanos têm uma lata do produto, e mais pessoas usam WD-40 semanalmente do que pessoas que usam fio dental. Embora isso possa ser uma boa notícia para os dentistas, deixa a WD-40 com poucos alvos inexplorados para novos negócios em seu mercado doméstico.

No ano 2000, a WD-40 foi uma empresa extraordinariamente lucrativa, com números altos e consistentes para margens operacionais (25-30%), margens de lucro líquido (15-18%) e retornos sobre o patrimônio líquido (35-42%), mesmo sem ajuste para excesso de caixa. Já o crescimento em meados da década de 1990 foi mais difícil, caindo de cerca de 10% ao ano para pouco mais de 5%. O lucro líquido, sempre um valor mais variável, manteve-se até depois de 1995, quando também começou a declinar.

A WD-40 tomou três medidas a partir de 1995 para revigorar seu crescimento: comprou a 3-*in-One*, desenvolveu internamente o T.A.L.5, um lubrificante mais poderoso que tentou comercializar para usuários comerciais, sem sucesso; e comprou a marca de sabonete Lava da Block Drug em abril de 1999. Ainda era muito cedo, em nossa perspectiva de 2000, para dizer se o último novo esforço valeria a pena, ou seja, se impulsionaria o crescimento das vendas e da receita, além de manter o alto nível de lucratividade. Em vez disso, vamos nos concentrar inicialmente nos números financeiros do ano fiscal encerrado em agosto de 1998, antes de Lava entrar em cena, e escrever desse ponto de vista.

A WD-40 terceirizava a fabricação, embalagem e remessa de todos os seus lubrificantes. No ano fiscal de 1998, ela precisava de apenas 167 funcionários para sustentar US$ 144 milhões em receitas. Atuando principalmente como uma organização de vendas e *marketing*, gastava cerca de 10% de sua receita em publicidade e promoção. Não tinha fórmula secreta para nenhum dos lubrificantes e outros produtos, nada que empresas como Dow, DuPont, Exxon, 3M, P&G, Unilever ou qualquer outra com um mínimo de competência no setor de químicos não pudesse duplicar. Nenhuma patente protegia esses produtos. Ainda assim, a WD-40 vinha há muitos anos obtendo um retorno excepcionalmente alto, por qualquer que seja a medida, como retorno sobre vendas, retorno sobre ativos ou retorno sobre o patrimônio líquido. A empresa referia-se ao WD-40 como uma "fortaleza", e um de seus objetivos era estender a fortaleza para além dos mercados dos Estados Unidos e do Reino Unido. Quando a empresa, para atender a questões ambientais, trocou seu propelente aerossol por CO_2 (sim, aquele CO_2, melhor do que o químico destruidor da camada de ozônio que usava anteriormente), conseguiu repassar o aumento de custo sem nenhum problema. A WD-40 tinha todas as características de um negócio de franquia poderoso, incluindo, ao que parece, um significativo poder de precificação inexplorado. Ao contrário da Hudson General e da Magna, devemos olhar para a WD-40 como uma máquina geradora de lucros para a qual o crescimento cria valor e os ativos desempenham um papel menor na avaliação. Em outras palavras, é provável que a WD-40 seja uma empresa do Caso C para a qual o valor do poder dos lucros atual excede significativamente o valor do ativo. Precisamos, portanto, nos concentrar principalmente no poder dos lucros, no potencial de crescimento e na sustentabilidade dos níveis atuais de lucratividade. Precisamos entender sua posição estratégica. Onde estavam os concorrentes que deveriam estar entrando nos mercados e roubando clientes ou forçando a WD-40 a baixar seus preços? Se não houvesse nada de mágico em seu elixir lubrificante, então o que estaria mantendo os adversários afastados?

WD-40 como recompensa de uma estratégia de pesquisa bem concebida

Ao examinar um negócio de franquia, devemos nos concentrar na empresa principal, que é o *locus*-chave da criação de valor, o que significa que começamos com uma avaliação da empresa, em vez de avaliar apenas o patrimônio. Isso começa com o valor de mercado total do patrimônio da WD-40. No final de setembro de 1998, as ações ordinárias da WD-40 estavam sendo negociadas a US$ 26,50. O número totalmente diluído de ações em circulação em 31 de agosto de 1998 era 15,7 milhões para um valor de mercado total de US$ 416 milhões.[1] Desse valor, devemos subtrair o valor representado pelo caixa líquido da WD-40 de US$ 13 milhões. O resultado disso é o valor do empreendimento em andamento, o que teríamos de pagar pela empresa ao preço de mercado atual menos o valor do caixa líquido adquirido, que é caixa menos dívida, ao valor de US$ 403 milhões. A isso devemos adicionar o custo de passivos legados, como passivos de pensão não financiados, que, em princípio, teríamos de pagar, junto com a dívida, a fim de adquirir um direito livre de ônus sobre o negócio subjacente. Devemos subtrair o valor de compensação de ativos não essenciais, como investimentos em empreendimentos não relacionados (p. ex., moradias de baixa renda) que poderiam, mais uma vez em princípio, ser vendidos para pagar dívidas ou passivos legados. Para a WD-40, o total líquido é próximo a zero e, portanto, ignoraremos esses ajustes. No final de setembro de 1998, teríamos de pagar US$ 403 milhões para adquirir a empresa principal da WD-40 aos preços de mercado então vigentes.

Por nossos US$ 403 milhões, adquiriríamos um negócio que gerou aproximadamente US$ 34 milhões de lucro operacional antes de juros e impostos (ou EBIT) no ano fiscal de 1998. Com uma taxa de impostos média de cerca de 36%, isso cai para cerca de US$ 22 milhões em lucro potencial após os impostos, um

---

[1] Em princípio, devemos ajustar este valor para os rendimentos potenciais do exercício das opções em aberto, uma subtração, e o valor das opções não exercidas, uma adição. Para a WD-40, esse valor líquido é insignificante, de modo que vamos ignorá-lo para simplificar a discussão.

retorno de 5 1/2% sobre nosso investimento de US$ 403 milhões. Usando uma métrica mais tradicional, a empresa WD-40 estava sendo negociada a 12 vezes o EBIT (US$ 403 milhões divididos por US$ 34 milhões), ou 18 vezes o lucro após os impostos (US$ 403 milhões dividido por US$ 22 milhões). Por ambas as medidas, a WD-40 era uma relativa pechincha em comparação com outros investimentos da mesma época. Em setembro de 1998, o mercado de ações em geral, incluindo negócios não franqueados, estava negociando a 22 a 23 vezes o lucro. No entanto, pelos padrões históricos de longo prazo, em que a relação P/L média era de 17 a 18 para 1, a WD-40 era menos atraente. No ano anterior a 30 de setembro de 1998, o preço das ações da WD-40 estava entre estável e ligeiramente baixo no contexto de um mercado de ações com tendência de alta. No geral, portanto, a WD-40 era um pouco decepcionante, mais ou menos barata para um negócio de franquia em crescimento e com uma pequena capitalização de mercado de US$ 416 milhões não acompanhada de perto por analistas financeiros. Por outro lado, seu produto era amplamente conhecido e admirado. A WD-40 podia bem valer uma análise em um ambiente de mercado inflado com poucas pechinchas óbvias, mas não seria surpresa se acabasse provado que estava sendo vendida ao valor justo. Não era uma barganha óbvia, ao contrário da Magna International em março de 2009.

A franquia WD-40

A primeira etapa na avaliação de qualquer negócio de franquia é analisar natureza, magnitude e sustentabilidade das vantagens competitivas do negócio/barreiras à entrada. Das três fontes fundamentais de vantagem competitiva, já abordamos a questão da tecnologia proprietária. A WD-40 não tinha patentes significativas, nem vantagens de curva de aprendizado ou tecnologias de processo proprietárias.

O que a WD-40 tinha efetivamente, e em um grau significativo, eram clientes cativos. A fidelidade do cliente, construída ao longo de muitos anos de publicidade e satisfação do cliente, garantiu que uma eventual concorrente tivesse dificuldade em convencer os usuários a experimentar algo novo. Neste ponto, a ausência de mudança tecnológica beneficiava a WD-40. Mesmo o "novo" lubrificante T.A.L. 5, da própria WD-40, não representou uma melhoria suficientemente expressiva em relação ao produto que já estava estabelecido no mercado a ponto de atrair clientes. Em relação ao preço do produto, os custos de pesquisa eram incrivelmente altos. Uma lata de WD-40 normalmente era vendida por menos de US$ 5 e durava muitos anos. Experimentar um produto alternativo com uma economia potencial de US$ 1 por lata teria apelo mínimo, já que uma única lata durava tanto. Os benefícios da compra repetida de uma alternativa superior eram limitados pela baixa frequência de substituição. Se uma alternativa se mostrasse insatisfatória, a perda do consumidor seria o preço total de compra de US$ 4. Mesmo com uma probabilidade de sucesso de 75%, esta era uma proposta perdedora: um ganho esperado de US$ 0,75 (75% vezes US$ 1) em comparação com uma perda esperada de US$ 1 (25% vezes US$ 4). Para além desse ganho marginal na melhor das hipóteses, o tempo e a dificuldade que deveriam ser despendidos para encontrar uma alternativa deviam ser levados em conta.

A economia para os varejistas provavelmente seria ainda pior. O desconto de 20% minimamente necessário para atrair clientes da WD-40 significava inevitavelmente uma margem de varejo menor ou uma redução do preço de atacado ainda maior do que 20% pela marca entrante. Dada a improbabilidade de uma concorrente entrante atrair muitos clientes da WD-40 em um período razoável, era quase certo que qualquer investimento resultante em promoção e espaço nas prateleiras no varejo não seria lucrativo. A ausência de suporte de varejo para marcas alternativas reforçava a fidelidade dos clientes cativos da WD-40.

Por fim, a saturação do mercado da WD-40 significava que apenas alguns clientes em potencial ainda não eram usuários do WD-40. Ainda que fossem alvos disponíveis para novas entrantes, provavelmente seu número seria pequeno demais para sustentar os custos fixos com que a nova empresa teria de arcar.

Esses obstáculos para possíveis concorrentes levaram naturalmente à fonte mais importante de vantagem competitiva, as economias de escala. Para entrar em cada mercado geográfico distinto da WD-40, o entrante teria de estabelecer uma presença local de vendas e publicidade suficientes para competir com o WD-40. As despesas com propaganda e promoção da WD-40, com participação de mercado de basicamente 100%, representavam 10% das vendas. Esses custos eram fixados para cada mercado geográfico, independentemente das vendas. Suponhamos que o mercado do sul da Flórida seja de US$ 30 milhões por ano. Então, os custos fixos de *marketing* e vendas de 10% seriam de US$ 3 milhões. Se um entrante conseguisse capturar uma participação de mercado de 25% a um preço 20% mais baixo que o da WD-40, suas vendas seriam de US$ 6 milhões (um quarto de um mercado de US$ 24 milhões em receita a um preço 20% mais baixo). Os US$ 3 milhões de despesas fixas consumiriam 50% da receita de vendas. O custo dos produtos vendidos da WD-40, sua produção unitária variável e os custos de distribuição para terceirizados locais eram de pelo menos 40% das vendas. Se um entrante tivesse os mesmos custos com um preço 20% menor, então seu custo dos produtos vendidos seria 50% de sua receita (80% do preço unitário do WD-40 dividido por 40% do preço unitário do WD-40). Juntos, os custos indiretos fixos de vendas locais mais o custo dos produtos vendidos consumiriam 100% da receita do entrante, sem restar nada para gestão de produtos, despesas administrativas ou supervisão de gestão local. Essa "oportunidade" não era uma proposta economicamente atraente para nenhum entrante que tivesse uma calculadora ou planilha.

Visto de outra perspectiva, suponhamos que um participante possa ser economicamente viável com 30% de participação de mercado e que o participante obtenha 0,5% de participação de mercado por ano, um número otimista para um produto como o WD-40, que tem preço baixo, baixa frequência de compra e alto custo de pesquisa. Obter 30% do mercado levaria 60 anos. Um caminho de 60 anos para a viabilidade econômica provavelmente deteria qualquer entrante em potencial que fosse racional e levaria à falência os mais irracionais. A força da franquia econômica da WD-40 baseava-se paradoxalmente no pequeno tamanho de seu mercado. Lembre-se de que o monopólio mais bem defendido é uma loja em uma cidade pequena demais para permitir uma segunda. Em 1998, o mercado existente do WD-40 se parecia muito com uma cidade de uma loja só.

O histórico financeiro dá sustentação a esse argumento. Em 1998, que é nosso ponto de vista adotado para esta análise, a WD-40 gozava de imunidade de entrantes há mais de 40 anos, ao mesmo tempo em que obtinha retornos descomunais sobre o capital investido. Em 31 de agosto de 1998, a WD-40 tinha um valor contábil de patrimônio líquido de US$ 55 milhões, incluindo US$ 13 milhões em caixa líquido e um adicional de US$ 3 milhões investidos em moradias de baixa renda, que na época proporcionavam vantagens fiscais. O valor contábil do investimento de capital na empresa operacional era de apenas US$ 40 milhões. A receita operacional líquida após impostos de US$ 22 milhões representava um retorno de 55% sobre o patrimônio líquido. Em teoria, esse retorno alto deveria ter atraído muitos concorrentes. O fato de nenhuma entrada bem-sucedida ter ocorrido em 40 anos indica que havia poderosas barreiras à entrada.

Avaliação da WD-40 em 1998

Poder dos lucros para a WD-40

Para uma empresa como a WD-40 com uma franquia sustentável, os custos de reprodução dos ativos desempenham apenas um papel secundário na determinação do valor intrínseco. Contudo, também é verdade que os valores do poder dos lucros não determinam por si só a atratividade de um investimento em franquia. Em contraste com empresas competitivas, o crescimento de uma franquia pode agregar valor significativo. No entanto, estimar o poder dos lucros é o ponto de partida adequado para avaliar as empresas de franquia (ver Capítulo 8). A Tabela Ex. 3.1

apresenta um histórico desses dados financeiros relevantes para a WD-40 de 1990 a 2002.

Ao longo desse período, as receitas raramente diminuíram. Mesmo no ano de recessão de 1991, as receitas caíram apenas cerca de 1% e se recuperaram rapidamente em 1992. Dada a ausência de variação cíclica, as receitas do ano corrente devem ser receitas sustentáveis. As margens também foram altamente estáveis e não parecem variar de acordo com o ciclo de negócios. Em 1991, a margem operacional até mesmo aumentou. Houve flutuações de margem ano a ano, das quais é necessário tirar uma média para calcular margens sustentáveis. De 1990 a 1998, as margens operacionais foram, em média, de 27,0%.

Houve uma ligeira tendência de queda nas margens durante este período, com margens particularmente baixas em 1998. Devemos ter o cuidado de não usar o fato de que as margens em 1999 e 2000 continuaram a cair, uma vez que essa informação não estava disponível em 1998. No entanto, é notável que o declínio parece ter coincidido com uma preocupação crescente em relação à estagnação das vendas no início dos anos 1990, que levou a administração a desenvolver o T.A.L.5 e adquirir a 3-*in-One*. O aumento das despesas de *marketing* para impulsionar o crescimento das vendas refletiu-se em níveis crescentes de despesas gerais em relação às vendas, o que foi em grande parte a razão para as margens em declínio. Se acreditássemos que esse aumento nos gastos com *marketing* era permanente, as margens sustentáveis de 1998 em diante estariam bem abaixo da média histórica de cerca de 27%. Se pensássemos que os custos mais altos eram temporários, a média histórica deveria ser aplicada. Como não tínhamos certeza, dividimos a diferença e usamos uma margem de lucro sustentável estimada de 25%, a meio caminho entre 27% e os níveis mais recentes, abaixo de 24%. Portanto, nosso lucro operacional sustentável estimado em 1998 antes dos ajustes contábeis foi de US$ 36 milhões (25% das receitas sustentáveis de US$ 144 milhões).

Foram necessários poucos ajustes contábeis para este número. A WD-40 sofreu uma única cobrança excepcional de US$ 12,6 milhões entre 1990 e 1998, resultado de um litígio perdido em 1994. A partir desse número, calculou-se uma média de US$ 1,4 milhão por ano ao longo de 9 anos. Para contrabalançar essa perda, os encargos de depreciação entre 1990 e 1998 foram regularmente iguais ou superiores à despesa de capital total. A depreciação parece ter excedido qualquer estimativa razoável de despesas de capital de reposição em pelo menos US$ 1 milhão por ano. Uma vez que este segundo ajuste é amplamente protegido do imposto de renda pelo benefício fiscal de depreciação, ele quase exatamente compensa o custo pós--imposto da redução média de US$ 0,9 milhão (100% menos a taxa de imposto de empresa de 37% vezes um custo antes de impostos de US$ 1,4 milhão). Nossos lucros de operação sustentável de US$ 36 milhões antes dos ajustes contábeis esta-

Tabela Ex. 3.1 Desempenho financeiro da WD-40, 1990–2002

(milhões de US$)

	1990	1991	1992	1993	1994	1995	1996	1997	1998	1999	2000	2001	2002
Receita	US$ 91	US$ 90	US$ 100	US$ 109	US$ 112	US$ 117	US$ 131	US$ 138	US$ 144	US$ 146	US$ 147	US$ 164	US$ 217
Lucro bruto	US$ 51	US$ 50	US$ 58	US$ 65	US$ 66	US$ 67	US$ 73	US$ 79	US$ 81	US$ 82	US$ 77	US$ 84	US$ 109
Margem bruta	56%	56%	58%	59%	59%	57%	56%	57%	57%	56%	52%	51%	50%
Lucro operacional	US$ 25	US$ 25	US$ 29	US$ 32	US$ 32	US$ 33	US$ 33	US$ 33	US$ 34	US$ 34	US$ 34	US$ 28	US$ 42
Margem operacional	27,7%	27,9%	29,5%	29,1%	28,5%	27,9%	25,5%	24,2%	23,8%	23,4%	23,3%	17,1%	19,4%
Taxa de impostos	38,5%	39,0%	38,7%	39,1%	38,0%	37,3%	36,2%	35,9%	36,7%	35,4%	34,0%	34,0%	31,0%
Lucro líquido	US$ 15	US$ 15	US$ 18	US$ 19	US$ 13****	US$ 20	US$ 21	US$ 21	US$ 22	US$ 22	US$ 21	US$ 16	US$ 25
Margem líquida	17,0%	17,0%	18,1%	17,7%	11,6%	17,5%	16,3%	15,5%	15,2%	15,0%	14,3%	9,8%	11,3%
Dívida líquida*	US$ (22)	US$ (25)	US$ (19)	US$ (22)	US$ (23)	US$ (25)	US$ (8)	US$ (12)	US$ (16)	US$ 3	US$ 8	US$ 75	US$ 84
Patrimônio líquido	US$ 39	US$ 41	US$ 45	US$ 46	US$ 42	US$ 45	US$ 47	US$ 51	US$ 55	US$ 56	US$ 53	US$ 55	US$ 83
Retorno sobre o patrimônio líquido	40%	38%	40%	42%	31%	46%	45%	42%	40%	39%	40%	29%	30%
Depr./Amort.	US$ 0	US$ 0	US$ 1	US$ 1	US$ 1	US$ 1	US$ 1	US$ 2	US$ 2	US$ 2	US$ 3	US$ 5	US$ 2
Despesas de capital	US$ 0	US$ 1	US$ 1	US$ 1	US$ 1	US$ 1	US$ 1	US$ 1	US$ 1	US$ 1	US$ 2	US$ 1	US$ 1
Dividendos	US$ 15	US$ 13	US$ 16	US$ 18	US$ 18	US$ 19	US$ 19	US$ 19	US$ 20	US$ 20	US$ 20	US$ 18	US$ 16
Recompras**	US$ (0)	US$ (0)	US$ (2)	US$ (1)	US$ (1)	US$ (0)	US$ (1)	US$ (2)	US$ (1)	US$ 1	US$ 4	US$ –	US$ (7)
Total pago	US$ 15	US$ 13	US$ 14	US$ 17	US$ 17	US$ 18	US$ 19	US$ 18	US$ 19	US$ 21	US$ 24	US$ 18	US$ 9
Razão de pagamento	98%	85%	79%	88%	132%	89%	87%	82%	86%	95%	114%	113%	37%
Ações em circulação (milhões)***	15,1	15,1	15,3	15,3	15,4	15,4	15,4	15,6	15,6	15,6	15,5	15,5	16,1
LPA (US$/ação)	US$ 1,03	US$ 1,01	US$ 1,18	US$ 1,26	US$ 0,84	US$ 1,33	US$ 1,38	US$ 1,37	US$ 1,40	US$ 1,41	US$ 1,35	US$ 1,02	US$ 1,54
DPA (US$/ação)	US$ 1,01	US$ 0,86	US$ 1,07	US$ 1,15	US$ 1,15	US$ 1,21	US$ 1,24	US$ 1,25	US$ 1,28	US$ 1,29	US$ 1,29	US$ 1,16	US$ 0,99

*Inclui investimentos de longo prazo em caixa. Valores negativos indicam caixa líquido.

**Números negativos = ações líquidas vendidas.

***Totalmente diluído.

****Após US$ 12 milhões antes dos impostos (US$ 8 milhões após os impostos), redução devido a um processo judicial em 1994.

Fonte: Dados do relatório anual da WD-40.

vam um pouco acima dos números após o ajuste. A alíquota média do imposto de renda de pessoa jurídica incorrida nos cinco anos de 1994 a 1998 foi de aproximadamente 37%. Se assumirmos que essa é uma taxa sustentável de imposto futuro,[2] então, o poder dos lucros após os impostos para o negócio principal de franquia da WD-40 em 1998 era de US$ 23 milhões (63% de US$ 36 milhões).[3] Isso representava um retorno dos lucros de 5,7% sobre o custo de US$ 403 milhões de compra do negócio principal.

Valor do poder dos lucros

Nesse ponto da primeira edição do livro, procedemos ao cálculo do valor do poder dos lucros, da mesma forma que fizemos nesta edição para a Magna International e para a Hudson General. Simplesmente dividimos o poder dos lucros de US$ 23 milhões pelo custo de capital apropriado para um investimento no negócio principal da WD-40. O custo de capital é o custo de atrair voluntariamente os fundos necessários para apoiar o negócio, uma média ponderada do custo de atrair tanto o financiamento de dívida barato quanto o financiamento de capital caro. Os pesos em questão devem refletir a combinação de financiamento real para as operações da empresa daquele momento em diante, com a notável exceção de empresas que dependem excessivamente do endividamento. Nesses casos, o custo da dívida deve incluir adequadamente o custo potencial de redução ao valor recuperável relacionado à dívida das operações da empresa, incluindo o custo potencial da falência. Esse custo é difícil de calcular e frequentemente negligenciado. Como resultado, o custo de capital calculado para empresas com forte dependência de dívidas de baixo custo será inadequadamente baixo. A solução padrão para esse problema é reduzir o montante da dívida dos níveis históricos reais até um nível em que não se imagine que irá prejudicar significativamente as operações da empresa. Em muitos contextos financeiros, este é considerado um nível ideal de dívida (p. ex., 20% em oposição a um nível de dívida real de 80%) com um nível ótimo de patrimônio líquido associado (p. ex., 80% em oposição a um nível real de 20%).

Alguns profissionais de finanças recomendam a aplicação de uma estrutura de capital "ideal" semelhante no cálculo do custo de capital para empresas com pouca

---

[2] As médias de longo prazo para as taxas de impostos são inadequadas, uma vez que apenas as taxas e tendências de impostos recentes provavelmente serão aplicáveis ao futuro.

[3] Vale lembrar que estamos analisando o poder dos lucros do negócio principal da franquia, de modo que pagamentos de juros não se aplicam. Efetivamente, incluímos os juros líquidos pagos pela adição da dívida líquida (subtração do caixa líquido) ao custo do patrimônio líquido da compra do negócio principal da franquia.

dívida. Neste caso, porém, o "verdadeiro" custo da dívida não está sendo ignorado e não existe tal custo oculto para excesso de capital. De modo geral, a WD-40 havia sido totalmente financiada com capital próprio, frequentemente com dívida líquida negativa (caixa líquido positivo). Além disso, havia poucos indícios de que isso mudaria no futuro, salvo por uma intervenção ativista significativa. Assim, para a WD-40, o custo médio ponderado de capital era o custo do financiamento de capital.

O custo do financiamento de capital em 1998 situava-se entre o custo atual de dívida ligeiramente arriscada (digamos BAA) e o custo de financiamento de capital de risco, normalmente a fonte mais cara de capital. No outono de 1998, isso variava de 7 a 15%. Dada sua posição econômica altamente estável e estrutura financeira constituída integralmente de capital próprio, o custo de capital da WD-40 deveria estar perto do limiar mais baixo dessa faixa. Portanto, nossa estimativa do custo de capital para a WD-40 teria sido de aproximadamente 8%, produzindo um valor de poder dos lucros de US$ 288 milhões para a operação subjacente (US$ 23 milhões divididos por 8%). A isso devemos adicionar o valor do caixa líquido e de outros investimentos externos de US$ 16 milhões para chegar a um valor de poder dos lucros final de US$ 304 milhões para o patrimônio da WD-40. Este valor corresponde a um valor por ação de US$ 19,36 (US$ 304 milhões dividido por 15,7 milhões de ações), o que estava abaixo do preço de mercado de US$ 26,50. Um investidor ortodoxo do tipo Graham e Dodd não teria investido na WD-40. Para empresas como a WD-40, no entanto, dada a natureza poderosa de sua franquia, o crescimento cria valor incremental. Esse valor agregado pode tornar o investimento atraente para um investidor em valor que esteja disposto a incluir o crescimento que cria valor na decisão de investimento.

O valor do crescimento para a WD-40

Na primeira edição deste livro, dedicamos três parágrafos curtos à possibilidade de crescimento lucrativo, para o qual usamos um modelo de fluxos de caixa descontado muito abreviado. Primeiramente, observamos que a WD-40 pagava US$ 1,28 por ação de seu lucro de US$ 1,40. Presumimos que esse valor capturava as prováveis futuras distribuições em dinheiro sustentáveis a partir dos lucros sustentáveis (cerca de US$ 1,40 por ação), uma vez que as recompras líquidas de ações eram insignificantes. Em seguida, estimamos, sem uma análise detalhada, que as taxas de crescimento dos lucros recentes de cerca de 3% seriam sustentáveis no futuro e que, com um índice de pagamento constante, os dividendos cresceriam junto com os lucros. Por fim, com nosso custo de capital de 8% e taxa de crescimento de 3%, capitalizamos o pagamento de US$ 1,40 por ação em 20 vezes (1/(8% – 3%)). Isso resultou em um valor por ação de US$ 25,60, ainda um pouco abaixo do preço de mercado de US$ 26,50.

A deficiência desse cálculo, tanto naquela época quanto agora, é sua angustiante incerteza. Se a taxa de crescimento do lucro fosse de 4,5%, com uma diferença de apenas 1,5% em relação a nossa estimativa de 3%, um valor mais próximo da taxa de crescimento do lucro de longo prazo, então o fator de capitalização teria sido 28,5 (1 dividido por 3,5%) para um valor por ação de US$ 36,48, uma margem de segurança de quase 30%, dado o preço da época de US$ 26,50 por ação. Por outro lado, uma taxa de crescimento dos rendimentos de 1,5%, igual à dos anos mais recentes, levaria a um múltiplo de 15 (1 dividido por 6,5%), resultando em um preço inferior a US$ 20 por ação e tornando a WD-40 um investimento pouco atraente. Como apontamos no início do Capítulo 8, essa indeterminação é fundamental para a avaliação das ações de crescimento. Para tomar decisões úteis de investimento em ações de crescimento, devemos examinar os retornos, não os valores.

Retornos da WD-40

A análise de retornos futuros sustentáveis começa com o retorno de caixa futuro. Essa é a quantidade de lucro efetivamente distribuída aos acionistas a partir do retorno de 5,7% do lucro sustentável que calculamos anteriormente. Este valor em si depende da política de distribuição da gestão da WD-40. Em seis anos até o final de agosto de 1998, a WD-40 distribuiu, em média, US$ 18 milhões líquidos por ano aos acionistas em dividendos menos, neste caso, vendas de ações líquidas (ver Tabela Ex. 3.1). O lucro líquido foi, em média, de US$ 21 milhões por ano depois de feitos os ajustes apropriados para sobredepreciação e para a cobrança única de 1994. O caixa líquido permaneceu quase constante; a razão de pagamento de 86% resultante era financiada com os lucros e, portanto, provavelmente sustentável. Um pagamento de 86% do retorno do lucro sustentável de 5,7% representava um retorno de caixa de cerca de 5% para os investidores em ações da WD-40 adquiridas em 30 de setembro de 1998, a US$ 26,50 por ação. A isso devemos adicionar os retornos do crescimento, que teriam surgido basicamente de duas fontes: (1) crescimento orgânico nas vendas e nos lucros das linhas de produtos existentes da WD-40, acordos de distribuição e melhorias de produtividade; e (2) retornos de iniciativas de reinvestimento ativo, como a compra por US$ 15 milhões dos produtos da *3-in-One* em dezembro de 1995. Consideraremos cada uma dessas fontes do valor de crescimento separadamente.

Retornos do crescimento orgânico

A Tabela Ex. 3.2 mostra o histórico das taxas de crescimento nominal nas receitas e nos lucros da WD-40 em relação às taxas de inflação gerais dos EUA.[4] Para o período anterior à aquisição da *3-in-One*, 1980 a 1995, as receitas nominais cresceram 8,4% ao ano, as vendas reais cresceram 4,5% ao ano e o lucro líquido cresceu 7,4% ao ano. O crescimento nas vendas foi todo gerado internamente por uma combinação de demanda orgânica crescente, expansões para novos mercados geográficos financiados com a receita corrente e, para os lucros, por melhorias diárias na eficiência operacional. O investimento de capital foi mínimo, e a única iniciativa de investimento ativa, o desenvolvimento do T.A.L.5, foi um fracasso. Consideramos esse crescimento orgânico no sentido de que surgiu naturalmente no curso normal dos negócios. O crescimento do lucro foi ligeiramente abaixo do crescimento da receita, mas isso em grande medida pode ser atribuído a desenvolvimentos anteriores a 1985. Se as despesas extraordinárias com o T.A.L.5 fossem eliminadas, o crescimento histórico da receita líquida em conjunto com a receita seria retomado.

A questão é, então, como seria o crescimento da receita daquele momento em diante. Para responder a essa pergunta, devemos nos concentrar nos determinantes subjacentes do crescimento da receita da WD-40. No final da década de 1990, as exportações da WD-40 dos EUA, do Reino Unido e da Austrália para economias emergentes aumentaram acentuadamente. A demanda dessas áreas não estava de modo algum saturada, o que significa que o crescimento da WD-40 não seria limitado por aumentos nas economias desenvolvidas da Europa e da América do Norte. O WD-40 atraía famílias de todas as faixas de renda e não seria muito afetado pelas mudanças da virada do século no sentido de acentuar a desigualdade de renda. Por outro lado, o WD-40 era um produto, e não um serviço, e sofreria

Tabela Ex. 3.2 Taxas de crescimento anual da WD-40, 1980 a 1995

Período	1980–85	1986–90	1990–95	1995–98	1980–95
Vendas	10,2%	9,9%	5,2%	7,3%	8,4%
Inflação dos EUA	4,9%	4,2%	2,8%	2,2%	3,9%
Vendas reais	5,3%	5,7%	3,4%	5,1%	4,5%
Resultado líquido	1,1%	11,7%	9,8%	2,2%	7,4%

Fonte: Dados do relatório anual da WD-40.

---

[4] Essas taxas dos EUA acompanhavam de perto as taxas de inflação nos principais mercados internacionais da WD-40.

com a tendência global de redução no consumo de produtos e aumento no consumo de serviços. Juntas, essas forças sugeriram que, dali em diante, a demanda pelo WD-40 cresceria um pouco mais lentamente do que o PIB global, talvez 4% em termos reais, em contraste com um crescimento real esperado do PIB de 5% a partir de 1998. Esse valor do PIB corresponderia ao crescimento populacional de 1 1/2% ao ano e ao crescimento de produtividade global de 3 1/2% Além desse crescimento real, a inflação global provavelmente giraria em torno de 1,5%, continuando a desaceleração iniciada no início da década de 1980. O crescimento nominal do PIB de 6 a 6,5% ao ano deveria se traduzir em um crescimento na demanda por WD-40 de no máximo 4,5%. Isso se assemelharia muito à taxa de crescimento histórico anterior a 1995, de 4,5%. Se dermos margem para a possibilidade adicional de que uma parte do declínio recente nas margens, anterior a 1998, seria permanente, seria razoável estimar uma taxa de crescimento orgânico de 4% no lucro líquido da WD-40.

O investimento necessário para apoiar esse crescimento orgânico consistiria quase inteiramente em capital de giro. A WD-40 terceirizava toda a sua fabricação e distribuição. Historicamente, contas a receber e estoques totalizavam cerca de 20% das vendas, sendo parcialmente compensados por contas a pagar e passivos acumulados equivalentes a 6% das vendas. Usando esses percentuais, um capital de giro líquido de US$ 0,14 seria necessário para cada dólar extra de vendas. Se o nível de base de 1998, ou seja, US$ 144 milhões em vendas, crescesse 4,5%, isso significaria US$ 6,5 milhões adicionais em vendas. O capital de giro líquido adicional necessário seria de cerca de US$ 1 milhão (14% de US$ 6,5 milhões), ou cerca de 4,5% do lucro sustentável de US$ 21 milhões de 1998. Se 86% dos lucros continuassem a ser distribuídos aos acionistas e 4,5% fossem necessários para sustentar o crescimento orgânico, restariam cerca de 10% dos lucros para reinvestimento ativo. Resumindo: além do retorno de caixa de 5%, o crescimento orgânico deveria contribuir com mais 4% de aumento anual em valor, um total de 9%, deixando 10% do lucro para gerar ainda mais valor por meio do reinvestimento ativo.

Reinvestimento ativo

Depois de distribuir US$ 19 milhões aos acionistas, 86% de US$ 22 milhões, e usar US$ 1 milhão para apoiar o crescimento orgânico, a administração ficaria com US$ 2 milhões de lucro sustentável por ano para reinvestimento ativo. No caso da WD-40, esse dinheiro tinha ido recentemente para a aquisição de novas linhas de produtos. Antes de 1998, a única aquisição fora a *3-in-One*, em dezembro de 1995. Incluindo dívida adquirida, a WD-40 pagara US$ 16 milhões por valor da marca e outros intangíveis, além de um pequeno estoque. Supondo que a WD-40 pudesse empregar esses ativos com a mesma eficácia que a Reckitt e Colman, o proprietário anterior, as receitas e os lucros incrementais da *3-in-One* para a WD-40 deveriam permanecer nos mesmos níveis anteriores à venda. Para 1994 e 1995, a Reckitt e Colman relatou vendas médias da *3-in-One* de aproximadamente US$ 12,5 milhões e receita operacional média após amortização de aproximadamente US$ 6 milhões. Os US$ 6,5 milhões relatados em custos incluíam o custo das mercadorias vendidas e um custo de *marketing* direto equivalente a 15% das vendas, sem provisão para outras despesas. Para um produto muito semelhante ao WD-40, as margens operacionais implícitas de 48% parecem improvavelmente altas em comparação com as margens operacionais anteriores a 1995 da WD-40, que eram de 27%. Com as margens operacionais da *3-in-One* ajustadas a esse nível, a receita operacional média adquirida pela WD-40 teria sido de US$ 3,4 milhões (27% de US$ 12,5 milhões). A uma taxa de impostos de 37%, o lucro incremental após os impostos teria sido de US$ 2,1 milhões, um retorno anual de cerca de 13% sobre o investimento de US$ 16 milhões da WD-40 antes de atribuir qualquer valor ao crescimento nas receitas e nos lucros da *3-in-One*.

Se a *3-in-One* fosse realmente semelhante à WD-40, então o crescimento orgânico deveria aumentar consideravelmente os retornos da aquisição. No entanto, o histórico limitado publicado antes do negócio revelava vendas e margens estáveis ou em leve declínio. Parece realista ignorar o crescimento na avaliação da aquisição da *3-in-One*. O retorno sobre o investimento de 13%, mesmo sem crescimento, estava bem acima de um custo de capital provável de 8 a 9%, semelhante ao da WD-40. Esse retorno representa um fator de criação de valor de 1,5 (13% dividido por 8,5%) na aquisição. Se essa transação refletisse as habilidades da WD-40 em investir ativamente os lucros retidos, então cada dólar reinvestido deveria criar US$ 1,5 de valor para a WD-40. Assim, os US$ 2 milhões em lucros anuais reinvestidos de forma sustentável adicionariam US$ 3 milhões ao valor anual, um retorno adicional de cerca de 0,75% sobre o custo de compra de US$ 403 milhões da WD-40.

Para este cenário de reinvestimento, o retorno total sobre um investimento de capital na WD-40 a US$ 26,50 por ação seria quase 10%: um retorno de caixa de 5%, 4% de crescimento orgânico e 0,75% de reinvestimento ativo. O baixo nível desse retorno de reinvestimento ativo deve-se ao baixo nível de lucros reinvestidos ativamente. Em comparação com o custo de capital de 8% da WD-40, isso deixa cerca de 25% como margem de segurança sobre os retornos.

No final da década de 1990, o retorno médio das ações no mercado de ações dos Estados Unidos era de cerca de 6%. O múltiplo de mercado de lucro sustentável era de cerca de 25 vezes, um retorno real de lucro de 4%. A inflação somava mais 1,5% para atingir retornos nominais estimados de 5,5%. Como alternativa, poderíamos ter estimado o retorno de mercado dos pagamentos mais o crescimento geral. Os pagamentos médios sobre ações dos EUA foram de 2%; com o crescimento nominal adicionando cerca de outros 4,5%, a perspectiva de retornos nominais totais dos EUA era de 6,5%. A média dos dois resulta em um retorno de mercado estimado de 6%. Em comparação, um retorno próximo a 10% sobre ações de baixo risco como as da WD-40 teria parecido atraente. Ainda assim, os investidores em valor devem ser cautelosos com esses tipos de comparações de retorno em mercados eufóricos como o do final da década de 1990. As comparações de retorno contemporâneo de curto prazo são comparações de valor relativo. O verdadeiro investidor em valor deve comparar o retorno de 10% com a estimativa de custo de capital de longo prazo representada em nosso valor de 8%. Mesmo com essa ressalva, uma contabilidade cuidadosa do crescimento em termos de retornos revela que, no final de 1998, a WD-40 era uma oportunidade muito mais atraente do que indicava a abreviada análise de fluxos de caixa descontados de nossa primeira edição.

Essa abordagem de retorno revelou-se extremamente precisa. A Tabela Ex. 3.3 apresenta os retornos realizados para uma compra de ações da WD-40 em 30 de setembro de 1998, nos períodos subsequentes de 5, 10 e 15 anos. Também inclui os retornos estimados para o período, que calculamos antes de olhar para os números reais (sem espiar). A única diferença substancial está no período de 10 anos que terminou em 30 de setembro de 2008, em meio à crise financeira. Ao longo de todos os 15 anos, o índice S&P 500 retornou apenas um pouco menos do que nossa estimativa de 6%, o que, pelas médias históricas de retorno de ações, não é o que Graham e Dodd teriam considerado um retorno satisfatório. No entanto, esses números exageram a verdadeira margem de segurança do investimento na WD-40,

Tabela Ex. 3.3 Retornos estimados e realizados para a WD-40 (% ao ano)

	Estimado	5 anos	10 anos	15 anos
			Real	
Compra em 30 de setembro de 1998				
WD-40	9,7%	9,2%	4,9%	10,8%
S&P 500	6,0%	1,4%	3,4%	5,3%
Excesso de retorno	3,7%	7,8%	1,5%	5,5%
Compra em 30 de setembro de 2000				
WD-40	9,0%	8,9%	9,0%	13,7%
S&P 500	5,0%	−2,0%	−0,8%	3,8%
Excesso de retorno	4,0%	10,9%	9,8%	9,9%

Fonte: Dados do relatório anual da WD-40.

uma vez que os retornos S&P estão anormalmente baixos. Eles destacam o perigo da tomada de decisão com base no retorno relativo, particularmente ao investir em mercados com avaliações altas.

Uma segunda parte dessas comparações de retorno também exagera a atratividade de investir na WD-40 em 1998. Olhando para o futuro, havia uma probabilidade baixa, mas não zero, de que mudanças nas condições econômicas viessem a prejudicar a posição da franquia da WD-40. Como discutimos anteriormente, as barreiras à entrada nos mercados da WD-40 pareciam formidáveis. A infraestrutura de varejo por meio da qual a WD-40 vendia seus produtos parecia altamente estável. O varejo baseado na Internet, cujas consequências discutiremos a seguir, ainda não parecia uma ameaça. Não parecia provável que a tecnologia fosse prejudicar a utilidade dos produtos da WD-40, que em 1998 desfrutavam uma posição de mercado sem concorrência há cerca de 50 anos. Se adotássemos a regra prática de que a vida futura da franquia seria igual à vida existente, teríamos estimado uma taxa de desvanecimento (*fade*) da franquia de 1,4% para a WD-40 (72 dividido por 50 anos para obter a meia-vida da franquia). Nossa margem de segurança de 2% estava um pouco acima dessa taxa potencial de prejuízo, mas se levássemos essa taxa de desvanecimento em consideração, o investimento na WD-40 se tornaria significativamente menos atraente.

Conforme o futuro se desenrolou entre 1998 e 2013, a franquia da WD-40 permaneceu intacta. A tentação, portanto, é tratar a probabilidade de desvanecimento como zero e aceitar os retornos realizados na Tabela Ex. 3.3 como uma medida precisa do provável retorno sobre o investimento original na WD-40. As probabilidades *ex ante* certamente favoreciam esse resultado. Com meia-vida de 50 anos, era improvável que a franquia da WD-40 fosse prejudicada por eventos em um período de 15 anos. Houve, no entanto, um elemento inegável de sorte nesse resultado. Atualmente, enquanto o varejo pela Internet ameaça se tornar o canal de *marketing* dominante para a WD-40, o futuro da franquia da WD-40 parece muito mais incerto do que em 1998. Essa evolução poderia facilmente ter chegado 5 ou 10 anos antes. O fato de isso não ter acontecido pode representar boa sorte para a WD-40, mas não era inevitável. Assim, os retornos na Tabela Ex. 3.3 não refletem totalmente o custo do desvanecimento da franquia e, nessa medida, exageram o retorno sobre o investimento na WD-40 em 1998.

WD-40 em 30 de setembro de 2000

De US$ 26,50 em 30 de setembro de 1998, o preço de uma ação da WD-40 caiu para US$ 21,88 em 30 de setembro de 2000. Numa época em que o mercado de ações dos Estados Unidos como um todo ia extremamente bem, o retorno anual sobre um investimento na WD-40 nesses dois anos foi de −9%. A queda no preço das ações de 9% ao ano foi parcialmente compensada por dividendos. No curto prazo, o investimento de 1998 na WD-40 teria sido uma decepção. Uma das principais premissas subjacentes à nossa avaliação de 1998 acabou não sendo precisa no curto prazo. Supusemos que a administração não iria persistir na busca de crescimento destruidor de valor, fosse por meio de aquisições como a da *3-in-One*, fosse por desenvolvimentos internos como o T.A.L.5. Estávamos enganados.

Em abril de 1999, a WD-40 adquiriu o sabonete da marca LAVA, um limpador de mãos para limpeza pesada. Um ano depois, comprou o sabonete Solvol. Em abril de 2001, a administração pagou US$ 72,9 milhões por três produtos de uso doméstico – 2000 Flushes, X-14, um limpador de vaso sanitário e superfícies duras, e Carpet Fresh. Essas aquisições, fruto de uma política de crescimento sem foco que se tornou evidente entre 1998 e 2000, foram mais caras e menos relacionadas aos produtos existentes da WD-40 do que a aquisição da *3-in-One*. As consequências ficam evidentes nos dados de desempenho operacional na Tabela Ex. 3.1. Do ano fiscal de 1998 ao ano fiscal de 2000, as margens bruta e operacional diminuíram visivelmente, enquanto as receitas aumentaram apenas ligeiramente. A queda nas taxas de impostos moderou a queda no lucro líquido, que ainda assim caiu de US$ 22 milhões para US$ 21 milhões. As taxas de pagamento continuaram altas, pelo menos até a aquisição de abril de 2000. No entanto, o caixa líquido caiu US$ 24 milhões, de US$ 16 milhões de caixa líquido para US$ 8 milhões de dívida líquida, de modo que pagamentos elevados certamente poderiam gerar pressões de balanço no futuro. A administração continuava a enfatizar a busca pelo crescimento.

Havia indícios, mesmo antes de setembro de 1998, de que isso poderia acontecer. Como observamos anteriormente, as margens operacionais caíram de aproximadamente 28% no ano fiscal de 1994 e no ano fiscal de 1995 para 24% em 1998, enquanto as despesas gerais e de *marketing* aumentaram em relação às vendas em busca de um crescimento mais rápido da receita. Esses esforços foram decepcionantes. Depois de uma malsucedida política de crescimento de 1980 a 1985, a administração da WD-40 havia voltado a se concentrar na eficiência operacional e as margens se recuperaram. Em nossa avaliação, presumimos que algo semelhante aconteceria a partir de setembro de 1998. Nosso erro ao fazer esse julgamento naturalmente levanta a questão de se, ao preço reduzido de US$ 21,88 em setembro de 2000, a WD-40 ainda era um bom investimento.

Se a administração persistisse em buscar um crescimento com foco equivocado, o poder dos lucros provavelmente cairia de US$ 22 milhões para US$ 20 milhões. O custo de aquisição das operações da WD-40 era agora de US$ 340 milhões (15,6 milhões de ações vezes US$ 21,88 por ação mais US$ 8 milhões de dívida líquida). A queda no capital necessário para a compra da WD-40 levou o retorno de lucro sustentável a 5,75%, muito próximo do retorno de 5,7% de setembro de 1998. O índice de pagamento em 2000 era, na verdade, superior a 100% do lucro, o que não parecia sustentável. Suponhamos que os pagamentos diminuíssem de 86% do poder dos lucros para 76% do poder dos lucros. Isso gera um retorno de caixa de 4,5%. O crescimento orgânico deveria continuar a ser de 4% ao ano com um custo de investimento igual a cerca de 4% do faturamento. Isso deixaria 20% dos lucros para reinvestimento ativo (100% menos 76% de pagamento menos 4% de investimento em crescimento orgânico). A qualidade do investimento ativo sem dúvida diminuiu entre 1995 e 2000. Parece improvável que as aquisições nas áreas de limpadores de banheiros, mãos e tapetes possam agregar tanto valor quanto a aquisiçãoda *3-in-One*. Para saber exatamente quanto valor se deterioraria por dólar investido, teria sido necessário fazer uma análise detalhada de aquisição por aquisição, de forma semelhante à que fizemos para a *3-in-One*. Vamos simplesmente supor que cada dólar investido gera apenas cerca de US$ 0,50 de valor.[5] Então, os US$ 4 milhões de lucro ativamente investido (20% de US$ 20 milhões) produzem US$ 2 milhões de valor adicional (50% de US$ 4 milhões). Isso, por sua vez, representa um retorno adicional de 0,6% sobre o preço de compra de mercado de US$ 340 milhões (US$ 2 milhões divididos por US$ 340 milhões).

Uma estimativa aproximada do retorno total de um investimento na WD-40 em 2000 é, portanto, de 9% ao ano (4,5% de retorno de caixa, 4% de crescimento orgânico e 0,6% de retorno de investimento ativo). O declínio no desempenho da gestão foi, em grande medida, contrabalanceado pelo declínio no preço de mercado da WD-40. Ao mesmo tempo, o nível geral dos preços das ações nos EUA havia subido, reduzindo uma estimativa razoável do retorno do S&P 500 de 6% para cerca de 5%. Em termos relativos, a WD-40 havia se tornado um pouco mais atraente em setembro de 2000 (ver Tabela Ex. 3.3). Já em termos críticos de retorno absoluto, com sua provável taxa de desvanecimento levada em consideração, a WD-40 agora representava um retorno igual ao seu custo de capital, sem deixar margem de segurança.

À medida que as coisas se encaminhavam, no longo prazo, a WD-40 superou essas expectativas reduzidas. Ao final de 5 e 10 anos, os retornos reais foram quase exatamente 9%; o retorno de 15 anos foi superior a 13%. No longo prazo, a WD-40 se recuperou ao voltar para o que fazia de melhor e abandonar os esforços de crescimento sem foco. De 2012 a 2015, mesmo com as receitas da WD-40 crescendo apenas 3,3% ao ano, próximo à taxa de crescimento orgânico que havia desacelerado ligeiramente com a queda no crescimento do PIB global, suas

---

[5] Esta é uma medida geral dos custos de aquisições não relacionadas.

margens operacionais aumentaram de 15,1% para 17,3%. Em 2018, as margens operacionais eram de 19,2% e os pagamentos estavam, em média, acima de 100%; sendo estes financiados por um nível crescente de dívida líquida (ver Tabela Ex. 3.4). Essa mudança ilustra um ponto essencial sobre o investimento em franquias. O longo prazo é importante e, no longo prazo, a menos que haja fortes evidências em contrário, a estabilidade é mais provável do que a mudança.

A WD-40 em 2018

Em 28 de setembro de 2018, o último dia de negociação de setembro, a WD-40 fechou a um preço de US$ 172,10 por ação. As margens operacionais parecem ter se estabilizado em 19% e as receitas foram de US$ 409 milhões. Como resultado de uma grande redução recente nas taxas de impostos sobre as corporações, os impostos sobre as corporações em 2018 estiveram apenas ligeiramente acima de 12% do lucro líquido. No longo prazo, parece improvável que as taxas de impostos corporativos continuem em um nível tão baixo, se por nenhum outro motivo, ao menos porque as reduções nas taxas de impostos federais dos EUA serão parcialmente compensadas pelo aumento nas taxas estaduais de imposto de renda de pessoa jurídica. Como a tendência de redução das alíquotas de imposto de renda corporativo é longa e global por natureza, assumiremos uma alíquota tributária empresarial sustentável de 20%. Esses números produzem uma estimativa de poder dos lucros para a WD-40 em 2018 de US$ 62 milhões (US$ 409 milhões vezes 19% vezes 80% após os impostos). Dado o retorno da administração à sua tradicional política de distribuição de uma grande fração dos lucros e de concentração dos lucros retidos na melhoria das operações do negócio principal, presumiremos que todos os lucros, exceto aqueles necessários para apoiar o crescimento orgânico, são distribuídos aos acionistas ou, se reinvestidos ativamente, obtêm um retorno igual ao custo de capital da WD-40. Em termos de valor entregue aos acionistas, essas alternativas significam a mesma coisa. O crescimento orgânico, que dado o baixo nível de reinvestimento ativo deveria ter acompanhado o crescimento geral nos últimos anos, parece ter diminuído de 4% para cerca de 3% ao ano, refletindo a desaceleração do crescimento econômico global em países desenvolvidos e em desenvolvimento. Com um crescimento orgânico de 3%, o crescimento das vendas da WD-40 em 2018 deveria ser de US$ 12,3 milhões por ano (3% de US$ 409 milhões). Uma vez que cada dólar de receita extra continua a exigir cerca de US$ 0,15 de investimento líquido, US$ 2 milhões de lucros retidos devem ser dedicados ao apoio ao crescimento orgânico. Isso deixa US$ 60 milhões de lucro sustentável para distribuição aos investidores.

Tabela Ex. 3.4 Desempenho financeiro da WD-40, 2003-2018

(milhões de US$)

Ano fiscal 31 ago.	2003	2004	2005	2006	2007	2008	2009	2010	2011	2012	2013	2014	2015	2016	2017	2018
Receita	US$ 238	US$ 242	US$ 263	US$ 287	US$ 308	US$ 317	US$ 292	US$ 322	US$ 336	US$ 343	US$ 369	US$ 383	US$ 378	US$ 381	US$ 381	US$ 409
Lucro bruto	US$ 122	US$ 126	US$ 129	US$ 138	US$ 149	US$ 148	US$ 145	US$ 165	US$ 168	US$ 169	US$ 189	US$ 199	US$ 200	US$ 214	US$ 214	US$ 225
Margem bruta	51%	52%	49%	48%	48%	47%	50%	51%	50%	49%	51%	52%	53%	56%	56%	55%
Lucro operacional	US$ 50	US$ 45	US$ 47	US$ 46	US$ 49	US$ 43	US$ 40	US$ 55	US$ 54	US$ 52	US$ 57	US$ 64	US$ 65	US$ 71	US$ 76	US$ 79
Margem operacional	20,9%	18,6%	17,9%	16,0%	15,9%	13,6%	13,7%	17,1%	16,1%	15,2%	15,4%	16,7%	17,2%	18,6%	19,9%	19,3%
Taxa de impostos	34,0%	34,0%	35,2%	34,3%	33,1%	34,3%	31,3%	32,6%	32,0%	30,3%	30,1%	30,5%	29,0%	27,7%	29,1%	13,3%
Lucro líquido	US$ 29	US$ 26	US$ 28	US$ 28	US$ 32	US$ 28	US$ 26	US$ 36	US$ 36	US$ 36	US$ 40	US$ 44	US$ 45	US$ 53	US$ 53	US$ 65
Margem líquida	12,0%	10,6%	10,6%	9,8%	10,4%	8,8%	8,9%	11,2%	10,7%	10,5%	10,8%	11,5%	11,9%	13,9%	13,9%	15,9%
Dívida líquida*	US$ 53	US$ 56	US$ 27	US$ 30	US$ (8)	US$ 1	US$ (14)	US$ (55)	US$ (47)	US$ (26)	US$ (18)	US$ 9	US$ 6	US$ 15	US$ 37	US$ 47
Patrimônio líquido	US$ 105	US$ 113	US$ 130	US$ 156	US$ 168	US$ 164	US$173	US$ 197	US$ 201	US$ 186	US$ 180	US$ 169	US$ 158	US$ 140	US$ 139	US$ 156
Retorno sobre o patrimônio líquido	27%	23%	22%	18%	19%	17%	15%	18%	18%	19%	22%	26%	28%	38%	38%	42%
Depr./Amort.	US$ 2	US$ 2	US$ 3	US$ 4	US$ 4	US$ 4	US$ 4	US$ 4	US$ 4	US$ 5	US$ 5	US$ 6	US$ 7	US$ 7	US$ 7	US$ 8
Despesas de capital	US$ 2	US$ 2	US$ 3	US$ 3	US$ 2	US$ 6	US$ 3	US$ 2	US$ 3	US$ 3	US$ 3	US$ 4	US$ 6	US$ 4	US$ 20	US$ 12
Dividendos	US$ 13	US$ 14	US$ 14	US$ 15	US$ 17	US$ 17	US$ 16	US$ 17	US$ 18	US$ 18	US$ 19	US$ 20	US$ 22	US$ 24	US$ 27	US$ 30
Recompras**	US$ (6)	US$ (8)	US$ (3)	US$ (7)	US$ 8	US$ 13	US$ (1)	US$ (4)	US$ 21	US$ 33	US$ 27	US$ 42	US$ 28	US$ 31	US$ 30	US$ 22
Total pago	US$ 8	US$ 6	US$ 11	US$ 8	US$ 25	US$ 30	US$ 15	US$ 13	US$ 39	US$ 51	US$ 46	US$ 62	US$ 50	US$ 55	US$ 57	US$ 52
Razão de pagamento	27%	22%	39%	29%	78%	107%	58%	36%	108%	142%	115%	141%	111%	104%	108%	80%
Ações em circulação (milhões)***	16,6	16,9	16,8	16,9	17,3	16,8	16,7	16,7	17,0	16,1	15,6	15,2	14,7	14,4	14,1	14,0
LPA (US$/ação)	US$ 1,71	US$ 1,50	US$ 1,65	US$ 1,66	US$ 1,83	US$ 1,64	US$ 1,58	US$ 2,15	US$ 2,14	US$ 2,20	US$ 2,54	US$ 2,87	US$ 3,04	US$ 3,64	US$ 3,72	US$ 4,64
DPA (US$/ação)	US$ 0,80	US$ 0,80	US$ 0,84	US$ 0,88	US$ 0,97	US$ 1,00	US$ 1,00	US$ 1,00	US$ 1,08	US$ 1,14	US$ 1,22	US$ 1,33	US$ 1,48	US$ 1,64	US$ 1,89	US$ 2,11

*Inclui investimentos de longo prazo em caixa. Valores negativos indicam caixa líquido.
**Números negativos = ações líquidas vendidas.
***Totalmente diluído.

Fonte: Dados do relatório anual da WD-40.

O custo de compra do negócio principal da WD-40 ao final de setembro de 2018 consiste em US$ 2,392 bilhões em patrimônio líquido (US$ 172,10 vezes 13,9 milhões de ações em circulação) mais US$ 37 milhões em dívida líquida, para um valor total da empresa de US$ 2,429 bilhões. A distribuição anual sustentável de US$ 60 milhões aos acionistas representa aproximadamente um retorno de caixa de cerca de 2,5% (US$ 60 milhões divididos por US$ 2,429 bilhões). Adicionar 3% para o crescimento orgânico resulta em um retorno total de 5,5%, uma vez que estamos supondo que o reinvestimento ativo será insignificante. Esse número está claramente abaixo do nosso custo de capital de longo prazo de 8%, o que significa que o valor intrínseco está abaixo do valor de mercado e o retorno de crescimento orgânico de 3% exagera o retorno de crescimento orgânico verdadeiro, reduzindo ainda mais nosso retorno "verdadeiro".[6]

Além disso, a mudança do varejo para o ambiente da Internet quase certamente reduziu a vantagem competitiva da WD-40. Os produtos concorrentes já não precisam mais passar pelo árduo e custoso processo de colocação e distribuição em lojas. Eles agora podem apelar diretamente para massas de consumidores. Ao mesmo tempo, as avaliações de usuários *on-line* podem fornecer alguma garantia a respeito da qualidade de cada novo produto rival. Por fim, o varejo na Internet facilita muito as comparações de preços e aumenta a concorrência de preços. À medida que essas mudanças vão se incorporando aos mercados e ao comportamento do consumidor, o potencial de declínio da franquia WD-40 deve aumentar acentuadamente. Em nossa terminologia, as taxas de "desvanecimento" podem muito bem aumentar de 1 a 1,5% ao ano para até 2,5 a 3% (de uma meia-vida de franquia de 50 anos para uma meia-vida de 25 a 30 anos). Sem margem de segurança restante no preço atual das ações da WD-40, não há proteção contra um "desvanecimento" da franquia dessa magnitude. No final de 2018, a WD-40 está claramente supervalorizada. As inovações tecnológicas que podem ameaçar até mesmo uma franquia bem estabelecida como a WD-40 podem surgir não de mudanças relacionadas à melhoria de produto ou tecnologia de processo, mas da infraestrutura de vendas e distribuição.

---

[6] Lembre-se de que as taxas de crescimento orgânico multiplicam o valor intrínseco (V), não o valor de mercado (M) e, portanto, devem ser multiplicadas por V e divididas por M para calcular a "verdadeira" contribuição do crescimento orgânico para os retornos. Se nosso retorno calculado estiver abaixo do custo de capital, então V será menor que M. Assim, multiplicamos a taxa de crescimento orgânico por um fator (V dividido por M) que é menor que um para calcular a "verdadeira" contribuição do crescimento orgânico para o valor.

Exemplo 4:
Intel

Qualquer que seja o ponto de vista adotado, a Intel é uma das grandes trajetórias de sucesso da história dos negócios. Escrevemos essa frase pela primeira vez na primeira edição deste livro, em janeiro de 2000, quando a Intel, que havia sido fundada em 1969, tinha uma capitalização de mercado de US$ 275 bilhões. A empresa estava na ponta da indústria de semicondutores, que era para a economia mundial no último quarto do século XX o mesmo que foram as ferrovias para o século XIX e a eletricidade e os automóveis para o início do século XX: o grande motor do crescimento e da produtividade. Em 1999, as vendas da Intel foram de US$ 29 bilhões, tendo crescido de US$ 1,4 bilhão em 1985 a uma taxa anual composta de aproximadamente 24%. As margens de lucro sobre as vendas foram, em média, de mais de 20% e os retornos sobre o patrimônio, devidamente medidos, mais de 40% durante aqueles 15 anos. Comprar ações da Intel no IPO em 1971 teria sido uma jogada de mestre. O mesmo valeria para um investimento 10 anos depois, em 1981, e 10 anos depois disso, em 1991. Vinte e sete anos mais tarde, no final de 2018, a Intel continuava sendo uma empresa de excelência, se não *a* empresa de excelência, no setor de semicondutores. As vendas em 2018 ultrapassaram US$ 70 bilhões. As margens sobre vendas e patrimônio líquido, novamente mensuradas de forma adequada, foram superiores a 30%. Mesmo assim, a capitalização de mercado da Intel em dezembro de 2018 era de apenas US$ 218 bilhões, bem abaixo do nível de janeiro de 2000. Um investimento em ações da Intel ao longo desses 19 anos teria produzido um retorno médio anual de apenas 2%. Apesar do desempenho extraordinariamente sólido da empresa no longo prazo, muitas vezes durante esses anos um investimento na Intel teria sido uma decepção. A questão fundamental é se o processo de investimento em valor e as ferramentas de avaliação que desenvolvemos neste livro são capazes de possibilitar que um investidor em valor navegue com sucesso pelas águas turbulentas de uma ação como a Intel. Para tentar fornecer uma resposta, este capítulo aplica todas essas ferramentas para chegar a uma decisão sobre investir ou não na Intel em vários momentos críticos de sua história. Para cada ponto de decisão, exceto o mais recente, temos a vantagem de poder comparar nossos retornos estimados com aqueles realmente realizados por um investidor, uma experiência potencialmente disciplinadora para todos os que fazem previsões.

História da Intel: uma versão muito abreviada

A série de eventos que deu origem à Intel parecia um capítulo do Gênesis. No começo havia a Bell Labs. Naquela época, no final dos anos 1940, John Bardeen, Walter Brattain e William Shockley inventaram o transistor, um substituto de estado sólido para o tubo de vácuo que fora um componente-chave da geração ENIAC de computadores. Os três ganharam o Prêmio Nobel por seus esforços em 1956. Naquele ano, a Bell Labs gerou a Shockley Laboratories, quando Shockley saiu para abrir a própria empresa. Um ano depois, oito dos melhores engenheiros de Shockley saíram da empresa para abrir uma nova empresa com o apoio financeiro de Sherman Fairchild. Assim, a Shockley Laboratories gerou a Fairchild Semiconductor. Na Fairchild, Robert Noyce conseguiu combinar vários transistores em uma única peça de silício, inventando o que ficou conhecido como circuito integrado. A Fairchild, por outro lado, começou a se desintegrar à medida que funcionários talentosos foram saindo para trabalhar por conta própria. Em 1967, a Fairchild gerou a National Semiconductor quando Charles Sporck fundou esta nova empresa. Um ano depois, Noyce e Gordon Moore, chefes de pesquisa e desenvolvimento, decidiram que era hora de irem embora, frustrados porque suas inovações mais promissoras raramente se concretizavam. Fizeram um telefonema para Arthur Rock, um capitalista de risco antes do termo ser inventado, que em apenas dois dias levantou dinheiro suficiente para eles começarem um negócio próprio. Assim, a Fairchild Semiconductor gerou a Intel.

O negócio inicial da Intel era projetar e fabricar chips de memória de computador. Embora tenha desenvolvido seu primeiro microprocessador, o 4004, em 1971, o produto básico da empresa eram os circuitos integrados que substituíram núcleos magnéticos como componentes de memória de computadores *mainframe*. Os chips eram menores, mais rápidos e mais baratos do que os núcleos magnéticos. Essas três virtudes, que se tornaram a dinâmica por trás da inovação e do crescimento contínuos nas indústrias de informática e relacionadas, tornaram o negócio da memória muito lucrativo para a Intel. Os fundadores não haviam descoberto a tecnologia específica que fizera o sucesso daquela primeira geração de chips de memória, nem a Intel era a única empresa na vizinhança – que logo viria a ser conhecida como Vale do Silício – capaz de produzi-los. Entretanto, a empresa combinou com sucesso design de produto, engenharia de processo e atendimento ao cliente, de tal modo que logo se tornou o maior jogador no ramo dos chips de memória. A Fairchild Semiconductor, da qual vieram os engenheiros e as invenções, tornou-se menos significativa.

Em 1971, a Intel levantou US$ 7 milhões com a venda de 300.000 ações em um IPO (oferta pública inicial, do inglês *initial public offer*). Ela perdeu dinheiro em suas operações no primeiro ano, mas depois começou uma série de anos lucrativos que durou até 1985. A empresa floresceu transformando o silício, uma matéria-prima barata, em produtos acabados valiosos e essenciais: chips de memória e, depois, microprocessadores. Realizou essa alquimia por meio da aplicação organizada de capital humano na forma de conhecimento científico e de engenharia.

Vamos resumir as três primeiras décadas da história da Intel em algumas frases. Ganhou muito dinheiro na década de 1970 com chips de memória, embora muitas vezes não fosse a líder de mercado ou a produtora mais eficiente. Por volta de 1980, um de seus microprocessadores, o 8088, foi escolhido pela IBM para ser a unidade central de processamento do IBM Personal Computer, que seria lançado em breve. Ao mesmo tempo em que a revolução do PC decolava, a Intel começou a perder dinheiro em seu negócio de chips de memória. Grandes conglomerados japoneses como Hitachi e Fujitsu batiam a Intel em todos os aspectos do jogo dinâmico de memória de acesso aleatório; eles produziram chips melhores (menos insucessos) e mais baratos, e depois os vendiam por um preço mais baixo aos fabricantes com os quais haviam trabalhado mais de perto.

Após uma reflexão profunda – a história da Intel fora entrelaçada desde o nascimento com a do chip de memória –, Gordon Moore e Robert Noyce decidiram abandonar o negócio de memória em 1985. Desde então, a Intel tem se concentrado em microprocessadores, tanto o chip original do PC quanto seus sucessores muito mais poderosos, e em uma variedade de outros processadores para uso em rede, na indústria e em computadores. A empresa tem se mantido lucrativa desde que deixou para trás a era dos chips de memória, em meados da década de 1980.

Tabela Ex. 4.1 Crescimento de vendas e lucro da Intel, 1975-1998 (milhões)

Ano	Vendas líquidas	Lucro líquido
1975	US$ 137	US$ 16
1980	US$ 855	US$ 97
Mudança por ano	*44%*	*43%*
1985	US$ 1.365	US$ 2
Mudança por ano	*10%*	*–56%*
1990	*US$ 3.921*	*US$ 650*
Mudança por ano	*23%*	*234%*
1995	US$ 16.202	US$ 3.566
Mudança por ano	*33%*	*41%*
1998	26.273	6.068
Mudança por ano	*13%*	*14%*
1975 a 1998	*24%*	*28%*

Ela continuou a crescer, embora não no ritmo de seus primeiros anos, quando o mundo do silício era jovem. Ao longo de sua história, a Intel fez grandes investimentos no desenvolvimento de capital intelectual. Suas despesas de P&D foram, em média, mais de 11% das vendas no período de 1971–1998. A Intel defendeu seu capital intelectual. Foi ao tribunal diversas vezes para conter rivais e antigos funcionários quando julgava que estavam invadindo seus domínios protegidos por patentes.

O sucesso vertiginoso da Intel em expandir seus negócios e mantê-los lucrativos, com pequenas exceções, fica evidente em alguns números e gráficos. A Tabela Ex. 4.1 e a Figura Ex. 4.1 mostram esses resultados. Na figura, a escala é logarítmica; cada barra horizontal representa um aumento de 10 vezes em relação à linha abaixo.

Vários aspectos desta história são comuns a muitas franquias de rápido crescimento, como a Intel. Eles tornam a Intel um exemplo particularmente útil para ilustrar como valorar essas oportunidades.

Em primeiro lugar, as novas indústrias, especialmente as de alta tecnologia, estão longe de ser estáveis. A Intel nunca foi uma WD-40. Começou como fabricante de chips de memória, mas esse episódio foi interrompido pela entrada de poderosos concorrentes globais com tecnologia equivalente. No início, o mercado de chips de memória era pequeno e exigia conhecimento altamente especializado. Nessas circunstâncias, os primeiros entrantes, como a Intel, desfrutavam vantagens temporárias. Tiveram uma vantagem inicial ao percorrer a curva de aprendizado

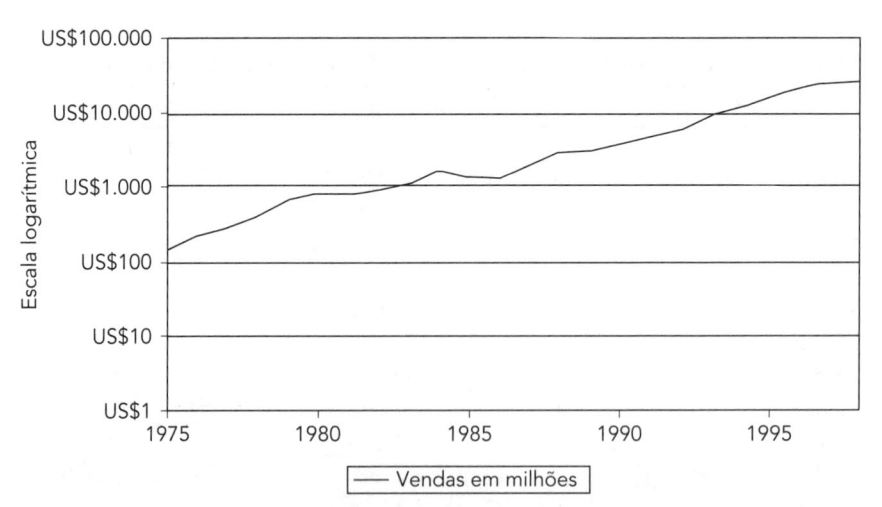

FIGURA EX. 4.1 Crescimento da receita da Intel, 1975–1998.
Fonte: Dados do relatório anual da Intel.

para produzir chips mais baratos e confiáveis. Na área restrita do pequeno mercado inicial, possuíam vantagens de escala significativas em P&D, *marketing* e distribuição. Por fim, estavam bem posicionados junto aos clientes que dependiam de um fornecimento confiável de chips de memória de alta qualidade. Para esses clientes, recorrer a fornecedores alternativos sem experiência era altamente arriscado. Como resultado, os primeiros entrantes foram protegidos da concorrência pelo fato de terem clientes muito cativos.

No entanto, conforme o mercado cresceu, a tecnologia se tornou mais amplamente disponível e os clientes, mais sofisticados. As vantagens competitivas iniciais se dissiparam. Um mercado maior criou mais espaço para que entrantes pudessem alcançar escala viável com uma participação de mercado relativamente baixa. A difusão da tecnologia eliminou quaisquer vantagens de fornecimento proprietárias ou baseadas no aprendizado. O aumento da sofisticação dos clientes tornou-os menos cativos. A consequência, como a Intel sentiu na pele, foi a intensa competição global de várias empresas altamente eficientes. A fácil lucratividade dos primeiros anos da Intel não podia se sustentar. Em 1985 e 1986, a Intel estava sofrendo graves perdas operacionais. (A Tabela Ex. 4.2 apresenta o histórico operacional da Intel durante esses anos.)

A Intel sobreviveu a essa mudança, ao contrário de muitos fabricantes de chips de memória, devido a uma série de circunstâncias vantajosas. Primeiramente, na época em que a lucratividade do chip de memória desapareceu, a Intel tinha um negócio secundário significativo na fabricação de microprocessadores para o IBM PC e máquinas de clonagem. Em meados da década de 1980, se tornara, junto com o sistema operacional MS-DOS da Microsoft, o padrão da indústria de computadores pessoais. Em segundo lugar, a Intel tinha recursos suficientes para suportar uma transição de memória para chips microprocessadores. Terceiro, a Intel teve uma administração corajosa e visionária que abandonou não apenas seu agora inviável negócio de chips de memória, mas também uma iniciativa promissora em microprocessadores de computação paralela para se concentrar intensamente em chips microprocessadores para PC. Os investimentos em empresas menos favorecidas de chips de memória não teriam gerado retornos semelhantes aos da Intel. Como primeiro passo, investir com sucesso em negócios nascentes de rápido crescimento, como a Intel, requer conhecimento altamente especializado da economia do setor em questão e recursos de gerenciamento, além de muita sorte.

Mesmo depois de fazer a transição para microprocessadores de PC, o sucesso da Intel, embora pareça inevitável em retrospecto, não estava garantido. Alcançar uma posição dominante de forma sustentável no mercado de microprocessadores foi resultado tanto da natureza do negócio quanto da habilidade com a qual a

Tabela Ex. 4.2 Histórico operacional da Intel, 1984-1990 (milhões)

Ano (31 de dezembro)	1984	1985	1986	1987	1988	1989	1990
Receita	US$ 1.629	US$ 1.365	US$ 1.265	US$ 1.907	US$ 2.875	US$ 3.127	US$ 3.921
Margem bruta	46%	31%	32%	45%	48%	45%	51%
Lucro operacional	US$ 250	US$ (60)	US$ (195)	US$ 246	US$ 594	US$ 557	US$ 858
Margem operacional	15,3%	NR	NR	15,1%	36,5%	34,2%	52,7%
Lucro líquido	US$ 198	US$ 2	US$ (203)	US$ 248	US$ 453	US$ 391	US$ 630
Margem de lucro líquido	12,2%	0,1%	NR	13,0%	15,8%	12,5%	16,1%
Patrimônio líquido	US$ 1.360	US$ 1.421	US$ 1.245	US$ 1.276	US$ 2.080	US$ 2.549	US$ 3.592
Retorno sobre o patrimônio líquido	14,6%	0,1%	NR	19,4%	21,8%	15,3%	17,5%

Fonte: Dados do relatório anual da Intel.

administração da Intel abordou as oportunidades. Se o mercado de microprocessadores não seguisse o caminho dos chips de memória, teria de possuir várias características distintas. Em primeiro lugar, à medida que a tecnologia de semicondutores avançava, a complexidade dos chips de memória não aumentava proporcionalmente. A fabricação de chips de memória de ponta não exigia um aumento constante nas despesas com P&D. Em contraste, a demanda por funcionalidade de microprocessador – o que se solicitava que os microprocessadores fizessem – cresceu junto com os avanços dos semicondutores. Os PCs exigiam microprocessadores capazes de realizar operações mais complexas, mais rapidamente, em pacotes pequenos e usando menos energia para atender às demandas do usuário. Como resultado, a escala de P&D de microprocessador necessária tendia a aumentar com o tempo em relação ao tamanho do mercado de microprocessadores. Isso queria dizer que o espaço disponível para concorrentes viáveis estava diminuindo em vez de aumentar, diferentemente da situação para os chips de memória.

Em segundo lugar, chips de memória eficazes podiam ser projetados sem referência a programas de *software* e sistema operacional específicos. A eficiência do microprocessador depende muito das sequências em que determinadas operações são realizadas e com que frequência. Posicionamentos de componentes e subsistemas em um microprocessador devem ser otimizados para facilitar as operações e sequências de operações mais frequentes. Estes, por sua vez, dependem do ambiente de *software* em que o microprocessador opera. Por isso, a experiência da Intel em interagir com programas da Microsoft, que constituíram o ambiente de *software* de PC dominante, deu à Intel vantagens importantes no design de microprocessadores que ela não desfrutara no ramo dos chips de memória.

Em terceiro lugar, alimentar essas vantagens competitivas potenciais para estabelecer posições dominantes de proteção de escala nos mercados de microprocessadores de PC e servidores exigiria uma gestão focada quase exclusivamente nesses produtos e capaz de cooperar efetivamente com os principais fornecedores de *software*. Dadas as ambições frequentemente messiânicas dos gerentes de tecnologia, a capacidade da Intel de manter a atitude cooperativa e o foco necessários não era de forma alguma uma certeza, embora em meados da década de 1980 a Intel tivesse um bom histórico nesse sentido. Novamente, como no caso das empresas de chips de memória, os investidores de sucesso em empresas de microprocessadores como a Intel precisariam de uma compreensão detalhada tanto da economia do setor quanto das capacidades dos gerentes.

Por fim, à medida que foi se tornando aparente, no final da década de 1980 e início da década de 1990, que a Intel alcançaria uma posição dominante no mercado de microprocessadores para PC e, posteriormente, para servidores, o preço de suas ações inevitavelmente subiu. Um investidor bem-sucedido em ações da Intel teria de ser capaz de determinar se, a tais preços e diante de possibilidades futuras divergentes, a Intel era um investimento atraente. Essa é uma tarefa muito mais complicada do que analisar a WD-40. Em cada estágio da história da Intel, trajetórias futuras alternativas com base em diferentes cenários de evolução do setor e de comportamentos de gestão teriam de ser consideradas. A qualquer momento, a Intel poderia se tornar um investimento do Caso A (valor do ativo acima do valor do poder dos lucros devido à má gestão e a uma franquia extinta, como foi o caso de vários outros concorrentes no ramo dos chips de memória), do Caso B (gestão competente em um setor competitivo) ou do Caso C (franquia em crescimento). Ao avaliar a Intel, devemos aplicar todas as três técnicas de avaliação – valor dos ativos, valor do poder dos lucros e retornos estimados – que desenvolvemos. Apenas uma análise de liquidação parece desnecessária.

Avaliação 1: Reprodução dos ativos da Intel

Depois que as vantagens competitivas da Intel na produção de chips de memória desaparecessem, seu valor estaria enraizado no valor de seus ativos. Sem barreiras à entrada, níveis de lucro acima dos necessários para fornecer um retorno adequado sobre esses ativos seriam rapidamente eliminados pela entrada de concorrentes eficientes. Uma vez que esses concorrentes precisariam ter um retorno adequado sobre seus próprios investimentos na produção de chips de memória, eles não entrariam no mercado se os lucros do setor fossem insuficientes para fornecer esse retorno. Assim, se os investimentos que os entrantes eficientes deveriam fazer eram comparáveis aos da Intel, o que significa que a própria Intel era uma operadora eficiente, então o valor dos lucros teria de cobrir o custo de reprodução dos próprios ativos da Intel. O valor dos lucros futuros da Intel, portanto, seria amplamente determinado por esse custo, que é o ponto de partida natural para avaliar a Intel.

Uma maneira simples de estimar esse valor de reprodução é acreditar na palavra dos contadores da Intel e usar o valor contábil da Intel. A decisão sobre a compra de ações da Intel poderia então ser feita comparando o valor contábil do patrimônio líquido da Intel com seu valor de mercado, seja para a empresa como um todo ou com base em um valor contábil por ação em comparação com o preço por ação. A lacuna dessa abordagem é que, sem uma análise e um ajuste cuidadosos, os valores contábeis podem ser uma medida muito falha do valor de reprodução dos ativos de uma empresa. Ainda assim, como observamos anteriormente (ver Capítulo 2), a compra de ações com descontos substanciais em relação ao valor contábil tem sido uma estratégia de investimento bem-sucedida. Isso também é fácil de fazer. É, portanto, uma estratégia adequada para investidores que não querem ter muito trabalho. Infelizmente, poucas empresas de sucesso estão disponíveis para venda pelo valor contábil e menos ainda com um desconto suficiente para fornecer uma margem de segurança adequada.

Para nos certificarmos disso, a Tabela Ex. 4.3 apresenta os valores contábeis e valores de mercado da Intel em intervalos de 5 anos a partir de 1975.

Um gráfico da relação de valor de mercado/valor contábil abrangendo todo o período torna a relação ainda mais evidente (ver Figura Ex. 4.2). Durante os anos entre 1980 e 1995, a Intel foi negociada entre duas e quatro vezes o valor contábil de seu patrimônio líquido. Todos esses são números de fim de ano. Ao longo de cada ano, o preço das ações da Intel atingiu altos e baixos que diferiam, às vezes significativamente, do preço no final do ano. Apenas na corrida geral do mercado na primeira metade de 1987 o valor de mercado da empresa excedeu mais de quatro vezes o valor de seu patrimônio. Essa relação durou até o final de 1995, quando os investidores decidiram que poderiam pagar mais de quatro vezes o valor contábil de uma empresa de sucesso como a Intel e ainda ganhar dinheiro.

A análise da relação entre valor de mercado e valor contábil é rápida e às vezes um pouco confusa, se não totalmente imprecisa. Para obter uma visão mais exata sobre o montante que uma concorrente precisaria gastar para entrar no negócio, devemos examinar os ativos linha por linha e calcular – às vezes estimar – quais seriam seus custos de reprodução. Fizemos esse exercício nos Capítulos 4 e 6, e as diretrizes para o ajuste permanecem as mesmas. A Tabela Ex. 4.4 apresenta os ativos da Intel listados em suas demonstrações financeiras de 1975.

Praticamente não fizemos ajustes aos ativos relatados no balanço patrimonial. A Intel não usava a contabilidade UEPS (último a entrar, primeiro a sair) para avaliar seu estoque e não havia comprado outra empresa em uma transação que

Tabela Ex. 4.3 Valores contábil e de mercado da Intel, 1975–1998 (milhões)

	Dez-75	Dez-80	Dez-85	Dez-90	Dez-95	Dez-98
Valor contábil	US$ 74	US$ 433	US$ 1.421	US$ 3.592	US$ 12.865	US$ 23.578
Valor de mercado	US$ 503	US$ 1.760	US$ 3.447	US$ 7.812	US$ 50.167	US$ 197.761
Razão mercado/ contábil	6,8	4,1	2,4	2,2	3,9	8,4

Fonte: Dados do relatório anual da Intel.

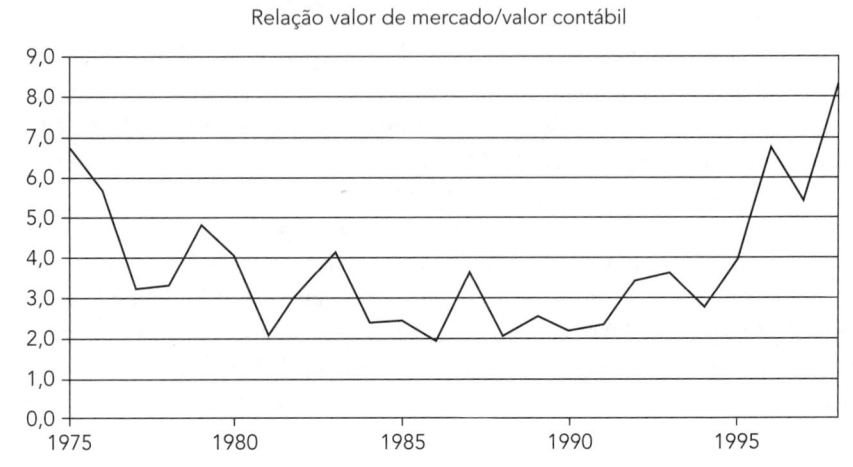

FIGURA EX. 4.2 Razão valor de mercado/valor contábil da Intel, 1975 a 1998.
Fonte: Dados do relatório anual da Intel.

colocasse ativo intangível contábil em seus livros. Isso torna o ativo imobilizado a conta a ser examinada. A Intel possuía fábricas de chips (*fabs*, no jargão do setor) na região de Santa Clara, e fornecia a elas equipamentos sofisticados e salas limpas essenciais para a produção de circuitos integrados. Era uma empresa jovem em 1975, e por isso nenhuma das fábricas ou equipamentos seriam muito antigos, embora tivesse comprado seu primeiro edifício, usado, da Union Carbide. Por outro lado, a indústria estava mudando rapidamente, e a taxa de obsolescência em equipamentos de capital de semicondutores pode ter sido mais rápida do que a depreciação que a Intel estava cobrando de si mesma. Uma concorrente poderia duplicar suas instalações por menos do que o valor contábil de seus ativos.

Podemos testar o quão realista é o valor declarado do imobilizado comparando-o com os investimentos reais feitos pela Intel (ver Figura Ex. 4.3). Em quase todos os anos da história pública da empresa, seu imobilizado líquido foi maior do que a soma dos seus últimos quatro anos de despesas de capital e menor do que a soma dos últimos cinco anos. Somente se pensarmos que uma concorrente poderia replicar todas as instalações de produção e pesquisa da Intel com despesas substancialmente inferiores a quatro anos, o valor líquido do imobilizado seria exagerado. Por outro lado, se o número do imobilizado líquido da Intel subestimasse o valor real (de mercado) de seus ativos fixos, a empresa não precisaria gastar o montante equivalente a cada cinco anos. O valor líquido do imobilizado é um valor razoável quando medido em relação aos desembolsos de capital.

Tabela Ex. 4.4 Ativos da Intel, 1975 (valores em milhões)

Ativos	Valor contábil	Ajustes para chegar aos custos de reprodução	Montante do ajuste	Custo de reprodução
Ativo circulante	US$ 19,3	nenhum		US$ 19,3
Caixa e contas a receber, líquido	US$ 29,9	adicionar provisões para devedores duvidosos; ajuste para cobranças	1	US$ 30,9
Estoques	US$ 20,1	acrescentar reserva UEPS, se houver; ajuste para rotatividade	0	US$ 20,1
Despesas pré-pagas	US$ –	nenhum	0	US$ –
Impostos diferidos	US$ –	desconto para valor presente	0	US$ –
Outros ativos circulantes	US$ 4,8		0	US$ 4,8
Ativo circulante total	US$ 74,1			US$ 75,1
Ativo imobilizado, líquido	US$ 28,5	custo original mais ajuste	0	US$ 28,5
Ativo intangível	US$ –	relacionar ao portfólio de produtos e Pesquisa e Desenvolvimento	0	US$ –
Total de ativos	US$ 102,7		1	US$ 103,7

Fonte: Dados do relatório anual da Intel.

Tabela Ex. 4.5 Valor contábil ajustado da Intel, 1975–1998 (valores em milhões)

	Dez-75	Dez-80	Dez-85	Dez-90	Dez-95	Dez-98
Valor contábil	US$ 74	US$ 433	US$ 1.421	US$ 3.592	US$ 12.865	US$ 23.578
Ajuste de P&D	US$ 27	US$ 190	US$ 500	US$ 1.149	US$ 3.202	US$ 6.377
Ajuste de *marketing*	US$ 39	US$ 260	US$ 698	US$ 1.616	US$ 4.822	US$ 7.822
Valor contábil ajustado	US$ 141	US$ 883	US$ 2.620	US$ 6.357	US$ 20.889	US$ 37.777
Valor de mercado	US$ 503	US$ 1.760	US$ 3.447	US$ 7.812	US$ 50.167	US$ 197.761
Razão valor de mercado/ valor contábil ajustado	3,6	1,9	1,3	1,2	2,4	5,3

Fonte: Dados do relatório anual da Intel.

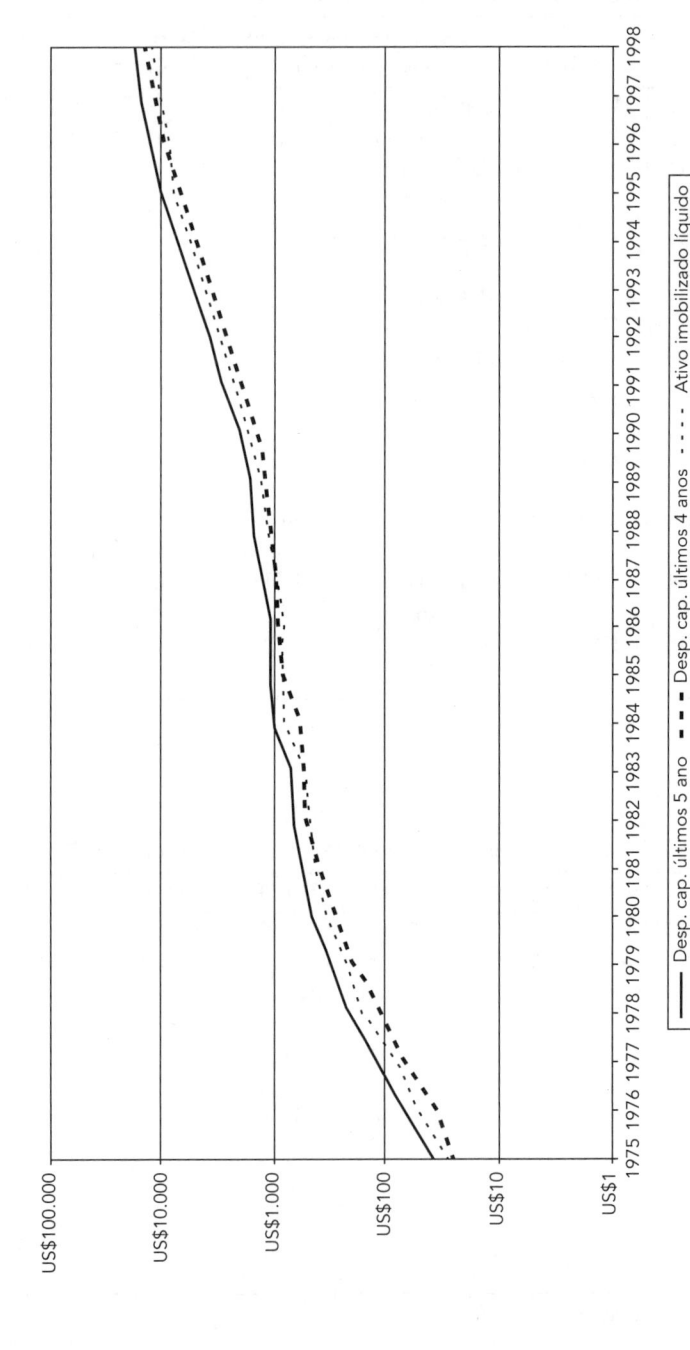

FIGURA EX. 4.3 Despesas de capital e ativo imobilizado da Intel, 1975–1998.

Fonte: Dados do relatório anual da Intel.

Se houver outros ativos que uma concorrente teria de produzir para competir com a Intel, eles não se encontram no balanço patrimonial de 1975. Isso não significa que eles não existiam. Não devemos esquecer que a Intel já era uma ação da Nova Economia muito antes de a Nova Economia ter um nome, pelo menos em sua encarnação pós-1920. Como uma das primeiras e principais fabricantes de chips de memória e microprocessadores, a Intel investia em recursos baseados no conhecimento – as habilidades de ciência e engenharia necessárias para projetar e fabricar semicondutores – e fornecia produtos de aprimoramento do conhecimento, que eram a memória e o cérebro dos computadores e dos equipamentos industriais, a seus clientes. Ainda assim, os investimentos da Intel não aparecem no balanço patrimonial porque, de acordo com as regras contábeis, P&D é geralmente tratado como uma despesa anual em vez de uma despesa de capital. Ao contrário das contas de serviços públicos, papel de computador ou impostos imobiliários, o dinheiro gasto com conhecimentos em P&D pode continuar a gerar lucros para a empresa muito depois dos gastos serem feitos. O conhecimento especializado essencial para projetar e produzir esses chips – tudo desde o livro de Andrew Grove *A Física e Tecnologia de Dispositivos Semicondutores*, de 1967, aos meses de tentativa e erro envolvidos no aumento do rendimento em algum processo de fabricação desafiador – não é barato; porém, uma vez adquirido, ele tem valor duradouro. Nem todo esse conhecimento se reflete na conta de despesas de P&D. Parte dele certamente desaparece no custo das mercadorias vendidas como despesa de fabricação.

O investimento em conhecimento que aparece na declaração de renda da Intel é considerável. Escrevemos anteriormente que P&D representou, em média, 11% das vendas no período de 1975 a 1998 (ver Figura Ex. 4.4). Qualquer empresa que tentasse competir com a Intel precisaria fazer gastos substanciais para construir um nível de especialização equivalente.

Quanto seria necessário? Alguns analistas sugerem tratar P&D como um investimento de capital com depreciação em uma base linear ao longo de cinco anos. Se simplificarmos e dissermos que as despesas do último ano devem ser avaliadas como um ativo em seu valor integral, as do ano anterior em 80% e assim por diante, podemos calcular o valor de um ativo intangível fora do balanço para estimar o quanto um concorrente precisaria gastar apenas para entrar no negócio. Para a Intel em 1975, esse montante teria sido de US$ 27 milhões. Isso teria aumentado os custos de reprodução dos ativos em 40% e o valor contábil do patrimônio líquido de US$ 74 para US$ 101 milhões, um ganho de 37%.

Existem outras maneiras de avaliar os custos de reprodução da base de conhecimento. Se usássemos a soma dos gastos dos últimos três anos em P&D, o valor seria um pouco maior do que nosso total depreciado; usar a soma dos últimos dois

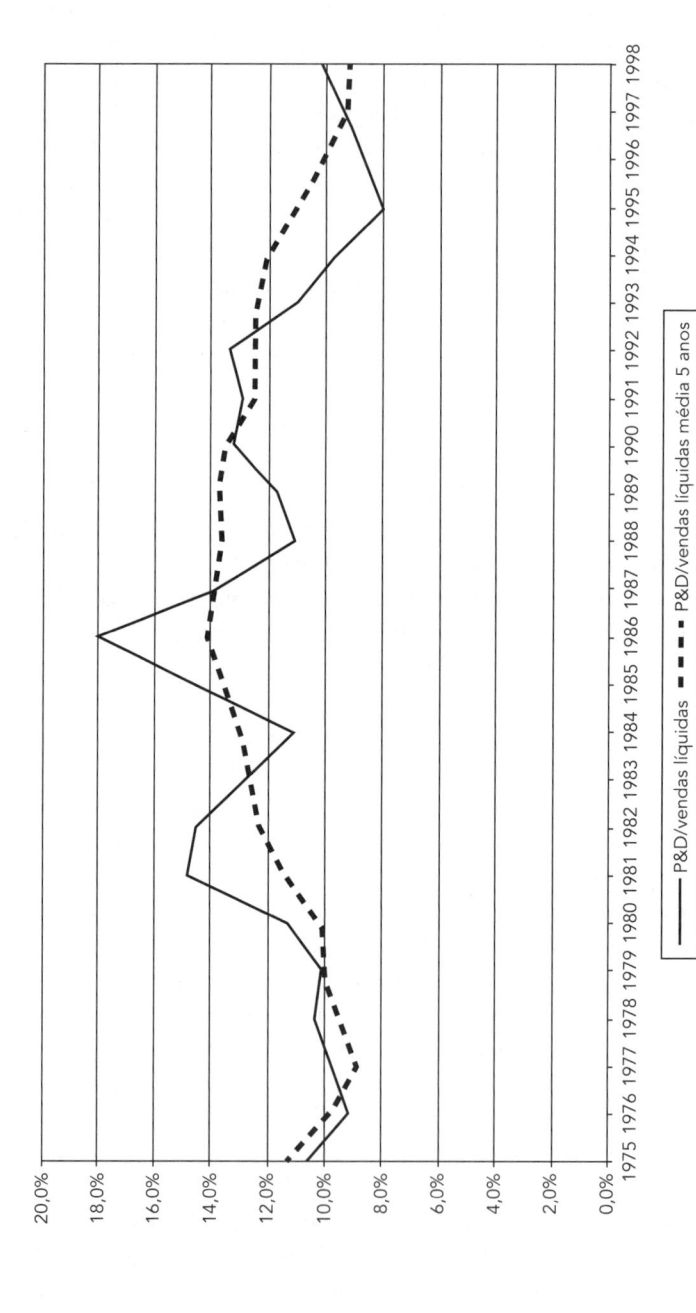

FIGURA EX. 4.4 P&D/vendas líquidas da Intel, 1975–1998.

Fonte: Dados do relatório anual da Intel.

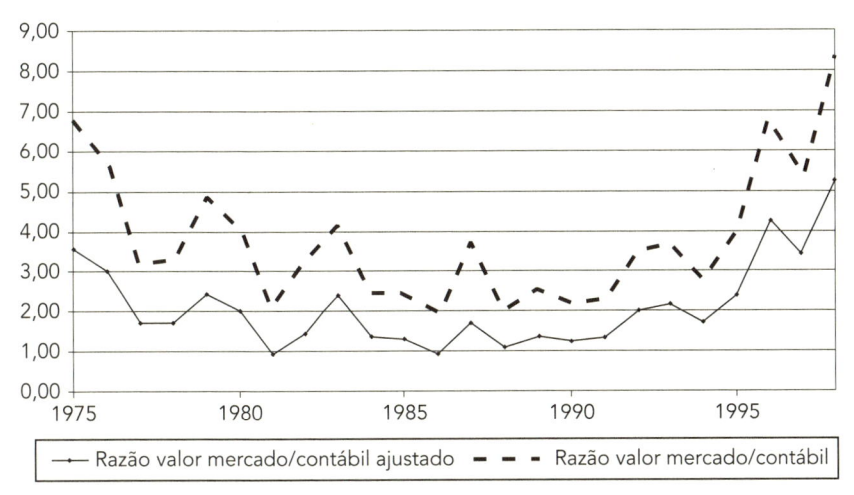

FIGURA EX. 4.5 Razões entre valor de mecado/valor contábil e valor de mercado/valor contábil ajustado da Intel, 1974 a 1998.
Fonte: Dados do relatório anual da Intel.

anos nos daria um número um pouco menor. Todos esses números podem estar subestimando o custo de reprodução. Talvez uma concorrente precisasse gastar o montante correspondente a cinco anos de P&D para se tornar viável, ou contratar alguns funcionários essenciais da Intel a um salário mais alto e pagar as custas judiciais quando a Intel entrasse com uma ação. Usaremos o valor depreciado de cinco anos como uma estimativa conservadora dos custos de reprodução do conhecimento acumulado da Intel.

Há ainda outro ativo intangível, fora do balanço, que uma concorrente teria de criar para competir com a Intel. Quase todas as empresas precisam gastar dinheiro no *marketing* de seus produtos. No caso da Intel, porém, demorou várias décadas antes que a empresa começasse a gastar valores substanciais para falar aos consumidores sobre as vantagens de ter "Intel Inside" (em português, Intel dentro) em seus computadores. Desde o início, a empresa vendia produtos de alto nível técnico a muitos compradores sofisticados. Esse esforço de vendas envolvia mais do que publicar uma lista de especificações e preços dos semicondutores que oferecia. Os executivos de vendas tinham de trabalhar com os clientes para entender suas necessidades e fechar contratos. Qualquer nova concorrente teria de desenvolver o relacionamento com os clientes e buscar atender a suas necessidades específicas para fazer frente à Intel. Todo esse esforço custa dinheiro. Afinal, leva tempo para construir relacionamentos com os engenheiros das empresas clientes.

Não é possível fornecer um número concreto para a magnitude das despesas de *marketing* da Intel, que incluiriam principalmente os salários e as comissões da equipe de vendas e o dinheiro gasto em publicidade e outras formas de promoção. Os gastos com publicidade são divididos, mas até 1990 nunca chegaram a 8% das despesas de *marketing* e administrativas. Para chegar a uma estimativa razoável do que uma concorrente teria de gastar para ficar no mesmo nível da Intel, é necessário fazer algumas estimativas:

1. Para equilibrar as variações anuais, tomamos a média de despesas de *marketing* e administrativas como um percentual das vendas dos últimos cinco anos e aplicamos ao número de vendas atual.
2. Presumimos que seriam necessários três anos de despesas de *marketing* para alcançar a Intel.
3. Definimos a proporção das despesas de *marketing* e administrativas com a gestão do negócio como metade do total, deixando a outra metade para *marketing*.

É claro que cada uma dessas suposições pode ser questionada e refinada. Porém, nosso objetivo é chegar a um número razoável para adicionar aos ativos da Intel como uma indicação dos custos de reprodução que um novo entrante teria. O montante é significativo, ligeiramente maior na maioria dos anos do que o ajuste de P&D. (Ver Tabela Ex. 4.4 e Figura Ex. 4.4.)

Quando incluímos um ajuste para P&D e *marketing*, reduzimos consideravelmente a relação valor de mercado/valor contábil da Intel. Houve vários anos no período após 1975 em que a Intel poderia ter sido comprada pelo valor contábil ajustado ou um pouco menos. (Mais uma vez, estamos analisando os valores patrimoniais e os preços no final do ano. Em alguns anos, os preços intermediários ficaram abaixo do preço do final do ano anterior.)

A partir de 1982, a Intel começou a investir em outras empresas, geralmente com o objetivo de fazer avançar sua estratégia geral, que era incentivar a ampla demanda por microprocessadores. A Intel colocou ao mercado as ações de empresas de capital aberto desta carteira estratégica; para as empresas de capital fechado, avaliava as ações pelo seu custo. Não vemos razão para questionar as práticas da empresa neste ponto. Somente se as ações de capital fechado tivessem diminuído substancialmente de valor desde os investimentos da Intel seria necessário ajustar o patrimônio líquido para baixo.

Não fizemos nenhuma modificação nos passivos nos livros da Intel. Com o passar dos anos, a empresa criou uma conta considerável de impostos diferidos; se esse valor fosse descontado para o presente, o passivo diminuiria e o patrimônio líquido, portanto, aumentaria. No entanto, o ajuste é mínimo e só se torna visível nos anos após 1995, quando o valor de mercado da Intel ultrapassou em muito o valor contábil.

A julgar pelo valor contábil ou pelo valor contábil ajustado, os três melhores momentos da história deste período para adquirir ações da Intel teriam sido:

1. Em janeiro de 1982, quando o valor de mercado de toda a empresa caiu brevemente para cerca de US$ 925 milhões, em comparação com um valor contábil ajustado no final do ano de 1981 de pouco mais de US$ 1 bilhão.
2. Em agosto de 1986, quando o valor de mercado era de cerca de US$ 2 bilhões, em comparação com um valor contábil ajustado de US$ 2,5 bilhões.
3. No final de 1988, quando o valor contábil ajustado de US$ 3,9 bilhões estava quase igual ao valor de mercado (ver Figura Ex. 4.5).

Se um investidor tivesse sido disciplinado ou afortunado o suficiente para comprar ações da Intel sempre que seu valor de mercado chegasse perto de seu valor contábil ajustado, os resultados teriam sido excelentes. Em nenhum momento depois da compra, o valor das ações teria sido significativamente inferior, e os ganhos nos cinco anos seguintes teriam sido expressivos. Agora, todas essas datas ocorrem no mercado altista estendido que começou em agosto de 1982 e persistiu até o ano 2000. O investidor da Intel estaria navegando com vento a favor. Ainda assim, comprar ações no início de 1982 e mantê-las durante um período muito difícil da história da Intel teria proporcionado um retorno decente, embora ligeiramente abaixo dos retornos do índice S&P 500. (Ver Tabela Ex. 4.6.)

No entanto, é importante não se deixar levar pelo conforto da retrospectiva pensando que essas decisões foram fáceis de tomar. No início de 1982, a chegada da concorrência aos chips de memória começava a parecer inevitável, e o progresso em direção ao domínio da posição da Intel em microprocessadores não estava de modo algum garantido. O IBM PC só havia entrado no mercado de computadores pessoais no final de 1981, e sempre houve uma possibilidade muito real de que a IBM pudesse produzir seus próprios microprocessadores. Se a Intel não pudesse adquirir vantagens competitivas sustentáveis em chips de memória ou em microprocessadores, então, como um ator competitivo, o valor de reprodução do ativo capturaria o valor total dos lucros futuros que a Intel poderia esperar desfrutar. Em 1986, a Intel estava tendo grandes prejuízos e, no final de 1988, seus lucros começaram a cair novamente. Ter a confiança necessária para investir na Intel sob essas circunstâncias exigiria, como apontamos anteriormente, um conhecimento altamente desenvolvido da posição de mercado e da gestão da Intel.

Por outro lado, o fato de que a Intel estava negociando pelo valor de reprodução de ativos líquidos ou abaixo dele em uma indústria viável fornecia proteção signi-

Tabela Ex. 4.6 Valorização do preço das ações da Intel (períodos selecionados e ajustados para desdobramentos)

Datas	Preço inicial	Preço final	Retorno anual composto	Comparação com S&P 500
1/82–1/87	US$ 0,47*	US$ 0,895	13,8%	14,6%
8/86–8/91	US$ 0,82	US$ 3,14	30,7%	6,5%
12/88–12/93	US$ 1,48	US$ 5,29	39,5%	17,5%

*Os preços refletem os desdobramentos de ações subsequentes.
Fonte: Dados do relatório anual da Intel.

ficativa contra desvantagens. Supondo que a administração da Intel fosse capaz de fazer uso eficiente desses ativos, fazer um investimento de risco no futuro da Intel não teria acarretado sérias perdas, mesmo se esse futuro não tivesse sido tão bem-sucedido. A chave aqui seria a capacidade da administração da Intel de fazer uso eficiente de seus ativos, o que se refletiria no poder dos lucros de longo prazo que a Intel seria capaz de gerar. Portanto, a próxima etapa importante é examinar o valor do poder dos lucros da Intel.

Avaliação 2: Valor do poder dos lucros

Aqui, seguiremos a abordagem que adotamos ao avaliar a WD-40 com base no poder dos lucros. As premissas subjacentes são que a empresa não vai crescer, que seus lucros atuais são sustentáveis por um longo período e que um acionista, como proprietário da empresa, receberá como retorno uma parte proporcional do valor dos lucros distribuíveis da empresa. O pressuposto de não crescimento funciona facilmente com a WD-40, mas certamente não se encaixa com a Intel, uma empresa dinâmica em um setor em rápida mudança e expansão. Portanto, é necessária uma dose considerável de análise estratégica para produzir uma estimativa razoável do poder dos lucros constantes da Intel em qualquer ano específico. Uma vez que a pergunta a que queremos responder é se e quando as ações da Intel representaram uma oportunidade para investidores que seguiram os critérios de avaliação que estabelecemos, podemos examinar apenas as informações que estariam disponíveis na época.

Como vimos, uma estimativa do valor intrínseco atual da empresa com base em seu poder dos lucros deve ser feita em duas etapas: primeiramente, ajustes nos lucros relatados para chegar a um valor que represente o dinheiro que os investidores podem tirar da empresa e ainda mantê-la funcionando como antes; em segundo lugar, a escolha de uma taxa de desconto que reflita as taxas de juros e o risco da empresa em relação a alternativas de investimento. Dividindo a taxa de desconto pelo lucro ajustado, obtemos nosso valor de poder dos lucros (EPV, do inglês *earnings power value*).

Lucro ajustado: encargos especiais, ciclos de negócios, P&D e D&A

Vamos nos concentrar nos anos de 1987 em diante, depois que a Intel abandonou o negócio de chips de memória e quando a revolução do computador pessoal começou a entrar em ação. Do mesmo modo que com a WD-40, começamos com o lucro operacional e fazemos nossos ajustes a partir daí. O primeiro ajuste diz respeito a encargos especiais. Essas são as baixas que as empresas fazem quando reavaliam ativos, como estoques, equipamentos ou outros investimentos que tenham feito, ou fazem provisões para demissões, fechamento de fábricas e outros. A justificativa para manter esses encargos separados do lucro operacional é que são eventos singulares que não afetam a capacidade de lucros permanentes da empresa. Na verdade, cada um deles representa o acúmulo de despesas reais em que a empresa incorreu no curso de seus negócios. Se esses custos persistem de um ano para o outro, isso significa que a empresa está subestimando seus verdadeiros custos operacionais. Para amenizar a natureza errática desses encargos especiais, pegamos uma média dos encargos do ano atual e dos quatro anos anteriores e deduzimos isso da receita operacional.

Em segundo lugar, ao contrário da WD-40, as vendas e os lucros da Intel não eram imunes às oscilações cíclicas. Quando a Intel estava envolvida no negócio de chips de memória na década de 1970, suas margens de lucro operacional variavam de 30% a 20%. Já no negócio de microprocessadores, em que havia menos concorrência e o mercado estava crescendo, parece improvável que as margens variem tanto. Nos anos de 1987 a 1991, conforme as vendas cresciam rapidamente, as margens operacionais se estabilizaram em um pouco mais de 20% e até aumentaram durante a recessão de 1990. Portanto, achamos que é conservador usar 20% do EBIT relatado como base para este período. (Ver Tabela Ex. 4.7.)

Em terceiro lugar, para a Intel, P&D era uma grande despesa a cada ano, com média de mais de 12% das vendas de 1987 a 1991, e esse percentual quase não diminuiu desde então. Esses foram anos de crescimento para a Intel, e temos de supor que parte dessa verba de P&D foi gasta para sustentar tal crescimento. Ainda assim, no mundo dinâmico dos circuitos integrados, as empresas precisam de um grande orçamento de P&D apenas para manter seu funcionamento. Portanto, para obter uma imagem mais precisa do poder dos lucros com crescimento zero, devemos adicionar algumas das despesas de P&D de volta ao lucro operacional. Quanto? Podemos adotar a abordagem que usamos no cálculo do custo de repo-

Tabela Ex. 4.7 Lucro operacional após impostos ajustado da Intel, 1987 a 1991 (milhões)

	Dez-87	Dez-88	Dez-89	Dez-90	Dez-91
Vendas (líquidas)	US$ 1.907	US$ 2.875	US$ 3.127	US$ 3.921	US$ 4.779
EBIT conforme reportado	US$ 246	US$ 594	US$ 601	US$ 858	US$ 1.080
EBIT como 20% das vendas	US$ 381	US$ 575	US$ 625	US$ 784	US$ 956
Ajuste médio de itens especiais	(US$ 14)	(US$ 10)	(US$ 30)	(US$ 21)	(US$ 11)
Adicionar de volta 25% de P&D	US$ 65	US$ 80	US$ 91	US$ 129	US$ 155
Adicionar 25% de despesas administrativas	US$ 154	US$ 194	US$ 212	US$ 283	US$ 346
EBIT ajustado	US$ 587	US$ 838	US$ 899	US$ 1.176	US$ 1.445
Margem EBIT ajustada	31%	29%	29%	30%	30%
Após impostos de 38%	US$ 364	US$ 519	US$ 557	US$ 729	US$ 896
Adicionar de volta 25% de D&A	US$ 43	US$ 53	US$ 59	US$ 73	US$ 105
Lucro ajustado	US$ 407	US$ 572	US$ 616	US$ 802	US$ 1.000
Lucro conforme margem ajustada	21%	20%	20%	20%	21%
Lucro conforme reportado	US$ 248	US$ 453	US$ 391	US$ 650	US$ 819

Observação: Os números estão em milhões, exceto porcentagens.
Fonte: Dados do relatório anual da Intel.

sição dos ativos, que consistia em tratar P&D como um investimento de capital e depreciá-lo em cinco anos. A despesa de cada ano seria o custo de depreciação, que é um pouco menor do que o custo real de P&D. Um segundo método é estimar um custo de P&D de manutenção da mesma forma que estimamos as despesas de capital para manutenção, capitalizando P&D em um ativo, encontrando uma relação de vendas para ativos e usando essa relação vezes os dólares de vendas adicionais para chegar à parte de crescimento de P&D. O valor de P&D de manutenção é simplesmente a outra parte. Uma terceira maneira é olhar para as despesas de P&D da concorrente mais próxima, neste caso, a Advanced Micro Devices, e usar esse número como a despesa necessária da Intel. Por fim, podemos dar um palpite e dizer que, pelo menos, uma determinada porcentagem – usaremos 25% – de P&D da Intel pode ser atribuída ao crescimento e, portanto, deve ser adicionada de volta ao EBIT. Feitos todos esses cálculos, vamos usar o último aqui. É o mais conservador na medida em que produz um aumento menor no lucro corrente do que qualquer um dos métodos alternativos e é o mais simples de implementar.

Em quarto lugar, o ajuste para P&D também pode ser aplicado a despesas gerais, administrativas e comerciais, pois uma parte substancial dessas despesas são para a conquista de novos negócios. Adicionaremos 25% do total, uma estimativa imprecisa, mas também justificável e conservadora.

Em quinto lugar, não podemos escapar dos impostos. Para todos esses anos, presumiremos uma alíquota de imposto de 38%. Isso é mais alto do que a taxa de imposto contábil relatada nas demonstrações financeiras auditadas da Intel e não dá à Intel nenhum crédito por uma eventual gestão inteligente de suas obrigações fiscais. É uma estimativa válida e conservadora de impostos sobre o lucro operacional.

Sexto lugar: precisamos ajustar as despesas de capital de depreciação, amortização e manutenção. Aqui, algum conhecimento do setor ajuda. O custo do equipamento de capital de semicondutores, as máquinas grandes e caras que a Intel usava para fazer seus microprocessadores, diminuiu ao longo dos anos se considerarmos a capacidade aprimorada. Como resultado, a despesa de depreciação da Intel, que é baseada no custo histórico de seu maquinário, superestima o valor que a Intel teria de pagar para manter seu nível de capacidade de produção. Em vez de adicionar de volta toda a depreciação e amortização (D&A) ao EBIT após impostos e, em seguida, subtrair a parte de manutenção das despesas de capital, vamos simplificar os cálculos e adicionar 25% de D&A, assumindo que os outros 75% serão mais do que o suficiente para cobrir as despesas de capital para manutenção. Não há nada de mágico no valor de 25% em todos esses cálculos; nós o usamos porque parece razoável e conservador.

Fazer todos esses ajustes resulta nos lucros operacionais ajustados e distribuíveis para a Intel nos anos de 1987 a 1991 conforme apresentado pela Tabela Ex. 4.7. Depois de todo esse trabalho árduo, as diferenças entre o lucro líquido declarado e o lucro operacional ajustado e tributado não são enormes, mas isso é apenas uma verificação aproximada da legitimidade das estimativas.

Do lucro ajustado ao valor do poder dos lucros

Fomos céticos quanto à capacidade dos analistas de calcular com suficiente precisão a taxa pela qual os lucros de uma empresa devem ser descontados para calcular um valor de poder dos lucros útil. Em nosso caso atual, estamos analisando os lucros da Intel em um período em que as taxas de juros de longo prazo caíram de cerca de 12% para menos de 7% e a taxa livre de risco foi de mais de 13% para menos de 6%. Como a empresa raramente tinha qualquer dívida líquida em seus livros contábeis (dívida deixada após a dedução de caixa e investimentos de curto prazo), seu custo médio ponderado de capital não teria se beneficiado do fato de que é mais barato tomar um empréstimo do que levantar capital, especialmente depois de considerada a dedutibilidade do pagamento de juros para fins fiscais. Assim, como no caso da WD-40, o custo de capital apropriado seria o custo de capital próprio. No final da década de 1980 e no início da década de 1990, os retornos que os capitalistas de risco esperavam obter e pensavam que deveriam obter para atrair fundos ficava entre 16 e 18%. A dívida BAA de longo prazo pagava, em média, cerca de 9%. O custo do capital próprio para a Intel naquela época estaria dentro dessa faixa. Com um negócio principal estabelecido, mas ameaçado, o patrimônio líquido da Intel representava um investimento substancialmente mais arriscado do que o da WD-40. Entretanto, com baixa alavancagem e um histórico de sucesso de longo prazo construído em torno desse negócio principal, o risco teria sido bem inferior ao associado aos investimentos de capital de risco. Na época, os retornos de caixa sobre o investimento no mercado de ações como um todo eram de cerca de 3%. Se adicionarmos 4% para crescimento real e outros 3 a 4% para inflação, teríamos um retorno geral estimado do mercado de ações de 10 a 11%. Supondo que um investimento na Intel tivesse um nível de risco ligeiramente superior à média, o custo para a Intel de atrair capital voluntariamente teria sido de cerca de 12%. Usaremos esse valor para descontar os lucros da Intel.

Com nosso poder dos lucros (EBIT após impostos ajustado) e a taxa de desconto em mãos, estamos quase prontos para calcular um valor de poder dos lucros para a Intel. Antes de compararmos esse número com os valores dos ativos e de mercado, precisaremos fazer mais uma série de ajustes. Tanto o valor do ativo que calculamos quanto o valor de mercado que citamos referem-se à parcela do capital da Intel e excluem a dívida. Subtraímos especificamente essa dívida do valor de reprodução dos ativos da Intel para chegar ao valor do ativo. Para sermos consistentes, precisamos fazer a mesma coisa aqui e reduzir o valor do poder dos lucros pelo valor da dívida pendente. Por outro lado, a Intel tinha muito caixa em seus livros nesses anos, substancialmente mais do que o necessário para executar as operações. Quando fizemos nossa avaliação de ativos, incluímos esse caixa. Uma vez que não incorporamos esse caixa extra ao poder dos lucros – o lucro operacional omite os juros sobre os saldos de caixa –, devemos adicionar o caixa excedente ao valor do poder dos lucros. Esse caixa é definitivamente incorporado ao valor de mercado do patrimônio líquido. Qualquer pessoa que comprasse a empresa inteira possuiria esse dinheiro junto com todos os outros ativos. Nossos ajustes de caixa e dívida, que tornam todos os três valores comparáveis, serão para subtrair o valor contábil da dívida com juros e adicionar de volta todo o caixa[1]. Com essas últimas modificações, chegamos aos números para a Intel durante o período de 1987 a 1991 mostrados na Tabela Ex. 4.8. A Figura Ex. 4.6 mostra esses valores e os estende alguns anos para trás e para frente para ilustrar a transformação da Intel neste período.

Já vimos que meados da década de 1980 foi uma época de instabilidade e transição para a Intel. Isso se reflete na maior flutuação no valor do poder dos lucros em comparação com o valor do ativo. O ponto crucial aqui é que, durante os anos de 1987 e 1988, a Intel foi negociada a um valor ligeiramente abaixo do valor líquido de reprodução dos ativos, e o valor médio do poder dos lucros de US$ 3,35 bilhões era essencialmente igual ao valor médio de reprodução dos ativos de US$ 3,31 bilhões. A gestão da Intel realmente parecia estar fazendo uso eficiente dos ativos da empresa, uma conclusão de modo geral confirmada por nossa análise qualitativa do comportamento da administração da Intel. Qualquer desvantagem no valor da Intel durante este período foi amplamente protegida pelo valor dos ativos da empresa. Nessas circunstâncias, um investimento na Intel baseado em desenvolvimentos futuros cujo valor teria sido impossível de medir com precisão, mas cujo valor médio esperado teria sido significativo, justificava-se plenamente. Na linguagem de Graham e Dodd, teria sido um investimento e não uma especulação.

Tabela Ex. 4.8 Valor do poder dos lucros, valor contábil ajustado e valor de mercado da Intel, 1987 a 1991 (valores em milhões)

	Dez–87	Dez–88	Dez–89	Dez–90	Dez–91
Valor do poder dos lucros a 12%	US$ 1.891	US$ 4.768	US$ 5.137	US$ 6.684	US$ 8.337
Menos dívida com juros	US$ (750)	US$ (696)	US$ (569)	US$ (623)	US$ (536)
Mais caixa	US$ 619	US$ 871	US$ 1.089	US$ 1.785	US$ 2.277
Valor do poder dos lucros total	US$ 1.760	US$ 4.843	US$ 5.657	US$ 7.846	US$10.078
Valor contábil ajustado	US$ 2.755	US$ 3.893	US$ 4.781	US$ 6.357	US$ 7.671
Valor de mercado	US$ 4.779	US$ 4.285	US$ 6.513	US$ 7.812	US$10.240

---

[1] Como a Intel tinha poucas dívidas em sua estrutura de capital, nos concentramos nos valores do patrimônio líquido para analisar os ativos e o poder dos lucros. Quando uma empresa tem alavancagem financeira significativa, o ponto de partida apropriado é o valor da empresa, que inclui dívida e patrimônio líquido e, em seguida, subtrai-se o caixa. Os valores do patrimônio são menos estáveis por causa da alavancagem financeira. No caso da Intel, a dívida é insignificante.

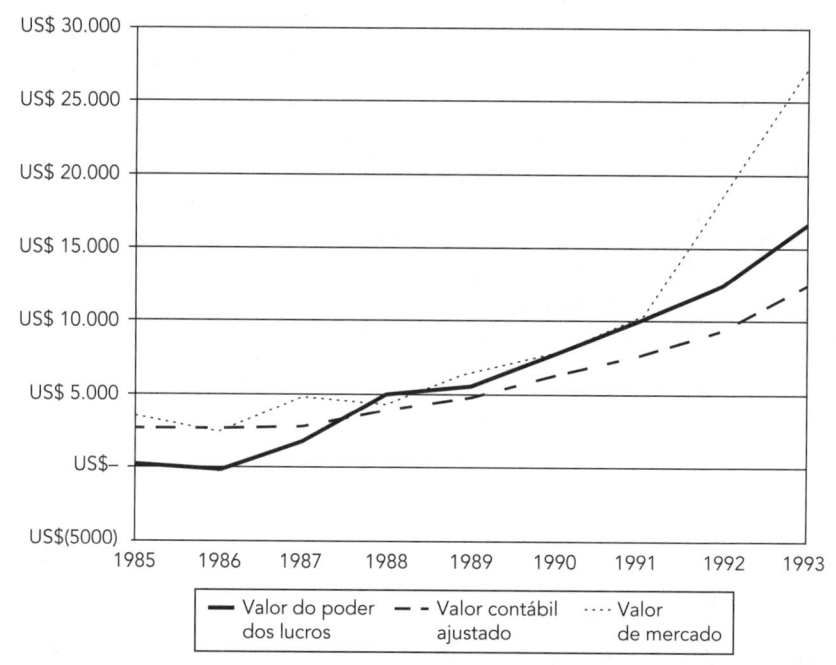

FIGURA EX. 4.6 Valor do poder dos lucros, valor contábil ajustado e valor de mercado da Intel de 1985 a 1993 (em milhões).

Fonte: Dados dos relatórios anuais da Intel.

Intel como uma ação de crescimento

À medida que os lucros da Intel aumentaram com seu domínio da indústria de microprocessadores na década de 1990, o preço de suas ações também subiu rapidamente. No final da década de 1990, o valor de mercado da Intel estava normalmente entre quatro e seis vezes qualquer estimativa razoável do valor de reprodução de seus ativos. Fazer um investimento na Intel durante esse período não teria se justificado sem lucros muito superiores aos suportados pelos ativos da Intel e valor significativo atribuído ao crescimento contínuo desses lucros. Em outras palavras, a Intel do final da década de 1990 teria de ser avaliada como uma franquia com potencial de crescimento ou simplesmente evitada por investidores em valor mais tradicionais.

A franquia Intel de 1998 a 2017

O primeiro passo para examinar uma situação como essa é entender a natureza e a durabilidade das vantagens competitivas/barreiras à entrada que protegiam os lucros da Intel. No final da década de 1990, havia poucas dúvidas de que a Intel, como principal produtora de microprocessadores do mundo, estava em uma posição competitiva fortemente protegida. A Intel gozava os benefícios da vantagem competitiva mais duradoura – economias de escala significativas protegidas da erosão por clientes muito cativos.

A fidelidade dos clientes da Intel decorria dos riscos enfrentados por qualquer fabricante de PC que considerasse oferecer um produto construído com um processador não Intel. Os chips da Intel eram o padrão em torno do qual a Microsoft projetava seus quase onipresentes sistemas operacionais Windows. Chips alternativos provavelmente não funcionariam tão bem nesse ambiente de *software*. O desempenho inferior dos microprocessadores pioraria o desempenho do PC, e este era um risco que nenhum fabricante poderia arriscar no mercado altamente competitivo dos computadores pessoais. Também não se podia contar que um novo fornecedor fosse conseguir entregar o grande número de chips de alta qualidade que a Intel sempre fornecia dentro dos prazos. Qualquer problema no fornecimento dos chips de alta qualidade resultaria em atrasos que custavam muito caro na produção de PCs. Qualquer problema na qualidade do chip poderia prejudicar permanentemente a reputação de um fabricante de PCs como fornecedor de produtos de qualidade. Por fim, a campanha publicitária "Intel Inside" aumentou a consciência e o conforto dos compradores a respeito do valor de ter chips Intel em seus PC. Os computadores pessoais sem a marca "Intel Inside" arriscavam perder clientes, mesmo que um concorrente da Intel pudesse fornecer de forma confiável um grande número de chips de alta qualidade e alto desempenho.[2]

O que isso significava para concorrentes como a AMD e, potencialmente, a IBM e as empresas japonesas era que, mesmo que produzissem um chip superior, no curto prazo capturariam apenas uma pequena fração do mercado de microprocessadores. No topo do mercado em que a Intel dominava, as novas gerações de microprocessadores chegavam aproximadamente a cada 18 meses. No momento em que os chips de uma concorrente alcançassem ampla aceitação, seus produtos geralmente estariam obsoletos. As pequenas janelas de oportunidade que caracterizavam o mercado de PCs aumentaram muito a dificuldade de tirar uma fatia do domínio da Intel no mercado. Ao decidir investir ou não em uma nova tecnologia de chip, as concorrentes da Intel não podiam esperar atingir níveis de vendas que justificassem os orçamentos substanciais de P&D necessários para competir com a tecnologia da Intel. A menos que essas empresas pudessem oferecer chips

---

[2] Em 2006, em meados desse período, a Apple mudou sua fonte de microprocessadores para a Intel, depois de ter usado Motorola e IBM desde o início da Macintosh, em 1984.

significativamente mais baratos ou de qualidade superior aos da Intel, os chips Intel seriam sempre a escolha segura e preferida dos fabricantes de PC.

É aqui que as vantagens de escala da Intel entram em jogo. O design de microprocessadores, especialmente à medida que estes se tornam mais rápidos, mais densos e com maior eficiência energética, é um grande custo fixo, independentemente do número de unidades vendidas de cada microprocessador. Quanto mais unidades vendidas, menores são os custos de design por unidade. A Tabela Ex. 4.9 mostra os níveis de vendas, despesas com P&D e margens operacionais para a Intel e sua principal concorrente, a AMD, ao longo da década de 1990. No final da década de 1990, o orçamento de P&D da Intel era quatro a cinco vezes maior que o da AMD, embora os gastos da Intel com P&D por dólar de vendas, que eram de cerca de US$ 0,10, fossem menos da metade dos gastos da AMD, que se encontravam acima de US$ 0,20. Além disso, os números contábeis de P&D representavam apenas parte do custo fixo de trazer um novo design de chip ao mercado com sucesso. Despesas adicionais do tipo P&D eram incluídas no custo dos produtos vendidos toda vez que uma nova linha de fabricantes de chips entrava em operação e eram ajustadas até que o rendimento de chips (a fração de chips adequada para venda) e a qualidade dos chips atendessem aos padrões da empresa. Despesas de *marketing* eram incorridas para apresentar o novo chip e seus recursos aos fabricantes de PC. Não

Tabela Ex. 4.9 Intel e AMD: Vendas, P&D e margens de EBIT ajustado (em bilhões)

	Vendas da Intel	P&D	Margem EBIT	Vendas da AMD	P&D	Margem EBIT
1990	US$ 3,92	US$ 0,52	31%	US$ 1,06	US$ 0,20	9%
1991	US$ 4,78	US$ 0,62	32%	US$ 1,23	US$ 0,21	22%
1992	US$ 5,84	US$ 0,78	36%	US$ 1,51	US$ 0,23	28%
1993	US$ 8,79	US$ 0,97	47%	US$ 1,65	US$ 0,26	30%
1994	US$ 11,52	US$ 1,11	40%	US$ 2,13	US$ 0,28	33%
1995	US$ 16,20	US$ 1,30	38%	US$ 2,43	US$ 0,40	26%
1996	US$ 20,85	US$ 1,81	42%	US$ 1,90	US$ 0,40	3%
1997	US$ 25,07	US$ 2,35	46%	US$ 2,30	US$ 0,47	11%
1998	US$ 26,27	US$ 2,67	40%	US$ 2,50	US$ 0,57	10%

Observação: Os números da Intel e da AMD são para toda a empresa. A Intel tinha uma linha mais ampla de produtos e gastou em P&D para produtos nos quais não competia com a AMD, portanto esta não é uma comparação perfeita. Os valores são em bilhões de dólares, exceto percentuais.
Fonte: Dados dos relatórios anuais da Intel e da AMD.

é surpreendente que, no final da década de 1990, as margens operacionais da Intel fossem quatro vezes maiores que as da AMD.

Os custos mais altos não eram a única desvantagem da AMD ou de qualquer outra concorrente. Mesmo com o custo mais alto de P&D por chip, como mostra a Tabela Ex. 4.9, a AMD estava gastando apenas um quinto do que a Intel gastava em P&D. Com novas gerações de chips microprocessadores surgindo a cada 18 meses, uma grande parte da P&D era dedicada ao desenvolvimento desses chips de próxima geração. Na corrida para a próxima geração, a AMD estava gastando cinco vezes menos. Nessas circunstâncias, a Intel inevitavelmente seria a vencedora dessa competição repetida. Quando, em alguma ocasião, a AMD conseguia produzir um microprocessador superior, a Intel rapidamente superava esse chip com seu produto de próxima geração. No meio-tempo, a maioria dos fabricantes de PC optava por esperar pela Intel – clientes cativos em ação –, e mesmo os chips "de sucesso" da AMD nunca conseguiram capturar mais de 30% do mercado. Em seu nível atual de vendas, se a AMD quisesse igualar o nível de gastos com P&D da Intel, ela normalmente teria de gastar entre 50 e 100% de sua receita em P&D, uma perspectiva dolorosamente antieconômica. Não é surpreendente, portanto, que a AMD nunca tenha sido capaz de ameaçar significativamente a posição dominante da Intel no mercado. Economias de escala protegidas por clientes cativos converteram vantagens competitivas temporárias em cada geração em uma vantagem permanente ao longo de muitas gerações. Desde a década de 1990, a franquia da Intel foi poderosa e durável.

As evidências históricas confirmam essa afirmação. As Tabelas Ex. 4.10 e Ex. 4.13 apresentam históricos operacionais da Intel de 1991 a 2002 e de 2002 a 2017. Os retornos sobre o patrimônio líquido, mesmo sem ajustes para excesso de caixa, subestimavam os lucros devido a investimentos em crescimento como despesas, com médias consistentes acima de 20%. Medidos corretamente, eles ultrapassaram 30% por muitos anos. Dados esses retornos elevados, concorrentes bem financiadas, incluindo IBM, gigantes japoneses da tecnologia e, mais recentemente, a Samsung tentaram entrar no mercado. Todas invariavelmente falharam, exceto na extremidade muito baixa do desempenho de microprocessador. A participação de mercado da Intel, com uma média de 90% ou mais, até mesmo cresceu com o passar do tempo. Essa é a imagem de uma franquia sustentável e poderosa.

O retorno de um investimento na Intel no início de 1999

Em 1º de março de 1999, quando os resultados da Intel para o ano fiscal de 1998 estavam sendo divulgados, as ações da Intel foram negociadas a um preço de

US$ 29,70.[3] Com 6.940 milhões de ações em circulação, o valor de mercado da Intel era de US$ 206 bilhões. Se subtrairmos os ativos líquidos não essenciais da Intel – caixa mais investimentos financeiros menos dívida – de US$ 12,1 bilhões, o custo líquido de aquisição do negócio operacional principal da Intel era de aproximadamente US$ 194 bilhões. A Tabela Ex. 4.10 apresenta o histórico operacional da Intel entre 1991, quando a franquia de microprocessadores da Intel se tornou claramente estabelecida, e 1998, com a inclusão dos anos de 1999 a 2002. As receitas em 1998 de US$ 26,3 bilhões cresceram a uma taxa de 5% em relação ao ano anterior e 24 1/2% nos últimos cinco anos. As margens operacionais aumentaram continuamente de 22,6% em 1991 para 39,4% em 1997, antes de cair para 31,9% em 1998. Ao longo dos cinco anos a partir de 1994, um ano de desaceleração do crescimento das vendas e margens em declínio, até 1998, a margem operacional média da Intel foi de 33,9%. A taxa média de impostos da Intel durante os cinco anos até 1998 foi de 36%, diminuindo de 37% em 1994 para 34% em 1998 à medida que a política tributária corporativa se tornou ligeiramente mais favorável para empresas de tecnologia como a Intel.

Dado esse histórico, as receitas sustentáveis em 1998 eram de aproximadamente US$ 27 bilhões. Isso é responsável pelo crescimento das receitas ao longo do ano. Nenhum ajuste para baixo para dar conta da possibilidade de anos de recessão no futuro parece necessário uma vez que 1998, o ano da crise da Ásia, já foi um ano um pouco difícil para a Intel, e as receitas ainda assim aumentaram. A margem operacional sustentável parece ser de cerca de 33%, acima da margem real da Intel em 1998, mas ligeiramente abaixo da média dos cinco anos anteriores. Devido à tendência geral de aumento, uma estimativa razoável de margens sustentáveis poderia ter chegado a 35%, acima da média de cinco anos. Em ambos os casos, as margens parecem sustentáveis diante das possíveis concorrentes. Supondo que os custos fixos representaram 20% da receita da Intel e que as vendas da Intel foram 2 1/2 vezes o tamanho de sua concorrente mais próxima, ambas suposições conservadoras dada a força da franquia da Intel em 1998, a Intel teria uma vantagem de custo fixo de 30% sobre essa concorrente; custo fixo de 50% da receita para a concorrente (2 1/2×20%) em comparação com 20% para a Intel. Isso certamente daria suporte a uma margem operacional para a Intel na faixa de 33–35%.

Receitas sustentáveis de US$ 27 bilhões, multiplicadas por uma margem operacional sustentável de 33%, geraram lucros operacionais sustentáveis para a Intel de

---

[3] Todos os preços das ações e número de ações em circulação foram ajustados para desdobramentos para converter aos níveis de 2018.

US$ 9 bilhões em 1998. Uma alíquota tributária sustentável razoável é de cerca de 35%, a meio caminho entre a alíquota de 1998 e a alíquota média de cinco anos, uma vez que a tendência é que os climas comerciais favoráveis para os impostos não durem para sempre. Portanto, o lucro operacional líquido sustentável após os impostos para a Intel em 1998 teria sido de aproximadamente US$ 5,9 bilhões (65% de US$ 9 bilhões).[4] Isso representa um retorno de lucro de 3% sobre o custo de aquisição da franquia operacional da Intel a seu preço de mercado no início de março de 1999.

Retorno de caixa (1)

A fração desse retorno que a Intel provavelmente distribuiria como caixa era relativamente difícil de determinar. A administração não havia articulado uma política de distribuição de longo prazo. As distribuições líquidas históricas de caixa aos acionistas foram variáveis. Até 1994, as vendas de ações da Intel excediam suas distribuições de dividendos relativamente insignificantes (ver Tabela Ex. 4.10). Mais recentemente, as distribuições líquidas como porcentagem da receita líquida haviam crescido de 20% para 40% em 1997, antes de saltar para 80% em 1998. Um nível de distribuição de 80% deixou lucros retidos apenas o suficiente para sustentar o crescimento orgânico da Intel no ano de crescimento lento de 1998. Com taxas de crescimento orgânico mais altas, a Intel não seria capaz de distribuir esse nível com os lucros atuais. Por essa razão, uma distribuição de 60% parece apropriada e também corresponde à fração de distribuição média no período de 1997 e 1998. Com 60% do lucro líquido distribuídos aos acionistas, o retorno de caixa de um investimento na Intel no início de 1999 teria sido de US$ 3,5 bilhões (60% de US$ 5,9 bilhões) ou apenas 1,8% (60% de 3%) sobre o investimento de US$ 194 bilhões.

---

[4] Não ajustamos esses valores de lucro para qualquer sobre ou subdepreciação de ativos fixos ou para a parcela de P&D e despesas gerais nas despesas que apoiaram o crescimento. No primeiro caso, é porque a discrepância entre a depreciação contábil e despesas de capital para manutenção era pequena. De 1990 a 1998, a depreciação contábil total foi de US$ 11 bilhões; a despesa de capital total foi de US$ 21,7 bilhões. O crescimento da receita foi de US$ 25,2 bilhões. O investimento líquido em ativos fixos por dólar de receita foi, em média, de US$ 0,45. Portanto, os US$ 25,2 bilhões em vendas adicionais teriam exigido US$ 11,3 bilhões em despesas de capital de crescimento. Se subtrairmos esse montante do total de despesas de capital, restam US$ 10,4 bilhões de despesas de capital de reposição, um valor muito próximo, apenas um pouco menor do que os US$ 11 bilhões de depreciação contábil.

Tabela Ex. 4.10 Desempenho financeiro da Intel, 1991 a 2002

Ano que termina em 31 de dezembro	1991	1992	1993	1994	1995	1996	1997	1998	1999	2000	2001	2002
DEMONSTRAÇÃO DE RESULTADO DO EXERCÍCIO (US$ milhões)												
Receitas	US$ 4.779	US$ 5.844	US$ 8.782	US$ 11.521	US$ 16.202	US$ 20.847	US$ 25.070	US$ 26.273	US$ 29.389	US$ 33.726	US$ 26.539	US$ 26.764
Margem bruta	52%	56%	63%	52%	52%	56%	60%	54%	60%	63%	49%	50%
Lucro operacional US$	US$ 1.080	US$ 1.490	US$ 3.392	US$ 3.387	US$ 5.252	US$ 7.553	US$ 9.887	US$ 8.379	US$ 9.767	US$ 10.395	US$ 2.256	US$ 4.382
Margem de lucro operacional %	22,6%	25,5%	38,6%	29,4%	32,4%	36,2%	39,4%	31,9%	33,2%	30,8%	8,5%	16,4%
Taxa de impostos	32%	32%	35%	37%	37%	35%	36%	34%	35%	30%	41%	26%
Lucro líquido	US$ 819	US$ 1.067	US$ 2.295	US$ 2.288	US$ 3.566	US$ 5.517	US$ 6.945	US$ 6.068	US$ 7.314	US$ 10.535	US$ 1.291	US$ 3.117
Margem de lucro líquido	17%	18%	26%	20%	22%	26%	28%	23%	25%	31%	5%	12%
LPA	US$ 0,13	US$ 0,16	US$ 0,34	US$ 0,34	US$ 0,54	US$ 0,78	US$ 1,06	US$ 0,91	US$ 1,10	US$ 1,57	US$ 0,19	US$ 0,47
Dividendo por ação	US$ –	US$ –	US$ 0,01	US$ 0,01	US$ 0,02	US$ 0,02	US$ 0,03	US$ 0,04	US$ 0,06	US$ 0,07	US$ 0,08	US$ 0,08
Depr./Amort.	US$ 418	US$ 518	US$ 717	US$ 1.028	US$ 1.371	US$ 1.888	US$ 2.192	US$ 2.863	US$ 3.597	US$ 4.835	US$ 6.460	US$ 5.334
Despesas de capital	US$ 948	US$ 1.228	US$ 1.933	US$ 2.441	US$ 3.550	US$ 3.024	US$ 4.501	US$ 4.032	US$ 3.403	US$ 6.674	US$ 7.309	US$ 4.703
Dividendos	US$ –	US$ 21	US$ 84	US$ 92	US$ 116	US$ 148	US$ 180	US$ 217	US$ 336	US$ 470	US$ 538	US$ 533
Recompras líquidas	US$ (112)	US$ (180)	US$ (91)	US$ 432	US$ 757	US$ 985	US$ 2.727	US$ 4.658	US$ 4.049	US$ 3.210	US$ 3.246	US$ 3.333
distribuição				23%	24%	21%	42%	80%	60%	35%	293%	124%
Caixa líquido		US$ 2.271	US$ 3.629	US$ 3.658	US$ 3.365	US$ 8.230	US$ 10.276	US$ 12.130	US$ 18.514	US$ 16.450	US$ 11.545	US$ 12.466
Patrimônio líquido	US$ 4.418	US$ 5.445	US$ 7.500	US$ 9.267	US$ 12.410	US$ 16.872	US$ 19.295	US$ 23.377	US$ 32.535	US$ 37.322	US$ 35.830	US$ 35.468
Retorno sobre patrimônio líquido	19%	20%	31%	25%	29%	33%	36%	26%	22%	28%	4%	9%
Número Médio de ações (milhões)	6.688	6.872	7.056	6.992	7.072	7.101	7.179	7.035	6.940	6.986	6.879	6.759
Funcionários (milhares)	25	26	30	33	42	49	64	65	70	86	83	79

Fonte: Dados do relatório anual da Intel.

Retornos do crescimento orgânico (2)

Para a Intel, com suas sucessivas gerações de novos chips, o crescimento orgânico é difícil até de definir, quanto mais medir, especialmente quando comparada a uma empresa de produtos estáveis como a WD-40. Tecnicamente, cada projeto de nova geração é um novo produto com seu próprio mercado inicial de novos PCs, estações de trabalho e servidores de alto desempenho. Porém, para fins práticos, o crescimento dentro da indústria de microprocessadores é um crescimento orgânico. Os fabricantes de computadores, seus principais clientes e até mesmo usuários de poder de computação em aplicações não tradicionais, como controles de automóveis, constituem historicamente uma população razoavelmente estável. Os desafios de design e produção também tiveram um alto grau de continuidade, de modo que o lado da oferta do mercado também foi atendido por um grupo relativamente estável de empresas, principalmente a Intel. O crescimento orgânico nessa área de todos os microprocessadores e aplicações de microprocessadores não foi inteiramente impulsionado por fatores econômicos externos, como crescimento econômico e tecnologia. Por exemplo, a Intel sempre buscou novas aplicações para uma extensão de sua tecnologia de chip. Porém, assim como o crescimento orgânico, esse processo foi em grande parte contínuo e não foi objeto de grandes decisões de alocação de capital. A grande maioria do investimento envolvido – P&D e *marketing* – foi contabilizada como despesa para fins contábeis e independente de decisões explícitas de alocação relacionadas aos lucros retidos.

Por essa definição, o crescimento da Intel do final dos anos 1980 até o final de 1998 foi quase todo um crescimento orgânico. Durante esse período, a Intel não fez aquisições significativas. As memórias *flash*, sua principal extensão de produto além de microprocessadores e *chipsets* relacionados, haviam produzido, até o final de 1998, vendas muito limitadas e nenhum lucro. No entanto, mesmo com essa definição mais ampla de crescimento orgânico, ainda era difícil fazer uma previsão.

O crescimento real da receita e do lucro operacional de 1991 a 1998 foi, em média, de 28 e 34%, respectivamente. As metas de crescimento anunciadas pela administração, geralmente na faixa de 20% ou mais, refletiam essa experiência. No longo prazo, essas taxas de crescimento não seriam sustentáveis, apesar do desempenho observável da Intel. Para os analistas, uma saída para essa dificuldade é definir um período de alto crescimento de duração fixa e, em seguida, um futuro subsequente de crescimento estável de longo prazo muito menor. Para algumas empresas, essa estratégia pode funcionar bem. Por exemplo, Google é uma empresa cuja tecnologia substitui a operação de um segmento de mercado existente bem definido, a publicidade de informações. Um nível de meta para as vendas maduras do Google pode ser estimado ao adicionar as receitas atuais de publicidade de informação gastas em várias mídias em base global, excetuando a China, onde o Google não é dominante. Estas consistem em páginas amarelas, anúncios classificados em jornais, diretórios de negócios, publicações voltadas para o consumidor, algumas malas diretas etc. Estas têm historicamente crescido cerca de 1% mais rapidamente do que o PIB global. As próximas etapas são estimar quanto dessa receita será transferido para a web – pelo menos 80% – e mais ou menos que participação de mercado o Google poderia capturar, digamos 50%. Esses cálculos geram um nível de receita "maduro" para o Google. A duração do período de alto crescimento do Google poderia, então, ser calculada como o tempo que levaria para atingir esse nível "maduro" de receita em uma alta taxa de crescimento extrapolada a partir da experiência histórica do Google. Além desse ponto, poderíamos prever que o crescimento das receitas do Google cairia para 1% acima do PIB global. Infelizmente, não existe uma receita tão bem definida para a Intel. A tecnologia da informação em todas as suas formas está em processo de refazer toda a sociedade industrial.

Para a Intel, a única alternativa realista é assumir uma taxa de crescimento orgânico de longo prazo que (a) gere um valor finito para os ganhos futuros da Intel e (b) incorpore um nível de crescimento acima do PIB global. É difícil dizer o quão acima desse número, mas, na história da economia industrial moderna, nenhuma indústria cresceu acima de 3% do PIB por mais de 50 anos. Portanto, uma taxa de crescimento orgânico de longo prazo para a Intel seria 3% acima da taxa de crescimento do PIB global.

Em 1999, o PIB global deveria crescer 5 a 6% em termos nominais.[5] Se adicionarmos 3% a esse número, obtemos uma taxa de crescimento orgânico da receita da Intel de 8,5%. A margem de lucro operacional da Intel foi essencialmente estável de 1993 a 1998. Portanto, os lucros operacionais e o lucro operacional líquido após os impostos provavelmente cresceriam à mesma taxa de 8,5% das receitas. Assim, o crescimento orgânico deve, a princípio, contribuir com 8,5% para os retornos do investidor.

Retornos de investimento ativo (3)

A quantidade de investimento necessária para apoiar o crescimento orgânico depende naturalmente da taxa de crescimento. O crescimento de 20% (aproximada-

---

[5] Em 1999, a China e a Índia eram economias muito menores do que em 2018 e, portanto, sua contribuição para a taxa de crescimento global foi menor.

mente a média da Intel na década de 1990) teria adicionado US$ 5,4 bilhões no primeiro ano à receita da Intel a partir de nosso nível estimado de receita sustentável de US$ 27 bilhões. A quantidade de capital fixo necessário por dólar de receita esteve em torno de 45% de 1991 a 1998, com tendência de queda nos primeiros anos e de alta mais recentemente. O uso do valor médio de 45% resulta em um nível de investimento de US$ 2,43 bilhões para apoiar um crescimento orgânico de 20%.[6] Um nível de retenção de lucros de 40% em 1998 proporcionaria US$ 2,34 bilhões de US$ 5,05 bilhões de lucros sustentáveis, não deixando nada para investimento ativo. Em nossa menor taxa de crescimento orgânico de longo prazo de 8,5%, o investimento necessário para apoiar o crescimento orgânico teria sido de US$ 1 bilhão (45% de US$ 3,2 bilhões em receita incremental). Subtrair o investimento em crescimento orgânico de nível inferior dos lucros retidos deixaria cerca de US$ 1,3 bilhão para o investimento ativo.

Durante a década de 1990, a Intel foi altamente disciplinada em concentrar-se em seu negócio principal de microprocessadores. Nos cinco anos de 1993 a 1997, a Intel não fez aquisições. Em 1998, pagou US$ 321 milhões pela Chips and Technologies, uma fabricante de produtos gráficos que a Intel esperava que aumentasse a capacidade gráfica de seus *chipsets*. Pagou outros US$ 585 milhões pelas operações de semicondutores da Digital Equipment, incluindo US$ 475 milhões em ativos de capital e alguma tecnologia de microprocessadores móveis. Em 31 de dezembro de 1998, a Intel não tinha ativo intangível significativo em seu balanço patrimonial. Para investimentos classificados como despesas correntes, a memória *flash* foi o único produto não principal desenvolvido. Essa atividade fazia parte do Computer Enhancement Group (CEG) da Intel, que consistia principalmente em *chipsets* e produtos para instalar microprocessadores em ambientes que não eram de computador. Em 1998, a CEG, da qual Chips and Technologies fazia parte, relatou lucro operacional de US$ 358 milhões sobre vendas de US$ 4,0 bilhões, em comparação com lucros de US$ 9,1 bilhões em vendas sobre US$ 21,5 bilhões no negócio principal de microprocessadores. Essencialmente, todos os lucros da CEG foram em razão de extensões naturais do negócio principal de microprocessadores que tratamos como crescimento orgânico. Na medida em que a Intel investiu ativamente no crescimento fora de sua franquia orgânica, os retornos parecem ter sido insignificantes.

---

[6] A Intel exigiu basicamente zero de capital de giro líquido em 1998. As contas a receber de ativos operacionais e o estoque de US$ 5,1 bilhões em 31 de dezembro de 1998 eram quase exatamente compensados por passivos operacionais, contas a pagar e passivos acumulados de US$ 5,0 bilhões. Assumiremos que o investimento em capital de giro para apoiar o crescimento orgânico foi zero.

Portanto, quaisquer investimentos registrados como despesas foram orientados para o crescimento orgânico, no qual seu retorno estava incluído, ou foram dedicados a novas iniciativas para as quais o retorno parecia ter sido zero. De 1996 a 1998, apesar das receitas da CEG terem aumentado de US$ 3,6 bilhões para US$ 4,0 bilhões, o lucro operacional da CEG caiu de US$ 940 milhões em 1996 para US$ 529 milhões em 1977 e US$ 358 milhões em 1998. Sob essas circunstâncias, não precisamos adicionar de volta nossos antigos 25% de P&D e despesas de vendas e administrativas aos lucros operacionais e, em seguida, verificar seu impacto por meio de reinvestimento ativo. O impacto foi nulo.

De modo geral, os lucros retidos pela Intel não foram para novas iniciativas. Eles foram para caixa e investimentos externos. Do final de 1994 a 1998, o caixa líquido da Intel mais a posição de investimento aumentou de US$ 3,7 bilhões para US$ 12,1 bilhões. O valor desses investimentos depende de quanto tempo o dinheiro permanece na empresa e para onde vai quando é gasto. Enquanto estiver na empresa, seu valor para o investidor é reduzido em 35% do lucro em caixa devido à bitributação dos retornos, uma vez no nível corporativo – quando são obtidos – e novamente no nível individual – quando eles são distribuídos. Sem oportunidades de investimento atraentes, o melhor resultado é que os fundos sejam distribuídos aos investidores o mais cedo possível. Se forem distribuídos em cinco anos, a perda de valor sobre o montante lucrado pode ser de apenas 10%. Se forem investidos em iniciativas não relacionadas à medida que o negócio principal da Intel se deteriora, uma prática comum de gerências que tentam manter o crescimento, a destruição do valor pode ser total. No final de 1998, a Intel anunciou duas aquisições relativamente grandes em tecnologias de comunicações não essenciais, bem como novas prioridades nessa direção. Assim, no início de 1999, o segundo caminho para o uso do dinheiro tornou-se um resultado muito mais provável. No longo prazo, com a desaceleração do crescimento orgânico, essa tendência só poderia piorar. Dando efeito a essa probabilidade, reduziremos o valor das adições ao caixa em 50%. Nosso US$ 1,3 bilhão de reinvestimento ativo nocional deve, portanto, adicionar US$ 650 milhões em retornos de investimento ativo ao nosso retorno geral, o que representa um retorno adicional de 0,3%.

Retorno total, custo de capital da Intel e Intel como um investimento em valor

Esses cálculos são apresentados na Tabela Ex. 4.11. O retorno total estimado para um investimento na Intel em março de 1999 era de 10,6%, consistindo em

Tabela Ex. 4.11 Retornos estimados para a Intel, 1999 a 2018

	Março de 1999	Março de 2003	Março de 2018
Retorno de caixa	1,8%	3,0%	4,2%
Crescimento orgânico			
Inicial	8,5%	4,5%	4,0%
Ajustado	5,8%	2,4%	2,6%
Investimento ativo	0,3%	0,7%	0,0%
Retorno total			
Inicial	10,6%	8,2%	8,2%
Ajustado	7,9%	6,1%	6,8%
Custo de capital	12,0%	11,0%	10,0%
Taxa de desvanecimento	2,4%	2,4%	1,8%
Retorno pós desvanecimento			
Inicial	8,2%	5,8%	6,4%
Ajustado	5,5%	3,7%	5,0%

Fonte: Dados do relatório anual da Intel.

1,8% de retorno de caixa, 8,5% de crescimento orgânico e 0,3% de investimento ativo. O custo de capital da Intel, que estimamos em 12% para o final dos anos 1980, também deve ser o custo de capital provável em 1998. Um investimento em ações da Intel, mesmo depois de estabelecida sua posição dominante em microprocessadores, continuava sendo altamente arriscado. A grande maioria do retorno incorporado no crescimento orgânico de 8,5% está em um futuro distante e incerto. Além disso, ao contrário do risco associado à WD-40, o risco da Intel deve ser amplamente não diversificável, uma vez que o crescimento dos lucros da Intel dependeria criticamente do crescimento futuro da economia global como um todo. No geral, portanto, a Intel era um investimento com probabilidade de obter um retorno abaixo do custo de capital. Certamente não fornecia nenhuma margem de segurança para proteção contra o desvanecimento da franquia.

No início de 1999, a posição de franquia da Intel em microprocessadores tinha uma duração de 10 a 12 anos, muito mais curta do que a apresentada pela WD-40. Seu setor estava passando por mudanças rápidas, e já havia indícios de que partes da franquia Intel estavam sujeitas a séria concorrência. Na porção do mercado de microprocessadores para dispositivos de menor potência, como smartphones (originalmente assistentes digitais pessoais com o recurso de telefone adicionado posteriormente), notebooks e laptops, os custos de P&D eram muito menores. Os entrantes poderiam, portanto, ser viáveis com quotas de mercado muito mais baixas. Além disso, os dispositivos de baixo custo tendiam a usar tecnologias mais antigas e experimentadas, reduzindo os níveis de fidelidade do cliente. No final de 1998, empresas como a AMD haviam estabelecido posições competitivas sustentáveis no segmento inferior do mercado. Se essa parte viesse a ocupar uma maior parcela do mercado geral de microprocessadores, à medida que o valor do desempenho tecnológico incremental se tornasse sujeito à lei dos retornos decrescentes, a posição competitiva da Intel poderia piorar rapidamente. Nessas circunstâncias, a suposição de que a franquia da Intel não teria mais do que 20 a 30 anos de vida pela frente não teria sido extrema. Vidas dessa duração correspondem às taxas de desvanecimento de franquia de 2 1/2-3 1/2% ao ano. Se tivéssemos de subtrair essas taxas de desvanecimento de nosso retorno estimado de 10 1/2%, o retorno líquido oferecido pelo investimento da Intel cairia para entre 7 e 8%, bem abaixo do custo de capital da Intel. As taxas de desvanecimento da franquia eram um fator negativo sério para um investimento da Intel no início de 1999.

As coisas eram ainda piores. A taxa de crescimento orgânico se aplica ao valor intrínseco da Intel, não ao seu valor de mercado inflado. Para calcular um verdadeiro retorno do crescimento orgânico, devemos multiplicar a contribuição da taxa de crescimento orgânico pela razão entre o valor intrínseco e o valor de mercado. Conforme deduzimos no Capítulo 8 sobre a avaliação do crescimento, a razão entre o valor intrínseco e o valor de mercado deve ser aproximadamente igual à razão entre o retorno futuro estimado e o custo de capital. Se assumirmos que o retorno estimado com tudo incluído incorpora uma taxa média de desvanecimento de 3%, o retorno estimado para a Intel será de 7,5%. Isso é apenas 62,5% de nosso custo de capital de 12%. Se multiplicarmos a taxa de crescimento orgânico de 8,5% por 62,5%, obtemos um retorno de crescimento orgânico "verdadeiro"/ajustado de cerca de 5,5%. Esta redução adicional de 3% em nosso retorno estimado nos dá uma estimativa de retorno ajustado da Intel de apenas 4,5%, um retorno muito ruim em comparação com o custo de capital de 12% da Intel.[7] A Intel em março de 1999 não era um bom investimento em valor, por mais atraente que suas perspectivas de curto e médio prazo parecessem.

No final das contas, a franquia da Intel não evaporou totalmente nos 15 anos seguintes, mas sua taxa de crescimento caiu mais do que projetávamos. Mesmo assim, nosso retorno estimado de 4,5% teria superestimado significativamente o desempenho subsequente. A Tabela Ex. 4.12 apresenta os retornos de 5, 10 e 15 anos

---

[7] Outras iterações desse processo reduziriam ainda mais esse retorno estimado.

Tabela Ex. 4.12 Retornos realizados da Intel

	5 anos	10 anos	15 anos
Investimento Março de 1999			
Intel	0,6%	– 7,3%	0,7%
S&P 500	– 0,1%	– 3,4%	4,7%
Investimento Março de 2003			
Intel	5,6%	5,2%	10,2%
S&P 500	11,2%	6,2%	10,3%

para as ações da Intel a partir de 1º de março de 1999. A rentabilidade anual foi, respectivamente, de 0,6%, –7,3% (em 2009, no auge da crise financeira) e 0,7% para os 15 anos com início em março de 2003 e término em fevereiro de 2018. Mesmo nossa estimativa pessimista dos retornos da Intel provou ser insuficientemente negativa. Investir em ações da bolha em condições de bolha é uma prática que os investidores em valor, e todos os demais, devem evitar.

Intel em março de 2003

De um preço de US$ 29,70 em 1º de março de 1999, o preço das ações da Intel subiu para um pico de US$ 74,88 no final de agosto de 2000, antes de atingir o mínimo de US$ 13,42 no início de outubro daquele ano. Em 3 de março de 2003, o preço por ação havia se recuperado para US$ 16,66. Nesse momento, a Intel poderia ter sido uma candidata razoável para um investimento em valor. O desempenho da empresa no mercado de ações foi espetacularmente decepcionante. Sua relação preço/lucro ainda era alta, em 35 vezes, e sua relação valor de mercado/valor contábil um pouco acima de 3 fornecia pouca proteção aos ativos. No entanto, pode-se argumentar que os lucros de 2002 foram ciclicamente deprimidos, de modo que os lucros sustentáveis de US$ 1 por ação eram uma base mais razoável para estimar o poder dos lucros. Isso teria produzido uma relação preço/lucro de 16 ou 17 para 1 para uma empresa com uma franquia poderosa em um setor com boas perspectivas de crescimento no longo prazo. Até o final de 2002, o último ano para o qual os dados estariam disponíveis em março de 2003, não havia ocorrido nenhum prejuízo significativo às barreiras à entrada/vantagens competitivas da Intel. Suas perspectivas de crescimento de longo prazo em relação a 2000 haviam piorado apenas ligeiramente. (Consultar a Tabela Ex. 4.10 para ver o histórico financeiro da Intel de 1990 a 2002.)

De 1998 a 2002, o desempenho comercial da Intel refletiu a montanha-russa do preço de suas ações. As vendas aumentaram de US$ 26,3 bilhões em 1998 para US$ 33,7 bilhões em 2000, antes de cair para US$ 26,8 bilhões em 2002. As margens operacionais passaram de 31,9% em 1998 para 33,2% em 1999, depois para apenas 8,2% em 2001, antes de se recuperarem para 15,7% em 2002. A questão crítica a respeito de um investimento na Intel era se esses níveis mais baixos de lucro, receitas e crescimento de receita eram permanentes ou temporários.

Do lado positivo, a Intel continuava a dominar o mercado de microprocessadores com uma participação de mais de 90%. Sua reputação de qualidade e sua excelência técnica permaneciam intactas. Os microprocessadores, apesar do estouro da bolha de tecnologia/telecomunicações no início de 2000, permaneciam no cerne dos desenvolvimentos em poder de computação que estavam gerando inovações em automação, interfaces gráficas, manipulação de dados, comunicações pela Internet, computação remota e análise técnica. Essas inovações ainda eram o motor do crescimento na economia do início do século XXI. Estimativas razoáveis de lucros sustentáveis e crescimento sustentável de longo prazo teriam sido inferiores às de março de 1999, mas não muito. Ajustes para a quebra artificial na demanda em 2000 e os desenvolvimentos cíclicos de 2001 e 2002 sugerem uma receita sustentável de US$ 30 bilhões. Essa estimativa representa uma taxa de crescimento anual da receita de apenas 2,5% entre 1998 e 2002. Uma vez que as vendas potenciais de microprocessadores estavam quase certamente crescendo pelo menos tão rapidamente quanto o PIB como um todo, talvez 4 a 5% ao ano em termos nominais no início de 2000, esse número teria permitido algum aumento em nossa estimativa anterior de receita sustentável de US$ 27 bilhões. As margens operacionais pareciam estar em um declínio longo e lento desde meados da década de 1990, à medida que as demandas tecnológicas aumentavam os custos. Ainda assim, a posição dominante e o poder de precificação da Intel deveriam ter limitado esse declínio dali em diante. Uma margem sustentável estimada de 25% para 2002 teria representado tanto um declínio significativo de nossa estimativa de 1998, de 33%, alinhada com a experiência mais recente, mas em um nível significativamente acima dos resultados deprimidos das margens em 2001 e 2002. O lucro operacional sustentável teria sido estimado em US$ 7,5 bilhões. A taxa média de impostos da Intel de 1998 a 2002 foi de 33%, o que parece consistente com os prováveis desenvolvimentos futuros nas políticas de imposto de renda global, federal e estadual e local dos Estados Unidos na época. A aplicação dessa taxa de impostos significaria um nível estimado em 2002 de US$ 5 bilhões em lucro operacional líquido após os impostos.[8]

Em base anual, a distribuição aos acionistas de 1999 a 2002 foi, em média, de 128% ao ano (ver Tabela Ex. 4.10). Esse número é inflado pela manutenção de uma política predefinida de dividendos e recompras, apesar da queda dos lucros, que incluiu um forte declínio em 2001. Se, em vez de tomar as porcentagens médias das distribuições anuais, dividirmos a distribuição total de 1999 a 2002 pela receita líquida total desses anos, obteremos uma porcentagem de distribuição de 70%, o que é muito mais razoável do que a porcentagem anual média. Ainda assim, a posição de caixa líquido da Intel caiu de US$ 18,5 bilhões no final de 1999 para US$ 12,5 bilhões no final de 2002. Era improvável que um nível de distribuição contínuo de quase todos os lucros fosse sustentável no longo prazo. Ao mesmo tempo, como discutiremos em mais detalhes abaixo, a Intel começara a diversificar suas atividades de negócios, um movimento que exigiria capital significativo tanto para aquisições quanto para financiar desenvolvimentos internos. Portanto, vamos supor que a política de distribuição de 2002 em diante teria sido capturada por nossa estimativa anterior de 60%. Isso resulta em uma distribuição de caixa sustentável de US$ 3 bilhões por ano. A um preço de US$ 16,66 por ação, o valor de mercado da Intel teria sido de cerca de US$ 112 bilhões, substancialmente abaixo dos US$ 206 milhões em março de 1999. Deste valor, devemos subtrair o caixa da Intel e os investimentos, líquidos de dívidas, de pouco mais de US$ 12 bilhões no final de dezembro de 2002, para obter o custo de mercado de US$ 100 bilhões para adquirir o negócio principal de franquia da Intel em 1º de março de 2003. Com esse custo, os US$ 3 bilhões de distribuição de caixa anual sustentável representaram um retorno de caixa de 3% ao ano, bem acima dos 1,8% de março de 1999. Essas estimativas são resumidas na Tabela Ex. 4.11. É importante notar que o cálculo do impacto de receitas variáveis, margens operacionais, taxas de impostos e premissas de política de distribuição neste contexto é simples e direto.

---

[8] Mais uma vez, não há ajustes necessários para sobre ou subdepreciação ou para investimentos lançados como despesas. No caso da depreciação, temos ainda mais evidências de que a depreciação contábil mede com bastante precisão a depreciação econômica. Para 2001 e 2002, as receitas foram essencialmente estáveis. Durante esses dois anos, a depreciação e amortização contábil foram de US$ 11,8 bilhões. As despesas de capital, presumivelmente todas de manutenção, já que o crescimento foi zero, foram de US$ 12,0 bilhões. A diferença é insignificante. No que diz respeito ao investimento lançado como despesa, os argumentos de 1999 continuam válidos. O impacto desses lucros reinvestidos seria amplamente capturado pelos retornos do crescimento orgânico.

Crescimento orgânico em março de 2003

Nos cinco anos de 1992 a 1996, o crescimento médio foi de 34%. Nos seis anos de 1997 a 2002, o crescimento caiu para pouco mais de 4% ao ano. De 1999 a 2002, foi reduzido para 0,5% ao ano. Claramente, em 2002, os anos de crescimento extraordinariamente rápido no mercado principal da Intel haviam acabado. Por outro lado, dado o papel crítico dos microprocessadores em setores de tecnologia avançada, a extrapolação da experiência recente de 2002, com taxas de crescimento orgânico abaixo da taxa de crescimento do PIB global, teria sido excessivamente pessimista. O crescimento do PIB global em relação a 2002 parecia ser de cerca de 3 a 3,5% em termos reais; com inflação de 1 a 1,5%, chegava a 4 a 5% ao ano em termos nominais. Isso está um pouco abaixo da taxa de crescimento global de 5 a 6% projetada em 1999. A taxa de crescimento da produtividade entre as economias desenvolvidas do mundo, e com ela a taxa geral de crescimento econômico, teve clara desaceleração no início dos anos 2000. Esse declínio foi parcialmente compensado pelo maior peso das economias em rápido crescimento, como China e Índia, na atividade econômica global total. Uma suposição razoável teria sido que o mercado principal da Intel cresceria a essa taxa ou perto dela. Estimaremos o crescimento orgânico futuro da Intel a partir de março de 2003 em 4 a 5%. Assumimos que o declínio de longo prazo nas margens da Intel se estabilizaria em 25%. O crescimento dos lucros e, portanto, do crescimento do valor, deveria ocorrer com a mesma taxa de crescimento orgânico das receitas, 4 a 5%.

Retornos de investimento ativo

Com essa taxa de crescimento, as receitas sustentáveis da Intel de 2000 a 2003 teriam crescido US$ 1,35 bilhão por ano. O investimento necessário para sustentar cada dólar desse crescimento parece não ter mudado significativamente desde 1998. O capital fixo líquido em 2002 era aproximadamente os mesmos 45% das receitas de 1998. O capital de giro líquido permanecia próximo a zero. Nesse nível de investimento, o crescimento orgânico de receita de US$ 1,35 bilhão projetado teria exigido US$ 0,6 bilhão (45% de US$ 1,35 bilhão) de lucros reinvestidos. Com nosso lucro operacional líquido sustentável após impostos de US$ 5 bilhões, distribuir US$ 3 bilhões aos acionistas deixa US$ 2 bilhões de lucros retidos. Depois de gastar US$ 0,6 milhão em apoio ao crescimento orgânico, US$ 1,4 bilhão estaria disponível para investimento ativo.

Olhando para o valor criado por dólar desse reinvestimento ativo, os resultados entre 1998 e 2002 não foram nada animadores. Em 1999, a Intel gastou mais de US$ 5 bilhões, principalmente em aquisições relacionadas a comunicações. Em

2000, gastou US$ 2,3 bilhões, e depois US$ 0,9 bilhão em 2001. Felizmente, não houve outras aquisições significativas em 2002, mas a Intel continuou a prospectar em áreas fora de seu negócio principal de microprocessadores.

Os retornos relacionados a esses esforços foram desanimadores. De 2000 a 2002, as operações não principais da Intel, seu Wireless Communications and Computing Group e seu Communications Group, tiveram receitas de US$ 15,3 bilhões e um prejuízo operacional líquido de US$ 0,7 bilhão. Só o investimento em aquisições foi de mais de US$ 8 bilhões, e a criação de valor parece ter sido zero. Na melhor das hipóteses, se descontarmos os anos de 2001 e 2002 como ciclicamente deprimidos e não representativos, o lucro operacional líquido após os impostos em 2000 foi de US$ 0,6 bilhão. Isso representa um retorno de 7,5% sobre os US$ 8 bilhões em despesas relacionadas a aquisições. Com um provável custo de capital dessas iniciativas novas e relativamente desconhecidas de pelo menos 12%, o valor criado por dólar foi de cerca de US$ 0,60 (7,5% dividido por 12%), tornando o fator de criação de valor sobre lucros reinvestidos ativamente 60%, na melhor das hipóteses. Usaremos um fator de 50%. Nesse nível de retorno, o reinvestimento ativo de US$ 1,4 bilhão teria criado US$ 0,7 bilhão em valor, o que representava 0,7% do custo de US$ 100 bilhões da empresa principal da Intel.[9] Esse número pode ser encontrado na Tabela Ex. 4.11.

Retornos agregados, custo de capital e taxa de desvanecimento

O retorno total estimado para um investimento da Intel no início de março de 2003 seria de 8,2%, consistindo em um retorno de caixa de 3%, crescimento orgânico de 4,5% e um retorno de reinvestimento ativo de 0,7%. O custo de capital da Intel em março de 2003 teria sido menor do que seu custo em março de 1999, uma vez que as condições do mercado de microprocessadores haviam se estabilizado e uma menor parte do retorno geral estava embutida no crescimento e, portanto, em um futuro distante. Por outro lado, os eventos desde 1999 demonstraram que as taxas de crescimento futuro eram altamente incertas e que os resultados da Intel eram mais sensíveis aos ciclos do que o previsto. Havia também uma incerteza significativa sobre a direção futura das margens, que dependeria do desenvolvimento da indústria de microprocessadores e, por sua vez, do crescimento

---

[9] Deve ficar claro com esta discussão que, considerando o nível relativamente baixo de reinvestimento ativo da Intel, é improvável que tal investimento seja uma fonte significativa de criação de valor em relação ao tamanho da empresa.

da economia global como um todo. Nessas circunstâncias, um custo de capital de 11% não parece irracional.

Entre 1999 e 2003, a franquia da Intel claramente não havia desaparecido, mas a probabilidade de desvanecimento futuro permanecia. A própria Intel estava preocupada que os benefícios incrementais de uma maior potência de microprocessador diminuíssem com o tempo, à medida que os computadores básicos se tornassem cada vez mais qualificados. Se isso ocorresse, os desenvolvimentos na ponta de baixo desempenho do mercado de microprocessadores, no qual a Intel já experimentava uma concorrência substancial, se espalhariam pelo mercado como um todo. As consequências dessas mudanças estavam começando a ficar aparentes no mercado de computadores móveis. Para dispositivos móveis, a largura de banda de comunicação, e não a potência de computação local, era o fator limitante. Portanto, a demanda por microprocessadores de alto desempenho era significativamente menor no mercado móvel do que no mercado de computação de TI básica. A ARM, empresa líder em design de microprocessadores no mercado móvel, tinha apenas uma fração da lucratividade e do valor de mercado da Intel. A taxa de desvanecimento de 2,4% (meia-vida de 30 anos) que usamos em 1999 deveria continuar a ser aplicável em 2003.

Para a Intel ser um genuíno investimento em valor em 2003, o retorno estimado de 8,2% teria de exceder o custo de capital, a 11%, por uma margem de segurança pelo menos igual à taxa de desvanecimento de 2,4%. Em vez disso, a Intel oferecia um retorno abaixo de seu custo de capital. A mudança nas perspectivas de crescimento e no comportamento da administração e a supervalorização original em 1999 indicavam que, mesmo após uma queda de preços de aproximadamente 45%, em 2003, a Intel continuava sendo um investimento pouco atraente. Esses cálculos são apresentados na Tabela Ex. 4.11.

Além disso, nossa estimativa inicial de retorno em 2003, assim como a estimativa de 1999, era excessivamente otimista. A fórmula de retorno aplicava a taxa de crescimento orgânico ao valor de mercado da Intel e não, como deveria, ao valor intrínseco. Em março de 2003, o retorno pós-desvanecimento de um investimento na Intel foi de 5,8%, quase metade do custo de capital de 11%. A relação entre o retorno estimado e o custo de capital deve se aproximar da relação entre o valor intrínseco e o valor de mercado. A relação de retorno é de 53% (5,8/11). Se o valor intrínseco fosse, portanto, apenas 53% do valor de mercado da Intel, então o valor "verdadeiro" do crescimento orgânico da Intel foi apenas 53% da taxa de crescimento orgânico de 4,5%, ou 2,4%. A redução nos retornos futuros é de 2,1% (4,5% menos 2,4%), o que produz um retorno futuro estimado, a partir de 1º de março de 2003, de apenas 6,1%. Isso tornava a Intel, na época, um investimento pouco atraente.

Neste caso, nosso retorno estimado acompanhou os retornos futuros reais da Intel relativamente bem. A franquia da Intel não se desintegrou nos 15 anos seguintes, de modo que a comparação apropriada é com nossa taxa de retorno pré--desvanecimento estimada de 6,1%. O retorno anual médio real para os cinco anos de março de 2003 a março de 2008 foi de 5,6% (ver Tabela Ex. 4.12). Apesar de estar acima do risco de mercado, a Intel apresentou desempenho inferior ao índice S&P em 5,6% ao ano. Nos 10 anos de março de 2003 a março de 2013, o retorno médio anual realizado foi de 5,1%, novamente abaixo do S&P. Ambos os retornos estão razoavelmente próximos de nossa estimativa de 6,1%. No entanto, de 2015 a 2018, as ações da Intel tiveram um desempenho excepcionalmente bom. Nos 15 anos posteriores a março de 2003, o retorno foi de 10,2%, ficando abaixo do S&P 500 em apenas 0,1% ao ano.

A próxima e última questão que abordamos é se os retornos do mercado de ações que sustentam esse desempenho de 15 anos estão relacionados a desenvolvimentos reais de negócios que deveríamos ter previsto ou ao tipo de sobrevalorização crônica que, desde os anos 1990, impulsionou as ações da Intel.

Intel em março de 2018

Entre 2002 e 2017, os negócios da Intel continuaram a evoluir.[10] O segmento inferior do mercado de microprocessadores para tablets e smartphones deixou de ser lucrativo para a empresa. Para esses dispositivos de desempenho relativamente baixo, a tecnologia avançada da Intel não oferecia nenhuma vantagem. Contudo, a Intel conseguia dominar o mercado cada vez mais importante de microprocessadores de servidor, em que o alto desempenho era crucial. Também continuava a desfrutar uma forte posição de franquia no mercado de microprocessadores de PC de mesa de alto desempenho. Outras iniciativas, em sistemas de visão, microprocessadores programáveis, segurança de computador e comunicações, tiveram

---

[10] Quando analisamos a Intel como um investimento no início de março de 2018, as informações oficiais disponíveis da empresa vão até o final do ano de 2017. O relatório anual de final de ano normalmente fica disponível entre meados de março e o final de março, mas o relatório de operações do quarto trimestre, que inclui dados financeiros não auditados para o ano inteiro, geralmente é divulgado em meados de fevereiro. Como meio-termo, presumiremos que estamos considerando comprar ações da Intel no primeiro dia comercial de março de 2018 e que o relatório anual de 2017 completo está disponível. Essa é a mesma prática que seguimos ao avaliar um investimento na Intel nos anos anteriores. As informações financeiras da Intel para 2017 foram divulgadas em 16 de fevereiro de 2018. Usamos o início de março para dar margem a alguma variabilidade nas datas.

menos sucesso. Em 2017, a Intel tinha operações distintas em dois grandes segmentos de negócios para PCs (o Client Computing Group) e servidores (o Data Center Group) e três segmentos menores para processadores integrados em uma ampla gama de equipamentos inteligentes, como carros sem motorista (o Internet of Things Group), para processadores programáveis (o Programmable Solutions Group) e para memórias não voláteis.

Os resultados desta evolução são apresentados na Tabela Ex. 4.13. De 2002 a 2017, as receitas da Intel cresceram quase 6% ao ano. As margens operacionais aumentaram de 16% em 2002 para um pico de quase 36% em 2010, antes de caírem para pouco menos de 29% em 2017. O preço de uma ação da Intel aumentou de US$ 16,66 no início de março de 2002 para US$ 47,84 no início de março de 2017. Como resultado, o valor empresarial do negócio principal da Intel cresceu de US$ 100 bilhões para US$ 232 bilhões. A questão para os investidores era se o melhor desempenho do negócio principal da Intel justificava o aumento substancial no valor de mercado.

Retorno de caixa da Intel

No final de 2017, as receitas da Intel estavam a uma taxa de aproximadamente US$ 64 bilhões ao ano. Esse ano foi relativamente bom para a Intel, mas não um pico cíclico. Uma estimativa de receita sustentável de US$ 64 bilhões em março de 2018 parece apropriada, embora talvez um pouco generosa.

As margens operacionais médias da Intel ao longo dos cinco anos até e incluindo 2017 foram de 25%. Nos 10 anos até 2017, as margens operacionais foram, em média, 26%, iguais às do período de 15 anos. Estavam notavelmente estáveis, embora com uma tendência de queda pequena, mas persistente. Assumiremos que as margens operacionais sustentáveis da Intel no final de 2017 eram de 25%. Este número produz uma estimativa de lucro operacional sustentável de US$ 16 bilhões (25% de US$ 64 bilhões).[11]

As taxas de imposto de renda corporativo para a Intel nos cinco anos de 2012 a 2016 foram, em média, 23%. Em 2017, a alíquota tributária informada pela Intel foi atipicamente alta, em 53%, devido ao efeito de um ano da Lei de Reforma

---

[11] A margem de erro para esta estimativa deve ir de US$ 14 bilhões (cerca de 24% de US$ 60 bilhões) a US$ 17 bilhões (26% de US$ 65 bilhões). Os lucros médios fora dessa faixa seriam incompatíveis com a história da Intel. A menos que houvesse uma mudança dramática nos negócios básicos da Intel, essa é a faixa de possibilidades realistas. Para franquias maduras como a Intel, melhorias dramáticas são raras. A possibilidade de deterioração dramática é o que a estimativa da taxa de desvanecimento deve capturar.

Tabela Ex. 4.13 Histórico financeiro da Intel, 2002 a 2017

DEMONSTRAÇÃO DE RESULTADO DO EXERCÍCIO (US$ milhões)

Ano que termina em 31 de dezembro	2002	2003	2004	2005	2006	2007	2008	2009	2010	2011	2012	2013	2014	2015	2016	2017
Receitas US$	US$ 26.764	US$ 30.141	US$ 34.209	US$ 38.826	US$ 35.382	US$ 38.334	US$ 37.586	US$ 35.127	US$ 43.623	US$ 53.999	US$ 53.341	US$ 52.708	US$ 55.870	US$ 55.355	US$ 59.387	US$ 62.761
Margem bruta %	50%	57%	58%	59%	52%	52%	56%	56%	65%	63%	62%	60%	64%	63%	61%	62%
Lucro operacional US$	US$ 4.382	US$ 7.533	US$ 10.130	US$ 12.090	US$ 5.652	US$ 8.216	US$ 8.954	US$ 5.711	US$ 15.588	US$ 17.477	US$ 14.638	US$ 12.291	US$ 15.347	US$ 14.002	US$ 12.874	US$ 17.936
Margem de lucro operacional %	16,4%	25,0%	29,6%	31,1%	16,0%	21,4%	23,8%	16,3%	35,7%	32,4%	27,4%	23,3%	27,5%	25,3%	21,7%	28,6%
Taxa de impostos %	26%	24%	28%	31%	29%	24%	31%	23%	29%	27%	26%	24%	26%	20%	20%	53%
Lucro líquido US$	US$ 3.117	US$ 5.694	US$ 7.516	US$ 8.664	US$ 5.014	US$ 6.976	US$ 5.292	US$ 4.369	US$ 11.646	US$ 12.942	US$ 11.005	US$ 9.620	US$ 11.704	US$ 11.420	US$ 10.316	US$ 9.601
Margem de lucro líquido US$	12%	19%	22%	22%	14%	18%	14%	12%	27%	24%	21%	18%	21%	21%	17%	15%
LPA US$	US$ 0,47	US$ 0,86	1,17	US$ 1,42	US$ 0,87	US$ 1,20	US$ 0,93	US$ 0,79	US$ 2,06	US$ 2,46	US$ 2,20	US$ 1,94	US$ 2,39	US$ 2,47	US$ 2,18	US$ 2,04
Dividendos por ação US$	US$ 0,08	US$ 0,08	US$ 0,16	US$ 0,32	US$ 0,40	US$ 0,45	US$ 0,55	US$ 0,56	US$ 0,63	US$ 0,78	US$ 0,87	US$ 0,90	US$ 0,90	US$ 0,96	US$ 1,04	US$ 1,08
Depr. Amort. US$	US$ 5.334	US$ 5.070	US$ 4.889	US$ 4.595	US$ 4.912	US$ 4.798	US$ 4.616	US$ 5.052	US$ 4.638	US$ 6.064	US$ 7.522	US$ 8.032	US$ 8.549	US$ 7.910	US$ 7.790	US$ 8.129
Despesas de capital US$	US$ 4.703	US$ 3.656	US$ 3.843	US$ 5.871	US$ 5.860	US$ 5.000	US$ 5.197	US$ 4.515	US$ 5.207	US$ 10.764	US$ 11.027	US$ 10.771	US$ 10.105	US$ 7.326	US$ 9.625	US$ 11.778
Dividendos US$	US$ 533	US$ 524	US$ 1.022	US$ 1.958	US$ 2.320	US$ 2.618	US$ 3.100	US$ 3.108	US$ 3.503	US$ 4.127	US$ 4.350	US$ 4.479	US$ 4.409	US$ 4.556	US$ 4.925	US$ 5.072
Recompras líquidas US$	US$ 3.333	US$ 3.045	US$ 6.622	US$ 9.435	US$ 3.547	US$ (274)	US$ 6.090	US$ 1.362	US$ 1.149	US$ 12.088	US$ 2.654	US$ 559	US$ 9.132	US$ 2.135	US$ 1.479	US$ 1.845
Distribuição %	124%	63%	102%	131%	117%	34%	174%	102%	40%	125%	64%	52%	116%	59%	62%	72%
Caixa líquido US$	US$ 12.466	US$ 17.384	US$ 19.487	US$ 15.025	US$ 12.395	US$ 17.616	US$ 13.832	US$ 16.651	US$ 23.804	US$ 8.957	US$ 9.697	US$ 14.414	US$ 9.519	US$ 10.494	US$ 2.712	US$ (3.907)
Patrimônio líquido US$	35.468	37.846	38.579	36.640	37.210	43.120	39.546	41.704	49.430	45.911	21.503	58.256	55.865	61.085	66.226	69.019
Retorno sobre Patrimônio líquido %	9%	15%	19%	24%	13%	16%	13%	10%	24%	28%	51%	17%	21%	19%	16%	14%
Número médio de ações(milhões)	6.759	6.621	6.494	6.178	5.880	5.936	5.748	5.645	5.696	5.411	5.160	5.097	5.056	4.894	4.875	4.836
Funcionários (Milhares)	79	80	85	100	94	86	84	80	83	100	105	108	107	107	107	103

Fonte: Dados do relatório anual da Intel

Tributária dos Estados Unidos de 2017 e ao repatriamento de lucros acumulados mantidos no exterior. No fim das contas a legislação de 2017 reduziria, e não aumentaria, os impostos para a Intel. No entanto, conforme governos menos favoráveis às empresas cheguem ao poder, confrontados com necessidades demográficas de maiores despesas médicas e de aposentadoria, essas taxas mais baixas podem não permanecer. Feitos os ajustes para o efeito temporário da reforma tributária e da venda única do Intel Security Group, a própria Intel estimou que sua alíquota de imposto de 2017 teria sido de 23%. Usaremos esse número como nossa estimativa da taxa de imposto de longo prazo da Intel. O lucro operacional líquido sustentável estimado após os impostos é de US$ 12,3 bilhões (77% de US$ 16 bilhões).

Os níveis históricos de distribuição de caixa da Intel a partir da receita líquida foram altos e relativamente estáveis em períodos de cinco anos. De 2003 a 2007, a Intel distribuiu 91% de seu lucro líquido reportado em dividendos e recompras de ações líquidas. De 2008 a 2012, a fração de distribuição foi de 92%. De 2013 a 2017, o número caiu para 73% (ver dados na Tabela Ex. 4.13). Parece ter havido duas razões para esse declínio. Em primeiro lugar, o negócio principal da Intel tornou-se mais intensivo em capital com o tempo. No início da década de 1990, o valor do balanço patrimonial do ativo imobilizado era de cerca de 45% da receita anual. Em 2013, essa proporção aumentou para 60%. Em 2017, era de 65%. O aumento da intensidade de capital aumentou o montante de investimento necessário para apoiar o crescimento orgânico, deixando menos fundos disponíveis para distribuição aos acionistas. Essa restrição foi exacerbada por grandes investimentos em áreas além do negócio principal da Intel, à medida que a administração buscava diversificar suas operações.

Em segundo lugar, em 2017, o saldo de caixa líquido positivo habitual da Intel (caixa e investimentos financeiros menos dívida) havia evaporado. O caixa líquido de US$ 14,4 bilhões no final de 2013 se transformou em US$ 3,9 bilhões negativos no final de 2017. Continuar a distribuir 90% ou mais da receita líquida exigiria mais empréstimos e acúmulo de dívidas, uma estratégia financeira que parecia não agradar à administração da Intel. Por essas razões, utilizaremos um nível de distribuição de caixa de 80% do lucro líquido; acima da média de 2013 a 2017, mas abaixo das normas históricas de longo prazo. Esse nível produz um retorno de caixa anual sustentável de US$ 9,9 bilhões (80% de US$ 12,3 bilhões). Essa é uma estimativa no mínimo generosa; os níveis de distribuição futuros abaixo do nível de 73% de 2017 parecem ser muito mais prováveis do que um retorno aos níveis históricos de 90%.[12] Os US$ 9,9 bilhões de distribuição sustentável de caixa repre-

---

[12] Portanto, consideraremos o impacto potencial de menores distribuições de caixa e maiores níveis de reinvestimento dos lucros retidos.

sentam um retorno de 4,3% sobre o valor de março de 2018 da empresa Intel, que era de US$ 232 bilhões, superior ao retorno de caixa de março de 2003 de 3,0% e bem acima do retorno de caixa estimado de 1,8% em março de 1999.

Retorno do crescimento orgânico

Para os seis anos entre 2012 e 2017 (pico a pico), a receita da Intel cresceu 2,5% ao ano. De 2005 a 2017 (novamente pico a pico), as receitas cresceram 4,1% ao ano. O recente crescimento médio histórico da receita parece ter sido de cerca de 4% ao ano, igual ou ligeiramente abaixo do crescimento do PIB global. A partir de 2017, a desaceleração da produtividade e do crescimento da força de trabalho na China, juntamente com o crescimento lento e continuado nas economias desenvolvidas, indicava que o futuro crescimento real do PIB global seria de cerca de 3% ao ano. Com uma inflação anual de cerca de 1,5%, isso coloca a taxa de crescimento nominal do PIB global em 4,5%, ligeiramente abaixo da taxa de crescimento global nominal para os anos durante os quais o crescimento da receita da Intel foi, em média, de quase 4%. Portanto, o crescimento orgânico da receita da Intel a partir de 2017 deveria ser de cerca de 4%. O crescimento dos lucros, dada a lenta deterioração histórica da margem, deveria ficar um pouco abaixo desse valor. Para sermos otimistas, estimaremos um crescimento orgânico no valor da Intel de 4% ao ano, um pouco abaixo de nossa estimativa de março de 2003, que foi de 4,5%. (Ver Tabela Ex. 4.11.)

Retornos de investimento ativo

Com 4% de crescimento orgânico na receita, a receita da Intel em 2018 deveria crescer US$ 2,6 bilhões (4% de US$ 64 bilhões). O investimento necessário para sustentar esse crescimento nos níveis recentes de capital fixo de 62,5% da receita seria de cerca de US$ 1,6 bilhão. O investimento de capital de giro necessário deveria ser essencialmente zero, que tem sido a experiência no histórico da empresa. O lucro retido em 20% (100% menos o índice de pagamento de 80%) de US$ 12,3 bilhões em lucros sustentáveis seria de US$ 2,5 bilhões, deixando US$ 0,9 milhão para investimento ativo após os US$ 1,6 bilhão necessários para financiar o crescimento orgânico.

Na verdade, a Intel vinha investindo muito mais do que essa quantia em novas iniciativas.

Os gastos com aquisições foram, em média, de US$ 6 bilhões por ano de 2011 a 2017. As maiores compras foram a da Altera, fabricante de chips semicondutores programáveis, por US$ 14,5 bilhões em 2015 e a da Mobileye, empresa de visão computacional, análise de dados, aprendizado de máquina e carros autônomos, por outros US$ 14,5 bilhões em 2017.

O valor criado por esses investimentos era altamente questionável. Em 2011, a Intel adquiriu a McAfee, uma empresa de *software* de segurança de computadores, por US$ 7,7 bilhões. Em 2017, a Intel vendeu uma participação majoritária em seu Intel Security Group por uma avaliação de US$ 4,2 bilhões. No meio-tempo, os lucros após os impostos do grupo parecem ter sido, em média, não mais do que US$ 150 milhões por ano. Supondo que o custo de capital associado à aquisição da McAfee foi de 10%, o valor que a Intel recebeu por seu investimento de US$ 7,7 bilhões foi de apenas US$ 0,50 centavos por dólar investido.

A aquisição da Altera parece igualmente decepcionante. Nos cinco anos de 2010 a 2014, o último ano para o qual a Altera publicou dados financeiros anuais independentes, a empresa relatou uma receita operacional que caiu de US$ 868 milhões para US$ 553 milhões. As receitas ao longo desse período de cinco anos foram essencialmente estáveis, caindo de US$ 1,95 bilhão em 2010 para US$ 1,93 bilhão em 2014. O Programmable Solutions Group da Intel aparece pela primeira vez no relatório anual de 2016. A maior parte das operações da Altera teria se enquadrado neste segmento. As receitas reportadas do grupo foram de US$ 1,67 bilhão em 2016 e US$ 1,9 bilhão em 2017. O lucro operacional foi negativo em US$ 104 milhões em 2016 e positivo em US$ 458 milhões em 2017. Se fôssemos supor, generosamente, que a receita operacional incremental da Intel com a aquisição da Altera seria de US$ 600 milhões por ano, então o retorno sobre seu investimento na Altera teria sido de 4,1% ao ano (US$ 0,6 bilhão dividido por US$ 14,5 bilhões). Presumindo um custo de capital de 10%, isso representa cerca de US$ 0,40 do valor criado para cada dólar investido.

A aquisição da Mobileye também parece ter sido um erro. Em seu último ano como uma empresa independente, a Mobileye teve receitas de US$ 358 milhões, 660 funcionários e uma receita operacional de US$ 120 milhões. A empresa podia até ter uma tecnologia valiosa, mas estava operando em campos nos quais a tecnologia mudava rapidamente, e nem ela nem qualquer uma de suas muitas concorrentes haviam estabelecido uma posição dominante. Nessas circunstâncias, o poder dos lucros atual/valor do ativo era o que a Mobileye provavelmente valeria. Como o valor do ativo era difícil de avaliar, o valor do poder dos lucros é nossa melhor medida do que a Intel adquiriu por seus US$ 14,5 bilhões. Supondo uma taxa de impostos de 20% e um custo de capital de 10%, o valor do poder dos lucros da Mobileye teria sido de cerca de US$ 1 bilhão (US$ 120 milhões vezes 80% dividido por 10%), apenas 7% do preço pago pela Intel. Isso parece ser outro exemplo da deterioração de valor ocasionada pela prática de investimento ativo da Intel. Dado esse histórico, um fator de criação de valor de 40% (US$ 0,40 por dólar) para os investimentos ativos da Intel seria otimista. Vamos estimar o fator de criação de valor em um terço. Se a Intel estivesse simplesmente investindo US$ 0,9 bilhão de seus lucros retidos após financiar o crescimento orgânico, a criação de valor líquido seria de US$ 0,3 bilhão (US$ 0,9 bilhão vezes um terço); um retorno adicional de cerca de 0,1% (US$ 0,3 bilhão dividido por US$ 232 bilhões) aos resultados da empresa. Já se a Intel dedicasse até US$ 2 bilhões por ano a este tipo de investimento ativo, muito menos do que a média recente de US$ 6 bilhões por ano, então, no final das contas, US$ 1,1 bilhão teriam de vir de pagamentos reduzidos aos acionistas (US$ 2 bilhões menos US$ 0,9 bilhão). Nesse caso, o retorno líquido seria negativo em US$ 0,7 bilhão (dois terços da deterioração do valor por dólar vezes a redução de US$ 1,1 bilhão nas distribuições de caixa). Este número representaria 0,3% negativo do valor da Intel de US$ 232 bilhões. Em vez de presumir que tal comportamento persistiria, dado o histórico geral de boa administração da Intel, simplesmente atribuiremos um valor zero ao retorno de investimento ativo da Intel. (Ver Tabela Ex. 4.11.)

Retorno total, custo de capital e taxa de desvanecimento

Nossa estimativa de retorno total para a Intel é de 8,2%, composta de retorno de caixa de 4,2% mais crescimento orgânico de 4,0%. O custo de capital em relação ao qual esse retorno deveria ser medido teria sido menor do que o custo de capital em 2003 por três razões. Primeiramente, as taxas de juros no início de 2018 eram mais baixas do que as de 2003. O rendimento de março de 2018 de um título do tesouro americano de 20 anos foi de 3,1%, em comparação com 4,1% em 2003. Em segundo lugar, dado o aumento no retorno de caixa entre 2003 e 2018, uma fração menor do retorno de 2018 teria dependido do crescimento futuro e dos retornos em um futuro distante. Em terceiro lugar, a maior estabilidade histórica e o histórico mais longo da Intel em 2018 em comparação com 2003 teriam reduzido a incerteza de um investimento na Intel. Por outro lado, a Intel continuava sendo um investimento relativamente arriscado que deveria ter garantido um retorno acima da média do mercado. Com os retornos do capital de risco exigidos em 2018 em torno de 13% e o mercado de ações em geral rendendo cerca de 7%, um custo de capital de 10%, a meio caminho entre estes dois valores, parece adequado. Isso está 1% abaixo de nossas estimativas de custo de capital para 2003 (ver Tabela Ex. 4.11).

Mesmo com um custo de capital mais baixo, de 9%, o retorno de cerca de 8% da Intel não teria fornecido nenhuma margem de segurança contra o desvanecimento da franquia. Além disso, em 2018, o risco de desvanecimento continuava sendo uma preocupação significativa para os investidores da Intel.

Com relação à taxa de desvanecimento, algumas notícias boas e outras más surgiram desde 2003. A boa notícia foi que grande parte da franquia da Intel permaneceu intacta. Isso era especialmente verdadeiro no mercado de servidores de crescimento relativamente rápido, impulsionado pela computação em nuvem, que a Intel conseguira dominar. Além disso, a Intel continuava a liderar o mercado de microprocessadores para PCs de mesa. No início de 2018, a Intel vinha mantendo sua posição de liderança na maior parte do mercado de microprocessadores há 25 ou 30 anos.

A má notícia eram as evidências do segmento móvel dos mercados, especialmente smartphones e tablets, que demonstrava como a posição da franquia da Intel poderia desaparecer rapidamente. Em 2012, o segmento de mobilidade da Intel, que fabricava microprocessadores para smartphones e tablets, teve uma queda de receita para US$ 1,8 bilhão, com prejuízo operacional de US$ 1,8 bilhão. Dois anos depois, as receitas caíram para US$ 0,2 bilhão, enquanto o prejuízo operacional subiu para US$ 4,2 bilhões. Em 2017, o Client Computing Group da Intel, que fabricava microprocessadores para PCs incluindo os antigos produtos de mobilidade, teve receita de US$ 34 bilhões, estável desde 2014, mas com receita de apenas US$ 12,9 bilhões, uma queda em relação aos US$ 14,6 de 2014.

Se o mercado de computadores de mesa representado pelo Client Computing Group seguisse o mercado de mobilidade, a Intel como um todo estaria com verdadeiros problemas.

Equilibrando esses dois fatores, a abordagem otimista seria supor que a esperada meia-vida futura da franquia da Intel crescera ligeiramente, digamos de 30 para 40 anos. Isso significaria uma redução na taxa de desvanecimento de 2,4% para 1,8% ao ano. O retorno pós-desvanecimento das ações da Intel em março de 2018 teria sido de 6,4% (8,2% menos 1,8%). Em comparação com um custo de capital de aproximadamente 10%, isso corresponderia a uma relação entre o valor intrínseco e o valor de mercado de aproximadamente dois terços. O ajuste do retorno do crescimento orgânico para refletir esse fator levaria a uma redução adicional em nosso retorno estimado de 1,3% (um terço de 4%). Assim, nossa estimativa de retorno pré-desvanecimento ajustado seria de 6,9% (8,2% menos 1,3%). Incluindo a taxa de desvanecimento, o retorno seria de apenas 5,1%.

As ações da Intel em março de 2018 não eram uma pechincha e era quase certo que estavam significativamente supervalorizadas de uma perspectiva de longo prazo. Isso não deve nos surpreender. De março de 2014 a março de 2018, o preço das ações da Intel quase dobrou; seu retorno médio no período foi de cerca de 22% ao ano. No final desse período, não era o tipo de ação decepcionante, barata e pouco atraente que representa a maioria das oportunidades de valor. Mesmo se presumíssemos uma franquia sustentável e perspectivas decentes de crescimento, o preço inicial, em relação ao valor intrínseco, representava um grande desafio para um investimento bem-sucedido na Intel.

Conclusão

As ações da Intel passaram por mudanças dramáticas de preço nos últimos 30 anos. Houve grandes declínios, por exemplo, entre 1998 e 2002, e aumentos rápidos em resposta à melhoria do desempenho operacional, como no período entre 2014 e 2018. Ainda assim, os movimentos de preços por si só não determinaram se a Intel era ou não um bom investimento em valor. O valor de um negócio de franquia como a Intel depende não apenas dos lucros atuais, mas também das perspectivas de crescimento orgânico futuro, da qualidade da alocação de capital e da probabilidade de erosão da franquia. Só é possível medir de forma eficaz o impacto dessas forças complexas sobre a avaliação no contexto de uma abordagem baseada no retorno, como a que aplicamos aqui. As avaliações de fluxos de caixa descontados que capturam todos esses fatores seriam inevitavelmente opacas e imprecisas.

9

Estratégia de pesquisa

Uma terceira etapa no processo de investimento, após a busca e a avaliação, é a coleta ativa e intensiva de informações. Quando Benjamin Graham e David Dodd concluíram sua obra seminal, muitos investidores nem mesmo realizavam análises detalhadas das demonstrações financeiras da empresa. De fato, até o Securities Act de 1933, mesmo as empresas com ativos emitidos publicamente não eram obrigadas a publicar informações financeiras sistemáticas regularmente. A pesquisa ativa naquela época consistia, em grande parte, em descobrir as informações necessárias para realizar uma avaliação básica. Por exemplo, um dos principais *insights* de Graham sobre a avaliação de ferrovias foi que as demonstrações financeiras detalhadas e as informações operacionais, embora não amplamente publicadas, tinham de ser enviadas à Interstate Commerce Commission, o órgão federal responsável pela regulamentação de estradas de ferro, onde poderiam ser inspecionadas pelo público. Hoje, as informações financeiras e operacionais básicas de todas as empresas estão disponíveis instantaneamente para todos os investidores na Internet. A própria SEC publica arquivos corporativos, incluindo 10-Ks trimestrais e 10-Ks anuais, em seu site Edgar. Serviços como Bloomberg e Capital IQ facilitam o uso dessas informações organizando dados de muitas fontes e compilando-os em formatos eletrônicos padronizados para visualização rápida ou análise posterior. Os investidores modernos enxergam muito além dos dados básicos que fundamentam a avaliação. Ainda assim, mesmo com essa disponibilidade instantânea, muitas informações importantes são esquecidas e muito esforço é dedicado à coleta de informações de valor apenas marginal. Uma estratégia de pesquisa sistemática é uma parte importante de qualquer processo de investimento bem concebido, especialmente porque muitas informações estão prontamente disponíveis para os investidores do outro lado da negociação.

Por estratégia de pesquisa, nos referimos ao esforço despendido na investigação ativa de oportunidades de investimento após uma avaliação básica ter sido feita. Uma boa estratégia de pesquisa tem de ser completa e eficiente. Por "completa", entende-se que deve abranger todas as informações importantes, específicas da empresa e mais gerais, que dizem respeito ao provável sucesso do investimento. Em particular, deve abordar todas as evidências de garantia que estão prontamente disponíveis e muitas vezes são esquecidas. Analistas cuidadosos devem sempre saber quem possui ou vendeu recentemente um ativo no qual estão interessados, se a gestão está comprando ou vendendo ações da empresa, como a opinião prevalecente do mercado vê a empresa e suas perspectivas e em que medida o desempenho do analista foi bom ou ruim no caso de investimentos anteriores em oportunidades semelhantes e o que foi aprendido no processo. Por eficiente, queremos dizer que os esforços de um analista devem se concentrar nas informações que provavelmente terão o maior impacto na avaliação. Isso significa identificar as principais premissas que fundamentam uma avaliação e concentrar o tempo de pesquisa nelas. Este último ponto pode parecer óbvio, mas muitas empresas de investimento têm práticas de pesquisa e formatos de coleta de informações que devem ser seguidos independentemente de sua relevância para uma decisão de investimento específica.

Informações indiretas

A coleta de informações indiretas começa observando quem possui as ações de uma empresa. Essas informações são publicadas regularmente nos Estados Unidos e em outros mercados importantes. Uma fonte é a própria empresa, que geralmente publica as identidades dos principais acionistas. Uma segunda fonte são as informações sobre as participações dos principais investidores financeiros. Nos Estados Unidos, investidores que administram mais de US$ 100 milhões em ações dos EUA devem revelar suas participações trimestrais à SEC. Além disso, quando um determinado investidor adquire mais do que um limite percentual das ações de uma empresa, esse fato muitas vezes deve ser divulgado em um arquivo regulatório separado nos Estados Unidos e no exterior.[1] Essas informações geralmente estão disponíveis em todos os principais serviços de dados financeiros, bem como no Edgar, da SEC. Para as participações de investidores específicos, existem sites que se dedicam a publicá-los, especialmente o subgrupo de investidores considerados

---

[1] Nos EUA, a SEC exige que os compradores apresentem um relatório quando ultrapassam o limite de 5% de propriedade. Registros mais frequentes e oportunos devem ser feitos por proprietários de pelo menos 10% das ações.

particularmente dignos de se acompanhar – geralmente investidores que têm um histórico de desempenho excepcional. Apesar disso, uma nota de cautela é necessária. As informações podem não estar atualizadas, e o prestigioso investidor pode estar enganado. O fato de que algum investidor notável possui o ativo é algo a ser observado, não seguido cegamente.

Uma maneira óbvia de usar essas informações é como parte de uma estratégia de pesquisa. Ver o que investidores de sucesso, como Warren Buffett, atualmente detêm e compraram recentemente e, em seguida, seguir suas ações não é uma maneira ruim de investir. Se as ações em questão caíram desde a divulgação mais recente, para que um analista possa obter um preço melhor do que um investidor de destaque, comprar mais tarde pode até aumentar os retornos. Seguir essa estratégia ajuda a identificar as áreas em que investidores notáveis foram mais bem-sucedidos. Na opinião de praticamente todos, Warren Buffett é um investidor excepcional. Ele tem se saído especialmente bem investindo em bancos e seguradoras. É um estudioso de longa data de ambos os setores e foi proprietário e dirigente de empresas desse meio. Suas outras escolhas, embora bem-sucedidas, não foram tão bem. Como outro exemplo de especialização, Mario Gabelli é um conhecedor bem-sucedido de mídia e telecomunicações há décadas. Se você estiver procurando por ideias de investidores notáveis, concentre-se nas áreas em que eles são mais especializados e/ou têm mais sucesso.

Os benefícios de identificar a *expertise* se aplicam à região geográfica bem como ao setor. Suponha que você decida examinar os investimentos potenciais na Turquia porque os mercados do país sofreram um grande declínio e de lá vem uma série de más notícias econômicas e políticas. As participações e aquisições recentes de investidores com experiência de longo prazo e um histórico de investimentos bem-sucedidos na Turquia serão um bom ponto de partida. Ao examinar setores ou regiões que não estão dentro de seu próprio círculo de competência, desenvolver uma lista de investidores exitosos bem informados e examinar suas participações é potencialmente útil.

Um segundo benefício de observar quem é o proprietário de um determinado ativo surge depois de você ter feito uma avaliação inicial. Se a empresa em questão é amplamente controlada por investidores disciplinados e orientados pelo valor, com altos níveis de especialização relevante, isso é obviamente um sinal positivo.[2] Se eles têm aumentado suas participações em face da queda do preço das ações, isso é ainda mais forte. Isso indica que eles estavam confortáveis com sua avaliação positiva inicial e dis-

---

[2] Há exemplos, como a Valeant em 2015, em que muitos investidores em valor de boa reputação cometeram o mesmo erro, presumindo que uma estratégia de negócios era mais durável, e talvez até mais legítima, do que provou ser o caso.

postos a aproveitar a queda no preço para aumentar o número de ações que possuem, ou mesmo o montante em dólares de suas posições. Por outro lado, se esses mesmos investidores estão reduzindo suas participações em face da queda dos preços, você deve ser cauteloso e revisar cuidadosamente suas premissas de avaliação. Se os acionistas do ativo que você tem em vista vêm sendo historicamente menos disciplinados, menos bem informados sobre a área e investidores menos exitosos, você deve reconsiderar, mas não necessariamente abandonar qualquer visão originalmente favorável.

Um conjunto de investidores particularmente bem informados sobre as perspectivas futuras de uma empresa é formado por gerentes e diretores seniores da empresa, os clássicos *insiders*. Sempre que compram ou vendem papéis da empresa, eles são obrigados a divulgar suas negociações, incluindo a natureza, o momento e o tamanho de qualquer transação. Essas informações são então disseminadas quase que instantaneamente na Internet pela SEC e pelos serviços de informações sobre investimentos financeiros. O comportamento interno tem sido historicamente um poderoso preditor do provável sucesso de um investimento. Se estiverem comprando, há boas chances de acreditarem que a ação está subvalorizada e terá valorização. Às vezes, os *insiders* fazem acordos para vender quando o preço de uma ação atinge certos níveis pré-especificados. Esses níveis às vezes são divulgados e às vezes podem ser inferidos a partir de transações repetidas. Preços de venda pré-especificados mais altos claramente representam uma visão mais positiva do futuro da empresa.

Assim como as participações de alguns investidores externos em uma determinada ação podem ser mais informativas do que as de outros, alguns movimentos dos *insiders* são mais reveladores do que outros. As decisões de compra interna parecem ser indicadores mais confiáveis do que as decisões de venda. Além disso, a pesquisa acadêmica sugere que as transações dos membros do conselho que estão há muito tempo no cargo e moram perto da sede da empresa são um indicador melhor do desempenho futuro da empresa do que as de outros diretores menos bem relacionados. Da mesma forma, as ações de gerentes muito seniores (p. ex., CEOs e CFOs) podem às vezes ser menos reveladoras do que as de executivos de nível inferior. Dada sua maior visibilidade, as gerências superiores estão mais expostas a críticas por suas transações e, como resultado, parecem ser mais circunspectas em seu comportamento. É importante, ao usar o comportamento interno para fins de investimento, pensar em detalhes sobre quais transações serão mais informativas para uma determinada empresa. É necessária uma análise cuidadosa da relação histórica entre as transações dos *insiders* e o desempenho subsequente da empresa para aproveitar ao máximo as informações sobre negociações internas.[3]

---

[3] H. Nejat Seyhum. (1998). *Investment Intelligence from Insider Trading*, Cambridge, MA: MIT Press.

Outro sinal da visão da gestão sobre as perspectivas futuras é a decisão de emitir mais ações, seja por meio de uma oferta no mercado secundário, uma aquisição de ações em vez de dinheiro ou aumentando o valor dos planos de remuneração com base em ações. Estudos acadêmicos ao longo de muitos anos indicam fortemente que a emissão de mais ações é um sinal negativo para retornos futuros. Em primeiro lugar, os gerentes orientados para o acionista não emitirão ações hoje se esperarem que seus negócios superem as expectativas atuais no futuro. Nesse caso, levantariam fundos por meio de dívidas para necessidades de curto prazo e venderiam ações por um preço mais alto posteriormente ou simplesmente adiariam o financiamento externo até que o preço das ações melhorasse. Em segundo lugar, os gerentes racionais nunca devem vender ações quando pensam que suas ações estão subvalorizadas. Essas vendas são um presente para investidores externos à custa dos atuais acionistas. Uma emissão de ações geralmente sinaliza que o preço das ações não está subvalorizado e aumenta a probabilidade de que esteja sobrevalorizado, um fato que o mercado entende perfeitamente.[4] Em terceiro lugar, empresas fortes são mais capazes de lidar com dívidas do que as fracas, e geralmente há vantagens fiscais no financiamento de dívidas. Portanto, a decisão de levantar capital emitindo ações sugere que uma empresa está em uma posição financeira relativamente fraca (ou que, na visão da gestão, suas ações estão sobrevalorizadas). A escolha específica de financiamento entre todo o espectro de opções revela informações adicionais; as emissões de dívida subordinada de longo prazo, que podem acarretar taxas de juros mais altas, indicam maior fraqueza financeira do que a dívida sênior de prazo mais curto e mais restritiva, que geralmente acarreta uma taxa de juros mais baixa.[5] Como as vendas de ações privilegiadas, as informações transmitidas por emissões de ações também dependem do contexto. Por exemplo, quando os preços gerais das ações estão baixos, a emissão de ações tende a ser especialmente onerosa para os acionistas existentes. Nessas condições, geralmente adentrando ou durante uma recessão, as emissões de ações têm sido historicamente raras. As empresas que vendem ações atualmente são empresas com as costas contra a parede, quando o sinal negativo de uma emissão de ações é especialmente potente. Os investidores devem levar isso em consideração.

Uma terceira e talvez a mais valiosa fonte de informação é o desenvolvimento de uma rede de investidores capazes e com ideias semelhantes, cujas áreas de especialização complementam a sua. Por exemplo, uma questão fundamental para quem

---

[4] Os anúncios de emissão de ações historicamente têm gerado movimentos negativos dos preços das ações que se estendem por vários anos.

[5] Uma exceção a este último ponto são as empresas *in extremis* que não tem escolha a não ser dívida sênior altamente restritiva. Mas esses casos são facilmente identificados.

investe em empresas japonesas de pequeno e médio porte é a qualidade da governança corporativa no tratamento dos acionistas. As empresas japonesas costumam ser orientadas por imperativos operacionais internos de crescimento, bem-estar dos funcionários e posição no setor, metas que podem ser louváveis em si mesmas, mas deixam pouco espaço para o interesse dos acionistas. Em muitos casos, os acionistas de empresas bem-sucedidas veem pouco do benefício desse sucesso na forma de distribuições em dinheiro. Esse comportamento não é imutável. Antecipar mudanças favoráveis no tratamento dos acionistas antes do mercado de ações como um todo é uma parte fundamental do investimento lucrativo em pequenas e médias empresas japonesas. Essa é uma façanha difícil de realizar, porque, independentemente das regras contra a revelação de informações privilegiadas, muitas administrações japonesas são, em grande parte, inacessíveis a investidores externos, especialmente investidores sem uma presença significativa no Japão. Como resultado, entre os investidores mais bem-sucedidos em pequenas e médias empresas japonesas está um grupo de investidores estrangeiros que moram e investem no Japão há 30 anos ou mais. Essas pessoas tendem a gravitar para diferentes regiões japonesas, nas quais desenvolveram relacionamentos próximos com muitas empresas japonesas locais. Assim, mesmo sem acesso a informações privilegiadas inapropriadas, são capazes de entender as mudanças atuais nas culturas da empresa e antecipar as consequências dessas mudanças para os acionistas. Um aspecto crucial de seu sucesso é que eles se reúnem regularmente para compartilhar informações, de forma que não se limitem a investimentos em uma única região. Eles também estão conectados a investidores semelhantes na Europa e nos Estados Unidos, que têm perspectivas valiosas sobre empresas de pequeno e médio porte em seus próprios territórios. A rede como um todo permite que seus membros tenham um desempenho melhor do que qualquer membro individualmente. A conexão com esses tipos de redes é uma parte importante de um processo de pesquisa eficiente e completo.

Percepções públicas de consenso sobre a situação de uma empresa são úteis de uma maneira diferente. Elas não fornecem orientação de investimento ativa, ao contrário de investidores notáveis, *insiders* corporativos ou redes de investidores capazes, focados e informados. Investir com o rebanho produzirá retornos de mercado, na melhor das hipóteses. No entanto, as percepções do público nem sempre são equivocadas. Em muitas situações, o consenso da multidão é um juiz melhor do que qualquer indivíduo. Se você vai investir com uma visão de futuro contrária a essas percepções, postura que geralmente caracteriza os investidores em valor, ainda é importante se familiarizar com o ponto de vista do consenso. Às vezes, essa perspectiva incluirá coisas que você esqueceu. Esses fatores negligenciados podem muitas vezes não ter influência em sua análise original e, nesse caso, nenhum dano acontece. No entanto, às vezes, ocorre o contrário, e esses casos justificam o exercício. Os investidores em valor costumam declarar que evitam conscientemente a pesquisa de mercado de "Wall Street", que é uma caracterização comum de percepções amplas do mercado. O medo deles parece ser o de serem influenciados negativamente pelo canto da sereia do consenso. Os verdadeiros investidores em valor devem ser capazes de olhar com desprezo para as visões consensuais e rejeitá-las quando justificado. Para um investidor em valor disciplinado, não deveria haver nenhuma desvantagem em identificar as "percepções variantes" da "multidão" do mercado que diferem de sua própria análise.

Por fim, o investidor deve examinar cuidadosamente seu próprio comportamento anterior. Uma grande fração das oportunidades em valor é criada pelo comportamento irracional do Sr. Mercado de Benjamin Graham. O campo das finanças comportamentais modernas identificou uma série de irracionalidades comuns persistentes, cuja exploração é um elemento importante das estratégias de busca que definimos no Capítulo 2. Note-se que a irracionalidade não se limita a investidores fora do clã de investimento em valor. Os investidores em valor são seres humanos com os mesmos instintos subjacentes dos investidores que não orientados pelo valor. Haverá inevitavelmente tendências específicas que afetarão a todos, exceto alguns investidores de valor desumanamente disciplinados, as quais podem levar a uma má tomada de decisão de investimento. O importante é não permitir que essas tendências gerem erros recorrentes de comissão ou omissão. Dominar seus próprios preconceitos cognitivos envolve primeiramente identificá-los e, em seguida, desenvolver estratégias para lidar com eles. A identificação requer monitoramento cuidadoso. Todo investidor em valor deve manter um registro das decisões tomadas entre comprar e passar, entre vender e manter, com uma nota da justificativa associada. Esse registro deve ser revisado em intervalos regulares, pelo menos uma vez por ano, para ver se há padrões persistentes de comportamento que prejudicam os processos e padrões que o investidor estabeleceu. Cometer um erro uma vez é desculpável. Cometer o mesmo erro repetidamente soa como descuido. Isso se aplica a ações realizadas e não realizadas. As estratégias para superar o comportamento irracional identificado são muitas, mas a mais simples e eficaz é evitar completamente aquelas situações de investimento em que você tomou decisões erradas. A irracionalidade de outros cria oportunidades; sua própria irracionalidade cria perdas.

Informações diretas

A busca eficiente por informações diretas está enraizada no processo de avaliação. Para investimentos de renda fixa com compensações claras – geralmente dívida sênior em situações de dificuldades –, a questão fundamental é o tempo. Você sabe o que vai conseguir; a única questão é quando. Por exemplo, se o pagamento for o valor de face mais juros acumulados a uma taxa de cupom conhecida de 5% com juros anteriores não pagos de dois anos, o *payoff* imediato seria 1,1 vezes o valor de face. Em um ano, a recompensa será 1,15 vezes; em dois anos, pouco mais de 1,2 vezes. Se os títulos de dívida em questão fossem comprados a 90% do valor de face, o retorno imediato seria de 22% (1,1 dividido por 0,9) e a taxa de retorno seria muito alta. Em um ano, o retorno é de 28% (1,15 dividido por 0,9), que também é a taxa de retorno anual. Dois anos depois, o retorno é de 33%, mas a taxa de retorno anual cai para 15,5%. À medida que o *payoff* recua para o futuro, o retorno e o valor presente do *payoff*, assumindo que o custo de capital apropriado é de cerca de 5%, diminuem continuamente. Para atrasos muito longos, o *payoff* pode não ser atraente. A menos que haja questões de senioridade ou a capacidade da empresa de cobrir a dívida sênior, o tempo é o determinante mais importante do retorno e, portanto, o foco adequado da pesquisa ativa. Se houver uma questão de antiguidade legal, isso também requer atenção, desde que as respostas tenham um impacto material sobre os *payoffs* potenciais. Se a capacidade da empresa de cobrir a dívida sênior estiver em questão, as circunstâncias sob as quais isso pode ter consequências são assuntos apropriados para pesquisa ativa. Em ambos os casos, a pesquisa terá um foco relativamente restrito. Avaliações completas de empresas em uma variedade de cenários, especialmente os otimistas, geralmente serão uma perda de tempo.

Para empresas em mercados competitivos ou empresas regulamentadas cujas taxas de retorno sobre o investimento são controladas pelo custo de capital ou próximo a ele, é improvável que o crescimento crie valor. Nessas situações competitivas, apenas empresas com culturas sustentáveis de eficiência operacional excepcional farão o crescimento valer a pena para os investidores, e essas empresas raramente são negociadas a preços de pechincha. No caso dessas empresas, modelos complexos de lucros, investimentos e fluxo de caixa no futuro estendido geralmente contribuirão pouco para identificar retornos futuros. Na medida em que esses modelos mostram benefícios substanciais de taxas de crescimento mais altas, eles provavelmente são enganosos e potencialmente prejudiciais para decisões de investimento sólidas. Na melhor das hipóteses, demonstram má alocação de tempo e esforço de pesquisa. Esforços de pesquisa eficientes para empresas que não são de franquia devem se concentrar em estimativas de ativos atuais e valores do poder dos lucros. No entanto, essas áreas, especialmente os valores de reprodução de ativos, são frequentemente negligenciadas, pois os analistas se concentram nos movimentos de lucros de curto prazo e no crescimento futuro.

O caso da Magna International, que se concentra no período seguinte à crise financeira de 2008-9, é instrutivo aqui. A Magna, junto a outras ações da indústria automotiva, foi negociada com base em cenários de lucros cuidadosamente pesquisados, mas, em última análise, de pouco valor. A indústria automobilística norte-americana, incluindo fornecedores independentes de peças como a Magna, seria economicamente viável por um período considerável. O setor também seria altamente competitivo, como vinha sendo há muitos anos. Isso significava que a lucratividade futura de longo prazo teria de suportar o valor de reprodução dos ativos necessários. Algumas empresas, como a General Motors, acabaram enfrentando a falência porque o valor de reprodução líquido de seus ativos – ativos operacionais líquidos menos dívida formal menos o valor devido a fornecedores, revendedores e trabalhadores (i.e., o valor contábil do patrimônio líquido) – era bem abaixo de zero. As empresas não iriam falir imediatamente porque os credores – trabalhadores, revendedores e fornecedores – tinham um forte interesse em sua permanência. Contudo, em última análise, foram condenadas, uma vez que esses credores não podiam pagar as dívidas que cresciam continuamente ao longo do tempo, e um valor negativo de reprodução do ativo líquido não sustentaria os lucros em face da entrada da concorrência. No entanto, poucos analistas se preocuparam em calcular os valores de reprodução dos ativos, incluindo o valor estimado dos intangíveis, para essas empresas. Outras empresas com valor de patrimônio líquido positivo também faliram porque altos níveis de alavancagem significavam que qualquer desaceleração sustentada levaria o valor a menos de zero.[6] Novamente, poucos analistas dedicaram tempo substancial de pesquisa a esses cenários de balanço patrimonial negativo. Em vez disso, concentraram-se em complexas projeções de lucros prospectivos que não estavam ancoradas na realidade econômica da indústria automobilística na década de 2000. Para empresas que não são franquias, um processo de pesquisa bem concebido deve dedicar tempo aproximadamente igual aos valores de ativos e do poder dos lucros, uma vez que eles contribuem igualmente para a determinação do valor.

Para empresas de franquia, o crescimento é importante e os valores dos ativos são relativamente menos importantes. Dada essa diferença, a primeira tarefa de pesquisa é determinar até que ponto as operações de uma empresa são protegidas por barreiras de entrada. Em princípio, identificar a presença de barreiras à entrada é relativamente simples, como descrevemos nos Capítulos 6 e 7. É a determinação da extensão, da durabilidade e das consequências das vantagens competitivas

---

[6] A parte mínima de patrimônio líquido com a qual essas empresas começaram acabaria corroída por um declínio nos negócios e, em última análise, cairia abaixo de zero. O poder dos lucros associado ao valor de reprodução desses ativos não seria suficiente para efetuar os pagamentos dos passivos. Mais cedo ou mais tarde, essas situações, sem algum tipo de intervenção, acabam em falência.

específicas que requer atenção ativa significativa da pesquisa. O mais importante é um entendimento completo dos negócios envolvidos, incluindo os principais submercados nos quais uma empresa opera, seja em geografia física ou espaço de produto. A pesquisa precisa se estender além da empresa em questão, para variáveis de mercado e, mais importante, para o desempenho financeiro de outras empresas do setor. Um longo histórico da indústria é essencial, idealmente estendendo-se por mais de um ciclo do setor, para identificar tendências de longo prazo e quaisquer desvios recentes dessas tendências. É fundamental determinar se os desvios atuais são temporários ou permanentes. A realização de pesquisas neste nível é uma tarefa importante, tendo a vantagem de ser aplicável a outras empresas do setor que podem mais tarde se tornar investimentos de valor potencialmente atraentes. Os lucros que fluem desse conhecimento acumulado são um argumento importante para a especialização.

Uma vez que a natureza da franquia de uma empresa é bem compreendida, as quantidades relevantes que devem ser estudadas ativamente surgem diretamente do processo de avaliação. Os principais fatores determinantes de valor são (1) poder dos lucros atuais, (2) política de retenção de distribuição dos lucros, (3) taxas de crescimento orgânico em receitas e margens, (4) criação ativa de valor, (5) taxas de desvanecimento da franquia e (6) o custo de capital.

Avaliar itens como poder dos lucros atual e o custo de capital pode ser bastante simples, mas outros, como criação ativa de valor, taxas de desvanecimento de franquia e até mesmo política de distribuição futura, exigirão uma compreensão completa de capacidades, compreensão estratégica e prioridades da gestão. Tempo de pesquisa ativa e atenção devem ser direcionados de modo adequado. A questão mais difícil é o valor criado pelo investimento ativo, embora seja menos significativo para empresas que distribuem regularmente 85% ou mais de seus lucros, deixando pouco para investir.

Gestão, ativismo e catalisadores

Para as empresas de franquia e que não são de franquia, o desempenho da gestão é fundamental tanto para o poder dos lucros atual quanto para a criação de valor futuro. A pesquisa ativa sobre a gestão deve ser abrangente. O bom desempenho de uma gestão que leve o acionista em conta envolve mais do que apenas um alto nível de lucros distribuídos, que é a demanda central de muito ativismo do tipo "mostre-me o dinheiro". Existem quatro áreas principais de desempenho gerencial: (1) o alcance da eficiência operacional tanto no controle de custos quanto em áreas como marketing e desenvolvimento de produtos, (2) a estratégia de crescimento, especialmente a alocação de capital, que deve evitar o crescimento para seu próprio bem e focar as oportunidades em que o crescimento cria valor, (3) a estrutura financeira e a distribuição do fluxo de caixa para os investidores e (4) a gestão de recursos humanos. Uma avaliação completa da gestão examina todas essas áreas.

De longe, a área mais importante é a busca pela eficiência operacional. Uma grande variedade de estudos, notadamente aqueles financiados pela Fundação Sloan, mas incluindo muitos outros,[7] demonstrou que as empresas mais eficientes em um setor geralmente têm estruturas de custos que estão entre a metade e um terço da média do setor. Isso representa uma diferença de 100 a 200 em eficiência entre empresas líderes e médias. Essas diferenças existem mesmo que as empresas líderes geralmente tenham características observáveis de força de trabalho – escolaridade, idade, sexo e outras – semelhantes às de outras empresas do setor. Seus níveis de investimento de capital também não são excepcionais. E as empresas líderes tendem a usar tecnologias sazonais em vez de tecnologias de ponta. A lacuna entre a empresa com melhor eficiência e uma apenas mediana depende, então, não dos recursos, mas do compromisso e da habilidade da gestão em administrar uma organização eficiente. Embora seja mais difícil de quantificar do que os custos, outros estudos tendem a mostrar diferenças comparáveis entre as empresas em termos de eficiência de marketing e P&D. Por fim, as empresas líderes parecem melhorar o desempenho aproximadamente na mesma proporção que as menos eficientes. O desempenho médio alcança os líderes muito lentamente, se é que alguma vez o faz.

A implicação é que, a qualquer momento, quase todas as empresas poderiam colher grandes retornos potenciais provenientes de um foco concentrado da gestão em melhorias operacionais. As gestões bem-sucedidas criarão um valor considerável para os acionistas. Para os investidores, a capacidade de identificar esses gestores precocemente, antes que suas qualidades sejam totalmente apreciadas pelo mercado, deve produzir retornos significativamente melhores do que a média. Duas características identificáveis se destacam. Em primeiro lugar, a conquista da excelência operacional é uma maratona, não uma corrida de curta distância. Requer atenção constante para melhorias incrementais. Isso, por sua vez, exige uma organização de gestão focada em impulsionar essas melhorias, incluindo um CEO que dá alta prioridade a isso. Intervenções repentinas de curto prazo de agentes externos, como o notório "Chainsaw Al" Dunlap, raramente levam à criação de valor de longo prazo. Em segundo lugar, em qualquer empresa, o tempo e a atenção da alta gestão são recursos escassos. Os gerentes que adotam aquisições agressivas ou

---

[7] Ver, por exemplo, van Biema, Michael e Greenwald, Bruce. (1997). "Managing Our Way to Higher Service-Sector Productivity." *Harvard Business Review* (julho-agosto).

expansão internacional ou promovem sua própria visibilidade pública raramente alcançam a excelência operacional. Os gerentes que se concentram efetivamente no desempenho operacional têm, em geral, estratégias corporativas simples e restritas.

A segunda área importante de desempenho gerencial é a estratégia de crescimento. Como temos reiterado incessantemente, apenas os investimentos em crescimento que geram retornos acima de seu custo criarão valor. Esse crescimento deve se beneficiar de vantagens competitivas sustentáveis ou excelência operacional de longo prazo. Uma vez que a excelência operacional raramente gera crescimento significativo, o crescimento com criação de valor geralmente será encontrado em áreas nas quais a empresa atualmente desfruta de vantagens competitivas sustentáveis. Para começar, os gerentes devem entender onde estão suas vantagens competitivas, se é que elas existem. O primeiro lugar para o qual direcionar o crescimento é dentro dos mercados em que sua franquia existente se encontra. Quando o Walmart se expande para o setor de mantimentos ou a Coca-Cola adiciona bebidas que não são de cola à sua linha de produtos, cada um está alavancando as infraestruturas de distribuição local existentes. Quando a Microsoft adiciona recursos a seus programas do Windows e Office Suite, ela está aproveitando os produtos existentes e a captação do cliente. Ao mesmo tempo em que amplia o fosso por meio de ofertas aprimoradas, o exercício criterioso do poder de precificação também representa um crescimento de criação de valor dentro das franquias existentes.

O próximo passo para uma empresa é expandir para mercados adjacentes nos quais suas principais vantagens competitivas se farão presentes. Historicamente, o Walmart se espalhou em sequência em mercados geográficos adjacentes nos quais poderia usar sua distribuição, propaganda e infraestrutura de gestão existentes. A Oracle seguiu uma estratégia semelhante no espaço do produto, adicionando *software* funcional focado na indústria ao seu núcleo central de sistemas de gerenciamento de banco de dados.

O crescimento com criação de valor é mais difícil de alcançar além dessas duas áreas. Perseguir mercados específicos anteriormente pouco explorados de forma disciplinada pode fazer sentido se houver a possibilidade final de dominar esses mercados e se as economias de escala e a captação de clientes forem suficientes para converter essa posição dominante em barreiras sustentáveis à entrada. Tentar realizar essa façanha em muitos mercados simultaneamente é uma receita para o fracasso. Por fim, tentar competir em mercados que possuem operadores históricos dominantes na esperança de obter o retorno desfrutado por eles é um plano de destruição de valor. A razão pela qual esses incumbentes obtêm retornos sustentáveis mais altos é porque seus retornos são protegidos da erosão competitiva por barreiras intransponíveis à entrada.

Uma boa administração buscará oportunidades de crescimento dos dois primeiros tipos. Buscar o crescimento sem vantagens competitivas é um sinal de má gestão. Os gerentes que direcionam suas empresas para a expansão global sem qualquer fundamento lógico claro, exceto que a globalização é a tendência do futuro, caem nesta categoria, a qual também inclui a gestão que entra sem pensar em mercados de rápido crescimento em economias emergentes, como Índia e China, ou em tecnologias emergentes porque é aí que está o crescimento. Sem vantagens competitivas identificáveis específicas do mercado, esse crescimento não criará valor. Os gerentes que anunciam com regularidade e entusiasmo iniciativas desse tipo devem ser evitados.

Uma terceira área importante de desempenho gerencial a ser examinada é a gestão de recursos financeiros. Em primeiro lugar, se não houver uma maneira óbvia de uma empresa empregar recursos financeiros iguais ou superiores ao custo dos retornos de capital, esses recursos devem ser distribuídos aos investidores por meio de dividendos ou recompra de ações. A dupla tributação dos rendimentos financeiros das empresas, a nível corporativo e posteriormente quando distribuídos a nível individual, é um dos motivos desta política. Potencialmente mais prejudicial é o registro histórico que revela, mais cedo ou mais tarde, gerentes com recursos financeiros sobressalentes e que serão tentados a usar esses mesmos recursos. Se não houver bons investimentos disponíveis, eles farão investimentos ruins. Isso inclui realizar expansões indisciplinadas que destroem valor ou, pior ainda, jogar dinheiro bom atrás de dinheiro ruim em tentativas inúteis de resgatar iniciativas fracassadas ou divisões em dificuldades dentro de uma empresa. A boa gestão acabará com a tentação ao distribuir essas atraentes pilhas de dinheiro, e a maioria das intervenções dos investidores ativistas é projetada para pressioná-los, ou a seus substitutos, nessa direção.

Outro sinal de boa gestão financeira é a aquisição de capital financeiro com os custos mais baixos possíveis. Se a dívida for mais barata do que o capital próprio por motivos fiscais – porque enquanto os pagamentos de juros são dedutíveis para as empresas, os dividendos não são – ou por razões de mercado, como intervenção governamental que produz taxas de juros distorcidamente baixas, então as empresas bem administradas preferirão dívida a financiamento com capital próprio. Elas também precisam ser prudentes. Grande parte do custo da dívida surge da mera possibilidade de dificuldades financeiras em que os imperativos de reembolso da dívida prejudicam materialmente as operações não financeiras da empresa. Essa ameaça pode prejudicar a contratação, o relacionamento com os clientes, a cooperação dos fornecedores e a percepção do público sobre a empresa muito antes de ocorrerem dificuldades financeiras formais. Ainda assim, existem níveis razoáveis de dívida em que a possibilidade de perigo é remota ou as consequências do perigo são limitadas, como as empresas de tabaco com marcas fortes. Nessas circunstâncias, as boas gestões assumem dívidas até o limite em que não há potencial para interferência material nas operações de negócios. Essa política, ao diminuir o custo de capital, criará valor de longo prazo para os acionistas.

Por fim, os investidores devem buscar recursos humanos bons ou políticas de gestão aprimoradas. Um histórico de contratação estável e não cíclica é um sinal positivo. Empresas que adicionam pessoal energicamente em tempos bons, quando os mercados de trabalho estão apertados, e então recorrem a demissões caras em tempos ruins, quando os trabalhadores despedidos têm especial dificuldade em encontrar outros empregos, não estão fazendo bem aos seus empregados nem aos seus acionistas. Em última análise, será mais difícil atrair e reter uma força de trabalho de alta qualidade, uma vez que, entre outras coisas, bons trabalhadores são mais facilmente procurados para serem contratados por concorrentes em mercados de trabalho ruins. O resultado será um pior desempenho dos negócios. Uma segunda responsabilidade da gestão de recursos humanos é o planejamento da sucessão. A boa gestão deve ter um processo ordenado para se substituir. Sem isso, qualquer qualidade de gestão terá vida relativamente curta e seu impacto sobre o valor será reduzido.

Ao avaliar o impacto de uma boa gestão, é importante lembrar que a qualidade anterior e atual da gestão já se reflete no desempenho financeiro de uma empresa. São as mudanças na qualidade da gestão que precisam ser examinadas. Algumas mudanças vêm de melhorias graduais no desempenho gerencial e na cultura da empresa, geralmente como resultado de uma experiência de quase morte ou outra experiência adversa. Essa mudança geralmente será visível na melhoria das finanças. A questão difícil é a duração: em que medida as mudanças, para o bem ou para o mal, estão se incorporando à cultura de uma empresa e quão persistentes provavelmente serão. Outras mudanças, também para o bem ou para o mal, podem ser o resultado de uma nova alta gestão. Isso deve primeiro ser aparente nas mudanças no foco da gestão. No entanto, a menos que a nova gestão tenha um mandato claro para a mudança e os recursos para implementá-la, como a 3G na aquisição da Heinz, os resultados surgirão de forma relativamente lenta. Assim, geralmente há tempo para avaliar o desempenho da nova gestão antes de fazer um grande investimento.

As mudanças do tipo 3G/Heinz geralmente são o resultado de intervenção ativista. Os investimentos feitos em antecipação à intervenção ativista, seja com base em um anúncio de intenções, em resposta às concessões de uma empresa a um ativista interveniente ou em face de uma aquisição ativista iminente, são comuns entre os investidores em valor, e obviamente vale a pena considerá-los. No entanto, nem todas as intervenções ativistas são criadas da mesma forma. O sucesso do investimento ativista para os ativistas ou para aqueles que seguem sua liderança depende da compreensão do resultado provável da intervenção. Isso se baseia em dois elementos. O primeiro é a resposta provável da empresa-alvo, se ela aceita ou rejeita as mudanças propostas pelos ativistas. O segundo é a qualidade e o escopo da intervenção, que determinará o tamanho de qualquer benefício se a empresa-alvo responder voluntariamente ou, após uma mudança de controle, involuntariamente.

A resposta é uma questão de cultura da empresa, que varia de país para país. As empresas asiáticas são muito menos receptivas a intervenções ativistas do que as europeias. Empresas europeias, especialmente onde há uma história de controle familiar, são mais difíceis de mudar do que as norte-americanas. No entanto, mesmo que as empresas consigam resistir a uma mudança total de controle do tipo 3G/Heinz, há uma variação nas respostas corporativas. Algumas empresas se opõem rigidamente à intervenção. Recusam-se a se envolver com ativistas e mudam pouco ou nada em suas práticas atuais. A pesquisa acadêmica sistemática indica que, no caso dessas empresas, não há benefício significativo para os acionistas na intervenção ativista, a menos que um ativista seja capaz de assumir o controle da empresa-alvo. No entanto, muitas empresas respondem aos ativistas e estabelecem uma interação construtiva com eles. Nesses casos, há uma grande variação no nível de respostas da empresa, mas uma mudança benéfica significativa pode ocorrer sem uma mudança completa de controle.[8]

A natureza da mudança e o tamanho do benefício, que é nosso segundo elemento, depende fundamentalmente dos motivos dos ativistas envolvidos. Ativistas que estão estreitamente focados em mudar a política de distribuição corporativa, pressionando por maiores dividendos e recompras e tentando intervir em uma ampla gama de setores, produzem em média o menor benefício. Ativistas especializados no setor, aqueles que dedicaram tempo para se tornarem versados na economia dos setores de suas empresas e que estão preocupados em melhorar as práticas de gestão em todos os setores, têm maior probabilidade de intervir com sucesso e fornecer o maior benefício quando obtiverem êxito. Paul Hilal é um modelo desse tipo de ativista. Investir em resposta às intervenções desses ativistas produzirá os melhores retornos. Entender quem eles são e onde reside sua experiência é um elemento importante para o investimento bem-sucedido relacionado ao ativismo.

A intervenção ativista é uma maneira como o valor comercial subjacente de uma empresa mal administrada pode ser realizado. Os eventos que alinham os preços de mercado com os valores subjacentes, como aquisições, recapitalizações e interven-

---

[8] Ver a pesquisa de Wei Jiang sobre o ativismo de fundos de *hedge*. Por exemplo, Bebchuk, Lucian A., Brav, Alon e Jiang, Wei. "The Long Term Effects of Hedge Fund Activism." NBER Working Paper No. 21227, junho de 2015.

ções ativistas, são chamados de "catalisadores", e grande parte da pesquisa de investimento entre investidores de valor é dedicada a identificar catalisadores. Alguns investidores em valor não investirão em empresas subvalorizadas, a menos que possam identificar o catalisador que fará com que o valor subjacente seja realizado em um futuro próximo. Antes de dedicar tempo de pesquisa para identificar e analisar catalisadores potenciais, é importante entender o papel que os catalisadores desempenham em diferentes tipos de investimento em valor.

Benjamin Graham e David Dodd deram pouca ou nenhuma atenção aos catalisadores. Sua importância foi destacada pela primeira vez por Mario Gabelli e outros investidores que contam com estimativas baseadas em negócios de valores de mercado privado para sustentar avaliações. Graham e Dodd acreditavam que, embora os preços de curto prazo fossem determinados pelo mercado de ações que agia como uma "máquina de votar", no longo prazo o mercado era uma "máquina de pesar", e o valor intrínseco acabaria por vir à tona. Nesse ínterim, uma ação comprada com desconto forneceria continuamente um retorno acima do mercado. Suponha que uma empresa que não é franquia totalmente financiada com capital próprio tenha um poder dos lucros de US$ 50 milhões por ano e um custo de capital próprio de 10%. Seu valor de poder dos lucros, que deve se aproximar de seu valor de ativos, seria de US$ 500 milhões, proporcionando um retorno dos lucros de 10%. Se fosse comprada por US$ 250 milhões, uma margem de segurança de 50%, o retorno dos lucros seria de 20%. Suponha, para fins de simplificação, que todos os lucros são distribuídos como dividendos. Então, o retorno de caixa anual sobre o preço de compra das ações é de 20%. Seria bom se o preço saltasse imediatamente para o valor intrínseco de US$ 500 milhões, mas mesmo sem essa mudança o investimento é inteiramente satisfatório. Além disso, se vendêssemos por US$ 500 milhões, mas não pudéssemos encontrar pechinchas comparáveis nas quais investir os rendimentos, US$ 500 milhões investidos ao custo de capital de 10% produziriam o mesmo retorno de lucro anual que nossas ações sem o aumento em preço. Daí a atitude relaxada de Graham e Dodd em relação à aceleração da convergência do valor intrínseco e do preço de mercado.

Suponha que, em vez de distribuir todos os lucros como dividendos, a gestão da empresa retém e reinveste metade dos lucros. Se o fizer de uma forma que não crie nem destrua valor, os US$ 25 milhões de lucros retidos gerariam US$ 25 milhões de valor a cada ano, o que aumentaria os lucros futuros. O retorno de dividendos sobre nosso preço de compra de US$ 250 milhões seria de 10% (US$ 25 milhões divididos por US$ 250 milhões), mas também receberíamos outros 10% de um negócio valioso cujos lucros e dividendos futuros obteríamos sem nenhum investimento adicional. Enquanto esperássemos que o verdadeiro valor aparecesse, ainda estaríamos tendo um retorno anual de 20%. Ocorre um problema se a gestão for um alocador de capital deficiente e destruir metade do valor dos lucros retornados reinvestidos. Nesse caso, nosso retorno ficará bem abaixo de 20%, e substituir a gestão será uma tarefa mais urgente. Um catalisador que pode fazer isso acontecer será, agora, de considerável interesse.

A importância de um catalisador para remover a má gestão será ainda maior se um investimento fosse baseado no valor do ativo sem um valor de poder dos lucros comparável. Esses ativos nas mãos de uma gestão deficiente não estão produzindo um retorno atual adequado, independentemente de qualquer perda no valor dos lucros retidos devido à má alocação de capital. Se a gestão destruir metade do valor dos ativos originais, nosso retorno dos lucros será de US$ 25 milhões. Se metade dos lucros for retida, criando apenas US$ 0,50 de valor por dólar, o valor desses ganhos será de apenas US$ 18,75 milhões (US$ 12,5 milhões + US$ 6,25 milhões), um retorno anual de 7,5% em comparação com um custo de capital de 10%. O atraso na realização do valor desses ativos pode desgastar qualquer margem de segurança original. Um catalisador será uma parte essencial de um investimento de sucesso.

Esse exemplo ilustra a natureza fundamental dos catalisadores. São uma proteção contra a má gestão. Se a gestão faz bom uso de seus ativos e reinveste com eficácia, um catalisador é bem-vindo, mas não essencial para um investimento em valor bem-sucedido. Para más gestões, que na prática muitas vezes são capazes de destruir valor em um ritmo alucinante, um catalisador é essencial, e a identificação de catalisadores deve ser uma parte importante de qualquer processo de pesquisa.[9]

Uma palavra final deve ser dita aqui sobre "armadilhas de valor" e catalisadores. Há uma crença persistente entre alguns investidores em valor de que, a menos que haja um catalisador iminente que levará o preço de mercado ao valor intrínseco, o valor que constitui a margem de segurança ficará "preso" e nunca será realizado. São investidores que nunca investem sem catalisadores. Para eles, identificar e investigar catalisadores é parte central de seu processo de pesquisa. Dada a análise de Graham e Dodd anterior, essa visão está equivocada. Para investimentos em empresas bem administradas, o valor não fica "preso", mesmo que o movimento do preço para o valor total demore muito tempo. As verdadeiras "armadilhas de valor" estão intrincadamente ligadas à má gestão. Nesse caso, dada a capacidade dos maus gerentes de destruir valor, é um erro investir, a menos que haja uma perspectiva clara e de curto prazo de mudança na gestão. Caso contrário, focar fortemente os catalisadores é uma distração de outras áreas de pesquisa mais importantes.

---

[9] A mesma linha de raciocínio se aplica às empresas de franquia, nas quais há mais valor a desperdiçar.

Outras questões do processo de pesquisa

Há dois pontos finais que precisam ser mencionados sobre o processo de pesquisa. O primeiro tem a ver com comportamento compulsivo. Uma atenção compulsiva aos detalhes pode ser um ativo útil para um analista de investimentos; talvez seja a última rocha sob a qual estão os segredos de valores ocultos ou desastres escondidos. Contudo, no mundo real de tempo limitado, o comportamento compulsivo pode ser prejudicial. Antes de o notável investidor Edward Lampert adquirir uma grande posição na AutoZone, dizem que ele teria visitado cada uma de suas centenas de lojas. Se fosse mais do que uma lenda urbana, esse nível de escrutínio teria sido demorado e desnecessário. Visitar uma amostra cuidadosamente selecionada de 10% das lojas teria transmitido quase todas as informações necessárias em uma fração do tempo envolvido. Dadas as dificuldades subsequentes de Lampert operando suas lojas Sears e Kmart, aquele tempo poderia ter sido melhor gasto aprendendo sobre os imperativos econômicos do varejo em geral. A pesquisa ativa compulsiva, baseada em fórmulas, com frequência levará à coleta de muitas informações de pouca utilidade incremental à custa da busca de dados mais relevantes.

Essa crítica se aplica especialmente a empresas de investimento que classificam sistematicamente o número de suas visitas anuais aos gerentes da empresa. As interações da gestão podem ser uma fonte útil de informações, mas em um mundo de regras justas de divulgação, o valor das visitas intermitentes de gerenciamento foi bastante reduzido. As declarações públicas das gestões sobre suas estratégias, seus pontos de vista sobre a economia de seus mercados e suas amplas perspectivas de curto prazo são ampla e frequentemente disseminadas. Uma leitura cuidadosa desse registro geralmente fornecerá 90% ou mais do que a gestão tem a oferecer. A confiabilidade dessas declarações pode e deve ser avaliada em relação ao registro público amplamente disponível das ações anteriores e do desempenho da gestão. As reuniões com a gestão, que muitas vezes exigem viagens demoradas, devem ocorrer somente depois que o registro público for totalmente analisado e todos os pontos importantes de ambiguidade ou incerteza remanescentes tiverem sido identificados. Para medir a confiabilidade das respostas da gestão a perguntas diretas desse tipo, é útil fazer uma série de perguntas para as quais você já sabe as respostas corretas. Perguntas que abordam a vantagem competitiva e o pensamento estratégico de longo prazo podem fornecer informações importantes sobre o futuro da empresa. O tópico de alocação de capital é quase certamente uma parte importante dessa discussão. Na prática, as interações de gestão mais úteis parecem surgir de contatos contínuos e de alta frequência entre analistas experientes do setor e uma administração discreta.

O segundo ponto sobre a prática de pesquisa diz respeito ao tipo de informação procurada. A tradição de Graham e Dodd concentra-se na continuidade e no valor de longo prazo. As oportunidades de mercado geralmente surgem de eventos adversos aos quais os investidores reagem de forma exagerada, tratando as mudanças adversas temporárias como se fossem permanentes. A abordagem de Graham e Dodd é analisar essas situações e identificar aquelas em que há estabilidade subjacente. Se preveem mudanças, é com base em tendências de longo prazo bem estabelecidas para as quais há um registro de anos em vez de meses. Uma prática muito mais comum é os analistas tentarem antecipar as mudanças antes do mercado. Um enorme esforço é dedicado a tentar prever as flutuações de lucros de curto prazo, os ciclos de negócios e/ou do setor, a chegada de tecnologia revolucionária ou o impacto das mais recentes inovações de marketing. Prever o momento, a duração e a magnitude dessas mudanças é muito mais difícil do que identificar a estabilidade. Recessões sérias para economias ou setores são raras – provavelmente menos de 1 ano em 7. A estabilidade cíclica, portanto, caracteriza os outros 6 anos. Além disso, a maioria das recessões é temporária. A fase descendente de uma recessão típica dura de 6 a 9 meses.

A história da crise global que começou em 2008 deve tranquilizar os investidores de que as projeções apocalípticas geralmente estão erradas. Se uma empresa que vende a 15 vezes o lucro perde dois anos inteiros de lucro, isso é uma perda de valor de apenas cerca de 15%, muito do que foi historicamente compensado por lucros temporariamente altos após a recuperação. É melhor entrar em uma corrida de pesquisa ativa com o menor número de competidores. Se a maioria dos analistas de investimento está procurando prever mudanças, concentrar-se na estabilidade proporcionará uma chance maior de sucesso. Possuir uma visão diferenciada sobre os próximos três a cinco anos tem maior probabilidade de levar a um desempenho superior do que se concentrar fortemente na taxa de crescimento das vendas do trimestre atual. Por todas essas razões, uma abordagem do tipo Graham e Dodd que incorpora a mesma postura contrária em relação à pesquisa e à descoberta de ações subvalorizadas provavelmente produzirá resultados superiores.

10

Gestão de risco e construção de carteiras

No final da década de 1970, uma grande empresa americana decidiu avaliar seu fundo de pensão. O estudo começou analisando o desempenho dos gestores de ações da empresa, dos quais havia mais de uma centena. O exame primeiramente analisou os custos de negociação. Para começar, os analistas simplesmente calcularam quanto as vendas de um gerente compensaram as compras de outro durante uma determinada semana. Para surpresa da empresa, em uma semana típica, aproximadamente 90% dos pedidos haviam sido liquidados. Com centenas de gerentes, o sentimento positivo e negativo sobre qualquer ação em particular tendia a ser uniformemente distribuído; as vendas dos pessimistas correspondiam em grande parte às compras dos otimistas. De fato, se o fundo de pensão não tivesse recebido continuamente mais contribuições para cobrir os empregados atuais do que pagava aos aposentados, a porcentagem de compensações teria sido ainda maior. Houve um problema semelhante com as compras líquidas. As ações de centenas de gerentes de investimentos independentes como grupo criaram uma carteira que acompanhou de perto o mercado de ações. Os gerentes que foram atraídos por um determinado setor ou ações – digamos, uma pequena empresa de petróleo – eram contrabalançados por outros gerentes que sentiam exatamente o contrário. Como resultado, mais de 90% das compras líquidas simplesmente refletiram o mercado de ações como um todo.[1] No geral, mais de 99% de toda a atividade de negociação

---

[1] Este período pode não ter sido inteiramente representativo, uma vez que, na época, as carteiras institucionais estavam fortemente concentradas em um número relativamente pequeno de ações de grande capitalização, mas resultados comparáveis foram encontrados para outros períodos e outras instituições.

envolveu a compra do equivalente a fundos de índice passivos ao mesmo tempo em que pagava por gerenciamento ativo.

A lição aqui não é apenas que ter cozinheiros demais estraga o caldo. Gestores selecionados com mais cuidado, com perspectivas projetadamente diferentes, podem ter reduzido a extensão dos investimentos que se cancelam automaticamente. A verdadeira importância é que, para alguns propósitos, a descentralização das decisões de investimento não pode ser feita com sucesso. No caso desse grande fundo de pensão, exigir que as ordens sejam submetidas a uma central de compensação interna e, então, apenas executar as ordens líquidas gerou uma economia significativa. Comprar fundos de índice e agir apenas em desvios da carteira de mercado teria economizado ainda mais sem ignorar as decisões "líquidas" dos gerentes individuais.[2]

Um problema equivalente surge quando as decisões de gestão de risco para uma grande carteira são tomadas por vários gerentes de investimento independentes. Alguns gerentes aceitarão riscos que outros gerentes evitarão. A carteira, como um todo, pode possuir coberturas dispendiosas estabelecidas por um gerente, enquanto outro gerente escolheu intencionalmente a exposição a esses mesmos riscos. Alternativamente, se um gerente está comprado uma ação enquanto outro vende uma ação semelhante, então a carteira pode ser protegida sem incorrer no custo de transações explícitas de mitigação de risco. Proprietários que delegam investimentos a vários gerentes individuais devem saber como são suas carteiras agregadas antes de poderem avaliar e se proteger com eficácia contra suas vulnerabilidades. A gestão de risco eficiente exige que os proprietários protejam suas vulnerabilidades agregadas e não permitam que a proteção ocorra no nível de cada gerente individual. O primeiro princípio fundamental da gestão de risco é que os proprietários ou seus designados devem gerenciar o risco de forma centralizada.

A gestão de riscos deve ser personalizada e centralizada. As empresas de gerenciamento de investimentos que tentam lidar com o risco com um modelo único para todos os seus clientes terão um desempenho ruim por vários motivos. Em primeiro lugar, é provável que cada proprietário de patrimônio tenha alocado fundos para um conjunto diferente de gerentes de investimentos. A relação entre a carteira de um gestor de investimentos e a carteira de cada um dos outros gestores do cliente varia de cliente para cliente. O que pode representar gestão de risco valiosa para um cliente pode representar diversificação desnecessária para outro. Esse proble-

---

[2] Como produtos comerciais, os fundos de índice, que se tornaram tão centrais para o investimento em ações, estavam apenas começando em meados da década de 1970, mas a empresa poderia facilmente ter criado uma carteira de mercado interno para seu próprio uso.

ma é agravado porque muitos proprietários, sejam indivíduos ou instituições, têm participações grandes e essencialmente ilíquidas que constituem a maior parte de seus ativos globais. As famílias com ativos suficientes para exigir esse nível de ajuda profissional provavelmente ganharam sua fortuna com empreendimentos empresariais focados que continuam a representar a maior parte de suas posses, mesmo depois de terem cedido o controle. Outras famílias tiveram sucesso em negócios de serviços ou imóveis em áreas geográficas específicas e continuam a ter grandes participações ilíquidas nesses locais. Instituições como universidades ou hospitais têm atividades centrais cuja saúde econômica muitas vezes depende fundamentalmente das condições econômicas locais, nacionais ou industriais. Os investidores individuais têm empregos que geram uma grande fração de sua riqueza, e esses empregos geralmente estão expostos a determinados riscos industriais e geográficos. A gestão de risco adequada deve levar esses compromissos em consideração na criação de carteiras de investimento líquido. Os gerentes de investimento geralmente não têm o conhecimento, a experiência ou o tempo para fazer isso para cada cliente individual. Um gerente de risco eficaz deve ser capaz de se ajustar às necessidades dos diferentes proprietários.

Um segundo aspecto fundamental da gestão de risco centralizada é que ela é mais bem executada quando separada da gestão de investimento. Os proprietários são as partes mais familiarizadas com suas próprias participações gerais, seus compromissos e suas atitudes em relação ao risco. Devem, portanto, ser os responsáveis pela atividade de gestão de risco. Dado que a maioria dos proprietários não está qualificada para lidar bem com essa tarefa, eles precisam de gerentes de risco profissionais para monitorar os riscos dos gerentes de investimento subordinados e gerenciar o risco geral para cada cliente separadamente. Esse imperativo é cada vez mais reconhecido no setor de gestão de patrimônios. *Family offices* individuais ou compartilhados geralmente distribuem ativos entre gerentes de investimento, mas gerenciam os riscos gerais para cada cliente. Grandes instituições têm escritórios de gestão de carteira que desempenham as mesmas funções. As instituições menores estão começando a se equiparar aos *multi-family offices*. No entanto, os gestores de investimentos individuais não se adaptaram totalmente a essa realidade. Muitos deles lidam com o risco como se estivessem administrando todo o patrimônio de cada cliente. Desse modo, muitas vezes são insuficientemente especializados e mantêm carteiras que são amplamente diversificadas quando fazem parte de um grande conjunto de ativos. A seguir, falaremos sobre gestão de risco e, ao mesmo tempo, delinearemos claramente os papéis distintos dos gestores de patrimônio e de investimento.

Definição de medidas de risco apropriadas

A primeira etapa na descrição de um processo de gerenciamento de risco eficaz é definir adequadamente o risco que deve ser gerenciado. Atualmente a métrica de risco mais comumente usada é a volatilidade da carteira medida pela variação do valor dos ativos totais do proprietário.[3] Em teoria, essa carteira geral deve incluir os ativos ilíquidos do tipo que descrevemos anteriormente. Na prática, as variações são geralmente calculadas e gerenciadas apenas para as carteiras de ativos dos detentores de patrimônio, porque é difícil avaliar as variações para os valores das participações ilíquidas. Além dessa exclusão, há outros problemas sérios com o uso de variações da carteira de títulos como medidas de risco do detentor de patrimônio.

Em primeiro lugar, a gama de níveis de patrimônio possíveis torna-se mais ampla à medida que avançamos no futuro. Prováveis mudanças no valor das participações entre hoje e o final da próxima semana devem ser pequenas. Prováveis mudanças entre agora e o final do próximo ano serão maiores. Prováveis mudanças entre hoje e daqui a 10 anos serão maiores ainda. Assim, quando olhamos para as variações de patrimônio – e com isso queremos dizer as variações de patrimônio futuras –, devemos especificar o período ao longo do qual estamos considerando as mudanças futuras, que é o nosso horizonte de investimento.

A prática comum identifica apenas uma única variação, sem especificar o período ao qual ela se aplica. A razão para essa omissão é uma importante premissa subjacente às medidas convencionais de variância – a saber, que mudanças futuras imprevistas e, portanto, incertas no valor não estão relacionadas entre um período e o seguinte. Se acontecer de o valor de amanhã aumentar, supõe-se que isso não indica nada sobre o que acontece depois de amanhã. Nesse caso, a variação de dois dias é apenas a soma de duas variações independentes de um dia. Se ainda tomarmos a hipótese de que as variações diárias são todas iguais, então a variação de dois dias é duas vezes a variação diária. Por um mês de 21 dias de negociação, a variação mensal será, portanto, 21 vezes a variação diária. A variação anual será 12 vezes a variação mensal, ou 252 (12 × 21) vezes a variação diária. Sob esta hipótese, uma vez que um período "padrão" tenha sido definido – geralmente um ano para fins de cálculo de uma variância "padrão" –, a variância de qualquer outro período pode ser calculada simplesmente multiplicando a variância "padrão" pela razão da duração do outro período a um ano. Com isso em mente, podemos falar sensatamente sobre a variância "padrão" como "a" variância de um portfólio.

---

[3] A variância de uma quantidade incerta é a distância quadrada média de cada valor possível em relação ao valor futuro médio, ponderada pela probabilidade de ocorrência para cada um desses valores possíveis. O desvio padrão, outra medida comumente usada, é a raiz quadrada da variância.

Infelizmente, a realidade do mercado financeiro não reflete a premissa de independência delineada anteriormente. No curto prazo, geralmente até seis meses, as mudanças diárias no valor tendem a ser positivamente correlacionadas. Se os preços das ações estão em alta hoje, é mais provável que subam amanhã. Como resultado, a variância de dois dias é mais do que duas vezes o tamanho da variância de um único dia. Para períodos de até seis meses, as variâncias de período mais longo são, em geral, proporcionalmente maiores do que as de período curto. Assim, o período ao qual se aplica uma variância deve ser especificado e calculado separadamente. Para períodos superiores a um ano, as mudanças nos valores dos ativos tendem a ser negativamente correlacionadas. Se este ano foi alto, é mais provável que o próximo ano seja baixo. Assim, a variância de dois anos, por causa dessa mudança compensatória, será menor do que a variância de um único ano. Há regressão à média no longo prazo. Novamente, a variância não pode ser especificada sem referência ao período ao qual se aplica. Se a variância é uma medida de risco, o investidor deve decidir se deve se preocupar com o risco de curto prazo – digamos, um ano – ou de longo prazo. Graham e Dodd reconheceram intuitivamente esse fato e se concentraram explicitamente no longo prazo, uma abordagem que permanece dominante entre os investidores em valor.

O segundo problema com a variância como medida de risco é que ela não consegue distinguir entre os desvios de alta e de baixa em relação ao retorno esperado médio. O pressuposto é que a distribuição dos retornos é simétrica; com variâncias positivas e negativas iguais, há necessidade de apenas uma única medida de variância. Na realidade, as distribuições de retorno não são simétricas. Elas têm vantagens muito maiores do que desvios negativos. Retornos positivos são potencialmente ilimitados, enquanto retornos negativos são limitados a menos 100%. As medidas de variância de risco são dominadas, portanto, pela incerteza de alta. No entanto, quando a maioria das pessoas pensa em risco, geralmente o vê como a possibilidade de perdas, não de ganhos desproporcionais. Graham e Dodd também estavam cientes dessa lacuna. Ao avaliar o risco de um investimento, eles recomendaram focar apenas as possibilidades de perda. Junto à sua concentração em retornos de longo prazo, sua medida preferida de risco era a probabilidade e o tamanho da perda permanente potencial. Em suas palavras, o risco era a possibilidade de um "prejuízo permanente do capital".

Infelizmente, o comprometimento permanente do capital não é tão facilmente quantificável quanto a variância. No entanto, ainda pode servir como uma base sólida para formular estratégias de gestão de risco e, em última análise, quantificar a exposição geral ao risco de todas as participações de qualquer proprietário de patrimônio em particular. Por causa das diferenças temporais na variância e seu desvio do que a maioria das pessoas entende como risco, usaremos "perda permanente" como nossa definição de risco.

Limitação da perda permanente de capital

A perda permanente de capital normalmente surge de uma de três fontes. A primeira é pagar muito por um ativo. A maneira mais rápida de perder permanentemente 50% do seu capital é pagar US$ 100 por um ativo que vale apenas US$ 50. O momento da compra é o momento de risco máximo, se por risco você quer dizer perda permanente. A proteção contra pagamentos excessivos começa com uma estratégia de busca sensata. As compras de ativos superfaturados ocorrem com mais frequência quando os mercados estão passando por uma supervalorização extrema, que, depois do fato, é chamada de "bolha". Estas caracterizadas por proporções descomunais de preços de mercado para medidas subjacentes de valor econômico, como relações preço/lucro sustentável acima de 30 ou relações preço/valor contábil de 8 ou mais para ações típicas. Essas avaliações aparecem invariavelmente como consequência do aumento dos preços dos ativos durante um período prolongado. Esse foi o caso das ações japonesas no final da década de 1980; das ações de tecnologia, Internet e telecomunicações no final da década de 1990; e das ações de habitação e instituições de financiamento associadas no período que antecedeu a crise financeira de 2008. Evitar essas situações deve ser uma característica essencial de uma estratégia de busca bem concebida. Se houver alguma probabilidade significativa de que um grupo de ativos esteja em território de bolha, essas ações não devem ser compradas. Esses investimentos quase invariavelmente caem na categoria "muito difícil de pagar". Mais cedo ou mais tarde, sempre haverá oportunidades alternativas mais atraentes.

De forma mais geral, a proteção baseada em valor contra a perda permanente de capital na compra depende de uma margem de segurança entre o preço pago e o valor estimado de um investimento. Para um investidor do tipo Graham e Dodd disciplinado, uma margem de segurança adequada é a medida mais importante de segurança do investimento. Essa abordagem requer um processo de avaliação que produza uma análise precisa do valor intrínseco, seja um fluxo de caixa descontado para oportunidades de retorno fixo de curto prazo, um valor de ativo ou valor de poder dos lucros para empresas que não são franquias, ou ativos e caixa mais retornos de crescimento prospectivos para empresas de franquia. Para algumas empresas, principalmente empresas de franquia novas e de rápido crescimento, pode ser impossível chegar a uma avaliação suficientemente precisa na qual basear um investimento. Essas empresas, por mais atraentes que pareçam, devem ser arquivadas na categoria "muito difícil de pagar" e, por razões de gerenciamento de risco, apenas adquiridas quando estimativas mais precisas forem possíveis.

Uma segunda fonte de perda permanente é a alavancagem excessiva. Níveis de endividamento ao nível da empresa que conduzam à falência ou mesmo a uma redução prolongada da posição competitiva da empresa irão converter as perdas temporárias em permanentes. Idealmente, a dívida no nível da empresa deve ser baixa o suficiente para que, mesmo nas piores situações, digamos três anos ruins consecutivos, lucros operacionais e recuperações de capital sejam adequados não apenas para cobrir quaisquer requisitos de serviço da dívida, mas também para evitar quaisquer dúvidas sobre a solvência futura que possam prejudicar materialmente a posição da empresa ante clientes, fornecedores, funcionários, reguladores ou fontes necessárias de financiamento futuro. No nível da carteira de investimentos, a margem de dívida que leva a vendas forçadas em face de quedas de mercado de curto prazo também converterá perdas temporárias em permanentes. A alavancagem desse tipo também deve ser evitada. Investir em opções de tempo limitado que aumentam os retornos de alta é um tipo de alavancagem igualmente arriscado. Se uma queda temporária persistir após a data de expiração da opção, as opções expirarão sem valor e a perda se tornará permanente. O segundo princípio da gestão de risco focada na perda permanente é evitar a alavancagem excessiva, que pode ser letal. Se você não tiver certeza de quando a alavancagem se torna excessiva, é aconselhável evitá-la completamente.

Diversificação

Se os ativos forem comprados com uma margem de segurança adequada e a alavancagem excessiva for evitada, geralmente ocorrerão perdas permanentes por apenas dois motivos. O primeiro é superestimar o valor intrínseco do ativo no momento da compra – um simples erro de avaliação. O segundo é um grande evento adverso imprevisto que afeta a posição financeira da companhia emissora. Para investidores cuidadosos e disciplinados, ambos os eventos devem ser, essencialmente, ocorrências aleatórias. Para um investidor que monitora cuidadosamente seu desempenho passado e aprende a evitar erros sistemáticos repetidos, como otimismo persistente com relação ao crescimento do negócio criador de valor ou avaliações de lucros sustentáveis que deixam de incorporar a possibilidade de anos de recessão, supervalorizações só ocorrerão em face de novos acontecimentos que não sejam suficientemente antecipados. Por sua própria natureza, esses erros não devem ser sistemáticos. Os eventos imprevistos que prejudicam permanentemente a posição de uma empresa geralmente são específicos da empresa ou do setor. No nível da empresa, sua nova iniciativa de produto ou expansão geográfica acaba sendo um fracasso desastroso, um novo concorrente faz incursões inesperadas possibilitadas pela atual desatenção da gestão da empresa ou uma nova gestão se concentra na expansão imprudente à custa da eficiência operacional. No nível do setor, esses eventos devem ser específicos para determinados tipos de negócios e áreas geográficas. Isso pode incluir novas tecnologias que minam a posição econômica atual de um setor ou o valor de seus ativos, mudanças regulatórias do governo que reduzem a lucratividade do setor, o impacto adverso da globalização nos mercados ou o colapso das normas cooperativas do setor sob pressão de novos concorrentes. Acontecimentos como esses raramente terão implicações em toda a economia.

Outro tipo de risco idiossincrático surge na área de investimento orientado por eventos. Posições de arbitragem, investimentos em empresas passando por aquisições ou em divisões recém-desmembradas, investimentos em papéis de empresas no Capítulo 11 e investimentos em empresas em processo de liquidação são, todos, investimentos em que o tamanho do pagamento pode ser bem definido, mas o *timing* é incerto. Isso porque ele geralmente é independente do *timing* de outros eventos e das condições econômicas gerais que determinam os retornos de outros ativos. A ocasião de um *pay-off* é um evento não sistemático que causa risco não sistemático.

Riscos não sistemáticos desse tipo geralmente podem ser diversificados. Considere o caso de uma pequena petroleira que perfura um único poço com 20% de chance de sucesso. Para um investidor apenas dessa empresa, um poço seco, que ocorre 80% das vezes, representa uma perda total permanente de capital. O investimento em uma pequena petroleira parece extremamente arriscado. Agora, suponha que existam 1.000 outras pequenas empresas de petróleo com perspectivas semelhantes de perfuração em áreas diferentes, cujas probabilidades de 20% de descoberta de petróleo sejam completamente independentes entre si.[4] Ao todo, 200 serão bem-sucedidas. A faixa provável de poços bem-sucedidos vai de 150 a 250.[5] Se um investidor distribui seu investimento pelos 1.000 poços inteiros, colocando 0,1% do total em cada um, a perda máxima não é uma perda de 100 em 80% do tempo, mas uma perda de 25% (50/200) que ocorre apenas cerca de 5% do tempo. Na verdade, a situação é melhor do que isso. Se um poço bem-sucedido retorna 5 1/2 vezes o seu custo, que é necessário para fornecer um

---

[4] O nível de 1000 pequenas empresas pode parecer extremo, mas o exemplo do poço de petróleo é particularmente arriscado e, portanto, mesmo as pequenas empresas de petróleo perfurarão muitos poços, de modo que grande parte da diversificação entre os projetos ocorre e deve ocorrer dentro das empresas. A redução de risco ativa da diversificação será menor do que este exemplo extremo, mas ainda será de 90% ou mais.

[5] Este exemplo pressupõe uma distribuição normal de resultados.

retorno médio razoável de 10%, então os 150 poços de pior caso de sucesso produzirão um retorno de 825 vezes o valor investido, ou uma perda de apenas 17,5% ((1.000 − 825)÷1000), o que novamente ocorre apenas cerca de 5% do tempo. A diversificação reduz a perda potencial de 100 em 80% das instâncias para 17,5% em menos de 5% do tempo. O risco na carteira diversificada de pequenas empresas petrolíferas não desaparece totalmente, mas é bastante reduzido. A perda máxima esperada cai em mais de 98%.[6]

O risco de uma queda nos preços do petróleo em toda a indústria, que afeta todas as pequenas empresas petrolíferas, e também as grandes, não é reduzido pela diversificação entre elas. No entanto, a diversificação entre os setores reduzirá até mesmo esse risco. Se o nosso investidor modelo tiver participações praticamente iguais em 15 setores, apenas um dos quais é fortemente dependente dos preços do petróleo (as próprias empresas de petróleo), então apenas cerca de 7% (1/15) do efeito dos preços mais baixos do petróleo aparecerá como uma redução no valor da carteira geral. Mais realisticamente, embora algumas indústrias sofram com a queda nos preços do petróleo, aquelas para os quais o petróleo é um insumo provavelmente se beneficiarão mais do que o suficiente para compensar essas perdas diretas, de modo que a exposição geral provavelmente ficará abaixo de 7%. Em ambos os casos, a diversificação reduz as perdas permanentes do pior caso em 90% ou mais. Isso significa que os riscos de erros idiossincráticos e eventos imprevistos podem ser amplamente eliminados mantendo uma carteira devidamente diversificada.

Grande parte dessa redução de risco pode ser alcançada mantendo apenas 30 ativos, devidamente diversificados em setores e regiões geográficas. Não é necessária uma diversificação completa, mantendo uma carteira em que todos os ativos estejam representados proporcionalmente. Um investidor em valor pode ser adequadamente diversificado e ao mesmo tempo manter uma carteira de negócios relativamente concentrada. No entanto, uma vez que o comprometimento permanente do capital tende a surgir de eventos idiossincráticos nos níveis da empresa e do setor, um nível razoável de diversificação (i.e., 30 ou mais ações de uma variedade de indústrias e regiões geográficas) é ainda mais importante de uma perspectiva de perda permanente do que é para uma medida de risco baseada na variância. Em seus escritos e na prática na Graham-Newman, Benjamin Graham endossou explicitamente a importância da diversificação.[7]

---

[6] A perda máxima esperada do investimento de uma única empresa é de 80% (100% de perda em 80% do tempo). Para a carteira diversificada, fica em torno de 17,5% cerca de 5% do tempo, ou 0,875%.

[7] Graham, Benjamin *O Investidor Inteligente*, Quarta Edição Revisada (Nova Iorque: Harper e Row, 1973), p. 54.

Para uma carteira diversificada de ações adquiridas com margem de segurança apropriada e níveis de alavancagem adequadamente baixos, os riscos remanescentes são aqueles que afetam as economias e os mercados financeiros como um todo. O comprometimento permanente do capital nesse nível normalmente se deve a mercados com níveis de preços insustentáveis (Japão no final dos anos 1980) ou economias nacionais em colapso terminal (Venezuela em meados dos anos 2000). Como mostrou a recuperação dos mercados de valores mobiliários na esteira da crise econômica global de 2008-2010, as economias em ambientes nacionais que funcionam bem são extraordinariamente resilientes. Isso se deve, em parte, aos compromissos do governo de fazer o que for necessário para sustentar a estabilidade macroeconômica. Houve grandes variações no grau e na natureza das respostas do governo à crise de 2008-2010 e, ainda assim, os mercados financeiros, com poucas exceções, se recuperaram. Essa experiência sugere que, no longo prazo, o comprometimento econômico e financeiro abrangente será raro. Apesar dessa visão otimista, sempre haverá áreas e ativos sob risco de danos permanentes. A inflação imprevista, seja de qualquer tamanho e duração, raramente, ou nunca, é seguida por quedas de preços equivalentes. Nessas circunstâncias, os ativos de renda fixa com vencimentos longos sofrem perdas significativas e permanentes, uma vez que as instituições que dependiam da receita de títulos de dívida de longo prazo no final da década de 1950 descobriram seu custo duradouro. Os mercados de ações também podem passar por períodos de mais de uma década de avaliações em queda ou horizontais. Embora a resiliência das economias e dos negócios subjacentes geralmente tenha garantido um retorno adequado de longo prazo, os resultados intermediários baixos podem causar sérios problemas aos investidores. É prudente, portanto, garantir alguma proteção contra danos macroeconômicos de longa duração, mas que não sejam permanentes.

A diversificação da carteira global deve fornecer proteção contra a possibilidade de dificuldades econômicas nacionais. Todos os investidores, especialmente aqueles em sociedades emergentes relativamente instáveis, precisam de algum grau de diversificação global. Ainda assim, como a crise de 2008 demonstrou, os mercados globais estão cada vez mais integrados, e os retornos do mercado nacional estão cada vez mais correlacionados. Essa convergência significou que mesmo a diversificação global não fornecerá proteção completa contra desorganizações macroeconômicas nacionais.

Gerenciamento de riscos macroeconômicos globais

Para um investidor em valor disciplinado que é bem diversificado e seleciona investimentos individuais com uma margem de segurança adequada, o gerenciamento de riscos macroeconômicos geralmente será uma questão de importância significativa, mas secundária. Essa posição contrasta fortemente com a prática dos adeptos da Teoria Moderna do Portfólio (MPT, do inglês *modern portfolio theory*), para quem o gerenciamento do risco macroeconômico é uma preocupação primordial. Esta abordagem da MPT envolve atenção detalhada às alocações entre classes de ativos estreitamente definidas e às carteiras selecionadas para ter exposições sob medida para "fatores de risco" macroeconômicos definidos de modo intrincado e, geralmente, segundo estatísticas (os chamados investimento de fator). A maioria dos investidores em valor pensa que o risco macroeconômico se enquadra em uma de duas categorias. Em primeiro lugar estão os ambientes inflacionários, períodos de relativa prosperidade para os negócios, mas com inflação de preços alta e imprevisível. Em segundo lugar, estão os períodos deflacionários, em que os preços estão estáveis ou mesmo em queda, mas as condições gerais de negócios e as taxas de crescimento estão deprimidas. A inflação e a deflação podem realmente coexistir. Estagflação, crescimento fraco e inflação alta caracterizaram muitas economias desenvolvidas nas décadas de 1970 e 1980. Ainda assim, é mais útil pensar em gerenciar esses dois riscos separadamente.

As classes de ativos podem ser organizadas em quatro categorias amplas. Primeiramente, existem ativos com retornos nominais fixos: títulos de dívida, notas, apólices de seguro e outros instrumentos de dívida de longa duração, tanto públicos quanto privados. Eles tendem a se sair bem em ambientes deflacionários e mal em ambientes inflacionários. Em segundo lugar, existem ativos reais: recursos naturais, imóveis e empresas que não são franquias. Eles se dão bem em ambientes inflacionários nos quais seus valores no longo prazo aumentam com os níveis de preços e seus retornos são aumentados pela prosperidade.[8] Tendem a se sair mal durante os períodos deflacionários. Em terceiro lugar, existem empresas de franquia, como a Coca-Cola, com poder de precificação e proteção contra os efeitos da concorrência intensificada que normalmente ocorre em ambientes deflacionários. Tendem a ser relativamente imunes aos efeitos adversos da inflação e da deflação. Finalmente, existem alternativas de baixo risco e muito baixo retorno, como caixa e equivalentes de caixa (ativos livres de risco).

Para um investidor em valor, a análise *bottom-up* determinará as escolhas de investimento dentro dessas três categorias não monetárias. Se os ativos de renda fixa forem baratos, o que significa títulos de dívida com alto rendimento quando as taxas de juros provavelmente caírem, então uma carteira conterá mais deles. O mesmo se

---

[8] Essa relação se aplica apenas a ambientes de inflação baixa a modesta e geralmente estável. Ambientes inflacionários altos e instáveis geralmente levam a operações de negócios prejudicadas e, por sua vez, a baixos retornos de ativos reais. Estas são situações estagflacionárias.

aplica a ativos reais e de franquia. Esse processo por si só fornece algum grau de proteção geral contra riscos macroeconômicos, pois os investimentos estão concentrados em classes de ativos mais baratas e presumivelmente menos vulneráveis. Mesmo assim, uma carteira estará inevitavelmente sujeita a riscos macroeconômicos residuais, a menos que por acaso seja composta inteiramente de empresas de franquia. Uma carteira dominada por ativos de renda fixa exigirá proteção contra a inflação. Uma carteira fortemente ponderada em ativos reais exigirá seguro contra deflação.

É apenas contra esses riscos residuais no nível da carteira que deve haver seguro – e o seguro deve ser administrado centralmente. Existem três tipos básicos de seguro. O primeiro é manter ativos como dinheiro ou ouro que manterão ou aumentarão seu valor à medida que os preços de outros ativos caem. Frequentemente essa alocação ocorre de maneira natural. Se o processo de busca e avaliação revelar uma escassez de oportunidades em todas as três classes de ativos não monetários, então, por padrão, os depósitos em caixa serão altos, e um investidor pode escolher manter uma fração deles em um ativo como o ouro. Os preços do ouro têm historicamente uma correlação negativa com os preços mais amplos do mercado financeiro e fornecem proteção de longo prazo contra a inflação.[9]

A segunda forma de seguro são as vendas a descoberto seletivas. Essa é a tática de mitigação de risco que os fundos de *hedge* tentam fornecer de forma descentralizada. Se isso for bem executado, oferece um seguro útil. No entanto, existem três desvantagens nas vendas a descoberto. Em primeiro lugar, para investidores passíveis de tributação, os lucros da venda a descoberto tendem a ser tributados como renda ordinária, enquanto os lucros de longo prazo são geralmente tributados a taxas preferenciais de ganhos de capital. Essa assimetria torna as vendas a descoberto relativamente caras. Em segundo lugar, se o produto das vendas a descoberto for mantido em caixa, o retorno médio em caixa estará normalmente bem abaixo do retorno médio nas classes de ativos a descoberto. Para ações, a diferença fica geralmente entre 4 e 8%. Portanto, as vendas a descoberto envolvem um custo médio significativo na maioria das vezes. Terceiro, as vendas a descoberto têm características de risco infelizes em si mesmas. Se uma posição vendida der errado, os preços do ativo subjacente aumentam, assim como o tamanho da posição vendida. Posições maiores significam maiores riscos para a carteira. Para as posições vendidas, os erros de cálculo resultam em riscos significativamente maiores. No lado comprado, em contraste, os erros de cálculo levam a preços mais baixos, posições diminuídas e menos risco. Para se ajustar a essa assimetria, os investidores que fazem *hedge* com

---

[9] O dinheiro (ativo livre de risco) normalmente tem uma correlação próxima de zero com os retornos nominais do mercado financeiro, e as taxas de juros livre de risco geralmente aumentam com as taxas de inflação, embora não perfeitamente.

posições vendidas tendem a manter muito mais posições do que vendê-las. Isso significa que cada posição é menos bem analisada, o que também tem o infeliz efeito de aumentar o risco.

A terceira tática de seguro é usar opções. Uma maneira de empregá-las é vender ativos e comprar opções de compra, o que preserva os retornos de alta e limita as perdas ao custo das opções. Outra abordagem é comprar opções de venda que permitam a um investidor vender ativos a um preço definido, independentemente do preço de mercado. Uma vez que as opções são limitadas no tempo, para fornecer proteção contínua um investidor deve rolar uma sequência de opções com datas futuras para que as opções não expirem todas ao mesmo tempo. Se expirassem simultaneamente, o grau de proteção cairia para zero à medida que essa data se aproximasse. Além disso, as opções podem ser caras, e o tratamento fiscal das opções de venda geralmente é o mesmo que para as vendas a descoberto. No entanto, há uma vantagem especial para as estratégias de opções, se bem realizada. As opções são mais baratas quando os mercados são menos voláteis, que é quando os investidores estão mais otimistas quanto à ausência de eventos futuros perturbadores. Historicamente, esse nível de confiança leva a altos preços de ativos e maior risco. Como consequência, as estratégias de opções são mais valiosas quando são mais baratas. Estratégias de opções cuidadosamente implementadas significam comprar proteção de opções quando o senso comum é que elas são desnecessárias. Para um investidor em valor disciplinado preocupado com o risco da carteira agregada, essa é provavelmente a melhor forma de seguro. No entanto, o seguro deve cobrir apenas a vulnerabilidade líquida de longo prazo da carteira como um todo. Garantir caixa ou empresas de franquia estáveis seria uma despesa desnecessária. Garantir carteiras de renda fixa e ativos reais separadamente, em vez de exposições líquidas globais a ambientes inflacionários e deflacionários, é igualmente ineficiente.

Riscos comportamentais

O que discutimos até agora são os riscos que surgem das incertezas dos mercados financeiros e dos negócios cujas atividades imprevisíveis estão por trás dos valores dos ativos envolvidos.[10] Outra fonte de risco é o comportamento dos próprios investidores, tão importante quanto os riscos econômicos. Para gerentes de valor, o perigo surge quando virtualmente não há ativos sendo vendidos a preços que ofereçam margens de segurança adequadas. Nesses momentos, o gerente está vendendo

---

[10] As operações das famílias e dos governos, que muitas vezes garantem títulos de dívida, também podem ser erráticas.

sem reinvestir os lucros ou, se ainda estiver razoavelmente satisfeito com a carteira existente, está sem fazer nada. Observar o acúmulo de dinheiro ou não fazer nada não satisfaz o desejo de agir que motiva a maioria dos gerentes de investimento que trabalham duro. A tentação natural é forçar a saída e comprar algo, o que nessas condições geralmente é um erro. A maneira de lidar com essa tentação, como a maioria das tentações, é desenvolver um plano com antecedência e, em seguida, segui-lo, especialmente quando a tentação de abandoná-lo for forte.

Quando não há oportunidades de compra atrativas identificáveis, um investidor em valor está ironicamente em uma posição semelhante àquela que todos os investidores devem enfrentar sob a Hipótese do Mercado Eficiente. Estar sem saber nada que valha a pena se fazer é quase como não saber nada de vantajoso, o que é a implicação inconfundível da Hipótese do Mercado Eficiente. Assim, seguindo as prescrições da teoria acadêmica de finanças, o melhor curso é uma mistura de uma carteira amplamente diversificada e um ativo livre de risco. O mix específico depende do grau de aversão ao risco do investidor em questão. Para investidores em valor, que atribuem um valor baixo aos retornos do mercado sob essas circunstâncias, a alocação será fortemente voltada para o dinheiro (ativo livre de risco). Os investidores em valor mais avessos ao risco reterão todo o dinheiro. Por outro lado, os gestores de fundos de ações que são avaliados em relação a um índice de mercado, como o S&P 500, minimizarão seu risco de carreira com uma carteira toda S&P 500.

Há uma questão de como definir melhor uma ampla carteira de mercado. Tanto a história quanto as percepções de finanças comportamentais sugerem que, em mercados com poucas ou nenhuma oportunidade de valor, uma carteira estatística de ações baratas (baixo valor de mercado, baixo preço/lucro ou baixo por outras medidas de avaliação) ainda vai superar uma carteira de mercado. Além disso, as carteiras de ações que ponderam igualmente as participações de ações têm historicamente um desempenho melhor do que as carteiras, como o S&P 500, que ponderam as participações de ações de acordo com suas capitalizações de mercado. Em ambientes de baixa oportunidade, um investidor em valor pode querer identificar uma carteira igualmente ponderada, com menos investido em ações de mega capitalização de mercado, como a opção de carteira ampla em um mix de carteira de mercado e ativo livre de risco. Ainda é importante lembrar que nada funciona o tempo todo, e se o gerente for avaliado em relação ao S&P 500 ponderado por capitalização, que é o lugar mais seguro para se esconder até que oportunidades genuínas apareçam.

É importante ter pensado com antecedência sobre a combinação adequada de ativo livre de risco com carteira de mercado e a carteira de ativos correta, de modo que essa estratégia padrão possa ser executada automaticamente em um ambiente sem oportunidades. A alternativa é buscar ativamente oportunidades que não existem, relaxar a margem dos padrões de segurança e tomar más decisões de investimento individual. A tentação de fazer algo é poderosa. A noção de Warren Buffett de que investir é um jogo sem lances combinados, de modo que você sempre pode esperar por um grande lance, é apenas parte da história. O problema é que, em um mundo onde o desempenho do gerente é julgado em relação aos retornos médios do investidor, que necessariamente são iguais aos retornos médios dos ativos, a pontuação é aumentada independentemente de você acertar ou não. Uma boa estratégia padrão é essencial para ficar confortável com essa realidade e agir racionalmente neste mundo.

Para investidores não profissionais, os custos do mau comportamento têm sido historicamente altos. Em períodos em que os retornos do mercado têm estado entre 7 e 11%, os retornos médios do investidor individual são normalmente 1 a 5%, uma diferença de 600 pontos base.[11] Além disso, os retornos médios ponderados por caixa para fundos de investimento costumam ficar atrás dos retornos ponderados por período pelos mesmos 600 pontos base.[12] No primeiro caso, os investidores individuais estão buscando ativos quando os preços estão altos e despachando-os quando os preços estão baixos, exatamente nos momentos errados. No segundo caso, os investidores estão fazendo o mesmo com os fundos de investimento pessoa física, entrando e saindo na hora errada. Para colocar essas perdas em perspectiva, um investidor verdadeiramente notável normalmente terá um desempenho superior ao do mercado por longos períodos em 3 a 5% ao ano. Isso é mensuravelmente menor do que a perda de 6% atribuível ao comportamento de rebanho dos investidores individuais. Em uma nota positiva, alguém deve estar do lado errado dessa negociação.

As chances de que multidões de indivíduos modifiquem seu comportamento e parem de comprar na alta e vender na baixa são mínimas. Se os psicólogos comportamentais e seus associados econômicos estiverem certos, esses tipos de reações estão programados em nossos cérebros, resultado da evolução ao longo de muitas gerações. No entanto, pelo menos para alguns gestores de investimentos, há espe-

---

[11] Terrance Odean escreveu muito sobre o comportamento e o desempenho dos investidores individuais. Ver o site dele: http://faculty.haas.berkeley.edu/odean/.

[12] Os retornos ponderados por caixa levam em consideração a quantidade de ativos do fundo naquele ano, de modo que os anos em que o fundo é grande contam mais do que os anos em que ele tem menos ativos. Os retornos ponderados pelo período examinam apenas o retorno líquido, contando todos os anos da mesma forma. A consultoria Dalbar mede os retornos dos investidores em comparação com os retornos dos fundos desde 1964. Consultar https://www.dalbar.com/QAIB/Index.

rança. Eles podem tentar selecionar investidores que não se comportam dessa maneira, uma opção mais disponível para fundos de *hedge* e outras parcerias de investimento do que para fundos mútuos típicos, ou podem tentar ensinar seus clientes a respeito da ideia louca de ir atrás do desempenho. Até que ponto os consultores de investimento podem persuadir seus clientes a manter o curso em tempos bons e ruins terá um impacto benéfico maior no retorno do investidor de longo prazo do que todas as demais escolhas, exceto a melhor tomada de decisão de investimento.

Um simples rebalanceamento de carteiras é uma maneira de atingir esse objetivo. Quando uma determinada classe de investimentos se sai bem em relação a outras classes, ela representará uma parcela maior do valor geral da carteira. Reduzir a participação sob essas condições para retornar ao mix de ativos predefinido enquanto adiciona peso às classes que ficaram para trás neutraliza a tendência natural de comprar quando os preços estão altos e subindo e de vender quando estão baixos e caindo. O rebalanceamento sistemático na prática aumentou significativamente os retornos da carteira. É uma ferramenta valiosa para gerenciar o risco comportamental.

Estruturas para gerenciamento de risco

A estrutura ideal para gerenciamento de risco é diferente da estrutura ideal para seleção de ativos. A seleção de ativos pode ser descentralizada e, como a especialização melhora as opções de investimento, ela se beneficia da descentralização. A gestão de riscos, como apontamos no início deste capítulo, deve ser centralizada. É possível que as duas funções residam na mesma organização, de modo que analistas especializados com foco na indústria e geografia recomendem tamanhos de posição com base em seus níveis de convicção, e os gerentes de carteira tenham controle sobre todo a carteira e, portanto, sejam responsáveis pela gestão de risco. Essa estrutura faz sentido quando, como no caso do Baupost Group, uma organização está plenamente informada sobre todas as participações de seus clientes. Quando os proprietários distribuem seus ativos entre vários gestores de ativos independentes, deve haver alguma autoridade central responsável pela estrutura geral da carteira e pelo gerenciamento de risco.

Proprietários sofisticados com o tempo necessário para supervisionar suas participações podem realizar essa tarefa centralizada de gerenciamento de risco por conta própria. Porém, com mais frequência, os proprietários não terão capacidade, tempo ou inclinação. Assim, a evolução recente da gestão de patrimônio tem sido na direção de *family offices* dedicados, às vezes com uma base de clientes *multi-family*, e grupos de gestão de ativos institucionais. Esses escritórios distribuem fundos para gerentes de investimento que, presumivelmente, investirão em *pools* de fundos compartilhados de maneira diferente uns dos outros. Os gestores de investimento devem comunicar o nível de risco que estão assumindo e a natureza ampla de seus investimentos para que os gestores de patrimônio possam controlar os riscos (1) alocando adequadamente os fundos entre os gestores de investimento, (2) especificando limites de posição para tais gerentes (p. ex., se um proprietário de patrimônio do cliente tem um grande interesse ilíquido no negócio automotivo familiar, os investimentos de portfólio em automóveis devem ser estritamente limitados) e (3) protegendo seletivamente os riscos da carteira agregada, incluindo o valor de quaisquer operações comerciais da instituição ou família proprietária de patrimônio que estiverem em andamento.

À medida que os escritórios de supervisão se tornam cada vez mais responsáveis pela construção e diversificação da carteira, os gestores de investimentos individuais tendem a se tornar mais especializados e concentrados em um número menor de ativos. Ter uma carteira de 30 ou mais ações diversificadas entre regiões e setores pode fazer sentido para uma carteira total. No entanto, se o gestor de patrimônio tiver fundos com 10 ou mais desses gestores, essa diversificação geral envolverá redundância substancial ou diversificação em cerca de 300 ações, um grau desnecessariamente alto de diversificação na maioria dos casos. Alocar fundos apenas para gerentes regionais ou industriais especializados elimina essa redundância, mas ter 10 desses gerentes, cada um com três especialidades, ocupando de três a cinco posições em cada especialidade resultará em um portfólio de mais de 100 ações. Assim, as carteiras na base da pirâmide, cada uma administrada por um gerente especializado, podem ter de consistir em apenas cinco a sete posições principais.

Esse grau de concentração inevitavelmente criará problemas para os principais gestores de investimentos, ou seja, os selecionadores de ações. As carteiras concentradas terão níveis relativamente altos de risco assistemático que, embora não seja diversificado para os gestores de investimento, é diversificado para os proprietários. Gerentes especializados, mesmo aqueles com até cinco especialidades, podem enfrentar longos períodos em que não há investimentos de valor atraente em suas áreas-alvo. Nessas circunstâncias, o ideal é que os gerentes de investimento comuniquem a falta de oportunidade aos clientes, mas essa franqueza será difícil se o gestor de investimentos precisar, assim, encerrar as atividades por longos períodos. Os contratos entre os gestores de investimento e de risco terão de ser concebidos de forma a proteger os gestores de investimento sem reduzir significativamente os incentivos para investir bem. Isso não será fácil. Apesar de um acordo prévio sobre as funções específicas dos investidores e gestores de risco, o desejo de perguntar "O que você fez por mim ultimamente?" será difícil de conter.

Perfis de investidores

Na 1ª edição deste livro, pensamos que seria útil ir além dos princípios básicos do investimento em valor e descrever com alguns detalhes o que os investidores em valor realmente fazem quando estão no trabalho. Benjamin Graham escreveu dois livros – *Security Analysis*, com David Dodd, e *O Investidor Inteligente* – em que expôs sua teoria de investimento e descreveu as próprias práticas. Investir era sua profissão principal; ele deu aulas como professor adjunto, embora seu curso fosse famoso e praticamente obrigatório para todos os profissionais sérios de Wall Street. Embora tivéssemos alguma experiência em investimentos, essa vivência não chegava perto do nível de conhecimento prático de Graham. Para compensar, incluímos vários perfis de investidores na 1ª edição deste livro. Os capítulos descreviam como os investidores orientados pelo valor desempenhavam seu trabalho com sucesso e incluíam exemplos reais da experiência deles. Em ordem alfabética, entre os investidores estavam Warren Buffett, Mario Gabelli, Glenn Greenberg, Robert Heilbrunner, Seth Klarman, Michael Price, Walter e Edwin Schloss e Paul Sonkin. Os perfis foram criados a partir de entrevistas, apresentações feitas em turmas do curso *Value Investing* da Columbia Business School (CBS) e extensos registros escritos. Nossos investidores tinham idades entre 35 e mais de 90 anos. Três haviam trabalhado para ou com o próprio Graham. Dois outros trabalharam para Max Heine, outra lenda da área, que conheceu Graham como seu corretor e manteve um relacionamento próximo com ele. Os três restantes frequentaram a Columbia Business School, onde fizeram cursos com Roger Murray e Bruce Greenwald, sucessores de Graham.

Esses investidores praticavam uma ampla gama de estilos de investimento em valor. Alguns se concentraram em empresas de primeira linha adquiridas a preços razoáveis; eles pretendiam manter essas empresas por décadas, se não mais. Outros procuravam empresas com problemas e ativos oferecidos para venda a preços promissores. Alguns administravam carteiras com seis ou oito ações; outros possuíam centenas de investimentos variados ao mesmo tempo. Alguns deles compravam títulos de dívida de empresas à beira da falência ou em processo falimentar de fato, calculando que os títulos de dívida lhes renderiam um retorno atraente em dinheiro, novas dívidas ou ações em uma empresa reorganizada após a falência. Outros procuravam comprar ações de empresas estáveis que achavam que teriam um prêmio acima do preço público de mercado de um investidor estratégico que comprasse a empresa inteira. Alguns procuraram evitar a multidão concentrando-se em empresas pequenas e obscuras, ignoradas por investidores com grandes quantidades de capital para usar. Outros, eles próprios encarregados de montanhas de fundos de investimento, concentraram-se em empresas grandes e bem estabelecidas. Alguns de nossos investidores compraram apenas ativos negociáveis. Outros compraram empresas inteiras ou imóveis. Todos os investidores inclusos nestes perfis se especializaram em uma ou em alguma combinação dessas alternativas. Suas abordagens cobriram um espectro completo de possibilidades de investimento.

Nos quase 20 anos desde que a 1ª edição foi escrita, alguns dos investidores originais deixaram de administrar mais ativamente as carteiras. Incluímos os perfis de Walter e Edwin Schloss e de Robert Heilbrunner praticamente inalterados. Walter Schloss, uma das pessoas mais decentes em um negócio às vezes desagradável, morreu em 2012. Warren Buffett tem sido muito ativo e produziu 20 novos relatórios anuais extremamente ricos em sabedoria de investimento. Reescrevemos seu perfil para incorporar esses *insights*; como antes, confiamos quase inteiramente nos próprios escritos de Buffett, que são tão engenhosos quanto seus investimentos. No caso dos demais investidores, aproveitamos as melhorias em tecnologia. Mario Gabelli, Glenn Greenberg, Seth Klarman e Michael Price deram palestras no curso Value Investing da CBS quase todos os anos nas últimas duas décadas. Esses eventos foram gravados e as versões editadas estão disponíveis na web. As informações necessárias para acessar o material estão no final deste capítulo. Para complementar os vídeos, incorporamos as narrativas da 1ª edição desses investidores em um único capítulo e disponibilizamos esse capítulo também *on-line*. Recomendamos aos leitores interessados os vídeos e as versões da web dos perfis da 1ª edição.

Desde a 1ª edição deste livro, em 2001, os investidores em valor enfrentaram grandes desafios. Quando começamos a escrever em 1999, considerava-se que os investidores em valor eram uma espécie em extinção, se não já desaparecida. Quando o livro chegou às bancas, em junho de 2001, a bolha das "ponto com" havia estourado, e os investidores em valor se beneficiaram tanto de seus retornos reais quanto da lacuna entre eles e os índices principais, que caíram vertiginosamente quando a situação mudou. Nos últimos dez anos, desde a recuperação da Grande Recessão, carteiras de valor compostas de ações negociadas a P/L inferior à média ou a razão entre valor de mercado e valor contábil produziram retornos que ficaram atrás de índices de mercado amplos e carteiras de ações de crescimento. Nessas circunstâncias sem precedentes, muitos investidores em valor anteriormente bem-sucedidos tiveram um desempenho ruim. Vários fatores econômicos parecem ser responsáveis. Em primeiro lugar, como a atividade econômica migrou da manufatura para os serviços, as medidas contábeis padrão tornaram-se menos relevantes como indicadores de valor intrínseco. Em grande medida, os ativos das empresas de serviços são intangíveis – portfólios de produtos, imagens de marcas, relacionamentos com clientes, trabalhadores treinados e capital organizacional – que são tratados como despesas correntes e não aparecem nos balanços tradicionais. Para obter uma estimativa útil do valor intrínseco de uma empresa com base em seus ativos, os investidores em valor precisam encontrar maneiras criativas, mas realistas, de medir e incorporar o valor dos ativos intangíveis. Ao mesmo tempo, tanto os investimentos em ativos intangíveis como a depreciação desses mesmos ativos não são bem identificados nas demonstrações de resultados tradicionais. Os gastos com atividades de vendas, publicidade, treinamento e, principalmente, pesquisa e desenvolvimento que podem ter um componente de investimento substancial, ou seja, geram receita e renda além do ano corrente, são geralmente tratados como custos correntes. O tratamento contábil da depreciação e amortização normalmente não mede a verdadeira depreciação dos ativos intangíveis, se é que a mede. Novamente, os investidores em valor bem-sucedidos devem aprender a ajustar suas medidas de ganhos para levar em conta esses fatores.

A crescente importância das empresas de serviços tem uma segunda consequência para os investidores, sejam eles de valor ou não. Os serviços são geralmente produzidos e consumidos localmente. Os mercados de serviços tendem a ser pequenos e locais, em vez de grandes e globais. Os pequenos mercados locais, em contraste com os grandes e globais, são mais facilmente dominados por empresas individuais que desfrutam vantagens de economia de escala. Ao mesmo tempo, as empresas de serviços envolvem contatos pessoais mais frequentes e mais importantes com os clientes do que as empresas que produzem bens. O cliente cativo surge dessas interações. Pelos dois motivos, as barreiras à entrada, que Warren Buffett e outros chamam de "fossos", provavelmente desempenham um papel maior nos serviços do que na fabricação. A capacidade de avaliar os negócios de franquia, incluindo o valor do crescimento, tornou-se mais importante, porque os serviços constituem uma fração maior da atividade econômica. Para ter sucesso, os investidores em valor devem ajustar suas estimativas de valor intrínseco para levar essa nova realidade em consideração.

À medida que a tecnologia da informação se integra à nuvem, os custos de hardware diminuem e o *software* se torna mais importante. Esse movimento reforça as consequências da tendência para os serviços. A inteligência artificial tende a ser altamente especializada. Os programas populares de jogos são específicos para jogos, como programas de xadrez, Jeopardy e Go; não são programas gerais de jogos. Na medicina, os programas de IA são específicos para uma especialidade médica e doenças. A estrutura de custos dos produtos de *software* invariavelmente significa altos custos fixos e baixos custos marginais, uma estrutura que gera economias de escala significativas. Os mercados especializados no espaço do produto, como os mercados de regiões geográficas locais de serviços, são mais facilmente dominados do que os mercados mais gerais de microchips e outro hardware de computador. Mais do que hardware, o uso de *software* envolve interação mais contínua e direta com o cliente, o que é um caminho para obter um cliente cativo. Portanto, a tecnologia, assim como os serviços, tende a aumentar a importância das franquias, tornando o crescimento uma parte mais importante do valor intrínseco.

O investimento global tem sido uma consequência importante da tendência de globalização mais ampla das últimas décadas. Os investidores em valor bem-sucedidos devem agora lidar com conjuntos de oportunidades globais. O número e a complexidade dos instrumentos financeiros disponíveis para os investidores aumentaram exponencialmente, apresentando outro desafio para os investidores em valor. O sucesso impressionante de Warren Buffett e de outros investidores em valor, incluindo aqueles cujo perfil mostraremos aqui, atraiu um número crescente de investidores para o campo de Graham-Dodd-Buffett. Essa tendência foi acelerada por estudos estatísticos abrangentes que demonstraram claramente a superioridade de uma abordagem de valor para o investimento. Hoje, há muito mais investidores em valor com acesso instantâneo a informações abrangentes de contabilidade e negócios na Internet, avaliando oportunidades de valor, do que havia em 2000, na esteira da mania de tecnologia e telecomunicações. Investidores mais qualificados tornam mais difícil obter retornos superiores.

Para lidar com esses acontecimentos, expandimos nosso conjunto de perfis de profissionais em valor bem-sucedidos. Adicionamos Thomas Russo, que é especializado em empresas globais de produtos de consumo, especialmente aquelas que são familiares; Andrew Weiss, que se concentra em instrumentos financeiros complexos, muitas vezes com requisitos administrativos intrincados; Paul Hilal, um especialista em série que realiza intervenções ativas para impulsionar a gestão a fim de melhorar as operações de um pequeno número de empresas; e Jan Hummel, que investe em empresas de pequeno porte com componentes de serviço dominantes restritos a Alemanha, países nórdicos e Reino Unido. Fornecemos breves perfis introdutórios de cada um deles. Os vídeos editados de todos estão disponíveis *on-line* (http://www.wiley.com/go/greenwald/valueinvesting2e).

Warren Buffett
Investir é alocar capital

Poucos contestarão a afirmação de que Warren Buffett é o investidor mais célebre de todos os tempos. O reconhecimento que conquistou é resultado dos excepcionais retornos que ele proporcionou aos seus parceiros e acionistas ao longo de mais de seis décadas e da sua capacidade singular de explicar as complexidades do ofício de modo tão claro, modesto e bem-humorado quanto franco e despretensioso. Nos anos em que administrou suas sociedades limitadas, de 1956 a 1969, e começando novamente em 1977 como presidente da Berkshire Hathaway, Buffett escrevia cartas anuais informando as principais escolhas tomadas durante o ano e, de importância mais permanente, a filosofia de investimento que norteava suas ações. Dizer que essas cartas são uma fonte rica de dicas de investimento é subestimar seu verdadeiro valor, como atestam todos os autores que cobram *royalties* pelos livros advindos dessa correspondência.[1]

Selecionamos passagens das cartas durante os anos da Berkshire Hathaway e organizamos esse material para revelar o que consideramos os elementos mais significativos da abordagem de Buffett para investir. O texto integral dos escritos está disponível *on-line* e pode ser lido e baixado no site da empresa. Todo o material é protegido por direitos autorais de Warren Buffett e é citado aqui com sua permissão.

Além da seleção e organização desses trechos, limitaremos nossa contribuição a algumas observações sobre Buffett como investidor. Primeiramente, como ele mesmo diz com frequência nas cartas, sua associação com Charlie Munger na Berkshire ajudou a afastá-lo da preferência ortodoxa de Benjamin Graham pela compra de ativos com grande desconto no preço, não importando o quão miserável fosse a empresa que os ofertasse, em vez de fazer negócios bons ou excelentes por um preço razoável. Embora Buffett nos anos da Berkshire ainda se refira a Graham com reverência, ele procura empresas que tenham franquias fortes e administração excepcional, embora possam gerar resultados além de seu valor contábil.

Em segundo lugar, embora muitos investidores digam que consideram estar comprando empresas em vez de ações ou títulos de dívida, Buffett está realmente

---

[1] Nesta seção, inserimos alguns comentários, usando fonte Garamond para distingui-los do texto de Buffet, que aparece em *Times New Roman*, a mesma fonte do restante do livro.

falando sério. A própria Berkshire Hathaway é um híbrido: é proprietária de alguns negócios, incluindo várias companhias de seguros, e tem grandes investimentos em empresas cujas ações ainda são negociadas publicamente. À medida que a Berkshire cresceu em tamanho, o número de oportunidades baseadas no mercado, capazes de absorver quantias significativas de seu oceano de capital de investimento, diminuiu drasticamente. Por conta disso, Buffett dedicou uma fração cada vez maior desse capital à aquisição e ao desenvolvimento de negócios inteiros. Essa evolução não exigiu nenhum reajuste de sua filosofia básica de investimento. Carol Loomis, uma observadora e amiga de Buffett por muitos anos, escreveu que

O ponto-chave sobre os dois Buffett, o investidor e o empresário, é que eles encaram a propriedade das empresas exatamente da mesma maneira. O investidor vê a chance de comprar *porções* de uma empresa no mercado de ações a um preço abaixo do valor intrínseco – isto é, abaixo do que um comprador racional pagaria para possuir todo o negócio. O gestor vê a chance de comprar o negócio *inteiro* por não mais do que valor intrínseco.

O tipo de mercadoria que Buffet quer é simples: "bons negócios". Para ele, isso significa essencialmente operações com franquias fortes, retornos sobre o patrimônio líquido acima da média, uma necessidade relativamente pequena de investimento de capital e, portanto, capacidade de se livrar do caixa. Essa lista pode soar como o óbvio dos óbvios, mas encontrar e comprar essas empresas não é fácil; em uma analogia com a caça, Buffett compara o feito a capturar "elefantes raros e velozes".[2]

Ou, para dizer a mesma coisa em termos um tanto diferentes, não importa o que esteja sendo comprado, investir é alocar capital.

Por fim, os investidores em valor compartilham a convicção de que são mais bem-sucedidos quando permanecem dentro de seu círculo de competência. Buffett fala diversas vezes em procurar negócios que ele possa entender, e é bem registrada sua aversão por empresas cujas fortunas dependem da excelência tecnológica que possuem. Permanecendo dentro dos limites de negócios que ele entende de fato – o que inclui seguradoras, empresas de mídia e empresas de bens de consumo –, Buffett ganhou muito dinheiro para si mesmo e para aqueles que investiram com ele ao longo dos anos. Pode parecer estranho afirmar que o maior investidor de todos os tempos fez fortunas seguindo o humilde preceito de não ir além das próprias chinelas, e certamente sua superioridade deriva não apenas do cumprimento dessa regra. Ainda assim, a galeria de investidores está repleta de gênios que come-

---

[2] Loomis, Carol. (2013). *Tap Dancing to Work: Warren Buffett on Practically Everything, 1966–2012: A Fortune Magazine Book*. New York: Portfolio, p. 65.

teram deslizes ao se afastar de suas zonas de excelência. Assim como a Coca-Cola descobriu que era melhor fabricar e vender refrigerantes do que produzir filmes, Buffett teve o bom senso de reconhecer os limites de sua própria franquia.

Princípios gerais de investimento

Tem sido fácil para a Berkshire e outros proprietários de ações americanas prosperar ao longo dos anos. Entre 31 de dezembro de 1899 e 31 de dezembro de 1999, para dar um exemplo realmente de longo prazo, o Dow Jones subiu de 66 para 11.497. Esse aumento massivo ocorreu por um motivo simples: ao longo do século, as empresas americanas se saíram extraordinariamente bem e os investidores aproveitaram essa onda de prosperidade. As empresas continuam indo bem. Contudo agora os acionistas, por meio de uma série de feridas autoinfligidas, estão reduzindo significativamente os retornos que obterão com seus investimentos.

A explicação de como isso está acontecendo começa com uma verdade fundamental: com exceções sem importância, como falências em que algumas das perdas de uma empresa são suportadas pelos credores, o máximo que os proprietários no total podem ganhar entre agora e o Fim do Mundo é o que seus negócios ganham no total. É verdade que, ao comprar e vender de maneira inteligente ou sortuda, o investidor "A" pode ficar com mais do que sua parte do bolo à custa do investidor "B" – e, sim, todos os investidores se sentem mais ricos quando as ações disparam. Ainda assim, um proprietário só pode sair tendo alguém em seu lugar. Se um investidor vende na alta, outro deve comprar na alta. Para os proprietários como um todo, simplesmente não há mágica – nenhuma chuva de dinheiro do espaço sideral – que os permitirá extrair riqueza de suas empresas além da criada pelas próprias empresas. (2005)

Então esse foi o meu argumento – e agora deixe-me colocá-lo em uma equação simples. Se o Grupo A (investidores ativos) e o Grupo B (investidores que não fazem nada) compõem o universo de investimento total, e B é destinado a obter resultados médios antes dos custos, assim, também, deve acontecer com A. O grupo que tiver os custos mais baixos vencerá. (O acadêmico em mim exige que eu mencione que há um ponto muito menor – não vale a pena detalhar – que modifica ligeiramente esta formulação.) E se o Grupo A tiver custos exorbitantes, seu déficit será substancial.

Existem, é claro, alguns indivíduos qualificados que têm grande probabilidade de superar o S&P em longos períodos. Em minha vida, porém, identifiquei, desde o início, apenas dez ou mais profissionais que esperava serem capazes desse feito.

Sem dúvida, existem muitas centenas de pessoas – talvez milhares – que jamais conheci e cujas habilidades seriam iguais às das pessoas que identifiquei. Afinal, o trabalho não é impossível. O problema simplesmente é que a grande maioria dos gestores que tentar um desempenho superior fracassará. Também é muito alta a probabilidade de que a pessoa que solicita seus fundos não seja a exceção que se sai bem. Bill Ruane – um ser humano verdadeiramente maravilhoso e um homem que identifiquei há 60 anos como quem quase certamente entregaria retornos de investimento superiores a longo prazo – bem disse: "Na gestão de investimentos, a progressão vai dos inovadores aos imitadores e aos abundantes incompetentes."

Para complicar ainda mais a busca pelo raro gestor de altos honorários que vale o salário que recebe, está o fato de que alguns profissionais de investimento, assim como alguns amadores, terão sorte em curtos períodos. Se 1.000 gestores fizerem uma previsão de mercado no início de um ano, é muito provável que as ligações de pelo menos um sejam corretas por nove anos consecutivos. Claro, 1.000 macacos teriam a mesma probabilidade de produzir um profeta aparentemente sábio, mas permaneceria uma diferença: o macaco sortudo não iria encontrar pessoas na fila para investir com ele.

Finalmente, existem três realidades conectadas que fazem com que o sucesso dos investimentos gere o fracasso. Primeiramente, um bom recorde atrai rapidamente uma torrente de dinheiro. Em segundo lugar, grandes somas invariavelmente atuam como uma âncora no desempenho do investimento: o que é fácil com milhões, é difícil com bilhões (ui!). Em terceiro lugar, a maioria dos gestores, no entanto, buscará dinheiro novo por causa de sua equação *pessoal* – ou seja, quanto mais fundos eles têm sob gestão, mais honorários recebem. (2016)

Objetivo de investimento da Berkshire Hathaway

Nosso objetivo econômico de longo prazo (sujeito a algumas qualificações mencionadas posteriormente) é maximizar a taxa média anual de ganho da Berkshire em valores de negócio intrínsecos por ação. Não medimos a importância econômica ou o desempenho da Berkshire por seu tamanho; medimos pelo progresso por ação. Temos certeza de que a taxa de progresso por ação diminuirá no futuro – uma base de capital bastante ampliada cuidará disso. Contudo, ficaremos desapontados se nossa taxa não exceder a da média das grandes corporações americanas. (Extraído de "Owner Related Business Principles", diversas edições.)

> A Berkshire Hathaway está comprometida em emitir novas ações apenas quando o valor intrínseco recebido em troca exceder o valor das ações emitidas, e recomprar ações somente quando elas estiverem disponíveis a preços abaixo do valor intrínseco da Berkshire, e por isso maximizar o crescimento do valor intrínseco por ação é equi-

valente a maximizar o valor intrínseco da Berkshire. A definição e estimativa do valor intrínseco estão no cerne da filosofia de investimento de Buffett e Munger.

Medição de desempenho

Desde o início, Charlie e eu acreditamos em ter um padrão racional e inflexível para medir o que realizamos – ou deixamos de realizar. Isso nos impede de ver onde a flecha do desempenho acerta e depois pintar o alvo ao redor dela.

Selecionar o S&P 500 como nosso "par do golfe" foi uma escolha fácil, porque nossos acionistas podem, praticamente sem custo, igualar seu desempenho mantendo um fundo de índice. Por que eles deveriam nos pagar apenas por replicar esse resultado? (2009)

Expectativas de retorno realistas

Vamos revisitar alguns dados que mencionei há dois anos: durante o século XX, o Dow avançou de 66 para 11.497. Esse ganho, embora pareça enorme, diminui para 5,3% quando composto anualmente. Um investidor que possuía a Dow ao longo do século também teria recebido dividendos generosos durante grande parte do período, mas apenas cerca de 2% ou mais nos anos finais. Foi um século maravilhoso.

Pense agora no século presente. Para que os investidores apenas igualem esse ganho de valor de mercado de 5,3%, o Dow – recentemente abaixo de 13.000 – precisaria fechar em cerca de 2.000.000 em 31 de dezembro de 2099. Estamos agora há oito anos neste século e acumulamos menos de 2.000 dos 1.988.000 pontos do Dow que o mercado precisava para percorrer os cem anos e se igualar a 5,3% no último.

Os dividendos continuam a girar em torno de 2%. Mesmo que as ações tivessem uma valorização anual média de 5,3% nos anos 1900, a parcela do patrimônio líquido dos ativos do plano – permitindo despesas de 0,5% – não produziria mais do que 7% ou perto disso. E 0,5% pode muito bem subestimar os custos, dada a presença de camadas de consultores e gerentes caros ("ajudantes").

Devo mencionar que as pessoas que esperam ganhar 10% ao ano com ações durante este século – prevendo que 2% disso virão de dividendos e 8% virão da valorização dos preços – estão implicitamente prevendo um nível de cerca de 24 milhões no índice Dow em 2100. Se o seu consultor mencionar retornos de dois dígitos das ações, explique essa matemática para ele – não que isso vá desanimá-lo. Muitos ajudantes são, aparentemente, descendentes diretos da rainha de Alice no País das Maravilhas, que disse: "Ora, às vezes eu acredito em até seis coisas impossíveis antes do café da manhã." Cuidado com o ajudante simplório que enche sua cabeça de fantasias enquanto enche os bolsos de honorários. (2007)

Como medir o valor intrínseco

Nossa estratégia de investimento em ações pouco mudou em relação ao que era há quinze anos, quando afirmamos no relatório anual de 1977: "Selecionamos nossas ações negociáveis da mesma forma que avaliaríamos um negócio para aquisição em sua totalidade. Queremos que o negócio seja um (a) que possamos entender; (b) com perspectivas de longo prazo favoráveis; (c) operado por pessoas honestas e competentes; e (d) disponível a um preço muito atraente." Acreditamos que há apenas uma mudança a se fazer nesse credo: devido às condições de mercado e ao nosso tamanho, agora substituímos "um preço atraente" por "um preço muito atraente".

Como, você perguntará, alguém decide o que é "atraente"? Ao responder a essa pergunta, a maioria dos analistas sente que deve escolher entre duas abordagens normalmente consideradas opostas: "valor" e "crescimento". De fato, muitos profissionais de investimento consideram qualquer combinação dos dois termos como uma forma de disfarce intelectual.

Consideramos isso uma confusão em termos de pensamento (na qual, devo confessar, eu mesmo me envolvi alguns anos atrás). Em nossa opinião, as duas abordagens estão ligadas umbilicalmente: o crescimento é sempre uma componente do cálculo do valor, constituindo uma variável cuja importância pode ir de insignificante a enorme e cujo impacto pode ser tanto negativo como positivo.

Além disso, achamos que o próprio termo "investimento em valor" é redundante. O que é "investir" senão o ato de buscar valor pelo menos o suficiente para justificar a quantia paga? Pagar conscientemente mais por uma ação do que seu valor calculado – na esperança de que em breve possa ser vendido por um preço ainda mais alto – deve ser rotulado de especulação (que não é ilegal nem imoral e que – em nossa opinião – também não engorda, financeiramente falando).

Apropriado ou não, o termo "investimento em valor" é amplamente utilizado. Normalmente, isso denota a compra de ações com atributos como um baixo índice preço/valor contábil, um baixo índice preço/lucro ou um alto rendimento de dividendos. Infelizmente, tais características, mesmo que apareçam em combinação, estão longe de ser determinantes para saber se um investidor está realmente comprando algo pelo que vale e, portanto, está realmente operando com base no princípio de obter valor em seus investimentos. Da mesma forma, características opostas – alta relação preço/valor contábil, alta relação preço/lucro e baixo rendimento de dividendos – não são de forma alguma inconsistentes com uma compra de "valor".

Da mesma forma, o crescimento dos negócios, por si só, pouco nos diz sobre valor. É verdade que o crescimento geralmente tem um impacto positivo no valor, às vezes de proporções espetaculares, mas esse efeito está longe de ser garantido. Por exemplo, os investidores regularmente despejam dinheiro no negócio de companhias aéreas domésticas para financiar o crescimento sem lucro (ou pior). Para esses investidores, teria sido muito melhor se Orville não tivesse conseguido decolar em Kitty Hawk: quanto mais o setor cresceu, pior o desastre para os proprietários.

O crescimento beneficia os investidores apenas quando o negócio em questão pode investir com retornos incrementais que são atraentes – em outras palavras, apenas quando cada dólar usado para financiar o crescimento cria mais de um dólar de valor de mercado de longo prazo. No caso de um negócio de baixo retorno que requer fundos incrementais, o crescimento prejudica o investidor.

Em *The Theory of Investment Value* (A Teoria do Valor do Investimento), escrito há mais de 50 anos, John Burr Williams estabeleceu a equação de valor, que condensamos aqui: o valor de qualquer ação, título de dívida ou negócio hoje é determinado pelas entradas e saídas de caixa – descontadas a uma taxa de juros apropriada – que podem ocorrer durante a vida útil restante do ativo. Observe que a fórmula é a mesma para ações e títulos de dívida. Mesmo assim, há uma diferença importante, e com a qual é difícil de lidar, entre os dois: um título de dívida tem um cupom e uma data de vencimento que definem os fluxos de caixa futuros; mas, no caso de ações, o próprio analista de investimentos deve estimar os "cupons" futuros. Além disso, a qualidade da administração afeta o cupom do título de dívida apenas raramente – principalmente quando a administração é tão inepta ou desonesta que o pagamento de juros é suspenso. Em contraste, a capacidade de gestão pode afetar drasticamente os "cupons" de ações.

O investimento que cálculo dos fluxos de caixa descontados aponta como sendo o mais barato é aquele que o investidor deve comprar – independentemente de o negócio crescer ou não, exibir volatilidade ou homogeneidade em seus ganhos, ou carregar um preço alto ou baixo em relação a seus ganhos atuais e valor contábil. Além disso, embora a equação de valor geralmente mostre que as ações são mais baratas do que os títulos de dívida, esse resultado não é inevitável: quando os títulos de dívida são calculados para serem o investimento mais atraente, eles devem ser comprados.

Deixando de lado a questão do preço, o melhor negócio para se ter é aquele que, por um longo período, pode empregar grandes quantidades de capital incremental com taxas de retorno muito altas. O pior negócio para se possuir é aquele que deve fazer, ou fará, o oposto – isto é, empregar consistentemente quantidades cada vez maiores de capital com taxas de retorno muito baixas. Infelizmente, o primeiro tipo de negócio é muito difícil de encontrar: A maioria das empresas de alto retorno precisa de relativamente pouco capital. Os acionistas de tal empresa geralmente se beneficiarão se ela pagar a maior parte de seus ganhos em dividendos ou fizer recompras significativas de ações.

Embora os cálculos matemáticos necessários para avaliar ações não sejam difíceis, um analista, mesmo experiente e inteligente, pode facilmente errar ao estimar "cupons" futuros. Na Berkshire, tentamos lidar com esse problema de duas maneiras. Primeiramente, tentamos nos limitar a negócios que acreditamos entender. Isso significa que eles devem ser relativamente simples e de natureza estável. Se um negócio é complexo ou sujeito a mudanças constantes, não somos inteligentes o suficiente para prever fluxos de caixa futuros. Aliás, essa lacuna não nos incomoda. O que conta para a maioria das pessoas ao investir não é o quanto elas sabem, mas sim em que medida definem – de modo realista – o que não sabem. Um investidor precisa fazer muito poucas coisas certas, desde que evite grandes erros.

Em segundo lugar, e igualmente importante, insistimos em uma margem de segurança em nosso preço de compra. Se calcularmos o valor de uma ação ordinária como apenas ligeiramente superior ao seu preço, não temos interesse em comprar. Acreditamos que esse princípio de margem de segurança, tão enfatizado por Ben Graham, seja a pedra angular do sucesso do investimento. (1992)

Aumentar a riqueza não é o mesmo que aumentar o tamanho

Quando Charlie e eu compramos ações – que consideramos pequenas porções de empresas –, nossa análise é muito semelhante à que usamos para comprar empresas inteiras. Primeiro, temos de decidir se podemos estimar sensatamente uma faixa de ganhos para cinco anos ou mais. Se a resposta for sim, compraremos as ações (ou empresas) se o preço de venda for razoável em relação ao limite inferior de nossa estimativa. Se, no entanto, não temos a capacidade de estimar os lucros futuros – o que geralmente é o caso –, simplesmente passamos para outros clientes em potencial. Nos 54 anos em que trabalhamos juntos, nunca abrimos mão de uma compra atraente por causa do ambiente macro ou político, ou da opinião de outras pessoas. Na verdade, esses assuntos nunca surgem quando tomamos decisões.

É vital, entretanto, que reconheçamos o perímetro de nosso "círculo de competência" e permaneçamos bem dentro dele. Mesmo assim, cometeremos alguns erros, tanto com ações quanto com negócios. Tais erros, porém, não serão os desastres que ocorrerão, por exemplo, quando um mercado em alta há muito tempo induz compras baseadas no comportamento de preço previsto e no desejo de ter a melhor ação. (2013)

Como medir o valor intrínseco da Berkshire

O primeiro componente de valor são nossos investimentos: ações, títulos de dívida e equivalentes de caixa. No final do ano, eles totalizaram US$ 158 bilhões em valor de mercado.

O *float* de seguro – dinheiro que temporariamente mantemos em nossas operações de seguro que não são de nossa propriedade – financia US$ 66 bilhões de nossos investimentos. Esse *float* é "grátis" desde que a subscrição do seguro mantenha-se em equilíbrio, o que significa que os prêmios que recebemos são iguais às perdas e despesas que incorremos. Obviamente, os resultados de subscrição são voláteis, oscilando erraticamente entre lucros e perdas. Ao longo de toda a nossa história, porém, temos sido significativamente lucrativos, e também espero que alcancemos uma média de resultados de equilíbrio ou melhor no futuro. Se fizermos isso, todos os nossos investimentos – aqueles financiados pelo *float* e por reservas de contingência – poderão ser vistos como um elemento de valor para os acionistas da Berkshire.

O segundo componente de valor da Berkshire são os ganhos que vêm de outras fontes que não são investimentos e subscrição de seguros. Esses ganhos são gerados por nossas 68 empresas não seguradoras. Nos primeiros anos da Berkshire, nós nos concentramos no lado dos investimentos. Durante as últimas duas décadas, no entanto, temos enfatizado cada vez mais o desenvolvimento de receitas de negócios não relacionados a seguros, uma prática que continuará.

Em quarenta anos, nosso ganho anual composto em ganhos por ação antes dos impostos e não relacionados a seguros foi de 21,0%. Durante o mesmo período, o preço das ações da Berkshire aumentou a uma taxa de 22,1% ao ano. Com o tempo, você pode esperar que o preço de nossas ações acompanhe os investimentos e lucros da Berkshire. O preço de mercado e o valor intrínseco frequentemente seguem caminhos muito diferentes – às vezes por longos períodos –, mas, ao fim, acabam por se encontrar.

Há um terceiro elemento, mais subjetivo, em um cálculo de valor intrínseco que pode ser positivo ou negativo: a eficácia com a qual as reservas de contingência serão aplicadas no futuro. Nós, assim como muitas outras empresas, provavelmente teremos reservas de contingência na próxima década que serão iguais ou até mesmo superiores ao capital que empregamos atualmente. Algumas empresas transformarão esses dólares retidos em moedas de cinquenta centavos, outras em notas de dois dólares.

Este fator "o-que-eles-farão-com-o-dinheiro" deve sempre ser avaliado junto com o cálculo "o-que-nós-temos-agora", para que nós, ou qualquer pessoa, cheguemos a uma estimativa razoável do valor intrínseco de uma empresa. Isso porque um investidor externo permanece impotente enquanto a administração reinveste sua parte nos lucros da empresa. Se é esperado que um CEO desempenhe bem esse trabalho, as perspectivas de reinvestimento aumentam o valor atual da empresa; se os talentos ou motivos do CEO forem suspeitos, o valor de hoje deve ser desconsiderado. A diferença no resultado pode ser enorme. Um dólar com o valor daquela época nas mãos de Roebuck, CEO da Sears, ou de Ward, CEO da Montgomery, no final dos anos 1960 tinha um destino muito diferente do de um dólar confiado a Sam Walton. (2010)

Uma palavra final sobre como medir o valor intrínseco e o investimento versus especulação

Deixando de lado os fatores tributários, a fórmula que usamos para avaliar ações e empresas é idêntica. Na verdade, a fórmula para avaliar todos os ativos que são comprados para ganho financeiro permaneceu inalterada desde que foi apresentada pela primeira vez por um homem muito inteligente em cerca de 600 a.C. (embora ele não fosse inteligente o suficiente para saber que era 600 a.C.).

O oráculo era Esopo e sua ideia duradoura, embora um tanto incompleta, de investimento era "mais vale um pássaro na mão do que dois voando". Para concretizar esse princípio, você deve responder a apenas três perguntas. Você tem certeza de que existem pássaros voando? Quando eles vão surgir e quantos serão? Qual é a taxa de juros livre de risco (que consideramos ser o rendimento dos títulos de dívida de longo prazo dos EUA)? Se você puder responder a essas três perguntas, saberá o valor máximo do "voando" – e o número máximo de pássaros que você tem na mão agora que deve ser melhor que a alternativa. E, claro, não pense literalmente em pássaros. Pense em dólares.

O axioma do investimento de Esopo, assim expandido e convertido em dólares, é imutável. Aplica-se a despesas com fazendas, *royalties* do petróleo, títulos de dívida, ações, bilhetes de loteria e fábricas. Nem o advento da máquina a vapor, o aproveitamento da eletricidade ou a criação do automóvel mudaram a fórmula um iota – nem a Internet. Basta inserir os números corretos e você pode classificar a atratividade de todos os usos possíveis do capital em todo o universo.

Parâmetros comuns, como rendimento de dividendos, relação entre preço e lucros ou valor contábil e até mesmo taxas de crescimento, nada têm a ver com a avaliação, exceto na medida em que fornecem pistas sobre a quantidade e o tempo dos fluxos de caixa de e para o negócio. Na verdade, o crescimento pode destruir valor se exigir entradas de caixa nos primeiros anos de um projeto ou empresa que excedam o valor descontado do caixa que esses ativos irão gerar nos anos posteriores. Comentaristas de mercado e gestores de investimento que se referem aos estilos de "crescimento" e "valor" como abordagens contrastantes de investimento estão exibindo sua ignorância, não sua sofisticação. O crescimento é simplesmente um componente – geralmente positivo, às vezes negativo – na equação de valor.

Infelizmente, embora a proposição de Esopo e a terceira variável – isto é, taxas de juros – sejam simples, inserir números para as outras duas variáveis é uma tarefa difícil. Usar números precisos é, de fato, tolice; trabalhar com uma gama de possibilidades é a melhor abordagem.

Normalmente, o intervalo deve ser tão amplo que nenhuma conclusão útil possa ser obtida. Ocasionalmente, porém, mesmo estimativas muito conservadoras sobre o futuro surgimento dos pássaros revelam que o preço cotado é surpreendentemente baixo em relação ao valor. (Vamos chamar esse fenômeno de TVI – Teoria do "Voando" Ineficiente.) Para ter certeza, um investidor precisa de algum conhecimento geral da economia empresarial, bem como a capacidade de pensar de forma independente para chegar a uma conclusão positiva bem fundamentada. Não é necessário ser brilhante nem ter *insights* extraordinários.

No outro extremo, há muitas ocasiões em que o mais brilhante dos investidores não consegue reunir uma convicção sobre os pássaros que vão aparecer voando, nem mesmo quando uma gama muito ampla de estimativas é empregada. Esse tipo de incerteza frequentemente ocorre quando novos negócios e setores em rápida mudança estão sendo examinados. Em casos desse tipo, qualquer compromisso de capital deve ser rotulado como especulativo.

A especulação – em que o foco não está no que um ativo vai produzir, mas sim no que o próximo sujeito vai pagar por ele – não é ilegal, imoral ou antiamericana. Ainda assim, não é um jogo que Charlie e eu desejemos jogar. Se não trouxemos nada para a festa, por que devemos esperar levar alguma coisa para casa?

A linha que separa investimento e especulação, que nunca é clara e nítida, torna-se ainda mais tênue quando a maioria dos participantes do mercado desfrutou recentemente de triunfos. Nada diminui tanto a racionalidade quanto grandes doses de dinheiro sem esforço. Depois de uma experiência inebriante desse tipo, pessoas normalmente sensatas assumem um comportamento semelhante ao de Cinderela no baile. Elas sabem que demorar-se demais nas festividades – ou seja, continuar a especular em empresas que têm avaliações gigantescas em relação ao dinheiro que provavelmente irão gerar no futuro – acabará por trazer como resultado abóboras e ratos. Mesmo assim, detestam perder um único minuto daquela festa infernal. Portanto, os frívolos participantes planejam sair segundos antes da meia-noite. Porém, há um problema: eles estão dançando em um salão em que os relógios não têm ponteiros. (2000)

Gestão de risco: quem é o responsável

Na minha opinião, o conselho de administração de uma grande instituição financeira é *negligente* se não insistir que seu CEO seja totalmente responsável pelo controle de riscos. Se ele for incapaz de realizar esse trabalho, deve procurar outro emprego. Se falhar nisso – com o governo então sendo obrigado a intervir com fundos ou garantias –, as consequências financeiras para ele e o conselho que dirige devem ser graves. (2009)

Diversificação e concentração; risco e retorno

A estratégia que adotamos evita que sigamos o dogma de diversificação padrão. Muitos especialistas diriam, portanto, que a estratégia deve ser mais arriscada do que a empregada por investidores mais convencionais. Nós discordamos. Acreditamos que uma política de concentração de portfólio pode muito bem diminuir o risco se aumentar, como deveria, tanto a intensidade com que um investidor considera uma empresa quanto o nível de conforto que ele deve sentir com as características econômicas dessa empresa antes de comprá-la. Ao declarar esta opinião, definimos risco, usando termos de dicionário, como "a possibilidade de perda ou lesão".

Os acadêmicos, no entanto, gostam de definir o "risco" de investimento de forma diferente, afirmando que é a volatilidade relativa de uma ação ou carteira de ações – ou seja, sua volatilidade em comparação com a de um grande universo de ações. Empregando bancos de dados e habilidades estatísticas, esses acadêmicos calculam com precisão o "beta" de uma ação – sua volatilidade relativa no passado – e então elaboram teorias misteriosas de investimento e alocação de capital em torno desse cálculo. Na ânsia de uma única estatística para medir o risco, no entanto, esquecem um princípio fundamental: é melhor estar aproximadamente certo do que precisamente errado.

Para os proprietários de uma empresa – e é assim que pensamos nós, os acionistas –, a definição acadêmica de risco está longe de ser correta, tanto que produz absurdos. Por exemplo, sob a teoria baseada em beta, uma ação que caiu muito em comparação com o mercado – como a do Washington Post quando a compramos em 1973 – torna-se "mais arriscada" com o preço mais baixo do que com o preço mais alto. Essa descrição faria algum sentido para alguém que tivesse oferecido a empresa inteira a um preço muito reduzido?

Na verdade, o verdadeiro investidor agradece pela volatilidade. Ben Graham explicou o porquê no capítulo 8 de *O Investidor Inteligente*. Lá ele apresentou o "Sr. Mercado", um sujeito prestativo que aparece todos os dias para comprar de você ou vender para você o que você quiser. Quanto mais maníaco-depressivo for esse sujeito, maiores serão as oportunidades disponíveis para o investidor. Isso é verdade porque um mercado extremamente flutuante significa que preços irracionalmente baixos serão periodicamente atribuídos a negócios sólidos. É impossível ver como a disponibilidade desses preços pode ser considerada como um aumento dos riscos para um investidor que é totalmente livre para ignorar o mercado ou explorar sua loucura.

Ao avaliar o risco, um purista pelo beta desdenhará examinar o que uma empresa produz, o que seus concorrentes estão fazendo ou de quanto dinheiro de empréstimo a empresa se vale. Ele pode até preferir não saber o nome da empresa. O que ele valoriza é o histórico de preços de suas ações. Em contraste, ficaremos felizes em deixar de conhecer o histórico de preços e, em vez disso, buscaremos quaisquer informações que ajudem a compreender os negócios da empresa. Assim, depois de comprar uma ação, não daríamos bola se os mercados fechassem por um ou dois anos. Não precisamos de uma cotação diária de nossa posição 100% na See's ou H.H. Brown para justificar o nosso bem-estar. Por que, então, deveríamos precisar de uma cotação de nossa participação de 7% na Coca?

Em nossa opinião, o risco real que um investidor deve avaliar é se suas receitas agregadas após impostos de um investimento (incluindo aquelas que ele recebe na venda) irão, durante seu período de participação em perspectiva, dar a ele pelo menos tanto poder de compra quanto ele tinha para começar, mais uma modesta taxa de juros sobre a aposta inicial. Embora esse risco não possa ser calculado com precisão de engenharia, pode, em alguns casos, ser avaliado com um grau de precisão útil. Os principais fatores que influenciam essa avaliação são:

1. A certeza com que as características econômicas de longo prazo da empresa podem ser avaliadas.
2. A certeza com que a gestão pode ser avaliada, tanto em relação à sua capacidade de realizar todo o potencial do negócio quanto de usar sabiamente seus fluxos de caixa.
3. A certeza com a qual podemos contar com a administração para canalizar as recompensas da empresa para os acionistas e não para si mesma.
4. O preço de compra da empresa.
5. Os níveis de tributação e inflação que serão experimentados e que determinarão o grau em que o retorno do poder de compra de um investidor é reduzido de seu retorno bruto.

Esses fatores provavelmente parecerão insuportavelmente confusos para muitos analistas, uma vez que não podem ser extraídos de um banco de dados de qualquer tipo. No entanto, a dificuldade de quantificar precisamente essas questões não nega sua importância, nem é insuperável. Assim como o juiz Stewart achou impossível formular um teste de obscenidade, mas, ainda assim, afirmou, "Eu sei quando vejo", os investidores também podem – de uma forma inexata, mas útil – "ver" os riscos inerentes a certos investimentos sem referência a equações complexas ou históricos de preços. (1978)

Boa gestão, da perspectiva da Berkshire

Os fatores mais importantes que determinam o valor intrínseco de uma empresa são a qualidade da gestão e a qualidade econômica subjacente da própria empresa. Buffett descreveu detalhadamente como são as boas administrações e as boas empresas.

Em 1983, estabeleci 13 princípios de negócios relacionados ao proprietário que, em minha opinião, ajudariam os novos acionistas a compreender nossa abordagem gerencial.

- *Embora nossa forma seja corporativa, nossa atitude é de parceria. Charlie Munger e eu pensamos em nossos acionistas como sócios-proprietários e em nós mesmos como sócios-gerentes. (Devido ao tamanho de nossas participações, também somos, para o bem ou para o mal, sócios-controladores.) Não vemos a própria empresa como a proprietária final de nossos ativos comerciais, mas, em vez disso, vemos a empresa como um canal por meio do qual nossos acionistas possuem os ativos.*
- *Em linha com a orientação do proprietário da Berkshire, a maioria de nossos conselheiros tem uma parte significativa de seu patrimônio líquido investido na empresa. Nós comemos nossa própria comida.*
- *As consequências contábeis não influenciam nossas decisões operacionais ou de alocação de capital. Quando os custos de aquisição são semelhantes, preferimos muito mais comprar US$ 2 de lucros que não sejam reportados por nós de acordo com os princípios contábeis padrão do que comprar US$ 1 de lucros que é reportado. Essa é precisamente a escolha que frequentemente enfrentamos, uma vez que empresas inteiras (cujos lucros serão totalmente reportados) frequentemente vendem pelo dobro do preço pro-rata de pequenas porções (cujos lucros serão em grande parte não reportados). No agregado e ao longo do tempo, esperamos que os lucros não reportados sejam totalmente refletidos em nosso valor intrínseco de negócios por meio de ganhos de capital.*
- *Usamos dívidas com moderação. Rejeitaremos oportunidades interessantes em vez de alavancar demais nosso balanço patrimonial. Esse conservadorismo tem penalizado nossos resultados, mas é o único comportamento que nos deixa confortáveis, consi-*

derando nossas obrigações fiduciárias com segurados, credores e os muitos acionistas que cederam parcelas anormalmente grandes de seu patrimônio líquido aos nossos cuidados. (Como disse um dos vencedores das 500 Milhas de Indianápolis: "Para terminar em primeiro, você deve primeiro terminar.")

- Uma "lista de desejos" dos gestores não será preenchida à custa do acionista. Não diversificaremos comprando negócios inteiros a preços de controle que ignoram as consequências econômicas de longo prazo para nossos acionistas. Só faremos com o seu dinheiro o que faríamos com o nosso, pesando integralmente os valores que você pode obter diversificando seus próprios portfólios por meio de compras diretas na bolsa.

- Achamos que as nobres intenções devem ser verificadas periodicamente em relação aos resultados. Testamos a sabedoria de retenção de lucros avaliando se a retenção, ao longo do tempo, proporciona aos acionistas pelo menos US$ 1 de valor de mercado para cada US$ 1 retido. Até o momento, esse teste foi bem-sucedido. Continuaremos a aplicá-lo continuamente por cinco anos. À medida que nosso patrimônio líquido cresce, é mais difícil usar as reservas de contingência com sabedoria.

- Emitiremos ações ordinárias apenas quando recebermos tanto em valor comercial quanto dermos. Essa regra se aplica a todas as formas de emissão – não apenas fusões ou ofertas públicas de ações, mas também swaps (trocas) de ações por dívida, opções de ações e títulos conversíveis. Não venderemos pequenas parcelas da sua empresa – e é isso que a emissão de ações significa – de maneira inconsistente com o valor de toda a empresa. (Manual do proprietário, versão atualizada)

A cada dia, de inúmeras maneiras, a posição competitiva de cada um de nossos negócios fica mais fraca ou mais forte. Se estivermos encantando os clientes, eliminando custos desnecessários e melhorando nossos produtos e serviços, ganhamos força. Já se tratarmos os clientes com indiferença ou tolerarmos o inchaço, nossos negócios murcharão. No dia a dia, os efeitos de nossas ações são imperceptíveis; cumulativamente, porém, suas consequências são enormes.

Quando nossa posição competitiva de longo prazo melhora como resultado dessas ações quase imperceptíveis, descrevemos o fenômeno como "alargamento do fosso". Fazer isso é essencial se quisermos ter o tipo de negócio que queremos daqui a uma ou duas décadas. Sempre, é claro, esperamos ganhar mais dinheiro no curto prazo, mas, quando há conflito entre curto e longo prazos, alargar o fosso deve ter precedência. Se uma administração toma decisões erradas a fim de atingir as metas de lucro de curto prazo e, consequentemente, fica encurralada em termos de custos, satisfação do cliente ou força da marca, nenhum grande resultado subsequente superará o dano que foi infligido. Dê uma olhada nos dilemas dos gerentes nos setores automobilístico e aéreo atualmente, enquanto eles enfrentam os enormes problemas legados por seus antecessores. Charlie adora citar o artigo de Ben Franklin: "Um quilo de prevenção vale um quilo de cura". Às vezes, porém, nenhuma cura superará os erros do passado.

Nossos gerentes se concentram na ampliação do fosso – e são brilhantes nisso. São, simplesmente, apaixonados por seus negócios. Normalmente, eles estavam naquela atividade muito antes de nós aparecermos; nossa única função desde então tem sido ficar fora do caminho. Se você vir esses heróis – e também nossas quatro heroínas – na reunião anual, agradeça a eles pelo trabalho que fazem por você.

É difícil enfatizar demais a importância de quem é o CEO de uma empresa. Antes de Jim Kilts chegar à Gillette em 2001, a empresa estava passando por dificuldades, tendo sofrido especialmente com erros de alocação de capital. No exemplo principal, a aquisição da Duracell pela Gillette custou bilhões de dólares aos acionistas da Gillette, uma perda ocultada para sempre pela contabilidade convencional. Muito simplesmente, o que a Gillette recebeu em valor de negócio nessa aquisição não foi equivalente ao montante de que teve de abrir mão. (Surpreendentemente, este parâmetro mais fundamental é quase sempre ignorado por ambas as administrações e seus banqueiros de investimento quando as aquisições estão em discussão.) (2005)

Comportamento geral de aquisição

Como nosso histórico indica, estamos confortáveis com a propriedade total das empresas e com ativos negociáveis que representam pequenas porções das empresas. Procuramos continuamente formas de empregar grandes somas em cada área. (Mas tentamos evitar pequenos compromissos – "Se algo não vale a pena ser feito, não vale a pena fazer bem".) De fato, os requisitos de liquidez de nossos negócios de seguros e selos comerciais exigem grandes investimentos em ativos negociáveis.

Nossas decisões de aquisição terão como objetivo maximizar benefícios econômicos reais, e não maximizar o domínio gerencial ou os números relatados para fins contábeis. (No longo prazo, as administrações que enfatizam a aparência contábil em vez da substância econômica geralmente não conseguem bons resultados em ambos os casos.)

Independentemente do impacto sobre os lucros imediatamente sujeitos à comunicação, preferiríamos comprar 10% da Empresa Maravilhosa T a X por ação do que 100% de T a 2X por ação. A maioria dos gerentes corporativos prefere exatamente o contrário e não carece de justificativas explícitas para seu comportamento.

No entanto, suspeitamos que são três as motivações – geralmente não mencionadas –, individualmente ou em combinação, as mais importantes na maioria das aquisições de alto prêmio:

1. Líderes, de negócios ou não, raramente têm falta de espírito animal e muitas vezes apreciam o aumento de atividades e desafios. Na Berkshire, o pulso corporativo nunca bate mais rapidamente do que quando uma aquisição está em vista.
2. A maioria das organizações, de negócios ou não, mede-se a si mesma, é avaliada por outras pessoas e compensa seus gerentes muito mais pela medida de tamanho do que por qualquer outra medida. (Pergunte a um gerente da Fortune 500 qual lugar sua empresa ocupa nessa lista famosa e, invariavelmente, o número respondido será da lista classificada por tamanho de vendas; talvez ele sequer saiba a posição de sua empresa na lista que a Fortune fielmente compila com as mesmas 500 empresas por lucratividade.)
3. Muitas administrações aparentemente foram expostas em excesso, durante os impressionáveis anos de infância, à história em que o belo príncipe aprisionado é libertado do corpo de um sapo por um beijo de uma bela princesa. Consequentemente, elas têm certeza de que seu beijo gerencial fará maravilhas para a lucratividade da Empresa A(lvo).

Esse otimismo é essencial. Sem essa visão otimista, por que outro motivo os acionistas da Empresa C(ompradora) desejariam possuir uma participação na A ao custo de aquisição de 2X em vez de ao preço de mercado X que pagariam se fizessem compras diretas por conta própria?

Em outras palavras, os investidores sempre podem comprar sapos pelo preço do mercado dos sapos. Se os investidores, em vez disso, financiam princesas que desejam pagar o dobro pelo direito de beijar o sapo, é melhor que esses beijos carreguem algum poder de verdade. Observamos muitos beijos, mas poucos milagres. No entanto, muitas princesas gerenciais permanecem serenamente confiantes quanto ao poder futuro de seus beijos – mesmo depois que seus quintais corporativos estão afundados até os joelhos em sapos indiferentes... (1981)

Negócios – o grande, o bom e o horrível

Vamos dar uma olhada em que tipo de negócios nos estimulam. E já que estamos nisso, vamos também discutir o que desejamos evitar.

Charlie e eu procuramos empresas que têm (a) um negócio que entendemos; (b) economia de longo prazo favorável; (c) gestão capaz e confiável; e (d) um preço razoável. Gostamos de comprar todo o negócio ou, se a gestão for nossa parceira, pelo menos 80%. Quando compras de qualidade do tipo controle não estão disponíveis, também ficamos felizes em simplesmente comprar pequenas porções de grandes negócios por meio de compras no mercado de ações. É melhor ter um percentual do diamante Hope do que ser o único dono de uma imitação.

Uma empresa verdadeiramente grande deve ter um "fosso" duradouro que proteja excelentes retornos sobre o capital investido. A dinâmica do capitalismo garante que os concorrentes vão atacar repetidamente qualquer "castelo" empresarial que esteja ganhando altos retornos. Portanto, uma barreira formidável como uma empresa ser um produtor de baixo custo (GEICO, Costco) ou possuir uma marca mundial poderosa (Coca-Cola, Gillette, American Express) é essencial para o sucesso sustentado. A história dos negócios está repleta de "fogos de artifício", empresas cujos fossos se mostraram ilusórios e logo foram atravessados.

Nosso critério de "persistência" nos leva a excluir empresas em setores propensos a mudanças rápidas e contínuas. Embora a "destruição criativa" do capitalismo seja altamente benéfica para a sociedade, ela impede a certeza do investimento. Um fosso que precisa ser continuamente reconstruído acabará por não ser fosso algum.

Além disso, esse critério elimina o negócio cujo sucesso depende de um ótimo gestor. É claro que um CEO incrível é um grande ativo para qualquer empresa e, na Berkshire, temos muitos desses gerentes. Suas habilidades criaram bilhões de dólares de valor que nunca teria se materializado se CEOs comuns estivessem a cargo dos negócios.

Ainda assim, se um negócio requer um *superstar* para produzir grandes resultados, o negócio em si não pode ser considerado excelente. Uma parceria médica liderada pelo principal neurocirurgião de sua área pode ter lucros exagerados e crescentes, mas isso diz pouco sobre seu futuro. O fosso da parceria irá embora quando o cirurgião for embora. Você pode contar, porém, com o fosso da Clínica Mayo para resistir, mesmo que não saiba o nome de seu CEO.

Vantagem competitiva de longo prazo em uma indústria estável é o que buscamos em um negócio. Se isso vier com um crescimento orgânico rápido, ótimo. Mesmo sem crescimento orgânico, esse tipo de negócio é recompensador. Vamos simplesmente pegar os lucros exuberantes do negócio e usá-los para comprar empresas semelhantes em outros lugares. Não há regra segundo a qual você deve investir dinheiro onde o ganhou. Na verdade, costuma ser um erro fazer isso: negócios verdadeiramente grandes, que obtêm retornos enormes sobre ativos tangíveis, não podem, por um longo período, reinvestir uma grande parte de seus ganhos internamente a altas taxas de retorno.

Vejamos o protótipo de um negócio dos sonhos, a nossa See's Candy. O setor de chocolates embalados em que a empresa opera não é excitante: o consumo *per ca-*

pita nos EUA é extremamente baixo e não cresce. Muitas marcas que foram importantes desapareceram, e apenas três empresas obtiveram mais do que lucros simbólicos nos últimos quarenta anos. Na verdade, acredito que a See's, embora obtenha a maior parte de suas receitas de apenas alguns estados, responda por quase metade de todos os lucros do setor. Na See's, as vendas anuais eram de 16 milhões de libras de doces quando a Blue Chip Stamps comprou a empresa em 1972. (Charlie e eu controlávamos a Blue Chip na época e mais tarde a incorporamos à Berkshire.) No ano passado, a See's vendeu 31 milhões de libras, uma taxa de crescimento de apenas 2% ao ano. No entanto, sua vantagem competitiva durável, construída pela família See's ao longo de 50 anos e posteriormente reforçada por Chuck Huggins e Brad Kinstler, produziu resultados extraordinários para a Berkshire.

Compramos a See's por US$ 25 milhões, quando suas vendas eram de US$ 30 milhões e o lucro antes dos impostos era inferior a US$ 5 milhões. O capital então necessário para conduzir o negócio era de US$ 8 milhões. (Uma modesta dívida sazonal também se fazia necessária por alguns meses a cada ano.) Consequentemente, a empresa estava lucrando 60% antes dos impostos sobre o capital investido. Dois fatores ajudaram a minimizar os fundos necessários para as operações. Primeiramente, o produto era vendido à vista e isso eliminava as contas a receber. Em segundo lugar, o ciclo de produção e distribuição era curto, o que minimizou os estoques.

As vendas da See's no ano passado foram de US$ 383 milhões e os lucros antes dos impostos foram de US$ 82 milhões. O capital necessário atualmente para gerir o negócio é de US$ 40 milhões. Isso significa que tivemos de reinvestir apenas US$ 32 milhões desde 1972 para lidar com o crescimento físico modesto – e um crescimento financeiro um tanto imodesto – do negócio. Nesse período, os ganhos antes dos impostos totalizaram US$ 1,35 bilhão. Tudo isso, exceto os US$ 32 milhões, foi enviado para a Berkshire (ou, nos primeiros anos, para a Blue Chip). Depois de pagar impostos corporativos sobre os lucros, usamos o restante para comprar outros negócios atraentes. Assim como Adão e Eva deram início a uma atividade que levou a seis bilhões de humanos, a See's deu origem a vários novos fluxos de dinheiro para nós. (O mandamento bíblico de "ser frutífero e multiplicar" é um que levamos a sério na Berkshire.)

Não há muitas See's na América corporativa. Normalmente, as empresas que aumentam seus ganhos de US$ 5 milhões para US$ 82 milhões exigem, digamos, US$ 400 milhões ou mais de investimento de capital para financiar seu crescimento. Isso acontece porque as empresas em crescimento têm necessidades de capital de giro que aumentam em proporção ao crescimento das vendas e requisitos significativos para investimentos em ativos fixos.

Uma empresa que precisa de grandes aumentos de capital para gerar seu crescimento pode muito bem ser um investimento satisfatório. Para seguir nosso exemplo, não há nada de ruim em ganhar US$ 82 milhões antes de impostos sobre US$ 400 milhões de ativos tangíveis líquidos, mas essa equação para o proprietário é muito diferente da situação da See's. É muito melhor ter um fluxo de lucros cada vez maior, praticamente sem grandes requisitos de capital. Pergunte à Microsoft ou ao Google.

Um exemplo de economia empresarial boa, mas longe de ser sensacional, é o nosso FlightSafety. Esta empresa oferece aos seus clientes benefícios iguais aos de qualquer empresa que conheço. Também possui uma vantagem competitiva durável: consultar qualquer outro provedor de treinamento de voo que não seja o melhor é como aceitar o lance mais baixo em um procedimento cirúrgico.

No entanto, este negócio requer um reinvestimento significativo dos lucros para crescer. Quando adquirimos a FlightSafety, em 1996, seu lucro operacional antes dos impostos era de US$ 111 milhões e seu investimento líquido em ativos fixos era de US$ 570 milhões. Desde nossa compra, os encargos de depreciação totalizaram US$ 923 milhões, enquanto as despesas de capital totalizaram US$ 1,635 bilhão, a maior parte para simuladores adequados para novos modelos de avião que estão constantemente sendo lançados. (Um simulador pode nos custar mais de US$ 12 milhões, e temos 273 deles.) Nossos ativos fixos, após a depreciação, agora somam US$ 1,079 bilhão. O lucro operacional antes dos impostos em 2007 foi de US$ 270 milhões, um ganho de US$ 159 milhões desde 1996. Esse lucro nos deu um bom retorno, mas longe do retorno de See's, sobre nosso investimento incremental de US$ 509 milhões.

Consequentemente, se medido apenas pelos retornos econômicos, a FlightSafety é um negócio excelente, mas não extraordinário. A experiência de colocar mais para lucrar mais do negócio é a mesma da maioria das empresas. Por exemplo, nosso grande investimento em serviços de utilidade pública regulados se enquadra nessa categoria. Vamos ganhar muito mais dinheiro neste negócio daqui a dez anos, mas vamos investir muitos bilhões para isso.

Agora vamos passar para o horrível. O pior tipo de negócio é aquele que cresce rapidamente, requer capital significativo para gerar o crescimento e, então, ganha pouco ou nenhum dinheiro. Pense em companhias aéreas. Aqui, uma vantagem competitiva durável provou ser ilusória desde os dias dos irmãos Wright. Na verdade, se um capitalista de visão estivesse presente em Kitty Hawk, teria feito um grande favor a seus sucessores ao derrubar Orville Wright.

A demanda por capital do setor aéreo desde aquele primeiro voo tem sido insaciável. Os investidores despejam dinheiro em um poço sem fundo, atraídos pelo crescimento quando deveriam ser repelidos por ele. Eu, para minha vergonha, participei dessa tolice quando fiz a Berkshire comprar ações preferenciais da

US Air em 1989. Com a tinta do nosso cheque ainda fresca, a empresa entrou em parafuso, e em pouco tempo nosso dividendo preferencial não estava mais sendo pago. Ainda assim, tivemos muita sorte. Em um dos surtos recorrentes, mas sempre equivocados, de otimismo para as companhias aéreas, fomos capazes de vender nossas ações em 1998, com um ganho substancial. Na década seguinte à nossa venda, a empresa faliu. Duas vezes. (2007)

Até Homer concorda, ou por que bons negócios são melhores do que os ruins

Erros dos primeiros vinte e cinco anos (uma versão resumida)
Para citar Robert Benchley, "Ter um cachorro ensina a um menino fidelidade, perseverança e a se virar três vezes antes de se deitar". Essas são as deficiências da experiência. No entanto, é uma boa ideia revisar os erros passados antes de cometer novos. Portanto, vamos dar uma olhada rápida nos últimos 25 anos.

- Meu primeiro erro, é claro, foi comprar o controle da Berkshire. Embora eu soubesse que seu negócio – manufatura têxtil – não era promissor, fui seduzido a comprar porque o preço parecia barato. As compras de ações desse tipo se mostraram razoavelmente recompensadoras nos meus primeiros anos, embora na época em que a Berkshire surgiu, em 1965, eu estivesse me dando conta de que a estratégia não era a ideal.

Se você comprar uma ação a um preço suficientemente baixo, normalmente haverá algum golpe de sorte do negócio que lhe dará a chance de cair fora com um lucro decente, mesmo que o desempenho de longo prazo do negócio possa ser terrível. Eu chamo isso de abordagem tipo "bituca de charuto" para investimentos. Uma bituca de charuto encontrada na rua com apenas uma baforada restante pode não oferecer muito fumaça, mas a "compra vantajosa" dará a essa baforada todo o lucro.

A menos que você seja um liquidatário, esse tipo de abordagem para comprar empresas é uma tolice. Em primeiro lugar, o preço de "pechincha" original provavelmente não será nenhum roubo, afinal. Em um negócio difícil, assim que um problema é resolvido, outro surge – nunca há apenas uma barata na cozinha. Em segundo lugar, qualquer vantagem inicial que você conseguir será rapidamente corroída pelo baixo retorno que o negócio obtém. Por exemplo, se você comprar uma empresa por US$ 8 milhões que pode ser vendida ou liquidada por US$ 10 milhões e seguir imediatamente qualquer um dos cursos, poderá obter um alto retorno. No entanto, o investimento irá decepcionar se o negócio for vendido por

US$ 10 milhões em dez anos e, nesse ínterim, tiver ganhado e distribuído anualmente apenas alguns por cento do custo. O tempo é amigo dos negócios maravilhosos e inimigo dos medíocres.

Você pode pensar que esse princípio é óbvio, mas tive de aprendê-lo da maneira mais difícil – na verdade, tive de aprendê-lo várias vezes. Pouco depois de comprar a Berkshire, adquiri uma loja de departamentos em Baltimore, a Hochschild Kohn, por meio de uma empresa chamada Diversified Retailing, que mais tarde se fundiu com a Berkshire. Comprei com um desconto substancial do valor contábil, as pessoas eram de primeira classe e o negócio incluía alguns extras – valores imobiliários não registrados e uma reserva de estoque UEPS (LIFO, do inglês *last in, fist out*) significativa. Impossível errar? Três anos depois, tive a sorte de vender o negócio por mais ou menos o que paguei. Depois de encerrar nosso casamento corporativo com a Hochschild Kohn, tive lembranças como as do marido na canção *country*, "Minha esposa fugiu com meu melhor amigo e ainda sinto muita falta dele".

Eu poderia dar outros exemplos pessoais de loucura de "compra de pechincha", mas tenho certeza de que você entendeu: é muito melhor comprar uma empresa maravilhosa por um preço justo do que uma empresa justa por um preço maravilhoso. Charlie entendeu isso cedo; eu aprendia devagar. Agora, ao comprar empresas ou ações ordinárias, procuramos negócios de primeira classe acompanhados de administrações de primeira classe.

- Isso leva direto a uma lição relacionada: bons jóqueis se dão bem com bons cavalos, mas não com pangarés. Tanto a empresa têxtil da Berkshire quanto a Hochschild Kohn tinham pessoas capazes e honestas administrando-as. Os mesmos gerentes empregados em uma empresa com boas características econômicas teriam alcançado bons números, mas nunca fariam progresso enquanto corressem na areia movediça.

Já disse muitas vezes que, quando uma administração com reputação brilhante aborda uma empresa com reputação ruim, é a reputação da empresa que permanece intacta. Eu só queria não ter sido tão enérgico na criação de exemplos. Meu comportamento correspondeu ao admitido por Mae West: "Eu era a Branca de Neve, mas desisti".

- Outra lição relacionada: A facilidade compensa. Após 25 anos comprando e supervisionando uma grande variedade de negócios, Charlie e eu não aprendemos como salvar empresas com problemas difíceis. O que aprendemos é como evitá-las. Na medida em que temos sido bem-sucedidos, é porque nos concentramos em identificar obstáculos "baixinhos" que poderíamos ultrapassar, e não porque adquirimos qualquer habilidade de pular dois metros. . . .

- Minha descoberta mais surpreendente: a incrível importância nos negócios de uma força invisível que podemos chamar de "o imperativo institucional". Na faculdade de administração, não me foi dado nenhum indício da existência desse imperativo e não o entendi intuitivamente quando entrei no mundo dos negócios. Achei então que gerentes decentes, inteligentes e experientes tomariam automaticamente decisões racionais de negócios. Com o tempo, aprendi que não é assim. Em vez disso, a racionalidade frequentemente naufraga quando o imperativo institucional entra em ação.

Por exemplo: (1) como se governada pela Primeira Lei do Movimento de Newton, uma instituição resistirá a qualquer mudança em sua direção atual; (2) assim como o trabalho se expande para preencher o tempo disponível, projetos corporativos ou aquisições se materializarão para absorver os fundos disponíveis; (3) qualquer desejo comercial do líder, por mais tolo que seja, será rapidamente apoiado por uma taxa de retorno detalhada e estudos estratégicos preparados por suas tropas; e (4) o comportamento de empresas semelhantes, estejam elas expandindo, adquirindo, estabelecendo remuneração executiva ou qualquer outra coisa, será imitado sem reflexão.

A dinâmica institucional, não a venalidade ou a estupidez, conduz os negócios nesses cursos, que muitas vezes são mal orientados. Depois de cometer alguns erros caros porque ignorei o poder do imperativo, tentei organizar e administrar a Berkshire de forma a minimizar sua influência. Além disso, Charlie e eu tentamos concentrar nossos investimentos em empresas que parecem atentas ao problema.

- Nossas políticas financeiras consistentemente conservadoras podem parecer um erro, mas na minha opinião não foram. Em retrospecto, está claro que índices de alavancagem significativamente mais altos, embora ainda convencionais, na Berkshire teriam produzido retornos sobre o patrimônio consideravelmente melhores do que os 23,8% que obtivemos de fato em média. Mesmo em 1965, talvez pudéssemos ter julgado que havia 99% de probabilidade de que uma alavancagem mais alta levasse a resultados ainda melhores. Da mesma forma, poderíamos ter visto apenas 1% de chance de que algum fator de choque, externo ou interno, fizesse um índice de dívida convencional produzir um resultado entre a angústia temporária e o *default*.

Não teríamos gostado dessas chances de 99:1 – e nunca vamos gostar. Uma pequena chance de angústia ou desgraça não pode, em nossa opinião, ser compensada por uma grande chance de retornos extras. Se suas ações forem sensatas, você certamente obterá bons resultados; na maioria desses casos, a alavancagem apenas faz as coisas andarem mais rapidamente. Charlie e eu nunca tivemos muita pressa: gostamos muito mais do processo do que do produto – embora tenhamos aprendido a conviver com isso também. (1989)

Uma palavra final sobre bons negócios e boa gestão

A conclusão a que chego de minhas próprias experiências e de muitas observações de outras empresas é que um bom histórico gerencial (medido pelos retornos econômicos) é muito mais uma função de em qual barco de negócios você entra do que o quanto você rema (embora inteligência e esforço ajudem consideravelmente, é claro, em qualquer negócio, bom ou ruim). Alguns anos atrás, escrevi: "Quando uma administração com reputação brilhante encontra uma empresa com reputação ruim, é a reputação da empresa que permanece intacta." Desde então, nada mudou meu ponto de vista sobre o assunto. Se você se encontrar em um barco com vazamentos crônicos, a energia dedicada à troca de embarcações provavelmente será mais produtiva do que a energia dedicada a consertar os buracos. (1985)

Reflexões finais sobre investimentos

Investir é frequentemente descrito como o processo de gastar dinheiro agora na expectativa de receber mais dinheiro no futuro. Na Berkshire, adotamos uma abordagem mais exigente, definindo investimento como a transferência para terceiros do poder de compra agora, com a expectativa fundamentada de receber mais poder de compra – após o pagamento de impostos sobre os lucros nominais – no futuro. De forma mais sucinta, investir é abrir mão do consumo agora para poder consumir mais posteriormente.

Da nossa definição flui um corolário importante: o risco de um investimento não é medido pelo *beta* (um termo de Wall Street que engloba a volatilidade e é muitas vezes usado na medição do risco), mas sim pela probabilidade – a probabilidade fundamentada – de que o investimento cause ao seu proprietário uma perda de poder de compra sobre o seu período de manutenção do investimento contemplado. Os ativos podem flutuar muito no preço e não ser arriscados, desde que tenham uma certeza razoável de que proporcionarão maior poder de compra durante o período de manutenção do investimento. Como veremos, um ativo não flutuante pode estar carregado de riscos.

As possibilidades de investimento são muitas e variadas. Existem três categorias principais, e é importante compreender as características de cada uma. Portanto, vamos examinar o campo.

- Os investimentos atrelados a uma determinada moeda incluem fundos do mercado monetário, títulos de dívida, hipotecas, depósitos bancários e outros instrumentos. A maioria desses investimentos baseados em moeda é considerada "segura". Na verdade, eles estão entre os ativos mais perigosos. Seu beta pode ser zero, mas o risco é enorme.

Ao longo do século passado, esses instrumentos destruíram o poder de compra dos investidores em muitos países, mesmo quando os detentores continuaram a receber pagamentos pontuais de juros e principal. Além disso, esse resultado feio se repetirá para sempre. Os governos determinam o valor final do dinheiro, e as forças sistêmicas às vezes os levam a gravitar em torno de políticas que produzem inflação. De vez em quando, essas políticas saem do controle.

Mesmo nos Estados Unidos, onde o desejo por uma moeda estável é forte, o dólar caiu surpreendentemente 86% em valor desde 1965, quando assumi a administração da Berkshire. É preciso pelo menos US$ 7 hoje para comprar o que se comprava com US$ 1 naquela época. Consequentemente, uma instituição isenta de impostos precisaria de 4,3% de juros anuais de investimentos em títulos de dívida durante esse período para simplesmente manter seu poder de compra. Seus gerentes estariam se enganando se considerassem qualquer parcela desses juros como "receita".

Além dos requisitos que a liquidez e os reguladores nos impõem, compraremos ativos atrelados à moeda apenas se eles oferecerem a possibilidade de ganho incomum – seja porque um crédito específico está mal precificado, como pode ocorrer em colapsos periódicos de *junk bonds*, seja porque as taxas sobem e atingem um nível que oferece a possibilidade de realizar ganhos de capital substanciais em títulos de dívida de alto grau quando as taxas caem. Embora tenhamos explorado ambas as oportunidades no passado – e possamos fazer isso novamente –, agora estamos 180 graus distantes de perspectivas assim. Hoje, um comentário irônico que Shelby Cullom Davis, investidor típico de Wall Street, fez há muito tempo parece adequado: "Títulos de dívida promovidos como oferecendo retornos livre de risco agora têm preços para entregar risco livre de retorno."

- A segunda categoria principal de investimentos envolve ativos que nunca produzirão nada, mas que são comprados na esperança do comprador de que outra pessoa – que também sabe que os ativos serão improdutivos para sempre – pague mais por eles no futuro. As tulipas, entre todas as coisas, tornaram-se por um breve período as favoritas desses compradores no século XVII.

  Esse tipo de investimento requer um *pool* crescente de compradores, que, por sua vez, são atraídos porque acreditam que o *pool* de compra se expandirá ainda mais. Os proprietários não são inspirados pelo que o ativo em si pode produzir – ele permanecerá sem vida para sempre –, mas, sim, pela crença de que outros o desejarão com ainda mais avidez no futuro.

O principal ativo dessa categoria é o ouro, atualmente um grande favorito dos investidores que temem quase todos os outros ativos, especialmente o papel-moeda (de cujo valor, como já foi dito, eles têm razão de ter medo).

Hoje, o estoque de ouro mundial é de cerca de 170.000 toneladas métricas. Se todo esse ouro fosse fundido, formaria um cubo de cerca de 20 metros de cada lado. (Imagine que ele caberia confortavelmente no *infield* de um campo de beisebol.) A US$ 1.750 por onça – o preço do ouro enquanto escrevo isto – seu valor seria de US$ 9,6 trilhões. Chame este cubo de pilha A.

Vamos agora criar uma pilha B com um custo igual. Para isso, poderíamos comprar todas as terras agrícolas dos EUA (400 milhões de acres com produção de cerca de US$ 200 bilhões anuais), mais 16 Exxon Mobils (a empresa mais lucrativa do mundo, que ganha mais de US$ 40 bilhões anualmente). Após essas compras, teríamos cerca de US $ 1 trilhão sobrando para o dinheiro à toa (não fazia sentido ficar poupando após essa farra de compras). Você consegue imaginar um investidor com US$ 9,6 trilhões selecionando a pilha A em vez da pilha B?

Daqui a um século, os 400 milhões de acres de terras agrícolas terão produzido quantidades espantosas de milho, trigo, algodão e outras safras – e continuarão a produzir essa recompensa valiosa, qualquer que seja a moeda. A Exxon Mobil provavelmente terá entregado trilhões de dólares em dividendos a seus proprietários e também terá ativos no valor de muitos mais trilhões (e, lembre-se, você tem 16 Exxons). As 170.000 toneladas de ouro permanecerão inalteradas em tamanho e ainda serão incapazes de produzir qualquer coisa. Você pode acariciar o cubo, mas ele não vai reagir.

- Nossas duas primeiras categorias desfrutam popularidade máxima em picos de medo: o terror do colapso econômico leva os indivíduos a ativos baseados em moeda, mais particularmente as obrigações dos EUA, e o medo do colapso da moeda estimula o movimento para ativos estéreis, como o ouro. Ouvimos que "o dinheiro é rei" no final de 2008, exatamente quando o dinheiro deveria ter sido usado em vez de retido. Da mesma forma, ouvimos "dinheiro é lixo" no início da década de 1980, exatamente quando os investimentos em dólares fixos estavam em seu nível mais atraente já visto. Nessas ocasiões, os investidores que precisavam de uma multidão de apoio pagavam caro por esse conforto.

Minha própria preferência – e você sabia que isso estava por vir – é a nossa terceira categoria: investimento em ativos produtivos, sejam empresas, fazendas ou imóveis. Idealmente, esses ativos devem ter a capacidade, em tempos inflacionários, de gerar uma produção que retenha seu valor de poder de compra, ao mesmo tempo que exige um mínimo de novo investimento de capital. Fazendas, imóveis e muitos negócios, como Coca-Cola, IBM e nosso próprio See's Candy, passam por esse duplo teste. Algumas outras empresas – pense em nossos serviços de utilidade pública regulamentados, por exemplo – falham porque a inflação impõe pesadas exigências de capital sobre elas. Para ganhar mais, seus proprietários devem investir mais. Mesmo assim, esses investimentos permanecerão superiores aos ativos não produtivos ou monetários. (2011)

Títulos de dívida como negócios

Sistema de fornecimento de energia público de Washington

De outubro de 1983 a junho de 1984, as subsidiárias de seguros da Berkshire compraram continuamente grandes quantidades de títulos de dívida dos Projetos 1, 2 e 3 do sistema de fornecimento de energia público de Washington (Washington Public Power Supply System, ou "WPPSS"). Essa é a mesma entidade que, em 1º de julho de 1983, deixou de pagar US$ 2,2 bilhões em títulos de dívida emitidos para financiar a construção parcial dos Projetos 4 e 5, agora abandonados. Embora existam diferenças materiais nos devedores, nas promessas e nas propriedades subjacentes às duas categorias de títulos de dívida, os problemas dos Projetos 4 e 5 lançaram uma grande nuvem sobre os Projetos 1, 2 e 3 e podiam causar sérios problemas para as últimas emissões. Além disso, havia uma série de problemas relacionados diretamente aos Projetos 1, 2 e 3 que podia enfraquecer ou destruir uma posição de crédito forte decorrente de garantias da Bonneville Power Administration.

Apesar desses pontos negativos importantes, Charlie e eu julgamos os riscos no momento em que compramos os títulos de dívida e nos preços que a Berkshire pagou (muito mais baixos do que os preços atuais) como sendo consideravelmente mais do que compensados pelas perspectivas de lucro.

Como você sabe, compramos ações negociáveis para nossas seguradoras com base nos critérios que aplicaríamos na compra de uma empresa inteira. Essa abordagem de avaliação de negócios não é difundida entre os gestores financeiros profissionais e é desprezada por muitos acadêmicos. No entanto, tem servido bem a seus seguidores (ao que os acadêmicos parecem dizer: "Bem, pode ser bom na prática, mas nunca funcionará na teoria). Simplificando, sentimos que se pudermos comprar pequenos pedaços de negócios com economia subjacente satisfatória por uma fração do valor por ação de todo o negócio, algo de bom provavelmente acontecerá conosco – especialmente se possuirmos um grupo desses ativos.

Estendemos essa abordagem de avaliação de negócios até mesmo para compras de títulos de dívida, como do WPPSS. Comparamos o custo de US$ 139 milhões de nosso investimento de final de ano no WPPSS com um investimento semelhante de US$ 139 milhões em uma empresa operacional. No caso do WPPSS, o "negócio" rende contratualmente US$ 22,7 milhões após os impostos (por meio dos juros pagos sobre os títulos de dívida), e esses lucros estão disponíveis para nós atualmente em dinheiro. Não podemos comprar empresas em operação com uma economia próxima a essas. Apenas relativamente poucas empresas ganham os 16,3% após os impostos sobre o capital não alavancado que nosso investimento no WPPSS gera, e essas empresas, quando disponíveis para compra, vendem com grandes prêmios a esse capital. Na transação comercial média negociada, ganhos corporativos não alavancados de US$ 22,7 milhões após os impostos (equivalente a cerca de US$ 45 milhões antes dos impostos) podem atingir um preço de US$ 250 a US$ 300 milhões (ou às vezes muito mais). Por uma empresa que entendemos bem e apreciamos fortemente, teremos o maior prazer em pagar esse valor, mas esse é o dobro do preço que pagamos para obter os mesmos ganhos com os títulos do WPPSS.

No entanto, no caso do WPPSS, existe o que consideramos ser um risco muito pequeno de que o "negócio" não valha nada em um ou dois anos. Existe também o risco de o pagamento de juros ser interrompido por um período considerável. Além disso, o máximo que o "negócio" pode valer é cerca do valor de face de US$ 205 milhões dos títulos de dívida que possuímos, um valor apenas 48% superior ao preço que pagamos.

Este limite no potencial de alta é um ponto negativo importante. Deve-se perceber, entretanto, que a grande maioria dos negócios operacionais também tem um potencial de crescimento limitado, a menos que mais capital seja continuamente investido neles. Isso ocorre porque a maioria das empresas não consegue melhorar significativamente seus retornos médios sobre o patrimônio – mesmo sob condições inflacionárias, embora se pensasse que aumentariam automaticamente os retornos.

(Vamos levar nosso exemplo de título de dívida como uma empresa um pouco além: se você optar por "reter" os lucros anuais de um título de 12% usando os rendimentos de cupons para comprar mais títulos, os ganhos desse "negócio" de títulos de dívida irão crescer a uma taxa comparável à da maioria dos negócios operacionais que reinvestem todos os lucros da mesma forma. No primeiro caso, um título de dívida de 30 anos, com cupom zero e 12% de rendimento comprado hoje por US$ 10 milhões valerá US$ 300 milhões em 2015. No segundo, um negócio de US$ 10 milhões que regularmente obtém 12% de patrimônio líquido e retém todos os lucros para crescer, também terminará com US$ 300 milhões de capital em 2015. Tanto o negócio quanto o título de dívida ganharão mais US$ 32 milhões no último ano.)

Nossa abordagem para o investimento em títulos de dívida – tratá-los como um tipo incomum de "negócio" com vantagens e desvantagens especiais – pode parecer um pouco peculiar. No entanto, acreditamos que muitos erros surpreendentes por parte dos investidores poderiam ter sido evitados se eles tivessem visto o investimento em títulos de dívida com a perspectiva de um empresário. Por exemplo, em 1946, os títulos de dívida de 20 anos AAA com isenção de impostos eram negociados com um rendimento ligeiramente inferior a 1%. Com efeito, o comprador desses títulos de dívida na época comprou um "negócio" que ganhava cerca de 1% em "valor contábil" (e que, além disso, nunca poderia ganhar um centavo mais do que 1% nos demonstrativos contábeis) e pagou 100 centavos de dólar por aquele negócio abominável.

Se um investidor tivesse a mente voltada para os negócios o suficiente para pensar nesses termos – e essa era a realidade exata da barganha feita –, teria rido da proposta e ido embora. Isso porque, ao mesmo tempo, empresas com excelentes perspectivas futuras poderiam ter sido compradas pelo valor contábil ou próximo a isso, ganhando 10%, 12% ou 15% após os impostos sobre o valor contábil. Provavelmente, nenhum negócio na América mudou de mãos em 1946 no valor contábil que o comprador acreditava não ter a capacidade de ganhar mais de 1% nos demonstrativos contábeis. Os investidores com hábitos de compra de títulos de dívida assumiram avidamente compromissos econômicos ao longo do ano justamente nessa base. Condições semelhantes, embora menos extremas, prevaleceram nas duas décadas seguintes, quando os investidores em títulos de dívida alegremente assinaram por vinte ou trinta anos em termos escandalosamente inadequados para os padrões de negócios. (No que acredito ser de longe o melhor livro sobre investimento já escrito – *O Investidor Inteligente*, de Ben Graham –, a última seção do último capítulo começa com "O investimento é mais inteligente quando é mais comercial." Esta seção é chamada de "Uma Palavra Final" e seu título é apropriado.)

Enfatizaremos novamente que há, sem dúvida, algum risco no compromisso do WPPSS. É também o tipo de risco difícil de avaliar. Se Charlie e eu tivéssemos de lidar com 50 avaliações semelhantes ao longo da vida, esperaríamos que nosso julgamento fosse razoavelmente satisfatório, mas não temos a chance de tomar 50 ou até 5 dessas decisões em um único ano. Mesmo que nossos resultados de longo prazo sejam bons, em qualquer ano corremos o risco de parecer extraordinariamente tolos. (É por isso que todas essas frases dizem "Charlie e eu" ou "nós".)

A maioria dos gerentes tem muito pouco incentivo para tomar a decisão inteligente-mas-com-alguma-chance-de-parecer-um-idiota. Sua relação de ganho/perda pessoal é muito óbvia: se uma decisão não convencional funcionar bem, eles recebem um tapinha nas costas e, se não der certo, recebem um cartão vermelho. (Falhar convencionalmente é o caminho a percorrer; como um grupo, os lêmingues podem ter uma imagem ruim, mas nenhum lêmingue individual jamais foi mal visto.) (1984)

Algumas reflexões sobre investimentos

O investimento é mais inteligente quando é mais comercial. – O Investidor Inteligente, *de Benjamin Graham*

É apropriado ter uma citação de Ben Graham abrindo esta discussão porque devo muito do que sei sobre investimentos a ele. Falarei mais sobre Ben um pouco mais tarde, e antes falarei sobre ações ordinárias. Deixe-me em primeiro lugar falar sobre dois pequenos investimentos não relacionados a ações que fiz há muito tempo. Embora nenhum tenha mudado muito meu patrimônio líquido, eles são instrutivos.

Esta história começa em Nebraska. De 1973 a 1981, o Meio-Oeste experimentou uma explosão nos preços agrícolas, causada por uma crença generalizada de que a inflação galopante estava chegando e alimentada pelas políticas de empréstimos de pequenos bancos rurais. Então a bolha estourou, trazendo quedas de preços de 50% ou mais que devastaram tanto os agricultores alavancados quanto seus credores. Cinco vezes mais bancos de Iowa e Nebraska faliram no rescaldo da bolha do que em nossa recente Grande Recessão.

Em 1986, comprei do *Federal Deposit Insurance Corporation* (FDIC) uma fazenda de 400 acres, localizada a 50 milhas ao norte de Omaha. Custou-me US$ 280.000, consideravelmente menos do que um banco falido emprestou para a fazenda alguns anos antes. Eu não sabia nada sobre como operar uma fazenda, mas tenho um filho que adora agricultura e aprendi com ele quantos alqueires de milho e soja a fazenda produziria e quais seriam as despesas operacionais. A partir dessas estimativas, calculei o retorno normalizado da fazenda em cerca de 10%. Também pensei que era provável que a produtividade melhorasse com o tempo e que os preços das safras também subissem. Ambas as expectativas se confirmaram.

Eu não precisava de nenhum conhecimento ou inteligência incomuns para concluir que o investimento não tinha desvantagens e possivelmente tinha vantagens substanciais. Obviamente, haveria uma safra ruim ocasional, e os preços às vezes decepcionavam, mas e daí? Haveria também anos extraordinariamente bons, e eu nunca sofreria qualquer pressão para vender a propriedade. Agora, 28 anos depois, a fazenda triplicou seu faturamento e vale cinco vezes ou mais o que paguei. Ainda não sei nada sobre agricultura e recentemente fiz apenas minha segunda visita à fazenda.

Em 1993, fiz outro pequeno investimento. Larry Silverstein, o proprietário da Salomon quando eu era o CEO da empresa, me contou sobre uma propriedade de varejo em Nova Iorque adjacente à New York University (NYU) que a Resolution Trust Corp. (RTC) estava vendendo. Mais uma vez, uma bolha estourou – esta envolvendo imóveis comerciais –, e a RTC foi criada para se desfazer dos ativos de instituições de poupança falidas, cujas práticas otimistas de empréstimo alimentaram a loucura.

Também aqui a análise foi simples. Como havia acontecido com a fazenda, o rendimento atual desalavancado da propriedade era de cerca de 10%. Contudo, a propriedade não era administrada pela RTC, e sua receita aumentaria quando várias lojas vazias fossem alugadas. Ainda mais importante, o maior inquilino – que ocupava cerca de 20% do espaço do projeto – estava pagando um aluguel de cerca de US$ 5 por pé, enquanto os outros inquilinos pagavam em média US$ 70. O vencimento desse contrato de arrendamento em nove anos certamente proporcionaria um grande impulso aos ganhos. A localização da propriedade também era excelente, em razão da proximidade com a NYU.

Eu me juntei a um pequeno grupo, incluindo Larry e meu amigo Fred Rose, que comprou o pacote. Fred era um investidor imobiliário experiente e de alto nível que, com sua família, administraria a propriedade. E eles conseguiram. À medida que os arrendamentos antigos expiravam, os ganhos triplicaram. As distribuições anuais agora excedem 35% do nosso investimento de capital original. Além disso, nossa hipoteca original foi refinanciada em 1996 e novamente em 1999, movimentos que permitiram várias distribuições especiais, totalizando mais de 150% do que havíamos investido. Ainda não vi a propriedade.

A renda da fazenda e dos imóveis da NYU provavelmente aumentará nas próximas décadas. Embora os lucros não sejam incríveis, os dois investimentos serão propriedades sólidas e satisfatórias para a minha vida e, posteriormente, para meus filhos e netos.

Conto essas histórias para ilustrar certos fundamentos de investimento:

- Você não precisa ser um especialista para obter retornos de investimento satisfatórios. Contudo, se você não for, deve reconhecer suas limitações e seguir um curso certo para as coisas funcionarem razoavelmente bem.[3] Mantenha tudo

---

[3] Deve-se observar que, em ambos os casos, Buffett contou com conselhos de especialistas confiáveis (de seu filho nas fazendas de Nebraska e de um investidor nova-iorquino de sucesso em seu imóvel em Nova Iorque). Além disso, os outros lados dessas operações – um banco vendendo ativos problemáticos e uma agência do governo dos Estados Unidos fazendo a mesma coisa – dificilmente era formado por investidores calculistas bem informados.

simples e não tente o impossível. Quando houver promessa de lucros rápidos, responda com um "não" instantâneo.

- Concentre-se na produtividade futura do ativo que você está considerando. Se não se sentir confortável em fazer uma estimativa aproximada dos ganhos futuros do ativo, esqueça e siga em frente. Ninguém tem a capacidade de avaliar todas as possibilidades de investimento. Não é preciso ser onisciente; você só precisa entender as ações que realiza.

Formar opiniões macro ou ouvir as previsões macro ou de mercado de outros é uma perda de tempo. Na verdade, é perigoso porque pode turvar sua visão dos fatos que são realmente importantes. (Quando eu ouço os comentaristas de TV que opinam levianamente sobre o que o mercado fará a seguir, lembro-me do comentário mordaz de Mickey Mantle: "Você não sabe como este jogo é fácil até entrar na cabine de transmissão.") (2013)

Uma nota final sobre investimentos relacionados a Buffett

Na 1ª edição deste livro, procuramos identificar como era investir bem dentro de um círculo de competência citando Bufett sobre investimentos em áreas – seguros, bens de consumo não duráveis e jornais – com as quais ele estava intimamente familiarizado. Achamos que uma abordagem melhor é simplesmente encaminhar os leitores para suas cartas anuais. Em particular, a leitura de seus sucessivos comentários anuais sobre seus negócios de seguros – National Indemnity (no início), Berkshire Re, General Re, GEICO e outros ramos especializados – deve fornecer uma ideia melhor de como funciona um entendimento empresarial competente. Os leitores devem então considerar em que medida se sairiam bem em uma transação no ramo de seguros se alguém como Warren Buffett estivesse do outro lado do negócio.

Robert H. Heilbrunn
Investir em investidores

Em 1929, pouco depois de Robert Heilbrunn se matricular na Escola Wharton, seu pai morreu. Heilbrunn deixou a escola para assumir a administração da empresa de comércio de couro da família. Isso já teria sido um desafio bem grande para qualquer pessoa de sua idade, mas o início da Grande Depressão tornou as coisas ainda mais difíceis. Além da empresa, seu pai também havia deixado uma carteira de investimentos em ações e títulos de dívida. Isso também se tornou responsabilidade de Heilbrunn. Não era um dos momentos alegres da história dos investimentos. Os mercados já haviam caído imensamente apenas naquele ano, e Heilbrunn, embora tivesse trabalhado na empresa de couro nos verões e nas férias, não tinha experiência na gestão de dinheiro.

Para entender um pouco mais do assunto, matriculou-se em cursos ministrados pela bolsa de valores e pela New York University. Como nenhum deles lhe forneceu o tipo de informação prática de que precisava, lembrou-se de que seu pai lhe contara sobre um consultor de investimentos que ele conhecia e em quem confiava, um homem chamado Ben Graham. Heilbrunn procurou Graham na lista telefônica e ligou para ele. Graham se lembrava do pai de Heilbrunn e os dois marcaram uma reunião. Como Graham disse mais tarde a Heilbrunn, dadas as circunstâncias da época, ele pensou que Robert queria pedir um empréstimo. Na verdade, Heilbrunn queria mais; ele queria que Graham se tornasse seu consultor de investimentos e ajudasse a administrar a carteira. Graham concordou, mas disse a Heilbrunn que haveria uma taxa de US$ 25 por mês. Heilbrunn, reconhecendo o bom negócio que se apresentava, aceitou.

Começaram a examinar as participações na carteira. O pai de Heilbrunn havia assumido uma grande posição em títulos de dívida de alto grau em serviços públicos. Embora algumas empresas de serviços públicos tenham se transformado em pirâmides de *holdings* e entrado em colapso com a quebra, os títulos de dívida de Heilbrunn se mantiveram bem; eles estavam pagando juros e sendo vendidos perto do valor ao par. O conselho de Graham pegou Heilbrunn de surpresa: ele disse que deveriam vender os títulos. Heilbrunn perguntou o motivo; afinal, eram bons títulos de dívida. Exatamente, Graham respondeu, e eles nunca valerão mais do que valem hoje. E o que eles comprariam com os rendimentos da venda, Heilbrunn perguntou. Os títulos de dívida da Fisk Tire e Rubber, Graham respondeu. Ele disse a Heilbrunn que, embora a empresa estivesse em falência e os títulos estivessem sendo vendidos a US$ 0,30 por dólar, Graham estava confiante de que a Fisk se reorganizaria e que os detentores dos títulos receberiam US$ 700 em novos títulos para cada título de dívida com valor de face de US$ 1.000 que detivessem. E assim Heilbrunn foi apresentado ao investimento em valor.

Heilbrunn decidiu seguir o conselho – afinal, ele estava pagando US$ 25 por mês por isso –; ele ligou para seu corretor e instruiu-o a vender os títulos de dívida de serviços públicos e comprar da Fisk. Mais ou menos uma hora depois de fazer o pedido, a corretora ligou de volta. Não comprariam os títulos de dívida da Fisk, disseram a ele. Eram uma empresa de alta classe e pensavam que sua reputação poderia ser ferida caso se espalhasse a notícia de que estavam negociando com papéis falidos. Quando Heilbrunn contou a Graham sobre a resposta, Graham disse que a corretora estava errada, e que os títulos de dívida seriam um investimento de sucesso. Heilbrunn mudou então para outro corretor, um irmão de Graham, e ficou com ele por muitos anos. Os títulos da Fisk valeram a pena, conforme as previsões de Graham, e Heilbrunn se convenceu de que Graham era de fato um investidor brilhante. Recomendou a outros familiares que falassem com Graham, e ele próprio começou a aconselhá-los usando o conhecimento e as percepções que recebia de Graham.

Em 1934, Graham e Dodd publicaram seu livro *Security Analysis* (Análise de valores mobiliários). Heilbrunn ficou tão impressionado que se matriculou no curso de Graham na Columbia University, que na época era ministrando como um curso noturno de extensão e, portanto, podia ser cursado por pessoas que trabalhavam durante o dia. Heilbrunn considerava-o um professor excelente, e o fato de Graham dissecar as demonstrações financeiras das empresas que estava comprando para a carteira de Heilbrunn não diminuiu em nada seu interesse nas aulas. Quando o curso acabou, Heilbrunn percebeu que estava farto da empresa de couros. Queria trabalhar para Ben Graham, um desejo compartilhado por muitos alunos que tiveram a sorte de fazer o curso. Contudo Graham naquela época não precisava de outro funcionário. Por isso sugeriu que Heilbrunn se tornasse um investigador independente. Ele e Graham discutiriam algumas ideias de investimento, e Heilbrunn faria o trabalho braçal: ligar para as empresas, visitá-las e encontrar maneiras menos óbvias de obter mais informações sobre elas. Embora o Securities Act de 1933 e o Securities Exchange Act de 1934 tivessem sido aprovados há pouco, demorou para que as empresas tornassem públicas todas as informações que hoje esperamos delas. Não havia Internet, banco de dados EDGAR, Free Edgar nem qualquer outra das ferramentas maravilhosas que os investidores podem agora acionar com apenas um clique. E isso só beneficiava os pesquisadores inteligentes e cheios de energia.

Por volta de 1937, Benjamin Graham comprou um grande bloco de ações de uma empresa de gasoduto para a Graham-Newman, a sociedade de investimento que formara com Jerome Newman. Para obter as informações de que precisava, Graham foi à comissão de serviços público do estado, onde todas as empresas de serviços públicos eram obrigadas a arquivar documentos detalhados descrevendo suas operações. Heilbrunn adaptou a abordagem para investigar a Government Employees Insurance Company, uma seguradora do Texas, e encontrou o que procurava na seguradora do estado. A Graham-Newman possuía uma grande posição, e Heilbrunn conseguiu aprimorar seu conhecimento e sua compreensão da empresa. Heilbrunn também descobriu que o fato de uma empresa de investimento possuir o controle acionário de uma seguradora violava a lei. Graham-Newman resolveu esse problema distribuindo as ações diretamente aos seus sócios limitados, que então passaram a possuí-las diretamente. A Government Employees Insurance Company, agora conhecida como GEICO, é objeto do interesse de investidores em valor há décadas. Depois que a Graham-Newman distribuiu as ações, a empresa atraiu a atenção de Warren Buffett, que fez uma célebre viagem a Washington para aprender o que pudesse sobre a empresa e passou um domingo conversando com o presidente. Depois de alguns altos e baixos – a empresa quase foi à falência –, ela acabou sendo comprada inteiramente pela Berkshire Hathaway.

Heilbrunn trabalhou em outros investimentos da Graham-Newman durante a era da Grande Depressão que também renderam muito. O mercado imobiliário de Nova Iorque fora atingido severamente pela Grande Depressão, os danos se agravaram com a construção excessiva na década de 1920. Quando os construtores e proprietários deixavam de pagar suas hipotecas, as empresas de títulos formavam um pacote com várias delas e as vendiam como títulos de dívidas. (A securitização de empréstimos tem uma história mais longa do que muitos de nós poderíamos imaginar.) Títulos de dívida lastreados em hipotecas inadimplentes foram vendidos com grandes descontos sobre o valor de face, e Heilbrunn, junto com a Graham-Newman, comprou uma quantidade expressiva deles. Eles previam que, em algum momento, a demanda por imóveis na cidade de Nova Iorque voltaria. Outra série de títulos de dívida foi emitida para financiar a construção do hotel Waldorf-Astoria. Eles foram lançados em 1929, pagando juros de 6%. Mesmo o hotel mais prestigioso da cidade não conseguia preencher seus quartos no início dos anos 1930, e o pagamento de juros foi suspenso. Com os títulos inadimplentes, os preços caíram para US$ 0,30 por dólar, ou US$ 300 por um título de US$ 1.000. A esse preço, pareciam atraentes e, como o Chase Bank estava disposto a emprestar aos compradores US$ 250 para cada título, o custo para o investidor era de apenas US$ 50. Alguns anos depois, os títulos foram pagos integralmente, incluindo todos os juros acumulados. Comprar uma mercadoria avariada valeu muito a pena.

Heilbrunn continuou a investir com a Graham-Newman, a fazer pesquisas que compartilhava com a sociedade e a fazer alguns investimentos por conta própria. Vendeu sua empresa de couros para se concentrar nos investimentos. Sua abordagem era aplicar o que aprendera com Graham – encontrar as barganhas. Naquele período, quando a *Barron's* publicava anualmente uma lista de ações com preços baixos, Heilbrunn e Graham examinavam as empresas da lista e compravam as 10 melhores em uma cesta. Algumas podiam desaparecer, mas as que davam certo compensavam as perdedoras. Ele seguia a prática de Graham de comparar duas empresas no mesmo setor, como a Bethlehem e a Crucible Steel, para ver qual era mais barata com base no valor intrínseco. Seu foco era o balanço patrimonial, não a demonstração de resultados. Eles podiam discutir essas ideias e obter outras sugestões de uma comunidade de investidores em valor que se formou em torno de Graham.

Um interesse persistente de Benjamin Graham e de seu círculo era a busca por fórmulas de negociação quantitativas que pudessem ser usadas para orientar estratégias de investimento de mercado de forma disciplinada. Heilbrunn contribuiu para o desenvolvimento desse tipo de regra em um artigo publicado em 1958. O método prefigurou muitas das fórmulas usadas pelos atuais investidores em valor de orientação quantitativa. Heilbrunn examinou os históricos de preços, lucros e dividendos de empresas específicas para estabelecer as faixas do múltiplo P/L e o rendimento de dividendos dentro dos quais os ativos eram negociados. A estratégia de investimento com base nessas informações é comprar ações quando elas forem negociadas na parte mais baixa de sua faixa histórica de múltiplos P/L, na parte mais alta de sua faixa de rendimento de dividendos, ou em ambas. Ao estabelecer os intervalos com precisão, essa abordagem fornece um controle sobre as emoções que podem distorcer o julgamento de investimento, tanto a empolgação gerada por um mercado em alta quanto o desespero ocasionado por um mercado em queda. Aplica uma disciplina para a compra de ações – quando estão baratas e geralmente mais valiosas – e uma disciplina para vendê-las – quando estão caras. Em um parágrafo talvez mais atual hoje do que na época em que foi escrito, Heilbrunn alertou:

> O sentimento de excessivo otimismo nos mercados em alta deve ser cuidadosamente evitado pelo investidor profissional e também pelo amador, uma vez que é geralmente reconhecido que... (ambos são) ... influenciados pelo enorme sentimento otimista... em jornais e artigos de revistas, palestras, relatórios, análises... que vêm do distrito financeiro. Esta afirmação não deve de forma alguma ser interpretada como

uma crítica ao analista de valores mobiliários, mas ressalta que, por ser humano, e isso provavelmente é uma desvantagem nesta profissão, ele está sujeito às mesmas pressões psicológicas que todas as outras pessoas.

A inovação da Heilbrunn foi concentrar-se na variabilidade de uma única ação conforme ela era negociada dentro de suas faixas históricas, identificando seus altos e baixos em comparação a ela mesma. A abordagem de valor mais comum tem sido buscar ações com baixo P/L, alto rendimento de dividendos ou baixos múltiplos de preço/valor patrimonial, medidos simultaneamente em relação a outras ações naquele universo. As técnicas quantitativas modernas desenvolvidas pelas principais instituições orientadas pelo valor, como a Sanford Bernstein, combinam as duas abordagens. Observam em que ponto as ações estão sendo negociadas em relação às suas faixas de avaliação históricas e, em seguida, comparam as ações umas com as outras com base nesses resultados. Identificam aquelas que estão na parte inferior de seus próprios intervalos e, em seguida, testam cada ação em relação a outros critérios específicos. Se o preço da ação para de cair quando novas más notícias são anunciadas, isso é um bom sinal. Se os investidores com informações privilegiadas e outros investidores bem informados estiverem comprando, esse é outro sinal positivo. A triagem quantitativa inicial, confirmada pelo exame subsequente de ação por ação, produz uma avaliação geral disciplinada.

Em sua própria prática, Heilbrunn incorporou um dos princípios fundamentais do investimento em valor. O círculo de profissionais que se formou em torno de Ben Graham incluía dois homens que de fato trabalharam para a Graham-Newman, Walter Schloss e, em meados da década de 1950, Warren Buffett. Buffett, como todos os seus seguidores sabem, veio para a Columbia Business School para estudar com Graham, após ter lido *O Investidor Inteligente*. Depois de algum tempo, Heilbrunn começou a pensar que os melhores investimentos que poderia fazer seriam em Graham, Schloss e Buffett. Investiu na sociedade de Buffett cerca de um ano depois de ela ter começado, e também confiou alguns fundos a Walter Schloss depois de decidir inicialmente contra ela. Nos anos seguintes, acrescentou outros importantes investidores em valor à sua carteira de gerentes. Essas decisões trouxeram excelente retorno, e Heilbrunn conseguiu praticamente se aposentar do investimento ativo direto.

Ao confiar seus ativos a outros gerentes, Heilbrunn incorporou uma versão de um dos preceitos fundamentais do investimento em valor: saiba o que você conhece e permaneça dentro de seu círculo de competência. Os registros de investimentos não são definitivos, mas parece claro que alguns poucos investidores profissionais, desproporcionalmente à persuasão de valor, têm sido capazes de obter retornos acima do mercado no longo prazo. A probabilidade de isso decorrer da mera sorte é pequena. Quando esse desempenho está vinculado a uma abordagem de investimento cuidadosamente projetada e à especialização em setores específicos, e quando as habilidades envolvidas estão disponíveis para outros a um preço razoável – Graham cobrava de Heilbrunn US$ 25 por mês, mas isso foi em 1929 –, então, investir por meio desses indivíduos ou instituições faz muito sentido. Saber quando outros investidores profissionais em tempo integral provavelmente podem ter melhores resultados que seus esforços em meio período pode ser a mais fundamental de todas as percepções de valor.

Vários anos atrás, quando o Wells Fargo Bank parecia um investimento promissor para a firma de valor Tweedy, Browne, a empresa estava prestes a designar um analista para estudar o Wells Fargo detalhadamente. Quando descobriram que a Berkshire Hathaway havia adquirido uma grande posição no banco, a Tweedy, Browne transferiu o analista e simplesmente comprou as ações. Pensaram que sua própria pesquisa provavelmente não seria melhor do que a de Warren Buffett. Ao longo dos anos, Robert Heilbrunn exerceu um tipo semelhante de julgamento, enriquecido por suas próprias experiências como investidor em valor, ao avaliar candidatos a administrar seu dinheiro. Ele fez escolhas sábias.

Walter e Edwin Schloss
Atenha-se ao simples e barato

Walter Schloss começou sua sociedade limitada em meados de 1955. Ele acompanha o próprio desempenho desde 1º de janeiro de 1956, uma data antiga o suficiente para lhe dar um dos mais longos históricos ininterruptos – mesmo gerente, mesma organização – na história do investimento. E também um dos melhores. Durante todo o período de 45 anos de 1956 a 2000, Schloss e seu filho Edwin, que se juntou a ele em 1973, forneceram a seus investidores um retorno composto de 15,3% ao ano. Durante o mesmo período, o Índice S&P Industrial[1] teve retornos totais comparáveis de 11,5%. Cada dólar que um investidor afortunado confiou a Schloss no início de 1956 havia crescido para US$ 662 no final de 2000, incluindo todos os encargos de gestão. Um dólar investido no índice S&P valeria US$ 118. O feito dos Schloss é ainda melhor do que sugere esta comparação inicial. Ao longo de todo esse período de 45 anos, sua carteira teve 7 anos em que perdeu dinheiro; o índice S&P teve 11. A perda média na sociedade de Schloss era de 7,6%; no S&P, era de 10,6%. A teoria moderna de investimento argumenta que o retorno é uma compensação pelo risco, que retornos mais altos são alcançados apenas pelo aumento da volatilidade da carteira. O sucesso do investimento dos Schloss não confirma a teoria.

Walter e Edwin Schloss são minimalistas. O escritório deles – a Castle Schloss tem uma só sala – é modesto, eles não visitam empresas, raramente falam com a gerência, não falam com analistas, não usam a Internet. Não querendo ser persuadidos a fazer algo que não deveriam, eles limitam suas conversas. Há muitas pessoas articuladas e inteligentes no mundo dos investimentos, e a maioria delas é capaz de enumerar razões persuasivas para comprar este ou aquele ativo. Os Schloss preferem confiar em suas próprias análises e em seu já tradicional compromisso de comprar ações baratas. Essa abordagem faz com que se concentrem quase exclusivamente nas demonstrações financeiras publicadas que as empresas

---

[1] Walter Schloss começou a usar o S&P Industrial Index em 1955 porque, sem empresas de serviços públicos ou transporte, ele correspondia mais precisamente aos investimentos em sua carteira. Ele manteve esse índice como seu comparativo de referência, mesmo quando o S&P 500 se tornou o *proxy* preferencial. Ao comparar os dois nas últimas duas décadas, descobrimos que eles acompanhavam um ao outro de muito perto e que o S&P Industrial tinha um retorno um pouco maior do que o S&P 500.

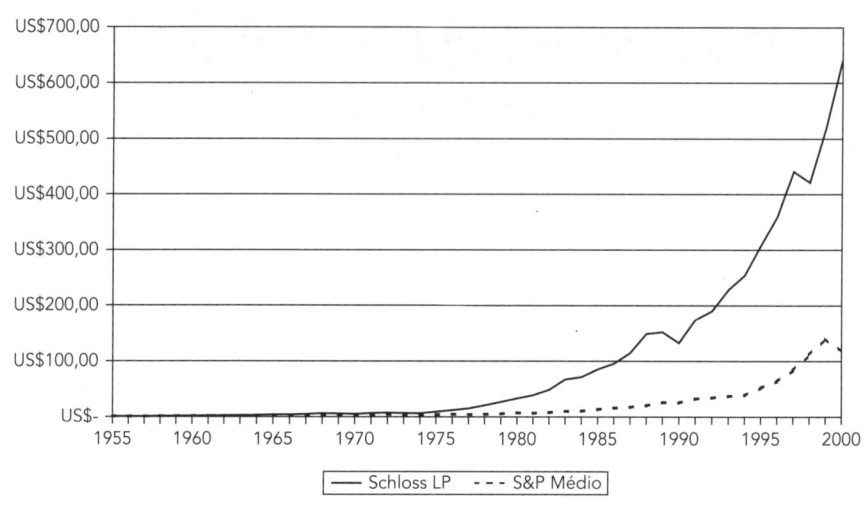

FIGURA SCHLOSS 1 Retornos da parceria em comparação com S&P, 1956-2000.

de capital aberto devem apresentar a cada trimestre. Eles começam pela análise do balanço. É possível comprar a empresa por menos do que o valor do patrimônio líquido? Nesse caso, a ação é uma candidata à compra.

Isso pode soar familiar. Se Walter Schloss não estava presente na criação do investimento em valor, ele apareceu logo depois. Começou em Wall Street em 1934, aos dezoito anos, em meio à Grande Depressão. No final da década de 1930, Schloss fez cursos com Benjamin Graham no New York Stock Exchange Institute. Ele estava em boa companhia; entre seus colegas estavam Gus Levy, chefe do departamento de arbitragem da Goldman Sachs, Cy Winters of Abraham, que já foi presidente da New York Society of Security Analysts, e outros pesos-pesados de Wall Street. Na época, Schloss trabalhava na Carl M. Loeb & Company, o irmão de Ben, Leon, era responsável por conta de cliente na empresa, e Ben mantinha sua conta na Loeb Rhodes, permitindo a Schloss confirmar que Graham realmente praticava o que pregava em sala de aula. E ele pregava valor, a vantagem de pagar menos pelas ações do que pelo valor do ativo circulante após deduzir todos os passivos.

Uma estratégia de ensino de que Graham gostava muito era analisar duas empresas lado a lado, mesmo que estivessem em setores diferentes, e comparar os balanços. Ele pegava a Coca-Cola e a Colgate, relacionadas entre si apenas por proximidade alfabética, e perguntava qual ação era mais vantajosa em relação aos valores dos patrimônios líquidos. A principal preocupação de Graham era a margem de segurança, um foco que o impedia de reconhecer o grande potencial de crescimento da Coca-Cola. Nem todas as táticas de Graham funcionaram. Ele comprava uma empresa líder em um setor, como a Illinois Central Railroad, e vendia a descoberto uma secundária, como a Missouri Kansas Texas, como proteção. No final das contas, os dois papéis não estavam correlacionados e, por isso, o *hedge* não funcionou. Outro tipo de *hedge* que Graham usou muitas vezes foi comprar ações preferenciais conversíveis e vender a descoberto as ordinárias. Se as ordinárias subiam, ele estava protegido pelo recurso das conversíveis. Se caíssem, ele ganhava dinheiro com a venda a descoberto. Em ambos os casos, ele recebia o dividendo. Essa abordagem se tornou uma prática padrão no setor, embora não tenha mais as vantagens fiscais que tinha naquela época. Schloss considera Graham como um gênio legítimo, alguém cujo pensamento era original e muitas vezes contrário ao conhecimento estabelecido. A motivação de Graham, de acordo com Schloss, era principalmente intelectual. Ele estava mais interessado nas ideias do que no dinheiro, embora isso também tivesse suas recompensas.

Procura por ações baratas

Pergunte a qualquer um dos Schloss sobre sua estratégia de investimento e você receberá a mesma resposta sucinta: compramos ações baratas. Identificar o que é "barato" significa comparar preço com valor. O que geralmente chama a atenção dos Schloss para uma ação é uma queda no preço. Eles examinam a nova lista de baixas para encontrar ações que caíram de preço. Se percebem que a ação está em seu preço mais baixo nos últimos dois ou três anos, tanto melhor. Alguns corretores com quem eles fizeram negócios ao longo dos anos ligam para eles com sugestões. Esses ativos tendem a estar no extremo oposto do espectro das ações com *momentum* que a maioria dos corretores está vendendo. Os Schloss são especialmente atraídos por ações cujo preço sofreu uma queda brusca, ações em que a queda de preço foi vertiginosa.

Esse gosto pelo fiasco é muito atípico. Os preços das ações caem quando os investidores ficam desapontados, seja por um evento recente, como um anúncio de lucros abaixo das expectativas, seja por um desempenho insatisfatório contínuo que acaba levando até mesmo os investidores mais pacientes a jogarem a toalha. Ao longo dos muitos anos em que os Schloss administraram dinheiro, eles se viram investindo em diferentes setores, em grandes, médias e pequenas empresas, em empresas com ações que despencaram de preço e em outras cujos preços caíram gradual, mas persistentemente. O elemento unificador é que as coisas que eles compram estão à venda.

O outro termo em sua estratégia é igualmente importante. Eles compram ações. Eles não compram derivativos, índices ou commodities. Eles não vendem ações a descoberto; já fizeram isso no passado e ganharam algum dinheiro, mas a experiência foi desconfortável. Eles não tentam acompanhar o mercado, embora deixem que o mercado lhes diga quais ações estão baratas. Em alguns momentos de suas carreiras, os Schloss investiram em títulos de dívida falidos e, se a situação se apresentasse a eles, poderiam fazê-lo novamente. Contudo, esse campo ficou mais cheio com o passar dos anos e, como a maioria dos investidores em valor, eles não querem muita companhia. Quanto aos investimentos de renda fixa ordinários, eles simplesmente os evitam. Os possíveis retornos são limitados e podem ser negativos se as taxas de juros subirem. Seu negócio é ganhar dinheiro para seus parceiros investindo em ações baratas.

Quando encontram uma ação barata, podem começar a comprar antes mesmo de concluir a pesquisa. Eles têm pelo menos um conhecimento rudimentar de milhares de empresas e podem consultar a Value Line ou o guia de ações da S&P para uma verificação rápida da posição financeira da empresa. Ambos acreditam que a única maneira de conhecer um ativo de verdade é possuindo-o. Por isso, às vezes estabelecem sua posição inicial e, depois, solicitam as demonstrações financeiras. O mercado atual se move tão rapidamente que eles são quase forçados a mover-se rapidamente.

Quanto vale? Avaliação de ativos, lucros e empresas

Durante os nove anos e meio em que Walter Schloss trabalhou para Ben Graham e por alguns anos depois que saiu para administrar sua própria sociedade, ele conseguiu encontrar ações vendidas por menos de dois terços do capital de giro. No entanto, em algum momento depois de 1960, quando a Grande Depressão se tornou uma memória distante, essas oportunidades de modo geral desapareceram. Hoje, as empresas que atendem a esse requisito estão tão sobrecarregadas com passivos ou estão perdendo tanto dinheiro que seu futuro se encontra em risco. Em vez de uma margem de segurança, existe uma aura de dúvida.

Ainda assim, Walter manteve sua preferência pela avaliação baseada em ativos. Os ativos de uma empresa são mais estáveis do que seus lucros. Se uma empresa tem um valor contábil tangível de US$ 15 por ação, mesmo que não esteja ganhando dinheiro no momento, há boas chances de que o valor dos ativos não caia vertiginosamente. Um investidor que paga US$ 10 ou mesmo US$ 12 por ação tem algum conforto em saber que os ativos estão lá para proteger as ações. E, na longa experiência de Schloss, empresas cujas ações podem ser compradas por menos do que o valor dos ativos irão, na maioria das vezes, voltar a serem lucrativas ou ser adquiridas por outra empresa. Tudo isso pode levar tempo; seu período médio de manutenção de uma ação é de cerca de quatro anos. Ele tem paciência de esperar. Sua aposta subjacente é que a reação exagerada do mercado lhe ofereceu uma barganha e que, esperando por um tempo suficiente, ele será recompensado. "Algo de bom vai acontecer", como ele gosta de dizer. No meio-tempo, o valor do ativo fornece alguma proteção contra outra queda acentuada no preço das ações. Embora ele tenda a fazer sua compra inicial antes de as ações atingirem o fundo do poço e goste da oportunidade de aumentar sua posição a preços mais baixos, também dorme mais tranquilo sabendo que, se há um precipício lá fora, suas ações já caíram.

Edwin Schloss também presta atenção aos valores dos ativos, mas está mais disposto a olhar para o poder dos lucros de uma empresa. Ele também busca alguma proteção de ativos. Se encontra uma ação barata com base no poder dos lucros normalizados, geralmente não a considerará se tiver de pagar mais de três vezes o valor contábil. Existem algumas empresas duráveis em setores como alimentos, defesa e até mesmo manufatura simples que vendem por mais do que o valor contábil, mesmo quando suas ações estão depreciadas. Dependendo de sua estimativa do que as empresas podem lucrar, Edwin ainda pode achar que as ações estão baratas o suficiente para comprar.

Quando começam a examinar seriamente uma nova empresa, os Schloss asseguram-se de ler seus relatórios anuais com muito cuidado. As demonstrações financeiras são importantes, sem dúvida, mas igualmente importantes são as notas de rodapé. Eles querem ter certeza de que não há passivos significativos fora do balanço patrimonial. Eles examinam o histórico de gastos de capital para ver em que condições estão os ativos fixos. Uma empresa que tem uma fábrica totalmente depreciada pode estar reportando lucros maiores do que uma rival que acabou de construir uma nova fábrica, mas, se gastou o dinheiro sabiamente, provavelmente terá uma operação mais moderna e eficiente. Dez anos de despesas com publicidade não aparecem no balanço, mas criam algum valor para a marca, desde que a empresa saiba como explorá-lo. Os Schloss procuram potencial de recuperação. As ações que compram ficaram baratas por uma razão, e seu sucesso está em sua capacidade de fazer uma avaliação suficientemente precisa de se o mercado reagiu exageradamente ou não. Eles não tentam entrar nas empresas, conhecer os detalhes das operações melhor do que a própria gestão. Eles não afirmam ter nem querem essa experiência. Em vez disso, eles limitam a exposição a uma única empresa e lançam mão de sua ampla e profunda experiência em investimentos para orientar seu julgamento.

Como os Schloss estão no negócio há muito tempo, foram forçados a ajustar seus critérios à medida que as condições de mercado foram mudando. Quando os mercados estão muito caros, sua definição de barato deve ser um pouco mais flexível e relativa. À medida que algumas estratégias, como investir em títulos de dívida falidos, se tornaram populares, eles migraram para outras áreas. Como muitos grandes atletas e alguns outros investidores em valor, eles deixam o jogo vir até eles. Eles têm princípios básicos que não mudam. Compram ações baratas e gostam de mantê-las até que se recuperem. Caso contrário, estão dispostos a aceitar o que o mercado lhes oferece, alegando que, se fizeram uma compra correta – as ações estavam suficientemente baratas –, é provável que algo de bom irá acontecer.

Acompanhamento

Os Schloss brincam que comparecerão às reuniões corporativas anuais que forem realizadas em um raio de até 20 quarteirões de seu escritório. Como trabalham no centro de Manhattan (em Nova Iorque, não no Kansas), essa é uma restrição menos severa do que pode parecer à primeira vista. Quando comparecem, gostam de ficar sozinhos, não cercados de analistas e gerentes de investimento. Em uma ocasião, quando possuíam ações da Asarco, uma empresa de mineração e fundição de cobre, foram à reunião e encontraram a sala cheia. Olhando mais de perto, os outros participantes revelaram ser esposas de diretores, funcionários e pessoas que trabalhavam para a firma de relações com investidores da empresa. É claro que as ações baratas ainda não tinham sido descobertas. Nesse caso, a empresa se recuperou de sua queda de preço e acabou sendo comprada pelo Grupo Mexico.

Como os Schloss mantêm suas posições em média por quatro ou cinco anos, eles têm tempo para se familiarizarem melhor com a empresa. Sempre examinam cada relatório trimestral, mas não ficam obcecados com as oscilações de preços do dia a dia, nem se deixam levar pelas decepções de ganhos de dois centavos por ação ou pelas surpresas positivas. Sua abordagem, como dissemos, é minimalista. Se uma empresa anuncia uma aquisição que consideram tola, isso se torna motivo de preocupação e podem decidir vender. Uma vez que todos os aspectos de sua abordagem os orientam a empresas que não estão em setores que mudam rapidamente, nos quais a inovação tecnológica pode minar o valor em semanas, senão dias, eles podem se dar ao luxo de sentar e esperar.

Eles não são totalmente passivos. Iniciando com uma abordagem de baixo para cima para encontrar ações baratas, depois que as possuem, começam a olhar lateralmente para analisar outras empresas do setor. Elas também são baratas e pelos mesmos motivos? Eles podem decidir que uma dessas outras empresas é um investimento melhor do que sua compra inicial. Talvez seja uma empresa de melhor qualidade, com melhores margens de lucro ou níveis de endividamento mais baixos. Nesse caso, podem negociar para ganhar qualidade, desde que ainda possam tirar proveito da situação de depreciação no setor.

Quando comprar, quando vender

A noção de que um investidor pode comprar uma ação que atingiu o ponto mais baixo de sua queda é uma fantasia. Ninguém pode prever com precisão picos, fundos de poço ou qualquer situação intermediária. Na maioria das vezes, os investidores em valor começam a comprar ações durante a queda. As decepções ou expectativas reduzidas que as tornaram baratas não irão embora tão cedo, e ainda haverá proprietários das ações que ainda não desistiram quando o investidor em valor fizer uma compra inicial. Se for no final do ano, vender para tirar proveito dos prejuízos fiscais pode fazer o preço cair ainda mais. Por estarem cientes de que estão, para usar um clichê do setor, "pegando uma faca que está caindo", os investidores em valor provavelmente tentarão escalar para uma posição, comprando-a em etapas. Para alguns, como Warren Buffett, isso pode não ser tão fácil. Assim que se espalha a notícia de que a Berkshire Hathaway é uma compradora, o preço das ações dispara. O próprio Graham, relata Walter Schloss, enfrentou esse problema. Ele divulgou um nome a um colega investidor durante o almoço. Quando voltou ao escritório, o preço havia subido tanto que ele não pôde comprar mais sem abrir mão de sua disciplina de valor. Essa é uma das razões pelas quais os Schloss limitam suas conversas.

Ainda assim, quando questionado sobre o erro que comete com mais frequência, Edwin Schloss confessa ter comprado ações demais na compra inicial, sem deixar espaço suficiente para comprar mais quando o preço caísse. Se o preço não cai depois de sua primeira compra, ele tomou a decisão certa. Mas as probabilidades estão contra ele. Ele muitas vezes tem a oportunidade de baixar a média, o que significa comprar ações adicionais a um preço mais baixo. Os Schloss estão no ramo há tempo demais para pensar que as ações agora se comportarão como eles querem e só aumentarão de preço. Investir é uma profissão que exige humildade, mas quando décadas de resultados positivos confirmam a sabedoria da estratégia, a humildade é prejudicada pela confiança.

Os investidores em valor compram cedo demais e vendem cedo demais, e os Schloss não são exceção. As ações baratas geralmente ficam mais baratas. Quando se recuperam e começam a melhorar, chegam a um ponto em que deixam de ser barganhas. Os Schloss começam a vendê-las para investidores que estão maravilhados com a alta dos preços. Em muitos casos, elas continuarão a aumentar de preço, às vezes drasticamente, enquanto o investidor em valor está em busca de novas barganhas. Os Schloss compraram o banco de investimento Lehman Brothers há alguns anos por US$ 15 a ação, abaixo do valor contábil. Quando o preço chegou a US$ 35, eles venderam tudo. Alguns anos depois, o preço havia passado de US$ 130. Obviamente, os últimos US$ 100 não acabaram nos bolsos dos investidores em valor. Ao longo dos anos, eles tiveram experiências semelhantes com Longines-Wittnauer, Clark Oil e outras ações que passaram de subvalorizadas a razoavelmente valorizadas e depois sobrevalorizadas em muito pouco tempo. O dinheiro que ficou na mesa, para citar mais um clichê do investimento, ajuda a ter uma boa noite de sono.

A decisão de vender uma ação que não se recuperou requer mais discernimento do que vender uma ação vencedora. Em algum momento, todo mundo joga a toalha. Para investidores em valor como os Schloss, o gatilho geralmente será uma deterioração nos ativos ou no poder dos lucros além do que eles haviam inicialmente previsto. As ações ainda podem estar baratas, mas as perspectivas de recuperação agora começaram a diminuir. Até a paciência do investidor mais tolerante pode acabar se exaurindo. Sempre há outros lugares onde investir o dinheiro. Além disso, uma perda realizada tem pelo menos alguns benefícios fiscais para os sócios, enquanto a ação depreciada é apenas um lembrete de um erro.

A carteira: diversificação com margem de manobra

Na mente de alguns administradores de dinheiro, a diversificação é uma proteção contra a ignorância. O investidor bem informado, com conhecimento do setor, da empresa e até da economia, pode assumir menos e maiores posições em situações em que está totalmente informado. Os investidores em valor estão em ambos os lados da questão da diversificação, embora todos eles considerem que a seleção ativa de ações tem um papel importante. Os Schloss administram uma carteira diversificada, mas o fazem sem limites pré-definidos quanto ao tamanho da posição que assumirão. Embora possam ter até 100 nomes, é normal que as 20 maiores posições representem cerca de 60% da carteira. Em algumas ocasiões, chegaram a ter até 20% de seu fundo em um único ativo, mas esse grau de concentração é raro. Devemos lembrar que eles compram ações baratas, não grandes empresas com futuros brilhantes. Embora a história tenha mostrado que a maioria de seus investimentos dá certo, sempre há alguns que falham. A difícil tarefa é saber identificá-los com antecedência. A diversificação é uma proteção contra a incerteza e uma característica essencial da estratégia de sucesso dos Schloss.

Aqui, como em outros aspectos de sua abordagem, baseiam-se em suas avaliações em vez de regras fixas. Embora não vão acabar com a carteira investida em apenas um ou dois setores, eles poderão sobrecarregar suas participações quando encontrarem ações baratas agrupadas em setores desfavorecidos. Nesses momentos, eles podem escolher as melhores empresas dentre os ativos descartados. Se o preço de uma *commodity* como o cobre despencou, então as ações relacionadas ao cobre estarão à venda. A menos que o cobre seja permanentemente abolido do uso como material industrial e de comunicação, os ciclos de oferta e demanda têm uma maneira de se corrigir. Empresas com custos baixos e não oneradas por dívidas são apostas seguras nesses momentos, principalmente porque ninguém quer tê-las. Um preço baixo pode compensar uma infinidade de deficiências cíclicas, operacionais e até gerenciais.

Cuidar dos clientes

Depois que Walter Schloss estava no mercado há vinte anos, vários deles com Edwin, Warren Buffett enviou uma carta a alguns amigos descrevendo a sociedade de Schloss, a qual então havia chegado ao seu vigésimo aniversário. Schloss deixou a Graham-Newman, Buffett contou a seus leitores,

> em 1955. E a Graham-Newman fechou as portas em 1956. Eu preferiria não me alongar ao falar das implicações dessa sequência.
> Em todo caso, munido apenas de um guia de ações mensal, de um estilo sofisticado adquirido em grande parte pela associação comigo, da sublocação de uma parte de um closet na Tweedy, Browne e de um grupo de sócios cujos nomes vieram direto de uma lista de chamada na Ellis Island, Walter saiu para batalhar com o S&P.

Vimos aos resultados do embate.

Além de mais 25 anos de desempenho superior, pouca coisa mudou. Os Schloss ainda sublocam da Tweedy, Browne, embora tenham se mudado para uma sala de tamanho normal. Eles complementam o guia de ações mensal com a Value Line e uma máquina de cotação, e a natureza de seus clientes continua a mesma, algo que distingue a sociedade dos Schloss da maioria dos fundos estruturados de forma semelhante. Existem parceiros do fundo cujos pais eram parceiros; alguns são até clientes de terceira geração. Como grupo, eles não são ricos de acordo com os padrões das sociedades limitadas. O dinheiro investido com os Schloss é importante para eles, e esta é uma das razões pelas quais os Schloss estão determinados a não perdê-lo. Isso também pode explicar por que os Schloss não revelam a seus parceiros os nomes das empresas cujas ações eles possuem. No geral, investem em papéis pouco apresentáveis, ações de que ninguém quer se gabar em coquetéis ou em qualquer outro lugar. Por meio de experiências dolorosas – uma agonia tanto para os sócios limitados quanto para eles próprios –, eles descobriram que a transparência não aumenta o nível de conforto de seus clientes. Muito pelo contrário; algumas pessoas deixaram o fundo por medo de que as ações depreciadas da carteira fossem arriscadas demais. Apesar de toda sua experiência com investimento em valor e da forma como os Schloss o praticam, esses ex-clientes foram incapazes de introjetar a ideia de que, pelo preço certo – ou seja, muito baixo –, as ações de uma empresa em dificuldade são um bom investimento.

Os Schloss estão muito atentos aos impostos que seus parceiros terão de pagar. Eles não gostam de vender ações que geram lucro quando a venda constituiria um ganho de capital de curto prazo. Isso às vezes pode gerar algum risco para o investimento. As leis fiscais atualmente em vigor tornam difícil, senão impossível, proteger os ganhos por meio de um *hedge* que não seja de longo prazo. Dada a diferença de alíquota de imposto entre rendimentos de curto e longo prazo, esse é um risco que os Schloss estão dispostos a correr.

Existem duas políticas que os Schloss seguem em sua sociedade que os diferenciam da maioria dos gestores de dinheiro que administram fundos de investimento estruturados de forma semelhante. Primeiramente, eles presumem que distribuirão todos os lucros realizados a seus parceiros a cada ano. Se um sócio pede que o dinheiro continue no fundo, eles naturalmente atendem ao pedido. A maioria das sociedades exige um pedido explícito, feito com várias semanas de antecedência, para a retirada de qualquer dinheiro, sejam lucros realizados ou não. Os Schloss não consideram o dinheiro que lhes foi confiado um prisioneiro, que apenas será liberado se o parceiro pagar um resgate. Essa política também os ajuda a manter um certo limite para o tamanho do fundo. Eles não querem administrar bilhões de dólares; devolver uma grande parte dos lucros a cada ano é como podar um arbusto até a altura desejada. Em segundo lugar, os Schloss são pagos por seu trabalho ficando com parte dos retornos sobre o investimento. Essa é a prática típica para sociedades limitadas de investimento. Quando se afastam do padrão, também assumem uma parte correspondente das perdas. Se o valor do fundo cai ao longo de um ano, as contas dos sócios limitados têm uma baixa menor que a do próprio fundo. Os Schloss devem pagar sua parte proporcional na perda. Além disso, não cobram taxa de administração do fundo, ao contrário da maioria de seus pares. Eles só são pagos pelo desempenho. Como mostra sua longa história, em sete dos 45 anos, eles acabaram pior do que começaram. Esse arranjo é mais um incentivo para eles não perderem dinheiro.

Exemplo 1: Asarco: ativos baratos encontram um comprador

Em 1999, a Asarco era uma empresa de cobre com um passado mais glorioso do que a atual situação poderia sugerir. Antes membro do Dow Jones Industrial Average, perdeu US$ 1,70 por ação em 1998, em relação ao valor de US$ 5,65 de 1995. Quando as ações caíram para menos de US$ 15 por ação, seu valor de mercado caiu para menos de US$ 600 milhões, menos do que os US$ 885 milhões em dívidas de longo prazo em seus livros contábeis. No entanto, apesar de todos esses problemas, a Asarco tinha um valor contábil de cerca de US$ 40 por ação. Seus ativos incluíam 50% da propriedade da Southern Peru Copper Company, o equivalente a uma ação para cada ação da Asarco. A Southern Peru fora negociada entre US$ 10 e US$ 14 durante a maior parte do ano. Uma compra da Asarco por algum valor entre US$ 15 e US$ 20 deixaria o investidor com uma margem de segurança de pelo menos 50% com base no valor contábil. Ou seja, o investidor estaria pagando entre US$ 5 e US$ 10 pelos ganhos potenciais da empresa, após deduzir o valor da ação da Southern Peru.

Walter e Edwin compravam e vendiam ações da Asarco desde 1993. Eles compraram algumas por cerca de US$ 20 e venderam por mais de US$ 30 no ano seguinte. Quando a ação caiu em 1999, eles voltaram. Isso deu certo. A empresa concordou com uma fusão de iguais com a Cyprus Amax Minerals. A Phelps Dodge, uma empresa de cobre ainda maior, fez uma oferta pelas duas empresas, tentando comprá-las antes da fusão. Elas recusaram a oferta da Phelps, embora sua oferta pela Asarco correspondesse a cerca de US$ 22. Agora que Asarco estava no jogo, era apenas uma questão de tempo até que uma oferta maior aparecesse. Os Schloss finalmente venderam suas ações para o Grupo Mexico por quase US$ 30 em dinheiro. Como Walter costuma dizer, se existem ativos, algo de bom vai acontecer.

Exemplo 2: J.M. Smucker Co.: vendendo açúcar para americanos

Até onde sabemos Warren Buffett nunca disse isso, mas alguns de seus investimentos – Coca-Cola, See's Candies, Dairy Queen — sugerem uma fé na noção de que ninguém nunca quebrou vendendo açúcar para americanos. Esse é o ramo da família Smucker há anos, embalar açúcar na forma de compotas, geleias e outros doces. Embora a empresa ganhe dinheiro de forma consistente, seus acionistas externos não têm se saído tão bem. As ações atingiram uma alta de US$ 39 em 1992, mas desde então até 1999, raramente chegaram a ser vendidas por US$ 30. Os ganhos variaram pouco ao longo do período, de US$ 1,27 por ação em 1993 a US$ 1,26 em 1999. O valor contábil aumentou de US$ 7,55 para US$ 11. O índice de preço/valor patrimonial nunca ficou abaixo de 1,5 para 1, e o índice preço/lucro só ficou abaixo de 15 em um dia ruim de 1999. Em nenhuma avaliação baseada em ativos ou lucros a Smucker se qualificou como um investimento em valor.

Então, no ano 2000, o preço caiu para menos de US$ 15 por ação. Os gêneros alimentícios em geral eram um grupo em baixa, e Smucker caiu junto com as outras empresas. Os Schloss compraram algumas ações. A esse preço, a empresa estava vendendo por dez vezes o lucro, bem abaixo de sua faixa histórica. Embora não fosse uma empresa com franquia, tinha uma marca estabelecida e presença nas prateleiras dos supermercados. Com base no poder dos lucros, era barata o suficiente para assumir uma posição.

Dois eventos tornaram este um bom investimento. Primeiramente, quando a Best Foods foi comprada pela Unilever, os preços de outros gêneros alimentícios aumentaram também. Então, a família Smucker, que era a controladora da empresa, decidiu simplificar a estrutura acionária e acabar com uma classe de ações com voto plural. Essa reorganização tornou as ações mais líquidas e também introduziu a possibilidade de aquisição da empresa, agora que as ações com voto plural foram eliminadas. Graças à Unilever e à família, o preço da ação subiu de US$ 15 para US$ 25 em sete ou oito meses. Os Schloss agora tinham de escolher entre obter um ganho de capital de curto prazo, o que não é de seu agrado, ou continuar a deter uma ação depois de ela deixar de ser barata, podendo mesmo estar supervalorizada. Seguiram o caminho racional e decidiram que pagar o imposto seria menos doloroso do que ver as ações caírem para US$ 15. Naturalmente, o preço da ação subiu para US$ 27 antes do final do ano, mas agora, com esse nível de preço mais alto, já era preocupação de outra pessoa.

Mario Gabelli

Mario Gabelli formou-se na Columbia Business School em 1967. Foi aluno de Roger Murray, que manteve viva a chama do valor depois que Ben Graham e David Dodd se aposentaram.

Nos dez anos seguintes, Gabelli foi analista de vendas, primeiro na indústria automotiva e depois no entretenimento. Em 1977, constituiu a Gabelli Asset Management (GAMCO) e iniciou sua carreira em investimentos ativos. Abriu o capital da empresa em 1999. Com um longo histórico de retornos superiores, a empresa administrava US$ 36,5 bilhões no final de 2019. Desde o início, foi um investidor de abordagem *bottom-up,* pesquisando cuidadosamente empresas individuais. Estimava o valor de uma empresa com base na soma dos valores das divisões individuais para as quais havia dados financeiros disponíveis. No nível da empresa, considerava, então, como esse valor da soma das partes seria afetado pela qualidade da gestão corporativa, especialmente no que se refere à alocação de capital. Gabelli não ajustava seus investimentos com base em projeções de variáveis macroeconômicas, como taxas de juros ou condições gerais do mercado financeiro.

Tendo entrado no negócio no final dos anos 1960, em uma época de avaliações muito altas, Gabelli reconheceu, assim como Warren Buffett fizera na mesma época, que, para ter sucesso no investimento em valor, já não era possível confiar na descoberta de oportunidades com base no ativo circulante líquido, como preconizara Graham. Poucas empresas, se é que havia alguma, estavam vendendo por menos de dois terços do capital de giro líquido menos todos os outros passivos. Ele foi forçado a procurar melhores negócios com perspectivas de longo prazo favoráveis, cujo valor muitas vezes dependia de fluxos de caixa em um futuro distante. Infelizmente para Gabelli, ele entendeu que a estimativa de valor intrínseco baseada em fluxo de caixa descontado comumente usada era muito sensível a suposições sobre taxas de crescimento futuro e custos de capital. Ele teve de procurar outras fontes de estimativas de valor intrínseco que fossem confiáveis.

A resposta inovadora de Gabelli a esse desafio foi examinar o que ele chamou de "valor de mercado privado" (PMV, do inglês *private market value*) de uma empresa. Ele definiu o termo como "o preço que um industriário informado estaria disposto a pagar para comprar ativos com características semelhantes". Esses preços poderiam ser deduzidos de transações em que empresas inteiras, divisões de empresas ou ativos individuais, como sistemas de televisão a cabo, mudassem de mãos. Os preços podem ser avaliados com base em medidas contábeis, como dólares pagos por dólar de EBITDA médio, e estatísticas operacionais diretas, como dólares pagos por cliente de televisão a cabo adquirido. Gabelli desenvolveu bancos de dados sistemáticos de transações relevantes. Essa abordagem tinha duas vantagens. Primeiramente, em vez de confiar no preço de mercado e, por extensão, nos lucros e fluxos de caixa projetados, ela fornecia uma estimativa fundamentada de quanto um comprador experiente poderia pagar. Além disso, o comprador industrial incorporava em seu preço o valor de um prêmio de controle em função da melhoria de gestão e de qualquer outro potencial oculto no negócio subjacente, como as sinergias locais com negócios existentes.

Ao mesmo tempo, Gabelli reconheceu que os valores do mercado privado podem ser relativamente instáveis, flutuando com as condições gerais do mercado. Quanto mais cedo o valor geral de mercado era incorporado ao preço de mercado de uma ação, menor era o risco de ser prejudicado por desenvolvimentos de mercado adversos. Assim, Gabelli procurou catalisadores que levassem os preços do mercado público a convergir com os valores do mercado privado. Os catalisadores podem ser eventos específicos da empresa – ofertas de aquisição, substituições de gerenciamento, reestruturações corporativas, incluindo cisões e recompras de ações – ou desenvolvimentos que afetam setores inteiros, como mudanças regulatórias ou mudanças na demanda. Esses catalisadores chamariam atenção positiva para o investimento em questão e levariam tanto diretamente, como no caso das aquisições, quanto indiretamente a aumentos de preço no mercado público.

Os valores do mercado privado mais os catalisadores tornaram-se uma característica definidora da estratégia de investimento de Gabelli.

Glenn Greenberg

A carreira de sucesso de Glenn Greenberg nos investimentos é um tributo ao valor da habilidade geral e da educação, em vez de treinamento técnico ou experiência precoce. Em Yale, ele estudou literatura inglesa. Seu primeiro emprego após a graduação foi como professor, primeiro no ensino fundamental e depois no ensino médio, em que também atuou como diretor. Como o que mais lhe dava satisfação era administrar a escola, seguiu o conselho de seu chefe para que desenvolvesse seus talentos em gerência cursando administração de empresas. Na Columbia Business School, os dois projetos que mais o atraíram foram, primeiramente, a análise de uma empresa do ponto de vista de um possível investidor (escolheu a TWA e desaconselhou investir na empresa) e, segundo, um estudo detalhado e crítico da empresa de sua família, a Gimbel Brothers, que também era proprietária da Saks Fifth Avenue. Quando se formou, em 1973, considerou assumir cargos em empresas de consultoria e em um banco de investimentos, mas decidiu ingressar no departamento de gestão de ativos da J.P. Morgan.

Sua experiência na Morgan foi muito útil. Como ele mesmo relatou, lá aprendeu como não administrar o dinheiro. Os gerentes montavam suas carteiras a partir de uma lista aprovada de empresas supostamente inexpugnáveis sobre as quais não sabiam quase nada. Do início de 1973 ao final de 1974, as carteiras dessas ações caíram 40% ou mais, sem nenhuma vantagem em relação ao S&P 500. Em 1978, Greenberg foi trabalhar para uma empresa menor, cuja carteira típica continha no máximo dez ações, todas elas submetidas a exaustiva pesquisa. Lá aprendeu a ser cético em relação às verdades instituídas e a certificar-se de que entendia pessoalmente o motivo de investir em qualquer ação que possuísse.

Em 1984, Greenberg e John Shapiro fundaram sua própria empresa, a Chieftain Capital Management, com base nesses princípios de investimento. Eles não iniciavam um investimento em ações a menos que estivessem confiantes de que seu conhecimento do negócio justificava um investimento de pelo menos 5% de seus ativos. Também tinham a intenção de manter essas posições por longos períodos. Tomavam apenas algumas poucas decisões de investimento por ano, o que lhes permitia fazer pesquisas extensas sobre cada empresa que escolhiam e sobre aquelas que rejeitavam. Todos os quatro profissionais das firmas estavam plenamente informados sobre cada decisão tomada. Eles compareciam a reuniões da empresa, examinavam individualmente todos os registros financeiros e acompanhavam os acontecimentos do setor. Precisavam concordar unanimemente a respeito de cada decisão de compra. Depois, continuavam a dedicar o mesmo cuidado às empresas que já estavam em sua carteira. Como consequência dessa abordagem, a Chieftain estava mais bem informada do que a maioria dos especialistas do setor e raramente confiava em opiniões externas, que geralmente consideravam errôneas.

Ao selecionar os investimentos a que se dedicariam, Greenberg avaliava um universo limitado a centenas de empresas grandes e estáveis e muito competitivas, com altos retornos sobre o capital e capacidade de distribuir dinheiro aos investidores, mesmo quando investiam visando a um crescimento rápido. Essas oportunidades se distinguiam por três características. Em primeiro lugar, Greenberg procurava bons negócios protegidos da concorrência implacável. Frequentemente, eram duopólios com histórias de coexistência bem-sucedida ou monopólios locais, como sistemas de cabo, cuja lucratividade não era ameaçada pela intervenção do governo. Também procurava empresas que pudessem crescer ganhando participação de mercado, como a Airbus, a Progressive ou a HCA. Em segundo lugar, ele procurava gerências dedicadas aos interesses dos acionistas. Isso significava um foco em operações eficientes, alocação de capital para aumento de valor e a distribuição de fundos excedentes na forma de dividendos ou recompra de ações. Por fim, Greenberg buscava nessas compras um preço bem abaixo dos valores estimados usando medidas conservadoras.

Greenberg não se interessava por especular a respeito de possíveis melhorias na gestão ou no setor. Ele não se sentia atraído por reviravoltas. Em vez disso, ele procurava bons negócios cujos preços de mercado estivessem reduzidos por conta de percepções equivocadas a respeito de dificuldades atuais ou previstas. Era, por exemplo, um comprador agressivo de ações de televisão a cabo, setor em que havia uma preocupação generalizada – que ele julgava equivocada – de que a competição do satélite e os cancelamentos de assinaturas limitariam o crescimento do setor. A COVID-19 apresentou muitas oportunidades, pois os investidores confundiram um evento de curto prazo com uma redução permanente do valor corporativo.

Em 2010, Greenberg e Shapiro se separaram, e Greenberg fundou a Brave Warrior Advisors. Ele continua colocando todos os seus ovos em algumas poucas cestas e a observar essas cestas atentamente. A cesta agora inclui ações de tecnologia, pois seus sócios são mais jovens e podem ajudá-lo a descobrir quais dessas empresas de crescimento mais rápido incorporam as qualidades que ele sempre valorizou.

Paul Hilal

Paul Hilal foi criado em uma ilustre família de acadêmicos e médicos na cidade de Nova Iorque. Depois de concluir sua graduação (bacharelado em Bioquímica, Harvard 1988) e seus estudos de pós-graduação (doutorado e MBA, Columbia 1992), ele passou cinco anos trabalhando como consultor de fusões e aquisições na Broadview Associates, a principal empresa de consultoria para o setor de tecnologia na época. Após cinco intensos anos na Broadview, ele tirou um ano sabático para viajar ao redor do mundo.

Em janeiro de 1998, juntou-se à Hilal Capital Management, empresa de gestão de investimentos orientados pelo valor de seu irmão mais velho, Peter, na qual criou e dirigiu o programa de investimento em tecnologia da informação da empresa. Nesse período, descobriu um potencial inexplorado na empresa de capital aberto Worldtalk Communication, uma fornecedora de *software* que passava por dificuldades. Então, liderou um investimento significativo do fundo na empresa e assumiu o cargo de presidente do conselho e CEO interino de 1999 a 2000. A reorganização, a reestruturação e a venda da empresa foram altamente lucrativas. A experiência mudou para sempre o pensamento de Hilal sobre investimentos.

Em 2002, Hilal abriu sua própria firma de gestão de investimentos, a Caliber Capital Management, buscando uma pequena quantidade de investimentos concentrados, focados principalmente em empresas de TI. Em dezembro de 2005, seu colega de quarto na faculdade e amigo íntimo Bill Ackman o convidou para ingressar na Pershing Square Capital, em que Hilal poderia aumentar o escopo e a escala de suas atividades e continuar a praticar seu estilo de investimento focado, incluindo envolvimento ativo com a gestão.

Os seis investimentos nos quais Hilal trabalhou durante a década seguinte, incluindo três projetos de grande porte, expandiram o alcance da Pershing Square para uma série de novos setores. Seu primeiro empreendimento envolveu a transformação de uma empresa de TI como a WorldTalk; neste caso, era a Ceridian, uma retardatária do setor. A Pershing Square garantiu lugares no conselho da Ceridian para Hilal e três outros indicados. Quase imediatamente, a Ceridian recebeu uma oferta por toda a empresa; uma oferta tão atraente que Pershing aceitou e abandonou seus planos de reestruturação de longo prazo. Foi um resultado agridoce para Hilal, que tinha grandes planos para melhorar o desempenho da Ceridian.

O próximo contrato público de Hilal estava muito distante da TI. Longos estudos o convenceram de que as ferrovias representavam um terreno fértil para sua abordagem ativista e concentrada. A Canadian Pacific (CP), uma das duas ferrovias transcontinentais canadenses, tinha o pior desempenho da América do Norte. Hilal acreditava que suas operações poderiam ser melhoradas de forma rápida e substancial, embora a administração afirmasse que os desafios estruturais específicos da CP limitavam seu desempenho. Com base em seu agora amplo conhecimento do setor, Hilal identificou e recrutou um CEO substituto capaz de transformar a CP. Hunter Harrison era um operador ferroviário respeitado, porém polêmico, que fora forçado a aposentar-se pelo conselho diretivo da empresa líder do setor, a Canadian National, apesar de ter melhorado muito seu desempenho. Hilal inicialmente procurou chegar a um acordo com o conselho da CP para uma reestruturação cooperativa. Quando isso não funcionou, a Pershing Square iniciou uma disputa por procurações de voto e obteve o apoio de 90% dos acionistas e lugares no conselho para todos os seus sete candidatos, incluindo Hilal e Ackman. Harrison foi instaurado no cargo e iniciou uma transformação bem-sucedida nas operações da CP.

O próximo projeto de Hilal envolveu novamente meses de estudo de um novo setor, desta vez o setor de gases industriais. Como um negócio de distribuição com instalações fixas, havia algumas semelhanças com o caso das ferrovias. Ele novamente identificou uma meta específica para a reestruturação, a Air Products and Chemicals. Dos quatro maiores fornecedores de gás industrial, a Air Products tinha o pior desempenho. A avaliação comparativa com a Praxair, líder do setor, revelou que a Air Products tinha margem para melhorias significativas. Como havia feito com a CP, Hilal encontrou e recrutou um gerente excepcional para transformar a empresa. Seifi Ghasemi era um veterano respeitado do setor. A Pershing Square negociou um acordo com a administração existente que a levou a obter representação no conselho e a instituir Ghasemi como CEO. Isso foi seguido de uma reestruturação, incluindo uma cisão e uma dramática melhoria operacional, que aumentou drasticamente o valor da empresa.

Esses três projetos, juntamente com três investimentos menores, foram responsáveis por uma expressiva parcela dos retornos da Pershing Square durante o mandato de Hilal. Ele saiu em janeiro de 2016, com o apoio de Ackman, para constituir sua própria empresa, a Mantle Ridge. Definiu a missão de Mantle Ridge como criar valor por meio do engajamento focado nas empresas, algo que praticara com sucesso na Pershing Square.

O primeiro alvo de Hilal na Mantle Ridge foi a CSX, outra companhia ferroviária de baixo desempenho. Mais uma vez, ele selecionou Hunter Harrison como seu agente de mudança. Para instituir Harrison na CSX, Hilal precisou não só da anuência do conselho diretivo da empresa, mas também teve de convencer a CP a liberar Harrison de suas obrigações de gerenciamento na empresa e de assinar um contrato de não concorrência. Essa parte da tarefa exigiu um investimento de US$ 100 milhões; logo em seguida, foi firmado um acordo com a CSX. Hilal e quatro outros membros de sua equipe juntaram-se ao conselho da CSX e Harrison tornou-se CEO. Embora Harrison tenha morrido apenas nove meses após a mudança, a transformação já estava concluída e o valor da ferrovia havia mais que dobrado.

O princípio orientador de Hilal na Mantle Ridge é que "investidores profissionais assumem a administração do precioso capital de seus parceiros. Conselhos e gerências assumem a administração do setor e dos interesses dos acionistas e de outras partes corporativas interessadas. Investidores profissionais engajados fazem as duas coisas". Seu sucesso na aplicação deste princípio depende do "engajamento construtivo e cooperativo entre conselhos, equipes de gestão e acionistas engajados". A chave para o funcionamento da abordagem é um conhecimento abrangente do setor por parte dos acionistas engajados, o qual é adquirido com uma especialização focada no setor, ainda que em série, do tipo que Paul Hilal praticou ao longo de sua carreira. Isso também requer a disciplina necessária para declinar de quase todas as oportunidades, aproveitando apenas algumas oportunidades extraordinárias às quais dedicar total atenção.

Jan Hummel

Jan Hummel, talvez de maneira incomum para alguém que cresceu no interior da Suécia, comprou sua primeira ação, de um IPO sueco, aos 16 anos de idade. Fez mestrado na Stockholm School of Economics e recebeu uma bolsa para estudar economia financeira e matemática em Stanford. Então, foi recrutado pela Booz, Allen, Hamilton, em Londres. Mais tarde, Hummel recebeu seu MBA da Harvard Business School, onde Bruce Greenwald foi um de seus professores. Seu primeiro cargo depois da faculdade de administração de empresas foi como banqueiro de investimentos na Merrill Lynch. Atraído mais pelos investimentos do que por bancos de investimento, saiu da Merrill Lynch para buscar oportunidades de recuperação e reestruturação em um ambiente de *private equity*. Depois de vários anos, reconheceu que grande parte dos benefícios do investimento de *private equity* se dissipava em licitações muitas vezes frenéticas para obter negócios, aumentando os custos e reduzindo os retornos subsequentes. Por isso, voltou sua atenção para o investimento em ações negociadas publicamente e criou a Paradigm Capital em 2001 como uma empresa de investimento privado. Sua estratégia focada e seu excelente histórico atraíram a participação de Mario Gabelli. Em julho de 2007, fundou o Paradigm Capital Value Fund, um dos primeiros fundos de investimento em valor da Europa, com capital próprio e tendo o grupo de Gabelli como investidor âncora.

Hummel concentra-se em empresas de pequeno e médio porte. Ele normalmente investe em empresas com capitalizações de mercado entre 200 milhões e 5 bilhões de euros. Essa é uma área do mercado muitas vezes ignorada pelas grandes instituições – grandes bancos, seguradoras e fundos de pensão – que dominam o cenário de investimentos na Europa. Com muitos bilhões de euros para gerenciar, raramente vale a pena para elas voltar sua atenção a empresas desse porte. No universo da Paradigm Capital, os acionistas tendem a ser proprietários de empresas familiares, pessoas físicas e instituições menores, todos relativamente conservadores.

Hummel investe exclusivamente em empresas localizadas na Áustria, na Alemanha, na Irlanda, nos Países Nórdicos (Dinamarca, Noruega, Suécia e Finlândia) e no Reino Unido, países que se beneficiam de boa governança corporativa e de mercados de valores mobiliários bem regulamentados. Há um número limitado de empresas que se encaixam nos critérios de tamanho, geografia e qualidade de negócios de Hummel, permitindo que ele e sua equipe de analistas estudem minuciosamente as empresas e gerências dentro desse universo.

Hummel procura empresas de franquia com altos retornos sobre o capital investido, cujas operações estejam protegidas por fortes barreiras à entrada. Em função do tamanho das empresas que ele procura, essas franquias são necessariamente locais, dominando seus mercados geograficamente ou, caso vendam globalmente, com foco em nichos bem determinados de produtos. Frequentemente são empresas de serviços com economias de escala locais em compras, publicidade, vendas, infraestrutura de serviços e gerenciamento. Entre elas encontram-se empresas de distribuição local de pessoas (p. ex., companhias aéreas) e bens (p. ex., empresas de logística, varejo e atacado), empreiteiros locais (p. ex., nos setores de encanamento e elétrica, imobiliário e de educação) e fornecedores de serviços financeiros (p. ex., seguradoras especializadas, bancos com foco local). Uma categoria particularmente promissora são os fabricantes para os quais os custos de produção são baixos em relação às vendas locais e aos custos de serviço. Estes são muitas vezes avaliados como pequenos fabricantes, em vez de prestadores de serviços dominantes no nível local. Hummel busca adquirir empresas depreciadas ou pelo valor justo, geralmente quando existe oportunidade de aumento de valor para um investidor engajado, como crescimento (normalmente em um mercado adjacente), otimização da estrutura de capital, mudanças na alta administração ou talvez uma aquisição complementar.

Hummel procura gestões de alta qualidade em várias dimensões. Primeiramente, ele busca foco total nas operações diárias eficientes. Em segundo lugar, quer uma estratégia de crescimento que crie valor investindo apenas quando o retorno sobre o crescimento excede o custo de capital. Na prática, isso significa expandir em mercados para os quais as economias de escala existentes são transferidas. Por fim, a Paradigm Capital busca uma gestão atenta a seus acionistas, que distribua os recursos que não podem ser investidos com rentabilidade no negócio e que financie o negócio da forma mais eficiente possível, com endividamento adequado e sem excesso de caixa. A remuneração dos executivos normalmente deve estar vinculada aos retornos de longo prazo sobre o capital empregado.

A pegada geográfica limitada de seus investimentos permite à Paradigm Capital acesso contínuo à gestão. Hummel não tem vergonha de expressar suas opiniões aos gerentes quando acha que precisam melhorar suas operações. Oportunidades de compra atraentes muitas vezes surgem como resultado do baixo desempenho gerencial, até mesmo em empresas nas quais a Paradigm Capital já é acionista. Sua preferência é estabelecer uma relação de cooperação com uma empresa; ser um "sugestivista" em vez de um ativista tradicional capaz de usar uma abordagem mais contundente. Quando necessário, a Paradigm já assumiu o controle de empresas e instaurou novas pessoas com comprovado talento gerencial. O sucesso nessas instâncias dependeu da capacidade da Paradigm de identificar gerentes qualificados e disponíveis localmente, e isso apenas foi possível por seu foco geográfico.

Hummel considera que uma carteira concentrada é parte fundamental do sucesso da Paradigm Capital. A carteira tem cerca de 75% investidos em um conjunto de cerca de dez posições, cada uma representando cerca de 6 a 12% do fundo. Essas posições principais são normalmente mantidas por longos períodos. Antes de investir, Hummel faz questão de estar totalmente familiarizado com suas operações de negócios e gerenciamento. Os 25% restantes consistem em posições exploratórias promissoras – das quais pode haver até dez –, algumas participações em empresas motivadas por eventos que são semelhantes a dinheiro e, por fim, dinheiro propriamente dito. Após a compra inicial, esses investimentos exploratórios são foco de atenção contínua, incluindo por meio de um relacionamento com a administração e uma avaliação de seu trabalho. Apenas alguns desses investimentos se tornam posições integrais, uma decisão em grande medida impulsionada pela avaliação e, portanto, pelo retorno esperado.

O processo pelo qual a Paradigm Capital seleciona essas posições começa com cerca de 50 a 70 ideias por ano, das quais em torno de 20 sobrevivem a uma seleção preliminar. Cada um dos cinco analistas da Paradigm investiga cerca de quatro a seis dessas 20; eles são alocados de acordo com o setor ou em outra especialização. A lista é refinada ainda mais, até que sobrem apenas algumas poucas posições, uma por analista. Estas se tornam investimentos exploratórios, e cada uma delas é acompanhada de perto pelo analista que a recomendou. Ao final do processo, elas são descartadas ou promovidas a uma das posições principais da carteira após uma discussão que envolve todos os profissionais de investimento. As empresas que não passam no corte final são incluídas em uma biblioteca de empresas-alvo para que a Paradigm possa agir rapidamente se os preços caírem o suficiente para tornar o investimento atraente.

A gestão de risco desempenha um papel importante na filosofia de investimento da Hummel. Ela é feita exigindo uma margem de segurança antes que qualquer dinheiro seja investido. A diversificação também reduz os riscos. Em períodos de mercado vulnerável, quando os preços e a confiança do investidor são altos, Hummel reduz ainda mais o risco de mercado com várias posições em derivativos que, nessas circunstâncias, costumam estar disponíveis a um custo relativamente baixo. Nesses períodos, a Paradigm Capital também detém dinheiro ou arbitragem semelhante a dinheiro e outras posições orientadas a eventos destinadas a produzir retornos de caixa superiores. A Paradigm Capital não considera que tenha alguma vantagem na determinação do futuro dos movimentos cambiais e, portanto, protege todas as posições que não são em euro e, para investidores estrangeiros nos EUA, protege o risco cambial geral entre o euro e o dólar. Consequentemente, a estratégia de investimento em valor da Paradigm Capital, juntamente com sua rígida disciplina de risco, vem gerando retornos com correlação muito baixa com o mercado. A Paradigm Capital cria sua vantagem por meio de pesquisas de base profundas e altamente disciplinadas. Sua estratégia geral é olhar para dentro de seu universo intencionalmente limitado em busca de (1) bons negócios com (2) gestão de alta qualidade, (3) boa governança corporativa e (4) vantagens competitivas ou (5) ativos com preços vantajosos. Por meio dessa abordagem focada, Hummel já fez investimentos com rendimento muito acima dos retornos do mercado sem qualquer alavancagem financeira, demonstrando que os princípios tradicionais de investimento em valor de não abrir mão da qualidade e comprar o que se conhece ainda são tão relevantes na Europa quanto antes. Disciplina, foco, especialização e trabalho duro, juntamente com uma gestão de risco cuidadosa, têm funcionado bem para a Paradigm Capital e para seus investidores.

Seth Klarman

Seth Klarman começou a investir na adolescência e foi apresentado ao investimento em valor durante seus anos de faculdade. Trabalhou com Max Heine e Michael Price durante um verão enquanto estava na faculdade e depois por outros 18 meses antes de entrar na Harvard Business School. Quando se formou em 1982, dois professores o contrataram para ajudar a administrar sua riqueza e a de duas outras famílias. Depois de uma extensa pesquisa de consultores de investimento externos, decidiram que o próprio Klarman poderia fazer um trabalho melhor do que qualquer uma das alternativas disponíveis. Essa decisão pode ser considerada uma das melhores da história da gestão do dinheiro. Estabeleceram o Baupost Group com Klarman como gerente de carteira e começaram a investir no início de 1983, com US$ 27 milhões em ativos sob gestão. No final de 1999, os ativos sob gestão se aproximavam de US$ 2 bilhões sem que se tivesse levantado qualquer quantia significativa de fundos externos. Esse número subiria para mais de US$ 28 bilhões até o final de 2019.

Klarman ocupa uma posição incomum na Baupost. A maioria dos gestores de investimentos institucionais controla apenas uma parte do patrimônio de seus clientes. Como resultado, eles não são principalmente gestores de risco, embora os controles de risco afetem suas escolhas de investimento. A Baupost continua a administrar uma quantidade significativa de ativos para as famílias fundadoras, bem como os ativos de muitos dos funcionários de Klarman, que fazem questão de "comer da própria cozinha" e, em conjunto, são o maior cliente da empresa. Não surpreende que o reputadíssimo livro de Klarman sobre investimento seja intitulado *Margin of Safety: Risk Averse Investing Strategies for the Thoughtful Investor* (*Margem de segurança: estratégias de investimento avesso ao risco para o investidor ponderado*). O objetivo da Baupost é alcançar retornos ajustados ao risco atraentes durante um longo período.

Ao implementar sua abordagem, Klarman começa a avaliar todos os investimentos a partir da pergunta: "Qual é a minha vantagem?" Ele percebe que, toda vez que compra um ativo pensando que será um bom investimento, outra pessoa o está vendendo, geralmente com uma visão menos positiva de seu valor. Sem uma vantagem, Klarman não tem motivos para pensar que, com o tempo, ele acabará do lado certo da transação na maioria dos casos. Felizmente, a estrutura da Baupost e a relação de longo prazo com seus clientes fazem com que Klarman tenha dinheiro paciente, sem precisar responder às pressões diárias do mercado, e que possa resistir a qualquer desdobramento adverso de curto prazo sem ter de vender seus investimentos em momentos inoportunos. Klarman se concentra em mercados e ativos com vendedores motivados ou irrefletidos. Isso inclui títulos de renda fixa em situações adversas, que estão sendo vendidos por gestores que são obrigados a deter apenas ativos com grau de investimento; cisões de empresas maiores, cujas ações são quase automaticamente vendidas por gestores de dinheiro por razões de materialidade; ativos em dificuldades ou com desempenho insatisfatório vendidos por instituições financeiras; ativos vendidos por agências governamentais, como a Resolution Trust Company no início dos anos 1990, forçada a vender os ativos de bancos de poupança e empréstimos falidos e outras instituições que os adquiriram por razões de estabilidade econômica; ações que se distanciam de um índice de mercado e devem ser vendidas por fundos indexados; e imóveis de valor inferior, como prédios meio vazios ou outros ativos difíceis de vender.

Outra característica atraente desses tipos de mercado é que Klarman enfrenta muito menos concorrência de outros compradores com liquidez e boas informações. Com o tempo, porém, à medida que os investidores descobriam essas oportunidades, outros compradores chegaram e elevaram os preços com suas ofertas. Klarman foi repetidamente forçado a encontrar novos campos de prospecção. Por exemplo, ele desenvolveu uma rede de parceiros operacionais no setor imobiliário local para os quais ele era a fonte principal ou exclusiva de capital externo sofisticado e pronto para atuar.

Ao selecionar investimentos específicos, Klarman concentra-se primeiramente no lado negativo, que ele define como a probabilidade e a magnitude da perda permanente. Essa abordagem permite que adquira ativos com preços voláteis, mas geralmente com valor de longo prazo previsível. Exemplo disso foi sua aquisição de títulos de dívida seniores da Texaco na década de 1980. Em resposta a uma decisão judicial adversa, a Texaco foi forçada a se proteger declarando falência e suspendendo o pagamento de juros sobre todas as suas dívidas. Os juros devidos continuaram a acumular-se durante o processo de reorganização. A Texaco possuía ativos que cobriam totalmente o principal em aberto e muitos anos de juros acumulados sobre a dívida sênior, mesmo após uma sentença judicial adversa. A incerteza do investimento decorria, em grande medida, do momento deste retorno, não de seu eventual pagamento. A menos que a resolução da falência levasse um tempo muito mais longo que o normal, os títulos estavam sendo vendidos a um preço que provavelmente geraria um retorno anualizado de pelo menos 15%. Contudo, os preços dos títulos de dívida podiam flutuar nesse meio-tempo, em resposta à evolução do processo de falência. Por ter uma perspectiva de longo prazo e por definir o risco como perda permanente de capital, Klarman estava imune a essas preocupações. Conforme as coisas foram se resolvendo, ele obteve um retorno anualizado de bem mais de 20% ao longo de alguns anos, com pouco risco.

Outro exemplo de crédito problemático com risco de queda limitado e aumento considerável foi a dívida da Enron. Os títulos de dívida da Enron estavam sendo vendidos a centavos de dólar depois que uma grande fraude foi exposta. Embora o valor exato dos ativos fosse incerto, o preço de mercado dos títulos parecia incorporar um desconto excessivo pelos riscos.

Klarman tem outras qualidades. Ele combina uma grande inteligência, o que não é raro na profissão, com uma disciplina excepcional que o ajuda a manter-se imune a tendências de mercado ou outros entusiasmos. Ele e sua empresa fazem pesquisas meticulosas e, por sua excelente reputação, ele consegue atrair e reter colaboradores de primeira linha. No entanto, os resultados extraordinários que alcançou talvez não fossem possíveis com investidores menos pacientes e um maior foco em "O que você tem feito por mim ultimamente". Ele também construiu uma empresa coesa com forte cultura de colaboração e busca pela excelência.

Michael Price

A longa e bem-sucedida carreira de Michael Price como investidor em valor começou quando ele se tornou analista de pesquisa da Max Heine, uma lenda na área, pouco depois de se formar na faculdade, em 1973. Quando Price começou na Heine Securities, a série de seu fundo Mutual Shares tinha cerca de US$ 5 milhões sob gestão. Quando Heine morreu, em 1988, Price assumiu o controle da empresa. Vendeu-a em 1996 para a Franklin Resources, mas continuou a administrar os fundos até 1998. Naquela época, os ativos sob gestão ultrapassavam US$ 15 bilhões, sem qualquer publicidade, promoção ou comissões de vendas substanciais. O crescimento veio de um excelente desempenho em investimentos, que não piorou à medida que os fundos aumentaram de tamanho. O histórico é testemunho das habilidades de investimento de Price e do potencial da abordagem de valor que ele pratica.

Price adotou uma abordagem eclética de investimento. A maioria dos fundos era investida em ações de valor, com a intenção de mantê-las por longos períodos. Price também investiu em oportunidades de retorno baseadas em eventos, incluindo falências e reorganizações – que eram uma especialidade de Max Heine –, arbitragem de fusões e intervenção ativista. Ao construir sua carteira, Price almejava um retorno de 15% com risco de queda limitado, tudo baseado na aquisição de ativos e empresas a um preço que proporcionasse uma grande margem de segurança.

Os investimentos em ações de valor de longo prazo normalmente representavam dois terços da carteira. Esses investimentos foram amplamente diversificados e pulverizados em dezenas de ações. Price buscava um desconto entre o preço e o valor intrínseco de 30 a 40% nas ações que comprava. Para encontrar essas empresas, precisava evitar áreas em que o entusiasmo dos investidores extravagantes, como a bolha da Internet, ou as atividades de promoção das empresas de Wall Street, como IPOs sob os holofotes, criavam preços inflacionados. Ele era paciente e disciplinado, às vezes esperando anos para que uma ação atendesse às suas necessidades de preço. O terço restante da carteira era composto por investimentos orientados a eventos que Price considerava terem valores semelhantes a dinheiro, independentemente das flutuações gerais do mercado. Oportunidades de arbitragem de fusões cuidadosamente selecionadas geralmente geravam retornos anualizados de 15% ou mais. O risco de que esses negócios fracassassem e produzissem retornos negativos não estava correlacionado com o que quer que o mercado geral estivesse fazendo. Ao investir em 5 a 10 negócios cuidadosamente selecionados entre as centenas disponíveis, o risco de quebra de um negócio pode ser minimizado e amplamente diversificado. Ao mesmo tempo, Price sempre manteve pelo menos 5% da carteira em dinheiro. Sua carteira balanceada tinha histórico de estabilidade, com quedas expressivas 40% menos severas que as do mercado de ações como um todo.

A abordagem de Price para estimar valores intrínsecos baseava-se fortemente em avaliações de mercado privado. Ele começou examinando negócios operacionais individuais e ativos usando dados financeiros disponíveis. Para cada um deles, examinava o histórico do que "um comprador experiente estava disposto a pagar" por um ativo semelhante. A maioria dessas informações vem de transações de fusão e arbitragem, que são acompanhadas por uma análise detalhada de banco de investimento de cada fluxo de receita e ativos não operacionais, como ativos de capital aberto. A coleta sistemática e a análise das informações a respeito de transações recentes e relevantes revelam o que compradores experientes estão dispostos a pagar por operações semelhantes. A soma dos valores das peças individuais que compõem uma empresa resultará em algo como um valor máximo. Se o preço de mercado atual da empresa examinada for igual ou superior a esse valor, as ações da empresa são um mau negócio e devem ser evitadas. (Na 1ª edição deste livro, Price fez esse cálculo para a General Electric, na época uma das maiores empresas do mundo, demonstrando que suas ações estavam significativamente sobrevalorizadas.) As tão alardeadas sinergias positivas tendem a ser mínimas ou inexistentes. Por outro lado, a má gestão geral da empresa pode destruir uma parte significativa das eventuais sinergias que possam existir. Portanto, a última etapa da análise de Price era examinar cuidadosamente o desempenho histórico da administração da empresa. Se isso mostrasse uma grande destruição de valor, Price estava preparado para intervir, como fez com muito sucesso com o Chase Manhattan Bank em 1995.

Depois de vender a Mutual Shares em 1995, Price continuou a administrar dinheiro para si mesmo, para alguns amigos e para algumas instituições. Seu estilo de investimento não mudou.

Ele é focado e eficiente na busca de possíveis oportunidades de compra. Se um cálculo de valor intrínseco de uma empresa promissora demonstra que o preço não é baixo o suficiente para uma compra, ele não descarta o trabalho e segue em frente. Ele continua a acompanhar a empresa para entendê-la cada vez mais, de modo que, se ela vier a negociar a um preço que ofereça uma margem de segurança suficiente, ele estará pronto para agir rapidamente. Depois de vender uma empresa porque ela atingiu seu preço integral, ele continua a monitorá-la para o caso de o preço diminuir e torná-la um bom negócio novamente. Ele aplica essa disciplina às falências. Acompanha as empresas em todas as fases do processo, desde a fase pré-falimentar até o pedido de falência em si, incluindo os vários planos de reorganização e, por fim, a recuperação da falência. Em cada etapa, ele está preparado para qualquer oportunidade de investimento atraente que possa surgir.

Price inicia a busca por novas oportunidades com uma leitura atenta das notícias de negócios. Ele não se interessa pelas informações gerais de mercado. Procura notícias de empresas, principalmente más notícias, e novidades do setor, como consolidação por meio de fusões, que provavelmente alterarão os preços de mercado e os valores intrínsecos e que, assim, podem constituir novas oportunidades. Ele então solicita que sua equipe inicie uma análise abrangente de todas as empresas afetadas, incluindo a posição específica de cada uma delas no setor e sua gestão. A estratégia básica de Price é ter paciência e esperar pelas oportunidades, mantendo-se bem preparado para agir rapidamente quando elas aparecerem.

Thomas Russo

Depois de se formar em Dartmouth, em 1977, Thomas Russo matriculou-se em Stanford em 1980 para um diploma conjunto de JD/MBA. Na faculdade de administração de empresas, fez um curso com o Professor Jack McDonald, que – diante de um departamento financeiro profundamente comprometido com a teoria do mercado eficiente – ensinava o investimento em valor seguindo a tradição de Graham e Dodd. Uma participação especial de Warren Buffett durante o curso consolidou a adesão de Russo aos princípios do valor. Ele se formou em 1984 em direito e administração de empresas e foi contratado pela firma de investimentos Ruane, Cuniffe para trabalhar em seu Fundo Sequoia, um dos fundos que Buffett descreveu em seu famoso artigo "Os superinvestidores de Graham e Doddsville". Depois de cinco anos, ele foi para a Gardner, Russo & Gardner, onde gerencia a família de fundos Semper Vic desde então.

A abordagem de investimento de Russo está fundamentada em três princípios básicos. Primeiramente, ele procura por "dólares a cinquenta centavos", ou seja, ações vendidas a 50% ou menos de seu valor intrínseco estimado. Em segundo lugar, concentra-se em empresas com "grandes marcas" e oportunidades significativas para reinvestir na extensão dessas marcas com retornos atraentes. Em terceiro lugar, procura empresas e administrações que tenham "capacidade de sofrer", o que significa uma disposição para fazer investimentos de longo prazo à custa dos lucros atuais. Os investidores de curto prazo costumam responder a uma queda nos lucros vendendo as ações e baixando seu preço até que atendam ao critério de "dólar a cinquenta centavos" de Russo. Para as empresas de "grandes marcas" em que Russo investe, aquelas que podem ganhar mais do que o custo de capital em seus investimentos para o crescimento, os benefícios de longo prazo acabam se tornando aparentes e o preço das ações sobe.

Um exemplo desse processo foi a expansão global da Brown-Foreman. As marcas de uísque da empresa, principalmente Jack Daniel's, eram populares nos Estados Unidos, mas tinham pouca presença internacional. Como as vendas internas estavam estagnadas, o caminho mais óbvio para o crescimento era no exterior. Na época, as vendas externas representavam menos de 10% do faturamento total da empresa, e a campanha para aumentá-las custou caro. Envolveu fundos para propaganda, distribuição e vendas que aumentaram as despesas operacionais muito antes de qualquer aumento correspondente nas receitas ou nos rendimentos. O resultado foi o declínio dos lucros informados para uma empresa que continuava apresentando vendas gerais estagnadas. O preço das ações caiu o suficiente para atender à exigência de "dólar a cinquenta centavos" de Russo. No final das contas, as vendas no exterior passaram a representar metade da receita da Brown-Foreman e o lucro cresceu proporcionalmente. Russo percebeu um padrão semelhante no desenvolvimento do canal House and Garden Cable Television (HGTV). O House and Garden fazia parte da E. W. Scripps, uma empresa familiar que possuía jornais, revistas e emissoras de televisão locais. A criação de programação e a organização da distribuição aumentaram as despesas muito antes que houvesse quaisquer benefícios perceptíveis. Com paciência, a Scripps e Russo viram o investimento valer a pena. No final do processo, a HGTV agregara mais de US$ 1 bilhão ao valor da Scripps.

O sucesso desses investimentos decorreu de dois fatores. Em primeiro lugar, a oportunidade de obter um retorno acima do custo de capital ao ampliar o alcance geográfico de uma marca, no caso da Brown-Foreman, ou de expandir o conteúdo existente para novos canais de distribuição, no caso da Scripps, deve realmente existir. Russo precisava ser capaz de distinguir entre "marcas fortes", com perspectivas lucrativas de reinvestimento, e marcas fracas, com capacidade limitada de entrada em novos mercados. Em segundo lugar, a gestão devia ser capaz de identificar os mercados com precisão e estar disposta a aceitar dificuldades de curto prazo enquanto executava a estratégia de expansão com eficácia. Identificar gerentes com essas habilidades requer grande familiaridade com os gerentes de um determinado setor. Russo desenvolveu essa experiência concentrando-se em alguns setores, principalmente em empresas de marcas de consumo, e nos gerentes que nelas trabalham.

Com o tempo, percebeu que as empresas controladas por famílias são uma área de concentração particularmente proveitosa. Essas empresas tendem a ter uma visão de muito mais longo prazo do que as empresas com gerentes que precisam responder às reações do mercado a seus resultados trimestrais. Além disso, em um mundo no qual a maioria das empresas é liderada por gerentes profissionais com participações acionárias insignificantes, muitas vezes existem preconceitos irracionais contra as empresas familiares, que tendem a reduzir o preço de suas ações. Às vezes, esses julgamentos se justificam. Entre os seus setores-alvo, Russo está especialmente atento a como a gestão familiar eficaz, muitas vezes no exterior, pode ser diferenciada de uma gestão falha.

Para aproveitar ao máximo seu conhecimento especializado, Russo teve de investir globalmente. Ele foi um dos primeiros líderes entre os gestores de valor dos EUA a fazer buscas no exterior. Também vem administrando uma carteira concentrada. No final de 2019, as cinco maiores posições de Russo representavam cerca de metade de sua carteira de US$ 13 bilhões. Quatro delas eram marcas de consumo globais amplamente reconhecidas, incluindo a Mastercard, e a outra era sua já antiga participação na Berkshire Hathaway. Seus próximos dez maiores investimentos representavam outros 40% da carteira. Eles incluíam seis empresas de marcas de consumo globais e três empresas que, como a Berkshire, ele havia acompanhado durante toda a sua carreira. Uma delas era de controle familiar. Os 10% restantes da carteira eram compostos por cerca de 30 pequenas posições, algumas delas exploratórias e outras em processo de liquidação. Muitas delas também eram marcas de consumo globais.

Com uma carteira concentrada e um longo período de participação correspondente ao seu horizonte de investimento de longo prazo, Russo toma apenas algumas decisões importantes de investimento a cada ano, o que lhe permite trabalhar com uma pequena equipe de pesquisa. Ele é da escola do "coloque seus ovos em uma só cesta e observe-a atentamente". Entre os investidores em valor concentrado que foram objeto de um estudo minucioso e abrangente de Carla Knobloch, aqueles com conhecimentos especializados foram os que tiveram o melhor desempenho. Russo foi o primeiro entre eles. Seu sucesso de longo prazo exigiu encontrar o tipo certo de investidores. Como ele reconheceu: "Tive a sorte de ser capaz de esperar todo o tempo necessário para obter retornos".

Andrew Weiss

Andrew Weiss iniciou sua carreira profissional como economista acadêmico. Formou-se em economia política na Williams College e, depois de passar alguns anos como professor de uma escola pública, obteve um PhD em economia pela Universidade de Stanford em 1977. Em seguida, ele lecionou economia na Columbia, ao mesmo tempo em que trabalhava como membro do grupo de economia da Bell Labs, na época uma das instituições de pesquisa mais destacadas do mundo. Em 1986, foi para a Boston University, onde permaneceu até a aposentadoria. Os artigos que publicou, amplamente citados, renderam-lhe uma reputação excelente. Durante esse período, foi um investidor muito disciplinado e bem-sucedido, primeiro de seu próprio dinheiro e de algum dinheiro da família e, depois, em um fundo que estabeleceu em 1991. Quando se cansou das demandas políticas e administrativas da vida docente, em 2004, tornou-se professor emérito para concentrar-se na gestão de investimentos.

Como investidor, Weiss sempre se sentiu atraído por investimentos negligenciados, subvalorizados por serem obscuros e complexos, em vez de ações individuais. No final da década de 1960, quando os investidores americanos estavam quase que exclusivamente focados em ativos americanos, ele mirava o exterior. Interessou-se pela indústria japonesa em uma época em que o Japão, antes de tornar-se uma potência econômica, era conhecido principalmente como produtor de bens de consumo simples, baratos e de baixa qualidade. Identificou um fundo fechado dos EUA que investia em ações da indústria japonesa. Um fundo fechado, em contraste com o fundo aberto muito mais comum, vende um número limitado de ações ao público em um IPO e investe os rendimentos. Essas ações são então negociadas em uma bolsa de valores. Embora as participações do fundo sejam publicamente conhecidas e o valor patrimonial líquido do fundo possa ser facilmente calculado, o fundo costuma negociar por um preço com desconto e, com menos frequência, por um prêmio. Weiss percebeu que, embora as empresas do fundo japonês estivessem negociando com múltiplos de lucros muito baixos, às vezes até mesmo cinco, sua pesquisa pessoal detectara excelentes perspectivas de crescimento para a economia japonesa como um todo. As ações do próprio fundo eram negociadas com um deságio significativo em relação ao valor de mercado das ações da carteira, havendo a possibilidade de liquidação do fundo no futuro, momento em que as ações subjacentes seriam vendidas e os rendimentos, distribuídos. Tudo isso, embora óbvio para Weiss, era negligenciado ou ignorado pelos investidores que desprezavam as empresas japonesas. À medida que o Japão ganhou reconhecimento como uma potência industrial, as ações subjacentes se valorizaram. No início da década de 1980, o mercado de ações japonês estava totalmente valorizado, e Weiss vendeu sua posição. O retorno de Weiss beneficiou-se tanto da reprecificação dessas ações quanto da redução do desconto com o qual ele as havia comprado originalmente. A complexidade e a obscuridade criaram uma margem dupla de segurança – ações baratas vendidas com um desconto em relação a seu valor de mercado.

Ele também passou a concentrar-se em investimentos complexos em mercados que alavancavam sua experiência em economia para encontrar oportunidades que os mercados estavam avaliando erroneamente. Por exemplo, no clima enlouquecidamente otimista associado à unificação alemã no início da década de 1990, não apenas as ações alemãs se valorizaram em território de bolha, mas o Germany Fund, um fundo fechado que investe em títulos alemães, negociava a um preço que estava muito acima do valor dos títulos em sua carteira. As próprias ações haviam subido consideravelmente em resposta a uma mudança macroeconômica que, de acordo com a análise de Weiss, não melhoraria seus ganhos futuros (os subsídios para a Alemanha Oriental pagos pela Alemanha Ocidental não ajudariam os lucros após os impostos das empresas da Alemanha Ocidental).

Weiss começou a administrar dinheiro profissionalmente em 1991 e continuou a aplicar os dois princípios evidentes em seu investimento japonês. Ele avaliava as oportunidades globalmente, muitas vezes em mercados indesejáveis e negligenciados, e procurava ativos complexos que pudesse comprar com uma margem de segurança, investindo em carteiras altamente diversificadas de fundos fechados. Na década de 1990 e no início dos anos 2000, essas oportunidades muitas vezes encontravam-se nos países pós-comunistas da Europa Oriental e em Estados da antiga União Soviética, como o Cazaquistão. Na época, os governos estavam privatizando as empresas estatais, distribuindo as ações entre seus trabalhadores. Os trabalhadores, por sua vez, não tendo aptidão ou interesse em possuir ações, simplesmente se desfizeram das ações em mercados de ações locais recém-estabelecidos. Ao mesmo tempo, a corrupção galopante e a tradição de relatórios desonestos dissuadiam a maioria dos compradores estrangeiros e locais. Como resultado, muitas dessas empresas vendiam seus ativos por uma pequena fração do valor e por preços que chegavam à metade de seus ganhos anuais. Vários fundos fechados, organizados para tirar proveito dessas barganhas, estavam sendo vendidos com descontos significativos depois que os altos retornos prometidos não se materializaram imediatamente. Weiss, que é naturalmente avesso ao risco, acabou encontrando oportunidades para investir em fundos a preços que mais do que compensavam o risco e que eram relativamente bem administrados. Em alguns casos, ele comprava ações por menos do que o valor dos direitos pecuniários detidos pelo fundo; ele estava começando a se interessar por empresas que operavam com rendimentos abaixo de zero.

Outra oportunidade surgiu em meados da década de 1990, a partir de diferenças geográficas de opinião sobre as perspectivas para o Brasil. Um fundo fechado brasileiro foi negociado na Europa com um prêmio significativo. Ao mesmo tempo, um fundo com participações semelhantes estava sendo negociado na Argentina com grande desconto. Comprar o fundo argentino e operar a descoberto no fundo europeu proporcionou um alto retorno esperado com baixo risco.

O desastre financeiro criou outras oportunidades. Assim como os ativos hipotecários dos Estados Unidos no início dos anos 2000 foram fatiados e divididos para criar um espectro de oportunidades "seguras" a "arriscadas", na década de 1990 os gestores de ativos britânicos criaram ativos fatiados e divididos com base na dívida ordinária ou em carteiras de ações. Os ativos constituintes foram chamados de *splits*. Um nível extra de complexidade foi adicionado pelo fato de haver vários ativos constituintes diferentes, cada um deles com diferentes direitos de governança, bem como diferentes prioridades de pleitos em caso de suspensões de pagamento. Quando os valores dos ativos subjacentes entraram em colapso na primavera e no verão de 2002, houve suspensões generalizadas de pagamentos aos detentores de uma classe de ações que pensavam que todo o rendimento de dividendos seria automaticamente distribuído a eles. Os investidores cujos papéis supostamente "seguros" se revelaram muito inseguros os descartaram sem realizar os cálculos complicados necessários para determinar o valor verdadeiro. Weiss e seus analistas desenvolveram métodos cuidadosos para avaliar os ativos subjacentes e também a capacidade administrativa e legal para fazer cumprir os direitos legais e exercer os direitos de governança associados, o que muitas vezes exigia a presença física em reuniões nas Ilhas do Canal ou na Escócia.

Finalmente, muitas vezes existem anomalias locais sistemáticas que geram oportunidades atraentes. As empresas coreanas sempre emitiram ações ordinárias e preferenciais. Essas ações preferenciais são bastante diferentes das ações preferenciais emitidas em mercados financeiros desenvolvidos. Elas têm o mesmo direito fracionário sobre os lucros de uma empresa que as ações ordinárias, mas pagam dividendos um pouco mais altos. No lado negativo, as ações preferenciais não têm direito a voto nas eleições corporativas e em outras questões que não afetam diretamente as ações preferenciais. Como a maioria das administrações coreanas opera sem qualquer participação dos acionistas, esse é um sacrifício mínimo. No entanto, as ações preferenciais são negociadas às vezes com descontos substanciais – muitas vezes superiores a 50% – para as ações ordinárias. O problema é que esses descontos variam muito ao longo do tempo e dependendo da empresa. Weiss e seus associados estudaram as variações históricas nos descontos e desenvolveram uma carteira de ações preferenciais que poderiam cobrir com as ações ordinárias correspondentes.

Dada a capacidade global aparentemente infinita dos bancos de investimento de criar instrumentos com esse nível de complexidade, oportunidades desse tipo parecem estar sempre disponíveis. Weiss construiu uma empresa com capacidade analítica e administrativa para explorar tais oportunidades com eficácia, e também para ser criativa nas formas de financiamento que pode oferecer a empresas cuja estrutura e necessidades as tornam inadequadas para os termos e condições dos contratos dos bancos comerciais ou de investimentos normais. Esta organização altamente focada, com cerca de US$ 2 bilhões sob gestão, produziu retornos saudáveis de 1991 até o final de 2019, sem anos de queda.

Índice

Referências de página seguidas por *f* indicam uma figura ilustrada; seguidas por *t* indicam uma tabela.

2000 Flushes, X-14, 259–260
3M, 244–245

A

AB-Inbev, 94
Abordagem de investimento de "bituca de charuto", 378–379
Abordagens de investimento
   "Bituca de charuto", 378–379
   curto prazo, 11*f*
   longo prazo, 11*f*
   mercados eficientes, 11*f*
   o que não é investimento em valor, 10–17
   Ver também Investimento em valor
Abraham, 397–387
Ackman, William, 413, 413–414
Ações de crescimento
   estimativa de retornos de, 202–209*t*
   estimativa de, 199–202
   Intel como, 288–307
   Ver também Ativos
Ações de franquia
   abordagem de retorno para investir em, 226–230
   condições que levam ao "desvanecimento" da franquia, 203–218
   decisões de venda, 201–202
   "desvanecimento" da franquia e, 203–218, 218–219
   estimando o crescimento de, 199–202
   Intel, 21–22
   preço da ação da WD-40 (2018), 261–262, 262–264
   preço da ação da WD-40 (30 de setembro de 2000) 259–262
   Ver também Retornos; Ativos
Ações de grupo, prêmio de valor de ações de valor acima de, 33–34
Ações de valor
   anomalia de retornos superiores ao longo do tempo de, 33–34
   prêmio de valor sobre ações de grupo de, 33–34
   superando ações de charme, 32–34
Ações FANG 12, 41–42
Ações mútuas, 425–426
Ações "Nifty 50", 41–42
Ações preferenciais coreanas, 435–436
Ações. *Ver* Ações de franquia; Títulos
Administração de Transporte Urbano em Massa dos Estados Unidos, 136
Administração de Transporte Urbano em Massa, 58
Adobe, 194–195
Advanced Micro Devices (AMD), 189, 192–193, 289–290, 290–291*t*, 299–300
Aesop, 367–369
Air Products and Chemicals, 413–414
Airbus, 411–412
Alinhamento risco-retorno, 15, 397–398
Alphabet, 90–91*t*
Alta Vista, 175*t*
Altera, 312
Altos custos de troca, 185–187
Amazon, 41–42, 90–91*t*
American Express, 71–72
Amortização
   ativo intangível, 51
   calcular a depreciação e, 118–120, 135, 142–143, 284–285, 356–357
   depreciação da Hudson General e, 105–106, 106–107
   depreciação da Intel e, 285–286, 302–303
   discrepâncias entre depreciação e, 64–65
   EBITA (lucro antes de juros, impostos e amortização), 51
   EBITDA (lucros com juros, impostos, depreciação e amortização adicionados de volta), 51, 95, 119, 120, 409–410
Análise de avaliação da Hudson General, 21–22, 100–110
Análise fundamental de negócios
   abordagem de avaliações por múltiplos, 51–53
   abordagem de valor presente líquido/fluxo de caixa descontado, 53–60
   para determinar os valores intrínsecos, 50–51
   valor dos ativos determinado por, 49–50
Análise técnica (técnicos), 11–12
Anomalia de valor
   comportamentos humanos subjacentes, 33–39
   explicando a, 42–44
   influenciando o comportamento organizacional, 38–43
   maior risco associado a maior recompensa, 42–44
"Anomalies: A Mean-Reverting Walk Down Wall Street" (Werner, De Bondt e Thaler), 30–31
AOL, 175*t*
Apple
   vantagem do pioneiro, 175*t*
   empresa de computador pessoal de, 194–195
   lucratividade da, 151
   despesas com P&D como porcentagem da receita, 90–91*t*
   como ação FANG 12, 41–42

Aquisições
  a abordagem de Klarman para, 421–423
  avaliando empresas que não são franquias, 235–243
  da Duracell pela Gillette, 374
  de Buffett e da Berkshire Hathaway, 359–361, 363–364, 371–372, 374–375
  fator de criação de valor por meio de investimento direto ou, 223–227
  pela Intel, 295, 298–299, 303–304, 304–305, 312
  pela WD-40 da 3-in-One, 244–245, 254–255, 255–256, 256–258, 259–260, 260–261
  pesquisando, 13
  urbanização Kohala, 108–109
Armadilhas de valor
  catalisadores e, 109–110, 334–335
  má gestão, 69–70, 334–335
Asarco, 401–402, 407
Asness, Clifford, 17–18n3, 30–31n4
AT&T, 41–42, 90–91t, 173t, 174
Atari, 174, 175t
Ativo intangível
  amortização de, 51
  balanço patrimonial e, 81–82t, 88–90
  Intel, 273–274, 274–275t, 297–298
  Magna International, Inc., 135t, 137, 138, 139t
  nenhum valor atribuído a, 82–83, 84–85t, 85–86t
Ativos
  abordagem de Buffett para a compra, 365–366
  abordagem de Walter Schloss para, 398–400, 402–404
  decisões tomadas no processo de investimento em valor, 10
  estratégia de "margem de segurança" para compra, 10
  o critério de ações de "cinquenta centavos de dólar" de Russo, 429–430
  símbolos de identificação, 196–197
  "splits," 435
  Ver também Valor contábil; Ações de franquia; Ações de crescimento
AutoZone, 334–335
Avaliação
  abordagem "líquido-líquido" de valor contábil, 79–80, 98–99, 196–197, 409
  abordagem de Graham e Dodd a, 59
  como etapa dois do processo de investimento em valor, 19–20f, 20–22
  considerações de crescimento integradas em, 72–76
  EPV (valor do poder dos lucros), 66–67, 67–68f
  "exuberância irracional" em supervalorizações de preços de mercado, 36–37
  fundamentos de negócios que determinam o valor intrínseco, 50–51
  no cerne do processo de investimento, 49
  "ponto com", 60
  resumo da avaliação de ativos usando, 99t
  três regras resumindo o crescimento e, 171
  valor do ativo em, 66–67, 67–68f, 79–80
  valor total, 66–68f
  Ver também Avaliação de ativos; Valor intrínseco
Avaliação das "ponto com", 60
Avaliação de ativos
  abordagem de valor de liquidação, 61–62, 80–97
  balancetes usados para calcular, 60–61, 80

cálculo do valor de liquidação e, 83–97
consideração de passivos não relacionados à dívida, 105–109
"líquido-líquido" de Benjamin Graham, 79–80, 98–99, 196–197, 409
manejo dentro da estrutura de Graham e Dodd, 66–67, 67–68f
preferência de Walter Schloss pela, 400–402
resumo da abordagem de Graham e Dodd para, 99t
resumo da abordagem do valor contábil para, 99t
resumo da abordagem dos custos de reprodução para, 99t
Ver também Valor contábil; Despesas com P&D (pesquisa e desenvolvimento); Avaliação
Avaliação de ativos do tipo "líquido-líquido", 79–80, 98–99, 196–197, 409
Avaliação do Caso A, 67–70, 70–71 73–74, 162–163t
Avaliação do Caso B, 67–69f, 69–70, 72–73, 74–75, 162–163t
Avaliação do Caso C, 67–69f, 71–73, 74–75, 155–156, 162–163t
Avaliação múltipla, 51–60
Aversão à perda, 35–36

B

Balanços
  ativos de empresas fictícias e valor de liquidação, 84–85t, 85–86t
  estimar valores de reprodução de ativos, 62
  Hudson General LLC, 104–105t
  intangíveis em, 138, 140
  Intel, 274–275t, 280–281
  Magna International, Inc., 135t
  quantia do "capital de giro líquido" de Graham, 61
  urbanização Kohala, 108t
  valor do patrimônio líquido revelado por, 60–61, 80
  Ver também Despesas;
Banco de dados EDGAR, 392–393
Bardeen, John, 265–266
Barreiras à entrada
  arraigado em economias de escala, 166–167, 205–206
  Caso B em, 69–70, 70–71
  convertendo a posição dominante em sustentável, 328–329
  crescimento orgânico e sustentabilidade, 204–205, 205–206
  criação de valor e sustentabilidade de, 163–165
  em setores de serviços, 356–357
  franquias e proteção de "boas" empresas de, 161–162, 163–165, 166–167, 168–169, 169–170, 172–173, 175, 180–181, 181–182, 183–185, 187–188, 188–189, 192–193, 193–194, 195–196, 196–197, 214–215, 219–220, 325–326
  Hummel, Jan, 417–418
  Intel protegido por natureza de, 288–289, 301–302
  Magna International, 136, 144–145
  proteção da Coca-Cola de, 72–73
  vantagem competitiva de, 72–74, 95
  Ver também Vantagens competitivas
  WD-40, 246–247, 248–249, 258–269

Barron's, 393–394
Bell Labs, 265–266, 433
Benchley, Robert, 378–379
Berkshire Hathaway
   abordagem de aquisição por Buffett e, 359–361, 363–364, 371–372, 374–375
   abordagem para comprar ações, 365–367
   avaliação de empresas, 375–379
   expectativas realistas de retorno, 362–364
   gerenciamento de riscos, 369–372
   manutenção de investimento de longa data de Russo da, 430–431
   medição de desempenho, 363–363
   medição do valor intrínseco de 366–368
   objetivo de investimento para, 361–363
   perspectiva de boa gestão, 371–375
   presidência de Buffet de, 359–361
   princípios gerais de investimento seguidos em, 360–362
   Ver também Buffett, Warren
   versão condensada de erros cometidos, 378–382
   Washington Public Power Supply System (WPPSS), 385–389
Best Foods, 409
Bethlehem e Crucible Steel, 393–394
Beyoncé, 183–185
Bilhetes de loteria, 34–36
Bloomingdales, 173*t*
Blue Chip Stamps, 377
Boa reputação vs. má reputação, 72–73, 196–197, 382
Boas empresas
   Buffett sobre o investimento em franquias ou, 151, 155–156, 171, 382
   características e exemplos de, 172–175
   marcas altamente conceituadas e altamente lucrativas, 173*t*
   Top Toaster (empresa fictícia), 176–179, 181–182, 189–187
   vantagens do pioneiro, 175*t*
   Ver também Empresas de franquia
Boeing, 90–91*t*, 92
Boston University, 433
Brattain, Walter, 265–266
Brave Warrior Advisors, 413–414
Broadview Associates, 413–414
Brown-Foreman, 429–430 Brown, H. H., 370–371
Budweiser, 184–186
Buffalo Evening News, 173*t*
Buffett, Warren
   abordagem de aquisição da Berkshire Hathaway e, 359–361, 363–364, 371–372, 374–375
   em "bons" negócios ou franquias, 151, 155–156, 171, 382
   Investimento da The Washington Post Company de, 23–24, 370–371
   investimento de Heilbrunn em, 394–395
   lições de comprar uma fazenda em Nebraska e uma propriedade da NYC, 388–390
   perfil do investidor de, 355, 355–356, 357, 359–390
   seu conselho clássico sobre medo e ganância, 131
   sobre a responsabilidade de gestão de risco, 369–370
   sobre medição do valor intrínseco, 363–370
   sobre reputação do setor vs. da gestão, 72–73, 196–197, 382

sua capacidade de usar informações, 319
"The Superinvestors of Graham and Doddsville" de, 18–20, 429–430
tradição de Graham e Dodd usada por, 9, 18–20, 51
Ver também Berkshire Hathaway

C

Cálculo do valor patrimonial, 115
   distinções entre o valor da empresa e, 126–127*t*
   EPV, valor empresarial e, 125–130 Intel, 286–287n2
   Magna International, 144–145*t*
Calibre Capital Management, 413–414
Canadian Pacific (CP), 413–414
Canal House and Garden Cable Television (HGTV), 429–430
Carl M. Loeb & Company, 398–399
Carpet Fresh, 259–260
Carteiras
   concentradas, 418–419, 430–431
   de baixo preço/lucro, 17–18
   "de charme," 17–18, 28–34
   de seleção mecânica, 17–19, 22–24
   Ver também Gerenciamento de riscos
Carteiras concentradas, 418–419, 430–431
Carteiras de baixo preço/lucro, 17–18
Carteiras de charme
   bilhetes de loteria equivalentes a ações e, 34–36
   descrição das, 75–76, 17–18
   estudos sobre ações de valor com desempenho superior, 32–33
   identificação do prêmio de Benjamin Graham das, 33–34
   índice de valor de mercado, 17–18
   relação preço/lucro, 17–18
   riscos mais baixos explicando retornos mais baixos de, 42–44
Carteiras selecionadas mecanicamente
   avaliação de risco de, 22–24
   descrição e retornos elevados, 17–19
   diferenciando entre investimento em valor e, 17–19
   pesquisa sobre a vantagem de valor de, 28–34
Caso de avaliação da Intel
   ativos (1975), 274–275*t*
   breve história da Intel, 265–272
   crescimento da receita (1975–1998), 267–268*f*
   despesas de P&D de, 90–91*t*, 189, 191–192, 192–193, 266–267, 268–269, 269–271, 274–275*t*, 277–280, 280–281, 290–291*t*, 292–293, 295, 298–299, 299–300
   em março de 2018, 306–314
   EPV (valor do poder dos lucros), 281–289
   EPV, valor contábil ajustado e valor de mercado (1985–1993), 287–288*f*
   EPV, valor contábil ajustado e valor de mercado (1987–1991), 287–288*t*
   franquia Intel (1998–2017), 288–292
   história financeira (1991–2002), 294*t*
   histórico operacional (1984–1990), 268–269*t*
   índice de valor de mercado (1975–1998), 273–274*f*
   Intel como ação de crescimento, 288–307

lucro operacional ajustado após impostos
(1987–1991), 284–285*t*
PPE (ativo imobilizado), 273–275, 276*f*
retorno de crescimento orgânico, 311
retorno de investimento ativo, 311–313
retorno sobre o investimento (início de 1999),
291–292
retorno total, custo de capital e taxa de
desvanecimento, 313–314
retornos estimados (1999–2018), 299–300*t*
valor contábil ajustado (1975–1998), 274–275*t*
valor contábil e de mercado (1975–1998), 272–273*t*
valor de mercado e índices de valor mercado ajustados
(1974–1998), 279–280*f*
valorização do preço das ações, 281–282*t*
vendas e crescimento da receita (1975–1998),
267–268*t*
Casos de análise de avaliação
análise da Hudson General, 21–22, 100–110,
Caso A, 67–70, 70–71, 73–74, 162–163*t*
Caso B, 67–69*f*, 69–72, 72–73, 74–75, 162–163*t*
Caso C, 67–69*f*, 71–73, 74–75, 155–156,
162–163*t*
Intel, 265–315
Magna International, 21–22, 131–149, 324
WD-40, 244– 264
Catalisadores, 109–110, 331–334
Ceridian, 413–414
Chase Manhattan Bank (posteriormente Chase Bank),
393–394, 425–426
Chieftain Capital Management, 411–412
Chrysler, 179–180
Cisco System, 90–91*t*
Classes de investidores
investidores técnicos, 11–12
investidores fundamentalistas, 12–13
Clayman, Michelle, 31–32
Collins, Jim, 31–33
Coca-Cola
cálculo do valor do ativo de, 201
como "bom" negócio, 151, 173*t*
despesas com P&D como porcentagem da receita,
90–91*t*
economias de escala de, 193–194
expansão para vantagem competitiva, 328–329
imagem de marca, 173*t*, 193–195, 375–376
passando no teste duplo, 385
taxa de desvanecimento de, 217–218
vantagem de demanda do cliente, 184–185
COGS (custo dos produtos vendidos), 85–86
Colgate, pasta de dente, 173*t*
Collins, Jim, 31–33
Columbia Business School (CBS), 21–22, 355, 409, 411,
433
Comissão de Valores Mobiliários dos Estados Unidos
(SEC, *Securities and Exchange Commission*), 101, 102,
104–105, 108, 317, 318, 320
Companhias aéreas
Boeing, 90–91*t*, 92
FlightSafety, 393–395
Lufthansa, 105–106
Pan Am, 174, 175
Southwest Airlines, 167–168

TWA, 174, 175*t*, 411
vantagens do pioneiro, 175*t*
Comportamento humano
anomalia de valor influenciada por, 33–43
excesso de confiança, 35–39
gestão de riscos comportamentais, 349–352
instinto de manada, 41–43
loterias e, 34–35
Ver também Comportamento organizacional
Comportamento organizacional
anomalia de valor e influências de, 38–42
enviesamento de tamanho, 39–41
exigências do cliente, 40–42
impulso de manada, 41–43
política organizacional, 38–39
Ver também Comportamento humano
Comportamento. *Ver* Comportamento humano;
comportamento organizacional
Conselho de Governadores do Federal Reserve, 12
Consolidated General (CG) [empresa fictícia], 203–216*t*,
218–219
"Contrarian Investment, Extrapolation and
Risk"(Lakonishok, Shleifer e Vishny), 29–31n2,
43–44n21
CP/M, 175*t*
Crescimento
condições de concorrência determinando o valor de,
162–163
contabilização do valor total, 66–68*f*
desempenho da gestão em estratégia, 327–330
desenvolvimentos econômicos favoráveis para,
163–165
fator de criação de valor, 207–209, 208–209*t*,
210–211, 222–223, 223–227, 236–237
fórmula para fluxo de caixa em constante crescimento,
199–200
incerteza de lucratividade, 65–66
integração de avaliação de Graham e Dodd de, 72–76
investimento ativo, 206–209
mercados em retração e, 165–167
opções para, 164–166
oportunidades para criação de valor, 167–170
taxas de crescimento anual da WD-40 (1980 a 1995),
253–255, 255–256*t*
três regras que resumem a avaliação e, 171
valor intrínseco medido por lucratividade, 65–67
Ver também Crescimento orgânico; Fator de criação de
valor
Crescimento ativo
Crescimento da Consolidated General (empresa
hipotética) até, 206–209*t*, 210–213
crescimento orgânico vs. crescimento por meio de,
162–164
criação de valor de projetos autônomos, 236–238
expansão devido à decisão de, 204–205
fator de criação de valor, 223–227, 239–240
Intel, 271–272, 296–304
reinvestimento secundário para franquia ativa, 241
restrição de soma zero de, 15–17, 19–20
T.A.L.5, 255–256
WD-40, 255–262
Crescimento lucrativo. *Ver* Crescimento

Crescimento orgânico
  após o reinvestimento ativo, 256–260
  como componente dos retornos das ações de crescimento, 202, 203–207
  Consolidated General (empresa fictícia) 207–213n8, 214–215, 216–217
  demanda de mercado e valor de, 162–163
  descrição do processo, 162–166
  e desvanecimento da franquia para calcular o crescimento líquido, 216–217
  medir o fator de criação de valor, 224–225, 225–226
  recapitulação de, 226–230
  retorno de crescimento orgânico da Intel, 311
  retornos da WD-40, 254–257, 258–269t
  retornos de reinvestimento ativo e, 221–224
  Ver também Crescimento
Criação de valor
  criada por reinvestimento ativo, 207–209
  dependente da sustentabilidade das barreiras para entrada, 163–165
  oportunidades de crescimento para, 167–170
  problemas com previsão, 153
  problemas de gestão da Hudson General com, 108–110
  taxa de retorno sobre o capital investido como chave para, 160–161
Critério de ações de "cinquenta centavos de dólar", 429–430
CSX, 414–415
Curso de Investimento em Valor (Columbia Business School), 355
Custo de capital
  abordagem da Hummel para estratégia de crescimento, valor, e, 417–418
  abordagem de crescimento de investimento de Russo para lucros e, 429–431
  ambientes de alto custo de capital, 97–98
  armadilha de valor relacionada à má gestão e, 69–70, 334–335
  boas empresas obtêm retornos bem acima, 172
  comparando o retorno do *benchmark* com o, 201, 239–240
  Consolidated General (empresa fictícia), 208–210, 213–215, 215–216t, 217–218, 221–222
  crescimento orgânico gerando retornos acima de, 203–205
  Daimler-Benz, 179–180
  descrição de, 75–76, 252
  despesas de capital de reposição a correntes, 118
  determinação do custo intrínseco usando passivos e, 97–98, 234
  determinação do valor presente dos fluxos de caixa futuros usando, 75–77
  determinação do valor terminal usando a taxa de crescimento e, 54–55
  fator de desempenho de gestão de lucros acima de, 329–334
  fatores de desconto determinados pelo previsto, 57
  Intel, 298–299, 299–300t, 300–301, 304–305, 305–311, 312–314
  Magna International, Inc., 142, 143, 145–146

  média ponderada, 124–125t
  Microsoft, 154–155
  nível de dívida e calculados, 252, 252–254
  premissas de lucros de Graham and Dodd sobre, 63–64
  quando os investimentos de crescimento lucram abaixo de, 73–74, 163–164, 164–165, 178–179, 324
  redução dos lucros da franquia e, 235
  retornos sobre o capital investido são iguais ou próximos a, 59
  taxa de desvanecimento, retorno total e, 313–314
  taxa de desvanecimento, retornos agregados e, 305–311
  valor criado quando os investimentos de crescimento lucram acima de, 155–156, 158–163t, 168–169, 199–200, 206–207, 223–228, 231–232, 233, 236–238, 245–246, 326–327
  valor do poder dos luros e estimando o, 63–65, 66–67, 68–69, 70–71, 71–72, 120–130, 176–177
  vantagem competitiva quando os lucros excedem, 165–166, 167–168, 171, 181–183
  vantagem da empresa de acesso a barato, 182–184
  WD-40, 253–254, 257–258, 261–262, 262–264, 285–286
Custos de aquisição
  ativo intangível representando o excesso pago, 82–83, 88-90
  calcular a depreciação contábil usando, 118
  cálculo do valor contábil do patrimônio líquido da Magna usando, 137–139
  de capital financeiro o mais baixo possível, 329–330
  despesas relacionadas à aquisição da Intel, 304–305
  relatórios de balanços, 87–88
  valor do poder dos lucros da empresa em comparação com os valores dos ativos e, 130
Custos de reprodução
  de intangíveis, 120, 325–326
  disparidade entre valor contábil e, 87–89
  Hudson General, 102t, 103–107
  resumo da avaliação de ativos usando, 99t
  várias abordagens para calcular, 99t
Custos de substituição
  despesas de capital de substituição, 118–120
  Intel, 273–274, 283
  setor automobilístico, 95–97, 142, 324–326
Custos de transação minimizando, 15
Cyprus Amax Minerals, 407

D

Daimler-Benz, 179–180
Davis, Shelby Cullom, 382–383
De Bondt, Werner F. M., 30–31, 32–33
Decisões de venda, 201–202
Dell, 194–195
Demandas do cliente, anomalia de valor e, 40–42
Demonstrações de resultados
  Hudson General LLC, 104–105t
  Hudson General, 101t
Departamento de Comércio dos Estados Unidos, 88–89

Depreciação
   amortização da Hudson General e, 105–106, 106–107
   calcular a amortização e, 118–120, 135, 142–143, 284–285, 356–357
   como despesas não monetárias, 112
   D&A (depreciação e amortização) da Intel, 285–286, 302–303
   descrição de, 75–76, 118
   discrepâncias entre a amortização e, 64–65
   EBITDA, 51, 95, 119, 120, 409–410
Deripaska, Oleg, 134
Desconto, 75–76
Desempenho da gestão
   criação de valor e crescimento, 327–330
   gestão de recursos financeiros, 329–330
   pesquisando o da empresa, 326–334
   políticas de recursos humanos, 329–331
Despesas
   acumulação de reais, 283
   acumuladas, 104–105t
   custos de reprodução, 87–89, 102t, 103–107, 120, 325–326
   custos de substituição, 95–97, 118–120, 142, 247–248, 273–274, 283
   de aposentadoria e médicas, 308–310
   de *marketing*, 289–290
   de *marketing*, geral e administrativo (MGA), 280–281
   de publicidade e promoção, 247–248, 279–280, 400–401
   depreciação como não monetárias, 112, 118–120
   gerais, 114, 260–261
   intangíveis tratadas como correntes, 356–357
   localmente limitadas, 193–194
   operacionais, 104–105t, 120, 222–223, 388–389, 429–430
   pré-pagas, 85–86t, 102t, 103–105, 274–275t
   Ver também Balanço; despesas com P&D (pesquisa e desenvolvimento)
Despesas de capital
   Intel, 276f, 283–285
   Magna International, Inc., 141t, 143
   substituição, 105–106, 118–119
   WD-40, 251t, 263t
Despesas de P&D (pesquisa e desenvolvimento)
   ajustes para mudanças em, 114
   automóvel, 179–180
   avaliação de ativos, 90–91, 92
   como porcentagem da receita, 90–91t
   crescimento do investimento ativo e, 206–207
   eficiências da empresa e diferenças em, 327–328
   empresas de franquia, 222–223
   Intel, 189, 191–192, 192–193, 266–267, 268–269, 269–271, 274–275t, 277–280, 280–281, 290–291t, 292–293, 295, 298–299, 299–300
   Intel, concorrentes da, 289–290
   lucros ajustados e, 283–286
   margem de lucro bruto, 115t
   subinvestimento em, 112
   Ver também Avaliação de ativos; Despesas

Despesas de publicidade e promoção, 247–248, 279–280, 400–401
Despesas gerais, 114, 260–261
Despesas locais, 193–194
Despesas operacionais, 104–105t, 120, 222–223, 388–389, 429–430
Despesas pré-pagas, 85–86t, 102t, 103–105, 274–275t
"Desvanecimento" da franquia
   o caso de da Consolidated General (empresa fictícia), 203–216t, 218–219
   para, 262–264
   potencial da WD-40
   processo de compreensão e significado de, 215–218
   retorno total da Intel, custo de capital e taxa de, 313–314
Desvantagens competitivas, 58–59, 70–71, 72–73, 174
Diversificação
   abordagem de Berkshire Hathaway para, 369–372
   abordagem de Schloss para, 404–405
   gestão de risco usando, 14, 343–347, 369–372
Diversified Retailing, 380
Dodd, David
   experiência de Grande Depressão de, 61
   influência de, 9, 21–22
   Security Analysis de Graham e, 355, 391–392
   sobre margem de importância de segurança, 152, 196–197, 212–213, 332–334, 342–343, 369–370
   Ver também Tradição de Graham e Dodd
Dow, 244–245
Dunlap, "Chainsaw Al," 327–328
Dupla tributação, 223–224, 298–299, 329–330
DuPont, 244–245
Duracell, 374

E

E. W. Scripps, 429–430
Earthlink, 175t
Eastman Kodak, 166–167
eBay, 175t
EBIT (lucro antes de juros e impostos), 51, 114, 115t, 118, 120, 246–247, 283, 284–285t, 285–286, 286–287, 290–291t
EBITA (lucro antes de juros, impostos e amortização), 51
EBITDA (lucros com juros, impostos, depreciação e amortização adicionados), 51, 95, 119, 120, 409–410
Economias de escala
   barreiras à entrada arraigadas em, 166–167, 205–206
   da Coca-Cola, 192–194
   definido em uma base de mercado, 193–194
   fator de investimento de crescimento de, 154–155
   Intel, 288–289, 290–291
   Magna International, 144–145
   vantagens competitivas de, 58, 72–73, 161–162, 166–167, 187–194, 195–196, 247–248
Efeitos de rede, 188–192, 192–193, 195–196
Elementos de avaliação
   o valor dos ativos, 60–64
   valor de crescimento, 65–67
   valor do poder dos lucros (EPV), 63–66

Empresas de franquia
　a natureza de uma, 180–182
　abordagem de Graham e Dodd para investir em, 152–157
　abordagem de retorno para investir em, 226–230
　avaliação do Caso C de, 67–69f, 71–73, 74–75, 155–156
　cálculos de retorno para, 218–222, 231–243
　Consolidated General (empresa fictícia) processo de "desvanecimento", 203–218, 218–219
　indústria automobilística, 179–181
　marcas e a natureza de, 179–182
　nicho, 194–196
　tendência crescente em direção a, 21–22, 151–152, 171–172
　valor baseado em franquia de, 72–73, 151
　vantagens competitivas, 181–183
　vantagens de custo e receita, 182–185
　vantagens de demanda do cliente, 184–188
　Ver também Bons negócios; Intel WD-40, 244–264
Empresas de nicho, 194–196
Empresas desmembradas
　desempenho das ações de, 40–41
　You Can Be a Stock Market Genius Even if You're Not Too Smart (Greenblatt) em, 40–41n19
Empresas japonesas
　ações de manufatura, 433–434
　qualidade da governança corporativa de, 321–322
Enviesamento de tamanho, 39–41
EPV(Valor do poder dos lucros)
　análise de avaliação WD-40, 252–254
　disparidade entre o valor contábil e, 71–72
　estimando o custo de capital, 120–130
　Intel, 281–289
　medição do valor intrínseco, 63–66, 116
　na tradição de Graham e Dodd, 66–67, 67f–73
　o valor do patrimônio líquido, o valor da empresa, e, 125–130
　"valor de franquia", 72–73
　visão geral de, 111–112
Equipamento. Ver PPE (ativo imobilizado)
Especialidades de investimento por região geográfica, 319
Especialização
　aplicada à avaliação de ativos, 80
　conhecimento e experiência constituindo, 45–46
　estratégias de busca baseadas em valores como complementando, 43–45
Estratégias de pesquisa
　atenção compulsiva aos detalhes, 333–335
　coleta de informações diretas, 323–327
　coleta de informações indiretas, 318–323
　com foco na continuidade e no valor de longo prazo, 334–335
　como parte importante do processo de investimento, 317–318
　desempenho de gestão, 326–334
　interações de gestão como fonte de informação, 334–335
　pesquisa de mercado "Wall Street", 322–323

Estratégias de pesquisa baseadas em valor
　como etapa um do processo de investimento em valor, 19f–21
　especialização como complemento a, 43–45
　implementação informal de, 45–47
　qualitativas, 45–46
　quantitativas, 45–46
Estratégias de pesquisa. Ver Estratégias de pesquisa baseadas em valor
Estudos de avaliação
　demonstração de carteiras com classificações de alto valor supera o desempenho do mercado, 28–34
　impacto do desempenho passado do mercado de ações sobre os retornos, 30–33
　sobre ações de valor superando ações de charme, 32–34
　sobre investimento técnico focado na dinâmica do preço, 32–33
Estudos de pesquisa
　estratégia de valor para carteiras mecânicas, 16–18
　estudos estatísticos apoiam abordagem de valor, 21–22
　investidores macrofundamentalistas, 13–14
Excesso de confiança
　experimentos psicológicos sobre, 37–39
　Sr. Mercado de Graham em homenagem ao poder de, 37–38
　valor do fator de anomalia de, 35–38
Expert Political Judgment: How Good Is It? How Can We Know? (Tetlock), 38n17
Exxon Mobile, 90–91t, 244–245, 384

F

Facebook, 41–42, 90–91t, 188–189
Fairchild Semiconductor, 265–266, 266–267
Fairchild, Sherman, 369–370
Falência da Circuit City, 32–33
Falência de Fannie Mae, 32–33
Falência de passivos
　condições da dívida levando a, 96–97, 98–99, 121–122, 342–344
　custo potencial de, 252
　indesejabilidade das empresas em, 46–47
　MEC, 132–133
　na indústria automobilística, 131–132, 325–326
　risco da Magna, 134–135, 136
　Texaco, 421–423
Falência do Lehman Brothers (2008), 131
Fator de criação de benchmark, 239–240, 240–242
Fator de criação de valor
　benchmark, 239–240, 240–242
　cálculo da Consolidated General (empresa fictícia), 208–209t, 210–211, 222–223
　cálculo, 207–209
　equação para investimento em franquia central, 238–240
　estimar o, 223–227, 236–238
　para reinvestimento em neutro e secundário comum, 242–243
　projetos autônomos, 236–237
　Ver também Crescimento

444 Índice

Fator de desconto
  descrição do, 76–77
  títulos de dívida de 10 anos (8%) em valor presente e, 76–77
  títulos de dívida de 10 anos (9%) em valor presente e, 76–77
Fatores psicológicos
  anomalia de valor subjacente, 33–43
  em excesso de confiança, 35–38
Financiamento de dívida, 321, 329–330
Fisk Tire and Rubber, 391–392
FlightSafety, 378–379
Fluxo de caixa descontado (DCF)
  cálculo da avaliação usando o valor presente líquido e, 53–56, 59
  cálculo da margem de segurança usando avaliação por, 342–343
  comparando a abordagem de avaliação VPL com, 59–60
  hipótese de constância de, 231–232
  investimento de curto prazo mais apropriado com retornos definidos, 74–75
  limitações de genéricos, 172, 228–229, 235, 236–237, 315
  sensibilidade a suposições sobre taxas de crescimento e custos de capital, 409–410
  sobre o investimento em ações da Magna International, 148–149
  WD-40, 255–256, 258–269
Fluxos de caixa
  análise de fluxo de caixa descontado (DCF), 53, 59
  fórmula para fluxo de caixa em constante crescimento, 199–200
  valor presente do futuro, 75–77
FNF, 174
Ford Motor Company
  confiança no futuro viável da, 58, 62
  despesas com P&D como porcentagem da receita, 90–91t
  desvantagens competitivas da, 58–59, 70–71, 72–73, 174
  falha iminente (2009) da, 131–132
  vantagem do pioneiro, 175t
"Fossos." *Ver* Barreiras à entrada
Franklin, Benjamin, 374
Free Edgar, 392–393
French, Kenneth, 17–18, 32–33
Fujitsu, 266–267
Fundo da Alemanha, 433–434
Fundos abertos, 433
Fundos de pensão
  gestão de risco e avaliação de, 337, 338
  investimento europeu em, 417
  responsabilidade de subfinanciado, 40–41, 65–66, 97–98, 125–126, 245–246, 337
Fundos fechados
  brasileiros, 435
  fundo da Alemanha, 433–434
  investimentos de Weiss em, 433–434
  japoneses, 433–434
Fundos fechados brasileiros, 435
Fundos mútuos de índice, 15
Fundos negociados em bolsa (ETFs), 15
Fundos Semper Vic, 429

G

Gabelli Asset Management (GAMCO), 409
Gabelli, Mario, 319, 355, 355–356, 409–410, 417
Gardner, Russo e Gardner, 429
GEICO, 223–224, 375–376, 390, 392–393
General Electric, 152, 190–191, 425–426
General Motors (GM), 41–42, 58, 152, 180–181, 325–326
Gestão
  avaliação de Graham e Dodd do Caso A sobre má, 67–70, 70–71, 73–74, 162–163t
  avaliação de Graham e Dodd do Caso B sobre boa, 67–69f, 69–72, 72–73, 74–75, 162–163t
  Buffet sobre reputação do setor vs. da gestão, 72–73, 196–197, 382
  catalisador para remover má, 109–110, 331–334
  como fator de criação de valor, 207–209
  como fonte de informação para considerações de investimento, 334–335
  consideração de investimento de desempenho por, 326–334
  perspectiva da Berkshire Hathaway sobre boa, 371–372
Gestão de risco
  avaliação de fundos de pensão, 337, 338
  Berkshire Hathaway, 369–372
  Buffett sobre responsabilidade por, 369–370
  como customizado e centralizado, 338–339
  de risco macroeconômico global, 346–350
  de risco sistemático, 14–15
  de riscos comportamentais, 348–352
  diversificação e concentração, 14, 343–347, 369–372
  estruturas para, 352–353
  filosofia de investimento da Hummel em, 418–420
  limitar a perda permanente de capital, 342–344
  Ver também Carteiras
Gestão de risco macroeconômico, 346–350
Gestor de fundos S&P SPIVA
  scorecard dos EUA, 18–19
Gestores quantitativos, 45–46
Ghasemi, Seifi, 413–414
Gibbon, Edward, xvii
Gillette, 374
Gimbel Brothers, 411–412
Goldman Sachs, 397–398
Good to Great (Collins), 31–33
Google
  calculando o VPL de, 54
  como ações FANG 12, 41–42
  como concorrente dominante, 175t
  lucratividade de, 151
  nichos de negócios de, 194–195
  vantagem de mudança de custo de, 186–187
Government Employees Insurance Company (atual GEICO), 390, 392–393
Graham, Benjamin
  abordagem de avaliação de ativos "líquido-líquido" de, 79–80, 98–99, 196–197, 409
  abordagem de avaliação de ativos de, 79–80
  associação de Heilbrunn com, 391–394, 395–396
  calculando o valor de "capital de giro líquido-líquido", 61

estratégia de analisar duas empresas lado a lado, 398–399
identificação do prêmio por valor, 33–34
influência na comunidade de investidores por, 9, 21–22, 49
influência sobre Walter Schloss por, 397–400, 399–400
influenciados pela experiência da Grande Depressão, 61
Security Analysis de Dodd e, 355, 391–392
sobre a importância da diversificação, 345–346
sobre a margem de importância de segurança, 152, 196–197, 212–213, 332–334, 342–343, 369–370
Sr. Mercado (personificação de Graham), 9, 10, 12, 13, 16–17, 23–24, 37–38, 58, 324, 370–371
tática de *hedge* usada por, 398–399
The Intelligent Investor de, 355, 370–371, 387–388, 388–389
Graham, Leon, 398–399
Graham-Newman, 345–346, 392–394, 394–395, 405
Grande Depressão, 61–62, 131, 146–147
Grande Recessão (2008–2009), 346–347, 356–357
Gray, Wesley, 17–18n3
Greenberg, Glenn, 355, 355–356, 411–412
Greenblatt, Joel, 40–41n19
Greenwald, Bruce, 21–22, 355, 417
Grove, Andrew, 277

H

Harrison, Hunter, 413–414, 414–415
Harvard Business School, 417
HCA, 411–412
Heilbrunner, Robert, 355, 355–356, 391–396
Heine, Max, 355, 425
Heinz, 330–331
Hewlett-Packard/Compaq, 194–195
Hilal Capital Management, 413–415
Hilal, Paul, 357, 413–415
Hipótese de Mercado Eficiente, 15, 17–18n3, 29n1, 43–44, 349–350, 429
Hitachi, 266–267
Hochschild Kohn, 380
Hoover, 173*t*
Hummel, Jan, 357, 417–420

I

IBM, 41–42, 152, 166–167, 186–187, 194–195, 266–267, 281–282, 385
Illinois Central Railroad, 398–399
Imagem de marca automóvel, 179–181
  altamente conceituados, 173*t*–174, 375–376
  Coca-Cola, 173*t*, 193–195, 375–376
  empresas boas e fortes, 173
  lealdade à marca vs. 185–186
  natureza da franquia, 180–182
  valor de, 80, 89–90, 94
Impostos
  diferidos, 81–82*t*, 82–83, 84–85*t*, 85–86*t*, 135*t*, 274–275*t*, 280–281
  distinção entre impostos e obrigações fiscais, 117
  dupla tributação, 223–224, 298–299, 329–330

EBIT, 51, 114, 115*t*, 118, 120, 246–247, 283, 284–285*t*, 285–286, 286–287, 290–291*t*
EBITA, 51
EBITDA, 51, 95, 119, 120, 409–410
financiamento de dívidas e, 321, 329–330
Hudson General, 105–106
Intel, 274–275*t*, 277, 280–281, 284*t*–286, 291–292, 292–294*t*, 298–299, 302–304, 309*t*–310, 312
lucros de venda a descoberto, 348–349
NOPAT (lucro operacional líquido após impostos), 118
políticas fiscais do governo sujeitas a alterações, 117
Ver também Passivo
WD-40, 257–264
Impostos diferidos
  como ativo, 85–86
  Intel, 274–275*t*, 280–281
  Magna International, Inc., 135*t*
Impulso de manada, 41–43
Índices P/L, 134, 156–157, 246–247, 356–357, 393–394
Indústria automobilística
  Análise da Magna International, 21–22, 131–149, 324–326
  custos de substituição, 95–97, 142, 324–326
  Ford Motor Company, 58–59, 70–71, 72–73, 90–91*t*, 131–132, 174–175*t*
  General Motors (GM), 41–42, 58, 152, 180–181, 325–326
  Mercedes-Benz, 173*t*, 174, 179–181, 182–183, 186–187
  valor da marca na, 179–181
"In Search of Excellence: The Investor's Viewpoint" (Clayman), 31–32n6
Inktomi, 175*t*
Instagram, 188–189
Instituições orientadas para o valor
  estratégias de valor sistemáticas adotadas por, 18–19
  gerando retornos reais, 18–19
  que avaliam o risco, 22–23
Intangíveis
  ativos de empresas de serviços, 356–357
  avaliação de, 61, 62, 80
  balanço da Magna, 138, 140
  custos de reposição de, 120, 325–326
  da aquisição da 3-in-One pela WD-40, 257–258
  especialização para avaliação de, 92, 94
  estimativa de desenvolvimento de, 106–107
  não representados no balanço, 88–90
  Top Toaster (empresa fictícia), 176
  tratados como despesas correntes, 356–357
Intel
  aquisições da, 295, 298–299, 303–304, 304–305, 312
  despesas de capital, 276*f*, 283–285
  economias de escala, 189
  eventos que deram origem à, 265–266
  história financeira de sucesso da, 265–272
  Ver também Empresas de franquia
Intel Security Group, 312
Interstate Commerce Commission, 317
Investidores
  instinto de manada, 49–51
  técnicos, 11–12
  fundamentalistas, 12–13

Investidores fundamentais
  macrofundamentalistas, 12
  microfundamentalistas, 12–13
Investimento da South Texas Gulf Coast, 25
Investimento de alocação de ativos, 11*f*
Investimento de curto prazo
  fundamentalista (valor), 11*f*
  técnico, 11*f*
Investimento de minimização de custos, 11*f*
Investimento em crescimento
  abordagem de Graham e Dodd para, 152–157
  advertência, 169–170
  avaliação de oportunidades para criação de valor, 167–170
  avaliação do potencial de crescimento, 160–168
  quando o crescimento cria valor, 156–161
Investimento em valor
  abordagem de Graham e Dodd para estratégias de, 9, 10, 12, 13, 18–19
  abordando a restrição de soma zero, 16–20
  com base em três suposições, 9–10
  decisões tomadas no processo de, 10
  defendendo, 16–22
  diferenciando entre abordagem mecânica e, 17–19
  identificado pela primeira vez nas décadas de 1920 e 1930, 9
  o que não é, 10–17
  principais desafios enfrentados nos últimos vinte anos, 355–357
  quatro etapas básicas de, 19*f*–22
  Ver também Tradição de Graham e Dodd; Abordagens de investimento
Investimento fundamental
  curto prazo, 11*f*
  longo prazo, 11*f*
Investimentos de longo prazo, 11*f*
Investimentos passivos, 16–17
Investindo em mercados eficientes, 11*f*
ISPs, 175*t*

J

J.M. Smucker Co., 407–408
J.P. Morgan, 411–412
Jack Daniel's, marca, 429–430
Johnson & Johnson, 90–91*t*

K

Kahneman, Daniel
  "Prospect Theory: An Analysis of Decision under Risk" de Tversky e, 35–36n13
  sobre a psicologia dos bilhetes de loteria, 34–35
  Thinking, Fast and Slow de, 34–35n11
Kazakhstan, 433–434
Kilts, Jim, 374
Klarman, Seth, 355, 355–356, 421–423
Kmart, lojas, 334–335
Knobloch, Carla, 430–431

L

Lakonishok, Josef
  "Contrarian Investment, Extrapolation and Risk" de Shleifer, Vishnye , 29–31n.2, 45–46n21
  estudo de desempenho de ações de valor sobre ações de charme por, 33–34
Lampert, Edward, 334–335
LAVA, marca de sabonetes, 244–245, 259–260
Lei de Reforma Tributária dos EUA (2017), 308–310
Leilões *on-line*, 175*t*
Levy, Gus, 397–398
Liquidação
  ordenado, 66–67n7, 83–84
  valor contábil recuperável em, 81–82
Liquidação ordenada, 66–67n7, 83–84
Loomis, Carol, 359–360
Lucro
  cálculo do banco, 75–76
  descrição de, 75–76
  EBIT, 51, 114, 115t, 118, 120, 246–247, 283, 284–285*t*, 285–286, 286–287, 290–291*t*
  EBITA, 51
  EBITDA, 51, 95, 119, 120, 409–410
  pagos pelos bancos, 75–76
Lucro líquido
  demonstrativo de renda da Hudson General, 101*t*
  relatórios da Magna no acumulado de 2004 a 2008, 147–148
Lucro líquido (NI)
  cálculo de lucros sustentáveis usando, 113, 115*t*
  capital de investimento e criado, 159–160*t*
  como bom indicador de negócios, 172
  deve ser igual aos fluxos de caixa distribuíveis, 63–64
  distinções entre o valor patrimonial e o valor da empresa de, 126–127*t*
  futuro, 51
  Hudson General (1996 a 1998), 100–101*t*
  Hudson General LLC (1996 a 1998), 104–105*t*
  Intel (1975–1998), 267–268*t*
  Intel (1984–1990), 268–269*t*
  Intel (1987–1991), 285–286
  Intel (1991–2002), 294*t*, 302–303
  Intel (2002–2017), 309*t*
  Intel (2003–2007), 308–310
  Magna International, Inc. (1999 a 2008), 141*t*
  para medir os retornos sobre o capital investido, 172
  Ver também Lucros
  WD-40 (1980–95), 254–256*t*
  WD-40 (2003–18), 263*t*
  WD-40 (2018), 261–262
  WD-40 (até 2000), 244–245
  WD-40, crescimento orgânico da, medido por, 256–257
  WD-40, declínio da (1998–2000), 260–261
Lucros
  EBIT, 51, 114, 115*t*, 118, 120, 246–247, 283, 284–285*t*, 285–286, 286–287, 290–291*t*
  EBITA, 51
  EBITDA, 51, 95, 119, 120, 409–410
  EPV (valor do poder dos lucros), 63–66

líquidos, 101*t*, 147–148
 Ver também Lucro líquido (NI)
Lucros da empresa
 preço dos ativos incorporando previsões sobre o futuro, 13
 previsões com base em, 13
Lufthansa, 105–106

M

Macrofundamentalistas, 12, 14
Macy's, 173*t*
Magna Entertainment Corporation (MEC), 131–133, 146–147
Magna International, análise, 21–22, 131–149, 324–326
Mantle Ridge, 413–415
Mantle, Mickey, 390
Marcas
 lucros estáveis de, 71–72
 trazendo novas para o mercado, 92–93
Margem de segurança
 (empresa fictícia), 214–215
 como pedra angular do investimento sucesso, 369–370
 Consolidated General
 decisão de investimento com base em, 203–204
 desvanecimento da franquia e perda de, 215–218, 231–232
 empresa de franquia e, 213–214
 estratégia de compra de, 10
 estratégia de investimento de Klarman usando, 421–423
 gerenciamento de risco através de, 346–347
 Graham e Dodd sobre a importância de, 152, 196–197, 212–213, 332–334, 342–343, 365–366
 Hudson General, 108–109
 Intel, 272–273, 299–300, 305–306, 313
 investimento de Buffett na Washington Post Company, 23–24
 investimento de crescimento e, 152, 156–157
 Magna International, 145–146, 148–149
 retorno de *benchmark* para verdadeira, 221–222, 234–235
 valor intrínseco e, 127–129
 WD-40, 254–255, 257–258, 258–259, 259–260, 261–262, 264
Margin of Safety: Risk Averse Investing Strategies for the Thoughtful Investor (Klarman), 421
Marketing
 despesas relacionadas a, 280–281, 289–290
 eficiências da empresa e diferenças em, 327–328
 novas marcas, 92–93
Marketing, geral e administrativo (MGA), 280–281
MasterCard, 430–431
McAfee, 312
McDonald, Jack, 429
McDonald's, 151
McKinsey, 135–136
MEC e pista adicional, 132–133
 avaliação de ativos intangíveis usando, 93
 novos clientes, 222–223

Mecanismos de pesquisa, 175*t*
Mercados
 criação de valor pela expansão de, 328–329
 em crescimento e em retração, 165–166
 expandindo para novos, 166–168
 "Exuberância irracional" nas supervalorizações de preço, 36–37
Mercados em retração, 165–167
Mercedes-Benz, 173*t*, 174, 179–180, 182–183, 186–187
Merrill Lynch, 417
Método LIFO (último a entrar, primeiro a sair)
 ajuste de ativos, 85–86*t*
 não usado pela Intel, 273–274, 274–275*t*
 Warren Buffett sobre o princípio do, 380
Métodos de avaliação
 abordagem de Graham e Dodd, 59, 66–73
 abordagens de valor de ativos, 21–22
 análise de fluxo de caixa descontado (DCF), 53, 59
 análise do valor presente líquido (VPL), 53–60
 ativos, poder dos lucros, abordagem de crescimento lucrativo para, 60–67
 avaliação de poder dos lucros, 21–22
Microfundamentalistas, 12–13
Microsoft
 como ações FANG 12, 41–42
 como concorrente dominante, 175*t*
 crescimento investindo em, 154–156
 disparidade entre valor contábil e EPV, 71–72
 expansão para vantagem competitiva, 328–329
 gastos com P&D como porcentagem da receita, 90–91*t*
 lucratividade de, 151
 nichos de negócios de, 194–195
 oportunidades de crescimento de, 167–168
 vantagens de custo de, 186–187
Missouri Kansas Texas, 398–399
Mobileye, 312
Moore, Gordon, 265–266, 266–267
Morgan Guaranty, ações da, 41–42
Moskowitz, Tobias, 30–31n4
Munger, Charlie, 60, 155–156, 359–360, 362–363, 350–351, 371–372, 374, 380–382, 387–388
Murray, Roger, 355

N

National Indemnity, 390
National Semiconductor, 265–266
NBC, 175*t*
Nestlé, 71–72
Netflix, 41–42, 54
New Micro Enterprises, 40–41
New York Society of Security Analysts, 397–398
New York Stock Exchange Institute, 397–398
New York Times, 173*t*, 174
Newman, Jerome, 392–393
NOPAT (lucro operacional líquido após impostos), 118
Nova Economia, 277
Noyce, Robert, 265–266, 266–267

O

O valor do dinheiro no tempo, 75–76
Oracle, xii, 194–195, 328–329
Organizações de manutenção de saúde (HMOs), 191–192

P

Pan Am, 174, 175*t*
Paradigm Capital, 417–420
Passivos
    acumulados, 163–164, 206–207, 257–258
    avaliação de ativos "líquido-líquido" usando, 79–80, 98–99, 196–197, 409
    balanços, 56, 61, 81–82
    consideração do valor do ativo de, 137
    consideração na avaliação de ativos da não dívida, 96–99
    distinção entre impostos em dinheiro e responsabilidade fiscal, 117
    distinções entre patrimônio líquido e valor da empresa, 126–127*t*
    espontâneo, 126–128
    estimativas de valor presente líquido e, 56–59
    externos, 67–68
    herdados ou legados, 65–66, 125–126, 126–127, 128–129, 245–246, 246–247
    Hudson General LLC, 101–102*t*, 103–105, 104–105*t*
    Intel, 280–281
    Magna International, Inc., 135*t*
    pensão, 40–41, 65–66, 97–98, 125–126, 245–246, 337
    valor de ativo líquido e, 96–97
    Ver também Balanço; Impostos
Passivos de dívida. *Ver* Passivos
Patentes, 182–183
PayPal, 188–189
Pedersen, Lasses, 30–31n4
Perdas em mercados de baixa (S&P 500)
    21 de outubro de 2007 a 28 de fevereiro de 2009, 23–24
    30 de agosto de 2000 a 30 de setembro de 2002, 23–24
Pershing Square Capital, 413–414, 414–415
Pesquisa de informação direta, 323–327
Pesquisa de mercado de "Wall Street", 322–323
Pesquisa e desenvolvimento. *Ver* Despesas de P&D (pesquisa e desenvolvimento)
Pfizer, 54, 90–91*t*
PMV (valor de mercado privado), 409–410
Poder dos lucros
    ajuste para depreciação e amortização, 118–120
    análise de avaliação da Magna International, 21–22
    análise de avaliação da WD-40 (1998), 248–50, 252
    definição de, 112
    etapas no cálculo de, 117–118
    processo de avaliação, 112–117
    retorno em dinheiro no corrente, 203–204
Políticas de gestão de recursos humanos, 329–331

PPE (imobilizado) valor depreciado de, 87–88
    ativos da Hudson General, 102*t*
    estimativas de valor de reprodução para, 87–89
    Intel, 273–275, 276*f*
Praxair, 413–414
Preços dos ativos
    apreciação da participação da Intel, 281–282*t*
    carteiras de baixo preço/lucro, 17–18
    equipamento, 88–89
    estudos sobre a relação das informações da empresa com a ação, 32–34
    "exuberância irracional" nas supervalorizações do mercado, 36–37
    forças impessoais que impulsionam o movimento, 9
    incorporação de previsões de lucros futuros, 13
    lacuna de "margem de segurança" entre o valor e, 10
    percepções coletivas dos participantes do mercado em, 14
    relação lucro/preço em mercados em baixa, 22–24
    relação preço/lucro de carteiras de charme, 17–18
    valor dos ativos vs., 9–10
    valor vs., 9–10
    WD-40, ação da (2018), 258–259, 262–264
    WD-40, participação da (30 de setembro de 2000), 259–262
Preços. *Ver* Preços de ativos
Prêmio de valor, 33–34
Premissas de investimento de valor
    1. preços de ativos financeiros, 9
    2. valores econômicos de ativos financeiros, 9–10
    3. estratégia de compra "a margem de segurança", 10
Previsão
    com base em tendências de longo prazo bem estabelecidas, 334–335
    crescimento, 152–153
    focada nos lucros da empresa, 13
    perigos da, 113
    variáveis macroeconômicas, 13–14
Previsão de variáveis macroeconômicas, 13–14
Price, Michael, 355, 355–356, 425–427
Problema de má reputação vs. boa reputação, 72–73, 196–197, 382
Problema de reputação, 72–73, 196–197, 382
Processo de investimento em valor
    1. estratégia de pesquisa, 19*f*–21
    2. avaliação, 19*f*, 20–22
    3. pesquisa, 19–20*f*, 21–22
    4. gestão de risco, 19–20*f*, 21–22
    Ver também A etapa específica do processo
Procter & Gamble (P&G), 54, 90–91*t*, 244–245
Progressivo, 411–412
"Prospect Theory: An Analysis of Decision under Risk" (Kahneman e Tversky), 35–36n13
Purina Dog Chow, 173*t*

R

receita operacional
    Altera, 312
    como reflexo da economia subjacente dos negócios, 117, 172

diferenças entre EBT e, 114, 116
emissão de risco não consolidada de, 116–117, 125–126
Hudson General LLC, 104–105*t*
Hudson General, 101*t*
inclusão de margem de lucro bruto de, 115*t*
Intel, 268–269*t*, 283, 284–285, 285–286, 294*t*, 309*t*
Magna International, Inc., 141*t*
Mobileye, 312
Reckitt e Colman, 257–258
valor da empresa, 126–127*t*
WD-40, 248–249, 257–258, 263*t*
Receitas
capitalizando custos em vez de deduzir de, 89–90
custos de desenvolvimento, 93
Google, 296
Hudson General, informação do declínio em, 100, 101*t*–102
Intel, 291–295, 303–304, 309*t*, 311–314
Magna International, 140, 142, 147–148
mais estável do que as margens de lucro, 113
previsão, 50
redução das estratégias da empresa para aumentar as atuais, 112
vantagens competitivas de custo e, 182–185
vantagens de franquia de custo e, 182–185
WD-40, 244–245, 250, 255–256, 257–258, 257–258, 260–261, 261–262
Reckitt and Colman, 244–245
Relação lucro/preço
carteiras de valor selecionadas mecanicamente, 22–24
quintil mais barato de Kenneth French medido por, 23–24
Resolution Trust Corp. (RTC), 388–390, 421–422
Retorno de *benchmark*, 201, 220–221, 221–222, 238–239, 239–240
Retornos
benchmark, 201, 220–221, 221–222, 238–239, 245–246
cálculos para empresas de franquia, 218–222, 231–243
como compensação pelo risco, 397–398
comparação, 212–216*t*
Consolidated General (empresa fictícia), 208–209*t*, 215–216*t*, 218–219
estimando estoque de crescimento, 202–209*t*
expectativas realistas da Berkshire Hathaway, 362–364
fator de criação de valor, 223–227
Intel estimada (1999–2018), 299–300*t*
investimento da Intel (início de 1999), 291–301
recapitulação da abordagem de retorno para o investimento em franquia, 226–227
reinvestimento ativo, 221–224
retorno em caixa sobre o poder dos lucros atual, 203–204
taxa de, 75–76
taxas de crescimento e crescimento, 208–213
Ver também Ações de franquia
WD-40, desempenho financeiro da (1990–2002), 251*t*, 254–255
Retornos da carteira
charme, 17–18
dados de relação entre o valor de mercado e o valor contábil de French sobre, 17–18
testes de seleção mecânica em, 16–17

Retornos de comparação, 212–216*t*
Retornos de reinvestimento ativo, 221–224
Revlon, 173*t*
Risco
carteiras selecionadas mecanicamente, 22–24
comportamental, 349–352
definição acadêmica de investimento, 369–370
definição de medidas apropriadas de, 339–341
diferenciando entre aversão à perda e aversão a, 35–36
instituições orientadas para o valor, 22–23
investidor do tipo Graham e Dodd individual, 22–23
macroeconômica global, 346–350
retorno como compensação para, 15, 397–398
sistemático, 14–15
Rock, Arthur, 265–266
Rolls-Royce, 173*t*, 174
Rose, Fred, 389–390
Russo, Thomas, 357, 429–431

S

Saks Fifth Avenue, 411–412
Santos, Tano, 21–22
Schloss, Walter e Edwin
abordagem de decisões de compra e venda, 402–404
abordagem minimalista de, 401–403
cuidando dos clientes, 405–406
estratégia de diversificação, 404–405
estratégia de investimento usada por, 355, 355–356, 394–395, 397–408
influência de Benjamin Graham em, 397–399, 399–400
investimento na Asarco de, 401–402, 407
J.M. investimento na Smucker Co. de, 407–408
preferência pela abordagem de avaliação de ativos, 400–402
procurando por ações baratas em, 398–400
retornos de parceria vs. S&P (1956–2000), 397, 397–398*f*
Sears, lojas, 334–335
Securities Act (1933), 317, 392–393
Securities Analysis (Graham e Dodd), 10
Securities Exchange Act (1934), 392–393
Security Analysis (Graham e Dodd), 355, 391–392
See's Candy, 377–378, 385
Seguro de Título Nacional Federal, 173*t*
Sequoia Fund, 429
Shapiro, John, 411–412
Sheifer, Andrei, 29–31
Shiller, Robert, 36–37
Shockley Laboratories, 265–266
Shockley, William, 265–266
Silverstein, Larry, 388–389
Sistemas operacionais de PC, 175*t*
Sloan Foundation, 327–328
Smucker Co., 407–408
Solvol, limpador de mãos, 259–260
Sonkin, Paul, 355
Sony, 173*t*, 174, 194–195
Southern Peru Copper Company, 407
Southwest Airlines, 167–168

Southwestern Bell, 174
"Splits," 435
Sporck, Charles, 265–266
Sr. Mercado (personificação de Graham), 9, 10, 12, 13, 16–17, 23–24, 37–38, 50, 324, 370–371
Standard & Poor (S&P)
  lucros de 2015 provenientes das ações FANG 12, 41–42
  mercado em baixa 21 de outubro de 2007 a 28 de fevereiro, 2009, 23–24
  mercado em baixa 30 de agosto de 2000 a 30 de setembro, 2002, 23–24
  ponderar as participações de ações de acordo com as capitalizações de mercado, 350–351
  scorecard SPIVA dos EUA mantido por, 18–19
Stanford University, 417, 429, 433
Stewart, Justice, 371–372
Stockholm School of Economics, 417
Stronach, Belinda, 146–147, 147–148, 148–149
Stronach, Frank, 131–132, 132–133, 134

T

T.A.L. 13, 255–256, 259–260
Tática de *hedge*, 398–399
Taxa de desconto, 75–76
Taxa de retorno. *Ver* Retornos
Taxas de juros
  ativos e, 12
  passivos da dívida, 106–109
  título de dívida do governo, 76–77
Tecnologia proprietária, 184–185
Teoria Moderna de Portfólio (MPT), 14, 124–125, 346–347
Teorias de investimento
  Teoria Moderna do Portfólio (MPT), 14, 124–125, 346–347
  Hipótese de Mercado Eficiente, 14, 15, 17–18n3, 29n1, 45–46, 349–350, 429
Testes de seleção mecânica, 16–18
Tetlock, Philip, 38–39n17
Texaco, títulos da, 421–423
Thaler, Richard H., 30–31, 32–33
The Baupost Group, 421
"The Cross-section of Expected Stocks Returns" (Fama e French), 17–18n3, 29n1
The Intelligent Investor (Graham), 346–347, 370–371, 387–388, 388–389
The Physics and Technology of Semiconductor Devices (Grove), 277
"The Superinvestors of Graham and Doddsville" (Buffett), 18–20, 429–430
The Theory of Investment Value (Williams), 364–365
The Washington Post Company, investimento, 23–24, 370–371
Thinking, Fast and Slow (Kahneman), 26n11 3G/Heinz, 330–332 3-In-One, 244–245, 254–255, 255–256, 256–258, 259–260, 260–261
Títulos de dívida da Enron, 422–423
Títulos hipotecários dos EUA (início de 2000), 435

Top Toaster (empresa fictícia), 176–179, 181–182, 186–187
Tradição de Graham e Dodd
  avaliando o risco de investidores individuais usando, 22–23
  defendendo a superioridade da, 21–22, 51
  distinção de outras abordagens de investimento, 12
  introdução ao investimento de valor usando, 9–10
  microfundamentalistas, 12–13
  na margem de importância de segurança, 152, 196–197, 212–213, 332–334, 342–343, 369–370
  "The Superinvestors of Graham and Doddsville" de Buffett em, 18–20, 429
  Ver também Dodd, David; Investimento em valor
Tversky, Amos
  "Prospect Theory: An Analysis of Decision under Risk" de Kahneman e, 35–36n13
  sobre psicologia de bilhetes de loteria, 34–35
TWA, 174, 175*t*, 411–412
Tweedy, Browne, 395–396, 405

U

Unificação alemã (início de 1990), 433–434
Unilever, 244–245, 409
Union Carbide, 273–274
United Healthcare, 195–196
Urbanização Kohala, 106–109

V

Valor contábil
  abordagem "líquido-líquido" de Graham, 79–80, 98–99, 196–197, 409
  abordagem "líquido-líquido" para, 79–80, 98–99, 196–197, 409
  ajustes ao ativo para empresa fictícia, 85*t*–87
  cálculo da avaliação do ativo líquido ou, 61, 62
  com base em investimentos originais em ações, 116–117
  com base em valores de mercado, 84–85
  Daimler-Benz, 179–180
  disparidade entre o custo de reprodução e, 87–89
  disparidade entre valor do poder dos lucros e, 71–72
  General Motors, 325–326
  Hudson General LLC, 101, 102*t*, 103–107
  impacto no desempenho da carteira, 31–32
  índice de valor de mercado da Intel (1975–1998), 273–274*f*
  índices de valor de mercado (1974–1998), 279–280*f*
  Intel (1975–1998), 272–273*t*
  Intel, 272–273*t*, 280–281, 287–288*t*
  Magna International, 134, 137–140
  passivos não relacionados à dívida, 105–109
  pesquisa de investimento de valor de, 16–17
  recuperáveis em liquidação, 81–82
  resumo da avaliação de ativos usando, 99*t*
  valor contábil de ajuste da Intel (1975–1998), 274–275*t*

Índice **451**

valor de mercado e ajustado da Intel
valor do poder dos lucros da Intel, valor contábil ajustado e valor de mercado (1985–1993), 287–288*f*
Ver também Avaliação de ativos; Ativos Booz, Allen, Hamilton (Londres), 417
WD-40, 248–249
Valor da empresa
   cálculo do, 123–125
   comparação de valores de ativos e custos de aquisição, 130
   distinções entre valor patrimonial e, 126–127*t*
   EPV, valor patrimonial e, 125–130
Valor de liquidação
   cálculo de ativos usando, 61–62, 80–97
   caso da In the Red, Inc. e, 80–84
Valor de mercado
   abordagem de "valor de mercado privado" (PMV) de Gabelli para, 409–410
   EPV da Intel, valor contábil ajustado e valor de mercado (1985–1993), 287–288*f*
   EPV da Intel, valor contábil ajustado e valor de mercado (1987–1991), 287–288*t*
   EPV, valor contábil ajustado e valor de mercado (1985–1993), 287–288*f*
   índices de valor de mercado da Intel (1975–1998), 273–274*f*
   índices de valor de mercado e de mercado ajustado da Intel (1974–1998), 279–280*f*
   Intel (1975–1998), 272–273*t*
   valor contábil com base em, 84–85
   verdadeira consideração da fórmula de retorno total de intrínseco e, 219–222
Valor de mercado privado (PMV), 409–410
Valor dos ativos
   determinado pelos fundamentos de negócios, 49–50
   lacuna de "margem de segurança" entre o preço e, 10
   preço vs., 9–10
Valor intrínseco
   afetando retornos futuros, 201
   análise fundamentalista de negócios para determinar, 50–51
   avaliação de ativos, 21–22, 60–62
   Buffett sobre a medição de, 363–370
   crescimento lucrativo, 65–67
   EPV (valor do poder dos lucros), 63–66, 116
   medição da Berkshire Hathaway, 366–368
   o crescimento não pode ser calculado com precisão, 199–200
   Ver também Avaliação
   verdadeira consideração da fórmula de retorno total do mercado e, 219–222
Valor presente
   ajustes para ativos de empresas fictícias, 85–86*t*
   ativos da Intel (1975), 274–275*t*
   de economia ao longo da vida da instalação existente, 86–87
   de responsabilidade herdada de longo prazo, 97–98
   descrição de, 75–76
   diferença entre o valor presente líquido (VPL) e, 77
   fator de desconto do título de dívida de 10 anos (8%) e, 76–77

o valor intrínseco será igual aos lucros futuros, 233
taxa de desconto do título de dívida de 10 anos (9%) e, 76–77
Ver também Valor presente líquido (VPL)
Valor presente líquido (VPL)
   análise de, 53–60
   diferença entre o valor presente e, 77
   dos fluxos de caixa atuais e futuros, 53–56
   forma padrão de calcular, 53–54
   incertezas de, 54–55
   liquidação ordenada e, 83–84
   problemas com o uso, 56–60
   valor terminal, 54
   Ver também Valor presente
Valor terminal, 54
Valor total, 66–68*f*
Valores de reprodução de ativos, 62–64
"*Value and Momentum Everywhere*" (Asness, Moskowitz e Pedersen), 30–31n4
Vantagens competitivas
   condições para valor de crescimento, 162–163
   empresa de franquia do Caso C de avaliação de Graham e Dodd, 67–69*f*, 71–73, 74–75, 155–156
   empresas de franquia e tipos de, 181–183
   expansão de produtos e serviços para, 328–329
   expansão para novos mercados e, 166–168
   Ver também Barreiras à entrada
Vantagens de custo, 182–185
Vantagens de demanda do cliente, 184–188
Verizon, 90–91*t*, 173*t*, 174, 195–196
Vishny, Robert W., 29–31

W

Waldorf-Astoria Hotel, 393–394
Wall Street Journal, 173*t*
Walmart
   despesas com P&D como porcentagem da receita, 90–91*t*
   disparidade de valor contábil-EPV, 71–72
   economias de escala, 190–191
   expansão para novos mercados, 166–168
   expansão para vantagem competitiva, 328–329
   lucratividade de, 151, 173*t*
   negócio de nicho de, 194–196
   oportunidades de crescimento em, 167–169
WD-40
   aquisição da 3-in-One por, 244–245, 254–255, 255–256, 256–258, 259–260, 260–261
   despesas de capital, 251*t*, 263*t*
   histórico de geração de lucros de, 244–246
   marcas de limpeza adquiridas por, 259–261
   mudança do varejo para o impacto da Internet no "desvanecimento" de, 262–264
WD-40, análise de avaliação de
   cliente cativo e saturação do mercado, 246–249
   começando com a avaliação da empresa, 245–247
   desempenho financeiro (1990–2002), 251*t*, 254–255
   desempenho financeiro (2003–18), 263*t*
   examinando o processo de mudança de, 244–246

poder dos lucros (1998), 248–250, 252
preço da ação da WD-40 (30 de setembro de 2000) 259–262
preço das ações (2018), 258–259, 262–264
preço das ações (30 de setembro de 2000), 259–262
reinvestimento ativo, 256–260
retornos de crescimento orgânico, 254–257, 258–269*t*
taxas de crescimento anual (1980–95), 255–256*t*
valor de crescimento, 253–255
valor de poder dos lucros (EPV), 252–254
Weiss, Andrew, 433–436
Wells Fargo Bank, 395–396
WhatsApp, 188–189
Williams, John Burr, 364–365
Winter, Cy, 397–398

Wittgenstein, Ludwig, 60
Worldtalk Communication, 413, 413–414

X

Xerox, 49–50, 166–167

Y

Yahoo, 175*t*
You Can Be a Stock Market Genius Even if You're Not Too Smart (Greenblatt), 40–41n19